Öffentliches Recht in Baden-Württemberg

Kommunalrecht
Allgemeines Polizeirecht
Öffentliches Baurecht

Eine prüfungsorientierte Darstellung

von

Prof. Dr. Jörg Ennuschat
Ruhr-Universität Bochum

Prof. Dr. Dr. h.c. Martin Ibler
Universität Konstanz

Prof. Dr. Barbara Remmert
Eberhard Karls Universität Tübingen

3. Auflage 2020

Zitiervorschlag:
Ennuschat, in: Ennuschat/Ibler/Remmert, ÖffentlR BaWü, § 1, Rn. 25

www.beck.de

ISBN 978 3 406 75151 6

© 2020 Verlag C. H. Beck OHG
Wilhelmstraße 9, 80801 München
Druck und Bindung: Nomos Verlagsgesellschaft
In den Lissen 12, 76547 Sinzheim

Satz: jürgen ullrich typosatz, Nördlingen
Umschlaggestaltung: Druckerei C. H. Beck, Nördlingen

Gedruckt auf säurefreiem, alterungsbeständigem Papier
(hergestellt aus chlorfrei gebleichtem Zellstoff)

Landesrecht
Baden-Württemberg

Vorwort

Der vorliegende Band bietet eine prüfungsorientierte Einführung in das baden-württembergische Kommunalrecht, Polizeirecht und Baurecht. Diese Rechtsgebiete zählen zu den Kernbestandteilen des Besonderen Verwaltungsrechts und sind Pflichtstoff in den juristischen Examina. Die drei Kapitel basieren jeweils auf unseren Vorlesungen. Für die dritte Auflage wurden Gesetzgebung, Literatur und Rechtsprechung bis Januar 2020 berücksichtigt, darunter die Novellierung der Landesbauordnung (Gesetz vom 18. Juli 2019, GBl. S. 313).

Die Darstellung beschränkt sich auf das zentrale Wissen für Studium und Examen. Zahlreiche Beispiele, Aufbauvorschläge, Klausurtipps und Vertiefungshinweise sollen den Leserinnen und Lesern helfen, die prüfungsrelevanten Kenntnisse und Fertigkeiten zu erlangen. Das Buch richtet sich an Studierende der Rechtswissenschaft an den Universitäten, an Rechtsreferendare und an Studierende der Hochschulen für öffentliche Verwaltung des Landes. Dabei dient es gleichermaßen zur Begleitung der Vorlesungen und Arbeitsgemeinschaften wie zur Vorbereitung auf die Prüfungen.

Für Kritik und Anregungen sind wir weiterhin dankbar.

Bochum, Konstanz und Tübingen, im März 2020

Jörg Ennuschat
Martin Ibler
Barbara Remmert

Inhaltsverzeichnis

Vorwort V

§ 1. Kommunalrecht *(J. Ennuschat)*

A. Einführung und Grundlagen 1
    I. Kommunalrecht in Alltag, Examen und Praxis 1
    II. Rechtsquellen des Kommunalrechts 2
    III. Historische Entwicklungslinien des Kommunalrechts und der kommunalen Selbstverwaltung 4
    IV. Grundbegriffe des Kommunalrechts 5
        1. Kommune, Stadt, Gemeinde, Landkreis 5
        2. Selbstverwaltung, Rechtsaufsicht, Fachaufsicht 6
        3. Körperschaft des öffentlichen Rechts, Gebietskörperschaft, Verbandskörperschaft 7
        4. Einwohner und Bürger 7
    V. Die Kommunen im Staatsaufbau 8
    VI. Der kommunale Aufgabenkreis 8
    VII. Kommunale Kooperation 10

B. Die Stellung der Kommunen im Verfassungsrecht 12
    I. Grundgesetzlicher Schutz der Gemeinden, Art. 28 II 1 GG 12
        1. Schutzbereich und Wirkungen der Selbstverwaltungsgarantie gem. Art. 28 II 1 GG 12
        2. Eingriffe in das kommunale Selbstverwaltungsrecht 15
        3. Schranken der Selbstverwaltungsgarantie 16
        4. Kein Grundrechtsschutz von Gemeinden 17
        5. Verfassungsrechtliche Ergänzungen des Schutzes kommunaler Selbstverwaltung 18
    II. Grundgesetzlicher Schutz der Gemeindeverbände (insbesondere Landkreise), Art. 28 II 2 GG 18
    III. Landesverfassungsrechtlicher Schutz von Gemeinden und Gemeindeverbänden, Art. 71 bis 76 LV 19
    IV. Verfassungsprozessualer Schutz der kommunalen Selbstverwaltung, Art. 93 I Nr. 4b GG, Art. 76 LV 20
        1. Kommunale Verfassungsbeschwerde vor dem BVerfG 20
        2. Kommunale Normenkontrolle vor dem Verfassungsgerichtshof 22

C. Die Stellung der Kommunen im Europarecht 22
    I. Die Kommunen im Recht des Europarates 22
    II. Die Kommunen im Recht der Europäischen Union 23

D. Organe von Gemeinde und Landkreis 24
    I. Überblick und Grundlagen 24
        1. Organe der Gemeinde 25
        2. Organe des Landkreises 26
    II. Gemeinderat 27
        1. Wahl des Gemeinderates, §§ 26 ff. GemO 27

    2. Zuständigkeitsbereich (Organkompetenz) des Gemeinderates,
§ 24 I 2 GemO 29
    3. Rechte und Pflichten des einzelnen Mitglieds des Gemeinderats 31
    4. Ausschüsse des Gemeinderates, §§ 39 ff. GemO 33
    5. Fraktion, Fraktionsausschluss und fraktionsloser Gemeinderat 33
    6. Geschäftsordnung des Gemeinderates, § 36 II GemO 35
  III. Der Bürgermeister 36
    1. Wahl des Bürgermeisters durch die Bürger 36
    2. Der Bürgermeister als Vorsitzender des Gemeinderates 37
        a) Prüfungsrecht des Bürgermeisters gegenüber Anträgen, einen
           Verhandlungsgegenstand auf die Tagesordnung zu setzen, § 34 I 4
           und 5 GemO 37
        b) Ordnungsgewalt und Hausrecht des Bürgermeisters, § 36 I 2 GemO 39
    3. Der Bürgermeister als Leiter der Gemeindeverwaltung 41
        a) Geschäfte der laufenden Verwaltung (§ 44 II GemO) 41
        b) Verpflichtungserklärungen des Bürgermeisters, § 54 GemO 42
        c) Öffentlichkeitsarbeit und Neutralitätspflicht des Bürgermeisters
           und der Gemeindeverwaltung 43
  IV. Die Gemeinderatssitzung 44
    1. Festlegung der Tagesordnung, vgl. § 34 I GemO
       ("Verhandlungsgegenstände") 44
    2. Einberufung, § 34 I 1 GemO 45
    3. Öffentlichkeit und Nichtöffentlichkeit von Sitzungen, § 35 GemO ... 45
    4. Verhandlungsleitung durch den Bürgermeister, § 36 GemO 47
    5. Beschlussfassung, § 37 GemO 47
    6. Niederschrift, § 38 GemO 48
    7. Ausschluss eines Gemeinderates wegen Befangenheit, § 18 i.V. m.
       § 32 I GemO 48
        a) Vorliegen von Befangenheit, § 18 I, II GemO 48
        b) Rechts- und Fehlerfolgen der Befangenheit, § 18 IV, V GemO 49
  V. Kommunales Organstreitverfahren 50
  VI. Unmittelbare Mitwirkung der Einwohner- und Bürgerschaft 52

E. Kommunale Satzungen 55
  I. Überblick und Grundlagen 55
  II. Voraussetzungen der Rechtmäßigkeit einer kommunalen Satzung 55
    1. Ermächtigungsgrundlage für eine kommunale Satzung 55
    2. Formelle Rechtmäßigkeit einer kommunalen Satzung 56
    3. Materielle Rechtmäßigkeit einer kommunalen Satzung 57
  III. Fehlerfolgen und Rechtsschutzfragen 57
  IV. Prüfungsschema: Rechtmäßigkeit einer kommunalen Satzung 58

F. Öffentliche Einrichtungen 59
  I. Begriffsbestimmung: Was ist eine öffentliche Einrichtung? 59
  II. Voraussetzungen der Errichtung einer öffentlichen Einrichtung 60
  III. Organisationsform und Ausgestaltung des Benutzungsverhältnisses 61
    1. Organisationsformen 61
    2. Ausgestaltung des Benutzungsverhältnisses 62
  IV. Anspruch auf Zulassung zur Benutzung der öffentlichen Einrichtung 63
    1. Anspruchsgrundlage 63
        a) Zulassungsanspruch bei festgesetzten Märkten, § 70 GewO 63

Inhaltsverzeichnis IX

        b) Zulassungsanspruch von Einwohnern, § 10 II 2 GemO 63
        c) Zulassungsanspruch von Forensen und von juristischen Personen,
           § 10 III, IV GemO 64
        d) Zulassungsanspruch von Auswärtigen, Art. 3 I GG i. V. m. der
           Widmung 64
        e) Zulassungsanspruch von Parteien, Art. 21 GG, § 5 ParteienG 64
    2. Formelle Anspruchsvoraussetzungen 66
    3. Materielle Anspruchsvoraussetzungen 66
    4. Anspruchsgegner, Anspruchsinhalt und Rechtsschutz 69
    5. Überblick über den Aufbau einer Klage auf Zulassung zu einer
       öffentlichen Einrichtung 71
  V. Anschluss- und Benutzungszwang 72
    1. Tatbestandliche Voraussetzungen eines Anschluss- und Benutzungs-
       zwangs gem. § 11 GemO 73
    2. Rechtsfolgen 74
        a) Organisationsermessen 74
        b) Satzungsermessen 75

G. Kommunalwirtschaftsrecht 76
  I. Verfassungsrechtlicher Hintergrund 77
  II. Unionsrechtlicher Hintergrund 77
  III. Anforderungen an die Zulässigkeit einer kommunalwirtschaftlichen
      Betätigung 78
    1. Zulässigkeit wirtschaftlicher Unternehmen 79
        a) Voraussetzungen der sog. Schrankentrias, § 102 I GemO 79
        b) Zusätzliche Anforderungen an Unternehmen in Privatrechtsform,
           §§ 103 ff. GemO 81
        c) Zusätzliche Anforderungen an die überörtliche Betätigung,
           § 102 VII GemO 82
    2. Zulässigkeit nichtwirtschaftlicher Unternehmen und Einrichtungen,
       § 102 IV GemO 83
  IV. Rechtsschutz von Konkurrenten 83
    1. Rechtsschutz durch die Verwaltungsgerichtsbarkeit 83
    2. Rechtsschutz durch die ordentliche Gerichtsbarkeit 84

H. Kommunales Haushalts- und Finanzrecht 86
  I. Überblick und Grundlagen 86
  II. Haushaltswirtschaft 87
  III. Kommunalabgaben 88
  IV. Örtliche Steuern 89
    1. Gesetzlich benannte Gemeindesteuern: Grundsteuer, Gewerbesteuer
       und Hundesteuer 89
    2. Kommunales Steuererfindungsrecht, Art. 105 IIa 1 GG i. V. m.
       § 9 IV KAG 89
    3. Das Satzungsermessen und seine Grenzen 92
    4. Steuerbescheid; Fehlerfolgen rechtswidriger Steuersatzungen 93
  V. Überblick über die Prüfung eines Steuerbescheides auf Grundlage einer
      kommunalen Steuersatzung 94

J. Kommunalaufsicht 95
  I. Rechtsaufsicht 95
    1. Rechtsaufsichtsbehörden, § 119 GemO 95

2. Aufsichtsmittel, §§ 120 ff. GemO	96
3. Anforderungen an die Rechtmäßigkeit einer Maßnahme der Kommunalaufsicht (Rechtsaufsicht)	97
II. Fachaufsicht	98
1. Anforderungen an die Rechtmäßigkeit einer Maßnahme der Fachaufsicht	99
2. Zusammenwirken von Kommunalaufsicht und Fachaufsicht	99
III. Rechtsschutzfragen	100
1. Kein Anspruch eines Bürgers auf Einschreiten der Kommunalaufsicht	100
2. Rechtsschutz der Kommune gegenüber Maßnahmen der Rechtsaufsicht	100
3. Rechtsschutz der Kommune gegenüber Maßnahmen der Fachaufsicht	101

§ 2. Allgemeines Polizeirecht *(M. Ibler)*

A. Grundlagen	103
I. Polizei und Polizeirecht	103
1. Zur Geschichte des Begriffs Polizei	104
2. Polizeibegriffe der Gegenwart	106
a) Herkömmliche Begriffskategorien	106
aa) Polizei im organisatorischen Sinn	106
bb) Polizei im formellen Sinn	107
cc) Polizei im materiellen Sinn	108
b) Polizei durch Private?	108
aa) Private Sicherheitsdienste keine Polizei	108
bb) Gefahrenabwehr durch Beliehene	109
cc) Materielle Privatisierung der Polizei ausgeschlossen	109
c) Der Begriff der Polizei im baden-württembergischen Polizeirecht	109
d) Der Begriff der Polizei im Recht anderer Bundesländer	110
e) Der Begriff der Polizei im Bundesrecht	110
3. Das Polizeirecht als Teil des Besonderen Verwaltungsrechts	112
a) Verhältnis zum Allgemeinen Verwaltungsrecht	112
b) Polizeirecht und Verfassungsrecht	112
aa) Vorgaben des Staatsorganisationsrechts für das Polizeirecht	112
(1) Polizeirecht im Rechtsstaat	112
(a) Vorrang des Gesetzes	112
(b) Vorbehalt des Gesetzes	113
(c) Bestimmtheitsgebot	113
(2) Polizeirecht im Bundesstaat	113
bb) Polizeirecht und Grundrechte	114
(1) Polizeiliches Handeln als Grundrechtseingriff	114
(2) Grundrechte als polizeiliche Schutzgüter	115
(3) Gebot grundrechtskonformer Auslegung und Anwendung des Polizeirechts	115
c) Polizeirecht unter dem Einfluss von Europa- und Völkerrecht	116
d) Allgemeines und Besonderes Polizeirecht	117
II. „Gefahrenabwehr" als Ziel und Gegenstand des Allgemeinen Polizei- und Ordnungsrechts	119
1. Die „Gefahr für die öffentliche Sicherheit oder Ordnung"	120
a) Öffentliche Sicherheit	120

aa) Unversehrtheit der objektiven Rechtsordnung	121
bb) Unversehrtheit der subjektiven Rechte und Rechtsgüter jedes Einzelnen	122
cc) Unversehrtheit der Einrichtungen und Veranstaltungen des Staates und sonstiger Hoheitsträger	123
b) Öffentliche Ordnung	123
c) Gefahr	125
aa) Begriffsbestimmung	125
bb) Gefahrenprognose	126
(1) Zuverlässige Tatsachenbasis	126
(2) Nachvollziehbares Wahrscheinlichkeitsurteil	126
cc) Wahrscheinlichkeitsgrad der „hinreichenden" Wahrscheinlichkeit	127
dd) Kein Beurteilungsspielraum der Polizei	127
ee) Gefahrenarten	128
(1) Im PolG genannte Gefahrenarten	128
(2) In der Dogmatik des Allgemeinen Polizeirechts entwickelte Gefahrenarten	129
(a) Abstrakte Gefahr und konkrete Gefahr	129
(b) Anscheinsgefahr	130
(c) „Gefahrenverdacht" schon Gefahr?	130
(3) In der Dogmatik entwickelte Figuren, die keine Gefahr darstellen	133
(a) „Scheingefahr" bzw. „Putativgefahr"	133
(b) „Latente Gefahr"	133
(c) Belästigung	134
(d) Risiko	134
2. Von der Gefahrenabwehr zu unterscheidende Staatsziele	135
a) Verfolgung von Straftaten	135
b) Vorsorge vor Risiken	135
c) Verfassungsschutz	135
3. Gefahrenabwehr als Abgrenzungsmerkmal des Polizeirechts von anderen Rechtsgebieten	135
a) Abgrenzung zum Strafrecht	136
aa) Faustregel: Abgrenzung anhand der Zielrichtung polizeilichen Handelns	136
bb) Abgrenzungsschwierigkeiten	136
(1) Doppelfunktionale Maßnahmen	136
(2) Schleierfahndung	137
(3) Strafverfolgungsvorsorge	137
b) Abgrenzung zum Risikoverwaltungsrecht	138
c) Abgrenzung zum Verfassungsschutzrecht	138
4. Zur Zukunft des polizeilichen Schlüsselbegriffs der Gefahr	139
a) Polizeiliche Befugnisse im Vorfeld der Gefahr	140
b) Technischer Fortschritt	141
B. Ermächtigungsgrundlagen und Handlungsinstrumente der Polizei im Polizei- und Ordnungsrecht (Dogmatische Grundlagen)	**142**
I. Ermächtigungsgrundlagenerfordernis	142
1. Polizei als Eingriffsverwaltung	142

Inhaltsverzeichnis

2. Handlungsinstrumente für einen Eingriff durch Einzelakt 143
   a) Die Polizeiverfügung und andere Verwaltungsakte i. S. des
      § 35 S. 1 LVwVfG 144
   b) Allgemeinverfügungen (§ 35 S. 2 LVwVfG) 144
   c) Realakte 144
   d) Besondere Erscheinungsformen polizeilichen Handelns 145
      aa) Standardmaßnahmen 145
      bb) Warnungen 146
      cc) Gefährderansprache 146
      dd) Unmittelbare Ausführung 147
      ee) Zwangsmittel 151
3. Eingriff durch Rechtsnorm 152
II. Begriff der Ermächtigungsgrundlage 152
   1. Das Auffinden der einschlägigen Ermächtigungsgrundlage 153
   2. Rechtmäßigkeitsanforderungen an Ermächtigungsgrundlagen 153
III. Systematik der Ermächtigungsgrundlagen im Polizei- und Ordnungsrecht 154
   1. Spezialgesetzliche Ermächtigungsgrundlagen zur Gefahrenabwehr 155
   2. Ermächtigungsgrundlagen im Polizeigesetz für Standardmaßnahmen
      (Standardermächtigungen) 156
      a) Standort und Struktur von Standardermächtigungen 156
      b) Verhältnis zur polizeilichen Generalklausel 157
         aa) Verdrängung der Generalklausel als Grundsatz 157
         bb) Grenzen der Spezialität 158
         cc) Das Verhältnis einzelner Standardermächtigungen zur
             Generalklausel 158
      c) Verhältnis der Standardmaßnahmen zur Unmittelbaren Ausführung 159
      d) Verhältnis der Standardmaßnahmen zum Zwangsmitteleinsatz
         (Polizeizwang) 159
   3. Die polizeiliche Generalklausel der §§ 3, 1 PolG 160
   4. Ermächtigungsgrundlagen zum Zwangsmitteleinsatz durch die
      Polizei 160
   5. Ermächtigungsgrundlage für die Unmittelbare Ausführung 161
   6. Ermächtigungsgrundlagen zum Erlass von Polizeiverordnungen 161

**C. Die polizeiliche Generalklausel der §§ 3, 1 PolG als Ermächtigung
zum Eingriff im Einzelfall bzw. in einer bestimmten Anzahl
von Fällen** 162
I. Tatbestandsvoraussetzungen 162
   1. „Zur Wahrnehmung ihrer Aufgaben" 162
   2. Konkrete Gefahr 163
II. Sonstige Rechtmäßigkeitsvoraussetzungen 164
   1. Polizeipflichtigkeit der Person, die zur Gefahrenabwehr herangezogen
      werden soll 164
      a) Vom PolG ausdrücklich geregelte Polizeipflichtigkeit 165
         aa) Verursacherverantwortlichkeit 165
            (1) Verhaltensstörer (§ 6 I PolG) 165
            (2) Sog. Zusatzverantwortliche (§ 6 II, III PolG) 166
         bb) Zustandsverantwortlichkeit 166

				(1) Eigentümerverantwortlichkeit (§ 7, 1. Alt. PolG)	167
				(a) Begriff des Eigentümers	167
				(b) Zweifelsfragen	167
				(aa) Sachherrschaft eines Dritten ohne Willen des Eigentümers	167
				(bb) Wiederaufleben der Eigentümerverantwortlichkeit nach Ende der Sachherrschaft eines Dritten ohne Willen des Eigentümers	167
				(cc) Ende der Eigentümerverantwortlichkeit bei Dereliktion	168
				(dd) „Reduktion" der Eigentümer-Zustandsverantwortlichkeit in sog. Opferfällen	168
				(2) Inhaber der tatsächlichen Gewalt über eine gefährliche Sache (§ 7, 2. Alt PolG)	168
			cc)	Spezialregelungen zur Polizeipflichtigkeit	169
		b)	Nicht ausdrücklich im PolG geregelte Fälle der Polizeipflichtigkeit		169
			aa)	Doppelstörer	169
			bb)	Zweckveranlasser	169
			cc)	Anscheinsstörer	170
			dd)	Verdachtsstörer	170
			ee)	„Latenter Störer"	171
			ff)	Polizeipflicht von Hoheitsträgern?	171
		c)	Rechtsnachfolge in die polizeirechtliche Verantwortlichkeit		172
			aa)	Spezialgesetzliche Regelungen zur Verantwortlichkeit eines Rechtsnachfolgers	173
			bb)	Unterscheidung von konkreter Polizeipflicht und abstrakter Polizeipflichtigkeit	174
			cc)	Rechtsnachfolge bei Verursachungsverantwortlichkeit	174
			dd)	Rechtsnachfolge bei Zustandsverantwortlichkeit	175
		d)	Polizeipflichtigkeit eines Nichtstörers im polizeilichen Notstand (§ 9 I PolG)		175
	2.	Bestimmtheit der Polizeiverfügung			176
	3.	Verhältnismäßigkeit			177
		a)	Legitimes Ziel		177
		b)	Geeignetheit		177
		c)	Erforderlichkeit		177
		d)	Angemessenheit		177
		e)	Grundsatz des Austauschmittels		177
		f)	Verhältnismäßigkeit und Grundrechte		178
III.	Das Ermessen der Polizei				178
	1.	Begriff und Wesen des Ermessens			178
	2.	Entscheidungsteile ohne Ermessen			179
	3.	Ermessensarten			179
		a)	Entschließungsermessen		180
		b)	Auswahlermessen		180
			aa)	Auswahl zwischen mehreren Gefahrenabwehrmaßnahmen (Mittelauswahl)	180
			bb)	Auswahl zwischen mehreren polizeilich Verantwortlichen (Störerauswahl)	180

4. Rechtliche Grenzen des Ermessens 181
   a) Gesetzliche Grenzen des Ermessens 181
   b) Ermessensfehlerlehre 181
      aa) Begriff des Ermessensfehlers 181
      bb) Arten von Ermessensfehlern 181
         (1) Ermessensausfall 181
         (2) Ermessensdefizit 181
         (3) Ermessensfehlgebrauch 182
         (4) Ermessensüberschreitung 182
      cc) Ermessensreduzierung auf Null 182
   c) Sonstige Ermessensgrenzen 182
5. Anspruch auf fehlerfreie Ermessensausübung 182
   a) Adressat einer polizeilichen Verfügung 182
   b) Ansprüche Dritter auf polizeiliches Einschreiten 182

D. Ermächtigungsgrundlagen für polizeiliche Standardmaßnahmen („Standardermächtigungen") 185
I. Personenfeststellung (§ 26 PolG) und Vorladung (§ 27 PolG) 186
II. Platz- und Wohnungsverweis, Aufenthalts-, Rückkehr- und Annäherungsverbot, Aufenthaltsvorgabe, Kontaktverbot, elektronische Aufenthaltsüberwachung (§§ 27a-c PolG) 188
III. Gewahrsam (§ 28 PolG) 190
IV. Durchsuchungen (§§ 29, 30, 31 PolG) 192
V. Sicherstellung, Beschlagnahme und Einziehung (§§ 32, 33, 34 PolG) 195
VI. Erkennungsdienstliche Maßnahmen (§ 36 PolG) 198
VII. Datenerhebung (§§ 19 ff. PolG) und weitere Datenverarbeitung (§§ 37 ff. PolG) zur Gefahrenabwehr (Auswahl) 200
   1. Offene Bild- und Tonaufzeichnungen (§ 21 PolG) 200
   2. Heimliche Datenerhebung durch die Polizei (§§ 22 ff. PolG) 203
   3. Weitere Datenverarbeitung (§§ 37 ff. PolG) 206

E. Die Ermächtigung der Polizei zum Einsatz von Zwangsmitteln (Polizeizwang) 209
I. Begriff und Zwecke 209
II. Die Zwangsmittel der Polizei 209
III. Erfordernis besonderer Ermächtigungsgrundlage für den Zwangsmitteleinsatz 210
IV. Allgemeine Rechtmäßigkeitsvoraussetzungen des Polizeizwangs (= Allgemeine Vollstreckungsvoraussetzungen) 211
   1. Vorliegen eines Grundverwaltungsaktes 211
   2. Vollstreckbarkeit des Grundverwaltungsaktes 211
   3. Rechtmäßigkeitszusammenhang („Konnexität") zwischen Grundverfügung und Zwangsmaßnahme? 212
V. Besondere Rechtmäßigkeitsvoraussetzungen des Polizeizwangs 212
VI. Schusswaffengebrauch 213
VII. Gebrauch von Explosivmitteln 213

F. Spezialgesetzliche Ermächtigungsgrundlagen zur Gefahrenabwehr (Auswahl) 217
I. Ermächtigungsgrundlagen in der Landesbauordnung (LBO) 217
II. Ermächtigungsgrundlagen im Bundesbodenschutzgesetz (BBodSchG) ... 217

Inhaltsverzeichnis   XV

    III. Ermächtigungsgrundlagen in der Straßenverkehrsordnung (StVO) 218
    IV. Ermächtigungsgrundlagen im Versammlungsrecht 218
    V. Übersicht zu klausurwichtigen spezialgesetzlichen Eingriffsermächtigungen zur Gefahrenabwehr 220

G. Der Erlass von Polizeiverordnungen 221
    I. Begriff und Funktion der Polizeiverordnung 221
    II. Abgrenzung zur Allgemeinverfügung 221
    III. Abgrenzung zu Satzungen 222
    IV. Ermächtigungsgrundlagen für Polizeiverordnungen 223
        1. Ermächtigungsgrundlagenerfordernis 223
        2. Weitere verfassungsrechtliche Anforderungen 223
        3. Systematik der polizeirechtlichen Verordnungsermächtigungen 223
            a) Spezielle Ermächtigungen zum Erlass von Polizeiverordnungen 223
            b) Die Generalermächtigung für den Erlass von Polizeiverordnungen 223
    V. Rechtmäßigkeitsvoraussetzungen des § 10 PolG 224
        1. „Zur Wahrnehmung ihrer Aufgaben" 224
        2. Abstrakte Gefahr 224
        3. Zulässige Regelungsinhalte von Polizeiverordnungen i. S. des § 10 PolG 225
        4. Polizeipflichtigkeit bei Polizeiverordnungen 226
        5. Ermessensfehlerfreiheit der Polizeiverordnung 226
    VI. Formelle Rechtmäßigkeit einer Polizeiverordnung (§§ 12 ff. PolG) 226

H. Erstattung von Polizeikosten 226
    I. Begriff der Polizeikosten 226
    II. Pflicht Einzelner zur Erstattung von Polizeikosten als Ausnahme 227
        1. Pflicht des polizeilich Verantwortlichen zur Kostenerstattung 227
        2. Die dogmatische Trennung von Primär- und Sekundärebene 228
    III. Ermächtigungsgrundlagen zur Erhebung von Polizeikosten 229
        1. Ermächtigungsgrundlagen zum Polizeikostenersatz im Polizeigesetz ... 229
            a) Kostenerstattung nach Unmittelbarer Ausführung (§ 8 II PolG) 229
            b) Kostenersatz nach gesetzlich bestimmten anderen Sonderfällen 230
        2. Ermächtigungsgrundlagenkombination zum Kostenersatz nach polizeilichen Vollstreckungsmaßnahmen (Polizeizwang) – PolG/LVwVG 230
        3. Ermächtigungsgrundlagen zum Polizeikostenersatz im Landesgebührengesetz 234

I. Entschädigung, Schadensersatz und Folgenbeseitigung im Polizeirecht 234
    I. Spezialgesetzliche Ersatzansprüche im Gefahrenabwehrrecht 235
    II. Ersatzanspruch nach § 55 I PolG 235
        1. Der Ersatzanspruch des Nichtstörers 235
        2. Ersatzanspruch aus § 55 I PolG auch für Anscheinsstörer, Verdachtsstörer, unbeteiligte Dritte und sog. freiwillige Polizeihelfer? 236
    III. Anspruchsgrundlagen im übrigen Staatshaftungsrecht 237
        1. Sonstige Entschädigungsansprüche 237
        2. Schadensersatz aus Amtshaftung nach § 839 BGB i. V. mit Art. 34 GG 237
    IV. Öffentlich-rechtlicher Folgenbeseitigungsanspruch gegen die Polizei 237

J. Rechtsschutz im Polizeirecht 238
    I. Rechtsschutzgarantie 239
        1. Verfassungsrang effektiven Rechtsschutzes 239

2. Verfassungsrang effektiver Gefahrenabwehr 240
   3. Konsequenzen für die Ausgestaltung des Rechtsschutzes im Polizei-
      recht 240
  II. Typische Rechtsschutzkonstellationen im Polizeirecht 241
   1. Vorläufiger Rechtsschutz 241
      a) Vorläufiger Rechtsschutz gegenüber Verwaltungsakten der Polizei
         (§ 80 V VwGO) 242
      b) Vorläufiger Rechtsschutz gegenüber Realakten der Polizei
         (§ 123 VwGO) 243
      c) Vorläufiger vorbeugender Rechtsschutz 244
   2. Rechtsschutz trotz Erledigung der polizeilichen Maßnahme
      (Fortsetzungsfeststellungsklagen) 244
   3. Klagen gegen polizeiliche Zwangsmittel 246
   4. Klagen gegen Kostenbescheide der Polizei(behörden) 248
   5. Klagen auf polizeiliches Einschreiten 250
      a) Bescheidungsklage 250
      b) Verpflichtungsklage 250
      c) Klagen auf polizeiliches Einschreiten gegen Dritte 251
      d) Sonstige Leistungsklagen 251
   6. Amtshaftungsklagen und andere Schadensersatz- und Entschädigungs-
      klagen 252
   7. Klagen gegen Polizeiverordnungen 252

§ 3. Öffentliches Baurecht *(B. Remmert)*

A. Grundlagen 256
  I. Die Vielfalt der Funktionen des Bodens 256
 II. Rechtlicher Rahmen 256
   1. Privates Baurecht 256
   2. Öffentliches Baurecht 257
   3. Vertiefungshinweise 260
III. Konzeption und Gang der Darstellung 260

B. Die staatliche Vorordnung der Bodennutzung 261
  I. Unions- und verfassungsrechtliche Vorgaben 261
   1. Unionsrecht 261
   2. Verfassungsrecht 262
      a) Art. 14 I GG 262
      b) Verfassungsrechtliche Schutzpflichten 263
      c) Art. 28 II 1 GG 265
   3. Vertiefungshinweise 268
 II. Die staatliche Vorordnung der Bodennutzung durch kommunale
     Bauleitplanung 269
   1. Flächennutzungsplan und Bebauungsplan 269
      a) Flächennutzungsplan 269
      b) Bebauungsplan 272
      c) Vertiefungshinweise 279
   2. Rechtliche Vorgaben für die Aufstellung von Bauleitplänen 279
      a) Vorgaben zum Ob der Planung 280
         aa) Planungspflichten 280

Inhaltsverzeichnis

    bb) Ansprüche auf Planung? 281
    cc) Planungsverbote 281
   b) Vorgaben zum Planinhalt 282
    aa) Anpassungspflicht des § 1 IV BauGB und Entwicklungspflicht
     des § 8 II 1 BauGB 282
    bb) Zwingende Vorgaben des Fachplanungsrechts 283
    cc) Zwingende Vorgaben in Spezialgesetzen 284
    dd) Zwingende Zielvorgaben des § 1 V BauGB 285
   c) Vorgaben zum Prozess der Planaufstellung 285
    aa) Vorgaben zur Abwägung 286
     (1) Private Belange 286
     (2) Öffentliche Belange 286
     (3) Abwägung der Belange – Planungsgrundsätze 288
     (4) Abwägung der Belange – Abwägungsfehlerlehre 289
    bb) Verfahrensrechtliche Vorgaben 292
    cc) Zuständigkeitsrechtliche Vorgaben 297
   d) Außerkrafttreten von Bauleitplänen 299
   e) Vertiefungshinweise 300
  3. Fehlerhafte Bauleitpläne 301
   a) Grundsatz der Planerhaltung 301
   b) Inhalte und Struktur der §§ 214 I–IV, 215 BauGB 302
   c) Gruppen von Rechtsfehlern und ihre Folgen 304
   d) Vertiefungshinweise 307
  4. Rechtsschutz und Entschädigung 307
   a) Rechtsschutz gegen Bauleitpläne 307
   b) Klagen auf Planerlass 311
   c) Entschädigungsfragen 311
   d) Vertiefungshinweise 313
  5. Instrumente der Plansicherung und der Planverwirklichung 313
   a) Veränderungssperre und Zurückstellung von Baugesuchen 313
   b) Teilung von Grundstücken, Umlegung, Vorkaufsrechte,
    Erschließung und Enteignung im Überblick 315
   c) Sicherung der Plankonformität neuer baulicher Vorhaben 317
   d) Vertiefungshinweise 318
 III. Die staatliche Vorordnung der Bodennutzung bei fehlender oder
  teilweiser Bebauungsplanung 318
  1. Planersetzende gesetzliche Regelungen 318
  2. § 33 BauGB 319
  3. Gemeindliche Teilplanungen durch städtebauliche Satzungen 320
  4. Vertiefungshinweise 320

C. Die Zulässigkeit von Vorhaben 320
 I. Inhaltliche Anforderungen an Vorhaben 321
  1. Bauplanungsrecht 321
   a) Anwendungsbereich und Systematik der §§ 30 ff. BauGB 321
   b) Zulässigkeit von Vorhaben im Geltungsbereich eines qualifizierten
    oder vorhabenbezogenen Bebauungsplans 323
   c) Zulässigkeit von Vorhaben im sog. Innenbereich 328
    aa) Anwendungsbereich 328
    bb) Zulässigkeitsvoraussetzungen 330

d) Zulässigkeit von Vorhaben im sog. Außenbereich	332
aa) Anwendungsbereich	332
bb) Privilegierte und sonstige Vorhaben	333
cc) Zulässigkeitsvoraussetzungen	335
e) Zulässigkeit von Vorhaben aufgrund ungeschriebenen Bestandsschutzes?	339
f) Vertiefungshinweise	343
2. Spezialgesetze im Überblick	344
3. Bauordnungsrecht	345
a) Funktionen und Rechtsquellen des Bauordnungsrechts	345
b) Anwendungsbereich der LBO	346
c) Spezielle Anforderungen	347
d) Allgemeine Anforderungen des § 3 LBO	351
e) Vertiefungshinweise	351
II. Die bauordnungsrechtlichen Verfahren zur Durchsetzung der inhaltlichen Anforderungen an Vorhaben	352
1. Baurechtsbehörden	352
2. Verantwortlichkeit	354
3. Zulassung von Vorhaben	355
a) Anlagen, die keiner Baugenehmigung bedürfen	355
b) Genehmigungsbedürftige Anlagen	358
aa) Reguläres Baugenehmigungsverfahren	359
bb) Vereinfachtes Baugenehmigungsverfahren	362
cc) Baugenehmigung	363
c) Vertiefungshinweise	365
4. Bauüberwachung/Herstellung rechtmäßiger Zustände	365
a) Bauüberwachung	366
b) Herstellung rechtmäßiger Zustände	366
aa) Abbruchsanordnung	366
bb) Nutzungsuntersagung	370
cc) Sonstige Maßnahmen	370
c) Vertiefungshinweise	370
III. Rechtsschutzfragen	371
1. Rechtsschutz des Bauherrn und der sonstigen baurechtlich Verantwortlichen	371
a) Zulässigkeit von Vorhaben	371
b) Anordnungen der Baurechtsbehörde	372
2. Rechtsschutz Dritter	373
a) Zulässigkeit von Vorhaben	373
b) Anordnungen der Baurechtsbehörde	379
3. Vertiefungshinweise	380
Sachverzeichnis	381

§ 1. Kommunalrecht

Literaturhinweise:

Länderübergreifende Lehr- und Handbücher zum Kommunalrecht: *Burgi*, Kommunalrecht, 6. Aufl. 2019; *Geis*, Kommunalrecht, 5. Aufl. 2020; *Röhl*, Kommunalrecht, in: Schoch (Hrsg.), Besonderes Verwaltungsrecht, 2018; *Brüning*, Kommunalverfassung, in: Ehlers/Fehling/Pünder (Hrsg.), Besonderes Verwaltungsrecht, Band 3, 3. Aufl. 2013; *Engels/Krausnick*, Kommunalrecht, 2015; *Mann*, Kommunalrecht, in: Erbguth/Mann/Schubert, Besonderes Verwaltungsrecht, 13. Aufl. 2020; *Mann/Püttner* (Hrsg.), Handbuch der kommunalen Wissenschaft und Praxis, 3. Aufl., Band 1 2007, Band 2 2011; *Schmidt*, Kommunalrecht, 2. Aufl. 2014.

Auf das Kommunalrecht in Baden-Württemberg bezogene Lehrbücher: *Plate/Schulze/Fleckenstein*, Kommunalrecht BW, 8. Aufl. 2018; *Gern*, Kommunalrecht BW, 9. Aufl. 2005 (trotz Neubearbeitung durch *Engel/Heilhorn* in Teilen immer noch relevant); *Engel/Heilhorn*, Kommunalrecht BW, 11. Aufl. 2018; *Kenntner*, Öffentliches Recht in BW, 2. Aufl. 2017, S. 86 ff.; *Müller*, Kommunalrecht BW, 4. Aufl. 2019; *Waibel*, Gemeindeverfassungsrecht Baden-Württemberg, 5. Aufl. 2007.

Kommentare zur Gemeindeordnung BW: *Aker/Hafner/Notheis*, Gemeindeordnung BW, 2. Aufl. 2019; *Kunze/Bronner/Katz*, Gemeindeordnung BW, Stand: Juni 2019.

Rechtsprechungsübersichten zum Kommunalrecht: *Heusch/Dickten*, Neue Rechtsprechung zum Kommunalrecht, NVwZ 2018, 1353 ff.; NVwZ 2019, 359 ff. u. 1238 ff.; *Struck*; Die Rechtsprechung zum Kommunalrecht, VBlBW 2018, 353 ff.

Fallsammlungen (u.a.) zum Kommunalrecht: *Heyen/Collin/Spiecker gen. Döhmann*, 40 Klausuren aus dem Verwaltungsrecht, 11. Aufl. 2017; *Muckel*, Klausurenkurs zum Besonderen Verwaltungsrecht, 7. Aufl. 2019; *Peine*, Klausurenkurs im Verwaltungsrecht, 6. Aufl. 2016; *Seiler*, Examens-Repetitorium Verwaltungsrecht, 6. Aufl. 2017; siehe ferner z.B. *Kintz*, Klausurrelevante kommunalrechtliche Probleme in den juristischen Staatsprüfungen, LKRZ 2011, 476 ff., 2012, 37 ff. u. 77 ff.; *Seybold*, Die typische kommunalrechtliche Klausur, DVP 2013, 11 ff. u. 67 ff.

A. Einführung und Grundlagen

Kommunalrecht – so richtig spannend klingt das im ersten Moment wohl nicht. Es handelt sich aber bei näherer Betrachtung um eine ausgesprochen reizvolle Materie mit beträchtlicher Relevanz für Alltag, Examen und Praxis. Der Teil „Kommunalrecht" soll Ihnen die prüfungsrelevanten Kenntnisse vermitteln. Dabei werden auch die Querbezüge zum Europarecht, Verfassungsrecht und zu anderen Gebieten des Verwaltungsrechts herausgestellt und zur Wiederholung genutzt. **1**

Beachte: Prüfungsrelevanz weist schon dieses erste Kapitel auf. Bitte unterschätzen Sie nicht die Bedeutung der Grundlagen. In einer mündlichen Prüfung genügen vielfach schon geringe Kenntnisse etwa zu geschichtlichen Grundlagen, um dort zu überzeugen, wo Ihre Mitprüflinge den Blicken der Prüfungskommission auszuweichen versuchen. **2**

I. Kommunalrecht in Alltag, Examen und Praxis

Die Kommunen sind Teil unseres Alltags. Jeder von uns lebt in einer Stadt oder einer Gemeinde. Wohl jeder war schon einmal bei der Stadt- oder Gemeindeverwaltung, **3**

z. B. um sich an- oder abzumelden oder um einen Personalausweis oder Reisepass zu beantragen. Kommunen und ihre Unternehmen versorgen viele von uns mit Strom, Gas oder Wasser und kümmern sich um die Entsorgung unseres Hausmülls oder Abwassers. Die Kommunen sind vielfach die Träger der öffentlichen Schulen. Im Gemeinderat, in dem „normale" Bürgerinnen und Bürger quasi als Feierabendpolitiker tätig sind, wird entschieden, ob eine Grundschule geschlossen werden muss oder eine Kindertagesstätte neu eröffnet wird, ob neue Baugebiete ausgewiesen werden, ob die Fußgängerzone erweitert werden soll, ob die Hundesteuer erhöht, die Gewerbesteuer gesenkt oder ein Gothic-Festival finanziell unterstützt wird. Die Lokalteile der Zeitungen informieren uns täglich über diese Vorgänge im Gemeinderat und in der Gemeindeverwaltung. Selbst wenn man immer Gründe für Kritik finden mag – unter dem Strich funktioniert die Kommunalverwaltung in Deutschland doch sehr gut. Die Leistungsstärke unserer Kommunen erwies sich bei der Bewältigung der Flüchtlingskrise. Aktuell stellen sich unsere Städte und Gemeinden den Herausforderungen des Klimawandels und Klimaschutzes.

4 Unser Alltag ist durch Kommunalrecht geprägt, ohne dass uns das immer bewusst wird. Die Bedeutung des Kommunalrechts wird aber spätestens im Studium und auf dem Weg zum Examen erkannt. Es ist neben dem Polizei- und Baurecht eine der klassischen Materien des Besonderen Verwaltungsrechts. Gem. § 8 II Nr. 9 JAPro zählt das Kommunalrecht zum **Pflichtstoff in der Staatsprüfung.** In Klausuren kann das Kommunalrecht im Mittelpunkt stehen, wenn es etwa um ein kommunales Organstreitverfahren (→ Rn. 251 ff.) oder um Kommunalwirtschaftsrecht (→ Rn. 411 ff.) geht. Vielfach werden kommunalrechtliche Probleme mit anderen Fragen des Öffentlichen Rechts verknüpft: So wird bei Ansprüchen auf Zulassung zu einer kommunalen Einrichtung gem. § 10 GemO die aus dem Allgemeinen Verwaltungsrecht vertraute sog. Zwei-Stufen-Theorie zu erörtern sein (→ Rn. 372). Klausuren aus dem Baurecht können mit Problemen der Befangenheit von Ratsmitgliedern (→ Rn. 233 ff.) beim Erlass eines Bebauungsplans oder mit Maßnahmen der Kommunalaufsicht (→ Rn. 504 ff.) kombiniert werden.

5 Mit Blick auf die Bedeutung des Kommunalrechts für die spätere Berufspraxis mag der Hinweis genügen, dass es in Deutschland über 11.000 Gemeinden, davon über 2.000 Städte, sowie fast 300 Landkreise gibt. Die Kommunen und ihre Unternehmen sind deshalb ein wichtiger Arbeitgeber für Juristinnen und Juristen.

II. Rechtsquellen des Kommunalrechts

6 Im Folgenden soll ein knapper Überblick über die Rechtsquellen des Kommunalrechts, d. h. über diejenigen Rechtsnormen geboten werden, die besondere Relevanz für dieses Rechtsgebiet haben.

7 Dem **Völkerrecht** kommt bislang keine nennenswerte Bedeutung zu. Immerhin gibt es einen Weltkommunalverband (United Cities and Local Governments, UCLG) sowie im Rahmen des UN-HABITAT-Programmes für ein nachhaltiges Bau- und Siedlungswesen einen Beirat mit Vertretern von Kommunen (United Nations Advisory Committee of Local Authorities, UNACLA). Zu nennen ist ferner eine „Weltcharta der kommunalen Selbstverwaltung", die bislang über das Entwurfsstadium allerdings nicht hinausgekommen ist.[1]

---

[1] Zum Entwurf siehe https://rgre.de/fileadmin/user_upload/pdf/resolutionen/Weltcharta_der_kommunalen_Selbstverwaltung.pdf.

A. Einführung und Grundlagen

Auf **europäischer Ebene** ist zunächst im Rahmen des Rechts des Europarates (= regionales Völkerrecht) die Europäische Charta der kommunalen Selbstverwaltung vom 15.10.1985 anzuführen (→ Rn. 114). Das Recht der Europäischen Union kennt explizite Regelungen mit Bezug zur kommunalen Selbstverwaltung etwa im EU-Vertrag (dort Art. 4 II, 5 III EUV – lokale Selbstverwaltung) oder im AEU-Vertrag (z.B. Art. 300 III AEUV – Ausschuss der Regionen, dem auch Vertreter der lokalen Gebietskörperschaften angehören); siehe näher → Rn. 116.

Von zentraler Bedeutung für das Kommunalrecht sind die Vorgaben des **Grundgesetzes** (→ Rn. 58 ff.). Dies gilt namentlich für die verfassungsrechtliche Garantie kommunaler Selbstverwaltung in Art. 28 II GG. Aus dem **einfachen Bundesrecht** sind z.B. die Regelungen des BauGB bedeutsam. So müssen die Gemeinden gem. § 1 III BauGB Bauleitpläne aufstellen.

Im **Landesrecht** gibt es zunächst die Landesverfassung, welche der kommunalen Selbstverwaltung zusätzlichen Schutz verschafft (Art. 71 ff. LV). Hinzu treten kommunalrechtliche Vorschriften sowohl in formellen als auch in materiellen Gesetzen. Wichtigste formelle Gesetze **(Parlamentsgesetze)** sind die Gemeindeordnung (GemO), die Landkreisordnung (LKrO), das Gesetz über kommunale Zusammenarbeit (GKZ), das Kommunalwahlgesetz (KWG), das Kommunalabgabengesetz (KAG) und das Eigenbetriebsgesetz (EigBG).

Materielle Gesetze werden nicht vom Parlament (Legislative), sondern von der Verwaltung (Exekutive) erlassen. Zu unterscheiden ist zwischen Rechtsverordnungen und Satzungen. Handelt es sich um unmittelbare Staatsverwaltung, liegt eine Rechtsverordnung vor, bei mittelbarer Staatsverwaltung eine Satzung (dazu → Rn. 36 f.). **Rechtsverordnungen** können auf Landesebene (z.B. die Gemeindehaushaltsverordnung, GmHVO, aber auch auf Ortsebene erlassen werden (z.B. eine Polizeiverordnung gem. § 10 PolG). Die Gemeinden, Landkreise oder Zweckverbände können **Satzungen** erlassen (→ Rn. 278 ff.).

Wiederholung aus dem Staatsrecht/Allgemeinen Verwaltungsrecht: Formelle Gesetze sind solche, die vom Parlament im parlamentarischen Gesetzgebungsverfahren erlassen worden sind. Materielle Gesetze sind solche, die allgemeinverbindliche Regelungen für Bürger oder weitere Rechtsträger enthalten. Die meisten Parlamentsgesetze (= formelle Gesetze) sind zugleich materielle Gesetze, werden dennoch zumeist (etwas ungenau) bloß als formelle Gesetze bezeichnet. Handelt es sich um ein formelles Gesetz, das nicht auch materielles Gesetz ist, spricht man von einem „nur formellen Gesetz" (z.B. Feststellung des Haushaltsplans, Art. 110 I 1 GG).

Denkbar ist schließlich sogar ungeschriebenes Ortsrecht in Form lokalen Gewohnheitsrechts (sog. **Observanz**). So gibt es bisweilen historisch überlieferte Pflichten von Gemeinden, eine Kirche in einem einwandfreien baulichen Zustand zu erhalten (sog. kommunale Kirchenbaulast).

Wiederholung aus dem Allgemeinen Verwaltungsrecht: Gewohnheitsrecht entsteht durch **(1)** eine längere und allgemeine Übung (consuetudo) und **(2)** die Überzeugung der Beteiligten, dass diese Übung rechtlich geboten ist (opinio iuris). Bei einer Observanz beschränken sich allgemeine Übung und Überzeugung auf die jeweilige Kommune (zum Gewohnheitsrecht siehe z.B. *Maurer/Waldhoff*, Allgemeines Verwaltungsrecht, 19. Aufl. 2017, § 4 → Rn. 29 ff.).

III. Historische Entwicklungslinien des Kommunalrechts und der kommunalen Selbstverwaltung

15 Im Mittelpunkt des Kommunalrechts steht die kommunale Selbstverwaltung, die auf einer langen Tradition beruht, dennoch keineswegs selbstverständlich ist. Schon das römische Recht der **Antike** kannte abgestufte Formen kommunaler Selbstverwaltung. Am weitesten reichte diese bei den Coloniae, von denen es im römischen Deutschland vier gab (Köln, Xanten, Trier und Augsburg), allerdings keine im heutigen Baden-Württemberg. Weitgehende Selbstständigkeit stand einem Municipium zu (z. B. Rottweil). Hinzu kamen die Hauptorte eines Siedlungsgebietes (Civitas), die ebenfalls einen Stadtrat (curia) mit gewissen Selbstverwaltungsbefugnissen hatten (z. B. Ladenburg oder Bad Wimpfen).

16 Aus dem **Mittelalter** sind vor allem die Zünfte als eine Wurzel bürgerschaftlicher Selbstverwaltung zu nennen. **Zünfte** bildeten sich seit dem 11. Jahrhundert, verstärkt im 14. Jahrhundert als Zusammenschlüsse der Handwerker. Die Kaufleute schlossen sich zu Gilden zusammen, wobei die begriffliche Unterscheidung von Zunft und Gilde nicht zwingend war. Zünfte und Gilden bildeten zugleich den Kern des städtischen Bürgertums. Die Aufgaben der Zünfte waren vielfältig. Zünfte organisierten kirchliche und gesellige Feiern und prägten damit das kulturell-gesellschaftliche Leben einer Stadt. Sie erfüllten soziale (z. B. Solidarität in Notlagen, Sterbegeld) und öffentliche Aufgaben (z. B. im Rahmen der Stadtverteidigung: einzelne Mauerabschnitte waren bestimmten Zünften zugewiesen). Die Zünfte erreichten in Konfrontation zu den jeweiligen Landesherren vielfach eine Teilhabe an der politischen Macht in den Städten, wurden bisweilen sogar zum bestimmenden Machtfaktor einer Stadt (sog. Zunftrepubliken, z. B. in Zürich von 1336–1798).

17 Wegweisend für die heutige Stellung der Kommunen ist die **Preußische Städteordnung von 1808,** die Teil der sog. Stein-Hardenbergschen Reformen zur Modernisierung Preußens während der napoleonischen Kriege war. In der Präambel dieses Gesetzes wurde seinerzeit ausgeführt, dass es die Notwendigkeit einer selbstständigeren Verfassung der Städte sowie ein dringendes Bedürfnis nach einer wirksamen Teilnahme der Bürgerschaft an der Verwaltung des Gemeinwesens gebe, um „durch diese Theilnahme Gemeinsinn zu erregen und zu erhalten." Das ist weiterhin Ziel der kommunalen Selbstverwaltung.[2] Zeitgleich wurde im französisch beeinflussten Teil Deutschlands ein konträres Kommunalmodell praktiziert, und zwar in der Verordnung Nr. 2987 des Großherzogs von Berg aus dem Jahre 1807. Danach befanden sich die Gemeinden „in einem steten Zustand der Minderjährigkeit" (Art. 48), waren also gerade nicht selbstständig.

18 Verfassungsrechtliche Anerkennung erhielt die kommunale Selbstverwaltung durch die sog. **Paulskirchenverfassung von 1849;** ihr § 184 I lautete: „Jede Gemeinde hat als Grundrechte ihrer Verfassung: a) die Wahl ihrer Vorsteher und Vertreter; b) die selbstständige Verwaltung ihrer Gemeindeangelegenheiten mit Einschluß der Ortspolizei, unter gesetzlich geordneter Oberaufsicht des Staates; c) die Veröffentlichung ihres Gemeindehaushaltes; d) Öffentlichkeit der Verhandlungen als Regel." Allerdings erlangte die Paulskirchenverfassung keine praktische Wirksamkeit.

---

[2] Siehe BVerfG, NVwZ 2018, 140, 146 Tz. 77: „Das Bild der Selbstverwaltung, wie sie der Gewährleistung des Art. 28 II GG zugrunde liegt, wird daher maßgeblich durch das Prinzip der Partizipation geprägt. Kommunale Selbstverwaltung bedeutet ihrer Intention nach Aktivierung der Beteiligten für ihre eigenen Angelegenheiten, die die örtliche Gemeinschaft zur eigenverantwortlichen Erfüllung öffentlicher Aufgaben zusammenschließt mit dem Ziel, das Wohl der Einwohner zu fördern und die geschichtliche und örtliche Eigenart zu wahren."

A. Einführung und Grundlagen 5

Die sog. Bismarck'sche Reichsverfassung von 1871 enthielt keine Gewährleistung 19
der kommunalen Selbstverwaltung, wohl aber die **Weimarer Reichsverfassung von
1919**; siehe Art. 127 WRV: „Gemeinden und Gemeindeverbände haben das Recht der
Selbstverwaltung innerhalb der Schranken der Gesetze."

Ein tiefer Einschnitt in der Geschichte der kommunalen Selbstverwaltung war die 20
Deutsche Gemeindeordnung von 1935 (DGO). Dieses *Reichs*gesetz (!) gab zwar
vor, „im wahren Geiste des Schöpfers gemeindlicher Selbstverwaltung, des Reichsfreiherrn vom Stein" formuliert zu sein (so die Präambel), höhlte den Gedanken der
Selbstverwaltung jedoch völlig aus und ersetzte ihn durch das Führerprinzip: Die Bürgermeister wurden nicht länger gewählt, sondern „durch das Vertrauen von Partei und
Staat in ihr Amt berufen" (§ 6 II 1 DGO). „Zur Sicherung des Einklangs der Gemeindeverwaltung mit der Partei" erhielt ferner ein Beauftragter der NSDAP Mitwirkungsrechte (§ 6 II 2 DGO). Die Gemeinderäte hatten nur noch die Aufgabe, den Bürgermeister zu beraten und „seinen Maßnahmen in der Bevölkerung Verständnis zu
verschaffen" (§ 48 I 2 DGO). Trotz dieser nationalsozialistischen Ausrichtung ist die
DGO bis in die Gegenwart Vorbild für viele Vorschriften der Gemeindeordnungen der
Länder, auch für die GemO BW: Dies gilt etwa für die Regelungen zu öffentlichen
Einrichtungen (§ 17 DGO), zum Anschluss- und Benutzungszwang (§ 18 DGO) oder
für wirtschaftliche Unternehmen (§ 67 DGO). Vor diesem Hintergrund erklärt sich,
dass die DGO nach 1945 in den Besatzungszonen und dann in den neu gegründeten
Ländern in entnazifizierter Form fortgelten konnte, ehe sie 1955 durch die GemO
BW abgelöst worden ist.

Hinweis: Die Fassung der DGO finden Sie z. B. unter http://www.verfassungen.de/de33- 21
45/gemeindeordnung35-v1.htm. Vergleichen Sie einmal die damaligen Regelungen mit der
heutigen GemO!

Zu den **aktuellen Entwicklungen** des Kommunalrechts zählen etwa die Verstär- 22
kung der unmittelbaren Bürgerpartizipation z. B. durch Bürgerbegehren und Bürgerentscheid, die in jüngster Zeit zunehmend auf die gesamte Einwohnerschaft erweitert
wird (näher §§ 20a ff. GemO; → Rn. 266 ff.), die Europäisierung des Kommunalrechts
(→ Rn. 116 ff.) oder die Verwaltungsmodernisierung im Sinne des sog. New Public
Management (→ Rn. 469).

Vertiefungshinweise: *Ennuschat/Kresse/Prange*, Rechtsgeschichte für die mündliche Prüfung, 22a
JA 1995, 47 (50); *Püttner*, 200 Jahre Preußische Städteordnung, DÖV 2008, 973 ff.; *Thiel*, Die
preußische Städteordnung von 1808, Speyerer Arbeitshefte 123 (1999); *ders.*, Gemeindliche
Selbstverwaltung und kommunales Verfassungsrecht im neuzeitlichen Preußen, Die Verwaltung
35 (2002), 25 ff.

IV. Grundbegriffe des Kommunalrechts

1. Kommune, Stadt, Gemeinde, Landkreis

Das Kommunalrecht betrifft das Recht der Kommunen. Was ist aber überhaupt eine 23
Kommune? Eine Begriffsklärung ist schon deshalb nötig, weil manche gesetzlichen
Tatbestände den Begriff „Kommune" enthalten (z. B. § 45 S. 2 AufenthG). Der Begriff
umfasst die Gemeinden (einschließlich der Städte) und die Landkreise. Zur kommunalen Sphäre zählen ferner höherstufige Verbände, etwa die Zweckverbände.

Die **Gemeinden** bilden die unterste Ebene des Staatsaufbaus (vgl. § 1 Abs. 1 24
GemO: „Die Gemeinde ist Grundlage und Glied des demokratischen Staates."). Man-

che Gemeinden führen die Bezeichnung „Stadt" (dazu § 5 II GemO). Die Städte unterteilen sich in **Stadtkreise** (§§ 3 I, 131 I GemO), **Große Kreisstädte** (§§ 3 II, 131 II GemO) und **Städte**. Städte und Große Kreisstädte gehören einem Landkreis an, Stadtkreise nicht. In Stadtkreisen und Großen Kreisstädten führt der Bürgermeister die Amtsbezeichnung „Oberbürgermeister" (§ 42 IV GemO). Die Einstufung als Große Kreisstadt oder Stadtkreis hat ferner Bedeutung für die Zuständigkeiten (näher § 15 I LVG).

25 Das Gebiet und die Einwohner der kreisangehörigen Gemeinden werden zu einem **Landkreis** zusammengeschlossen (§§ 6 I, 9 LKrO). Mitglieder des Landkreises sind mithin die Einwohner, nicht etwa die Gemeinden. Die Aufgabenverteilung zwischen kreisangehöriger Gemeinde und Landkreis stellt sich bei vergröberter Betrachtung wie folgt dar:

26 – Der Landkreis unterstützt die Gemeinden bei der Erfüllung ihrer (örtlichen) Aufgaben (§ 1 I LKrO), z. B. durch rechtliche Beratung.

27 – Der Landkreis erfüllt die **„überörtlichen kreiskommunalen Aufgaben"** (BVerfG, NVwZ 2008, 183), welche die Leistungsfähigkeit der kreisangehörigen Gemeinden übersteigen (§ 2 I 1 LKrO). Zumeist hat der Gesetzgeber bereits bestimmt, welche Aufgaben in diesem Sinne kreiskommunal sind, z. B. die Abfallentsorgung (§ 6 I LAbfG) oder die Trägerschaft für Berufsschulen (§ 28 III SchulG). Im Übrigen kommt dem Landkreis eine sog. **Kompetenz-Kompetenz** zu: Er kann unter bestimmten Voraussetzungen selbst entscheiden, dass er bestimmte Aufgaben an Stelle der Gemeinden erfüllt (§ 2 II LKrO), d. h. der Landkreis hat die Kompetenz, über die Kompetenzverteilung zwischen Gemeinde und Landkreis zu entscheiden.

28 **Klausurhinweis:** Manche Klausur hat Rechtsfragen des Landkreises zum Gegenstand. Die Regelungen der LKrO ähneln aber häufig den Vorschriften der GemO, sodass Ihre Kenntnisse zur GemO genügen werden, die Probleme in der Klausur zur LKrO zu bewältigen.

2. Selbstverwaltung, Rechtsaufsicht, Fachaufsicht

29 Prägend für das Kommunalrecht ist die kommunale **Selbstverwaltung**. Die Bürger verwalten sich zwar selbst, verlassen dabei aber – bezogen auf die Unterscheidung von Staat und Gesellschaft – die gesellschaftliche Sphäre (in der sich etwa ein Sportverein befindet). Sie werden vielmehr Teil des Staates, und zwar in Form der sog. mittelbaren Staatsverwaltung (→ Rn. 37). Es handelt sich dabei um Verwaltung i. S. d. Gewaltentrennung. Dies gilt auch für den Rat, der ungeachtet einer gewissen Parlamentsähnlichkeit kein Legislativ-, sondern ein Exekutivorgan ist (→ Rn. 131). Selbstverwaltung ist ein Verwaltungsorganisationstyp. Selbstverwaltungseinrichtungen werden aus dem hierarchischen Staatsaufbau ausgegliedert. Die Betroffenen regeln ihre Angelegenheiten selbst (z. B. Gemeinde, Kammer, Universität). Ziele sind Betroffenenmitwirkung, Sach- und Bürgernähe, Flexibilität, Stärkung der Eigenverantwortlichkeit und Motivation zum bürgerschaftlichen Engagement. Die Kommunen sind zugleich Ausdruck der Dezentralisation und der vertikalen Gewaltenteilung.

30 In Selbstverwaltungsangelegenheiten unterliegen die Gemeinden (und ebenso andere Selbstverwaltungseinrichtungen wie etwa Kammern oder Universitäten) nur einer Rechts- und keiner Fachaufsicht. Die **Rechtsaufsicht** beschränkt sich auf eine Rechtmäßigkeitskontrolle (§ 118 I GemO). Die **Fachaufsicht** vereint Rechtmäßigkeits- und Zweckmäßigkeitskontrolle (z. B. § 118 II GemO i. V. m. § 65 I PolG). Relevanz hat diese Unterscheidung vor allem im Ermessensbereich: Die Rechtsaufsicht muss jede rechtmäßige Ermessensausübung hinnehmen, selbst wenn die Aufsichtsbe-

A. Einführung und Grundlagen

hörde eine andere Maßnahme für zweckmäßiger hält. Steht der Aufsichtsbehörde die Fachaufsicht zu, kann sie der Gemeinde eine Weisung erteilen, diejenige Maßnahme zu ergreifen, welche die Aufsichtsbehörde für am sinnvollsten hält. Zur Kommunalaufsicht siehe → Rn. 504 ff.

Wiederholung aus dem Staatsorganisationsrecht: Im Zusammenhang mit der Ausführung von Bundesgesetzen durch die Länder gibt es ebenfalls die Unterscheidung von Rechtsaufsicht (Art. 84 III 1 GG) und Fachaufsicht (Art. 85 IV GG). 31

3. Körperschaft des öffentlichen Rechts, Gebietskörperschaft, Verbandskörperschaft

Gemeinden und Landkreise sind **Körperschaften des öffentlichen Rechts** (§ 1 IV GemO, § 1 II LKrO), und zwar sog. **Gebietskörperschaften**. Ihre Mitglieder sind alle Einwohner eines bestimmten Gebietes. Der Zweckverband, ebenfalls eine kommunale Körperschaft des öffentlichen Rechts, ist hingegen eine Verbandskörperschaft; Verbandsmitglieder sind nicht die Einwohner des Verbandsgebietes, sondern in erster Linie Gemeinden und Landkreise (näher § 2 GKZ). 32

Wiederholung aus dem Allgemeinen Verwaltungsrecht: (1) Es gibt drei Arten von juristischen Personen des öffentlichen Rechts: Körperschaften, Anstalten und Stiftungen des öffentlichen Rechts. Wesensmerkmal einer **Körperschaft** ist deren mitgliedschaftliche Struktur: Sie hat **Mitglieder**. Eine **Anstalt** ist die organisatorische Zusammenfassung von Sach- und Personalmitteln zu einer verselbstständigten Verwaltungseinheit zur Erfüllung eines bestimmten öffentlichen Zwecks (z. B. Museum, Freibad). Anstalten haben keine Mitglieder, sondern **Benutzer**, Eine **Stiftung** ist ein rechtlich verselbstständigtes Vermögen, dessen Ertrag (z. B. Zinseinnahmen) einem öffentlichen Zweck dient (z. B. Förderung von Klimaschutzprojekten). Stiftungen haben **Nutznießer**.[3] (2) Die Körperschaften des öffentlichen Rechts unterteilen sich in **Gebietskörperschaften** (z. B. Gemeinden; Mitglieder: Einwohner), **Verbandskörperschaften** (z. B. Zweckverband; Mitglieder sind i. d. R. juristische Personen, hier: Gemeinden und Landkreise), **Personalkörperschaften** (z. B. Rechtsanwaltskammer; Mitglieder sind Personen mit bestimmten Eigenschaften, hier: Rechtsanwälte) und **Realkörperschaften** (z. B. Jagdgenossenschaft; die Mitgliedschaft knüpft an Eigentum oder Besitz an; hier: Eigentümer von Waldgrundstücken).[4] 33

4. Einwohner und Bürger

Einwohner der Gemeinde ist, wer in der Gemeinde wohnt (§ 10 I GemO); hierzu zählt auch ein Zweitwohnungssitz. Einwohner mit Hauptwohnsitz in der Gemeinde, die Deutsche i. S. d. Art. 116 GG sind oder die Unionsbürgerschaft eines anderen EU-Staates besitzen, das 16. Lebensjahr vollendet haben und seit mindestens drei Monaten in der Gemeinde leben, sind **Bürger** (§ 12 I GemO). Die Unterscheidung zwischen Bürger und Einwohner ist insbesondere für das Wahlrecht bedeutsam (§ 14 I GemO), das nur den Bürgern zusteht. Die Herabsenkung des Mindestalters, um aktiv wahlberechtigter Bürger zu sein, von 18 Jahre auf 16 Jahre erfolgte durch Gesetz vom 16.4.2013 (GBl. S. 55).[5] Die passive Wahlberechtigung (Wählbarkeit) bleibt jedoch weiter an die Vollendung des 18. Lebensjahres geknüpft (§ 28 Abs. 1 GemO). 34

---

[3] Siehe dazu z. B. *Maurer/Waldhoff*, Allgemeines Verwaltungsrecht, 19. Aufl. 2017, § 23 Rn. 36 ff.
[4] Näher hierzu etwa *Detterbeck*, Allgemeines Verwaltungsrecht, 17. Aufl. 2019, Rn. 182 ff.
[5] Die Verfassungsmäßigkeit bejahend BVerwG, NJW 2018, 3328 Ls. 1; VGH BW, NVwZ-RR 2018, 404; ThürVerfGH, NVwZ-RR 2019, 129 Ls. 2.

V. Die Kommunen im Staatsaufbau

35 Deutschland kennt einen dreigliedrigen Staatsaufbau: Bund, Länder und Kommunen (vertikale Gewaltenteilung), wobei die Kommunen genau genommen Teil der Länder sind. Die Verwaltung ist auf Bund und Länder verteilt. Die Landesverwaltung unterteilt sich – wie auch die Bundesverwaltung – in die unmittelbare und die mittelbare Staatsverwaltung. Die Kommunen sind in beide Zweige einbezogen.

36 Die **unmittelbare Staatsverwaltung** dient der Erfüllung **staatlicher Angelegenheiten**. Der höherstufigen Behörde steht gegenüber den ihr nachgeordneten Behörden die **Rechts- und Fachaufsicht** zu. Traditionell kennt die unmittelbare Staatsverwaltung drei Ebenen: oberste Landesbehörde (insbesondere die Ministerien, siehe näher § 7 LVG), Regierungspräsidium als mittlere Landesbehörde (dazu § 11 ff. LVG) und untere Verwaltungsbehörde. Die Regelungen in §§ 15 ff. LVG zu den unteren Verwaltungsbehörden sind etwas unübersichtlich; mit gewisser Vergröberung gilt Folgendes: **Untere Verwaltungsbehörde** ist in den Landkreisen das **Landratsamt**, in den Stadtkreisen und Großen Kreisstädten der **Bürgermeister**. Die oberste Landesbehörde, das Regierungspräsidium und die untere Verwaltungsbehörde können, sofern es hierfür eine gesetzliche Ermächtigung gibt, **Rechtsverordnungen** erlassen. So kann z.B. der Oberbürgermeister gem. § 10 I PolG eine Polizeiverordnung erlassen.

37 Die **mittelbare Staatsverwaltung** dient der Erfüllung eigener Aufgaben der aus dem hierarchischen Verwaltungsaufbau ausgegliederten juristischen Personen des öffentlichen Rechts. Relevant ist das insbesondere für Gemeinden und Landkreise, aber auch z.B. für Kammern oder Hochschulen als Körperschaften des öffentlichen Rechts. Der Körperschaft kommt bei der Erfüllung eigener (kommunaler) Aufgaben das Recht der Selbstverwaltung zu. Die Aufsicht ist auf eine Rechtsaufsicht beschränkt. Die eigenen Angelegenheiten werden durch **Satzungen** geregelt (näher → Rn. 278 ff.).

38 Siehe zur Stellung der Kommunen im Staatsaufbau die Übersicht auf der folgenden Seite.

VI. Der kommunale Aufgabenkreis

39 Im Folgenden stehen die Gemeinden im Vordergrund der Betrachtung (zu Landkreisen siehe → Rn. 25 ff., 96 ff.). Sie nehmen zum einen Angelegenheiten der örtlichen Gemeinschaft wahr (eigene Angelegenheiten), zum anderen Angelegenheiten des Landes oder des Bundes.

40 Die **eigenen Angelegenheiten** (eigener Wirkungskreis) unterteilen sich in freiwillige Aufgaben und in (weisungsfreie) Pflichtaufgaben (dazu § 2 II GemO). Die Errichtung eines Freibades oder Strandbades ist z.B. eine **freiwillige Aufgabe**. Die Aufstellung eines Bauleitplanes oder die Beleuchtung und Reinigung von Straßen sind **Pflichtaufgaben,** zu denen die Gemeinden gesetzlich verpflichtet sind (siehe § 1 III BauGB, § 41 StrG). Wie die Gemeinden dieser Pflicht nachkommen, ist jedoch ihnen überlassen, solange sie die gesetzlichen Vorgaben beachten. Sie haben insoweit Gestaltungsspielräume und unterliegen dabei keinen fachlichen Weisungen der Kommunalaufsicht. Dies bedeutet: Bei freiwilligen Aufgaben sind die Gemeinden hinsichtlich des „ob" und des „wie" der Aufgaben(erfüllung) frei, bei Pflichtaufgaben nur hinsichtlich des „wie".

A. Einführung und Grundlagen

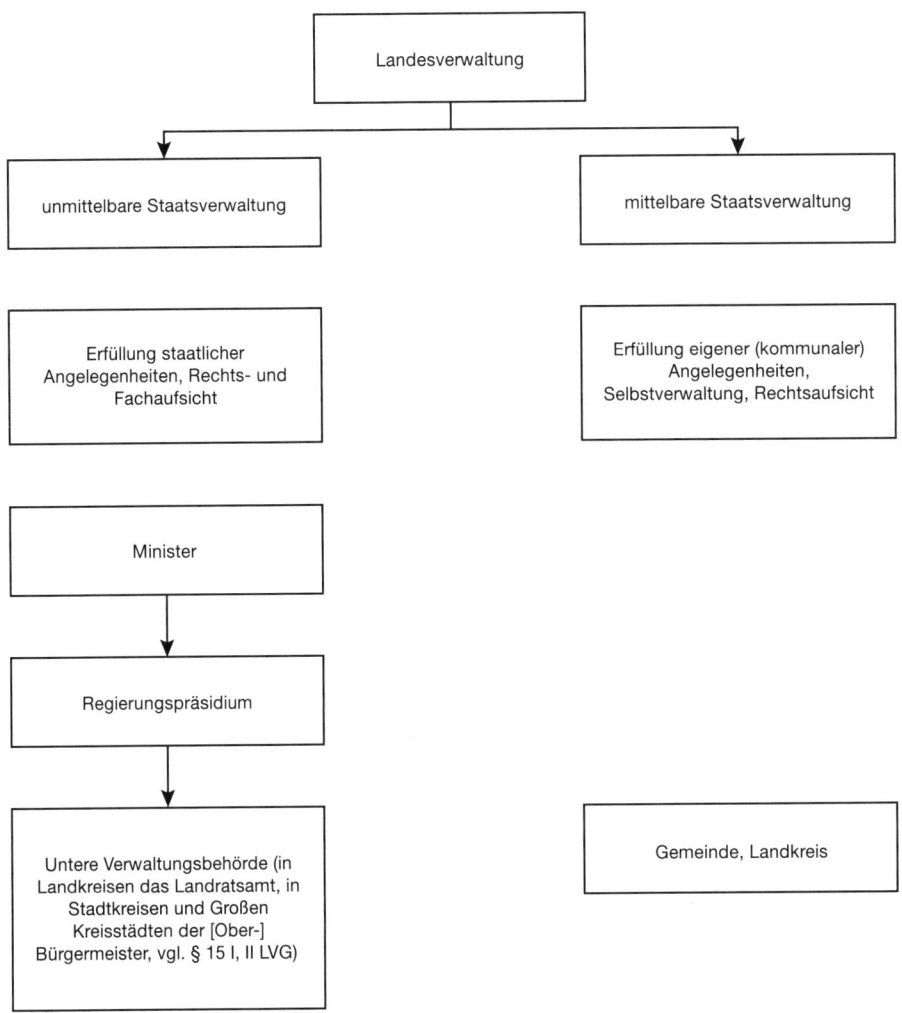

Darüber hinaus müssen die Gemeinden Angelegenheiten des Bundes oder des Landes, also **staatliche Angelegenheiten** wahrnehmen (Angelegenheiten des übertragenen Wirkungskreises). 41

Die Wahrnehmung von **Bundesangelegenheiten** ist seltene Ausnahme. Die Gemeinden wirken z. B. bei der Vorbereitung und Durchführung der Bundestagswahl mit (vgl. § 17 I BWahlG: Gemeindebehörden führen ein Wählerverzeichnis). Die Ämter für Ausbildungsförderung (für das BAföG) werden bei den Landratsämtern und den Bürgermeisterämtern der Stadtkreise errichtet (§ 2 I AG BAföG BW); sie werden dann im Rahmen der Bundesauftragsverwaltung tätig (§ 39 I BAföG). 42

Beachte: Seit der Föderalismusreform von 2006 gilt Art. 84 I 7 GG, der es dem Bund untersagt, unmittelbar die Gemeinden in die Pflicht zu nehmen. Altrecht (z. B. § 17 I BWahlG) gilt jedoch nach Art. 125a I GG fort. Im Rahmen der BAföG-Verwaltung ordnet das Bundesgesetz lediglich an, dass es im Auftrag des Bundes durch die Länder ausgeführt wird (so § 39 I BAföG). Erst das Landesrecht teilt diese Aufgabe dann den Land- und Stadtkreisen zu (§ 2 I AG BAföG BW). 43

44 Häufiger ist die Wahrnehmung von **Landesangelegenheiten,** und zwar in Form sog. **Pflichtaufgaben zur Erfüllung nach Weisung** (§ 2 III GemO). So ist die Gemeinde z. B. Ortspolizeibehörde gem. § 62 IV 2 PolG. Hier unterliegt die Gemeinde der Rechts- und Fachaufsicht sowie der Dienstaufsicht der höheren Polizeibehörden (näher §§ 63 ff. PolG).

45 Siehe zu den kommunalen Aufgaben folgende Übersicht:

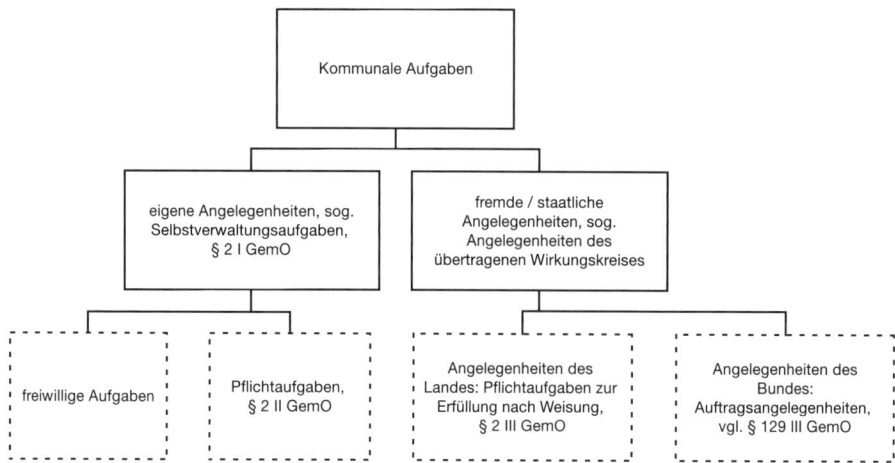

VII. Kommunale Kooperation

46 Kommunen, namentlich Gemeinden, können ihre Aufgaben (freiwillige und pflichtige Selbstverwaltungsaufgaben sowie Pflichtaufgaben zur Erfüllung nach Weisung) allein oder in **Kooperation mit anderen Kommunen** erfüllen. Regelungen für die kommunale Kooperation trifft vor allem das Gesetz über die kommunale Zusammenarbeit (GKZ). Vorgesehen sind dort der Zweckverband und die öffentlich-rechtliche Vereinbarung.

47 Ein **Zweckverband** ist eine Körperschaft des öffentlichen Rechts mit Selbstverwaltungsrecht (§ 3 GKZ). Mitglieder des Zweckverbandes sind insbesondere Gemeinden und/oder Landkreise, u. U. auch andere juristische Personen des öffentlichen Rechts oder sogar juristische Personen des Privatrechts oder natürliche Personen (näher § 2 GKZ). Der Zusammenschluss zum Zweckverband kann freiwillig sein (**Freiverband,** §§ 6 ff. GKZ) oder durch die Rechtsaufsichtsbehörde verfügt werden (**Pflichtverband,** § 11 GKZ). Ist der Zweckverband gebildet, gehen die konkrete Aufgabe, die dem Zweckverband gestellt ist, von den Verbandsmitgliedern auf den Zweckverband über (§ 4 I GKZ). Es handelt sich um einen vollständigen, sog. **delegierenden Aufgabenübergang.**

48 **Beispiele:** Zweckverband Oberschwäbische Elektrizitätswerke (OEW), Mitglieder sind neun Landkreise; Zweckverband Landeswasserversorgung mit 106 Verbandsmitgliedern (Gemeinden, Zweckverbände); Zweckverband Volkshochschule Unterland im Landkreis Heilbronn, Mitglieder sind 36 Städte und Gemeinden.

49 Die **öffentlich-rechtliche Vereinbarung** (§§ 25 ff. GKZ) hat zum Gegenstand, dass eine Kommune für die übrigen kommunalen Vertragspartner eine einzelne Aufgabe erfüllt oder durchführt (z. B. die Müllabfuhr). Nach § 25 I 1 GKZ ist zwischen Er-

A. Einführung und Grundlagen

füllung und Durchführung von Aufgaben zu unterscheiden: Wenn die Kommune A eine Aufgabe für eine Kommune B „erfüllt", geht die Aufgabe auf die Kommune A über (vollständige Aufgaben- und Zuständigkeitsübertragung). Wenn die Kommune A die Aufgabe für die Kommune B „durchführt", bleibt es eine Aufgabe der Kommune B, d. h. die Kommune A wird im Namen und im Auftrag der Kommune B tätig.

Weitere Formen der kommunalen Kooperation ermöglicht die Gemeindeordnung. Dort gibt es Vorgaben für die **Verwaltungsgemeinschaft** (§§ 59 ff. GemO), entweder in der Rechtsform des Gemeindeverwaltungsverbands oder der vereinbarten Verwaltungsgemeinschaft. Der **Gemeindeverwaltungsverband,** eine Körperschaft des öffentlichen Rechts, ähnelt dem Zweckverband, dessen Regelungen für ihn weitgehend Anwendung finden (§ 60 I GemO i. V. m. §§ 2 ff. GKZ). Im Unterschied zum Zweckverband umfasst die Kooperation nicht nur einzelne Aufgaben, sondern ein Aufgabenbündel. Zu unterscheiden ist dabei – ähnlich wie bei § 25 I 1 GKZ (→ Rn. 49) – zwischen den **Erledigungsaufgaben** (§ 61 III GemO), die durch den Verband im Namen der Mitgliedsgemeinde und nach den Beschlüssen und Anordnungen der Gemeindeorgane erledigt werden, und den **Erfüllungsaufgaben** (§ 61 IV GemO), bei denen der Verband an Stelle der Mitgliedsgemeinde und in eigener Zuständigkeit handelt. Bei Erledigungsaufgaben handelt es sich um eine sog. **mandatierende Aufgabenübertragung,** bei den Erfüllungsaufgaben um eine **delegierende Aufgabenübertragung.** 50

Bei einer **vereinbarten Verwaltungsgemeinschaft,** für die im Grundsatz ebenfalls die Vorschriften des GKZ entsprechend gelten (§ 60 I GemO i. V. m. §§ 25 ff. GKZ), übernimmt eine Gemeinde die Durchführung des Aufgabenbündels für die anderen Gemeinden. Auch hier ist zwischen Erledigungs- und Erfüllungsaufgaben zu unterscheiden (vgl. § 61 VII GemO). 51

Über die Regelungen des GKZ und der §§ 59 ff. GemO hinaus stehen den Kommunen **weitere Kooperationsformen** zur Verfügung, etwa öffentlich-rechtliche oder privatrechtliche Verträge oder die Gründung einer gemeinsamen GmbH oder eines Vereins. Diese Formen sind vielfach flexibler als die Gründung eines Zweckverbandes oder einer Verwaltungsgemeinschaft. 52

> **Beispiele:** Katamaran Reederei Bodensee GmbH & Co. KG (Gesellschafter sind mittelbar die Städte Konstanz und Friedrichshafen); Volkshochschule Landkreis Konstanz e. V. (Mitglieder sind vier Städte und ein Landkreis). 53

Durch Gesetz vom 15.12.2015 (GBl. S. 1147) wurden zwei neue öffentlich-rechtliche Formen kommunaler Zusammenarbeit eingeführt. Das betrifft **(1)** die **gemeinsame selbstständige Kommunalanstalt** (= Anstalt des öffentlichen Rechts), die von mehreren Kommunen gemeinsam getragen wird (§ 24a GKZ). Schon seit langem können mehrere Kommunen gemeinsam Träger einer Sparkasse sein (§ 8 II SpG BW); auch Sparkassen sind Anstalten des öffentlichen Rechts (§ 1 SpG). Diese Organisationsoption wird nunmehr für weitere gemeinsame Aktivitäten geöffnet (→ Rn. 331, 443), etwa für eine gemeinsame Wirtschaftstätigkeit (z. B. gemeinsames Verkehrsunternehmen), aber auch für gemeinsame nichtwirtschaftliche Einrichtungen (z. B. Kulturbetrieb). 54

(2) Kommunen können ferner **gemeinsame Dienststellen** bilden (§ 27 GKZ), um bestimmte Aufgaben gemeinsam durchzuführen. Die Aufgabe als solche verbleibt bei der jeweiligen Kommune (keine Aufgaben- und Zuständigkeitsübertragung), nur die Durchführung erfolgt gemeinsam. Die gemeinsame Dienststelle (deren Personal aus mehreren Kommunen stammt) kann z. B. als eine Art „back-office" im Hintergrund 54a

Akten bearbeiten, während die außenwirksamen Handlungen („front-office") durch eine Dienststelle der jeweils betroffenen Kommune vorgenommen werden. Die gemeinsame Dienststelle dient dem effizienten Einsatz von Personal- und Sachressourcen.

55 Siehe zu den Formen kommunaler Kooperation folgende Übersicht:

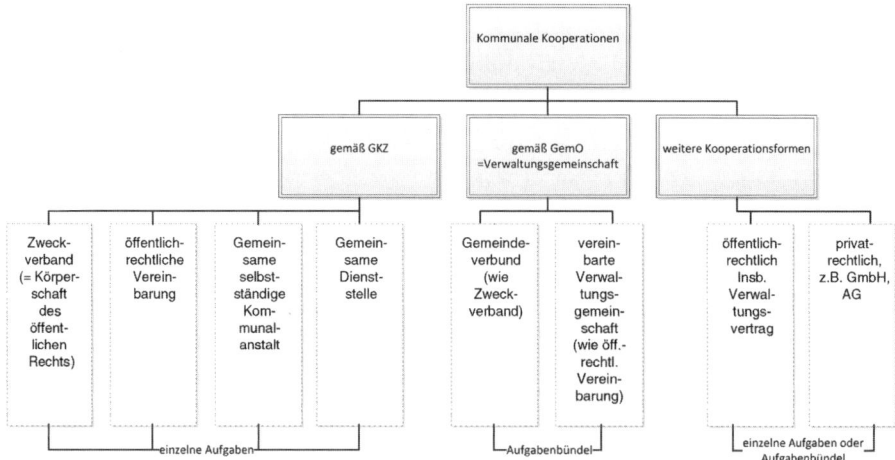

56 **Vertiefungshinweise:** *Brüning*, Rechtliche Grundlagen der interkommunalen Zusammenarbeit, VBlBW 2011, 46 ff.; *Droege*, Die Besteuerung interkommunaler Zusammenarbeit, VBlBW 2011, 41 ff.; *Hövelberndt*, Die vergaberechtliche Bewertung der interkommunalen Zusammenarbeit – ein Update, NWVBl. 2011, 161 ff.; *Katz*, Erweiterte Handlungsspielräume für Kommunen – Einführung der Kommunalanstalt und Verbesserung der interkommunalen Zusammenarbeit, BWGZ 2016, 365 ff.; *Schmidt*, Kommunale Kooperation, 2005; *ders.*, Die Finanzierung der Zweckverbände, KommJur 2010, 401 ff.; *Schober*, Strukturen interkommunaler Zusammenarbeit, VBlBW 2015, 97 ff.

B. Die Stellung der Kommunen im Verfassungsrecht

57 Schon die Paulskirchenverfassung von 1849 und die Weimarer Reichsverfassung von 1919 gewährleisteten die kommunale Selbstverwaltung (→ Rn. 18 f.). Das Grundgesetz und die Landesverfassung knüpfen an diese historischen Vorläufer an und bieten den Kommunen weitreichenden Schutz.

I. Grundgesetzlicher Schutz der Gemeinden, Art. 28 II 1 GG

58 Im Zentrum des grundgesetzlichen Schutzes der Gemeinden steht Art. 28 II 1 GG: Danach muss den Gemeinden das Recht gewährleistet sein, alle Angelegenheiten der örtlichen Gemeinschaft im Rahmen der Gesetze in eigener Verantwortung zu regeln.

1. Schutzbereich und Wirkungen der Selbstverwaltungsgarantie gem. Art. 28 II 1 GG

59 **Angelegenheiten des örtlichen Wirkungskreises** sind nur solche Aufgaben, die in der örtlichen Gemeinschaft wurzeln oder auf die örtliche Gemeinschaft einen spezifischen Bezug haben und von dieser örtlichen Gemeinschaft eigenverantwortlich und

B. Die Stellung der Kommunen im Verfassungsrecht

selbstständig bewältigt werden können.⁶ Die Gemeinden können „alle" örtlichen Angelegenheiten selbst und eigenverantwortlich regeln, d. h. es gilt der **Grundsatz der Allzuständigkeit** der Gemeinden und der **Universalität ihres Wirkungskreises**. Sie haben dabei ein **Aufgabenerfindungsrecht**.

Beispiel: In einer entlegenen ländlichen Gemeinde schließt das einzige Lebensmittelgeschäft. Die Gemeinde eröffnet daraufhin selbst ein entsprechendes Geschäft, damit insbesondere die älteren Bewohner sich ortsnah mit Lebensmitteln versorgen können. Sie erfindet damit die neue Gemeindeaufgabe „Lebensmittelversorgung" als Teil kommunaler Daseinsvorsorge (→ Rn. 69).

Von der Selbstverwaltungsgarantie des Art. 28 II 1 GG erfasst ist insbesondere das **Bündel sog. Gemeindehoheiten,** die zentrale Bereiche gemeindlicher Eigenverantwortung beschreiben:

Beachte: Diese Aufzählung ist nicht als abschließender Katalog der Gemeindeaufgaben zu verstehen. Infolge von Allzuständigkeit, Universalität und Aufgabenerfindungsrecht ist der Kreis der Gemeindeaufgaben prinzipiell unbegrenzt, sofern es sich um eine örtliche Angelegenheit handelt.

- **Gebietshoheit:** Die Gemeinde darf in ihrem Gebiet Hoheitsgewalt ausüben. Andere Hoheitsträger (Bund, Länder, Kommunen etc.) sind grundsätzlich ausgesperrt, wenn nicht Gesetze etwas Anderes bestimmen (vgl. Art. 28 II 1 GG: „im Rahmen der Gesetze").
- **Organisationshoheit:** Die Gemeinde bestimmt eigenverantwortlich, wie sie ihre eigenen Angelegenheiten und wie sie die ihr als Pflichtaufgaben zu Erfüllung nach Weisung auferlegten Aufgaben erledigt. Das betrifft die interne Organisation der Gemeindeverwaltung, aber auch etwa die Wahl der Rechtsform für die wirtschaftliche Betätigung (→ Rn. 443). Zur Organisationshoheit gehört auch die **Kooperationshoheit**, d.h. die Befugnis, darüber zu befinden, ob eine bestimmte Aufgabe eigenständig oder gemeinsam mit anderen Verwaltungsträgern wahrgenommen werden soll (→ Rn. 46 ff.).⁷
- **Personalhoheit:** Die Gemeinde entscheidet, welche Personen als Beamte, Angestellte oder Arbeiter eingestellt, befördert, versetzt oder entlassen werden.
- **Planungshoheit:** Die Gemeinde trifft die örtlichen planerischen Entscheidungen, etwa im Bereich der Straßenplanung oder Bauleitplanung.
- **Finanzhoheit:** Die Gemeinde entscheidet eigenverantwortlich über Einnahmen und Ausgaben. Eine zusätzliche Absicherung findet die Finanzhoheit in Art. 28 II 3 GG: Die Gewährleistung der Selbstverwaltung umfasst danach auch die Grundlagen der finanziellen Eigenverantwortung; zu diesen Grundlagen gehört auch eine den Gemeinden mit Hebesatzrecht zustehende wirtschaftskraftbezogene Steuerquelle. Ob daraus ein subjektiv-rechtlicher **Anspruch der Gemeinden auf angemessene Finanzausstattung** folgt, ist umstritten (→ Rn. 463). Hinsichtlich der Finanzierung neuer Aufgaben greift zumindest landesverfassungsrechtlich das sog. Konnexitätsprinzip (Art. 71 III LV). Zur Finanzhoheit zählt auch die **Abgabenhoheit**: Die Gemeinde hat auf Art. 28 II 1 GG gestützt – aber nur im Rahmen der Gesetze (siehe dazu Art. 105 IIa, 106 VI GG sowie das KAG) – das Recht, selbst Steuern zu er-

---

⁶ So die Standarddefinition seit BVerfG, NJW 1958, 1341, 1342; unlängst z.B. BVerfG, NVwZ 2018, 140, 145 Tz. 70.
⁷ BVerfG, NVwZ 2018, 140, 145 Tz. 74.

heben oder Hebesätze von Steuern festzulegen (**kommunales Steuererfindungsrecht**; näher → Rn. 482 ff.).

68 – **Satzungshoheit (Satzungsautonomie):** Die Gemeinde darf ihre Angelegenheiten durch Satzung regeln (allgemeine Satzungshoheit, vgl. § 4 I GemO). Wenn jedoch durch die Regelung Grundrechte beeinträchtigt werden, benötigt sie für die Satzung eine spezielle Rechtsgrundlage (vgl. etwa § 11 I GemO für den Anschluss- und Benutzungszwang; siehe näher → Rn. 389 ff.); allein die Berufung auf § 4 I GemO ermöglicht keine Grundrechtseingriffe.

69 Hinzu kommt die sog. **Daseinsvorsorge.** Hierbei handelt es sich um einen Rechtsbegriff (vgl. etwa § 102 I Nr. 3 GemO, → Rn. 440), der freilich recht unbestimmt ist und deshalb der Konkretisierung bedarf. Im Kern geht es um die Grundversorgung der Einwohner und der örtlichen Wirtschaft. Zur kommunalen Daseinsvorsorge zählen etwa: Versorgung mit Energie und Wasser, Entsorgung von Abwasser und Abfall, Einrichtungen der Kultur (Museum, Theater), der Gesundheitsversorgung (Krankenhäuser), für Sport und Freizeit (Freibad, Fußball-, Bolz- und Spielplätze, Parkanlagen), Bau von Schulen und Straßen.

70 Für die Auslegung des Begriffs der Angelegenheiten der örtlichen Gemeinschaft gilt kein statisches, sondern ein **dynamisches Verständnis**. So wurde etwa die Energieerzeugung lange als typische kommunale Daseinsvorsorgeaufgabe eingestuft; sie könnte aber heute, jedenfalls wenn es sich um große Energieerzeugungsanlagen handelt, aus dem örtlichen Bereich herausgewachsen sein.[8] Eine neue kommunale Aufgabe könnte die Versorgung einer ländlichen Kommune mit leistungsstarken Internetverbindungen sein, damit Einwohner und Wirtschaft nicht digital abgehängt werden.

71 Art. 28 II 1 GG umschreibt die **Verbandskompetenz** der Gemeinden. Art. 28 II 1 GG ist dabei **Kompetenzgrundlage und -grenze.** Wenn es eine örtliche Angelegenheit ist, darf die Gemeinde sie regeln; wenn es keine örtliche, sondern eine überörtliche Angelegenheit ist, darf die Gemeinde sie nicht regeln. Der Gesetzgeber kann jedoch den Wirkungskreis der Gemeinde auf überörtliche Tätigkeiten erweitern (siehe etwa § 102 VII GemO für die wirtschaftliche Betätigung außerhalb des Gemeindegebiets, → Rn. 427, 446).

72 **Beispiel:** Die Gemeinde darf sich nicht zu allgemein politischen Themen äußern (etwa Einsätzen der Bundeswehr im Ausland). Hier fehlt es am örtlichen Bezug; dies gilt auch dann, wenn Soldaten in der Gemeinde wohnen, weil dann immer noch kein spezifischer Bezug zu dieser Gemeinde besteht.[9] Die Ausrufung des „Klimanotstandes" durch eine Gemeinde fällt hingegen in den Bereich örtlicher Angelegenheiten, soweit die Gemeinde damit Maßnahmen verbindet, die eigenen Verursachungsbeiträge für den Klimawandel zu verringern (z.B. durch möglichst CO_2-neutrale öffentliche Bauten) und dessen Folgen bewältigen (z.B. durch Planung von Frischluftschneisen, damit sich die Sommerhitze nicht in den Innenstädten staut).[10]

73 Die Garantie kommunaler Selbstverwaltung in Art. 28 II 1 GG verschafft der einzelnen Gemeinde eine **subjektive Rechtsposition.** Art. 28 II 1 GG begründet so die Klage- bzw. Antragsbefugnis für **verwaltungsprozessualen Rechtsschutz** (z.B. für

---

[8] BVerwG, GewArch 2005, 244, 246.
[9] Hierzu z.B. *Kintz*, LKRZ 2011, 476, 477.
[10] Konstanz war am 2.5.2019 die erste Stadt in Deutschland, welche den Klimanotstand ausgerufen hat. Zur Rolle der Kommunen beim Klimaschutz siehe z.B. *Aust*, Die Rolle von Städten im globalen Klimaschutzregime nach dem Inkrafttreten des Übereinkommens von Paris, ZUR 2018, 656 ff.

B. Die Stellung der Kommunen im Verfassungsrecht

eine Anfechtungsklage gegen eine Maßnahme der Kommunalaufsicht). Art. 28 II 1 GG kann ferner gegenüber dem Gesetzgeber geltend gemacht werden, und zwar im Wege einer **kommunalen Verfassungsbeschwerde** (→ Rn. 106 ff.).

Art. 28 II 1 GG entfaltet schließlich **objektivrechtliche Wirkungen.** So folgt aus Art. 28 II GG der **Grundsatz kommunalfreundlichen Verhaltens,** der z.B. die Ausübung des kommunalaufsichtsbehördlichen Ermessens dirigiert (→ Rn. 526). Art. 28 II 1 GG enthält überdies eine **institutionelle Garantie** zugunsten der Gemeinden, also eine Typusgarantie für die Institution der Gemeinde. Garantiert ist lediglich der Bestand der Institution als solcher. Art. 28 II 1 GG verschafft deshalb der einzelnen Gemeinde keine Bestandsgarantie. Immerhin hat die einzelne Gemeinde einen auf Art. 28 II 1 GG gestützten Anspruch darauf, nicht willkürlich aufgelöst zu werden.

Beachte: Die institutionelle Garantie zugunsten der Gemeinden fällt nicht unter Art. 79 III GG; dort sind nur die Länder, aber nicht die Gemeinden genannt.

2. Eingriffe in das kommunale Selbstverwaltungsrecht

Eingriffe in das kommunale Selbstverwaltungsrecht können das „ob" und/oder das „wie" der kommunalen Aufgabenerledigung betreffen. Sie können namentlich durch **Gesetz** oder (auf Grundlage eines Gesetzes) durch **Verwaltungsakt** (erlassen etwa durch die Kommunalaufsicht, → Rn. 504 ff.), ferner z.B. durch das **Verhalten eines anderen Hoheitsträgers** erfolgen. So kann eine Kommune durch ihre Planungen die Planungen der Nachbarkommune vereiteln, wenn sie ein Industriegebiet an der Gemeindegrenze ausweist, die Nachbarkommune auf ihrer Seite dort aber ein Wohngebiet ausweisen will.

Ein Eingriff kann insbesondere in der gesetzgeberischen Entziehung oder Zuweisung von Aufgaben zu sehen sein.[11] Hier ist aber sorgsam zwischen Gemeinde und Landkreis (zu letzterem → Rn. 96 ff.), zwischen Aufgabenentziehung und -zuweisung sowie zwischen Angelegenheiten im eigenen und im übertragenen Wirkungskreis (→ Rn. 40 ff.) zu unterscheiden:

– Ein **Eingriff** in das Selbstverwaltungsrecht **durch Aufgabenentziehung** liegt bei einer Gemeinde vor, wenn es um eine Angelegenheit der örtlichen Gemeinschaft geht (die sie gegen ihren Willen nicht mehr selbst wahrnehmen, also nicht mehr über das „ob" der Aufgabenerledigung entscheiden darf), nicht aber bei einer Angelegenheit des übertragenen Wirkungskreises, d. h. nicht bei staatlichen Angelegenheiten (denn dann bleibt ihr künftig die Belastung, diese fremde Aufgabe zu erfüllen, erspart). Wenn es sich um eine Angelegenheit der örtlichen Gemeinschaft handelt, liegt ein Eingriff in Art. 28 II GG, Art. 71 II LV selbst dann vor, wenn die Aufgabe auf die Ebene des Landkreises „hochgezont" wird: Art. 28 II GG, 71 II LV schützt die Gemeinden auch vor einem Aufgabenverlust gegenüber den Landkreisen.[12]

– Ein **Eingriff durch Aufgabenzuweisung** liegt bei einer Gemeinde sowohl bei der Übertragung von Aufgaben im übertragenen Wirkungskreis als auch bei der Festlegung einer pflichtigen Selbstverwaltungsaufgabe im eigenen Wirkungskreis vor. Bei der Zuweisung staatlicher (also gemeindefremder) Aufgaben leuchtet das sofort ein, weil der Gemeinde eine neue Last aufgebürdet wird. Aber auch bei der Verpflichtung zur Wahrnehmung einer eigenen Aufgabe verschlechtert sich die Position der

---

[11] Dazu BVerfG, NVwZ 2008, 183 Tz. 118 ff.
[12] BVerfG, NVwZ 2018, 140, 147 Tz. 85.

Gemeinde, weil sie nicht länger über das „ob" der Aufgabenerfüllung, sondern nur noch über das „wie" eigenverantwortlich entscheiden kann.

3. Schranken der Selbstverwaltungsgarantie

80 Die Selbstverwaltungsgarantie gem. Art. 28 II GG kann durch formelle oder materielle Gesetze beschränkt werden. Das beschränkende Gesetz muss formell und materiell verfassungsmäßig sein. Insoweit stellt sich folgendes **Problem:** Wenn das beschränkende Gesetz gegen sonstige Verfassungsnormen (Grundrechte, Kompetenzbestimmungen etc.) verstößt, folgt dann daraus zugleich, dass dem Eingriff in Art. 28 II GG die verfassungsrechtliche Rechtfertigung fehlt?

81 Das BVerfG hat hierzu Folgendes ausgeführt:[13] „Im Rahmen einer kommunalen Verfassungsbeschwerde können andere Verfassungsnormen als Art. 28 II GG nur insoweit als Prüfungsmaßstab herangezogen werden, als sie ihrem Inhalt nach das verfassungsrechtliche Bild der Selbstverwaltung mitzubestimmen geeignet sind. Die Rüge einer Verletzung von Art. 84 I GG oder Vorschriften über die Gesetzgebung des Bundes kann nur in dem Rahmen erhoben werden, den der Garantiegehalt des Art. 28 II GG eröffnet; sie ist akzessorisch."

82 Diese **Beschränkung des Prüfungsmaßstabes** ist insbesondere relevant für die **formelle Verfassungsmäßigkeit:** Die Gemeinde kann Fehler im Gesetzgebungs*verfahren* nicht rügen, wohl aber das Fehlen der Gesetzgebungs*kompetenz* des Bundes.

83 Im Rahmen der **materiellen Verfassungsmäßigkeit** gibt es drei Prüfungsschritte:

84 (1) Ist der **Kernbereich** kommunaler Selbstverwaltung beeinträchtigt? Das ist zu bejahen, wenn eine der genannten Hoheiten im „Grundbestand" betroffen, also vollständig beseitigt wird. Der Kernbereich ist unantastbar. Eingriffe in den Kernbereich sind also immer verfassungswidrig. Der Kernbereich ist freilich schwierig zu bestimmen. Eine Annäherung versucht die sog. Subtraktionsmethode: Bleibt nach Abzug durch den Eingriff noch genügend Substanz für kommunale Selbstverwaltung? Gegen diesen Ansatz kann allerdings eingewendet werden, dass der Kernbereich durch Einzelmaßnahmen nur selten betroffen sein wird, sodass der Gesetzgeber im Wege einer „Salamitaktik" den Schutzgehalt kommunaler Selbstverwaltung aushöhlen könnte.

85 **Klausurhinweis**: Eine Verletzung des Kernbereichs wird zumeist zu verneinen sein.

86 (2) Wenn nur der **Randbereich** kommunaler Selbstverwaltung beeinträchtigt wird, stellt sich die Frage nach der Beachtung des sog. **verfassungsrechtlichen Aufgaben- und Verantwortungsverteilungsprinzips.**[14] Zu bedenken ist etwa, dass grundsätzlich alle Aufgaben bei den Gemeinden liegen. Jede Hochzonung z.B. auf die Kreisebene, ist rechtfertigungsbedürftig. Die Rechtfertigung richtet sich im Ergebnis nach **Verhältnismäßigkeitskriterien.** Im Rahmen der Verhältnismäßigkeit ist stets die Verfassungsentscheidung in Art. 28 II GG, 71 II LV zugunsten der dezentralen Aufgabenerledigung auf örtlicher Ebene zu berücksichtigen. Es gilt deshalb ein strenger Maßstab. Verwaltungsvereinfachung genügt nicht als Grund für eine Hochzonung gemeindlicher Aufgaben auf den Landkreis. Gründe der Wirtschaftlichkeit und Sparsamkeit rechtfertigen eine Hochzonung erst, wenn das Belassen der Aufgabe bei den Gemeinden zu einem unverhältnismäßigen Kostenanstieg führen würde.[15]

---

[13] BVerfG, NVwZ 2008, 183 Tz. 127.
[14] BVerfG, NVwZ 1989, 347, 349; NVwZ 2018, 140, 146 Tz. 79.
[15] BVerfG, NVwZ 2018, 140, 147 Tz. 84.

B. Die Stellung der Kommunen im Verfassungsrecht

Klausurhinweis: Viele wenden auch im Verhältnis Land/Kommune das Verhältnismäßigkeitsprinzip an.[16] Das BVerfG hat indessen einmal ausgeführt, dass das Verhältnismäßigkeitsprinzip nur im Staat-Bürger-Verhältnis, aber nicht im Verhältnis zwischen Hoheitsträgern gelte,[17] also etwa nicht zwischen Land und Kommune. Stattdessen soll das verfassungsrechtliche Aufgaben- und Verantwortungsverteilungsprinzip greifen, das strukturell auf eine Verhältnismäßigkeitsprüfung (legitimes Ziel – Eignung – Erforderlichkeit – Angemessenheit) hinausläuft.[18] In einer Klausur empfiehlt es sich, diese Streitfrage kurz anzudeuten, auf die Nähe des genannten Prinzips zur Verhältnismäßigkeitsprüfung hinzuweisen, um sodann die vertrauten Prüfungsschritte der Verhältnismäßigkeit abzuarbeiten. 87

(3) Sind ggf. weitere Verfassungsnormen verletzt, die vom Prüfungsmaßstab (→ Rn. 80 ff.) erfasst sind? 88

Vertiefungshinweise: *Aker*, Konnexität und Kinderbetreuung in Baden-Württemberg, VBlBW 2012, 121 ff.; *Brüning*, Die Verfassungsgarantie der kommunalen Selbstverwaltung aus Art. 28 II GG, Jura 2015, 592 ff.; *Engelken*, Nochmals: Konnexität und Kinderbetreuung, VBlBW 2012, 325 ff.; *Engels*, Kommunale Selbstverwaltung nach Art. 28 II GG, JA 2014, 7 ff.; *Henneke*, Kommunale Aufgaben und Strukturen im europäisierten Bundesstaat, DVBl. 2012, 257 ff.; *Krausnick*, Erosionen der örtlichen Selbstverwaltung, VerwArch 103 (2011), 359 ff.; *Lammers*, Das kommunale Steuererfindungsrecht aus Art. 28 Abs. 2 GG, DVBl. 2013, 348 ff.; *Schoch*, Neukonzeption der kommunalen Selbstverwaltungsgarantie durch das BVerfG?, DVBl. 2008, 937 ff.; *ders.*, Kommunalrecht als Gegenstand rechtswissenschaftlicher Forschung, DVBl. 2018, 1 ff.; *Steiner*, Gemeindliche Selbstverwaltung zwischen Idealisierung und Wirklichkeit, BayVBl. 2018, 397 ff. 88a

4. Kein Grundrechtsschutz von Gemeinden

Gemeinden können sich nicht auf die grundgesetzlichen Grundrechte berufen.[19] Das folgt schon aus Art. 19 III GG: Die Grundrechte schützen vor dem Staat; die Gemeinden sind aber Teil des Staates. Deshalb sind die Grundrechte dem Wesen nach nicht auf Gemeinden anwendbar. Das gilt auch in Bezug auf Grundstücke der Gemeinde, wenn diese z. B. für den Bau einer Autobahn in Anspruch genommen werden. Die Gemeinde wird dann durch Art. 28 II GG (Planungshoheit) geschützt, aber nicht durch das Eigentumsgrundrecht aus Art. 14 I GG. Ohnehin schützt Art. 14 I GG nicht das Privateigentum (hier: der Gemeinde), sondern das Eigentum Privater. Auf Kommunen und deren Organe findet ferner Art. 19 IV GG keine Anwendung.[20] 89

Beachte: Die Paulskirchenverfassung von 1849 stufte die Garantie kommunaler Selbstverwaltung noch ausdrücklich als Grundrecht ein (→ Rn. 18). 90

Auch ein kommunales Unternehmen mit zivilrechtlicher Organisationsform (z. B. Stadtwerke GmbH, die sich vollständig oder mehrheitlich in kommunaler Hand befindet) kann sich nicht auf Grundrechte berufen.[21] Der Kommune (aber nicht dem Unternehmen) kommt mit Blick auf ihre wirtschaftliche Betätigung jedoch der Schutz des Art. 28 II GG zugute. Das Unternehmen kann sich immerhin u. U. auf die einfachrechtliche Gewerbefreiheit gem. § 1 GewO sowie auf die unionsrechtlichen Grundrechte und Grundfreiheiten berufen (→ Rn. 118). 91

---

[16] Z. B. *Pieroth*, in: Jarass/Pieroth, GG, 15. Aufl. 2018, Art. 28 Rn. 43.
[17] BVerfG, NVwZ 1990, 955, 959.
[18] So mittlerweile auch BVerfG, NVwZ 2018, 140, 146 Tz. 79 f.
[19] BVerfG, NVwZ 2015, 1524, 1526; *Tonikidis*, Jura 2012, 517, 523.
[20] BVerfG, NVwZ 2019, 642 Ls. 1.
[21] BVerfG, NVwZ 2018, 51, 59 Tz. 242 f.

92 Wenn das Land willkürlich eine Kommune schlechter stellt als andere Kommunen, kann diese Kommune nicht den Gleichheitsgrundsatz aus Art. 3 I GG geltend machen. Allerdings ist das im Rechtsstaatsprinzip wurzelnde Willkürverbot seinem Inhalt nach geeignet, auch das verfassungsrechtliche Bild der Selbstverwaltung mitzubestimmen. Vom Schutzgehalt des Art. 28 II GG ist daher auch ein kommunales Gleichbehandlungsgebot umfasst.[22]

93 Wenngleich den Gemeinden im Allgemeinen also kein Grundrechtsschutz zukommt, gilt doch eine **Ausnahme: Die Justizgrundrechte** (Art. 101 I 2 GG – gesetzlicher Richter, Art. 103 I GG – rechtliches Gehör) schützen auch die Gemeinden und können im Wege der Jedermann-Verfassungsbeschwerde gem. Art. 93 I Nr. 4a GG geltend gemacht werden.[23]

94 **Beachte:** Seit dem 1.4.2013 gibt es in Baden-Württemberg die Jedermann-Verfassungsbeschwerde zum VerfGH (§§ 55 ff. VerfGHG). Da es in der Landesverfassung keine eigenständigen Verbürgungen der Justiz-Grundrechte gibt, können hiesige Kommunen insoweit dennoch nur die Jedermann-Verfassungsbeschwerde zum BVerfG ergreifen.

5. Verfassungsrechtliche Ergänzungen des Schutzes kommunaler Selbstverwaltung

95 Das Grundgesetz enthält weitere Bestimmungen, die den Schutz der kommunalen Selbstverwaltung ergänzen oder konturieren. Art. 28 I 3 und 4 GG garantiert demokratische Wahlen und öffnet das Kommunalwahlrecht für nichtdeutsche Unionsbürger. Art. 28 II 3 GG will die Grundlagen kommunaler Finanzhoheit sichern (→ Rn. 67). Gem. Art. 84 I 7 GG darf der Bund keine Aufgaben unmittelbar auf die Kommunen übertragen. Bisherige Aufgabenübertragungen (z. B. § 1 III BauGB: Die Gemeinden müssen Bauleitpläne aufstellen) gelten gem. Art. 125a I GG fort. Art. 104b I GG ermöglicht Finanzhilfen des Bundes für die Kommunen, schreibt aber eine Zwischenschaltung der Länder vor. Art. 105 IIa GG ermöglicht örtliche Steuern (näher → Rn. 478). Art. 106 V–VII GG garantiert den Kommunen einen Anteil am Steueraufkommen. Art. 106 VIII GG verschafft einzelnen Kommunen einen Ausgleich für Sonderlasten.

II. Grundgesetzlicher Schutz der Gemeindeverbände (insbesondere Landkreise), Art. 28 II 2 GG

96 Nach Art. 28 II 2 GG haben die **Gemeindeverbände** im Rahmen ihres gesetzlichen Aufgabenbereichs nach Maßgabe der Gesetze das Recht der Selbstverwaltung. Zu den Gemeindeverbänden zählen die Landkreise, nicht aber die Zweckverbände, weil diese nur einzelne Aufgaben erfüllen.[24]

97 Den Landkreisen kommt – wie den Gemeinden – das **Recht der Selbstverwaltung** und damit im Ansatz das unter → Rn. 61 ff. genannte **Hoheitsbündel** zu. Aber für sie gelten der Grundsatz der Allzuständigkeit und das Aufgabenerfindungsrecht

---

[22] VerfGH NRW, NWVBl. 2003, 261, 264.
[23] BVerfG, NVwZ 2015, 1524, 1526. Das BVerfG lässt hier offen, ob sich Gemeinden auf Art. 19 IV GG berufen können. Art. 28 II GG verbürge jedoch auch ein Recht auf wirkungsvollen Rechtsschutz.
[24] So die h. L., siehe etwa BVerwG, NVwZ 2012, 506, 507; *Engel/Heilshorn*, KommR BW, § 5 Rn. 116.

B. Die Stellung der Kommunen im Verfassungsrecht

nicht. Die Aufgaben der Kreise werden vielmehr sämtlich durch Gesetz zugewiesen. Das Grundgesetz bietet den Landkreisen daher nur einen **abgeschwächten Schutz.** Grundrechte stehen ihnen und ihren Unternehmen mit Ausnahme der Justizgrundrechte nicht zu; hier gilt dasselbe wie bei den Gemeinden (→ Rn. 89 ff.).

Eingriffe in das Selbstverwaltungsrecht der Landkreise können das „ob" und/ oder das „wie" der Aufgabenerfüllung betreffen. Bei einer Aufgabenentziehung oder -zuweisung gilt Folgendes:[25] 98

– Grundsätzlich liegt bei einer **Aufgabenentziehung** kein Eingriff vor, weil der Landkreis ohnehin nur einen gesetzlich zugewiesenen und keinen originären Aufgabenbestand hat. Ihm muss aber ein Mindestbestand an Aufgaben in Selbstverwaltungsangelegenheiten (= übergemeindlich-kommunale Aufgaben) zugewiesen bleiben, der dem Gewicht der institutionellen Garantie zugunsten der Landkreise entspricht. Relativ zu den zugewiesenen „staatlichen" Aufgaben müssen die zugewiesenen Selbstverwaltungsaufgaben ebenfalls ein Mindestgewicht haben; letztere dürfen nicht nur nebensächliche, randständige Aufgaben sein. 99

– Bei einer **Aufgabenübertragung** ist ein Eingriff im Grundsatz ebenfalls zu verneinen, es sei denn, der Wesenskern der Selbstverwaltung wird durch die Aufgabenübertragung beeinträchtigt, z. B. weil die Erfüllung der zugewiesenen (pflichtigen) Selbstverwaltungsaufgaben infolge der neuen (staatlichen) Aufgabe nicht mehr möglich ist. 100

III. Landesverfassungsrechtlicher Schutz von Gemeinden und Gemeindeverbänden, Art. 71 bis 76 LV

In ähnlicher Weise wie das Grundgesetz enthält auch die Landesverfassung in Art. 71 bis 76 einige Aussagen zum Schutz und zur Konturierung kommunaler Selbstverwaltung. Art. 71 I LV gewährleistet das **Selbstverwaltungsrecht,** das im Unterschied zu Art. 28 II GG nicht nur den Gemeinden und Gemeindeverbänden (= insbesondere Landkreisen), sondern explizit auch den Zweckverbänden zugute kommt. Zweckverbände werden in den folgenden Absätzen jedoch nicht genannt. 101

Klausurhinweis: Wenn im Rahmen einer Prüfung des einfachen Rechts bzw. eines verwaltungsgerichtlichen Verfahrens das Selbstverwaltungsrecht einer Gemeinde relevant wird, ist es in vielen Fällen zu empfehlen, neben Art. 28 II 1 GG auch Art. 71 I 1 LV zu nennen. 102

Bedeutsam für die Kommunalpraxis ist das sog. **Konnexitätsprinzip** gem. Art. 71 III LV: Wenn das Land den Kommunen neue Aufgaben überträgt, muss es Bestimmungen über die Deckung der Kosten treffen. Neue Aufgaben können pflichtige Selbstverwaltungsaufgaben oder Pflichtaufgaben zur Erfüllung nach Weisung sein. 103

Hinweis: Der Bund kann den Kommunen wegen Art. 84 I 7 GG keine neuen Aufgaben übertragen (→ Rn. 95). 104

Art. 72 LV betrifft die Kommunalwahlen, Art. 73 LV die Finanzausstattung der Kommunen und den kommunalen Finanzausgleich. Art. 74 LV ermöglicht Änderungen des Gemeindegebiets und die Auflösung einer Gemeinde oder eines Landkreises. Art. 75 LV regelt die Kommunalaufsicht. Klausurrelevant ist vor allem die **kommunale Normenkontrolle,** d. h. die Anrufung des Verfassungsgerichtshofes BW gem. Art. 76 LV (→ Rn. 111). 105

---

[25] Dazu BVerfG, NVwZ 2008, 183.

IV. Verfassungsprozessualer Schutz der kommunalen Selbstverwaltung, Art. 93 I Nr. 4b GG, Art. 76 LV

106 Das Grundgesetz kennt die **kommunale Verfassungsbeschwerde** (Art. 93 I Nr. 4b GG i.V.m. §§ 13 Nr. 8a, 91 BVerfGG), die Landesverfassung die **kommunale Normenkontrolle** (Art. 76 LV BW i.V.m. §§ 8 I Nr. 8, 54 VerfGHG). Beide Verfahren können Gegenstand von Klausuren sein.

107 **Beachte:** Bei Justizgrundrechten greift auch für Kommunen die Jedermann-Verfassungsbeschwerde gem. Art. 93 I Nr. 4a GG (→ Rn. 93).

1. Kommunale Verfassungsbeschwerde vor dem BVerfG

108 Die **Zulässigkeit** der kommunalen Verfassungsbeschwerde richtet sich nach Art. 93 I Nr. 4b GG, §§ 13 Nr. 8a, 91 BVerfGG. Für die Prüfung kann folgendes **Schema** verwendet werden:

> I. **Beschwerdefähigkeit**, Art. 93 I Nr. 4b GG, § 91 BVerfGG: Gemeinden und Gemeindeverbände (= Landkreise; nach h.L. nicht Zweckverbände, weil diesen Art. 28 II GG nicht zusteht, → Rn. 96).
> II. **Beschwerdegegenstand**, Art. 93 I Nr. 4b GG, § 91 S. 1 BVerfGG: Bundes- oder Landes*gesetz* (also nicht: Behörden- und Gerichtsentscheidungen). Unter „Gesetz" fallen Parlamentsgesetze und Rechtsverordnungen, nicht aber Satzungen (str.). Kein tauglicher Beschwerdegegenstand ist das Unterlassen eines Gesetzes (sehr str.).
> Zu beachten ist gem. § 91 S. 2 BVerfGG die **Subsidiarität der kommunalen Verfassungsbeschwerde zum BVerfG**[26] gegenüber der kommunalen Normenkontrolle zum VerfGH BW. Letztgenannte kommt nur bei Landesrecht in Betracht, und zwar gem. Art. 76 LV nur bei formellen Landesgesetzen (→ Rn. 111). Hinsichtlich der Subsidiarität ist also zwischen Bundes- und Landesrecht sowie beim Landesrecht zwischen Parlamentsgesetzen und Rechtsverordnungen zu unterscheiden:
> – Wehrt sich die Kommune gegen **Bundesrecht**, liegt ein tauglicher Beschwerdegegenstand der kommunalen Verfassungsbeschwerde zum BVerfG vor.
> – Handelt es sich um ein **Parlamentsgesetz des Landes**, versperrt die Subsidiarität den Weg zum BVerfG. Möglich bleibt die Normenkontrolle zum VerfGH BW gem. Art. 76 LV BW i.V.m. §§ 8 I Nr. 8, 54 VerfGHG.
> – Geht es um eine **Rechtsverordnung des Landes**, scheidet die Anrufung des VerfGH BW gem. Art. 76 LV aus, sodass die kommunale Verfassungsbeschwerde zum BVerfG möglich bleibt.
> III. **Beschwerdebefugnis**, Art. 93 I Nr. 4b GG, § 91 S. 1 BVerfGG: Eine Verletzung von Art. 28 II GG muss möglich sein. Nötig ist ferner, dass die Gemeinde durch den Beschwerdegegenstand selbst, unmittelbar und gegenwärtig betroffen ist.

---

[26] Zur Subsidiarität hat BVerfG, NVwZ 2018, 140, 141 Ls. 2 Folgendes ausgeführt: „Der Grundsatz der Subsidiarität der Kommunalverfassungsbeschwerde nach Art. 93 I Nr. 4b GG, § 19 BVerfGG findet keine Anwendung, wenn die landesverfassungsrechtliche Garantie der kommunalen Selbstverwaltung hinter dem Gewährleistungsniveau des Art. 28 II GG zurückbleibt." In Baden-Württemberg bietet Art. 71 I, II LV den Gemeinden einen mit Art. 28 II GG vergleichbaren Schutz.

B. Die Stellung der Kommunen im Verfassungsrecht

Beachte: Wenn das angegriffene Gesetz zum Erlass eines Verwaltungsaktes ermächtigt, ist die Unmittelbarkeit schon vor Erlass des Verwaltungsaktes zu bejahen (anders als bei der Jedermann-Verfassungsbeschwerde!), weil es keinen verfassungsprozessualen Weg der Gemeinde gibt, sich gegen den Verwaltungsakt und die ihn bestätigenden Gerichtsentscheidungen zu wehren. Die Unmittelbarkeit fehlt aber, wenn ein Bundesgesetz zu einer Bundes-Rechtsverordnung ermächtigt: Dann muss die Gemeinde grundsätzlich (Ausnahme: Unzumutbarkeit) warten, bis die Rechtsverordnung erlassen ist und diese zum Gegenstand einer kommunalen Verfassungsbeschwerde machen.[27]

IV. Rechtswegerschöpfung, § 90 II BVerfGG: Diese Frage stellt sich nur bei einer Landes-Rechtsverordnung und nur dann, wenn Landesrecht eine Normenkontrolle nach § 47 I Nr. 2 VwGO vorsieht (was in Baden-Württemberg der Fall ist, vgl. § 4 AGVwGO).

V. Form (§§ 23, 92, 93 I 1 BVerfGG: schriftlich, Begründung) und **Frist** (§ 93 III BVerfGG: Jahresfrist).

Beachte: Die Gemeinde wird durch den Bürgermeister vertreten (§ 42 I 2 GemO), sodass eine Unterzeichnung der Beschwerdeschrift durch einen Mitarbeiter der Stadtverwaltung „i. A." nicht genügt.[28]

Die kommunale Verfassungsbeschwerde ist begründet, wenn die Kommune in ihrem **109** Selbstverwaltungsrecht aus Art. 28 II GG verletzt ist. Für die weitere Prüfung empfiehlt sich ein dreistufiger Aufbau: Schutzbereich, Eingriff, verfassungsrechtliche Rechtfertigung. Im Rahmen der verfassungsrechtlichen Rechtfertigung ist die formelle und materielle Verfassungsmäßigkeit des beschränkenden Gesetzes zu erörtern. Dabei ist der beschränkte Prüfungsmaßstab zu beachten (→ Rn. 81 f.).

Für die **Prüfung der Begründetheit** bietet sich daher folgendes Prüfungsschema an: **110**

I. **Schutzumfang** des kommunalen Selbstverwaltungsrechts gem. Art. 28 II GG
II. **Eingriff** in das kommunale Selbstverwaltungsrecht
III. **Verfassungsrechtliche Rechtfertigung** des Eingriffs
 1. Hinweis auf beschränkten Prüfungsumfang: Die verletzte Verfassungsnorm muss einen Bezug zur Selbstverwaltungsgarantie des Art. 28 II GG aufweisen bzw. deren Konkretisierung sein.
 2. Formelle Verfassungsmäßigkeit des beschränkenden Gesetzes (beschränkten Prüfungsumfang beachten!)
 3. Materielle Verfassungsmäßigkeit
    a) Verletzung des Kernbereichs
    b) Verletzung des verfassungsrechtlichen Aufgabenverteilungsprinzips: wie Verhältnismäßigkeit (legitimes Ziel – Eignung – Erforderlichkeit – Angemessenheit)
    c) Verletzung weiterer Verfassungsnormen, soweit vom Prüfungsumfang erfasst.

---

[27] Näher hierzu z. B. *Lenz/Hansel*, BVerfGG, 2. Aufl. 2015, § 91 Rn. 27, 29.
[28] BVerfG, NVwZ-RR 2013, 249.

2. Kommunale Normenkontrolle vor dem Verfassungsgerichtshof

111 Art. 76 LV i.V.m. §§ 8 I Nr. 8, 54 VerfGHG ermöglicht eine kommunale Normenkontrolle vor dem VerfGH BW,[29] die einige Parallelen zur kommunalen Verfassungsbeschwerde vor dem BVerfG aufweist.

> A. **Zulässigkeit**
>   I. **Beschwerdefähigkeit,** Art. 76 LV
>   II. **Beschwerdegegenstand,** §§ 54 i.V.m. 48 VerfGHG: Landesrecht, aber nur Parlamentsgesetze (vgl. Art. 76 LV BW)[30]
>   III. **Beschwerdebefugnis,** Art. 76 LV: Möglichkeit der Verletzung von Art. 71 ff. LV, selbst, unmittelbar und gegenwärtig betroffen
>   IV. **Form,** § 15 I VerfGHG: schriftlich und begründet; es gibt keine Vorgabe zur Frist.
> B. **Begründetheit:** zu bejahen, wenn Verletzung von Art. 71 ff. LV BW vorliegt (wie bei kommunaler Verfassungsbeschwerde zum BVerfG)

112 **Vertiefungshinweise:** *Guckelberger,* Verfassungsbeschwerden kommunaler Gebietskörperschaften, Jura 2008, 819 ff.; *Heusch/Dickten,* Zum verfassungsrechtlichen Status der Kommunen, NVwZ 2018, 1265 ff.; *Ritgen,* Das Recht der kommunalen Selbstverwaltung in den Verfassungsräumen von Bund und Ländern, NVwZ 2018, 114 ff.; *Schmidt,* Die Kommunalverfassungsbeschwerde, JA 2008, 763 ff.; *Starke,* Grundfälle zur Kommunalverfassungsbeschwerde, JuS 2008, 319 ff.

C. Die Stellung der Kommunen im Europarecht

113 Das Europarecht besteht im Wesentlichen aus dem Recht des Europarates und dem Recht der Europäischen Union.

I. Die Kommunen im Recht des Europarates

114 Der Europarat ist eine europäische Organisation, die nahezu alle europäischen Staaten in sich vereint, darunter auch alle Mitgliedstaaten der Europäischen Union. Sein für die juristische Ausbildung bedeutsamster Rechtsakt ist die Konvention zum Schutz der Menschenrechte und Grundfreiheiten (Europäische Menschenrechtskonvention, EMRK). Daneben sind unter dem Dach des Europarats über 200 weitere Konventionen und Übereinkommen geschlossen worden, u.a. die Europäische Charta der kommunalen Selbstverwaltung vom 15.10.1985 und ein Zusatzprotokoll zur Europäischen Charta der lokalen Selbstverwaltung über das Recht zur Beteiligung an den Angelegenheiten der kommunalen Verwaltung vom 16.11.2009 (in Kraft getreten am 1.6.2012). Deutschland hat lediglich die Charta als solche unterzeichnet und ratifiziert, aber noch nicht das Zusatzprotokoll.[30a]

---

[29] Bis Dez. 2015 lautete die Bezeichnung dieses Gerichts „Staatsgerichtshof für das Land Baden-Württemberg" (StGH BW).
[30] VerfGH BW, Urt. v. 17.2.2020 – 1 VB 11/19, juris Rn. 22 – Ob auch der Nichterlass eines Gesetzes tauglicher Beschwerdegegenstand ist, lässt der VerfGH BW offen (aaO, Rn. 24).
[30a] Zum Hintergrund der noch ausstehenden Unterzeichnung siehe BT-Drs. 19/10411, S. 7 vom 20.5.2019: Bayern und Niedersachsen haben sich gegen die Unterzeichnung ausgesprochen.

C. Die Stellung der Kommunen im Europarecht 23

Anders als die EMRK gelten die Vorgaben der Europäischen Charta der kommunalen Selbstverwaltung nicht unmittelbar, können also von einer Kommune gegenüber den nationalen Behörden, Gerichten und Gesetzgebern nicht geltend gemacht werden. Es gibt ferner, wiederum im Unterschied zur EMRK (vgl. Art. 19 ff. EMRK: Europäischer Gerichtshof für Menschenrechte), keinen europäischen Rechtsschutz. Deshalb kommt dieser Charta keine nennenswerte Bedeutung in der deutschen Kommunalpraxis zu. 115

II. Die Kommunen im Recht der Europäischen Union

Seit dem Vertrag von Lissabon nimmt das Unionsrecht die lokale Ebene verstärkt in den Blick. Sie wird in Art. 4 II 1 EUV im Zusammenhang mit der nationalen Identität und in Art. 5 III EUV im Kontext der Subsidiarität angeführt. Schon seit längerem gibt es den Ausschuss der Regionen, dem gem. Art. 300 III AEUV auch Vertreter der lokalen Gebietskörperschaften angehören; dieser Ausschuss hat sogar ein eigenes Klagerecht vor dem EuGH (Art. 263 III AEUV). Verschaffen diese Aussagen den Kommunen einen unionsrechtlichen Schutz ihrer Selbstverwaltung, der mit Art. 28 II GG vergleichbar wäre? Oder gibt es vielleicht eine gemeinsame Verfassungsüberlieferung kommunaler Selbstverwaltung, die einen entsprechenden allgemeinen Grundsatz des Unionsrechts (vgl. Art. 6 III EUV) stützt? 116

Manche bejahen das.[31] Hier ist aber Zurückhaltung angebracht. So ist zu berücksichtigen, dass Deutschland in den Ausschuss der Regionen 24 Vertreter entsendet, davon 21 als Vertreter der Länder und nur drei als Vertreter der Kommunen. Die Kommunen stehen also nicht gerade im Mittelpunkt des Ausschusses der Regionen. Art. 5 III EUV nennt zwar die lokale Ebene, Art. 4 II 1 EUV sogar die lokale Selbstverwaltung, ohne dies aber mit unionsrechtlichen Verbürgungen zugunsten der Kommunen zu verbinden. Die Reichweite der lokalen Selbstverwaltung richtet sich vielmehr nach den Vorgaben des nationalen Verfassungsrechts. Die großen Unterschiede der Rechtsstellung der Kommunen in den einzelnen Mitgliedstaaten stehen einem allgemeinen Rechtsgrundsatz entgegen. Selbst in Deutschland dürfte der kommunalen Selbstverwaltung keine die Verfassungsidentität prägende Wirkung zukommen, zumal sie nicht von Art. 79 III GG erfasst wird (→ Rn. 75). Nach derzeitigem Stand des Unionsrechts wird man daher konstatieren müssen, dass es **keinen wirksamen Schutz des kommunalen Selbstverwaltungsrechts durch das Unionsrecht** gibt. 117

Es gibt immerhin kommunalbegünstigende Auswirkungen allgemeiner Vorgaben des Unionsrechts. So können sich die Kommunen und ihre Unternehmen bei ihrer wirtschaftlichen Betätigung (nicht bei hoheitlicher Tätigkeit) auf die **Grundfreiheiten** des AEU-Vertrages und (nach verbreiteter Auffassung auch) auf die **Unionsgrundrechte** berufen.[32] Hierfür spricht die Gleichstellung öffentlicher und privater Unternehmen durch Art. 106 I i.V.m. Art. 345 AEUV. 118

Das Unionsrecht beeinflusst darüber hinaus vielfach die kommunale Praxis. Dies gilt selbst für grundlegende Fragen, wie z.B. die Kommunalwahlen, die offen für Unionsbürger sind (Art. 22 AEUV, Art. 28 I 3 GG, Art. 72 I 2 LV: „wahlberechtigt und wählbar"). Die Kommunen können ferner durch die Grundfreiheiten oder anderes 119

---

[31] So etwa *Martini/Müller*, BayVBl. 1993, 161, 168; a.A. z.B. *Puttler*, in: Calliess/Ruffert, EUV/AEUV, 5. Aufl. 2016, Art. 4 Rn. 19 f.
[32] *Suerbaum*, in: Ehlers/Fehling/Pünder, BesVwR, Bd. 1 – Öffentliches Wirtschaftsrecht, 4. Aufl. 2019, § 16 Rn. 28.

Unionsrecht verpflichtet werden (→ Rn. 348, 409, 424, 498). Zu beachten ist, dass das Unionsrecht vielfach nur bei einem grenzüberschreitenden Bezug greift, der bei rein lokalen Sachverhalten häufig fehlt.

120 **Beispiel:** Eine Kommune bezuschusst ein privates Freizeitbad mit jährlich 2 Mio. Euro. Dies könnte als prinzipiell unzulässige Beihilfe i. S. d. Art. 107 I AEUV einzustufen sein. Allerdings ist von vornherein keine Beeinträchtigung des Handels zwischen den Mitgliedstaaten zu befürchten, wenn sich die nächste Grenze erst deutlich außerhalb des Einzugsbereichs des Bades befindet.[33] Freilich ist in manchen Konstellationen auf die kumulative Wirkung der Handlungen aller betroffenen Kommunen abzustellen, sodass bei einer Gesamtbetrachtung die grenzüberschreitende Wirkung zu bejahen ist, so z. B. mit Blick auf Art. 85 EWGV (= Art. 101 AEUV) bei den früheren Konzessionsverträgen der Kommunen mit den Stromanbietern, denen sie das ausschließliche Recht zur Verlegung und Nutzung der Stromleitungen unter ihren Straßen verschafften.[34]

121 **Vertiefungshinweise:** *Bergmann*, Deutsche Kommunen und Europa, BWGZ 2009, 300 ff.; *Burger*, Die Haftung der Kommunen für Verstöße gegen EU-Recht, KommJur 2013, 6 ff. u. 41 ff.; *Frenz*, Kommunale Organisationshoheit vs. Unionsrecht, DÖV 2017, 943 ff.; *Heer*, Der Einfluss des Europarechts auf die nationale Rechtsordnung am Beispiel des Vergaberechts bei Veräußerung kommunaler Grundstücke, VBlBW 2010, 57 ff.; *Krausnick*, Erosionen der örtlichen Selbstverwaltung, VerwArch 103 (2011), 359 ff.; *Kugelmann*, Idee und Realität von Selbstverwaltung in der Europäischen Kooperation und Integration, Der Staat 2010, Beiheft 19, S. 293 ff.; *Naumann/Schmitz*, Kommunen und Grundfreiheiten – bloße Verpflichtung oder auch Berechtigung?, NWVBl. 2011, 208 ff.; *Schwarz*, Der Einfluss des europäischen Stabilitätspaktes auf die Ebene der kommunalen Selbstverwaltung, NWVBl. 2012, 245 ff.; *Steiner*, Die deutschen Gemeinden in Europa, DVP 2010, 2 ff.; *Stellhorn*, Verstoßen Einheimischenmodelle gegen europäische Grundfreiheiten?, BayVBl. 2016, 77 ff.; *Stern*, Kommunale Selbstverwaltung in europäischer Perspektive, NdsVBl. 2010, 1 ff.; *Stirn*, Kommunen sind unverzichtbare Gestalter der Einigung Europas!, KommJur 2012, 251 ff.

D. Organe von Gemeinde und Landkreis

I. Überblick und Grundlagen

122 Nach § 23 GemO sind der Gemeinderat und der Bürgermeister die Verwaltungsorgane der Gemeinde. Was ist überhaupt ein **Organ**? Verwaltungsträger (z. B. Bund, Land, Gemeinde, Kammer, Universität) sind rechtsfähig, und zwar als Körperschaft, Anstalt oder Stiftung des öffentlichen Rechts, aber als solche nicht handlungsfähig. Für den Verwaltungsträger handeln die Organe, d. h. rechtlich geschaffene Einrichtungen eines Verwaltungsträgers, die dessen Zuständigkeiten für diesen wahrnehmen.

123 Das Organ besteht unabhängig vom Wechsel der **Organwalter,** d. h. derjenigen Menschen, die tatsächlich für das Organ handeln. Es ist nicht (außen-)rechtsfähig, rechtsfähig ist nur die jeweilige juristische Person des öffentlichen Rechts. Wenn es mehrere Organe gibt, müssen deren Zuständigkeiten voneinander abgegrenzt werden. Es geht also um die rechtlichen Beziehungen innerhalb eines Rechtsträgers – sog. Innenrecht. Wenn ein Organ zuständig ist, für den Rechtsträger unmittelbar *nach außen* zu handeln, handelt es sich um eine **Behörde** (vgl. §§ 1 II, 9 LVwVfG). Behörde der Gemeinde ist der Bürgermeister (vgl. § 42 I 2 GemO); ausnahmsweise auch der Rat (z. B. bei einer Straßenbenennung; → Rn. 143.)

---

[33] So z. B. *von Carnap-Bornheim*, JuS 2013, 215, 218.
[34] Dazu EuGH, EuZW 1994, 408, 410 Tz. 37 – *Almelo*; BGH, NJW-RR 2009, 1635, 1638.

D. Organe von Gemeinde und Landkreis

Die Bestimmung der kommunalen Organe, ihrer Zuständigkeiten und Kompetenzen wird auch als **Kommunalverfassung** bezeichnet. Diese wird in den Grundzügen durch die GemO bzw. die LKrO vorgegeben (z.B. §§ 23 ff. GemO zu Gemeinderat und Bürgermeister). Im Übrigen wird die Verfassung der einzelnen Kommune durch die Hauptsatzung bestimmt **(Hauptsatzung als Verfassungsstatut der Kommune)**. Die Hauptsatzung enthält in Wahrnehmung der Organisationshoheit i.S.d. Art. 28 II GG organisatorische Vorschriften, zählt damit zum sog. Innenrecht. 124

Beachte: An sich werden Satzungen zu den sog. materiellen Gesetzen gezählt (→ Rn. 11). Der Hauptsatzung fehlt allerdings die Außenwirkung, sodass sie kein materielles Recht ist (Satzung im rein formellen Sinne). Siehe z.B. die Hauptsatzung der Stadt Konstanz mit Bestimmungen zur Bildung dort näher bestimmter Ratsausschüsse, zur Einrichtung von Ortschaftsräten etc. (https://www.konstanz.de/site/Konstanz/get/documents_E1035445913/konstanz/Dateien/Service/Ortsrecht/I%20Allgemeine%20Verwaltung/I_01%20Hauptsatzung%20der%20Stadt%20Konstanz.pdf). 125

1. Organe der Gemeinde

Der **Gemeinderat** ist gem. § 24 I 1 GemO die Vertretung der Bürger und das **Hauptorgan** der Gemeinde (näher → Rn. 131 ff.). Er entscheidet im Grundsatz über alle Angelegenheiten der Gemeinde (§ 24 I 2 GemO). Er hat beratende und beschließende **Ausschüsse** (§§ 39, 41 GemO; näher → Rn. 156 ff.). Die Ausschüsse sind Teil des Gemeinderates, d.h. **Organteile.** Auch die einzelnen Mitglieder des Gemeinderates sind Organteile. Die Hauptsatzung kann ferner einen **Ältestenrat** als Organteil des Gemeinderates einrichten (§ 33a GemO). Dessen Aufgabe ist die Beratung des Bürgermeisters (in dessen Funktion als Ratsvorsitzender) in Fragen der Tagesordnung und des Gangs der Verhandlungen im Gemeinderat. In einer **Fraktion** schließen sich politisch gleich gesinnte Mitglieder des Gemeinderates zusammen (§ 32a GemO, → Rn. 159). Die Fraktion ist ebenfalls Organteil (und kann deshalb an einem Kommunalverfassungsstreitverfahren beteiligt sein; hierzu → Rn. 251 ff.). 126

Möglich (nicht pflichtig) ist ferner ein **Jugendgemeinderat** oder eine andere **Jugendvertretung** (§ 41a GemO) mit Antrags-, Rede- und Anhörungsrechten.[35] Deren Mitglieder sind nicht zugleich Mitglieder des Gemeinderats. Die Jugendvertretung ist daher kein Ausschuss i.S.d. §§ 39 ff. GemO und damit kein Organteil, sondern ein **Hilfsorgan** des Gemeinderates. Jugendliche können die Bildung einer Jugendvertretung beantragen, aber nicht erzwingen (§ 41a II GemO). Selbst wenn kein Jugendgemeinderat eingerichtet wird, müssen Jugendliche und sollen Kinder bei Planungen und Vorhaben, die ihre Interessen berühren, angemessen beteiligt werden (§ 41a I 1 GemO). 126a

Beachte: Jugendliche haben ab Vollendung des 16. Lebensjahres das aktive Wahlrecht (→ Rn. 131). 126b

Anders als in anderen Ländern gibt es in BW keine gesetzliche Regelung, welche die Einrichtung eines **Ausländerbeirates** vorsieht. Auf Grundlage der durch Art. 28 II GG, Art. 71 LV geschützten Organisationshoheit kann eine Gemeinde dennoch einen Ausländerbeirat schaffen und ihm beratende Funktionen zuweisen.[36] Der Ausländerbeirat ist kein beratender Ausschuss i.S.d. § 41 GemO, sondern ein sonstiges, freiwillig von 126c

---

[35] Hierzu *Dusch*, VBlBW 2016, 8, 11.
[36] Näher *Reuß*, VBlBW 2016, 282 ff.

einer Kommune geschaffenes Beratungsgremium[37] und **Hilfsorgan** des Gemeinderates. Die Mitglieder des Ausländerbeirates können durch die Nicht-EU-Ausländer gewählt oder durch den Gemeinderat ernannt werden. Darüber hinaus können Ausländer als sachkundige Einwohner Mitglied regulärer Gemeinderatsausschüsse sein.

126d **Beachte:** EU-Ausländer sind Deutschen gleichgestellt, haben also das aktive und passive Wahlrecht. Sie können an den Wahlen zum Gemeinderat teilnehmen und selbst Mitglieder im Gemeinderat werden (→ Rn. 131)

127 Der **Bürgermeister,** der wie der Gemeinderat ein Verwaltungsorgan ist (§ 23 GemO), hat gem. § 42 I GemO drei zentrale Funktionen: Er ist **(1)** Vorsitzender des Gemeinderats, **(2)** Leiter der Gemeindeverwaltung und vertritt **(3)** die Gemeinde (nach außen, d.h. im zivil- und öffentlich-rechtlichen Rechtsverkehr). Seine Stellung im Gemeinderat beschreibt § 43 GemO: Der Bürgermeister bereitet die Sitzungen des Gemeinderates vor und vollzieht die Beschlüsse. Als Leiter der Gemeindeverwaltung ist er gem. § 44 IV GemO Vorgesetzter, Dienstvorgesetzter und oberste Dienstbehörde der Gemeindebediensteten. Im Bereich der Gemeindeverwaltung gibt es **Beigeordnete** (§§ 49 ff. GemO). Diese sind hauptamtliche Beamte und auf acht Jahre vom Gemeinderat gewählt (§ 50 GemO). Sie vertreten den Bürgermeister (§ 49 II 1 GemO), sind also **Organvertreter.**

128 Die Hauptsatzung kann eine **Ortschaftsverfassung** und **Ortschaftsräte** vorsehen (§§ 67 ff. GemO). Ortschaftsräte sind ein fakultatives **Nebenorgan** der Gemeinde. Sie werden von den Bürgern gewählt (§ 69 I 1 GemO) und entscheiden im Rahmen ihrer Zuständigkeit, die sich nach der Hauptsatzung richtet (§ 70 II 1 GemO) selbstständig an Stelle des Gemeinderates (so § 16 V der Hauptsatzung der Stadt Konstanz). Vorsitzender des Ortschaftsrates ist der **Ortsvorsteher** (§ 69 III GemO), der vom Gemeinderat auf Vorschlag des Ortschaftsrates gewählt wird (§ 71 I 1 GemO). Er ist Ehrenbeamter auf Zeit (§ 71 I 3 GemO), d.h. ehrenamtlich tätig (§ 91 LBG). Der Ortsvorsteher vertritt den Bürgermeister bei dem Vollzug der Ortschaftsratsbeschlüsse und bei der Leitung der örtlichen Verwaltung (§ 71 III 1, § 68 IV GemO) und ist (nur insoweit) den Weisungen des Bürgermeisters und der Beigeordneten unterworfen (§ 71 III 2 GemO).

128a **Vertiefungshinweise:** *Baron,* Der Wert der Ortschaftsverfassung, VBlBW 2010, 426 ff.; *Bock,* Welche Rechte und Pflichten haben Gemeinderatsmitglieder und Ortschaftsratsmitglieder?, BWGZ 2014, 448 ff.; *Gastgeb,* Die Kosten der Ortschaftsverfassung, VBlBW 2010, 430 ff.; *Niemann,* Die Kosten der Ortschaftsverfassung, VBlBW 2010, 183 ff.; *Reuß,* Politische Partizipation von Ausländern auf kommunaler Ebene: Die Ausländerbeiräte in den Kommunen Baden-Württembergs, VBlBW 2016, 282 ff.

2. Organe des Landkreises

129 Verwaltungsorgane des Landkreises sind der Kreistag und der Landrat (§ 18 LKrO). Der **Kreistag** (§§ 19 ff. LKrO) entspricht dem Gemeinderat. Er wird von den wahlberechtigten Kreiseinwohnern (§ 10 I LKrO) für fünf Jahre (§ 21 I LKrO) gewählt. Vorsitzender des Kreistages ist der Landrat (§ 37 I 1 LKrO). Es gibt wiederum beschließende und beratende Ausschüsse (§§ 34 ff. LKrO), Fraktionen (§ 26a LKrO) sowie ggf. einen Ältestenrat (§ 28 LKrO). Der **Landrat** (§§ 37 ff. LKrO) gleicht dem Bürgermeister. Er wird auf acht Jahre vom Kreistag gewählt (§§ 37 II 2, 39 V LKrO). Er ist Beamter des Landkreises (§ 37 II 1 LKrO).

---

[37] VG Karlsruhe, Beschl. v. 29.1.2015 – 7 K 57/15, juris Rn. 8.

D. Organe von Gemeinde und Landkreis

Klausurhinweis: Viele klausurrelevante Vorschriften der GemO finden eine Parallele in der 130
LKrO.

II. Gemeinderat

1. Wahl des Gemeinderates, §§ 26 ff. GemO

Wenngleich der Gemeinderat kein Parlament ist (→ Rn. 29), gleicht seine Wahl der 131
Wahl von Bundestag und Landtag (siehe Art. 28 I 2 GG). Dementsprechend werden
die Gemeinderäte in allgemeiner, unmittelbarer, freier, gleicher und geheimer Wahl
von den Bürgern gewählt (§ 26 I GemO). Die Allgemeinheit der Wahl reicht noch
weiter als bei Bundestag und Landtag: Zum einen wurde das **Mindestalter** für das aktive Wahlrecht durch Gesetz vom 16.4.2013 (GBl. S. 55) auf **16 Jahre** gesenkt (§ 12 I,
26 I GemO),[38] während die Wählbarkeit weiterhin nur Erwachsenen zukommt (§ 28 I
GemO). Zum anderen sind gem. §§ 12 I, 26 I, 28 I GemO nicht nur Deutsche, sondern auch **Unionsbürger**, d. h. EU-Ausländer, aktiv und passiv wahlberechtigt. Obwohl EU-Ausländer nicht zum Staatsvolk i. S. d. Art. 20 II GG gehören, ermöglicht
ihnen Art. 28 I 3 GG das Kommunalwahlrecht. Die 1992 erfolgte Einfügung des Satzes 3 in Art. 28 I GG erfüllte Vorgaben des Unionsrechts (siehe heute Art. 22 AEUV).
Art. 79 III GG stand dieser Verfassungsänderung nicht entgegen (vgl. dort den Wortlaut „Grundsätze").

Hinweis: Manche plädieren für eine Ausweitung des Kommunalwahlrechts auf Nicht-EU- 132
Ausländer.[39]

Zur **Gleichheit der Wahl** sei auf Folgendes hingewiesen: Anders als bei Bundes- und 133
Landtagswahlen gibt es bei den Wahlen zum Gemeinderat **keine sog. Fünf-Prozent-Sperrklausel.** Strittig ist, ob eine solche verfassungsmäßig wäre. Das BVerfG hat die Verfassungsmäßigkeit der Fünf-Prozent-Sperrklausel in einer frühen Entscheidung bejaht:[40]
„Auch im Kommunalwahlrecht kann eine 5%-Sperrklausel gegen Splitterparteien unter
dem Gesichtspunkt der Gewährleistung eins störungsfreien Funktionierens der Selbstverwaltung gerechtfertigt sein." Später legte es jedoch einen strengeren Maßstab an die
Beeinträchtigung der Funktionsfähigkeit des Gemeinderates an:[41] „Nur die mit einiger
Wahrscheinlichkeit zu erwartende Beeinträchtigung der Funktionsfähigkeit der kommunalen Vertretungsorgane kann die Fünf-Prozent-Sperrklausel rechtfertigen." Auch einige
Landesverfassungsgerichte haben bestehende Fünf-Prozent-Sperrklauseln auf kommunaler Ebene verworfen.[42] Seitdem ist in vielen Räten eine Zersplitterung in viele Fraktio-

---

[38] Die Verfassungskonformität bejahend BVerwG, NJW 2018, 3328 Ls. 1; VGH BW, NVwZ-RR 2018, 404; ThürVerfGH, NVwZ-RR 2019, 129 Ls. 2.
[39] So z. B. *Hanschmann*, „Die Ewigkeit dauert lange, besonders gegen Ende" – eine rechtliche (Neu-)Bewertung des kommunalen Wahlrechts für Drittstaatsangehörige, Zparl 2009, 74 ff.; *Sieveking*, Kommunalwahlrecht für Drittstaatsangehörige, ZAR 2008, 121 ff.; ablehnend *Schwarz*, Einführung des Kommunalwahlrechts für dauerhaft in Deutschland lebende Ausländerinnen und Ausländer aus Nicht-EU-Staaten?, SächsVBl. 2019, 89 ff.
[40] BVerfGE 6, 104, Ls.
[41] BVerfG, NVwZ 2008, 407 mit zust. Bespr. *Wolff*, JuS 2008, 746 f.
[42] VerfGH NRW, NVwZ 2000, 666; ThürVerfGH, NVwZ-RR 2009, 1. – Nach VerfGH NRW, NVwZ 2018, 159 Ls. 5 ff., ist auch eine 2,5%-Sperrklauseln bei Kommunalwahlen verfassungswidrig.

nen und Gruppen zu beobachten, sodass die Funktionsfähigkeit durchaus gefährdet[43] oder die Politikverdrossenheit gefördert wird, indem die etablierten Parteien zu „Großen Koalitionen" greifen müssen, um funktionsfähige Mehrheiten zu organisieren.

134 **Hinweis:** Das BVerfG hat auch bei Wahlen zum Europäischen Parlament die 5%-Klausel und auch eine 3%-Klausel für verfassungswidrig erklärt.[44]

135 Die **Freiheit der Wahl** kann gefährdet sein durch eine Wählerbeeinflussung seitens des Bürgermeisters und der Gemeindeverwaltung. Deshalb trifft den Bürgermeister eine **Neutralitätspflicht,** soweit er als Amtsperson auftritt. Als Privatperson steht ihm aber das Grundrecht auf freie Meinungsäußerung zu. Unzulässig wäre daher eine Wahlwerbung in amtlichen Publikationsorganen (z.B. Amtsblatt der Gemeinde) oder die Verwendung von Bürgermeister-Briefbögen bei Schreiben an Wähler, während der Einsatz privater Flyer oder Briefköpfe erlaubt bleibt.[45] Selbst ein auf den ersten Blick ausgewogener „Rechenschaftsbericht" eines Bürgermeisters, der wenige Tage vor der Bürgermeisterwahl im redaktionellen (nicht amtlichen) Teil des Amtsblatts publiziert wird, ist als Verstoß gegen die Neutralitätspflicht zu werten.[46] Neutralitätsverstöße können sogar dann Auswirkungen auf das Wahlergebnis haben und zur Unwirksamkeit der Wahl führen.[47]

136 **Beachte:** Wahrheitswidrige amtliche Äußerungen des Bürgermeisters kurz vor einer Wahl (z.B. zur Finanzlage der Gemeinde) können u.U. ebenfalls als unzulässige Einflussnahme auf die Wähler gewertet werden und zur Ungültigkeit der Wahlen zum Gemeinderat führen.[48]

137 Zu beachten sind einige **Hinderungsgründe** (Inkompatibilitäten) gem. § 29 GemO. So können etwa Gemeindebedienstete nicht Mitglied im Gemeinderat sein. Diese Hinderungsgründe stehen nicht der Wählbarkeit entgegen (vgl. in systematischer Hinsicht § 28 einerseits und § 29 andererseits), aber dem Eintritt in den Gemeinderat. Durch Gesetz vom 28.10.2015 (GBl. S. 870) ist die Zahl der Hinderungsgründe verkleinert worden. Seitdem begründet Verwandtschaft zu anderen Gemeinderäten, zum Bürgermeister oder zu Beigeordneten keinen Hinderungsgrund mehr.[49] Die Regelung des § 29 GemO ist im Ansatz verfassungsrechtlich zulässig (vgl. Art. 137 I GG), weil sie bei typisierender Betrachtung nötig ist, um Interessenkollisionen zu vermeiden.[50] § 29 I 1 GemO muss jedoch über Satz 2 hinaus einschränkend dahingehend ausgelegt werden, dass ein Hinderungsgrund entfällt, wenn es keine Interessenkollision geben kann, was immer dann der Fall ist, wenn der Gemeindebedienstete keine Möglichkeit hat, inhaltlich auf die Verwaltungsführung Einfluss zu nehmen.[51]

138 Das Kommunalwahlrecht in Baden-Württemberg kennt einige Besonderheiten, so etwa die **unechte Teilortswahl** (dazu Art. 72 II 2 LV, § 27 II-V GemO)[52] und das

---

[43] *Schoch*, DVBl. 2018, 1, 3.
[44] BVerfG, NVwZ 2012, 33 Ls. 1 (zur 5%-Klausel), NJW 2014, 619 Ls. 1 (zur 3%-Klausel).
[45] Siehe dazu z.B. OVG Nds., NdsVBl. 2009, 137 ff.; VG Meiningen, KommJur 2009, 463 ff.
[46] VG Freiburg, Urt. v. 10.11.2015 – 5 K 1472/15, juris Rn. 27 ff.
[47] VG Koblenz, LKRZ 2013, 386 Ls. 2.
[48] BVerwG, NWVBl. 2012, 304; OVG NRW, DVBl. 2012, 588 – Ratswahl in Dortmund; *Beckmann/Wittmann*, Das Recht auf Wahrheit bei der Kommunalwahl, NWVBl. 2010, 81 ff.
[49] Zu den Hintergründen *Dusch*, VBlBW 2016, 8 f.
[50] Ähnlich VGH BW, VBlBW 2015, 237, 238.
[51] BVerwG, NVwZ 2017, 1711.
[52] Siehe hierzu die Falllösung von *Hoch*, Beilage zu VBlBW, Heft 4/2006, dort Fall 2, S. 5 ff.

D. Organe von Gemeinde und Landkreis

Kumulieren und Panaschieren (§ 26 II 4 GemO): Jeder Wähler hat so viele Stimmen, wie Gemeinderäte zu wählen sind. Der Wahlberechtigte kann Bewerber aus anderen Wahlvorschlägen übernehmen und einem Bewerber bis zu drei Stimmen geben.

> **Beispiel:** Der Gemeinderat besteht aus 14 Mitgliedern (siehe zur Größe des Gemeinderates § 25 II GemO), die Wähler haben also 14 Stimmen. Wähler A gibt alle Stimmen pauschal dem Wahlvorschlag der P-Partei. Wählerin B verteilt ihre Stimmen auf mehrere der im Wahlvorschlag der Q-Partei aufgelisteten Bewerber; dem weiter hinten platzierten Bewerber J gibt sie nicht nur eine, sondern drei Stimmen (Kumulieren). Wähler C kreuzt zunächst die Liste der P-Partei an, gibt aber eine Stimme der ihm als sehr engagiert bekannten Bewerberin K der Q-Partei (Panaschieren; gäbe er ihr sogar zwei oder drei Stimmen, läge zusätzlich ein Kumulieren vor).

139

Diskutiert wird, ob der Gesetzgeber vorschreiben dürfte oder muss, dass Wahlvorschläge geschlechterproportional sind (also Männer und Frauen auf der Liste – auch auf den aussichtsreichen oberen Listenplätzen – paritätisch berücksichtigt werden). Grundgesetz und Landesverfassung begründen keine entsprechende Pflicht. Selbst der Förderauftrag aus Art. 3 III 2 GG lässt sich keinesfalls zu einer entsprechenden Handlungspflicht des Gesetzgebers verdichten.[53] Eine derartige gesetzliche Regelung enthielte einen gravierenden staatlichen Eingriff in die Freiheit der Parteien (bei der Aufstellung der Listen) und Wähler und widerspräche dem Demokratieprinzip.[54] In Baden-Württemberg stünde die Möglichkeit des Kumulierens und Panaschierens ohnehin einer strikten Geschlechterparität entgegen.

139a

> **Vertiefungshinweise:** *Krajewski,* Kommunalwahlrechtliche Sperrklauseln im föderativen System, DÖV 2008, 345 ff.; *Theis,* Das Ende der Fünf-Prozent-Klausel im Kommunalwahlrecht, KommJur 2010, 168 ff.; *Oebbecke,* Amtliche Äußerungen im Bürgermeisterwahlkampf, NVwZ 2007, 30 ff.; *ders.,* Wahlrechtsgleichheit bei der Bürgermeisterwahl, NWVBl. 2010, 333 ff.; *Schellenberger,* Teilnahme Minderjähriger an kommunalen Wahlen und Abstimmungen in Baden-Württemberg, VBlBW 2015, 497 ff.

139b

2. Zuständigkeitsbereich (Organkompetenz) des Gemeinderates, § 24 I 2 GemO

Die Verbandskompetenz der Gemeinde ergibt sich aus Art. 28 II GG, § 2 GemO (→ Rn. 59, 71). Wer aber ist innerhalb der Gemeinde zuständig, diese Kompetenz auszuüben? Angesprochen ist damit die sog. Organkompetenz. Die **Organkompetenz des Gemeinderates** umreißt § 24 I 2 GemO: „Er entscheidet über alle Angelegenheiten der Gemeinde [= Verbandskompetenz], soweit nicht der Bürgermeister kraft Gesetzes zuständig ist oder ihm der Gemeinderat bestimmte Angelegenheiten überträgt." Hinzu kommt § 39 I GemO: „Durch die Hauptsatzung kann der Gemeinderat beschließende Ausschüsse bilden und ihnen bestimmte Aufgabengebiete zur dauernden Erledigung übertragen. Durch Beschluss kann der Gemeinderat einzelne Angelegenheiten auf bestehende beschließende Ausschüsse übertragen …".

140

Aus diesen Vorgaben folgt der **Grundsatz umfassender Zuständigkeit des Gemeinderates.** Von diesem Grundsatz gibt es einige **Ausnahmen.** Gem. § 24 I 2 GemO ist in einigen Fällen der **Bürgermeister** kraft Gesetzes zuständig. Dies betrifft insb. „die Geschäfte der laufenden Verwaltung" (§ 44 II 1 GemO; näher → Rn. 208).

141

---

[53] BayVerfGH, NVwZ 2018, 881, 882 l.s. 2.
[54] Ebenso z.B. *Schmidt,* NVwZ 2018, 882; *Burmeister/Greve,* ZG 2019, 154; *Morlok/Hobusch,* DÖV 2019, 14; *Ungern-Sternberg,* JZ 2019, 525; a.A. z.B. *Meyer,* NVwZ 2019, 1245.

Der Bürgermeister ist ferner zuständig, wenn der Gemeinderat ihm (Rats-)Angelegenheiten übertragen hat (§§ 24 I 2, 44 II 1 GemO). Die Übertragung kann dauerhaft erfolgen (durch die Hauptsatzung, § 44 II 2 GemO) oder punktuell (durch schlichten Ratsbeschluss). Der Bürgermeister verfügt also über originäre Zuständigkeiten (die ihm kraft Gesetzes zugewiesen sind) und über derivative Zuständigkeiten (die ihm der Gemeinderat übertragen hat).

142 Der Gemeinderat kann ferner Angelegenheiten auf einen **beschließenden Ausschuss** übertragen, und zwar dauerhaft durch die Hauptsatzung (§ 39 I 1 GemO) oder punktuell durch Ratsbeschluss (§ 39 I 2 GemO). Schließlich kann er Angelegenheiten durch die Hauptsatzung auf einen **Ortschaftsrat** übertragen (§ 70 II 1 GemO). Wenn der Gemeinderat Angelegenheiten auf den Bürgermeister, einen beschließenden Ausschuss oder einen Ortschaftsrat übertragen will, sind die **Grenzen der Übertragbarkeit** in § 39 II (i.V.m. § 44 II 3 bzw. § 70 II 2) GemO zu beachten: Bestimmte Angelegenheiten muss der Gemeinderat selbst wahrnehmen.

143 **Beispiel**: Wer ist zuständig für die (Um-)Benennung einer Straße?[55] Die Verbandskompetenz liegt bei der Gemeinde (so § 5 IV GemO; im Übrigen griffe Art. 28 II 1 GG), die Organkompetenz steht grundsätzlich dem Gemeinderat zu (§ 24 I 2 GemO). Liegt eine Ausnahme vor? Handelt es sich um ein Geschäft der laufenden Verwaltung, für das der Bürgermeister kraft Gesetzes zuständig ist? Das wäre zu bejahen, wenn die Straßen(um)benennung weder von grundsätzlicher Bedeutung noch von erheblicher finanzieller Auswirkung und mehr oder weniger regelmäßig wiederkehrend ist (→ Rn. 208). So oft kommen Straßen(um)benennungen nicht vor. Sie können auch durchaus bedeutsam sein (wenn etwa die Straße nach einem umstrittenen Politiker benannt werden soll). Ein Geschäft der laufenden Verwaltung liegt also nicht vor. Hat der Gemeinderat die Zuständigkeit zur Straßen(um)benennung auf den Bürgermeister, einen Ausschuss oder Ortschaftsrat übertragen? Siehe hierzu z.B. § 16 II 2 Nr. 7 der Hauptsatzung der Stadt Konstanz: „Der Ortschaftsrat ist … zu hören … [bei der] Benennung von Straßen, Wegen und Plätzen im Bereich des Stadtteils." Offensichtlich soll die Organkompetenz in Konstanz mithin beim Gemeinderat verbleiben.

144 **Klausurhinweise**: Eine Straßen(um)benennung wird zumeist als adressatenloser sachbezogener Verwaltungsakt in Form einer Allgemeinverfügung eingestuft. Diesen Verwaltungsakt erlässt der Gemeinderat, der insoweit also Behörde ist! Der Verwaltungsakt wird aber erst mit Bekanntgabe wirksam. In materieller Hinsicht steht die Wahl des Namens im Ermessen der Gemeinde, der ein weiter Ermessensspielraum zukommt. Ermessensgrenzen folgen aus der Ordnungsfunktion (vgl. § 5 IV 2 GemO: keine Doppelungen). Ob Grundrechte der Anlieger berührt sind, ist zweifelhaft. Muss die Gemeinde sonstige Interessen der Anlieger bei der Ermessensausübung berücksichtigen? Diese Frage wird in Rspr. und Lit. vielfach bejaht, so jedenfalls bei der Umbenennung, teils auch bei der Erstbenennung:[56] Die Straßenumbenennung diene zwar öffentlichen Interessen, berühre aber die Interessen der Anlieger (Visitenkarte, Briefbögen etc.), die zu berücksichtigen seien. Teilt man diese Ansicht, kann Rechtsschutz durch einen Antrag nach § 80 V VwGO[57] bzw. durch Anfechtungsklage[58] oder ggf. durch Feststellungsklage[59] erreicht werden. Näher liegt indessen die Gegenauffassung, wo-

---

[55] Siehe die Falllösungen bei *Ennuschat*, NWVBl. 1992, 337 ff.; *Stumpf*, Jura 2012, 543 ff.; *Zilkens*, NWVBl. 2001, 369 ff.

[56] So VG Arnsberg, NWVBl. 2017, 485, 486; *Lorenz/Will*, StraßenG BW, 2. Aufl. 2005, § 4 Rn. 18

[57] Z.B. OVG NRW, NVwZ-RR 2008, 487 f.; die Antragsbefugnis folge aus dem Anspruch auf fehlerfreie Ermessensausübung.

[58] VG Freiburg, Urt. v. 5.2.2020 – 4 K 653/19, juris Rn. 22.

[59] Z.B. VG Arnsberg, Urt. v. 14.1.2010 – 7 K 1682/09, juris Rn. 20: Feststellung der Nichtigkeit des Verwaltungsaktes.

D. Organe von Gemeinde und Landkreis 31

nach die Straßenumbenennung ausschließlich öffentlichen Interessen dient, ohne dass Drittschutz eröffnet wird.⁶⁰

3. Rechte und Pflichten des einzelnen Mitglieds des Gemeinderats

Der Gemeinderat ist *Verwaltungs*organ (§ 23 GemO) und damit kein Parlament, sondern Teil der Exekutive. Deshalb gelten für die Ratsmitglieder nicht die verfassungsrechtlichen Grundsätze der Immunität und Indemnität; ihre Rechtsstellung richtet sich vielmehr nach den Vorgaben der §§ 32, 17 GemO. Das zentrale **Organteilrecht** des Ratsmitgliedes ist sein **Recht auf Mitwirkung,** das (leider nur „zwischen den Zeilen") in § 32 III GemO wurzelt. 145

Klausurhinweis: Das Mitwirkungsrecht ist eine **wehrfähige Innenrechtsposition** i. S. d. § 42 II VwGO analog und kann im Organstreitverfahren verwaltungsprozessual geltend gemacht werden (→ Rn. 258). Eine Verfassungsbeschwerde unter Berufung auf das Mitwirkungsrecht wäre hingegen mangels Beschwerdebefugnis unzulässig.⁶¹ 146

Das Mitwirkungsrecht wird z. B. durch einen durch den Bürgermeister verhängten Sitzungsausschluss (§ 36 III GemO) beeinträchtigt. Das Mitwirkungsrecht erlischt punktuell, soweit der Ausschlussgrund der Befangenheit greift (§ 32 I 1 [„ehrenamtlich"] i. V. m. § 18 GemO; näher → Rn. 234 ff.). Das Recht zur Mitwirkung bezieht sich insbesondere auf die Sitzungen des Gemeinderates und seiner Ausschüsse, aber nicht auf gesellschaftliche Veranstaltungen, erfasst z. B. nicht die Teilnahme am Neujahrsempfang, den der Bürgermeister gemeinsam mit dem Vorstandsvorsitzenden der Sparkasse ausrichtet.⁶² 147

Das Mitwirkungsrecht wird ergänzt durch **Frage- und Kontrollrechte** (näher § 24 III GemO [Mindestquorum grds. ⅙ der Ratsmitglieder oder Fraktion], § 24 IV GemO [jedes Ratsmitglied]) oder das Recht, bestimmte Punkte auf die **Tagesordnung** setzen zu lassen (§ 34 I 4 GemO: Mindestquorum ⅙ der Ratsmitglieder oder Fraktion; näher → Rn. 186). Die Ausübung des Fragerechts muss nicht begründet werden.⁶³ Das Fragerecht erstreckt sich nicht darauf, dass der Bürgermeister über von seinem Standpunkt abweichende Ansichten einzelner Verwaltungsmitarbeiter informieren muss.⁶⁴ 148

Beachte: Unterscheide also zwischen Einzelmitgliedschaftsrechten, die ein Gemeinderatsmitglied allein ausüben kann, und Gruppenmitgliedschaftsrechten, für deren Ausübung mehrere Mitglieder zusammenwirken müssen! 149

Die Ratsmitglieder werden in erster Linie als Organteile tätig und können sich dabei nur auf **Organteilrechte** berufen. **Grundrechte** stehen ihnen an sich nicht zu; wie das BVerwG ausgeführt hat:⁶⁵ „Aber auch in diesem Zusammenhang ist zu beachten, daß der Gemeinderat kein Forum zur Äußerung und Verbreitung privater Meinungen, sondern ein Organ der Gemeinde ist, das die Aufgabe hat, die divergierenden Vorstel- 150

---

⁶⁰ OVG NRW, Beschl. v. 28.5.2018 – 11 A 1948/17, juris Rn. 14, 16, 22; OVG Saarl., NVwZ-RR 2019, 701; *Ennuschat*, LKV 1993, 43, 46 f.
⁶¹ BVerfG, NVwZ-RR 2012, 2; Rn. 150.
⁶² So VG Weimar, NVwZ-RR 2012, 486.
⁶³ OVG S-A, NVwZ-RR 2010, 123.
⁶⁴ VG Freiburg, Urt. v. 9.1.2019 – 4 K 1245/18, juris Rn. 24.
⁶⁵ BVerwG, NVwZ 1988, 837, 838.

lungen seiner gewählten Mitglieder im Wege der Rede und Gegenrede und der nachfolgenden Abstimmung zu einem einheitlichen Gemeindewillen zusammenzuführen und der Gemeinde so die nötige Entscheidungs- und Handlungsfähigkeit zu verschaffen. Demgemäß nimmt das Ratsmitglied, wenn es sich in der Ratssitzung zu einem Gegenstand der Tagesordnung zu Wort meldet, nicht seine im Grundgesetz verbürgten Freiheitsrechte gegenüber dem Staat, sondern organschaftliche Befugnisse in Anspruch, die ihm als Teil eines Gemeindeorgans verliehen sind ...".

151 Dennoch können Grundrechte anwendbar sein. Handelt es sich um eine Tätigkeit bei Gelegenheit der Mandatsausübung, so können sich die Ratsmitglieder auf die Grundrechte berufen, so etwa beim Tragen von Plaketten mit politischem Inhalt während der Ratssitzung.[66] Die Meinungsfreiheit kann dann u.U. durch die Ordnungsgewalt des Bürgermeisters (§ 36 I 2 GemO = allgemeines Gesetz i.S.d. Art. 5 II GG) beschränkt werden (näher → Rn. 202). Die Meinungsfreiheit kommt dem Ratsmitglied u.U. sogar bei Meinungsäußerungen in Ausübung seines Mandats zu, jedenfalls dann, wenn es sich um eine Äußerung außerhalb von Ratssitzungen handelt.[67]

152 Die Ratsmitglieder haben eine ganze Reihe von **Pflichten**. Das betrifft zunächst die **Erfüllung der Aufgaben eines Gemeinderates** (vgl. § 32 I 2 i.V.m. § 15 I [Annahme der Wahl und Ausübung des Mandates] sowie § 34 III GemO [Teilnahme an Sitzungen]). Es gilt eine **Verschwiegenheitspflicht** (§ 35 II i.V.m. § 17 II GemO).

153 **Beachte:** Der Beschluss des Gemeinderates, in einer Angelegenheit die Öffentlichkeit auszuschließen (§ 35 I GemO), begründet die Verpflichtung zur Verschwiegenheit.[68]

154 Zu beachten ist schließlich das sog. **Vertretungsverbot** gem. § 17 III i.V.m. § 32 I 1 GemO, d.h. ein Gemeinderat darf Ansprüche und Interessen eines anderen nicht gegen die Gemeinde geltend machen. Ratio legis ist die Vermeidung von Interessenkollisionen und damit die unparteiische Erledigung der Aufgaben des Gemeinderates. Unzulässig ist die Vertretung der (rechtlichen) Ansprüche und (sonstigen) Interessen (weit auszulegen) „eines anderen", d.h. eigene Ansprüche etc. kann das Ratsmitglied gegen die Gemeinde geltend machen. Zu beachten sind dann die Befangenheitsvorschriften.

155 **Beispiel:** Eine Rechtsanwältin, die zugleich Ratsmitglied ist, darf nicht Interessen eines Mandanten gegenüber der Gemeinde geltend machen, wohl aber deren Kollegin in derselben Kanzlei.

155a **Vertiefungshinweise:** *Bock*, Welche Rechte und Pflichten haben Gemeinderatsmitglieder und Ortschaftsratsmitglieder?, BWGZ 2014, 448 ff.; *Dusch*, Änderung von Gemeinde- und Landkreisordnung: mehr Transparenz in der Kommunalpolitik?, VBlBW 2016, 8 ff.; *Enzensperger*, Die Auferlegung von Ordnungsgeld bei Pflichtverletzungen ehrenamtlich tätiger Bürger in Baden-Württemberg, VBlBW 2017, 192 ff.; *ders.*, Zur Sitzungspflicht von Gemeinderäten, VBlBW 2018, 188 ff.; *Pahlke*, Gibt es einen „ungeschriebenen verfassungsunmittelbaren Informationsanspruch" eines jeden Gemeinderatsmitglieds gegenüber dem Bürgermeister?, BayVBl. 2011, 686 ff.

---

[66] Vgl. BVerwG, NVwZ 1988, 837, 838.
[67] Siehe VGH BW, NVwZ-RR 2001, 262: Äußerungen eines Ratsmitgliedes auf einer Veranstaltung außerhalb des Rates, zu der es als Ratsmitglied eingeladen worden war.
[68] OVG NRW, DÖV 2010, 325 Ls.

D. Organe von Gemeinde und Landkreis

4. Ausschüsse des Gemeinderates, §§ 39 ff. GemO

Die Gemeindeordnung ermöglicht beschließende und beratende Ausschüsse. Beschließende Ausschüsse werden durch die Hauptsatzung gebildet (§ 39 I 1 GemO), beratende Ausschüsse durch Ratsbeschluss (§ 41 I 1 GemO). Einige Ausschüsse müssen aufgrund von Rechtsnormen außerhalb der GemO eingerichtet werden (z.B. § 46 II BauGB i.V.m. § 3 BauGB-DVO BW: Umlegungsausschuss, § 71 SGB VIII: Jugendhilfeausschuss). Keine Ausschüsse i.S.d. §§ 39 ff. GemO sind Jugendvertretungen (→ Rn. 126a) oder Ausländerbeiräte (→ Rn. 126c). 156

Die beschließenden Ausschüsse treten in ihrem Zuständigkeitsbereich an die Stelle des Rates (§ 39 III 1 GemO). Der Zuständigkeitsbereich ergibt sich aus der Hauptsatzung (§ 39 I 1 GemO) oder beruht auf Beschlüssen des Gemeinderats (§ 39 I 2 GemO). Einige Materien darf der Rat nicht auf beschließende Ausschüsse übertragen (näher § 39 II GemO). Diese Angelegenheiten sollen aber im sachlich einschlägigen Ausschuss vorberaten werden (§ 39 IV 1 GemO). 157

Klausurhinweis: Verfahrensvorschriften für den Rat gelten gem. § 39 V 1 GemO auch für die beschließenden Ausschüsse, z.B. das Ordnungs- und Hausrecht des Ausschussvorsitzenden, § 36 I GemO. Dasselbe gilt für die Befangenheitsregeln (§ 18 GemO), die für alle ehrenamtlich tätigen Bürger gelten, also auch für Ausschussmitglieder: Diese sind entweder zugleich (ehrenamtlich tätige, § 32 I 1 GemO) Ratsmitglieder (§ 40 I 2 GemO) oder ehrenamtlich tätige sachkundige Einwohner als beratende Mitglieder (§ 40 I 4 GemO). 158

5. Fraktion, Fraktionsausschluss und fraktionsloser Gemeinderat

Fraktionen wurden bislang in der GemO nicht explizit erwähnt. Gleichwohl waren deren Zulässigkeit immer unbestritten, denn die Bildung einer Fraktion ist Ausfluss des Mitwirkungsrechts der Ratsmitglieder. Seit der Novelle vom 28.10.2015 (GBl. S. 870) nimmt die GemO die Fraktionen ausdrücklich zur Kenntnis[69] und verschafft ihnen einige Rechte (siehe § 32a GemO; ähnlich § 26a LKrO). Die Fraktionen wirken bei der Willensbildung und Entscheidungsfindung des Gemeinderates mit (§ 32a II 1 GemO). Sie dürfen insoweit ihre Auffassungen öffentlich darstellen (§ 32a II 2 GemO). Sie können eine Unterrichtung durch den Bürgermeister (§ 24 III 1 GemO) oder die Aufnahme von Verhandlungsgegenständen auf die Tagesordnung (§ 34 I 4 GemO, → Rn. 185) verlangen. Einer Fraktion fehlt die Beteiligungsfähigkeit i.S.d. § 61 Nr. 2 VwGO in einem Normenkontrollverfahren nach § 47 I VwGO, weil der Streitgegenstand (z.B. ein Bebauungsplan) keine Rechte der Fraktion berührt.[70] 159

Die Gemeinde kann den Fraktionen Haushaltsmittel zur Unterstützung der Fraktionsarbeit gewähren (§ 32a III GemO). Ist dies der Fall, darf sie wegen Art. 3 I GG nicht einzelne Fraktionen wegen deren Verfassungsfeindlichkeit ausschließen, weil Art. 21 III GG (der die Bundesförderung von Parteien betrifft) diese Konstellation (in der es um kommunale Fraktionen geht) nicht erfasst.[71] 159a

In einer Fraktion schließen sich politisch gleich gesinnte Mitglieder des Gemeinderates (= Organteile) zusammen; die Fraktion ist ebenfalls **Organteil**. Eine Fraktion gibt sich eine Geschäftsordnung. Außerhalb ihrer Stellung als Organteil – d.h. im Au- 159b

---

[69] Zu den Hintergründen und Einzelheiten *Dusch*, VBlBW 2016, 8, 9ff.
[70] OVG Nds., NVwZ-RR 2019, 570.
[71] BVerwG, NVwZ 2018, 1656 Ls. 2; HessVGH NVwZ 2017, 886 Ls. 2; *Hecker*, NVwZ 2018, 1613, 1615; *Janson*, NVwZ 2018, 288, 293. – Zur Frage, ob Art. 3 I GG überhaupt auf Fraktionen anwendbar ist, siehe unten Rn. 353a.

ßenrecht – wird die Fraktion häufig als **nichtrechtsfähiger Verein** eingestuft[72] – mit der Konsequenz, dass sie als solche nicht rechtsfähig ist, vielmehr auf die Mitglieder zur gesamten Hand abzustellen ist.[73] Soweit die Fraktion sich an der Erfüllung der Aufgaben des Gemeinderates beteiligt, ist sie nicht grundrechtsfähig.[74]

160 **Klausurhinweis:** Als Organteil kann die Fraktion an einem Kommunalverfassungsstreitverfahren beteiligt sein; hierzu → Rn. 126, 251 ff. Möglich ist auch ein kommunaler Organstreit zwischen der Fraktion und einem Fraktionsmitglied (z. B. bei einem Fraktionsausschluss; siehe → Rn. 163).

161 § 32a I 2 GemO überlässt die Bestimmung der **Mindestgröße einer Fraktion** den Gemeinden. Begrifflich sind mindestens zwei Ratsmitglieder nötig (keine Ein-Mann-Fraktion). Die Geschäftsordnung kann auch eine Mindeststärke von drei festlegen.[75] Ziel der Festlegung einer Mindeststärke ist die Sicherung der Funktionsfähigkeit des Gemeinderates. Die Anforderungen an die Mindeststärke dürfen mit Blick auf den Minderheitenschutz jedoch nicht zu hoch sein. Die Fraktionsmitglieder müssen nicht derselben Partei angehören, aber ein Mindestmaß an politischer Übereinstimmung aufweisen.

162 **Beispiel:** In den Kreistag sind zwei Kandidaten der rechtsradikalen R-Partei und zwei Kandidaten der linksradikalen L-Partei gewählt worden. Da ein Fraktionsstatus gemäß der GeschO des Kreistages erst bei einer Mindestgröße von drei Kreistagsmitgliedern erlangt werden kann, schließen sich alle vier zu einer „Fraktion" zusammen, um an die Sach- und Finanzmittel zu gelangen, die Fraktionen zustehen. Das ist mangels eines Mindestmaßes an politischer Übereinstimmung unzulässig, es liegt keine Fraktion vor.[76]

163 Die innere Ordnung einer Fraktion muss demokratischen und rechtsstaatlichen Grundsätzen entsprechen (§ 32a II 3 GemO). Eine Fraktion kann u. U. eines ihrer Mitglieder ausschließen. Wenn es keine vorrangig zu prüfenden Regelungen in der Geschäftsordnung der Fraktion gibt, gelten folgende ungeschriebene **Anforderungen an die Rechtmäßigkeit eines Fraktionsausschlusses** (die sich aus der Bindung an demokratische und rechtsstaatliche Grundsätze i. S. d. § 32a II 3 GemO und im Übrigen aus dem aufzulösenden Spannungsverhältnis zwischen dem Mitwirkungsrecht des auszuschließenden Fraktionsmitgliedes einerseits und andererseits den Mitwirkungsrechten der übrigen Fraktionsmitglieder sowie der Funktionsfähigkeit der Fraktion ergeben): **(1)** In formeller Hinsicht muss **(a)** der Betroffene angehört werden, es muss **(b)** eine qualifizierte Mehrheit für den Fraktionsausschluss stimmen und **(c)** der Ausschluss muss begründet werden. **(2)** In materieller Hinsicht muss es auf **(a)** Tatbestandsseite einen wichtigen Grund für den Ausschluss geben, insb. die nachhaltige Zerstörung des Vertrauensverhältnisses, welche die Funktionsfähigkeit der Fraktion gefährdet. Wegen der politischen Komponente der Entscheidung kommt der Fraktion ein Beurteilungsspielraum zu.[77] Ein Dissens oder ein abweichendes Stimmverhalten in einzelnen Fragen ist kein wichtiger Grund.[78] Auf **(b)** Rechtsfolgenseite ist der Verhältnismäßigkeitsgrundsatz zu beachten.

---

[72] Vgl. SächsOVG, NVwZ-RR 2009, 774, 775.
[73] So *Gern*, KommR BW, Rn. 223.
[74] SächsOVG, NVwZ-RR 2009, 774.
[75] So OVG NRW, JuS 2007, 865.
[76] OVG NRW, NVwZ-RR 2005, 497.
[77] So OVG Saarland, NVwZ-RR 2012, 613, 615.
[78] *Plate/Schulze/Fleckenstein*, KommR BW, Rn. 222; ebenso OVG NRW, NVwZ-RR 2018, 669 Ls. 1.

D. Organe von Gemeinde und Landkreis

Umstritten ist die **Rechtsstellung des fraktionslosen Gemeinderates**: 164
- Nach einer ersten Auffassung hat der fraktionslose Gemeinderat einen Anspruch auf 165 einen vollwertigen Sitz in *einem* Ausschuss (incl. Rede-, Antrags- und Stimmrecht).[79] Begründen könnte man dies damit, dass anderenfalls das organschaftliche Mitwirkungsrecht zu stark beeinträchtigt wäre.
- Eine zweite Meinung verneint diesen Anspruch.[80] Für diese Ansicht könnte man anführen, dass das Ratsmitglied sein Mitwirkungsrecht im Rat uneingeschränkt ausüben und im Übrigen an Ausschusssitzungen (selbst nichtöffentlichen) als Zuhörer teilnehmen könne; hätte der Fraktionslose einen vollwertigen Sitz in einem Ausschuss, würde dies die Spiegelbildlichkeit der Ausschussbesetzung zur Sitzverteilung im Rat verzerren. 166
- Vorzugswürdig ist schließlich eine dritte Ansicht, wonach das fraktionslose Ratsmitglied nur einen Anspruch auf einen Sitz in *einem* Ausschuss mit Rede- und Antragsrecht, aber ohne Stimmrecht hat (in diesem Sinne z. B. § 58 I 11 GO NRW).[81] 167

Vertiefungshinweis: *Dusch*, Änderung von Gemeinde- und Landkreisordnung: mehr Transparenz in der Kommunalpolitik?, VBlBW 2016, 8 ff. 167a

6. Geschäftsordnung des Gemeinderates, § 36 II GemO

Der Gemeinderat gibt sich eine Geschäftsordnung, in der er seine „inneren Angelegenheiten, insbesondere den Gang seiner Verhandlungen" regelt (§ 36 II GemO). Die Geschäftsordnung wird zumeist als **Verwaltungsvorschrift** eingestuft,[82] könnte aber ebenso als Satzung (ohne Außenwirkung) beschlossen werden. Sie gilt auch nach der Neuwahl fort, solange sie vom neuen Rat nicht geändert wird. 168

> **Hinweis**: Die Geschäftsordnung von Bundestag oder Landtag wird als autonome Satzung (ohne Außenwirkung) qualifiziert. Hier gilt der Grundsatz der Diskontinuität, d.h. die alte Geschäftsordnung gilt nicht fort, wird aber in der ersten Sitzung des neuen Bundes-/Landtages explizit oder konkludent erneut beschlossen. 169

Die Geschäftsordnung verschafft den Organteilen des Rates Organ(teil)rechte, z. B. den Ausschüssen oder einzelnen Ratsmitgliedern, die diese im Wege eines Organstreitverfahrens gerichtlich durchsetzen können (dazu → Rn. 251 ff.). Diejenigen Vorschriften der Geschäftsordnung, welche Rechte und Pflichten der Gemeinderatsmitglieder oder der Fraktionen festlegen, können zudem Gegenstand einer Normenkontrolle gem. § 47 I Nr. 2 VwGO sein.[83] 170

Ein Klausurklassiker besteht in folgendem Problem: Wie wirken sich **Verstöße gegen die Geschäftsordnung** mit Blick auf die Außenwirkung eines Ratsbeschlusses aus (z. B. hinsichtlich der Rechtmäßigkeit eines Bebauungsplans)? 171
- Nach einer ersten Auffassung führt der Verstoß zu einem Verfahrensfehler. Sofern nicht nur eine bloße Ordnungsvorschrift (Bsp.: Rauchverbot) verletzt sei, sondern es sich um einen wesentlichen Verfahrensfehler handele und dieser kausal für den Beschluss sei, sei der Beschluss (formell) rechtswidrig.[84] 172

---

[79] Etwa *Erbguth/Mann/Schubert*, BesVwR, Rn. 147.
[80] So z. B. *Engel/Heilshorn*, KommR BW, § 14 Rn. 125.
[81] Vgl. HessVGH, DVBl. 2012, 919; **a. A.** *Geis*, KommR, § 11 Rn. 81.
[82] *Waibel*, GemVerfR BW, Rn. 264.
[83] *Aker*, in: ders./Hafner/Notheis, GemO BW, § 36 Rn. 17.
[84] So *Gern*, KommR BW, Rn. 239.

173 – Nach der vorzugswürdigen Gegenauffassung[85] ist der Geschäftsordnungsverstoß irrelevant für die Außen-Rechtmäßigkeit von Ratsbeschlüssen, da die Geschäftsordnung nur Innenrecht ist (vgl. § 36 II GemO: „innere" Angelegenheiten). Wenn aber die Bestimmung in der Geschäftsordnung inhaltlich identisch mit gesetzlichen Vorgaben ist, liegen insoweit ein Gesetzesverstoß und damit ein relevanter Verfahrensfehler vor.

III. Der Bürgermeister

174 Der Bürgermeister ist – neben dem Gemeinderat – das zweite Verwaltungsorgan der Gemeinde (§ 23 GemO). Der Bürgermeister ist grundsätzlich hauptamtlicher Beamter auf Zeit (§ 42 II 2 GemO). Gem. § 42 I GemO ist er Vorsitzender des Gemeinderats und Leiter der Gemeindeverwaltung. Er vertritt die Gemeinde nach außen, d.h. im zivil- und im öffentlich-rechtlichen Rechtsverkehr. Er fungiert als Behörde der Gemeinde.

1. Wahl des Bürgermeisters durch die Bürger

175 Der Bürgermeister wird von den Bürgern in allgemeiner, unmittelbarer, freier, gleicher und geheimer Wahl gewählt (§ 45 GemO). Die Amtszeit beträgt acht Jahre (§ 42 III 1 GemO). Eine Wiederwahl ist möglich (§ 42 III 2 GemO). Demgegenüber ist eine Abwahl vom Gesetzgeber nicht vorgesehen (anders z.B. § 66 GO NRW). Gewählt werden kann auch ein **EU-Ausländer** (§ 46 I GemO). Zu beachten sind **Altersgrenzen** (Mindestalter 25 Jahre, Höchstalter unter 68 Jahre am Wahltag).

176 Diese Altersgrenzen des § 46 I GemO sind ein Eingriff in die **Berufsfreiheit** aus Art. 12 I i.V.m. 33 II GG, und zwar auf der zweiten Stufe i.S.d. Drei-Stufen-Theorie. Die Verfassungskonformität wird zumeist bejaht,[86] indem auf die Funktionsfähigkeit des Amtes abgestellt wird, die einerseits ein Mindestmaß an charakterlicher Festigkeit und Lebenserfahrung, andererseits ein Mindestmaß an körperlicher Belastbarkeit verlangt. Bei einer typisierenden Betrachtung sind deshalb Mindest- und Höchstaltersgrenzen erforderlich und angemessen.

177 Problematisch ist die Vereinbarkeit der Altersgrenzen mit den Anforderungen des (bundesrechtlichen) **AGG** sowie den **unionsrechtlichen Vorgaben** der Gleichbehandlungs-RL 2000/78/EG. Nach § 24 Nr. 1 AGG gelten die Vorgaben des AGG unter Berücksichtigung der besonderen Rechtsstellung entsprechend für Beamte. Höchstaltersvorschriften für Bürgermeister und Beigeordnete fallen deshalb in den Anwendungsbereich von AGG und RL 2000/78/EG.[87] Altersdiskriminierungen sind nach § 7 i.V.m. §§ 1, 2 I Nrn. 1 und 2 AGG grundsätzlich unzulässig, es sei denn, es findet sich ein Rechtfertigungsgrund i.S.d. §§ 8 ff. AGG. Die Höchstaltersvorgabe ist nach § 8 I AGG zulässig, wenn sie wegen der Art der auszuübenden Tätigkeit eine wesentliche und entscheidende berufliche Anforderung darstellt, einen rechtmäßigen Zweck verfolgt und angemessen ist. Darüber hinaus kann sie nach § 10 S. 1 AGG zulässig sein, wenn sie objektiv, angemessen und im Übrigen verhältnismäßig ist. Das Vorliegen der Voraussetzungen beider Rechtfertigungstatbestände kann mit Blick auf

---

[85] Etwa *Engel/Heilshorn*, KommR BW, § 14 Rn. 90; *Plate/Schulze/Fleckenstein*, KommR BW, Rn. 221; *Waibel*, GemVerfR BW, Rn. 264.
[86] Siehe etwa BVerfG, NVwZ 2013, 1540, 1541 Rn. 22, 26; OVG RP, NJW 2006, 3658; VG Trier, LKRZ 2011, 192f.
[87] OVG Nds., NVwZ-RR 2010, 247 u. NVwZ-RR 2012, 733; OVG RP, NJW 2006, 3658.

D. Organe von Gemeinde und Landkreis

das Mindestmaß an körperlicher Belastbarkeit und die Notwendigkeit einer pauschalierenden Betrachtung bejaht werden.[88]

2. Der Bürgermeister als Vorsitzender des Gemeinderates

Zur Stellung des Bürgermeisters als Vorsitzender des Gemeinderates hält die Gemeindeordnung einige Vorgaben bereit: Er bereitet die Sitzung des Gemeinderates vor (§ 43 I GemO), setzt die Tagesordnung fest (§ 34 I GemO; dazu → Rn. 183 ff.) und beruft die Sitzung ein. Er eröffnet, leitet und schließt die Sitzung und übt die Ordnungsgewalt und das Hausrecht aus (§ 36 I GemO; dazu → Rn. 190 ff.). 178

> **Beachte:** Wenn sich der Bürgermeister im Rahmen der Sitzungsleitung ehrverletzend gegenüber einem Ratsmitglied äußert, kann dieses im Rahmen eines verwaltungsprozessualen Organstreitverfahrens vom Bürgermeister den Widerruf der Äußerung begehren.[89] Anspruchsgrundlage ist das Mitwirkungsrecht. Fallen die ehrverletzenden Äußerungen lediglich bei Gelegenheit der Sitzung, handelt es sich hingegen um eine zivilrechtliche Streitigkeit. 179

Der Bürgermeister vollzieht die Beschlüsse des Gemeinderates (§ 43 I GemO). Hält er einen Ratsbeschluss für rechtswidrig, *muss* er widersprechen; hält er ihn (zwar für rechtmäßig, aber) für nachteilig, *kann* er widersprechen (§ 43 II 1 GemO). Der **Widerspruch** hat aufschiebende Wirkung (§ 43 II 3 GemO). Der Rat muss dann nochmals beraten und entscheiden; ggf. schaltet der Bürgermeister dann die Kommunalaufsicht ein (näher § 43 II 4, 5 GemO). 180

Nach § 43 IV GemO hat der Bürgermeister ein **Eilentscheidungsrecht,** entscheidet also an Stelle des Gemeinderates. Er muss aber vorrangig eine form- und fristlose Einberufung des Rates versuchen (§ 34 II GemO). Das Eilentscheidungsrecht steht ihm also nur „in ganz dringenden Fällen" zu.[90] Denkbar ist dann sogar der Erlass einer Satzung (str.). 181

> **Beispiel:** Eine Gebührensatzung stellt sich als nichtig heraus. Es ist zwar möglich, an ihrer Stelle eine neue Satzung zu erlassen, welche zulässigerweise rückwirkend gilt. Dennoch droht bei einem Neuerlass im regulären Verfahren so viel Zeit zu verstreichen, dass viele Gebühren nicht mehr eingezogen werden können und der Gemeinde ein erheblicher Finanzschaden entstünde. In solchen Fällen kommt der Erlass der Gebührensatzung durch Eilentscheid in Betracht. 182

a) Prüfungsrecht des Bürgermeisters gegenüber Anträgen, einen Verhandlungsgegenstand auf die Tagesordnung zu setzen, § 34 I 4 und 5 GemO

Klausurklassiker ist das Prüfungsrecht des Bürgermeisters gegenüber Anträgen, einen Verhandlungsgegenstand auf die Tagesordnung zu setzen (dazu § 34 I 4 und 5 GemO). 183

> **Beispiel:** Ein Sechstel der Ratsmitglieder beantragt den TOP 1 „Sofortiger Austritt der Bundeswehr aus der NATO" sowie den TOP 2 „Eröffnung eines kommunalen Fingernagelstudios". Die Bürgermeisterin hält beide Tagesordnungspunkte für rechtswidrig und weigert sich, sie auf die Tagesordnung zu setzen. TOP 1 sei nicht von der Verbandskompetenz der Gemeinde erfasst (vgl. → Rn. 72), zumal in der Gemeinde weder die Bundeswehr noch 184

---

[88] BVerfG, NVwZ 2013, 1540, 1542 Rn. 27; BayVerfGH, NVwZ 2013, 792, 793; OVG RP, NJW 2006, 3658; VG Trier, LKRZ 2011, 192 f.; **a. A.** VG Frankfurt, Beschl. v. 29.3.2010 – 9 K 3854/09, juris Rn. 257 ff. – Vorlage an den EuGH.
[89] HessVGH, NVwZ-RR 2012, 781.
[90] So OVG Saarl., NVwZ-RR 2008, 487.

NATO-Einheiten stationiert seien. TOP 2 sei mangels öffentlichen Zwecks unvereinbar mit § 102 I Nr. 1 GemO (dazu → Rn. 429).

185 Gemeinsam mit anderen Gemeinderäten Anträge zur Tagesordnung zu stellen ist ein Organteilrecht der Gemeinderäte. Wenn eine Fraktion diesen Antrag stellt, ist ebenfalls ein Organteilrecht betroffen. Weigert sich der Bürgermeister, liegt ein **Organstreit** vor (zur prozessualen Seite siehe → Rn. 251 ff.). Im Rahmen der Begründetheit einer Klage oder eines Antrages auf einstweiligen Rechtsschutz nach § 123 I VwGO wäre zunächst festzustellen, dass die **Anspruchsgrundlage** in § 34 I 4 GemO zu sehen ist. Dort sind einige **formelle Anspruchsvoraussetzungen** genannt: **(1)** Antrag an die zuständige Stelle, d. h. an den Bürgermeister, **(2)** Fraktion oder Mindestquorum von einem Sechstel der Mitglieder des Gemeinderates, **(3)** kein Entgegenstehen einer Sperrfrist (§ 34 I 6 GemO).

186 **Beachte:** Die Regelung des § 34 I 4 GemO dient der Sicherung der Funktionsfähigkeit des Rates und ist auch im Hinblick auf fraktionslose Ratsmitglieder verfassungskonform.[91] Der Rat kann durch ausdrückliche Regelung (z. B. in Hauptsatzung oder Geschäftsordnung) oder sogar konkludent das Initiativrecht des § 34 I 4 GemO erweitern (z. B. das Mindestquorum absenken),[92] aber nicht einschränken.

187 **Materielle Anspruchsvoraussetzung** ist gem. § 34 I 5 GemO („Aufgabengebiet des Gemeinderates"), dass der Verhandlungsgegenstand, der auf die Tagesordnung gesetzt werden soll, **(1)** von der Verbandskompetenz der Gemeinde und **(2)** von der Organkompetenz des Gemeinderates erfasst wird. Ob der beantragte Beschluss **(3)** im Übrigen rechtmäßig ist oder nicht, ist hingegen insoweit irrelevant.

188 Hieraus folgt zum **Prüfungsrecht des Bürgermeisters** anlässlich der Festsetzung der Tagesordnung: Der Bürgermeister hat im Rahmen von § 34 I 4–6 GemO ein **formelles Prüfungsrecht** (hinsichtlich Quorum und Sperrfrist) und ein **eingeschränktes materielles Prüfungsrecht** (nur hinsichtlich Verbands- und Organkompetenz, nicht hinsichtlich sonstiger Rechtmäßigkeit des intendierten Ratsbeschlusses).[93] Gegen die Annahme einer umfassenden Prüfungskompetenz sprechen neben dem Wortlaut (der nur die Bindung an die Verbands- und Organkompetenz enthält) überdies systematische und teleologische Erwägungen: Der Bürgermeister ist gem. § 43 II GemO verpflichtet, rechtswidrigen Ratsbeschlüssen zu widersprechen, sodass keine dauerhaften Rechtsverstöße drohen.[94]

189 **Beachte:** Die Bürgermeisterin kann daher die Aufnahme von TOP 1 verweigern, nicht aber von TOP 2. Vom präventiven Prüfungsrecht hinsichtlich der Tagesordnung (vor Beschlussfassung im Rat) ist das repressive Prüfungsrecht (nach Beschlussfassung im Rat) zu unterscheiden: Die Bürgermeisterin muss zwar einen (von der Verbands- und Organkompetenz erfassten) Beratungsgegenstand auf die Tagesordnung setzen, selbst wenn dieser auf einen

---

[91] Vgl. OVG NRW, NWVBl. 2012, 152.
[92] So OVG NRW, NVwZ-RR 2013, 239.
[93] Teils wird das materielle Prüfungsrecht etwas weiter gefasst: Ersichtlich nicht ernsthafte, schikanöse oder auf strafbare Inhalte gerichtete Anträge dürfen auch bei Vorliegen der Verbands- und Organkompetenz abgelehnt werden, so HessVGH, NVwZ 2019, 581, 582 Tz. 25.
[94] Wie hier auch *Plate/Schulze/Fleckenstein*, KommR BW, Rn. 281; *Kenntner*, Öffentliches Recht BW, Rn. 363; noch enger *Engel/Heilshorn*, KommR BW, § 14 Rn. 139: materielles Prüfungsrecht hins. Verbands- und Organkompetenz nur in „eindeutigen Fällen".

D. Organe von Gemeinde und Landkreis   39

rechtswidrigen Ratsbeschluss zielt (so bei TOP 2). Fasst der Rat dann einen rechtswidrigen Beschluss, kann (und muss) die Bürgermeisterin dagegen Widerspruch nach § 43 II GemO einlegen (→ Rn. 180); hier hat sie ein umfassendes materielles Prüfungsrecht.

b) Ordnungsgewalt und Hausrecht des Bürgermeisters, § 36 I 2 GemO

Ein weiterer Klausurklassiker ist in der Ausübung von Ordnungsgewalt und Haus- 190
recht durch den Bürgermeister zu sehen (§ 36 I 2 GemO). Ordnungsgewalt und Hausrecht zielen jeweils darauf, Störungen abzuwehren, um einen geordneten Sitzungsablauf des Gemeinderates zu gewährleisten.

> **Beispiele:** Ratsmitglied R trägt einen großen Button „Ausländer raus"; Ratsfrau S raucht 191
> trotz Rauchverbots; Zuhörer Y hält ein provokatives Plakat hoch; Zuhörer Z brüllt.[95] – **Beachte**: Klausurrelevante Parallelen gibt es bei anderen Körperschaften des öffentlichen Rechts, wenn etwa die Sitzung eines Organs einer Kammer oder Universität gestört wird.

Die Abschichtung von Ordnungsgewalt und Hausrecht ist umstritten.   192
– Nach h.L.[96] ist nach dem Adressaten der Maßnahme des Bürgermeisters zu unter- 193
  scheiden. Handelt es sich um eine ratsinterne Maßnahme, die gegen ein Ratsmitglied gerichtet ist, dann ist die Ordnungsgewalt betroffen. Richtet sich die Maßnahme gegen einen Außenstehenden (z.B. Zuhörer), greift das Hausrecht.
– Eine zweite Ansicht[97] differenziert zwischen präventiven Maßnahmen, die auf die 194
  Störungsbeseitigung gerichtet sind (dann Hausrecht), und repressiven Maßnahmen, welche eine Störung sanktionieren sollen (dann Ordnungsgewalt).
– Eine dritte Meinung[98] sieht in der Ordnungsgewalt, die im Rahmen einer Sitzung 195
  ausgeübt wird, einen Spezialfall des Hausrechts.

Legt man die vorstehend genannte h.L. zugrunde, hat dies folgende Konsequenzen 196
für die **Rechtsnatur** von Ordnungsgewalt und Hausrecht sowie für den **Rechtsschutz**: Bei der Ordnungsgewalt handelt es sich um eine innerorganisatorische (verwaltungsinterne) Maßnahme ohne Außenwirkung (also: kein Verwaltungsakt). Rechtsschutz erfolgt im Wege eines kommunalen Organstreits (z.B. mittels Feststellungsklage, näher → Rn. 257). Die Ausübung des Hausrechts, das sich gegen einen Außenstehenden richtet, hat Außenwirkung und ist ein Verwaltungsakt. Der Betroffene (z.B. Zuhörer) kann sich dann etwa mit einer Fortsetzungsfeststellungsklage dagegen wehren, bei einer Sitzung wegen seines störenden Verhaltens aus dem Saal verwiesen worden zu sein.

> **Klausurhinweis:** Selbst wenn man nicht der h.L. folgen will, wird man die Außenwirkung 197
> und den VA-Charakter bei Maßnahmen gegen Ratsmitglieder verneinen und gegen Zuhörer bejahen können. Da Ordnungsgewalt und Hausrecht im Übrigen in § 36 I 2 GemO mit Blick auf Voraussetzungen und Rechtsfolgen gleichgestellt sind, wird man die in → Rn. 193 ff. skizzierte Streitfrage vielfach offen lassen können.

---

[95] Siehe hierzu z.B. *Tettinger/Ennuschat*, Examensklausur „Der Ausschluss aus der Ratssitzung", NWVBl. 2002, 244 ff.; *Ennuschat/Siegel*, Übungsklausur „Unruhe in der Ratssitzung", NWVBl. 2008, 119 ff.; *Proppe*, Aktenvortrag „Rüge durch den Bürgermeister", JA 2010, 141 ff.
[96] VG Würzburg, Urt. v. 19.12.2007 – W 2 K 07.1146, juris Rn. 42; *Plate/Schulze/Fleckenstein*, KommR BW, Rn. 237; *Kenntner*, Öffentliches Recht BW, Rn. 366; *Röhl*, in: Schoch, BesVwR, 2. Kap. Rn. 104; *Waibel*, GemVerfG BW, Rn. 295.
[97] BayVGH, NVwZ-RR 2004, 185 f.
[98] OVG NRW, NVwZ 1983, 485, 486; *Kintz*, LKRZ 2012, 77, 80.

198 Zur Ordnungsgewalt gehört nicht nur die Verweisung eines Ratsmitglieds aus dem Saal, sondern auch der Wortentzug. Wenn die **Rechtmäßigkeit einer Maßnahme der Ordnungsgewalt oder des Hausrechts** geprüft wird, bietet sich folgendes Schema an: **(I) Ermächtigungsgrundlage** ist § 36 I 2 GemO (ggf. i.V.m. § 39 V 1 oder § 41 III GemO). Im Rahmen der **(II) formellen Rechtmäßigkeit** sind die **(1) Zuständigkeit** (Bürgermeister oder Ausschussvorsitzender, §§ 36 I, 39 V 1, 41 III GemO), die **(2) Form** (formlos) und **(3) das Verfahren** zu erörtern. Ist die Maßnahme als Verwaltungsakt zu werten (→ Rn. 196), dann greift § 28 LVwVfG (Anhörung). Bei einer ratsinternen Maßnahme ohne Außenwirkung folgt die grundsätzliche Pflicht zur Anhörung aus dem Rechtsstaatsgebot.

199 **Klausurhinweis:** Möglicherweise enthält die Geschäftsordnung des Rates weitere Form- oder Verfahrensvorschriften. Handelt es sich um eine Maßnahme gegen ein Ratsmitglied, sind diese Vorgaben, sofern es sich nicht um bloße Ordnungsvorschriften handelt, im Organstreitverfahren relevant, können also zur Rechtswidrigkeit der Ordnungsmaßnahme führen.[99] Liegt hingegen ein Verwaltungsakt gegenüber einem Außenstehenden vor, wären Verstöße gegen die Geschäftsordnung unbeachtlich (→ Rn. 173).

200 Hinsichtlich der **(III) materiellen Rechtmäßigkeit** ist zwischen Tatbestands- und Rechtsfolgenseite zu unterscheiden. **(1) Tatbestandliche Voraussetzungen** sind: **(a)** Gefahr für bzw. Störung der Ordnung in der Sitzung,[100] **(b)** u.U. weitere Voraussetzungen, insbesondere für einen Sitzungsverweis (siehe § 36 III GemO: grobe Ungebühr/wiederholte Verstöße gegen die Ordnung), und **(c)** Verantwortlichkeit des Adressaten (in vorsichtiger Orientierung an der polizeirechtlichen Dogmatik zur Verantwortlichkeit und Störereigenschaft).

201 Auf **(2) Rechtsfolgenseite** besteht **Ermessen**. Wichtigste Ermessensgrenze ist die **Verhältnismäßigkeit**. **(a)** Legitimes Ziel der Maßnahme ist die Sicherung der Funktionsfähigkeit des Rates. Nach Erörterung von **(b)** Geeignetheit und **(c)** Erforderlichkeit ist im Rahmen der **(d)** Angemessenheit eine Abwägung zwischen den Organrechten (u.U. auch Grundrechten, → Rn. 151) auf Seiten des Ratsmitglieds bzw. den Rechten (Recht auf Teilnahme wegen Öffentlichkeit, § 35 I 1 GemO) und Grundrechten (z.B. Art. 5 I GG; § 36 I 2 GemO ist ein allgemeines Gesetz i.S.d. Art. 5 II GG) des Zuhörers mit den öffentlichen Belangen (Funktionsfähigkeit des Rates) vorzunehmen.

202 **Klausurhinweis:** Sollten Sie nach sorgfältiger (!) Gegenüberstellung und Gewichtung der kollidierenden Belange im Zweifel sein, welche Interessen im konkreten Fall vorgehen, empfiehlt es sich in einer Klausur, der Funktionsfähigkeit des Rates den Vorrang zu geben – dieses Abwägungsergebnis dürfte dann zumindest vertretbar sein.

203 Vom Hausrecht nach § 36 I GemO zu unterscheiden ist das allgemeine Hausrecht des Bürgermeisters. § 36 I GemO zielt auf die Störungsfreiheit von Sitzungen. **Außerhalb von Sitzungen** steht dem Bürgermeister in seiner Funktion als Leiter der Gemeindeverwaltung das **allgemeine Hausrecht** für die Verwaltungsgebäude zu. Dieses wurzelt zum einen im Zivilrecht (§§ 859 f., 903, 1004 BGB), zum anderen in

---

[99] Siehe z.B. VG Gelsenkirchen, Urt. v. 29.5.2019 – 15 K 3554/18, juris Rn. 48.
[100] Die Ordnungsmaßnahme „Entzug des Rederechts" ist kein Instrument zur Ausschließung bestimmter inhaltlicher Positionen aus der Ratsdebatte. Sie kommt erst in Betracht, wenn der Redebeitrag ohne inhaltlichen Beitrag zur Sache nur der Provokation oder Herabwürdigung dient; OVG NRW, NVwZ-RR 2018, 318.

D. Organe von Gemeinde und Landkreis

der gewohnheitsrechtlich anerkannten öffentlich-rechtlichen Störungsabwehrbefugnis aller Hoheitsträger, die Störungen abwehren können, um die Erfüllung ihrer öffentlich-rechtlichen Aufgaben zu sichern. § 36 I GemO bildet einen Spezialfall dieses allgemeinen öffentlich-rechtlichen Hausrechts.[101]

Klausurhinweis: Wenn die Bürgermeisterin einem Bürger, der das Rathaus betritt und dort 204 die Angestellten belästigt, ein Hausverbot erteilt, unterscheidet eine Meinung nach dem Zweck des Besuchs:[102] Will der Bürger öffentlich-rechtliche Geschäfte erledigen (z.B. eine Genehmigung beantragen), dann soll das Hausverbot öffentlich-rechtlicher Natur sein. Wolle der Bürger hingegen privatrechtliche Geschäfte erledigen (z.B. Schutz vor einem Regenguss suchen), dann berufe sich die Bürgermeisterin auf das zivilrechtliche Hausrecht. Die Gegenauffassung[103] stellt auf den Zweck des Hausverbotes ab: Diene es der Sicherung der Funktionsfähigkeit der Verwaltung, dann sei es öffentlich-rechtlich. Wenn das Hausverbot öffentlich-rechtlich zu beurteilen ist, dann ist es zugleich als Verwaltungsakt zu qualifizieren. Rechtsgrundlage ist die gewohnheitsrechtlich anerkannte Störungsabwehrbefugnis.

3. Der Bürgermeister als Leiter der Gemeindeverwaltung

Der Bürgermeister leitet die Gemeindeverwaltung (§ 44 I GemO) und ist Vorgesetz- 205 ter, Dienstvorgesetzter und oberste Dienstbehörde der Gemeindebediensteten (§ 44 IV GemO). Als Leiter der Gemeindeverwaltung wird der Bürgermeister tätig in kommunalen Angelegenheiten (§ 2 I GemO) und bei Weisungsaufgaben (§ 2 III GemO), d.h. bei Angelegenheiten des Landes. Verpflichtet zur Erfüllung der Weisungsaufgaben ist die Gemeinde (so schon der Wortlaut des § 2 III GemO). Auch hier handelt der Bürgermeister also als Organ der Gemeinde. Es liegt somit kein Fall der Organleihe vor. Eine Organleihe wäre zu bejahen, wenn ein Gesetz den Bürgermeister als solchen (nicht die Gemeinde) zur Erfüllung von Landesaufgaben verpflichtet.

Hinweis: Etwas schwieriger ist die Zuordnung beim Landrat. Das Landratsamt (nicht der 206 Landrat) fungiert auch als untere Verwaltungsbehörde und damit als Staatsbehörde (§ 1 III 2 LKrO). Hierbei handelt es sich nicht um eine Organ-, sondern um eine Institutionenleihe.[104] Der Landrat als Leiter des Landratsamtes in dessen Funktion als untere Verwaltungsbehörde wird dann wiederum im Wege der Organleihe tätig.[105]

Die innergemeindlichen Aufgaben des Bürgermeisters bestehen zum einen aus ori- 207 ginären (eigenen) Aufgaben, die ihm kraft Gesetzes auferlegt sind (insb. § 44 II GemO: Geschäfte der laufenden Verwaltung) und zum anderen aus übertragenen Aufgaben, d.h. aus Angelegenheiten des Gemeinderates, die dieser ihm übertragen hat (vgl. §§ 24 I 2, 44 II GemO).

a) Geschäfte der laufenden Verwaltung (§ 44 II GemO)

Gleichermaßen praxis- wie klausurrelevant sind die Geschäfte der laufenden Verwal- 208 tung gem. § 44 II GemO, die dem Bürgermeister kraft Gesetzes zugewiesen sind. Dabei handelt es sich um einen unbestimmten, gerichtlich vollständig überprüfbaren

---

[101] *Gern*, KommR BW, Rn. 261.
[102] Etwa *Gern*, KommR BW, Rn. 264.
[103] Z.B. *Engel/Heilshorn*, KommR BW, § 15 Rn. 38; *Maurer/Waldhoff*, AllgVwR, 19. Aufl. 2017, § 3 Rn. 35.
[104] *Geis*, KommR, § 18 Rn. 2f.
[105] So *Plate/Schulze/Fleckenstein*, KommR BW, Rn. 434; *Engel/Heilshorn*, KommR BW, § 22 Rn. 21.

Rechtsbegriff. **Geschäfte der laufenden Verwaltung** sind solche, die **(1) keine grundsätzliche Bedeutung,** insb. keine erhebliche finanzielle Bedeutung haben und **(2)** mehr oder weniger **regelmäßig wiederkehren.** Wann diese beiden Voraussetzungen erfüllt sind, hängt von den Umständen des Einzelfalls ab (u. a. Größe der Gemeinde). Der Gemeinderat darf nicht definieren, was darunter fällt, wohl aber in der Hauptsatzung deklaratorisch umschreiben. Ein Streit zwischen Gemeinderat und Bürgermeister über den Umfang der gesetzlichen Aufgabenzuweisung könnte im Wege eines kommunalen Organstreits geklärt werden (→ Rn. 251 ff.). Können Zweifel nicht ausgeräumt werden, ob es sich um ein Geschäft der laufenden Verwaltung handelt, liegt ein solches nicht vor.

209 **Beispiele: (1)** Straßen(um)benennung: kein Geschäft der laufenden Verwaltung (→ Rn. 143), wohl aber die Vergabe von Hausnummern. **(2)** Festlegung der Auswahlkriterien oder der Richtlinien für die Auswahl der Teilnehmer eines kommunalen Marktes (§ 10 GemO oder § 70 GewO, näher → Rn. 369): kein Geschäft der laufenden Verwaltung, wohl aber die Auswahl der Teilnehmer des kommunalen Marktes in Umsetzung der Auswahl-Richtlinien des Rates. **(3)** Entsprechendes gilt für die Benutzung öffentlicher Einrichtungen: Die Aufstellung der Benutzungsregeln und Auswahlkriterien etc. ist kein Geschäft der laufenden Verwaltung, wohl aber die Zulassung im Einzelfall. **(4)** Verträge des alltäglichen Lebens (Kauf von Büromaterial) sind Geschäfte der laufenden Verwaltung und unterfallen dann auch nicht den Vorgaben des § 54 GemO (→ Rn. 210). **(5)** Die Entscheidung einer Gemeinde, im gesamten Gemeindegebiet eine bestimmte straßenrechtliche Sondernutzung nicht zuzulassen (im Fall: Aufstellung von Altkleidersammelcontainern) ist kein Geschäft der laufenden Verwaltung.[106]

b) Verpflichtungserklärungen des Bürgermeisters, § 54 GemO

210 Gem. § 42 I 2 GemO vertritt der Bürgermeister die Gemeinde. Das betrifft insbesondere den Rechtsverkehr. Wenn der Bürgermeister die Gemeinde durch Erklärungen verpflichtet, ist zusätzlich § 54 I GemO zu beachten (Ausnahme § 54 IV GemO: nicht bei Geschäften der laufenden Verwaltung): Solche Erklärungen bedürfen der Schriftform und sind vom Bürgermeister zu unterzeichnen (für Erklärungen in elektronischer Form gelten Sonderregeln). § 54 I GemO enthält also eine **Formvorgabe.** Wie wirken sich Formfehler aus? Hier ist zu unterscheiden, ob es sich um einen öffentlich-rechtlichen oder einen zivilrechtlichen Vertrag handelt.[107]

211 Bei einem **öffentlich-rechtlichen Vertrag** liegt ein **Nichtigkeitsgrund** gem. § 59 I LVwVfG i. V. m. § 125 BGB vor. Schwieriger wird es bei einem **zivilrechtlichen Vertrag.** Man könnte zunächst daran denken, wiederum Nichtigkeit gem. § 125 BGB anzunehmen. Allerdings liefe das darauf hinaus, dass der Landesgesetzgeber mit § 54 I GemO festgelegt hätte, wann im Zivilrecht Nichtigkeit eintritt. Hierfür fehlt dem Landesgesetzgeber jedoch die Gesetzgebungskompetenz (vgl. Art. 74 I Nr. 1 GG). Deshalb nimmt die überwiegende Auffassung Folgendes an:[108] § 54 I GemO ist in Präzisierung von § 42 I 2 GemO als Vertretungsregel zu begreifen. Der Bürgermeister hat nur die Vertretungsmacht, wenn er die Formvorgabe des § 54 I GemO beachtet. Wenn die Vertretungsmacht fehlt, greift **§ 177 BGB analog** (Konsequenz: schwebende Unwirksamkeit).

212 Dann stellt sich ein Folgeproblem: Wer kann genehmigen? Manche stellen darauf ab, dass der Rat das Rechtsgeschäft genehmigen kann.[109] Andere gehen davon aus, dass der

---

[106] OVG NRW, NWVBl. 2019, 423.
[107] Hierzu z. B. *Plate/Schulze/Fleckenstein*, KommR BW, Rn. 310; *Engel/Heilshorn*, KommR BW, § 15 Rn. 52 ff.; *Waibel*, GemVerfR BW, Rn. 395 ff.
[108] Z. B. *Engel/Heilshorn*, KommR BW, § 15 Rn. 57; *Geis*, KommR, § 11 Rn. 65.
[109] So *Burgi*, KommR, § 13 Rn. 38.

D. Organe von Gemeinde und Landkreis 43

Gesetzeswortlaut keine Genehmigung vorsieht, sodass ein formrichtiger Neuabschluss nötig sei.[110] Praxisgerechter dürfte die erstgenannte Ansicht sein, die man zudem mit der prinzipiellen Allzuständigkeit des Rates gem. § 24 I 2 GemO begründen könnte.

Wenn schwebende Unwirksamkeit vorliegt, darf sich die Gemeinde in besonders gelagerten Fällen nicht auf die Unwirksamkeit berufen (Gedanke von Treu und Glauben), z. B. dann nicht, wenn die Nichtigkeitsfolge den Vertragspartner unerträglich belastet. Wenn ein Geschäft wegen Verstoßes gegen § 54 I GemO scheitert, stellt sich die Frage, ob der Vertragspartner dann **Haftungsansprüche gegen den Bürgermeister** analog § 179 BGB hat. Dies ist zu verneinen: Aus Art. 34 S. 1 GG folgt der Grundsatz der Staatshaftung, d. h. es soll keine persönliche Haftung des Amtsträgers geben. Ein Anspruch gegen den Bürgermeister aus § 179 BGB analog ist deshalb gesperrt.[111] Die Voraussetzungen eines Amtshaftungsanspruchs aus Art. 34 S. 1 GG i. V. m. § 839 BGB gegen die Gemeinde liegen ebenfalls nicht vor: Die Formvorschrift des § 54 GemO dient nur dem Schutz der Gemeinde, sodass mangels drittschützender Amtspflicht ein Amtshaftungsanspruch ausscheidet.[112] Wegen fehlenden Drittschutzes greift auch kein unmittelbar gegen den Bürgermeister gerichteter Haftungsanspruch aus § 839 BGB.[113] In Betracht kommt aber ein Anspruch gegen die Gemeinde aus Verschulden ihres Vertreters bei Vertragsschluss (§ 280 I i. V. m. §§ 241 II, 311 II Nr. 1 BGB), gerichtet auf das negative Interesse.[114] **213**

Die etwas verworrene Rechtslage bei einem Verstoß gegen § 54 I GemO im Falle eines zivilrechtlichen Vertrages lässt sich also mit gewisser Vergröberung wie folgt zusammenfassen: § 54 I GemO ist als Vertretungs- und nicht als Formvorschrift einzustufen, sodass schwebende Unwirksamkeit analog § 177 BGB vorliegt. Der Rat kann das Geschäft genehmigen. Die Gemeinde darf sich nicht auf den Verstoß gegen § 54 I GemO berufen, wenn dies gegenüber dem Vertragspartner treuwidrig wäre. Scheitert das Geschäft dennoch an § 54 I GemO, dann hat der Vertragspartner gegen den Bürgermeister keinen Anspruch analog § 179 BGB und mangels Drittschutzes auch nicht aus § 839 BGB, ebenso wenig einen Anspruch gegen die Gemeinde aus § 839 I BGB i. V. m. Art. 34 GG. In Betracht kommt aber ein Anspruch gegen die Gemeinde aus Verschulden ihres Vertreters bei Vertragsschluss (§ 280 I i. V. m. §§ 241 II, 311 II Nr. 1 BGB). **214**

c) Öffentlichkeitsarbeit und Neutralitätspflicht des Bürgermeisters und der Gemeindeverwaltung

Aus Art. 28 II GG folgt die Befugnis der Gemeinde zur kommunalen **Öffentlichkeitsarbeit**.[115] Diese Befugnis findet ihre Grenzen u. a. in der Staatsfreiheit der Presse und in der Neutralitätspflicht. **214a**

Instrumente der Öffentlichkeitsarbeit können z. B. sachgerechte und objektiv gehaltene Informationen über die Maßnahmen der Gemeinde im **Amtsblatt** oder auf der Homepage der Gemeinde sein. Möglich sind ferner Meinungsbeiträge der Fraktionen (§ 20 III GemO). Das Amtsblatt oder das **kommunale Online-Informationsportal** **214b**

---

[110] *Gern*, KommR BW, Rn. 188.
[111] So im Ergebnis auch BGH, NJW 2001, 2626, 2627; *Kenntner*, Öffentliches Recht BW, Rn. 373.
[112] *Geis*, KommR, § 11 Rn. 66.
[113] Anders *Plate/Schulze/Fleckenstein*, KommR BW, Rn. 310; *Gern*, KommR BW, Rn. 188: Haftung des Bürgermeisters aus § 839 BGB ohne Überleitung nach Art. 34 S. 1 GG.
[114] BGH, NJW 2001, 2626, 2627.
[115] BGH, NJW 2019, 763, 765.

(= öffentliche Einrichtung: → Rn. 310 ff.) darf wegen des Grundsatzes der **Staatsfreiheit der Presse** (Art. 5 I 2 GG) jedoch nicht presseähnlichen Charakter aufweisen, also z.B. nicht redaktionelle Beiträge über die Aktivitäten örtlicher Vereine enthalten.[116]

215 Als Leiter der Gemeindeverwaltung muss der Bürgermeister neutral bleiben, darf etwa nicht durch sein Amt oder mit Mitteln des Rathauses (etwa eines Amtsblattes) den Wahlkampf beeinflussen (**Neutralitätspflicht des Bürgermeisters,** → Rn. 135). Er darf zudem die Wähler nicht über wesentliche Angelegenheiten (z.B. Haushaltslage) täuschen (**Wahrheitspflicht des Bürgermeisters,** → Rn. 136).

216 Mit der Neutralitätspflicht vereinbar können amtliche Äußerungen des Bürgermeisters im Amtsblatt oder auf der Homepage der Gemeinde sein, wenn diese sich in sachlicher und angemessener Weise gegen eine extremistische und fremdenfeindliche Demonstration im Gemeindegebiet richten. Solche Äußerungen können das gemeinsame Wohl der Einwohner i.S.d. § 1 II GemO fördern und finden dann eine Rechtsgrundlage in Art. 28 II GG.[117] Wenn ein Bürgermeister aus Protest gegen eine rechtsgerichtete Demonstration die nächtliche Beleuchtung des Rathauses ausschaltet, liegt darin jedoch kein sachlicher Diskursbeitrag, sodass die Neutralitätspflicht verletzt wird. Eine Verletzung der Neutralität liegt ebenfalls vor, wenn er zur Teilnahme an einer Gegendemonstration aufruft, weil der Bürgermeister als Amtsperson damit in den Wettstreit der politischen Meinungen eingreift.[118]

216a **Vertiefungshinweise:** *Böhme*, Die direkte Abwahl von Bürgermeistern, DÖV 2012, 55 ff.; *Fleckenstein*, Das Freiwerden eines Bürgermeisterpostens – von „Übergangsbürgermeistern" und Amtsverwesern, ihrer Bestellung und ihren Befugnissen, VBlBW 2017, 323 ff.; *Gläser*, Zur Besoldung von hauptamtlichen Bürgermeistern in Baden-Württemberg, VBlBW 2013, 51 ff.; *Gundlach/Jochheim*, Darf der Gemeinderat die Arbeitszeiten des Bürgermeisters festlegen?, LKV 2018, 448 ff.; *Oebbecke*, Amtliche Äußerungen im Bürgermeisterwahlkampf, NVwZ 2007, 30 ff.; *ders.*, Wahlrechtsgleichheit bei der Bürgermeisterwahl, NWVBl. 2010, 333 ff.; *Tyczewski*, Der Bürgermeister als Leiter der Gemeindeverwaltung und Einflussmöglichkeiten des Rates auf seine Organisations- und Personalkompetenz, NWVBl. 2019, 441 ff.

IV. Die Gemeinderatssitzung

217 In der Gemeinderatssitzung wirken Bürgermeister und die Mitglieder des Gemeinderates zusammen. Im Folgenden wird zunächst ein Überblick über den Verfahrensablauf mit einigen typischen Problemen der (Klausur-)Praxis geschildert (→ Rn. 219 ff.). Anschließend wird der Ausschluss eines Mitglieds des Gemeinderates wegen Befangenheit, der ebenfalls gleichermaßen praxis- wie klausurrelevant ist, erörtert (→ Rn. 234 ff.).

1. Festlegung der Tagesordnung, vgl. § 34 I GemO („Verhandlungsgegenstände")

218 Der Bürgermeister legt die Tagesordnung fest. Die Verhandlungsgegenstände müssen in die Verbandskompetenz der Gemeinde und in die Organkompetenz des Rates fallen (vgl. § 34 I 5 GemO). Bis zur Sitzung ist der Bürgermeister „Herr über die Tagesordnung",[119] u.U. „beraten" durch den Ältestenrat (§ 33a I 1 GemO). Eine Ausnahme

---

[116] BGH, NJW 2019, 763, 767 f.; LG Dortmund, Urt. v. 8.11.2019 – 3 O 262/17.
[117] VG Stuttgart, KommJur 2011, 374.
[118] BVerwG, NVwZ 2018, 433, 436 Tz. 30 f.; teils **a.A.** OVG NRW, NVwZ 2017, 1316, 1320 Tz. 63, 70: Das Ausschalten der Beleuchtung sei ein Verstoß gegen das Neutralitätsgebot, nicht jedoch der Aufruf zur Teilnahme an der Gegendemonstration.
[119] *Müller*, KommR BW, Rn. 236.

D. Organe von Gemeinde und Landkreis

gilt gem. § 34 I 4 GemO: Der Bürgermeister muss einen Verhandlungsgegenstand auf die Tagesordnung setzen, wenn dies eine Fraktion oder ein Sechstel der Gemeinderatsmitglieder beantragt (näher → Rn. 184 ff.).

Mit Beginn der Sitzung geht die Befugnis, die Tagesordnung zu bestimmen, auf den Rat über, der also einzelne Tagesordnungspunkte absetzen oder deren Reihenfolge verändern kann. Neue Tagesordnungspunkte sind grundsätzlich nicht möglich. Dies folgt aus § 34 I 1 („teilt rechtzeitig mit") und § 34 I 7 GemO („rechtzeitig ortsüblich bekannt zu geben"). Eine Ausnahme kommt in Betracht für nichtöffentliche Sitzungen (sodass Satz 7 nicht entgegensteht), sofern alle anwesenden Gemeinderatsmitglieder auf ihr Organrecht auf rechtzeitige Mitteilung i. S. d. Satzes 1 verzichten, d. h. dem neuen Tagesordnungspunkt einstimmig zustimmen.

2. Einberufung, § 34 I 1 GemO

Gem. § 34 I 1 GemO beruft der Bürgermeister den Gemeinderat schriftlich oder elektronisch mit angemessener Frist ein, teilt die Tagesordnung mit und fügt die nötigen Unterlagen bei. Die Angemessenheit ist jedenfalls bei einer Wochenfrist gewahrt. Nach § 34 I 7 GemO werden Zeit, Ort und Tagesordnung der Ratssitzung zudem öffentlich bekannt gemacht. § 34 II GemO ermöglicht eine Einberufung im Notfall ohne Frist, formlos und ohne Unterlagen, aber mit Angabe der Tagesordnung. Die Pflichten aus § 34 I 1 GemO (Rechtzeitigkeit, Beifügung von Tagesordnung und Unterlagen) entfalten Schutzcharakter für das einzelne Gemeinderatsmitglied, nicht jedoch für Einwohner und andere Dritte. § 34 I 1 GemO ist also subjektiv-öffentliches Recht für das Gemeinderatsmitglied, nicht für Einwohner und Dritte.[120]

3. Öffentlichkeit und Nichtöffentlichkeit von Sitzungen, § 35 GemO

Für die Sitzungen des Gemeinderates gilt der **Grundsatz der Öffentlichkeit** (§ 35 I 1 GemO), der zu den wesentlichen Verfahrensbestimmungen des Gemeinderechts zählt. Zeit, Ort und Tagesordnung der öffentlichen Sitzungen sind rechtzeitig ortsüblich bekannt zu geben (§ 34 I 7 GemO).[121] Öffentlichkeit ist im demokratischen Rechtsstaat eines der wichtigsten Mittel, das Interesse an der Selbstverwaltung zu wecken und zu erhalten. Öffentlichkeit dient nicht nur der Unterrichtung der Einwohner, sondern der Sicherung von Gesetzmäßigkeit und Sachgerechtigkeit. Es soll schon der Anschein vermieden werden, dass hinter verschlossenen Türen gekungelt wird und unsachliche Motive die Entscheidung beeinflusst haben.[122] Öffentlichkeit liegt vor, wenn es für Zuhörer **keine Zugangshindernisse** gibt, die dem Bürgermeister bzw. dem Gemeinderat bekannt sind. Wenn es mehr Interessenten als Zuhörerplätze gibt, ist eine sachgerechte Auswahl nötig (z. B. nach dem Prioritäts- bzw. Windhund-Prinzip).

Beispiel: Während der Ratssitzung schließt der Hausmeister ohne Rücksprache mit der Bürgermeisterin die Rathaustüren ab und macht Feierabend, obwohl die Ratssitzung noch andauert: Es besteht dann zwar ein Zugangshindernis, aber ohne Kenntnis der Bürgermeisterin. Der Grundsatz der Öffentlichkeit ist nicht verletzt.

---

[120] VGH BW, VBlBW 2013, 269; *Hofmann*, VBlBW 2014, 136, 138.
[121] Siehe dazu VGH BW, Beschl. v. 20.2.2018 – 1 S 2146/17, juris Rn. 3 ff.: Ortsübliche Bekanntgabe kann der Schaukasten am Rathaus sein, die Veröffentlichung in der Tageszeitung oder auf der Homepage der Stadt. Bei ausschließlicher Online-Bekanntgabe müsste die Gemeinde (z. B.) im Rathaus einen öffentlich zugänglichen PC bereithalten.
[122] VGH BW, VBlBW 2016, 34, 35.

223 § 35 I 1 GemO schafft ein subjektiv-öffentliches Recht, d.h. einen **Anspruch auf Öffentlichkeit.** Anspruchsinhaber ist der interessierte Jedermann, der kein Einwohner oder Bürger sein muss. Es besteht zugleich ein **Organrecht** des Ratsmitgliedes auf Öffentlichkeit.[123] Zur Öffentlichkeit zählen auch die Vertreter der Presse und anderer Medien. Aus § 35 I 1 GemO folgt aber **kein Recht auf Bild- und Tonaufnahmen.** Über deren Zulassung entscheidet der Bürgermeister als Sitzungsleiter i.S.d. § 36 I 1 GemO.

224 Der Beschluss über die **Nichtöffentlichkeit einer Sitzung** ist ein **Verwaltungsakt,** dessen Ermächtigungsgrundlage § 35 I 2 GemO bildet. Zuständig für den Beschluss über die Nichtöffentlichkeit ist anfangs der Bürgermeister (bei der Festlegung der Tagesordnung) und ab Sitzungsbeginn der Gemeinderat (§ 35 I 3 GemO). In materieller Hinsicht müssen zunächst die Tatbestandsvoraussetzungen des § 35 I 2 GemO (sämtlich gerichtlich vollständig überprüfbar; kein Beurteilungsspielraum)[124] erfüllt sein: **(1) öffentliches Wohl** (z.B. Verhandlungen, welche Grundstücke zu Bauland erklärt werden könnten) oder **berechtigte Interessen Einzelner** (z.B. Diskussion zu einem Entzug des Ehrenbürgerrechts), **(2) Erforderlichkeit,** d.h. eine Verhältnismäßigkeitsprüfung auf Tatbestandsseite. Auf Rechtsfolgenseite handelt es sich um gebundene Verwaltung, d.h. es besteht **kein Ermessen:** Wenn die Voraussetzungen des § 35 I 2 GemO vorliegen, muss die Öffentlichkeit ausgeschlossen werden; anderenfalls darf sie nicht ausgeschlossen sein. Handelt es sich um eine nichtöffentliche Sitzung, dürfen auch Verwaltungsangehörige nur an den Tagesordnungspunkten zugegen sein, zu denen sie einen fachlichen Bezug haben.[125]

225 Zum **Rechtsschutz:** Der interessierte Jedermann kann sich gegen den Beschluss zur Nichtöffentlichkeit z.B. durch eine Anfechtungs- oder Fortsetzungsfeststellungsklage wehren. Wenn man – wie hier – zugleich ein Organrecht auf Öffentlichkeit bejaht, kommt auch ein kommunales Organstreitverfahren in Betracht.

226 Zu den **Fehlerfolgen:** Ein schlichter Verstoß gegen § 35 I 4 GemO, wonach in nichtöffentlicher Sitzung gefasste Beschlüsse grundsätzlich in einer späteren öffentlichen Sitzung im Wortlaut bekannt gegeben werden, führt nicht zur Rechtswidrigkeit des Beschlusses; hierbei handelt sich um eine bloße Ordnungsvorschrift. Etwas anderes gilt für einen Verstoß gegen § 35 I 2 GemO: Ein Ratsbeschluss, der zu Unrecht in öffentlicher/nichtöffentlicher Sitzung gefasst worden ist, ist rechtswidrig. Wenn der Ratsbeschluss ein Verwaltungsakt ist (z.B. Straßenumbenennung), ist dieser nur rechtswidrig und nicht nichtig gem. § 44 I LVwVfG.[126] Die Anwendung von § 46 LVwVfG kommt seinem Wortlaut nach grundsätzlich in Betracht (str.),[127] allerdings dürften dessen tatbestandliche Voraussetzungen häufig nicht erfüllt sein. Wenn der Ratsbeschluss eine Satzung ist, folgt aus der Rechtswidrigkeit hingegen die Nichtigkeit (keine Hei-

---

[123] So z.B. *Engel/Heilshorn,* KommR BW, § 14 Rn. 151; *Erbguth/Mann/Schubert,* BesVwR, Rn. 143; ebenso HessVGH, NVwZ-RR 2019, 875 Ls.; **a.A.** VGH BW, NVwZ-RR 1992, 373, *Plate/Schulze/Fleckenstein,* KommR BW, Rn. 233; *Gern,* KommR BW, Rn. 260. – Der Begriff „Öffentlichkeit" spricht zwar eher gegen ein Organrecht; letzteres folgt aber aus § 35 I 3 GemO, wonach aus der „Mitte" (= mindestens ein Mitglied) des Gemeinderates die (Nicht-) Öffentlichkeit beantragt werden kann.

[124] VGH BW, VBlBW 2019, 114 Ls. 1.

[125] So HessVGH, Beschl. v. 8.8.2018 – 8 B 1132/18, juris Rn. 19.

[126] So h.L., z.B. *Engel/Heilshorn,* KommR BW, § 14 Rn. 153; wohl auch VGH BW, VBlBW 2016, 34, 37.

[127] Wie hier *Gern,* KommR BW, Rn. 260; **a.A.** aber VGH BW, VBlBW 2016, 24, 37: Die Bedeutung der Öffentlichkeit sei so groß, dass § 46 VwVfG von vornherein ausscheide; zust. *Engel/Heilshorn,* KommR BW, § 14 Rn. 153.

D. Organe von Gemeinde und Landkreis 47

lung, vgl. § 4 IV 2 Nr. 1 GemO).[128] Verwaltungsakte auf Grundlage dieser nichtigen Satzung sind wiederum i. d. R. nur rechtswidrig, nicht nichtig (→ Rn. 511).

> **Beachte:** Wenn Vorfragen unter Verstoß gegen § 35 I 2 GemO in nichtöffentlicher Sitzung 227
> beraten worden sind, der Satzungsbeschluss aber erst nach nochmaliger *ergebnisoffener* Erörterung und Beratung aller *wesentlichen* Aspekte in öffentlicher Sitzung gefasst wird, wirkt sich der anfängliche Rechtsfehler nicht mehr auf den Satzungsbeschluss aus. Etwas anderes gilt, wenn der Satzungsbeschluss nach nichtöffentlicher Vorberatung nur „pro forma" öffentlich beraten und gefasst wird oder sonstige Anhaltspunkte bestehen bleiben, dass die unzulässigerweise nichtöffentliche Sitzung weiterhin den späteren öffentlichen Entscheidungsprozess prägt. Dasselbe gilt für Verwaltungsakte (z. B. die Ausübung eines Vorkaufsrechts nach § 24 I 1 Nr. 3 BauGB).[129]

> **Vertiefungshinweise:** *Bock*, Welche Rechte und Pflichten haben Gemeinderatsmitglieder 227a
> und Ortschaftsratsmitglieder?, BWGZ 2014, 448 ff.; *dies.*, Das Verfahren im Gemeinderat – die Gemeinderatssitzung, BWGZ 2014, 454 ff.; *Rabeling*, Die Öffentlichkeit von Gemeinderatssitzungen in der Rechtsprechung, NVwZ 2010, 411 ff.

4. Verhandlungsleitung durch den Bürgermeister, § 36 GemO

Der Bürgermeister eröffnet, leitet und schließt die Verhandlungen des Gemeindera- 228
tes (§ 36 I 1 GemO). Die Ratsmitglieder haben Rede-, Antrags- und Stimmrecht, sofern kein Fall der Befangenheit vorliegt (→ Rn. 234 ff.). Der Bürgermeister handhabt die Ordnung und übt das Hausrecht aus (§ 36 I 2 GemO; dazu → Rn. 190).

5. Beschlussfassung, § 37 GemO

Der Gemeinderat kann nur in einer ordnungsmäßig einberufenen und geleiteten 229
Sitzung beraten und beschließen (§ 37 I 1 GemO). Der Gemeinderat muss beschlussfähig sein (näher § 37 II GemO). Fehlende **Beschlussfähigkeit** tritt automatisch ein,[130] setzt also – anders als im Falle von § 45 GeschO BT – keine entsprechende Rüge und keine ausdrückliche Feststellung voraus.

Es gilt der **Grundsatz offener Beschlussfassung**. Eine Ausnahme von dieser Re- 230
gel des § 37 VI 1 GemO greift bei Vorliegen eines **sachlichen Grundes**. Das Gesetz definiert nicht näher, wann ein sachlicher Grund vorliegt. Man wird sich an § 35 I 2 GemO orientieren können (öffentliches Wohl, berechtigte Interessen Einzelner). Ob eine Ausnahme vorliegt, ist eine Entscheidung, die vollständiger gerichtlicher Überprüfung unterliegt; es besteht **kein Beurteilungsspielraum**. Wenn es einen sachlichen Grund gibt, muss geheim abgestimmt werden; ohne sachlichen Grund für eine Ausnahme muss offen abgestimmt werden. Es gibt also insoweit **kein Ermessen**.

Zur **Fehlerfolge:** Eine fehlerhaft als offen/nichtoffen durchgeführte Abstimmung 231
führt zur Rechtswidrigkeit des Ratsbeschlusses.[131] Wenn es sich um eine Satzung handelt, führt die Rechtswidrigkeit grundsätzlich zur Nichtigkeit. Hier ist allerdings – anders als im Falle der (Nicht-)Öffentlichkeit der Sitzung – eine Heilung möglich (vgl. § 4 IV GemO).

---

[128] *Engel/Heilshorn*, KommR BW, § 14 Rn. 153.
[129] In diesem Sinne VGH BW, VBlBW 2011, 393, 394; VBlBW 2016, 34, 36 f.
[130] *Waibel*, GemVerfR Rn. 301.
[131] So *Gern*, KommR BW, Rn. 269.

6. Niederschrift, § 38 GemO

232 Über den wesentlichen Inhalt der Verhandlungen des Gemeinderates ist eine Niederschrift zu fertigen (§ 38 I 1 GemO). Diese Vorgabe ist eine **bloße Ordnungsvorschrift**, sodass Verstöße nicht zur Rechtswidrigkeit des betroffenen Ratsbeschlusses führen.

7. Ausschluss eines Gemeinderates wegen Befangenheit, § 18 i. V. m. § 32 I GemO

233 Gemeinderäte sind ehrenamtlich tätig, sodass über § 32 I GemO u. a. die Vorschrift des § 18 GemO zur Befangenheit greift. Hintergrund der Befangenheitsregeln ist die Vermeidung von Interessenkollisionen sowie die Erhaltung der Unparteilichkeit und des Ansehens der Verwaltung.

a) Vorliegen von Befangenheit, § 18 I, II GemO

234 Ein Befangenheitsgrund, der zum Ausschluss aus einer Ratssitzung führt, kann sich aus Absatz 1 oder Absatz 2 des § 18 GemO ergeben.

235 **Klausurhinweis:** Es empfiehlt sich zumeist folgende Prüfungsreihenfolge: Absatz 1 – Absatz 2 – Absatz 3.

236 § 18 I GemO erfasst die Befangenheit wegen **persönlicher Betroffenheit:** Der Gemeinderat darf weder beratend noch entscheidend mitwirken, wenn die Entscheidung einer Angelegenheit ihm selbst oder einer ihm nahe stehenden Person einen unmittelbaren Vorteil oder Nachteil bringen kann. Der Ausschluss hat damit folgende Voraussetzungen:

237 – **Vorteil oder Nachteil,** d. h. jede Verbesserung oder Verschlechterung der tatsächlichen, sozialen, wirtschaftlichen oder rechtlichen Lage einschließlich ideeller Vor- oder Nachteile.

238 – Es muss sich um einen **unmittelbaren** Vor- oder Nachteil handeln. Wann liegt Unmittelbarkeit vor? Man könnte verlangen, dass der Ratsbeschluss als solcher den Vor- oder Nachteil bewirken müsse. Allerdings wird ein Ratsbeschluss in aller Regel durch den Bürgermeister vollzogen (§ 43 I GemO), sodass insoweit ein Zwischenakt vorläge, der den Unmittelbarkeitszusammenhang durchbräche. Unmittelbarkeit wäre also fast immer zu verneinen, was der ratio legis des § 18 I GemO zuwiderliefe. Deshalb bejaht die h. L.[132] die Unmittelbarkeit schon dann, wenn ein **individuelles Sonderinteresse** besteht, das möglicherweise zu einer Interessenkollision führt und die Besorgnis der Befangenheit rechtfertigt. Ein tatsächlicher Vorteil/Nachteil ist nicht nötig (vgl. den Wortlaut: „bringen kann"). Unabhängig von einer tatsächlichen Interessenkollision und tatsächlichen Befangenheit genügt also der böse Schein, den es durch den Ausschluss aus der Ratssitzung zu vermeiden gilt.

239 **Beispiel:** Es soll ein Ratsbeschluss über einen Bebauungsplan gefasst werden. Ratsmitglied R ist im Plangebiet Grundstückseigentümer. Ein unmittelbarer Vor- bzw. Nachteil läge vor, Befangenheit wäre zu bejahen. Zur Annahme von Befangenheit genügt auch, dass der Bebauungsplan die Situation eines *außerhalb* des Plangebietes gelegenen Grundstücks verbessert, indem er zu einer deutlichen Verringerung des dortigen Straßenverkehrs führt;[133] eine geringfügige Verbesserung genügt nicht.[134]

---

[132] Z. B. *Plate/Schulze/Fleckenstein*, KommR BW, Rn. 156; *Müller*, KommR BW, Rn. 266.
[133] OVG RP, NVwZ-RR 2004, 134.
[134] VGH BW, VBlBW 2004, 422.

D. Organe von Gemeinde und Landkreis

– Der unmittelbare Vorteil oder Nachteil betrifft den Gemeinderat **selbst** oder eine 240
ihm **nahe stehende Person,** die in § 18 I Nrn. 1 bis 4 aufgeführt wird.

Ein weiterer Befangenheits- und Ausschlussgrund ist in § 18 II GemO geregelt. Bei 241
den Nrn. 1 bis 3 geht es um **Befangenheit wegen Drittbetroffenheit.** Nötig ist
wiederum ein unmittelbarer Vor- oder Nachteil (→ Rn. 238 ff.), und zwar für bestimmte **Dritte,** bei denen das Ratsmitglied (im Falle von § 18 II Nr. 2 GemO auch
Ehepartner etc.) tätig ist. Hintergrund ist wiederum ein drohender Interessenkonflikt
z. B. wegen wirtschaftlicher Abhängigkeit (Nr. 1). Nr. 4 zielt auf **Befangenheit wegen Vorbefassung.**

Klausurhinweis: Bei den Nrn. 2 bis 4 genügt im Rahmen einer Klausur das sorgfältige Lesen und Subsumieren des Wortlautes. 242

Jemand i. S. d. Nr. 1 ist jede natürliche oder juristische Person (des Privatrechts oder 243
des öffentlichen Rechts). **Beschäftigt** ist das Ratsmitglied bei dieser Person bei einem
privatrechtlichen oder öffentlich-rechtlichen Beschäftigungsverhältnis. Maßgeblich ist
die damit verbundene **wirtschaftliche Abhängigkeit,** sodass selbst eine formal selbstständige Tätigkeit unter Nr. 1 fallen kann. Die gelegentliche selbstständige Tätigkeit für
den Dritten erfüllt aber nicht das Merkmal „beschäftigt". Die Besorgnis der Befangenheit kann ausgeräumt werden **("es sei denn"),** aber nur dann, wenn ein Interessenkonflikt sicher ausgeschlossen werden kann. Im Zweifel liegt Befangenheit vor.

Beispiel: Lehrerin L (= Landesbeamtin) ist Ratsmitglied. Die Gemeinde will dem Land einen gebrauchten LKW aus dem städtischen Fuhrpark für die Landesforstverwaltung verkaufen: keine Befangenheit. 244

§ 18 III GemO benennt **Ausnahmen von der Befangenheit:** Die Vorschriften 245
der Absätze 1 und 2 gelten nicht, wenn die Entscheidung nur die gemeinsamen Interessen einer Berufs- oder Bevölkerungsgruppe berührt. Der Gemeinderat repräsentiert
die Bürger. Zur repräsentativen Demokratie gehört es, dass Ratsmitglieder in ihrer Person zugleich Gruppeninteressen verkörpern.

Beispiele: Die Erhöhung des Hebesatzes für die Gewerbesteuer betrifft alle Gewerbetreibenden, sodass eine Gemeinderätin, die selbst Gewerbetreibende ist, nicht befangen ist. Dasselbe gilt für die Erhöhung der Hundesteuer (Bevölkerungsgruppe der Hundehalter) und im Ansatz für alle Abgabensatzungen[135] oder die Normierung anderer Handlungspflichten[136]. Ein Bebauungsplan betrifft aber nur die Planbetroffenen und noch keine Bevölkerungsgruppe, sodass § 18 III GemO nicht greift. Schwierig wird es etwa, wenn eine kommunale „Bettensteuer" für Hotels eingeführt werden soll (→ Rn. 488) und es im Ort nur zwei Hotels gibt. Dann liegt zwar eine Berufsgruppe vor, deren Mitglieder aber ohne weiteres individualisierbar sind. In diesem Fall wäre § 18 III GemO nicht einschlägig.

b) Rechts- und Fehlerfolgen der Befangenheit, § 18 IV, V GemO 246

Die Befangenheit tritt unmittelbar kraft Gesetzes ein; ihre **Rechtsfolgen** werden in 247
§ 18 IV, V GemO umrissen. Bei einer öffentlichen Sitzung kann sich das befangene

---

[135] Vgl. OVG S-A, Beschl. v. 3.5.2013 – 4 L 209/12, juris Rn. 7.
[136] SächsVGH, SächsVBl. 2018, 193, 198: Eine Änderung der Schneeräumpflichten führt bei einem Ratsmitglied zu einer Reduzierung seiner Räumpflichten (während andere Einwohner stärker belastet werden). Aber auch zahlreiche andere Einwohner kommen in den Genuss dieser Pflichtenreduzierung, sodass die gemeinsamen Interessen einer Bevölkerungsgruppe betroffen sind.

Ratsmitglied in den Zuhörerbereich begeben.[137] Bei nichtöffentlichen Sitzungen muss es den Sitzungsraum verlassen.

248 Zu den **Fehlerfolgen:** Wenn sich ein Ratsmitglied irrigerweise für befangen hält und *freiwillig* die Sitzung verlässt, ist dies für die Rechtmäßigkeit des ohne ihn gefassten Ratsbeschlusses unschädlich. Wenn ein Ratsmitglied befangen ist und dennoch mitwirkt oder nicht befangen ist, aber zu Unrecht ausgeschlossen wird, führt dies zur **Rechtswidrigkeit des Beschlusses** (§ 18 VI 1 GemO). Die Feststellung der Kausalität der unzulässigen Mitwirkung für das Abstimmungsergebnis ist nicht nötig. Die Frage, mit welcher Mehrheit der Beschluss gefasst wird, ist deshalb irrelevant (anders z. B. § 31 VI GO NRW).[138] Ob ein Beschluss des Gemeinderates gem. § 18 IV 2 GemO vorliegt, ist ebenfalls unerheblich. Gerichte würden durch einen derartigen Beschluss nicht gebunden.[139]

249 Zielt der Ratsbeschluss auf eine Satzung, ist diese infolge der Rechtswidrigkeit grundsätzlich nichtig. Handelt es sich um einen Verwaltungsakt, ist dieser nur rechtswidrig, nicht nichtig. Möglich ist eine **Heilung.** Bei einer Satzung richtet sich die Heilung gem. § 18 VI 4 GemO nach § 4 IV GemO; die letztgenannte Vorschrift ist damit lex specialis zu § 18 VI 2, 3 GemO, der eine Heilungsmöglichkeit für die übrigen Ratsbeschlüsse (die keine Satzungen sind) bereithält. Wenn ein Ratsbeschluss als Verwaltungsakt zu qualifizieren ist, kann Unbeachtlichkeit nach § 46 LVwVfG gegeben sein.

250 Zum **Rechtsschutz:** Das (seiner Meinung nach) zu Unrecht ausgeschlossene Ratsmitglied kann sich im Wege eines kommunalen Organstreitverfahrens (→ Rn. 251 ff.) gegen den Ausschluss wehren. Betroffenes Organrecht ist das Mitwirkungsrecht gem. § 32 III GemO (→ Rn. 145). Als Klageart kommt insbesondere die Feststellungsklage in Betracht. Klagegegner ist der Gemeinderat (§ 18 IV 2 GemO). Hinzu tritt inzidenter Rechtsschutz, falls sich ein Bürger gegen den Ratsbeschluss wehrt und dabei einen Verstoß gegen die Befangenheitsregeln geltend macht.

250a *Vertiefungshinweise: Bock,* Welche Rechte und Pflichten haben Gemeinderatsmitglieder und Ortschaftsratsmitglieder?, BWGZ 2014, 448 ff.; *Bock,* Das Verfahren im Gemeinderat – die Gemeinderatssitzung, BWGZ 2014, 454 ff.; *Hofmann,* Befangenheit eines Gemeinderates wegen Unterzeichnung eines Bürgerbegehrens?, VBlBW 2012, 460 ff.; siehe ferner die Falllösungen bei *Beckmann,* DVP 2014, 430 ff.; *Kümper,* Jura 2015, 1231 ff.; *Schmorleiz,* DVP 2014, 462 ff.

V. Kommunales Organstreitverfahren

251 Die vorstehend genannten Organe und Organteile können sich streiten. Konstellationen sind vielfältig denkbar: Ein Ratsmitglied wehrt sich gegen einen Sitzungsausschluss, den die Bürgermeisterin verhängt hat („Intra-Organ-Streit"). Ein anderes Ratsmitglied verlangt von ihr die Durchsetzung der Ordnung in der Sitzung (z.B. Maßnahmen gegen störende Ratsmitglieder). Rat und Bürgermeister streiten, wer für eine Straßenumbenennung zuständig ist („Inter-Organ-Streit"). Diese Streitigkeiten werden als **kommunale Organstreitverfahren** oder auch als **Kommunalverfassungsstreitverfahren** bezeichnet. Diese sind insbesondere bei der Prüfung der **ver-**

---

[137] VGH BW, VBlBW 2017, 298 Ls. 2: Es genügt nicht, lediglich den Stuhl ein wenig nach hinten zu rücken, wenn das Ratsmitglied dann immer vor der ersten Sitzreihe der Zuhörer verbleibt.

[138] VGH BW, VBlBW 2015, 237, 237.

[139] Vgl. VGH BW, VBlBW 2015, 237, 237 f. – zum Feststellungsbeschluss nach § 29 V GemO.

D. Organe von Gemeinde und Landkreis

waltungsprozessualen Zulässigkeit mit einigen Besonderheiten verbunden, die im Folgenden erläutert werden.

Der **Verwaltungsrechtsweg** ist eröffnet. Eine öffentlich-rechtliche Streitigkeit i. S. d. § 40 I 1 VwGO liegt auch bei einem *Innen*rechtsstreit vor. Trotz der Bezeichnung als „Kommunalverfassungsstreit" handelt es sich um eine Streitigkeit nichtverfassungsrechtlicher Art. 252

Problematisch ist die Bestimmung der **statthaften Klageart.** Früher ging die h. L. davon aus, dass die Klagearten der VwGO nur *Außen*rechtsstreitigkeiten betreffen. Wegen der verfassungsrechtlichen Rechtsschutzgarantie musste aber eine Klageart bereitgestellt werden. Deshalb nahm die frühere h. L. eine **Klage sui generis** an. Heute bejaht die ganz h. L. die **Anwendbarkeit der allgemeinen Klagearten auch für Innenrechtsstreitigkeiten,** sofern dies nicht explizit ausgeschlossen ist (so bei Anfechtungs- und Verpflichtungsklage wegen des Merkmals „Verwaltungsakt" – der auf unmittelbare *Außen*wirkung gerichtet sein muss – in § 42 I VwGO). Auch der Eilrechtsschutz nach § 123 I VwGO greift bei Innenrechtsstreitigkeiten. Welche Klageart ist nun statthaft? 253

— Falls eine echte Anfechtungssituation gegeben sein sollte (die sich nicht sofort erledigt, etwa wegen des Sitzungsendes), kommt die ungeschriebene **allgemeine Gestaltungsklage** in Betracht. In aller Regel wird aber die Feststellungsklage näherliegen. 254

— Wenn eine Verpflichtungssituation vorliegt, ist im Ansatz die **allgemeine Leistungsklage** einschlägig, z. B. bei einem Antrag auf Aufnahme eines Gegenstandes auf die Tagesordnung oder auf Erlass bzw. Durchsetzung eines Rauchverbotes in einer Sitzung. Zu prüfen ist allerdings, ob nicht Erledigung eingetreten ist, etwa durch die Beendigung der jeweiligen Sitzung. 255

— Sehr häufig greift deshalb die **Feststellungsklage.** Die Subsidiarität der Feststellungsklage (§ 43 II VwGO) gilt hier, bei einem In-sich-Streit der öffentlichen Hand, nicht: Auch ohne Vollstreckungstitel wird sich der im Prozess Unterlegene rechtskonform verhalten. Oft handelt es sich um die Feststellungsklage in Form der **Fortsetzung einer erledigten allgemeinen Leistungsklage** oder allgemeinen Gestaltungsklage. 256

Beispiele: Feststellung, dass der Gemeinderat zuständig für eine Straßenumbenennung ist; Feststellung, dass der Sitzungsausschluss durch den Bürgermeister rechtswidrig *gewesen* ist. 257

Ferner muss die **Klagebefugnis** analog § 42 II VwGO gegeben sein. Abzustellen ist auf ein **Organrecht** (etwa des Gemeinderates oder des Bürgermeisters) oder auf ein Organteilrecht (z. B. des einzelnen Ratsmitgliedes als Teil des Organs Gemeinderat). Nötig ist eine sog. **wehrfähige Innenrechtsposition,** z. B. das Mitwirkungsrecht des Ratsmitglieds aus § 32 III GemO (→ Rn. 145). 258

Klausurhinweis: Stellen Sie bei dem Ratsmitglied oder Bürgermeister auf Organrechte ab, nicht etwa auf solche Rechte, die der Person zustehen, d. h. nicht auf Grundrechte (siehe näher → Rn. 150). 259

Im Falle einer an sich erledigten Angelegenheit (z. B. bei Sitzungsausschluss nach Ende der Sitzung) ist zusätzlich ein besonderes (Fortsetzungs-)Feststellungsinteresse erforderlich (Wiederholungsgefahr, Rehabilitationsinteresse). 260

Klagegegner ist das **kontrastierende Organ**(teil); § 78 VwGO sollte nicht erwähnt werden. 261

262 **Klausurhinweis:** Manche erörtern den Klagegegner erst eingangs der Begründetheit unter dem Gesichtspunkt der Passivlegitimation.[140]

263 Die Verortung der **Beteiligten- und Prozessfähigkeit** etwa eines Ratsmitgliedes in den einzelnen Varianten der §§ 61, 62 VwGO ist umstritten. Manche stellen für die Beteiligtenfähigkeit immer auf § 61 Nr. 2 analog ab, auch dann, wenn es um ein Organteilrecht eines einzelnen Ratsmitgliedes geht.[141] Bezugspunkt für die Analogie ist nicht das Merkmal „Vereinigung", sondern der Passus „soweit … ein Recht zustehen kann". Eine andere Auffassung[142] differenziert und wendet § 61 Nr. 1 VwGO bei einzelnen Ratsmitgliedern analog an, sonst § 61 Nr. 2 VwGO analog (z.B. bei dem Gemeinderat als solchen oder einem Ausschuss). Parallel hierzu stellen die einen hinsichtlich der **Prozessfähigkeit** immer auf § 62 III VwGO analog ab, während die anderen differenzieren und bei einzelnen Ratsmitgliedern § 62 I Nr. 1 VwGO analog, sonst § 62 III VwGO analog heranziehen.

264 **Klausurhinweis:** Es empfiehlt sich, die Streitfragen anzudeuten, um dann darauf hinzuweisen, dass alle vertretenen Ansichten die Beteiligten- bzw. Prozessfähigkeit bejahen, sodass eine Streitentscheidung entbehrlich ist.

265 Unabhängig vom Ausgang des Rechtsstreits (also unabhängig davon, ob das geltend gemachte Organrecht verletzt worden ist oder nicht) hat ein Ratsmitglied als Beteiligter eines kommunalen Organstreits gegen die Gemeinde einen **Kostenerstattungsanspruch** hinsichtlich der Prozesskosten. Anspruchsgrundlage ist das organschaftliche Recht, das materiell im Streit stand. Dieses Recht macht das Ratsmitglied nicht um seiner selbst, sondern im Interesse der Gemeinde geltend. Der Kostenerstattungsanspruch kann nicht durch VA des Bürgermeisters festgesetzt werden.[143] Der Kostenerstattungsanspruch entfällt jedoch, wenn der Rechtsstreit aus Sicht eines verständigen Beobachters ohne vernünftigen Anlass (mutwillig, treuwidrig) geführt wurde.[144] Der Kostenerstattungsanspruch erstreckt sich nicht auf eine Verfassungsbeschwerde des Ratsmitgliedes, selbst wenn diese an einen Organstreit anknüpft, weil dort die Grundrechte und nicht länger Organrechte geltend gemacht werden.[145]

265a **Vertiefungshinweise:** *Katz*, Kommunalverfassungsrechtliches Organstreitverfahren, VBlBW 2019, 97 ff.; *Kintz*, Klausurrelevante kommunalrechtliche Probleme, LKZR 2011, 476 (479 ff.); *Mühl-Jäckel*, Binnenstreitigkeiten innerhalb der Kommune, DVBl. 2018, 1042 ff.; *Ogorek*, Der Kommunalverfassungsstreit im Verwaltungsprozess, JuS 2009, 511 ff.; *Schoch*, Der verwaltungsgerichtliche Organstreit, Jura 2008, 826 ff.; siehe ferner die Falllösung bei *Ennuschat/Siegel*, NWVBl 2008, 119 ff.

VI. Unmittelbare Mitwirkung der Einwohner- und Bürgerschaft

266 Vorstehend standen Gemeinderat und Bürgermeister im Vordergrund, die für Gemeinde, Bürger und Einwohner handeln. Die Gemeindeordnung ermöglicht jedoch

---

[140] So z.B. *Müller*, KommR, Rn. 398.
[141] So etwa *Plate/Schulze/Fleckenstein*, KommR, Rn. 188; *Engel/Heilshorn*, KommR BW, § 17 Rn. 7; *Engels/Krausnick*, KommR, § 6 Rn. 21; *Katz*, VBlBW 2019, 97, 101; *Mühl-Jäckel*, DVBl. 2019, 1042, 1048.
[142] Z.B. *Gern*, KommR, Rn. 426; *Müller*, KommR, Rn. 396.
[143] Siehe zum Ganzen OVG NRW, NVwZ-RR 2009, 819 ff.
[144] OVG Saarl., NVwZ-RR 2019, 239; *Katz*, VBlBW 2019, 97, 103.
[145] BayVGH, BayVBl. 2019, 97, 98.

D. Organe von Gemeinde und Landkreis

auch die unmittelbare Mitwirkung der **Bürger,** teils sogar der Einwohner. Das BVerfG hat einmal das Staatsvolk (dort: Landesvolk) als Staats- bzw. Verfassungsorgan bezeichnet.[146] Überträgt man diese Sichtweise auf die kommunale Ebene, wären die **Einwohnerschaft** und die **Bürgerschaft** jeweils ein **Gemeindeorgan.**

Beachte: Selbst wenn man Einwohner- und Bürgerschaft als Gemeindeorgane einstufen sollte, wären diese keine Beteiligte an einem kommunalen Organstreitverfahren. Wenn es z. B. zu einem Rechtsstreit im Zusammenhang mit einem Einwohnerantrag oder einem Bürgerbegehren oder -entscheid kommt, kann jeder Unterzeichner selbst und im eigenen Namen Klage erheben (§ 41 II KomWG). 267

§ 20 I, II GemO schreibt die **Unterrichtung der Einwohner** vor. Die Gelegenheit zur Äußerung nach § 20 II 2 GemO ist allerdings kein subjektiv-öffentliches Recht und nicht einklagbar; Verstöße bleiben daher sanktionslos. Weitere Mitwirkungsmöglichkeiten der Einwohner bieten etwa § 33 IV 1 GemO (Fragestunde im Gemeinderat), § 33 IV 2 GemO (Anhörung Betroffener, z. B. bei Beratung eines Bebauungsplans) oder §§ 40 I 4, 41 I 3 GemO (sachkundige Einwohner). 268

Bedeutsamer sind die verschiedenen plebiszitären Instrumente bzw. **Instrumente unmittelbarer Demokratie** in §§ 20a ff. GemO.[147] Die Einwohnerschaft kann eine **Einwohnerversammlung** beantragen (§ 20a II GemO, § 41 KomWG). Jeder Unterzeichner kann deren Einberufung durch Verpflichtungsklage durchsetzen. Die Einwohnerversammlung hat nur beratende Funktion und keine Entscheidungskompetenz (siehe hierzu § 20a IV GemO). 269

Der **Einwohnerantrag** (§ 20b GemO i. V. m. § 41 KomWG) zielt auf Einfügung eines Beratungsgegenstandes auf die Tagesordnung des Gemeinderates. Die formellen Anforderungen werden in § 20b II GemO genannt. Materielle Anforderungen sind: **(1)** Es muss sich gem. § 20b I 2 GemO um eine bestimmte Angelegenheit aus dem Wirkungskreis der Gemeinde (Verbandskompetenz) und der Zuständigkeit des Gemeinderates (Organkompetenz) handeln. Es darf **(2)** kein Ausschlussgrund gegeben sein (§ 20b I 3 i. V. m. § 21 II GemO). Zum Rechtsschutz siehe § 41 II KomWG (Verpflichtungsklage). 270

Ein **Bürgerentscheid** kann durch den Gemeinderat (§ 21 I GemO i. V. m. § 41 KomWG) oder durch die Bürgerschaft (**Bürgerbegehren** gem. § 21 III GemO) veranlasst werden. Der Bürgerentscheid hat die Wirkung eines endgültigen Beschlusses des Gemeinderates (§ 21 VIII 1 GemO) und bindet den Rat für drei Jahre; alternativ kann der Rat einen neuen Bürgerentscheid veranlassen (§ 21 VIII 2 GemO). Zu den Bürgern gehören auch Unionsbürger (Art. 72 I 2 LV, § 12 I GemO). 271

Bei Bürgerentscheid und Bürgerbegehren sind zunächst **formelle Anforderungen** zu beachten: **(1) Mindestquorum** im Gemeinderat (§ 21 I GemO) bzw. Mindestzahl an Unterschriften und Fristerfordernisse beim Bürgerbegehren (§ 21 III 2, 3, 6 GemO). **(2)** Ein Bürgerbegehren muss die zu entscheidende **Frage** und eine **Begründung** sowie einen Vorschlag zur **Kostendeckung** enthalten (§ 21 III 4 GemO).[148] An die Begründung sind keine hohen Anforderungen zu stellen. Sie darf werbend sein, aber nicht in wesentlichen Punkten falsch, unvollständig oder irreführend.[149] 272

---

[146] BVerfG, NJW 1958, 1339, 1340.
[147] Näher *Aker*, VBlBW 2016, 1 ff.
[148] Würde ein erfolgreiches Bürgerbegehren dazu führen, dass künftige Einnahmen entfallen, muss dies nur dann in den Kostendeckungsvorschlag i.S.d. § 21 III 4 GemO einfließen, wenn diese Einnahmen schon bisher angefallen sind; so VGH BW, NVwZ-RR 2019, 241 Ls. 1.
[149] VGH BW, VBlBW 2014, 141, 142; VBlBW 2015, 375, 377; *Hofmann*, VBlBW 2014, 136, 138 f.

273 **Materielle Anforderungen** sind: **(1)** Es muss sich um eine Angelegenheit aus dem Wirkungskreis der Gemeinde **(Verbandskompetenz)** und der Zuständigkeit des Gemeinderates **(Organkompetenz)** handeln (§ 21 I, III 1 GemO). **(2)** Es darf **kein Ausschlussgrund** vorliegen (§ 21 II GemO). **(3)** Bürgerbegehren und Bürgerentscheid dürfen **kein rechtswidriges Ziel** verfolgen (ungeschriebene Voraussetzung, die aus dem Rechtsstaatsprinzip folgt.[150] Die Rechtswidrigkeit kann sich auch aus einem Verstoß gegen vertragliche Pflichten der Kommune ergeben.[151]

274 **Klausurhinweis:** Der Ausschlussgrund des § 21 II Nr. 6 GemO ist weit auszulegen und sperrt ab Aufstellungsbeschluss i. S. d. § 2 I BauGB einen Bürgerentscheid gegen alle Verfahrensschritte der Bauleitplanung.[152] Dies folgt aus der ratio legis des § 21 II Nr. 6 GemO, der derartige Abwägungsentscheidungen dem Bürgerentscheid entziehen soll.[153] Vor dem Aufstellungsbeschluss i. S. d. § 2 I BauGB ist ein Bürgerentscheid hingegen grundsätzlich zulässig, es sei denn, es liegt bereits ein anders lautender Grundsatzbeschluss des Gemeinderats vor oder der Inhalt des Bürgerentscheids (z.B. Planungsverzicht) läuft den Festsetzungen des Flächennutzungsplans oder anderen übergeordneten planerischen Festsetzungen zuwider.[154] Siehe näher in diesem Band *Remmert* → 3 Rn. 151 ff.

275 **Rechtsschutz** erfolgt gem. § 41 KomWG durch die Verpflichtungsklage oder durch Antrag auf einstweilige Anordnung gem. § 123 I VwGO.

276 Auf Ebene des Landkreises gibt es lediglich die Unterrichtung der Einwohner (§ 17 LKrO), aber nicht die vorstehend genannten plebiszitären Instrumente der Bürgermitwirkung. Über die geschriebenen Partizipationsrechte hinaus könnten Landkreis oder Gemeinde den Bürgern oder Einwohnern **weitere Mitwirkungsrechte** einräumen, soweit dadurch die Zuständigkeiten, Aufgaben und Eigenverantwortlichkeit der kommunalen Organe nicht nachteilig betroffen werden (z.B. unverbindliche konsultative Befragungen).[155]

277 **Vertiefungshinweise:** *Aker*, Das Gesetz zur Änderung kommunalverfassungsrechtlicher Vorschriften, VBlBW 2016, 1 ff.; *ders.*, Instrumente direkter Demokratie – Bürgerbegehren und Bürgerentscheid, VBlBW 2011, 455 ff.; *Durinke/Fiedler*, Zulässigkeit und Grenzen von Bürgerbegehren und Bürgerentscheiden in der Bauleitplanung, ZfBR 2012, 531 ff.; *Geitmann*, Bürgerbegehren und -entscheid demokratisch handhaben und ausgestalten, VBlBW 2007, 321 ff.; *Haug/Schmid*, Der Ausbau der Bürgerbeteiligung in Baden-Württemberg – eine Zwischenbilanz zur „Politik des Gehörtwerdens", VBlBW 2014, 281 ff.; *Hellermann*, Die Zulässigkeit kommunaler Bürgerhaushalte, DVBl. 2011, 1195 ff.; *Hofmann*, Zur Zulässigkeit von Bürgerbegehren in Baden-Württemberg nach § 21 Abs. 3 GemO, VBlBW 2012, 371 ff.; *ders.*, Neue Rechtsprechung zum Bürgerbegehren nach § 21 Abs. 3 GO, VBlBW 2014, 136 ff.; *Kaltenborn/Lenz*, Zur Zulässigkeit des Bürgerbegehrens gegen das Projekt „Stuttgart 21", VBlBW 2008, 128 ff.; *Löbbecke*, Die Zulässigkeit von Bürgerentscheiden „über Bauleitpläne", VBlBW 2009, 253 ff.; *Remmert*, Die Teilnahme von Unionsbürgern an kommunalen Abstimmungen, VBlBW 2017, 415 ff.; *Schellenberger*, Zur Zulässigkeit von konsultativen Bürgerbefragungen, VBlBW 2014, 46 ff.; *ders.*, Zur Verfassungskonformität von § 21 Abs. 2 Nr. 6 GemO, VBlBW 2017, 498 ff.; *West*, Zur Zulässigkeit von Bürgerentscheiden im Bereich der Bauleitplanung, VBlBW 2010, 389 ff.; *Zöllner*, Bürgerbegehren – Erfahrungen und Perspektiven, BayVBl. 2013, 129 ff.

---

[150] VGH BW, VBlBW 2014, 141, 142; VBlBW 2015, 375, 379.
[151] VGH BW, VBlBW 2015, 375, 379 – zu Stuttgart 21.
[152] VGH BW, NVwZ-RR 2009, 574; *Durinke/Fiedler*, ZfBR 2012, 531, 536; *West*, VBlBW 2010, 389, 393; kritisch dazu *Löbbecke*, VBlBW 2009, 253, 257.
[153] *Hofmann*, VBlBW 2012, 371, 376.
[154] So VGH BW, NVwZ-RR 2011, 837 Ls.
[155] Näher *Schnellenberger*, VBlBW 2014, 46 ff. zu konsultativen Bürgerbefragungen.

E. Kommunale Satzungen

I. Überblick und Grundlagen

Zentraler Bestandteil kommunaler Selbstverwaltung ist die Satzungsautonomie. 278
Dementsprechend ist der Erlass von Satzungen ein charakteristisches Handlungsinstrument der Gemeinden. Satzungen sind ein Anwendungsfall exekutiver Rechtsetzung im Bereich der mittelbaren Staatsverwaltung (→ Rn. 11). Sie sind in der Regel als materielle Gesetze einzustufen. Eine Ausnahme bildet etwa die Hauptsatzung, die reines Innenrecht darstellt (→ Rn. 124).

Ermächtigungsgrundlage für den Erlass einer kommunalen Satzung ist im Regelfall 279 das Recht auf kommunale Selbstverwaltung gem. Art. 28 II GG, 71 I LV, was durch § 4 I GemO nochmals bekräftigt wird (näher → Rn. 68). Satzungen betreffen also typischerweise die eigenen (weisungsfreien) Angelegenheiten der Gemeinde (§§ 2 I, 4 I 1 GemO). Ausnahmsweise kann die Gemeinde auch bei Pflichtaufgaben zur Erfüllung nach Weisung zum Erlass einer Satzung berechtigt sein (§ 4 I 2 GemO).

Beispiele: Satzung zur Regelung einer *freiwilligen Selbstverwaltungsaufgabe*: Benutzungsordnung für das Freibad. – Satzung zur Regelung einer *pflichtigen Selbstverwaltungsaufgabe*: Bebauungsplan (§ 10 I BauGB). – Satzung zur Regelung einer *Pflichtaufgabe zur Erfüllung nach Weisung*: örtliche Bauvorschriften (§ 74 LBO). 280

II. Voraussetzungen der Rechtmäßigkeit einer kommunalen Satzung

Die Prüfung der Rechtmäßigkeit einer Satzung erfolgt in drei Schritten: **(1)** Ermächtigungsgrundlage, **(2)** formelle und **(3)** materielle Rechtmäßigkeit. 281

1. Ermächtigungsgrundlage für eine kommunale Satzung

Das Erfordernis einer parlamentsgesetzlichen Ermächtigung zum Erlass von Rechts- 282 verordnungen ergibt sich aus Art. 80 I GG, 61 LV. Diese Verfassungsbestimmungen sind auf Satzungen nicht anwendbar, auch nicht analog. Aus dem Rechtsstaatsprinzip (Gewaltenteilung) und dem Demokratieprinzip folgt freilich, dass eine Satzung ebenfalls einer parlamentsgesetzlichen oder verfassungsunmittelbaren Grundlage bedarf: Nur dann ist die Verwaltung berechtigt, das zu vollziehende Recht selbst zu setzen.

Grundsätzlich genügt die **allgemeine Satzungshoheit** als Ermächtigungsgrundlage 283 für eine Satzung (Art. 28 II GG, 71 I LV, § 4 I GemO; → Rn. 68). Eine Ausnahme gilt für Grundrechtseingriffe: Soll eine Satzung in Grundrechte eingreifen oder Grundlage von Grundrechtseingriffen sein (z. B. in Form belastender Verwaltungsakte), benötigt der Satzungsgeber eine besondere parlamentsgesetzliche Grundlage, die ihn hierzu ermächtigt (Konsequenz aus dem Vorbehalt des Gesetzes und der Wesentlichkeitstheorie).

Beispiel: Anschluss- und Benutzungszwang für bestimmte öffentliche Einrichtungen (§ 11 284 GemO).

In der Regel findet sich im Vorspann einer Satzung ein ausdrücklicher Hinweis auf 285 ihre Ermächtigungsgrundlage. Zwingend nötig ist dies jedoch nicht, weil das **Zitiergebot** des Art. 80 I 3 GG, 61 I 3 LV für Satzungen **nicht greift**.[156]

---

[156] *Plate/Schulze/Fleckenstein*, KommR BW, Rn. 55.

286 Das Parlamentsgesetz, das Ermächtigungsgrundlage für den Erlass der Satzung ist, muss seinerseits verfassungsmäßig sein. Im Rahmen der formellen Verfassungsmäßigkeit betrifft dies die Gesetzgebungszuständigkeit und das Gesetzgebungsverfahren. In materieller Hinsicht ist z. B. zu klären, ob es Verstöße gegen Grundrechte oder gegen den im Rechtsstaat wurzelnden Bestimmtheitsgrundsatz gibt. Die Vorgaben der Art. 80 I 2 GG, 61 I 2 LV zur Bestimmtheit der parlamentsgesetzlichen Grundlage (Inhalt, Zweck und Ausmaß) gelten wiederum nur für Rechtsverordnungen. Aus der Wesentlichkeitstheorie ergeben sich für Satzungen jedoch ähnliche Anforderungen.

287 **Klausurhinweis:** Die Verfassungsmäßigkeit der Ermächtigungsgrundlage für die Satzung ist nur zu erörtern, wenn es hierzu konkrete Anhaltspunkte im Sachverhalt gibt.

2. Formelle Rechtmäßigkeit einer kommunalen Satzung

288 Prüfungspunkte der formellen Rechtmäßigkeit sind **(1)** die Zuständigkeit, **(2)** das Verfahren und **(3)** die Form.

289 Im Zusammenhang mit der **Zuständigkeit** bietet es sich an, **(a)** die Verbandskompetenz (= Hat die Gemeinde als solche die Kompetenz zur Satzungsgebung?) und **(b)** die Organkompetenz (= Welches Gemeindeorgan ist dafür zuständig?) zu erörtern. Die **Verbandskompetenz** einer Gemeinde zum Erlass einer Satzung folgt aus dem Selbstverwaltungsrecht gem. Art. 28 II GG, 71 I LV BW und aus § 4 I GemO oder aus speziellen Satzungsermächtigungen (z. B. § 10 I BauGB, 11 I GemO dazu → Rn. 392). Innerhalb der Gemeinde steht die **Organkompetenz** grundsätzlich dem Rat (§§ 24 I 2, 39 II Nr. 3 GemO) und im Eilfall dem Bürgermeister (§ 43 IV 1 GemO; → Rn. 181) zu.

290 **Klausurhinweis:** Die saubere Verortung der Verbandskompetenz im Prüfungsaufbau ist gar nicht so leicht. Man könnte die damit zusammenhängenden Aspekte bereits im Rahmen der Ermächtigungsgrundlage für die Satzung, erst als Unterpunkt der Zuständigkeit oder sogar erst in der materiellen Rechtmäßigkeit (Tatbestandsvoraussetzungen der Ermächtigungsgrundlage zum Erlass der Satzung) erörtern. Die Erörterung sollte ausführlich dort stattfinden, wo es sich in der konkreten Klausurkonstellation am geschicktesten einfügt. Im Zweifel empfiehlt sich beim Prüfungspunkt „Ermächtigungsgrundlage" ein knapper Hinweis, dass als Ermächtigungsgrundlage § xy Z-Gesetz in Betracht kommt. Dann könnte im Rahmen der formellen Rechtmäßigkeit/Zuständigkeit die Verbandskompetenz sorgsam geprüft werden. In der materiellen Rechtmäßigkeit genügt dann ein kurzer Hinweis auf die dort gefundenen Ergebnisse.

291 Hinsichtlich des **Verfahrens** ist zu unterscheiden zwischen **(a)** den allgemeinen Vorschriften der Gemeindeordnung und etwaigen **(b)** besonderen Verfahrensvorgaben in Spezialgesetzen. Zentrale Verfahrensnorm der Gemeindeordnung ist § 37 GemO: Der Gemeinderat kann nur in einer ordnungsgemäß einberufenen und geleiteten Sitzung beraten und beschließen. Zu den allgemeinen Vorschriften der Gemeindeordnung zählen z. B. § 34 (ordnungsgemäße Einberufung), § 35 (Öffentlichkeit), § 32 I 1 i. V. m. § 18 (Befangenheit), § 36 (Verhandlungsleitung, Ordnungsgewalt), § 37 (Beschlussfassung und Beschlussfähigkeit).

292 **Beachte:** Die Anzeigepflicht gem. § 4 III 3 GemO ist eine bloße Ordnungsvorschrift, sodass ein Verstoß die Rechtmäßigkeit unberührt lässt.

293 Stützt sich der Satzungserlass nicht auf die allgemeine Satzungshoheit, sondern auf eine spezialgesetzliche Bestimmung, sind – zusätzlich zu den Verfahrensvorschriften der Gemeindeordnung – etwaige Verfahrensvorgaben des Spezialgesetzes zu beachten.

E. Kommunale Satzungen

Beispiel: Relevant ist dies insbesondere für Bebauungspläne, z.B. § 2 I BauGB (Aufstellungsbeschluss), § 2 III BauGB (Ermittlung und Bewertung des Abwägungsmaterials), § 3 I BauGB (Beteiligung der Öffentlichkeit), § 4 I BauGB (Beteiligung von Behörden), § 10 II BauGB (Genehmigungspflicht). 294

Zur **Form** einer Satzung schreibt § 4 III GemO i.V.m. § 1 DVO-GemO die öffentliche Bekanntmachung vor. 295

3. Materielle Rechtmäßigkeit einer kommunalen Satzung

Die Prüfung der materiellen Rechtmäßigkeit kennt zwei Prüfungspunkte: **(1)** tatbestandliche Voraussetzungen der Ermächtigungsgrundlage, **(2)** Rechtsfolgenseite, d.h. Satzungsermessen. 296

Zur **Tatbestandsseite:** Stützt sich eine Satzung auf die allgemeine Satzungshoheit gem. Art. 28 II GG, 71 I LV sowie §§ 2 I, 4 I 1 GemO, muss ihr Gegenstand eine Angelegenheit der örtlichen Gemeinschaft sein. Insoweit fallen die tatbestandlichen Voraussetzungen der Ermächtigungsgrundlage mit der – in einer Klausur vielfach bereits in der formellen Rechtmäßigkeit erörterten (→ Rn. 290) – Verbandskompetenz zusammen. Handelt es sich um eine spezielle Ermächtigungsgrundlage (z.B. § 11 GemO, § 10 BauGB), müssen die dort genannten Tatbestandsmerkmale erfüllt sein. 297

Auf **Rechtsfolgenseite** steht der Gemeinde ein Satzungsermessen zu, welches durch Vorgaben des höherrangigen Rechts (sog. Vorrang des Gesetzes) begrenzt ist. Ermessensgrenzen bilden etwa **(a)** das Unionsrecht, **(b)** die Grundrechte, **(c)** rechtsstaatliche Prinzipien (Art. 20 III GG, z.B. Verhältnismäßigkeit, Bestimmtheit, Rückwirkungsverbot) sowie **(d)** sonstiges höherrangiges Recht des Bundes und des Landes. Handelt es sich um einen Bebauungsplan, muss auch die höherrangige Planung beachtet werden (§§ 1 IV, 8 II BauGB). 298

III. Fehlerfolgen und Rechtsschutzfragen

Rechtswidrige Rechtsnormen sind grundsätzlich nichtig. Das gilt auch für Satzungen, bei denen jedoch im Ausnahmefall eine Heilung des Rechtsfehlers möglich ist oder ein fortbestehender Rechtsfehler unbeachtlich bleibt. Verstöße gegen Verfahrens- und Formvorschriften der GemO können nach § 4 IV GemO geheilt werden. Verstöße gegen Vorschriften über die Öffentlichkeit der Sitzung, zur Genehmigung und zur Bekanntmachung können nicht geheilt werden (§ 4 IV 2 Nr. 1 GemO). Für Verstöße gegen Vorschriften des BauGB greifen die §§ 214f. BauGB. 299

Klausurhinweis: Wenn Rechtsfehler nicht geheilt werden können, ist zu klären, ob Teilnichtigkeit angenommen werden kann. Dies ist zu bejahen, wenn der verbleibende Rest für sich bestehen kann, also trennbar ist und in sich sinnvoll bleibt. Entsprechendes gilt zur Nichtanwendbarkeit infolge von Verstößen gegen Unionsrecht. 300

Der Rechtsschutz gegen eine kommunale Satzung kann unterschiedlich erfolgen. In Betracht kommt zum einen direkter Rechtsschutz in Form einer (abstrakten) Normenkontrolle gem. § 47 I VwGO, zum anderen inzidenter Rechtsschutz, z.B. im Rahmen einer Anfechtungsklage gegen einen Verwaltungsakt, dessen Ermächtigungsgrundlage die Satzung bildet, deren Wirksamkeit daher geprüft werden muss. 301

Klausurhinweis: Zu § 47 I Nr. 2 VwGO siehe § 4 AG VwGO; zuständig ist der VGH BW. 302

303 Verstößt die Satzung gegen unmittelbar geltendes Unionsrecht (z. B. die Grundfreiheiten), ist sie insoweit nicht anwendbar (Anwendungsvorrang des Unionsrechts).

304 Zu beachten ist, dass Satzungen, solange Belange des Vertrauensschutzes nicht entgegenstehen, rückwirkend in Kraft gesetzt werden können. Dies ermöglicht es den Gemeinden, eine Satzung, die sich als rechtswidrig und nichtig herausgestellt hat, durch eine neue, nunmehr fehlerfreie Satzung zu ersetzen – und zwar rückwirkend (näher → Rn. 500). Im Ergebnis läuft auch dies auf eine Heilung von Rechtsmängeln bei Satzungen hinaus.

IV. Prüfungsschema: Rechtmäßigkeit einer kommunalen Satzung

305 Soll die Rechtmäßigkeit einer kommunalen Satzung geprüft werden, empfiehlt sich folgendes Schema:

> **I. Ermächtigungsgrundlage für die Satzung**
> – Art. 80 I GG, 61 LV gelten nicht!
> – Grundsatz: allgemeine Satzungshoheit, Art. 28 II GG, 71 I LV, § 4 I GemO,
> – Ausnahme insb. bei Grundrechtseingriffen: spezifische parlamentsgesetzliche Grundlage (z. B. § 11 GemO) – u. U. zu prüfen: Verfassungsmäßigkeit der Ermächtigungsgrundlage
>
> **II. Formelle Rechtmäßigkeit einer kommunalen Satzung**
> 1. Zuständigkeit
>   a) Verbandskompetenz der Gemeinde, Art. 28 II GG, 71 I LV, § 2 I, II GemO
>   b) Organkompetenz
> 2. Verfahren
>   a) allgemeine Verfahrensvorschriften der GemO (§§ 34 ff., 18 GemO)
>   b) u. U. Verfahrensvorschriften einer spezialgesetzlichen Satzungsgrundlage
> 3. Form, § 4 III GemO
>
> **III. Materielle Rechtmäßigkeit einer kommunalen Satzung**
> 1. Tatbestandliche Voraussetzungen der Ermächtigungsgrundlage
> 2. Rechtsfolgenseite: Satzungsermessen, begrenzt u. a. durch
>   a) Unmittelbar geltendes Unionsrecht (z. B. Grundfreiheiten),
>   b) Grundrechte,
>   c) rechtsstaatliche Prinzipien (z. B. Verhältnismäßigkeit, Bestimmtheit, Rückwirkungsverbot),
>   d) sonstiges höherrangiges Recht des Bundes und des Landes einschließlich höherrangiger Planungen
>
> **IV. Fehlerfolgen**
> – bei Verstößen gegen höherrangiges deutsches Recht: grds. Nichtigkeit, u. U. Heilung gem. § 4 IV GemO oder Unbeachtlichkeit gem. §§ 214 f. BauGB; evtl. Teilnichtigkeit,
> – bei Verstößen gegen Unionsrecht: (Teil-)Nichtanwendbarkeit

306 **Vertiefungshinweise:** *Herrmann*, Jugendliche unerwünscht? – Verwaltungsgerichtliche Kontrolle einer gemeindlichen Satzung, Jura 2010, 149 ff. (Falllösung); *Lange*, Fehler kommunaler Satzungen und ihre Folgen, DVBl. 2017, 928 ff.; *Oebbecke*, Kommunale Satzungsgebung und verwaltungsgerichtliche Kontrolle, NVwZ 2003, 1313 ff.

F. Öffentliche Einrichtungen

Zu den besonders bedeutsamen Aufgaben einer Gemeinde zählt die Daseinsvorsorge. Hierzu hält die Gemeinde öffentliche Einrichtungen bereit. Zentrale Norm ist § 10 II GemO: „Die Gemeinde schafft in den Grenzen ihrer Leistungsfähigkeit die für das wirtschaftliche, soziale und kulturelle Wohl ihrer Einwohner erforderlichen öffentlichen Einrichtungen. Die Einwohner sind im Rahmen des geltenden Rechts berechtigt, die öffentlichen Einrichtungen der Gemeinde nach gleichen Grundsätzen zu benützen." 307

Hinweis: § 10 II GemO findet in § 16 LKrO eine Parallelvorschrift für öffentliche Einrichtungen der Landkreise. Gem. § 5 II GKZ gilt § 10 II GemO entsprechend für öffentliche Einrichtungen der Zweckverbände. 308

Die Benutzung einer öffentlichen Einrichtung kann **freiwillig** sein (z.B. Freibad, Museum, Wochenmarkt, Kirmes, Stadthalle, Festwiese) oder **pflichtig** (etwa Wasserver- und Abwasserentsorgung, Fernwärme, Schlachthof, Friedhof; näher zum sog. Anschluss- und Benutzungszwang § 11 GemO sowie → Rn. 394 ff.). 309

I. Begriffsbestimmung: Was ist eine öffentliche Einrichtung?

Eine öffentliche Einrichtung ist **(1)** eine Zusammenfassung von Sach- und Personalmitteln (= Einrichtung), die **(2)** durch eine Widmung der allgemeinen Benutzung durch die Einwohner zugänglich gemacht wird (= öffentlich i.S.d. § 10 II GemO). Die Einrichtung kann auch nur aus einer einzigen Sache bestehen, etwa einem Wiesengrundstück, das als Festwiese genutzt wird. 310

Die **Widmung** verknüpft eine privatrechtliche Sache mit einem öffentlichen Zweck und unterstellt zugleich die privatrechtliche Sache häufig einem öffentlich-rechtlichen Regime. Es entsteht damit eine **öffentliche Sache.** Die Widmung begründet einen Dualismus von Privatrecht und öffentlichem Recht **(Theorie vom modifizierten Privateigentum):** 311

Öffentliche Sachen unterliegen öffentlichem Recht, soweit der Widmungszweck betroffen ist und es entsprechende öffentlich-rechtliche Vorschriften gibt. Außerhalb des Widmungszwecks unterliegen öffentliche Sachen dem Privatrecht, etwa §§ 903 ff. BGB. 312

Beachte: Diese Theorie vom modifizierten Privateigentum ist von großer Bedeutung für das Straßenrecht, aber ohne nennenswerte Klausurrelevanz für das Kommunalrecht. Grund ist, dass das Straßenrecht mehr Regelungen für die öffentlichen Sachen enthält als das Kommunalrecht. 313

Die kommunalrechtliche Widmung im Rahmen von § 10 II GemO kann z.B. durch Satzung, Verwaltungsvorschrift oder formlos, auch konkludent durch faktische Indienststellung erfolgen. 314

Beachte: Das Straßenrecht kennt eine Widmung in Form einer Allgemeinverfügung (z.B. §§ 2 I, 5 StrG BW), das Wasserrecht in Form eines Parlamentsgesetzes (§ 1 I BWasserStrG i.V.m. Anlage). Die Widmungen in den einzelnen Rechtsbereichen sind also mit Blick auf Rechtsnatur, Form und Wirkungen sehr unterschiedlich.[157] 315

---

[157] Dazu näher z.B. *Detterbeck*, AllgVwR, 17. Aufl. 2019, § 19 Rn. 964 ff.

316　Keine öffentlichen Einrichtungen i. S. d. § 10 II GemO sind **öffentliche Sachen im Verwaltungsgebrauch** (z. B. die Büros der Gemeindeverwaltung) und **öffentliche Sachen im Gemeingebrauch,** die von jedermann (nicht nur von Gemeindeeinwohnern) benutzt werden dürfen (z. B. die öffentlichen Straßen und Wege).

II. Voraussetzungen der Errichtung einer öffentlichen Einrichtung

317　Die Voraussetzungen der Errichtung einer öffentlichen Einrichtung ergeben sich aus § 10 II 1 GemO sowie aus Art. 28 II 1 GG.

318　(1) Art. 28 II 1 GG beschreibt die **Verbandskompetenz** einer Gemeinde. Die Gemeinde darf, vorbehaltlich abweichender gesetzlicher Vorgaben, nur zur Wahrnehmung der Angelegenheiten der örtlichen Gemeinschaft tätig werden (→ Rn. 71). Auch eine öffentliche Einrichtung muss die Grenzen des gemeindlichen Wirkungskreises einhalten. Eine örtliche Angelegenheit kann u. U. außerhalb der Gemeindegrenzen erledigt werden. So könnte etwa eine Großstadt ein Kindererholungsheim betreiben, das in idyllischer Lage im Schwarzwald oder am Bodensee eingerichtet wird. Nötig ist dann aber die Zustimmung der betroffenen Gemeinde.[158] Möglich ist ferner eine **mehrörtliche Einrichtung** (→ Rn. 446), die sich für jede Gemeinde als Wahrnehmung ihrer örtlichen Angelegenheiten darstellt (z. B. gemeindeübergreifendes Wasserversorgungsnetz oder eine Volkshochschule, die von mehreren Gemeinden getragen wird).

319　(2) Nach § 10 II 1 GemO muss die Einrichtung für das wirtschaftliche, soziale und kulturelle Wohl der Einwohner erforderlich sein. Hinsichtlich der **Erforderlichkeit** kommt der Kommune ein Beurteilungsspielraum zu.

320　(3) Die Gemeinde muss mit der Einrichtung die Grenzen der **Leistungsfähigkeit** einhalten. Auch hier steht der Gemeinde eine Einschätzungsprärogative zu.

321　(4) Schließlich darf die öffentliche Einrichtung zu **keinem Verstoß gegen andere Rechtsnormen** führen. Eine öffentliche Einrichtung kann sich etwa als kommunalwirtschaftliche Betätigung darstellen, sodass die Grenzen der §§ 102 ff. GemO zu beachten sind (näher → Rn. 435 ff.). Ein Amtsblatt ist ebenfalls als öffentliche Einrichtung einzustufen und darf nicht gegen den Grundsatz der Staatsfreiheit der Presse (Art. 5 I 2 GG) verstoßen (→ Rn. 214b).

322　Der Wortlaut des § 10 II 1 GemO deutet zwar eher darauf hin, dass im Falle des Vorliegens aller vorstehend genannten Voraussetzungen eine Errichtungspflicht besteht. Dennoch steht die Schaffung einer konkreten öffentlichen Einrichtung grundsätzlich im **Ermessen der Kommune.** Etwas anderes gilt im Falle einer entsprechenden gesetzlichen Verpflichtung zur Schaffung einer öffentlichen Einrichtung, z. B. Friedhof (§ 1 I Bestattungsgesetz).

323　Ebenfalls im Ermessen der Gemeinde steht es, eine vorhandene Einrichtung wieder zu schließen. Allerdings hat das BVerwG in einer besonders gelagerten Konstellation die Pflicht einer Gemeinde angenommen, einen traditionsreichen Weihnachtsmarkt in eigener Regie weiterzuführen, ihn also nicht in private Hände zu geben.[159]

324　Wenn eine Einrichtung besteht, verschafft § 10 II 2 GemO einen Benutzungsanspruch. Hierbei handelt es sich um einen **derivativen** (= abgeleiteten) **Leistungsan-**

---

[158] BVerwG, NVwZ 1990, 657; VGH BW, NVwZ 1990, 390.
[159] So BVerwG, NVwZ 2009, 1305; zu Recht krit. dazu *Kniesel,* GewArch 2013, 270, 276; *Schoch,* DVBl. 2018, 1, 2; *Winkler,* JZ 2009, 1169. – Siehe ferner OVG Saarl., KommJur 2019, 27, 28: Eine Gemeinde ist nicht verpflichtet, einen bislang privat veranstalteten traditionellen Weihnachtsmarkt fortan als öffentliche Einrichtung durchzuführen.

F. Öffentliche Einrichtungen

spruch: Nur dann, wenn eine Einrichtung besteht, gibt es einen Benutzungsanspruch. Aus § 10 II 2 GemO folgt aber **kein originärer Anspruch auf Errichtung einer öffentlichen Einrichtung** und auch nicht auf Kapazitätserweiterung.

Begründung: § 10 II 1 GemO, wonach die Gemeinden zum Wohl ihrer Einwohner öffentliche Einrichtungen schaffen, dient allein dem öffentlichen Interesse und kommt allen Einwohnern gleichermaßen zugute. Es fehlt damit an Begünstigten, die von der Allgemeinheit abgrenzbar sind. § 10 II 1 GemO ist deshalb nicht (zumindest auch) drittschützend.[160] Denkbar ist indessen Folgendes: Wenn ein Gesetz, das die Gemeinde zur Errichtung einer öffentlichen Einrichtung verpflichtet, insoweit drittschützende Wirkung entfalten sollte (was durch Auslegung zu ermitteln und in der Regel zu verneinen ist), dann gäbe es einen Anspruch des betroffenen Dritten auf Einrichtung.[161] 324a

III. Organisationsform und Ausgestaltung des Benutzungsverhältnisses

Der Kommune stehen Wahlrechte hinsichtlich der Organisationsform und der Ausgestaltung des Benutzungsverhältnisses für ihre öffentlichen Einrichtungen zu (**kommunales Formenwahlrecht**). 325

1. Organisationsformen

Die öffentliche Einrichtung kann zunächst in **unmittelbarer Trägerschaft der Kommune** stehen. Dafür stehen folgende öffentlich-rechtliche Organisationsformen zur Verfügung: 326

– **Regiebetrieb** ohne jede organisatorische sowie ohne rechtliche Verselbstständigung innerhalb der Gemeindeverwaltung, z.B. multifunktionale Räume eines städtischen Kulturzentrums, die auch Private für ihre Veranstaltungen (Geburtstagsfeier) anmieten können; 327

– **Eigenbetrieb** mit organisatorischer Verselbstständigung innerhalb der Gemeindeverwaltung, aber ohne rechtliche Verselbstständigung (näher Eigenbetriebsgesetz – EigBG), 328

– **unselbstständige** (nichtrechtsfähige) **Anstalt** oder **Stiftung** des öffentlichen Rechts, die ebenfalls organisatorisch, nicht aber rechtlich verselbstständigt sind. 329

Möglich ist ferner die Organisation der öffentlichen Einrichtung in mittelbarer Trägerschaft der Kommune, d.h. unter **Zwischenschaltung einer rechtlich selbstständigen Drittperson.** In Betracht kommen öffentlich-rechtliche oder privatrechtliche Organisationsformen. 330

– Die Drittperson kann **öffentlich-rechtlich** verfasst sein, wie dies bei einer rechtsfähigen **Anstalt** oder **Stiftung** des öffentlichen Rechts der Fall ist. Die Gemeinde wäre dann z.B. Anstaltsträgerin. Die Gründung einer juristischen Person des *öffentlichen* Rechts ist jedoch nur möglich, wenn es dafür eine gesetzliche Grundlage gibt. Für Anstalten hat der Landesgesetzgeber diese Grundlage erstmals durch Gesetz vom 19.12.2015 (GBl. S. 1147) geschaffen (sog. **selbstständige Kommunalanstalt,** § 102a GemO; → Rn. 443). 331

– Die Drittperson kann **privatrechtlich** verfasst sein und sich dabei (vollständig oder mehrheitlich) in kommunaler Hand befinden, z.B. **e.V., GmbH, AG,** oft in Form von Tochter- und Enkelunternehmen. So gibt es in vielen Städten eine Stadtwerke 332

---

[160] OVG NRW, NJW 2018, 1991: kein Anspruch eines Einwohners auf Einrichtung öffentlicher Toilettenanlagen.
[161] *Geis*, KommR, § 10 Rn. 23.

GmbH, welche die Energie- und Wasserversorgung im Rahmen kommunaler Daseinsvorsorge anbietet.

333 – Es kann sich um einen von der Kommune völlig getrennten (echten) **Privaten** (natürliche oder juristische Person) handeln, der auf vertraglicher Basis für die Kommune z.B. den Markt oder die Kirmes betreibt oder Räume (z.B. eines Kulturzentrums) verwaltet. Bei der Auswahl des Privaten muss die Kommune dann u.U. Vorgaben des Vergaberechts beachten.[162]

334 Bei Zwischenschaltung eines Dritten trifft die Kommune eine **Pflicht zur Sicherstellung des kommunalen Einflusses** hinsichtlich des Leistungsangebotes, der Zulassung der Nutzer und der Ausgestaltung des Nutzungsverhältnisses.[163] Nur dann kann eine Einrichtung, die sich in der Hand eines Dritten befindet, der Gemeinde als *ihre* öffentliche Einrichtung zugerechnet werden, nur dann handelt es sich um eine *öffentliche* Einrichtung der Gemeinde. Besonders wichtig ist dies im Fall eines Anschluss- und Benutzungszwangs gem. § 11 GemO (→ Rn. 406).

335 Bei Wahl einer selbstständigen Kommunalanstalt ist die hinreichende Einflussnahmemöglichkeit der Trägerkommune gewährleistet. Das gleich gilt, wenn die Kommune Alleingesellschafterin einer GmbH ist, weil deren Geschäftsführer dann gegenüber der Kommune weisungsgebunden ist.[164] Im Übrigen können und müssen im Gesellschaftsvertrag der GmbH oder in der Satzung des e.V./der AG sowie im Vertrag zwischen der Kommune und dem Dritten entsprechende Regelungen zur Sicherung des kommunalen Einflusses getroffen werden.

2. Ausgestaltung des Benutzungsverhältnisses

336 Wenn die öffentliche Einrichtung **öffentlich-rechtlich organisiert** ist, kommt der Gemeinde ein **Wahlrecht zur Ausgestaltung des Benutzungsverhältnisses** zu. Dieses kann öffentlich-rechtlich oder privatrechtlich ausgestaltet werden. Anhaltspunkte zur Abgrenzung können sein: Hat die Einrichtung eine „Benutzungsordnung" (Indiz für öffentlich-rechtlich) oder „Allgemeine Geschäftsbedingungen" (Indiz für privatrechtlich)? Zahlen die Nutzer eine „Gebühr" (Indiz für öffentlich-rechtlich) oder ein „Entgelt" (Indiz für privatrechtlich). Entsprechend § 133 BGB ist allerdings nicht der Wortlaut maßgeblich, sondern der wirkliche Sinn. Im Zweifel ist von einer öffentlich-rechtlichen Ausgestaltung des Benutzungsverhältnisses auszugehen.

337 Bei **privatrechtlicher Organisation** der Einrichtung ist das Benutzungsverhältnis immer **privatrechtlich** (Ausnahme: Beleihung).

338 Wenn eine öffentliche Einrichtung mit Gefahren für die öffentliche Sicherheit verbunden ist (hier: Lärm von Spiel- und Bolzplätzen), stellt sich die Frage, ob die Nutzungszeiten durch Polizeiverordnung gem. § 10 PolG geregelt werden können. Der VGH BW verneint dies:[165] Eine Polizeiverordnung ziele auf Ver- und Gebote, nicht aber auf die positive Regelung dessen, was erlaubt sein soll. Die Nutzungszeiten müssen daher durch die kommunalrechtliche Widmung festgelegt werden.

---

[162] So VG Köln, NVwZ-RR 2009, 327.
[163] BayVGH, BayVBl. 2019, 50, 51; OVG NRW, NVwZ-RR 2018, 583 Ls. 2f.
[164] VG Stuttgart, VBlBW 2009, 233.
[165] VGH BW, VBlBW 2014, 292, 293; NVwZ-RR 2012, 939 mit Anm. *Waldhoff*, JuS 2013, 287 f.

F. Öffentliche Einrichtungen 63

IV. Anspruch auf Zulassung zur Benutzung der öffentlichen Einrichtung

1. Anspruchsgrundlage

Der Anspruch auf Zulassung zur Benutzung einer kommunalen Einrichtung richtet 339
sich in erster Linie nach **§ 10 II 2 GemO**. Es können allerdings andere oder weitere
Normen relevant sein.

a) Zulassungsanspruch bei festgesetzten Märkten, § 70 GewO

In manchen Konstellationen ist eine **Abgrenzung zum Gewerberecht** nötig. Ein 340
Klausurklassiker ist die **Zulassung zu einem Markt** (z. B. Wochenmarkt, Jahrmarkt,
entsprechend bei Volksfest [= z. B. Kirmes]), wenn es einen Bewerberüberhang gibt.

> **Beispiel:** Das Grundstück, auf dem der Wochenmarkt stattfinden soll, steht im Eigentum 341
> der Gemeinde, die auch Veranstalterin des Marktes ist. Der Markt ist dann eine öffentliche
> Einrichtung. Das Marktkonzept sieht zwei Fischstände vor. Es gibt aber sechs Betreiber von
> Fischständen, die auf dem Wochenmarkt dabei sein wollen.

Als Anspruchsgrundlage für die Zulassung zum Markt kommt neben § 10 II 2 342
GemO u. U. auch § 70 I, II GewO in Betracht. Wenn es eine gewerberechtliche **Festsetzung** i. S. d. § 69 GewO gibt, greift nur **§ 70 I, II GewO**. Ohne Festsetzung ist
nur auf § 10 II 2 GemO abzustellen.

> **Klausurhinweis:** Wenn es eine Festsetzung gibt, wird dies in aller Regel explizit im Sach- 343
> verhalt angegeben sein (z. B. „als Jahrmarkt *festgesetzt*"). Fehlt diese Angabe, ist auf § 10 II 2
> GemO abzustellen.

b) Zulassungsanspruch von Einwohnern, § 10 II 2 GemO

Im Regelfall greift § 10 II 2 GemO. Der Zulassungsanspruch gilt zunächst für Ein- 344
wohner. Im Kern normiert die Gemeindeordnung für kommunale Einrichtungen daher ein sog. **Einheimischenprivileg**. Ist dieses mit Verfassungs- und Unionsrecht vereinbar?

Mit Blick auf Art. 3 I GG kann man das bejahen, soweit man darauf abstellt, dass 344a
Einheimische anders als Auswärtige gem. § 10 II 3 GemO auch die Gemeindelasten
tragen müssen. Diese Überlegung trägt allerdings am ehesten bei defizitären Einrichtungen wie bei einem Freibad, aber nicht mehr ohne Weiteres, wenn es um einen
Markt geht, dessen Marktbeschicker gewerblich tätig sind. Deren Berufsfreiheit kann
einen Anspruch auf Zulassung bewirken, der dann nicht auf § 10 II 2 GemO, sondern
auf Art. 12 I, 3 I GG i. V. m. der Widmung gestützt wird (in Parallele zu → Rn. 346).
Etwas anderes kann gelten, wenn es sich um einen durch lokale Gegebenheiten geprägten Markt handelt, z. B. ein kleines Weinfest, das der Pflege der örtlichen Weinbautradition gilt.

Nicht leicht zu beantworten ist schließlich die Frage, ob § 10 II GemO mit Vorga- 344b
ben des Unionsrechts vereinbar ist. Eine Diskriminierung von EU-Ausländern liegt
nicht vor, weil diese genauso gestellt werden wie inländische Nicht-Einwohner.[166]
Allerdings kann sich § 10 II 2 GemO als diskriminierungsfreie Beschränkung von
Grundfreiheiten des AEU-Vertrages auswirken (→ Rn. 348).[167]

---

[166] *Ehlers*, Jura 2012, 849, 852.
[167] *Geuer*, BayVBl. 2011, 752, 754.

c) Zulassungsanspruch von Forensen und von juristischen Personen, § 10 III, IV GemO

345 Neben den Einwohnern i. S. d. § 10 II 2 GemO sind verschiedene **Sonderfälle** im Blick zu behalten. Das gilt einmal für Auswärtige mit einem Grundstück oder Gewerbebetrieb in der Gemeinde (sog. **Forensen**): Dann stützt sich der Zulassungsanspruch auf **§ 10 III GemO**; der Zulassungsanspruch setzt hier voraus, dass das Grundstück bzw. der Gewerbebetrieb in einem sachlichen Zusammenhang mit der öffentlichen Einrichtung stehen, deren Nutzung beansprucht wird (z. B. Wasserversorgung). Bei juristischen Personen und nicht rechtsfähigen Personenvereinigungen tritt **§ 10 IV GemO** ergänzend zu § 10 II 2, III GemO hinzu.

d) Zulassungsanspruch von Auswärtigen, Art. 3 I GG i. V. m. der Widmung

346 Ein weiterer Sonderfall betrifft **Auswärtige** ohne Grundstück oder Gewerbebetrieb in der Gemeinde. § 10 II 2 GemO scheidet dann als Anspruchsgrundlage aus. Aus **Art. 3 I GG i. V. m.** der Vergabepraxis folgt ein **Anspruch auf ermessensfehlerfreie Entscheidung,** wenn tatsächlich schon einmal Auswärtige (zu irgendeiner Nutzung dieser Einrichtung) zugelassen worden sind. Dieser Anspruch auf fehlerfreie Ermessensausübung kann sich zu einem **Zulassungsanspruch** verdichten (Ermessensreduzierung auf Null), wenn die Widmung explizit die konkret begehrte Nutzung durch Auswärtige vorsieht oder wenn die Widmung durch die tatsächliche Vergabepraxis konkludent auf die konkret begehrte Nutzung durch Auswärtige erweitert worden ist. Trotz des Einheimischenprivilegs in § 10 II 2 kommt Auswärtigen deshalb im Ergebnis vielfach ein vergleichbarer Zulassungsanspruch zu.

347 **Klausurhinweis:** Wenn die Widmung die Zulassung durch Auswärtige ausdrücklich vorsieht, kann sich ein Auswärtiger schon dann auf Art. 3 I GG i. V. m. der Vergabepraxis berufen, wenn er der erste ist, der die Zulassung begehrt (sog. **antizipierte** Vergabe- bzw. **Verwaltungspraxis**).

348 Eine Ermessensreduzierung auf Null und damit ein Zulassungsanspruch ist ferner bei **EU-Ausländern** anzunehmen, soweit diese sich auf Grundfreiheiten des AEU-Vertrages berufen können.[168] Wenn ein Zulassungsanspruch unmittelbar auf die Grundfreiheiten des AEU-Vertrages i. V. m. der Vergabepraxis gestützt werden kann, sind die Anforderungen des Unionsrechts gewahrt, sodass kein Anlass besteht, das Einheimischenprivileg des § 10 II 2 GemO als unionsrechtswidrig einzustufen (→ Rn. 344b). Entsprechendes gilt für die Vereinbarkeit von § 10 II GemO mit der Berufsfreiheit von Auswärtigen aus Art. 12 I GG (siehe → Rn. 344a, 346).

e) Zulassungsanspruch von Parteien, Art. 21 GG, § 5 ParteienG

349 Schließlich bildet die Nutzung öffentlicher Einrichtungen durch **Parteien** einen praxis- und klausurrelevanten Sonderfall. Relevant sind dann Art. 21 GG sowie § 5 I 1 ParteienG: „Wenn ein Träger öffentlicher Gewalt den Parteien Einrichtungen zur Verfügung stellt oder andere öffentliche Leistungen gewährt, sollen alle Parteien gleichbehandelt werden." Ein Ortsverein einer Partei fällt schon unter § 10 II, IV GemO, nicht aber der Landesverband, zumal wenn dieser eine überörtlich dimensionierte Veranstaltung durchführen will. Dem Landesverband hilft dann ein auf § 5 I 1 ParteienG sowie auf Art. 21 GG gestützter Anspruch auf Gleichbehandlung. Allerdings verschafft § 5 I

---

[168] Näher *Geuer*, BayVBl. 2011, 752 ff.

F. Öffentliche Einrichtungen

ParteienG der Partei jedenfalls seinem Wortlaut nach nur einen Anspruch auf Gleichbehandlung und nicht unmittelbar auf Zulassung.

Das Verhältnis von § 5 I ParteienG zu § 10 II GemO ist nicht völlig geklärt; der **350** Meinungsstand ist unübersichtlich und wird im Folgenden nur vergröbernd dargestellt:
- Zumeist wird für den Landes- oder Bundesverband einer Partei überhaupt nicht auf **351** § 10 II GemO abgestellt, sondern allein § 5 I ParteienG (i. V. m. Art. 3 I, 21 GG) herangezogen.[169] Teils wird daraus ein Zulassungsanspruch abgeleitet,[170] teils nur ein Anspruch auf fehlerfreie Ermessensentscheidung.[171]
- Andere gehen davon aus, dass § 10 II, IV GemO durch § 5 I ParteienG sowie durch **352** Art. 21 GG überlagert wird und nennen dann alle Vorschriften in einer Normenkette.[172] Einige ziehen – für Bundestagswahlen – zusätzlich Art. 38 I GG heran.[173]

> **Klausurhinweis**: Es sollte auf jeden Fall problematisiert werden, dass (z. B.) der Landesverband nicht unter § 10 II, IV GemO fällt und dass § 5 I ParteienG dem Wortlaut nach nur Gleichbehandlung verschafft, aber nicht Zulassung. Angesichts des vorstehend skizzierten, recht unübersichtlichen Meinungsstandes empfiehlt es sich in einer Klausur, den Zulassungsanspruch auf § 10 II, IV GemO i. V. m. § 5 I ParteienG i. V. m. Art. 21 u. 3 GG zu stützen.[174]   **353**

Wenn keine Partei, sondern eine Landtags- oder Bundestagsfraktion die Zulassung **353a** zur Nutzung einer öffentlichen Einrichtung begehrt, ist zu beachten, dass die **Fraktion** keine Partei i. S. d. § 5 ParteienG ist. Mangels örtlicher Verwurzelung scheidet § 10 II, IV GemO als Anspruchsgrundlage ebenfalls aus. Die Rechtsprechung zieht häufig Art. 3 I GG i. V. m. der Vergabepraxis als Anspruchsgrundlage heran,[175] was allerdings nicht ohne Weiteres überzeugt, weil Fraktionen als Untergliederung des Parlaments in der staatlichen Sphäre verortet und deshalb nicht grundrechtsfähig sind.[176] Näher liegt es deshalb, auf das allgemeine Willkürverbot abzustellen, das im Rechtsstaatsprinzip (Art. 20 III GG) wurzelt. Hierbei handelt es sich zwar in erster Linie um ein objektiv-rechtliches Verbot, das den Staat verpflichtet, sachgerecht und nicht willkürlich zu handeln. Zugleich enthält das allgemeine Willkürverbot aber eine subjektiv-rechtliche Dimension und verbürgt einen Anspruch auf nicht willkürliche Behandlung – und dies sogar im Verhältnis zwischen Hoheitsträgern.[177]

---

[169] Etwa OVG Saarl., NVwZ-RR 2009, 533, 534; VG Karlsruhe, Beschl. v. 1.3.2016 – 10 K 803/16, juris Rn. 22 f.; VG Stuttgart, VBlBW 2009, 233, 235 und Beschl. v. 11.2.2016 – 7 K 793/16, juris Rn. 12; VG Stade, Beschl. v. 31.5.2016 – 1 B 1062/16, juris Rn. 23.
[170] So VGH BW, NVwZ-RR 2015, 148: „der ... grundsätzlich gegebene Zulassungsanspruch"; VG Karlsruhe, Beschl. v. 1.3.2016 – 10 K 803/16, juris Rn. 23; *Aker*, in: ders./Hafner/Notheis, GemO BW, § 10 Rn. 15.
[171] *Burgi*, KommR, § 16 Rn. 47.
[172] Vgl. BayVGH, NJW 2012, 1095, 1096.
[173] OVG LSA, DVBl. 2012, 591.
[174] So auch *Müller*, KommR BW, Rn. 138; ebenso etwa OVG S-A, LKV 2018, 521, 522.
[175] OVG S-A, LKV 2018, 521, 522; VG Gelsenkirchen, Beschl. v. 8.4.2019 – 15 L 530/19, juris Rn. 15; vgl. auch BVerwG, NVwZ 2018, 1656, 1659 Tz. 37 (Anspruch einer Ratsfraktion aus Art. 3 I GG auf Gleichbehandlung hins. der Fraktionszuschüsse der Gemeinde).
[176] BVerwG, NVwZ 2018, 1656, 1659 Tz. 34.
[177] BVerwG, Beschl. v. 2.2.1998 – 2 B 4/98, juris Os. 1; VG Hannover, Beschl. v. 30.10.2019 – 1 B 4400/19, juris Rn. 43; VG München, Urt. v. 7.5.2019 – M 31 K 18.2176, juris Rn. 32.

2. Formelle Anspruchsvoraussetzungen

354 Der Anspruch auf Zulassung zur Benutzung einer öffentlichen Einrichtung setzt zunächst einen **Antrag an die zuständige Stelle** voraus. Aussagen zur Zuständigkeit können in einer Satzung, aber auch in Verwaltungsvorschriften (z. B. sog. Vergaberichtlinien) enthalten sein. Dabei ist zu unterscheiden zwischen der Stelle, die für die Entgegennahme des Antrages zuständig ist, und derjenigen Stelle, die für die Entscheidung über die Zulassung zuständig ist. Natürlich kann die Empfangszuständigkeit mit der Entscheidungszuständigkeit zusammenfallen.

355 Für die **innergemeindliche Zuständigkeitsverteilung** gelten folgende Grundlinien: Der Gemeinderat muss Vergabe- und Auswahlkriterien festlegen. Deren Anwendung ist dann vielfach ein **Geschäft der laufenden Verwaltung,** sodass der Bürgermeister für die Zulassungsentscheidung zuständig ist.[178] Handelt es sich nicht um ein Geschäft der laufenden Verwaltung, dann ist der Gemeinderat zuständig, sofern er die Angelegenheit nicht auf einen Ausschuss oder auch auf den Bürgermeister übertragen hat (→ Rn. 141 f.).

356 **Beispiel:** Die Vergabe eines Festsaals im städtischen Saalbau für private Familienfeiern auf Grundlage und im Rahmen vom Rat erlassener Vergaberichtlinien ist ein Geschäft der laufenden Verwaltung.

357 Die Auswahlentscheidung (hier: bei einem Volksfest) darf nicht auf einen „Volksfestbeirat" übertragen werden, der die kommunalrechtlichen Vorschriften für Ratsausschüsse nicht erfüllt.[179] Auch das spätere „Abnicken" der Entscheidung des Volksfestbeirates ohne eigene Prüfung durch das zuständige Organ ändert dann nichts an der formellen Rechtswidrigkeit. Unzulässig ist ferner die Übertragung der Auswahlentscheidung auf gemeindeexterne Stellen.[180] Möglich ist indessen, dass ein Verwaltungshelfer die Vergabeentscheidungen vorbereitet.[181] Die für die Entscheidung zuständige Stelle muss dann aber dessen Auswahlvorschlag prüfen und eine eigenständige Entscheidung treffen; das bloße „Abnicken" würde wiederum nicht genügen.

358 In der Satzung oder in der Verwaltungsvorschrift, welche die Benutzung regeln, können zudem **Form- oder Fristvorschriften** festgelegt sein. Fehlen solche, kann der Antrag formlos erfolgen.

3. Materielle Anspruchsvoraussetzungen

359 (1) Es muss sich um eine **öffentliche Einrichtung** handeln (→ Rn. 310).

360 **Klausurhinweis:** Vielfach wird diese Voraussetzung bereits in der Zulässigkeit einer verwaltungsgerichtlichen Klage zu erörtern sein, und zwar im Verwaltungsrechtsweg: Eine öffentlich-rechtliche Streitigkeit ist nur gegeben, wenn es sich (1) um eine öffentliche Einrichtung und (2) im Sinne der sog. Zwei-Stufen-Theorie um das „ob" der Zulassung handelt. Im Rahmen der materiellen Anspruchsvoraussetzungen genügt dann ein Hinweis auf die Ausführungen zum Verwaltungsrechtsweg.

361 (2) Der Antragsteller muss in persönlicher Hinsicht anspruchsberechtigt sein. Die **Anspruchsberechtigung** ist zu bejahen bei Einwohnern (§ 10 II GemO), u. U. auch

---

[178] Vgl. VGH BW, Urt. v. 1.10.2009 – 6 S 99/09, juris Rn. 20, 22.
[179] BayVGH, NVwZ-RR 2004, 599, 600.
[180] VG Stuttgart, DÖV 2006, 835 u. GewArch 2008, 302.
[181] VGH BW, Urt. v. 1.10.2009 – 6 S 99/09, juris Rn. 28.

F. Öffentliche Einrichtungen

bei Grundstücksinhabern und Gewerbetreibenden (§ 10 III GemO) sowie bei juristischen Personen und Personenvereinigungen (§ 10 IV GemO).

Klausurhinweis: Wenn es sich um Antragsteller handelt, die nicht von § 10 II-IV GemO erfasst sind, können sie ihren Zulassungsanspruch nicht auf § 10 II GemO stützen. In Betracht kommt aber ein Anspruch auf ermessensfehlerfreie Entscheidung, u.U. sogar auf Zulassung gem. Art. 3 I GG i. V. m. der Vergabepraxis, ggf. i. V. m. Art. 21 GG, § 5 I ParteienG (näher → Rn. 346 ff.). 362

(3) Der Anspruch setzt voraus, dass die begehrte Zulassung zur Nutzung den **Rahmen der Widmung** einhält. Diese Voraussetzung kann aus den Formulierungen „nach gleichen Grundsätzen" sowie „im Rahmen des geltenden Rechts" abgeleitet werden. Der Widmungsinhalt kann ausdrücklich z. B. in einer Satzung oder Verwaltungsvorschrift festgelegt sein. Er kann sich aber auch aus konkludentem Verhalten (insbesondere aus der Vergabepraxis) ergeben (→ Rn. 314). 363

Der ursprüngliche Widmungsinhalt kann später explizit oder konkludent verändert (erweitert/verengt) worden sein, z. B. durch eine neue Vergabepraxis. Dabei ist aber Folgendes zu beachten: Nicht jedes Abweichen der tatsächlichen Vergabepraxis von der Widmungsvorgabe (etwa in einer Satzung) führt zu einer konkludenten **Widmungsänderung**. Es kann auch schlicht ein rechtswidriges Verwaltungshandeln sein, das den Widmungsinhalt unberührt lässt und auch keinen Zulassungsanspruch gem. Art. 3 I GG begründet (Stichwort: keine Gleichbehandlung im Unrecht). Möglich ist ferner, dass eine punktuelle Abweichung von der Widmungsvorgabe erkennbar als einmalige Ausnahme in einem besonders gelagerten Fall zu verstehen war. Insbesondere dann, wenn der ursprüngliche Widmungsinhalt explizit festgelegt worden ist (z. B. durch Satzung), führt die davon abweichende Vergabepraxis nur dann zu einer Widmungsänderung, wenn sie vom mindestens stillschweigenden Willen des für die Widmung zuständigen Organs (bei einer Satzung: Gemeinderat, § 39 II Nr. 3 GemO) getragen wird und diesen auch nach außen in einer Weise dokumentiert, die vergleichbar mit einer ausdrücklichen Änderung des ursprünglichen Widmungsaktes ist.[182] 364

Eine ausdrückliche Widmungsänderung darf nicht dazu dienen, einen Grund zu schaffen, eine an sich zwar zulässige, aber unliebsame Nutzung der öffentlichen Einrichtung zu verhindern. Praxisrelevant kann das bei Parteien am Rande des politischen Spektrums werden, wenn etwa eine Partei die Zulassung zur Nutzung der Stadthalle für einen Bundes- oder Landesparteitag beantragt. Wenn dann die Kommune schnell die Widmung verengt (z. B. auf die Nutzung durch Parteien nur dann, wenn ein lokaler oder regionaler Bezug der Veranstaltung besteht), handelt es sich um eine **rechtsmissbräuchliche Widmungsänderung**. Das gilt umso mehr, wenn die Widmung erst nach erfolgter Zulassung verengt wird und dann die Zulassung nach § 49 II Nrn. 3 f. LVwVfG widerrufen wird. In solchen Fällen ist dann der Widmungsinhalt zum Zeitpunkt der Antragstellung maßgeblich.[183] 364a

Klausurhinweis: Bisweilen empfiehlt sich, in einem ersten Schritt zu klären, welchen Inhalt die Widmung ursprünglich hatte. Dann ist in einem zweiten Schritt zu fragen, ob die Widmung explizit oder konkludent verändert (erweitert/verengt) worden ist. In einem dritten Schritt ist ggf. zu klären, ob die Veränderung zulässig oder im Falle der Unzulässigkeit nicht maßgeblich ist. Klausurrelevant sind insbesondere die konkludente Erweiterung durch 365

---

[182] Vgl. BayVGH, NJW 2012, 1095, 1096; OVG LSA, DVBl. 2012, 591.
[183] VG Karlsruhe, Beschl. v. 1.3.2016 – 10 K 803/16, juris Rn. 26.

eine von der ausdrücklichen Widmung abweichende Vergabepraxis oder die rechtsmissbräuchliche nachträgliche Widmungsverengung.

366 **(4)** Dem Anspruch darf schließlich **kein Ausschlussgrund** entgegenstehen. Ein Ausschlussgrund liegt in **rechtswidrigen Zwecken der Nutzung** (vgl. § 10 II GemO: „im Rahmen des geltenden Rechts"). Wenn die Nutzung der öffentlichen Einrichtung die öffentliche Sicherheit oder Ordnung gefährdet oder als Forum für Straftaten oder Ordnungswidrigkeiten dient, ist ein Ausschlussgrund gegeben. Wenn die Störungen nicht von der Partei ausgehen, welche die öffentliche Einrichtung nutzen will, sondern durch Gegendemonstrationen, ist gegen letztere vorzugehen; ein Ausschlussgrund hinsichtlich der Nutzung der öffentlichen Einrichtung folgt daraus nicht.[184] Allein die Verfassungsfeindlichkeit einer Partei (Art. 21 III GG) oder deren Nennung im Verfassungsschutzbericht ist kein Ausschlussgrund (sog. Parteienprivileg, Art. 21 IV GG).[185] Etwas anderes gilt bei einer nach Art. 21 II, IV GG als verfassungswidrig verbotenen Partei, die ebenso wie ein verbotener Verein nicht zur Nutzung der öffentlichen Einrichtung zugelassen werden darf.

367 Ein weiterer, gleichermaßen praxis- wie klausurrelevanter Ausschlussgrund ist die **Kapazitätserschöpfung** (vgl. § 10 II GemO: „nach gleichen Grundsätzen"). Aus § 10 II GemO folgt **kein Anspruch auf Kapazitätserweiterung**, aber ein **Anspruch auf optimale Nutzung der vorhandenen Ressourcen**. Im Falle der Kapazitätserschöpfung wandelt sich der Zulassungsanspruch in einen **Anspruch auf ermessensfehlerfreie Auswahl** um.

368 **Beachte:** Eine Parallelproblematik stellt sich bei der Vergabe von Studienplätzen.[186]

369 Die Auswahl kann sich nach formellen und/oder materiellen Kriterien richten. **Formelle Auswahlkriterien** sind z. B. Priorität, Losentscheid oder rollierende Systeme. **Materielle Auswahlkriterien** stellen etwa auf die Attraktivität ab oder auch auf „bekannt und bewährt". Die **Attraktivität** richtet sich nach dem Widmungszweck. Bei einem Volksfest wäre etwa zu prüfen, welche Angebote sich besonders gut in das Veranstaltungskonzept einfügen. Der Rat muss in den Auswahlrichtlinien vorab Kriterien zur Beurteilung der Attraktivität festlegen.

370 Die Erwägung **„bekannt und bewährt"** darf nicht zum alleinigen Kriterium werden, da sonst Newcomer unangemessen benachteiligt werden. „Bekannt und bewährt" ist immerhin als nachrangiges Kriterium zulässig, z. B. für die Auswahl zwischen gleich attraktiven Ständen für einen Weihnachtsmarkt. Ermessensfehlerhaft wäre es dann jedoch, wenn die Kriterien zur Bemessung der Attraktivität so wenig differenziert sind, dass keine Attraktivitätsunterschiede festgestellt werden können, weil dann das an sich nachrangige Auswahlkriterium der Bekannt- und Bewährtheit im Ergebnis zum Hauptkriterium würde – und Newcomer wieder faktisch keine Chance auf Zulassung hätten.[187]

---

[184] VG Stuttgart, Beschl. v. 11.2.2016 – 7 K 793/16, juris Rn. 13; das Gericht stellt zugleich klar, dass der Zulassungsanspruch der Partei nicht dadurch konterkariert werden darf, dass prominenten Parteimitgliedern ein Hausverbot erteilt wird.
[185] Etwa OVG Saarlouis, NVwZ-RR 2009, 533; VG Stuttgart, VBlBW 2009, 233; *Hecker*, NVwZ 2018, 787, 791; *Schoch*, DVBl. 2018, 1, 6.
[186] Siehe dazu z. B. *Jarass*, in: ders./Pieroth, GG, 15. Aufl. 2018, Art. 12 Rn. 109 ff.
[187] OVG Nds., GewArch 2012, 403, 404.

F. Öffentliche Einrichtungen   69

Welche Auswahlkriterien verwendet werden, unterfällt dem Gestaltungsspielraum **371**
der Gemeinde. Das für die Entscheidung zuständige Organ hat ferner eine Einschätzungsprärogative hinsichtlich der Beurteilung der Attraktivität.

4. Anspruchsgegner, Anspruchsinhalt und Rechtsschutz

Anspruchsgegner ist die Gemeinde. Dies gilt auch dann, wenn die öffentliche Ein- **372** richtung von einem zwischengeschalteten privaten Dritten betrieben wird. Da § 10 II GemO das „ob" der Zulassung betrifft, ist der Zulassungsanspruch selbst dann öffentlich-rechtlicher Natur, wenn das Benutzungsverhältnis privatrechtlich ausgestaltet ist (sog. Zwei-Stufen-Theorie), sodass der **Verwaltungsrechtsweg** eröffnet ist.[188]

> **Beachte:** Wenn es sich um einen privaten Dritten handelt, kommt u. U. zusätzlich und **373** wahlweise eine zivilrechtliche Klage gegen den Dritten in Betracht, gestützt etwa auf §§ 138, 826 BGB.[189] Zuständig sind dann die ordentlichen Gerichte.[190]

Hinsichtlich des **Anspruchsinhalts** wird zumeist danach unterschieden, ob die Ein- **374** richtung unmittelbar von der Kommune oder durch einen rechtlich selbstständigen Dritten betrieben wird:

Wenn die Einrichtung in unmittelbarer Trägerschaft der Kommune steht, begehrt **375** der Antragsteller die **Zulassung** zur Einrichtung. Klageart ist dann die **Verpflichtungsklage.** Die Entscheidung über die Zulassung ist als Verwaltungsakt zu qualifizieren.

> **Klausurhinweis:** Im Eilfall ist ein Antrag auf Erlass einer einstweiligen Anordnung (in Form **376** der Regelungsverfügung) nach § 123 I VwGO statthaft. Im Falle der Erledigung kommt eine Fortsetzungsfeststellungsklage analog § 113 I 4 VwGO in Betracht.

Wenn die Einrichtung durch einen rechtlich selbstständigen Dritten in Privat- **377** rechtsform (z. B. als GmbH) betrieben wird, zielt das Begehren auf **Einwirkung der Kommune auf den Dritten,** damit dieser den Antragsteller zulässt. Anspruchsgrundlage für die Einwirkung ist auch hier § 10 II GemO. Umstritten ist, welche **Klageart** dann statthaft ist:

– Nach ganz überwiegender Auffassung handelt es sich um eine **allgemeine Leis- 378 tungsklage,** weil die Einwirkung als Realakt einzustufen sei; jedenfalls fehle es an unmittelbarer Außenwirkung der Einwirkung gegenüber dem Antragsteller.[191]
– Es dürfte allerdings näher liegen, auch in diesem Fall eine **Verpflichtungsklage** **379** anzunehmen, weil das Begehren des Bürgers immer noch auf Zulassung (= Verwaltungsakt) gerichtet ist; *wie* die Gemeinde den Zulassungsanspruch erfüllt (hier: durch Einwirkung auf den Dritten), dürfte den Kläger hingegen nicht interessieren.

Schwierigkeiten bereitet die Bestimmung der statthaften Klage- und Antragsart, **380** wenn die Zulassung wegen **Kapazitätserschöpfung** verweigert wird. Praxis- und

---

[188] Vgl. VG Stuttgart, VBlBW 2009, 233.
[189] Hierzu *Plate/Schulze/Fleckenstein*, KommR BW, Rn. 137; *Engel/Heilshorn*, KommR BW, § 21 Rn. 70; *Bader*, Jura 2009, 940, 945 f.
[190] Anders aber *Ehlers*, Jura 2012, 849, 853; *Kahl*, Jura 2009, 194, 196: Die Verwaltungsgerichte seien auch für die Klage gegen den Privaten zuständig, wenn dieser von der öffentlichen Hand kontrolliert werde.
[191] So z. B. *Burgi*, KommR, § 16 Rn. 39; *Engels/Krausnick*, KommR, § 7 Rn. 53; *Kenntner*, ÖffR BW, Rn. 405; *Kahl*, Jura 2009, 194, 197; *Kintz*, LKRZ 2012, 37, 39; *Renner*, JuS 2008, 211, 212.

klausurrelevant wird dies z. B. bei Streitigkeiten um die Zulassung eines Standes auf einem Markt oder Volksfest, wenn das Veranstaltungskonzept nur einen Fischstand/ ein Riesenrad vorsieht, es aber mehrere Bewerber gibt.

381 Eine **Anfechtungsklage** und ein Antrag nach § 80 V VwGO scheiden zumeist aus. Grundsätzlich fehlt insoweit das Rechtsschutzbedürfnis, weil dadurch nicht die eigene Zulassung erreicht wird und der Kläger bisweilen auch keinen bestimmten Konkurrenten benennen könnte, dessen Zulassung angefochten wird (wenn es etwa 10 Bierstände auf dem Volksfest gibt). Etwas anderes kann gelten, wenn sich zwei Bewerber um einen bestimmten Platz bewerben. Hier ist eine Anfechtungsklage, kombiniert mit einer Verpflichtungsklage, möglich, wobei eine isolierte Verpflichtungsklage genügt. Die gleichzeitige Anfechtung hat aber den Vorteil, dass hierdurch die formelle Bestandskraft der Zulassung des Konkurrenten verhindert wird.[192]

382 Eine **Verpflichtungsklage** (oder ein Antrag nach § 123 I VwGO) ist nicht auf einen bestimmten Platz gerichtet, sondern nur auf Zulassung als solche. Bei Kapazitätserschöpfung reduziert sich der Anspruch häufig auf fehlerfreie Neubescheidung, d. h. auf eine neue Auswahlentscheidung. Was aber gilt, wenn alle Plätze bereits vergeben sind?

383 – Nach einer Ansicht bleiben Verpflichtungsklage und Antrag nach § 123 I VwGO dennoch zulässig. Es tritt also keine Erledigung ein, weil die Behörde die bereits erfolgte Zulassung (irgend-)eines Konkurrenten wieder rückgängig machen kann, ggf. gegen Schadensersatz.[193]

384 – Anders die Gegenauffassung:[194] Der Kläger müsse neben der Verpflichtungsklage (auf eigene Zulassung) zusätzlich eine Anfechtungsklage gegen die Zulassung des Konkurrenten (**Konkurrentenverdrängungsklage**) erheben, weil sonst sein Begehren mangels Kapazität keinen Erfolg haben könne.

385 Für die erstgenannte Ansicht spricht, dass der Kläger vielfach schlicht zugelassen werden will und zudem ohnehin keinen Anspruch auf einen bestimmten Platz hat. Er wird daher regelmäßig nicht angeben können, welcher der Konkurrenten verdrängt werden soll. Die Gegenansicht kommt also allenfalls dann in Betracht, wenn es nur einen zugelassenen Konkurrenten gibt und es um einen bestimmten Standplatz geht.

386 Wenn Erledigung eingetreten ist (spätestens nach dem Volksfest), kommt eine **Fortsetzungsfeststellungsklage** analog § 113 I 4 VwGO in Betracht. Das Fortsetzungsfeststellungsinteresse ergibt sich aus der **Wiederholungsgefahr**, bei der nächsten Veranstaltung wiederum nicht zugelassen zu werden.[195] Denkbar ist auch ein Rehabilitationsinteresse, wenn die Begründung der Nichtzulassung berechtigte persönliche Interessen verletzt; Bsp.:[196] Ein abgewiesener Riesenradbetreiber wirbt damit, „das größte transportable Riesenrad der Welt" zu betreiben, während der Veranstalter das Riesenrad des zugelassenen Konkurrenten als ebenso groß einstuft.

387 Bei einer fehlerhaften Auswahlentscheidung ist ein **Amtshaftungsprozess** möglich.[197]

---

[192] *Kopp/Schenke*, VwGO, 25. Aufl. 2019, § 113 Rn. 210.
[193] So BVerfG, NJW 2002, 3691; VG Hannover, GewArch 2008, 405, 406 f.; VG Oldenburg, NVwZ-RR 2005, 127 ff.
[194] BayVGH, BayVBl. 2011, 23, 24; OVG Nds., NVwZ-RR 2012, 594.
[195] Z. B. VG Stuttgart, GewArch 2008, 302 und GewArch 2011, 406.
[196] Vgl. VG Stuttgart, GewArch 2011, 406.
[197] OLG Hamm, NWVBl. 1992, 448.

F. Öffentliche Einrichtungen

5. Überblick über den Aufbau einer Klage auf Zulassung zu einer öffentlichen Einrichtung

Für eine Klage auf Zulassung zu einer öffentlichen Einrichtung könnte z. B. das folgende Prüfungsschema herangezogen werden. **388**

> **A. Zulässigkeit**
>   **I. VerwRWeg:** § 10 II GemO ist streitentscheidende Norm, wenn (1) eine öffentliche Einrichtung vorliegt und (2) Gegenstand der Streitigkeit das „ob" der Zulassung zu dieser Einrichtung ist. Da § 10 II GemO die Gemeinde und damit einen Träger öffentlicher Gewalt verpflichtet, handelt es sich um eine öffentlich-rechtliche Streitigkeit.
>   **II. Klageart/Antragsart:**
>   – Wenn die öffentliche Einrichtung sich in unmittelbarer Hand der Gemeinde befindet, liegt eine Verpflichtungsklage bzw. ein Antrag nach § 123 I VwGO vor.
>   – Wenn die öffentliche Einrichtung durch einen privatrechtlich verfassten Dritten (z. B.: Stadthallen GmbH, deren Alleingesellschafterin die Stadt ist) betrieben wird, greift nach h. L. die allgemeine Leistungsklage (im einstweiligen Rechtsschutz: § 123 I VwGO), weil das Klagebegehren dann nicht auf Zulassung, sondern auf Einwirken der Gemeinde auf den Dritten gerichtet sei.
>   **III. Klagebefugnis/Antragsbefugnis:**
>   – Kläger zählt zu einer der Personengruppen des § 10 II-IV GemO: § 10 II GemO.
>   – Kläger ist eine Partei: § 10 II GemO i. V. m. § 5 I ParteienG i. V. m. Art. 21 GG.
>   – Sonstige Kläger (insb. Auswärtige): Art. 3 I GG (i. V. m. ständiger/antizipierter Vergabepraxis).
>   **IV. Klagegegner/Antragsgegner:** Gemeinde
>   **V. Beteiligten- und Prozessfähigkeit** sowie weitere Voraussetzungen der Zulässigkeit
> **B. Begründetheit**
>   **I. Anspruchsgrundlage:** richtet sich nach der Personengruppe, zu der der Kläger/Antragsteller gehört (siehe zur Klagebefugnis), i. d. R. § 10 II GemO.
>   **II. Formelle Anspruchsvoraussetzungen:** (1) Antrag an die zuständige Stelle; (2) evtl. Form- oder Fristvorgaben, die z. B. in Vergaberichtlinien enthalten sind.
>   **III. Materielle Anspruchsvoraussetzungen:**
>   1. **öffentliche Einrichtung** (siehe oben zum VerwRWeg);
>   2. **persönliche Anspruchsberechtigung,** d. h. Antragsteller fällt in eine der Personengruppen des § 10 II–IV GemO (siehe oben zur Klagebefugnis);
>   3. **im Rahmen der Widmung,** d. h. die beabsichtigte Nutzung muss vom Widmungszweck erfasst sein (der evtl. konkludent geändert wurde);
>   4. **kein Ausschlussgrund:** Ausschlussgründe sind z. B.
>   – rechtswidrige Nutzung, Gefahren für die öffentliche Sicherheit oder Ordnung;
>   – Kapazitätserschöpfung; falls erschöpft: der Zulassungsanspruch wandelt sich in einen Teilhabeanspruch um, und zwar in einen Anspruch auf fehlerfreie Ausübung des Auswahlermessens.

388a Vertiefungshinweise: *Bader*, Anspruch einer Partei auf Nutzung kommunaler Einrichtungen, Jura 2009, 940 ff. (Falllösung); *Ehlers*, Rechtsprobleme der Nutzung kommunaler öffentlicher Einrichtungen, Jura 2012, 692 ff. u. 849 ff.; *Ennuschat*, Kommunaler Schaukasten, Akademie 2005, 104 ff. (Falllösung); *Geuer*, Verstößt die Möglichkeit der Nutzungsbeschränkung bei öffentlichen Einrichtungen auf Gemeindeangehörige nach Art. 21 Abs. 1 GO gegen die Grundfreiheiten der Europäischen Union?, BayVBl. 2011, 752 ff.; *Hecker*, Verweigerung der Stadthallennutzung gegenüber der NPD, NVwZ 2017, 787 ff.; *Kahl/Weißenberger*, Die Privatisierung kommunaler öffentlicher Einrichtungen, Jura 2009, 194 ff.; *Kniesel*, Die Vergabe von Standplätzen auf gemeindlichen Märkten und Volksfesten, GewArch 2013, 270 ff.; *Kümper*, Kein Festkommers im Friedenssaal?, Jura 2015, 1231 ff. (Falllösung); *Lenski*, Der öffentliche Raum als kommunale Einrichtung, JuS 2012, 984 ff.; *Renner*, Die Klausur im Kommunalrecht, JuS 2008, 211 ff.; *Schröder*, Die Nutzung öffentlicher Einrichtungen durch ortsfremde Vereine, NdsVBl. 2009, 197 ff.

V. Anschluss- und Benutzungszwang

389 Im Regelfall ist die Nutzung einer öffentlichen Einrichtung freiwillig. Sie kann aber auch verpflichtend sein, wenn ein Anschluss- und Benutzungszwang normiert ist. Der **Anschlusszwang** erstreckt sich auf den Anschluss an eine öffentliche Einrichtung, etwa an ein öffentliches Wasserversorgungs-, Abwasserentsorgungs- oder Fernwärmenetz. Durchaus denkbar ist, dass nur ein Anschluss-, aber kein Benutzungszwang konstituiert wird, sodass ein Einwohner sich etwa an das Wassernetz anschließen lassen muss, aber weiterhin einen privaten Brunnen nutzen kann. Ein isolierter Anschlusszwang kommt z. B. in Betracht, wenn er sicherstellt, dass die Investitionen für die notwendige Netzerrichtung aufgebracht werden können.[198]

390 Zumeist wird der Anschlusszwang mit einem **Benutzungszwang** kombiniert, sodass der betroffene Einwohner sich z. B. nicht nur an das Fernwärmenetz anschließen lassen muss, sondern auch nur die Fernwärme und nicht etwa eine eigene Ölheizung als Wärmequelle nutzen darf – und auch keinen Kamin, selbst wenn dieser in erster Linie der Gemütlichkeit dienen sollte. Bisweilen gibt es auch einen Benutzungszwang ohne Anschlusszwang, etwa hinsichtlich der Nutzung eines Schlachthofes oder eines Friedhofes.

391 **Beachte:** Mit dem Anschluss- und Benutzungszwang können durch Satzung weitere Pflichten der Betroffenen verknüpft werden, so etwa der Einbau einer Fettabscheideranlage in der Abwasserzuleitung eines Restaurants.[199]

392 Wegen der Grundrechtsrelevanz (Stichwort: Wesentlichkeitstheorie) genügt die allgemeine Satzungshoheit (§ 4 GemO) nicht, um einen Anschluss- und Benutzungszwang zu begründen (→ Rn. 68). Nötig ist vielmehr ein Parlamentsgesetz, das entweder den Anschluss- und Benutzungszwang selbst normiert (z. B. § 17 I KrWG für den Hausmüll) oder den Satzungsgeber zur entsprechenden Normierung ermächtigt (z. B. § 11 I GemO). Die kommunalrechtliche Grundlage des § 11 I GemO für den Anschluss- und Benutzungszwang ist eine den verfassungsrechtlichen Anforderungen genügende Spezialermächtigung, um Eingriffe in die Grundrechte der Grundstückseigentümer oder der sonst zur Nutzung des Grundstücks Berechtigten (Art. 14 I, 2 I GG) zu rechtfertigen.[200]

---

[198] *Müller*, KommR BW, Rn. 131.
[199] OVG NRW, NWVBl. 2013, 66.
[200] VGH BW, VBlBW 2013, 73, 74.

F. Öffentliche Einrichtungen

In der Praxis ist die **privatrechtliche Realisierung eines Anschluss- und Benutzungszwangs** zu beobachten, z. B. im Bereich der Fernwärme. Die Bezugspflicht für Fernwärme wird dann durch eine Grunddienstbarkeit abgesichert.

1. Tatbestandliche Voraussetzungen eines Anschluss- und Benutzungszwangs gem. § 11 GemO

(1) Der Anschluss- und Benutzungszwang gem. § 11 I GemO verlangt in formeller Hinsicht eine Normierung durch **Satzung.**

(2) Die Begründung eines Anschluss- und Benutzungszwangs setzt in materieller Hinsicht zunächst voraus, dass eine **öffentliche Einrichtung** vorliegt. Die Einrichtungen i. S. d. § 11 GemO sind zugleich öffentliche Einrichtungen gem. § 10 II GemO. Dies schließt weder eine privatrechtliche Organisation noch eine privatrechtliche Ausgestaltung des Benutzungsverhältnisses aus (näher → Rn. 336 ff.).

(3) Der Anschuss- und Benutzungszwang muss ferner **bestimmten Zwecken** dienen, die in § 11 I GemO aufgezählt werden: Volksgesundheit, Umwelt-, Klima-, Ressourcenschutz. Wenn es sich um Einrichtungen handelt, die in § 11 I GemO ausdrücklich genannt sind (Wasserleitung, Abwasserbeseitigung etc.), kann zugrunde gelegt werden, dass einer dieser Zwecke verfolgt wird. Nur bei „ähnlichen Einrichtungen" muss die Zweckausrichtung festgestellt werden.

(4) Es muss schließlich ein **öffentliches Bedürfnis** für den Anschluss- und Benutzungszwang geben. Dabei handelt es sich um einen unbestimmten Rechtsbegriff, dessen Auslegung und Anwendung vollständiger gerichtlicher Überprüfung unterliegen. Ein öffentliches Bedürfnis liegt vor, wenn der Anschluss- und Benutzungszwang an Einrichtungen zur Versorgung der Gemeindeeinwohner mit Fernwärme nach objektiven Maßstäben **vernünftigerweise geboten** ist. Dies ist z. B. bei der Wasserversorgung zu bejahen:[201] Das öffentliche Interesse an der Erhaltung und Förderung der Volksgesundheit verlangt hygienisch einwandfreies Wasser und rechtfertigt bei einer typisierenden Betrachtung den Anschluss- und Benutzungszwang für den gesamten Wasserbedarf einschließlich des Brauchwassers mit Ausnahme der Gartenbewässerung, für die Niederschlagswasser verwendet werden kann.

Fiskalische Motive als solche begründen **kein öffentliches Bedürfnis.** Die Gemeinde darf aber Rentabilitätserwägungen anstellen und berücksichtigen, dass der wirtschaftliche Betrieb der Einrichtung (z. B. zur Fernwärmeversorgung) regelmäßig auf einen hohen Anschluss- und Versorgungsgrad angewiesen ist.[202]

Das öffentliche Bedürfnis muss in der örtlichen Sphäre wurzeln (**Örtlichkeitsprinzip**), weil Art. 28 II GG die Verbandskompetenz der Gemeinde auf die Wahrnehmung der Angelegenheiten der örtlichen Gemeinschaft begrenzt (→ Rn. 71). Dementsprechend muss auch der Anschluss- und Benutzungszwang der Erfüllung örtlicher Angelegenheiten dienen.

Das Örtlichkeitsprinzip kann vor allem mit Blick auf die **Fernwärme** Rechtsprobleme bereiten. Die Verwurzelung in der örtlichen Sphäre ist ohne weiteres gegeben, wenn der Anschluss- und Benutzungszwang das lokale Klima verbessern soll, z. B. bei einer Gemeinde in einer Talsenke. Anders stellt sich die Situation dar, wenn die Gemeinde mit der Fernwärme einen Beitrag zur Verbesserung des globalen Klimas leisten will. Die Verbandskompetenz der Gemeinde ist auf die örtlichen Angelegenheiten be-

---

[201] VGH BW, VBlBW 2013, 73, 74.
[202] So BVerwG, NVwZ 2006, 690, 693; VGH BW, VBlBW 2013, 73, 74 u. VBlBW 2004, 337, 338.

grenzt; das Weltklima gehört nicht dazu, weil es keinen spezifischen Bezug (→ Rn. 72) zur örtlichen Sphäre dieser Gemeinde aufweist.

401 Nun darf der Landesgesetzgeber den kommunalen Wirkungskreis auf überörtliche Angelegenheiten erweitern (vgl. § 102 VII GemO, → Rn. 71, 417), was er durch die Einfügung des Merkmals „Fernwärme" in § 11 I GemO getan haben könnte. Dieses Recht hat der Landesgesetzgeber allerdings nur dann, wenn die Materie in seine Gesetzgebungskompetenz fällt. Regelungen zur Fernwärme zählen zum Recht der Energiewirtschaft (Art. 74 I Nr. 11 GG) oder zum Recht der Luftreinhaltung (Art. 74 I Nr. 24 GG), also zur konkurrierenden Gesetzgebung. Angesichts der vorhandenen bundesgesetzlichen Regelungen (EnWG, BImSchG) ist es daher zweifelhaft, ob das Land noch auf diese Materie zugreifen kann (vgl. Art. 72 I GG).

402 Diese Zweifel soll § 16 EEWärmeG – ein Bundesgesetz – ausräumen:[203] „Die Gemeinden und Gemeindeverbände können von einer Bestimmung nach Landesrecht, die sie zur Begründung eines Anschluss- und Benutzungszwangs an ein Netz der öffentlichen Nah- oder Fernwärmeversorgung ermächtigt, auch zum Zwecke des Klima- und Ressourcenschutzes Gebrauch machen." Vor diesem Hintergrund dürfte eine Gemeinde nunmehr auf Grundlage von § 11 I GemO einen Anschluss- und Benutzungszwang für Fernwärme selbst dann normieren, wenn sie dadurch nur einen Beitrag für das globale Klima leisten will.[204] Im Anschluss an etwas unklare Aussagen in der Gesetzesbegründung zu § 11 I GemO verlangen andere Stimmen allerdings weiterhin, dass die Gemeinde zumindest auch das Klima vor Ort verbessern will.[205] Eine Zusammenschau der Wortlaute von § 11 I GemO und § 16 EEWärmeG legt allerdings eine gesetzgeberische Erweiterung im dem Sinne nahe, dass zwar die Satzungsinstrumente auf den örtlichen Wirkungskreis beschränkt bleiben müssen, das Satzungsziel aber auf den globalen Klimaschutz gerichtet sein kann.[206]

2. Rechtsfolgen

403 Wenn die tatbestandlichen Voraussetzungen für einen Anschluss- und Benutzungszwang zu bejahen sind, hat die Gemeinde auf Rechtsfolgenseite ein Organisations- und Satzungsermessen.

a) Organisationsermessen

404 Die vorstehend erörterten tatbestandlichen Voraussetzungen betreffen das „ob" eines Anschluss- und Benutzungszwangs. Hinsichtlich des „wie", d. h. hinsichtlich der Organisationsform und der Ausgestaltung des Benutzungsverhältnisses, besteht ein **kommunales Formenwahlrecht**. Es gilt dasselbe, wie dies mit Blick auf die öffentlichen Einrichtungen i. S. d. § 10 GemO erläutert wurde (→ Rn. 336 ff.), d. h. die Kommune hat die Wahl zwischen öffentlich-rechtlichen und privatrechtlichen Organisationsformen; bei einer öffentlich-rechtlichen Organisationsform hat sie die Wahl, das Benutzungsverhältnis öffentlich-rechtlich oder privatrechtlich auszugestalten.

405 In der Praxis wichtig ist die Zwischenschaltung eines „echten" Privatunternehmens, an dem die Gemeinde nicht beteiligt ist. Unterschieden wird zwischen dem Betriebsführungsmodell und dem Betreibermodell. Vergleichsweise wenig Probleme treten beim **Betriebsführungsmodell** auf, bei dem die Gemeinde Eigentümerin und Be-

---

[203] Zur Verfassungskonformität siehe bejahend BVerwG, NVwZ 2017, 61, 63.
[204] *Kahl*, VBlBW 2011, 53, 57 f.
[205] Vgl. LT-Drs. 13/4385, S. 16; *Ehlers*, Jura 2012, 692, 698; *Glaser*, Die Verwaltung 41 (2008), 483, 497 f.; *Schmidt-Aßmann*, ZHR 170 (2006), 489, 494 f.
[206] So *Böhm/Schwarz*, DVBl. 2012, 540, 546.

F. Öffentliche Einrichtungen

treiberin der Anlage (zur Wasserversorgung, für Fernwärme etc.) bleibt. Das Privatunternehmen wird lediglich eingeschaltet, um die Anlage im Namen und auf Rechnung der Gemeinde zu verwalten. **Nach außen tritt nur die Gemeinde auf,** d.h. das Benutzungsverhältnis besteht zwischen Gemeinde und Einwohner. Hier fällt die Zuordnung der Einrichtung zur Gemeinde also leicht, es handelt sich unproblematisch um eine öffentliche Einrichtung i.S.d. §§ 10 II 1, 11 I GemO, die Gegenstand eines Anschluss- und Benutzungszwangs sein kann.

Beim **Betreibermodell** betreibt der Private die Anlage in eigenem Namen und auf **406** eigene Rechnung; i.d.R. hat der Private die Anlage zuvor geplant, errichtet und finanziert. Im Unterschied zum Betriebsführungsmodell tritt beim Betreibermodell die Gemeinde nicht selbst nach außen auf. Das Benutzungsverhältnis wird vielmehr zwischen dem privaten Betreiber und dem Endkunden begründet. Die Gemeinde muss deshalb sicherstellen, dass die private Anlage der Erfüllung kommunaler Aufgaben gewidmet ist und dadurch zur öffentlichen Einrichtung i.S.d. §§ 10 II 1, 11 I GemO wird.[207] Dazu hat sie sich **Einfluss- und Kontrollmöglichkeiten** zu sichern, z.B. durch Vertrag mit dem Betreiber. Ferner treffen die Gemeinde **Gewährleistungs- und Reservepflichten,** um eine dauerhafte Versorgung zu gewährleisten. Wenn diese Vorgaben nicht erfüllt sind, liegt keine öffentliche Einrichtung i.S.d. §§ 10 II 1, 11 I GemO vor, sodass der Anschluss- und Benutzungszwang rechtswidrig wäre.[208] Eine vollständige Aufgabenprivatisierung, bei der die Gemeinde die Verantwortung für die Erfüllung der Aufgabe vollumfänglich auf einen Privaten überträgt, ist also nicht zulässig, wenn ein Anschluss- und Benutzungszwang i.S.d. § 11 GemO begründet werden soll. Denkbar ist dann eine privatrechtliche Regelung, z.B. durch eine Grunddienstbarkeit (→ Rn. 393).

b) Satzungsermessen

Da der Anschluss- und Benutzungszwang durch Satzung begründet wird, steht der **407** Gemeinde ein Satzungsermessen zu.

Das Satzungsermessen wird zunächst durch **verfassungsrechtliche Ermes-** **408** **sensgrenzen und -direktiven** begrenzt. Zu beachten sind insbesondere die **Grundrechte** derjenigen **Grundstückseigentümer** (Art. 2 Abs. 1, 14 Abs. 1 GG), die zum Anschluss und zur Benutzung der Einrichtung gezwungen werden. In ihren Grundrechten betroffen sind ferner Unternehmen, die z.B. durch einen Anschluss- und Benutzungszwang für Fernwärme aus dem betroffenen Marktsegment ausgeschlossen werden, etwa nicht selbst Wärme liefern können. Voraussetzung der verfassungsrechtlichen Rechtfertigung der damit verbundenen Grundrechtseingriffe ist vor allem die **Verhältnismäßigkeit.** Zur Verhältnismäßigkeit können Ausnahmetatbestände beitragen (siehe hierzu § 11 II 1 GemO!).

Im Blick zu behalten sind ferner **unionsrechtliche Ermessensgrenzen und -direk-** **409** **tiven.**[209]

Vertiefungshinweise: *Böhm/Schwarz*, Klimaschutz durch Anschluss- und Benutzungszwang **410** für kommunale Fernwärmenetze, DVBl. 2012, 540ff.; *Ennuschat/Volino*, § 16 EEWärmeG und der kommunalrechtliche Anschluss- und Benutzungszwang für Fernwärme, CuR 2009, S. 90ff.;

---

[207] OVG NRW, NVwZ-RR 2018, 583 Ls. 1 ff.
[208] Siehe näher BVerwG, NVwZ 2005, 1072, 1074; OVG LSA, NVwZ-RR 2008, 810, 811; SächsOVG, SächsVBl. 2003, 143, 144f., 147; SächsVBl. 2005, 256, 258; OVG SH, NordÖR 2004, 152, 153f.; *Ennuschat*, CuR 2005, 75, 76ff.
[209] Vgl. z.B. BVerwG, NVwZ 2006, 690, 693: Anschluss- und Benutzungszwang für Fernwärme ist unionsrechtskonform.

Pielow, Der Anschluss- und Benutzungszwang im Kommunalrecht, Jura 2007, 189 ff.; *Hartmannsberger*, Anschluss- und Benutzungszwang, JuS 2006, 615 ff. (Falllösung); *Kahl*, Kommunaler Anschluss- und Benutzungszwang an Fernwärmenetze aus Klimaschutzgründen, VBlBW 2011, 53 ff.

G. Kommunalwirtschaftsrecht

411   Die Kommunalwirtschaft blickt auf eine lange Tradition zurück und ist weiterhin von großer Bedeutung. So nahmen im 19. Jahrhundert viele Städte und Gemeinden die Versorgung ihrer Bürger mit Elektrizität, Gas und Wasser in die eigene Hand und gründeten Stadtwerke. Das Spektrum der Kommunalwirtschaft richtet sich nach der örtlichen Situation und den Zeitumständen, ist deshalb recht bunt und im stetigen Wandel begriffen. Viele Gemeinden hatten etwa einen kommunalen Zuchtbullen (Gemeindefarren).[210] Selbst heute gibt es noch kommunale Zweckverbände (→ Rn. 47), die Rinder-Besamungsstationen betreiben. Nach dem Zweiten Weltkrieg gab es Städte, die außerhalb ihrer Stadtgrenzen in eigenen Kleinzechen Kohle förderten. Heute soll es kommunale Fingernagelstudios geben – das ist aber vielleicht auch nur eine moderne Legende, die herangezogen wird, um die vorgebliche Ausuferung der Kommunalwirtschaft zu kritisieren.

412   In der Politik wird über die angemessene Stellung der Kommunalwirtschaft seit langem gestritten. Kommunale Monopole, z. B. in den Bereichen Energie und Abfall, wurden durch den Bundesgesetzgeber, der seinerseits europäische Vorgaben erfüllte, aufgebrochen. In den letzten Jahren ist freilich eine gewisse **Rekommunalisierung** zu beobachten, wenn etwa Stadtwerke sich gemeinsam die Mehrheit an großen und auch international operierenden Energieunternehmen sichern (so im Fall der Steag GmbH, dem fünftgrößten Stromversorger in Deutschland, deren Gesellschaftsanteile seit 2011 mehrheitlich in mittelbarer Hand einer Reihe von Kommunen aus dem Ruhrgebiet liegen).

413   Für die Kommunen ist die wirtschaftliche Betätigung in mehrfacher Hinsicht bedeutsam. Sie sichern durch ihre Aktivitäten vor allem im Bereich der Infrastrukturleistungen (u. a. Energie, Abfall, Verkehr) ihre Attraktivität für Einwohner und Wirtschaft. Zugleich erwirtschaften sie Gewinne, die in Zeiten knapper öffentlicher Kassen willkommen sind, um z. B. Freizeitangebote (Freibäder, Ausflugsschiffe etc.), die wichtig für die Standortqualität, aber defizitär sind, querzufinanzieren. Gegen die Kommunalwirtschaft wird von Teilen der Politik vorgebracht, dass sie unter Ausnutzung unfairer Wettbewerbsvorteile (z. B. günstigere Kreditkonditionen) mit der Privatwirtschaft konkurriere und dort Arbeitsplätze bedrohe. Gesetzgeberische Stellschraube zur Justierung des Verhältnisses von Kommunalwirtschaft und Privatwirtschaft ist insbesondere die sog. Subsidiaritätsklausel des § 102 I Nr. 3 GemO (→ Rn. 435 ff.).

414   **Hinweis:** Den Umfang der wirtschaftlichen Betätigung der Kommune, in der Sie wohnen, können Sie erkennen, wenn Sie den im Internet erhältlichen Beteiligungsbericht einsehen. Diese Beteiligungsberichte sind oft beeindruckend lang.

---

[210] Zum Farren siehe VGH BW, ESVGH 22, 26.

G. Kommunalwirtschaftsrecht

I. Verfassungsrechtlicher Hintergrund

Die Kommunalwirtschaft ist als Teil der Daseinsvorsorge eine **Angelegenheit der** 415 **örtlichen Gemeinschaft** (→ Rn. 69) und steht deshalb unter dem **Schutz der Selbstverwaltungsgarantie aus Art. 28 II GG, Art. 71 I LV.** Der Schutz aus Art. 28 II GG, Art. 71 I LV kommt allerdings nur der Kommune selbst zu. Ein rechtlich verselbstständigtes Unternehmen (z. B. in der Rechtsform einer GmbH oder AG) kann sich nicht auf den Schutz der kommunalen Selbstverwaltungsgarantie berufen, selbst dann nicht, wenn seine Gesellschaftsanteile vollständig in kommunaler Hand liegen.

Art. 28 II 1 GG umreißt die Verbandskompetenz der Gemeinde und wirkt deshalb 416 zugleich als **Kompetenzschranke** (→ Rn. 71), d. h. die Kommune darf nur die Angelegenheiten der örtlichen Gemeinschaft wahrnehmen. Eine überörtliche Tätigkeit ist ihr im Grundsatz versperrt. Das gilt auch für die wirtschaftlichen Aktivitäten, selbst dann, wenn diese durch eine privatrechtliche Tochtergesellschaft in privatrechtlichen Formen durchgeführt werden. Sehr deutlich hat dies der Verfassungsgerichtshof des Landes Rheinland-Pfalz formuliert:[211] „Aus der Sicht der verfassungsrechtlichen Selbstverwaltungsgarantie ist kommunales Wirtschaftsengagement niemals privatautonomes Handeln, sondern zweckgebundene Verwaltungstätigkeit. Die öffentliche (kommunale) Verwaltung bleibt auch dann Verwaltung, wenn sie wirtschaftet."

Die Selbstverwaltungsgarantie des Art. 28 II GG gilt im Rahmen der Gesetze 417 (→ Rn. 71). Die Vorschriften der §§ 102 ff. GemO beschränken einerseits die Möglichkeiten kommunaler Wirtschaftstätigkeit (z. B. durch die Subsidiaritätsklausel gem. § 102 I Nr. 3 GemO), erweitern andererseits den zulässigen Tätigkeitskreis (z. B. in räumlicher Hinsicht, siehe § 102 VII GemO BW).

> **Hinweis:** Eine Mindermeinung geht davon aus, dass Art. 28 II GG den Kompetenzkreis der 418 Kommunen abschließend umreißt, sodass eine gesetzgeberische Erweiterung verfassungswidrig wäre.[212] Vorzugswürdig ist die Gegenansicht.[213] Für diese spricht schon die Offenheit des Wortlautes von Art. 28 II GG („muss", nicht: „darf nur").

Im Grundsatz genießt die wirtschaftliche Betätigung den Schutz der Grundrechte, 419 vor allem der Berufsfreiheit (Art. 12 I GG) und der Eigentumsfreiheit (Art. 14 I GG). Kommunen können sich aber nicht auf Grundrechte berufen (Ausnahme: Justizgrundrechte). Das gilt auch für Unternehmen, die vollständig oder mehrheitlich in kommunaler Hand sind oder sonst unter beherrschendem Einfluss einer Kommune stehen. Der Kommunalwirtschaft steht also **kein Grundrechtsschutz** zu (→ Rn. 89 ff.). In besonderen Konstellationen können sich private Konkurrenten unter Berufung auf ihre Grundrechte gegenüber der wirtschaftlichen Betätigung einer Kommune wehren (→ Rn. 453).

II. Unionsrechtlicher Hintergrund

Das Unionsrecht bietet – anders als das Grundgesetz – der kommunalen Selbstver- 420 waltung als solcher keinen subjektiv-rechtlichen Schutz (→ Rn. 117). Es gibt indessen

---

[211] VerfGH RP, NVwZ 2000, 801.
[212] So etwa *Attendorn/Schweitzer*, NWVBl. 2013, 13, 17.
[213] Z. B. OVG NRW, NVwZ 2008, 1031, 1035.

einige Vorgaben des Unionsrechts, welche den Kommunen Rechte verschaffen, wenn diese sich wirtschaftlich betätigen. Das gilt vor allem für die **Grundfreiheiten,** auf die sich auch die Kommunen und ihre Unternehmen im Rahmen ihrer wirtschaftlichen Betätigung (nicht bei hoheitlicher Tätigkeit) berufen können (→ Rn. 118). Die Kommunalwirtschaft ist hier gegenüber der Privatwirtschaft gleichgestellt. Die Gleichstellung folgt aus Art. 106 I i. V. m. Art. 345 AEUV.

421 Zu beachten ist allerdings, dass die Grundfreiheiten nur bei grenzüberschreitender Wirtschaftstätigkeit greifen. Relevant kann dies für internationale Aktivitäten einiger kommunaler Unternehmen werden, wenn diese auf rechtliche Hindernisse stoßen, die andere EU-Staaten errichtet haben.

422 Soweit deutsches Landesrecht Kommunen bei der Wirtschaftstätigkeit im Ausland beschränkt, helfen die Grundfreiheiten hingegen nicht: Wurzel der Anwendung der Grundfreiheiten auf die Kommunen ist u. a. der Respekt des Unionsrechts vor der mitgliedstaatlichen Eigentumsordnung (Art. 345 AEUV). Wenn das mitgliedstaatliche Recht für die öffentliche Hand beschränkende Regelungen trifft, sind diese Teil der Eigentumsordnung i. S. d. Art. 345 AEUV, sodass der Schutz des Unionsrechts von vornherein nicht greift (sehr str.).[214] Sofern man dennoch die gesetzlichen Begrenzungen des Kommunalrechts für die kommunalen Unternehmen als Eingriff in deren Grundfreiheiten wertet, wird man eine Rechtfertigung annehmen können: Diese ist darin begründet, dass diese Begrenzungen auf die Verankerung des Unternehmens in der örtlichen Sphäre und damit auf die Stärkung der demokratischen Legitimation und Kontrolle auf lokaler Ebene zielen.[215]

423 Die Gleichstellung öffentlicher und privater Unternehmen gem. Art. 106 I, 345 AEUV spricht ferner dafür, dass auch die Kommunen und ihre Unternehmen vom Schutzbereich der **Unionsgrundrechte** erfasst sind.

424 Das Unionsrecht normiert schließlich einige Schranken für die wirtschaftliche Betätigung der öffentlichen Hand: Art. 106 I AEUV verbietet eine Besserstellung öffentlicher Unternehmen. Aus Art. 107 I AEUV folgt ein prinzipielles Beihilfeverbot. Wird die öffentliche Hand im Wettbewerb bessergestellt, kann darin zugleich ein Eingriff in die Grundfreiheiten privater Konkurrenten zu sehen sein. Andere Vorgaben des Unionsrechts können die staatlichen Handlungsspielräume zugunsten der Wirtschaftstätigkeit der öffentlichen Hand wiederum erweitern, so vor allem Art. 106 II AEUV. Das gilt insbesondere für den Bereich der Daseinsvorsorge. Die strengen Voraussetzungen des Art. 106 III AEUV müssen freilich erfüllt sein.

III. Anforderungen an die Zulässigkeit einer kommunalwirtschaftlichen Betätigung

425 Die einfachrechtlichen Anforderungen an die Zulässigkeit einer kommunalwirtschaftlichen Betätigung sind in §§ 102 ff. GemO normiert. Die heutigen Vorgaben finden ihre Vorläufer u. a. in §§ 67 ff. der Deutschen Gemeindeordnung von 1935 (→ Rn. 20). Sie gelten nicht nur für die Gemeinden, sondern auch für die Landkreise (§ 48 LKrO) und Zweckverbände (§ 18 S. 1 GKZ).

---

[214] Wie hier (zumindest im Ergebnis): *Ehlers,* in: Wurzel/Schraml/Becker, Rechtspraxis der kommunalen Unternehmen, B Rn. 12; *Guckelberger,* BayVBl. 2006, 293, 300; *Gundel,* in: MüKo zum Dt. und Europ. Wettbewerbsrecht (Kartellrecht) Bd. 1, 2. Aufl. 2015, Art. 106 AEUV Rn. 63; **a. A.** z. B. *Krausnick,* VerwArch 103 (2011), 359, 364 ff.

[215] *Suerbaum,* in: Ehlers/Fehling/Pünder, BesVwR, Bd. 1 – Öffentliches Wirtschaftsrecht, 4. Aufl. 2019, § 16 Rn. 28.

G. Kommunalwirtschaftsrecht

Der Gesetzgeber unterscheidet dabei zwischen wirtschaftlichen Unternehmen 426 (§ 102 I GemO, → Rn. 427 ff.) und nichtwirtschaftlichen Unternehmen (§ 102 IV GemO, → Rn. 450). Ein wirtschaftliches Unternehmen liegt dann vor, wenn die Tätigkeit auch durch einen Privaten mit der Absicht der Gewinnerzielung ausgeübt werden könnte.[216]

1. Zulässigkeit wirtschaftlicher Unternehmen

Die Kernanforderungen an die Kommunalwirtschaft werden durch die sog. Schran- 427 kentrias des § 102 I GemO festgelegt (→ Rn. 428 ff.). Soll die wirtschaftliche Betätigung durch ein Unternehmen in Privatrechtsform erfolgen, greifen weitere Anforderungen (§§ 103 ff. GemO, → Rn. 443). Bei einer Wirtschaftstätigkeit über die Gemeindegrenzen hinaus ist zusätzlich § 102 VII GemO zu beachten (→ Rn. 446).

a) Voraussetzungen der sog. Schrankentrias, § 102 I GemO

§ 102 I GemO bindet die Kommunalwirtschaft an drei Voraussetzungen: öffentli- 428 cher Zweck, Leistungsfähigkeit, Subsidiarität.

(1) Ein öffentlicher Zweck muss das Unternehmen (das die Kommune errich- 429 tet, übernimmt, wesentlich erweitert oder an dem es sich beteiligt) rechtfertigen (§ 102 I Nr. 1 GemO). **Öffentlicher Zweck** kann jeder Gemeinwohlbelang sein, der zu den Angelegenheiten der örtlichen Gemeinschaft zählt, z. B. die Versorgung der Einwohner und der örtlichen Wirtschaft mit Infrastrukturleistungen (Energie, Abfall, Wasser, Verkehr, Wohnraum, Freizeit etc.), die Wirtschafts- und Tourismusförderung oder die Förderung von Menschen in besonderen Situationen (z. B. Langzeitarbeitslose).

Der Kreis möglicher öffentliche Zwecke wird also sehr weit gezogen. Es gibt aber 430 zwei Grenzen:
– Der Zweck muss von der Verbandskompetenz der Gemeinde erfasst, also örtlich ra- 431 diziert sein; zur überörtlichen Tätigkeit siehe § 102 VII GemO (→ Rn. 446).
– Die Gewinnerzielung als solche ist kein öffentlicher Zweck. Es genügt auch nicht, 432 dass die Kommunalwirtschaft Gewinne generiert, welche die Gemeinde für öffentliche Zwecke verwendet. Der öffentliche Zweck muss vielmehr das Unternehmen selbst legitimieren; die wirtschaftliche Betätigung muss unmittelbar der Erreichung des öffentlichen Zwecks dienen. Ein bloß mittelbarer Zusammenhang reicht nicht aus. Eine rein erwerbswirtschaftliche Betätigung, um mit dem Gewinn Kinderspielplätze zu finanzieren, wäre mit § 102 I Nr. 1 GemO mithin unvereinbar. Liegt ein öffentlicher Zweck in diesem Sinne vor, schadet es nicht, wenn die Gemeinde Gewinne als Nebenzweck anstrebt (vgl. § 102 III, 2. Hs. GemO: Wirtschaftliche Unternehmen sollen einen Ertrag für den Haushalt der Gemeinde abwerfen).

Der öffentliche Zweck muss das Unternehmen **rechtfertigen,** d. h. die wirtschaftli- 433 che Betätigung muss **vernünftigerweise geboten** sein, um den Zweck zumindest zu fördern. Nach h. L. steht der Kommune hinsichtlich der Bestimmung des öffentlichen Zwecks und der Beurteilung der Rechtfertigung eine **Einschätzungsprärogative** zu.[217]

---

[216] VG Karlsruhe, Urt. v. 29.8.2017 – 11 K 2695/15, juris Rn. 57.
[217] So zu § 102 GemO LT-Drs. 13/4767, S. 8; *Engel/Heilshorn*, KommR BW, § 19 Rn. 25; *Schmid*, in: Ade/Notheis/Schmid, Kommunales Wirtschaftsrecht in BW, 8. Aufl. 2011, Rn. 832; *Heilshorn*, VBlBW 2007, 161, 164; teils **a. A.** OVG NRW, NVwZ 2008, 1031, 1034: öffentlicher Zweck sei ein unbestimmter Rechtsbegriff, dessen Auslegung und Anwendung vollständi-

434 (2) Das Unternehmen muss nach Art und Umfang in einem angemessenen Verhältnis zur Leistungsfähigkeit der Gemeinde und zum voraussichtlichen Bedarf stehen (§ 102 I Nr. 2 GemO). Das Erfordernis der **Leistungsfähigkeit** dient dem Schutz der Kommune vor Überforderung. Die Bindung an den **Bedarf** soll Überkapazitäten verhindern. Manche Literaturstimme[218] verneint den Bedarf, wenn Private die in Rede stehende Leistung bereits am Markt anbieten. Gegen diese Ansicht sprechen jedoch systematische Erwägungen: Das Erfordernis der Subsidiarität ist in Nr. 3 enthalten und sollte nicht in Nr. 2 hineingelesen werden. Die h. L. anerkennt hinsichtlich Leistungsfähigkeit und Bedarf eine **Einschätzungsprärogative** der Kommune.

435 (3) Begrenzende Wirkung für die Kommunalwirtschaft kann vor allem die **Subsidiaritätsklausel** des § 102 I Nr. 3 GemO entfalten. Deren inhaltliche Wirkung wird durch Verfahrensvorkehrungen flankiert: Der Gemeinderat muss gem. § 102 II GemO vor einer Entscheidung über ein Tätigwerden in einem Bereich, in dem auch private Anbieter tätig sind, die örtlichen Selbstverwaltungsorganisationen von Handwerk, Industrie und Handel (also insbesondere: Handwerkskammer, Industrie- und Handelskammer) anhören.

436 Die Kommunalwirtschaft darf also nur subsidiär gegenüber der Privatwirtschaft tätig sein. Die Subsidiaritätsklausel ist häufig Gegenstand der politischen Diskussion und von Gesetzesänderungen. Es gibt zwei Arten der Subsidiaritätsklausel, die sich in der Konstellation der Leistungsparität unterscheiden, wenn also Kommunalwirtschaft und Privatwirtschaft gleich gut und wirtschaftlich sind:

437 – Die **einfache Subsidiaritätsklausel** untersagt der Kommune die wirtschaftliche Betätigung nur dann, wenn Private besser als die Kommune sind (so § 102 I Nr. 3 GemO a. F.: „wenn … der Zweck nicht besser und wirtschaftlicher durch einen anderen erfüllt wird oder erfüllt werden kann").

438 – Die **qualifizierte Subsidiaritätsklausel** versperrt der Kommune die wirtschaftliche Betätigung schon dann, wenn Private ebenso gut wie die Kommune sind, wenn also der öffentliche Zweck „ebenso gut und wirtschaftlich durch einen privaten Anbieter erfüllt wird oder erfüllt werden kann" (so die heutige Fassung des § 102 I Nr. 3 GemO). Es gibt hier einen **Vorrang der Privatwirtschaft** (anders im Bereich der Daseinsvorsorge, → Rn. 440).

439 Das Merkmal „**gut**" bezieht sich z.B. auf die Sicherheit und Kontinuität der Versorgung oder die Wahrung von Umweltbelangen, das Merkmal „**wirtschaftlich**" auf die Kostengünstigkeit für die Einwohner und sonstigen Nachfrager. Die Erwägung der Kontinuität kann vielfach Anlass sein, die Kommune für besser als Private zu halten, weil bei Privaten zu befürchten ist, dass sie im Falle sinkender Gewinnmargen das Angebot einstellen, während die Kommune eher bereit sein wird, sogar gewisse Defizite hinzunehmen, wenn denn die Tätigkeit geboten ist, um den öffentlichen Zweck zu erfüllen. Wenn ein Konkurrent unter Berufung auf die Subsidiaritätsklausel (zum Drittschutz siehe → Rn. 451) gegen die kommunalwirtschaftliche Betätigung klagt, muss er im Rechtsstreit darlegen, dass er ebenso gut und wirtschaftlich ist. Der Kommune kommt wiederum ein **Beurteilungsspielraum** hinsichtlich „ebenso gut und wirtschaftlich" zu, allerdings nur dann, wenn die Beurteilung sich auf eine fundierte Vergleichsanalyse stützt (vgl. § 102 II GemO), in welcher geprüft wird, wie sich die Versorgungssituation mit und ohne kommunale Wirtschaftstätigkeit darstellt.[219]

---

ger gerichtlicher Kontrolle unterliege; hinsichtlich der Rechtfertigung (in NRW: „erfordern") bejaht auch das OVG NRW einen Beurteilungsspielraum.

[218] Etwa *Gern*, KommR BW, Rn. 393.
[219] Vgl. VG Karlsruhe, Urt. v. 29.8.2017 – 11 K 2695/15, juris Rn. 75 ff.

G. Kommunalwirtschaftsrecht

Wichtig: Die Subsidiaritätsklausel gilt nicht im Bereich der kommunalen **Daseins-** 440
vorsorge. Deshalb belastet die Subsidiaritätsklausel die Kommunalwirtschaft in der Praxis nur wenig. Was fällt denn alles unter Daseinsvorsorge? Hierzu bietet eine Entscheidung des VGH BW eine Antwort:[220] „Eine Legaldefinition des Begriffs der Daseinsvorsorge enthält die Gemeindeordnung nicht. Nach der Vorstellung des Gesetzgebers ist der Begriff relativ weit zu verstehen und umfasst nicht nur die klassischen Versorgungs- und Entsorgungsbereiche wie die Wasser- und Energieversorgung, die Abfallentsorgung und die Abwasserbeseitigung. Vielmehr fallen unter den Begriff der Daseinsvorsorge nach der Gesetzesbegründung,[221] jeweils grundsätzlich bezogen auf den örtlichen Wirkungskreis, ‚unstreitig z.B. die Stadtplanung und Stadtentwicklung, der soziale Wohnungsbau, die kommunale Wirtschaftsförderung in Form der Bereitstellung der notwendigen Infrastruktur, Maßnahmen im Zusammenhang mit der kommunalen Sozial- und Jugendhilfe, das Krankenhauswesen, die Förderung von Kultur, Bildung und Sport, der öffentliche Personennahverkehr, die Wasser- und Energieversorgung sowie die kommunale Entsorgungswirtschaft (Abfall und Abwasser).'"

Der Bereich der Daseinsvorsorge ist damit weit, aber nicht grenzenlos. So soll etwa 441
die Tätigkeit als Bauträger von Häusern für den gehobenen Wohnbedarf nicht mehr zur Daseinsvorsorge zählen, wohl aber die Errichtung von Sozialwohnungen oder die Schaffung von Wohnraum für Personengruppen mit besonderem Wohnbedarf.[222] Die Einrichtung eines kommunalen Bürger-Rufautos ist Teil der Daseinsvorsorge, soweit es um Zubringer- und Abholdienste zum bzw. vom öffentlichen Linienverkehr handelt, nicht jedoch, wenn unabhängig davon auf Anfrage individuelle Fahrten ermöglicht werden.[223]

Beachte: Wenn sich die Gemeinde unter Verstoß gegen § 102 I Nr. 3 GemO als Bauträgerin für den gehobenen Wohnbedarf betätigt und dazu Grundstücke erwirbt, sind die Grundstückskaufverträge nicht nichtig nach § 134 BauGB. Dabei kann offen bleiben, ob § 102 I Nr. 3 GemO ein Verbotsgesetz ist. Sein Regelungsgegenstand bezieht sich jedenfalls nur auf das „ob" der kommunalwirtschaftlichen Betätigung, nicht hingegen auf den Kauf von Grundstücken.[224]

442

b) Zusätzliche Anforderungen an Unternehmen in Privatrechtsform, §§ 103 ff. GemO

Als Organisationsformen für die wirtschaftliche Betätigung kommen dieselben Or- 443
ganisationsformen wie für öffentliche Einrichtungen in Betracht (dazu → Rn. 326 ff.). **Öffentlich-rechtliche Organisationsformen** sind Regiebetrieb, Eigenbetrieb (beide ohne Rechtsfähigkeit) und die rechtsfähige Anstalt des öffentlichen Rechts. Rechtsfähige Anstalten des öffentlichen Rechts dürfen (wie alle juristischen Personen des öffentlichen Rechts) nur errichtet werden, wenn es dafür eine gesetzliche Grundlage gibt. Eine solche gab es im Landesrecht lange nur für den Sonderfall der Sparkassen (§ 102 V 2 GemO, § 1 SpG BW). Durch Gesetz vom 19.12.2015 (GBl. S. 1147) stellt der Landesgesetzgeber mittlerweile den Kommunen auch allgemein die Anstalt als

---

[220] VGH BW, VBlBW 2013, 93, 95.
[221] LT-Drs. 12/4055, S. 24.
[222] So VGH BW, VBlBW 2013, 93, 96; NVwZ-RR 2015, 307, 310.
[223] VG Karlsruhe, Urt. v. 29.8.2017 – 11 K 2695/15, juris Rn. 66, 70: Soweit es sich nicht um Daseinsvorsorge handelt, widerspricht das Bürger-Rufauto der Subsidiaritätsklausel gem. § 102 I Nr. 3 GemO, weil private Taxi-Unternehmen diese Fahrdienste ebenso gut und wirtschaftlich erbringen können (aaO, Rn. 80).
[224] Siehe hierzu näher VGH BW, VBlBW 2013, 93, 94.

mögliche Organisationsform (nicht nur) für die wirtschaftliche Betätigung zur Verfügung (sog. **selbstständige Kommunalanstalt,** § 102a GemO). Bei Wahrung der Vorgaben des Stiftungsrechts (siehe u. a. § 101 GemO) wäre schließlich eine rechtsfähige Stiftung des öffentlichen Rechts möglich. Darüber hinaus könnten rechtlich unselbstständige (nicht rechtsfähige) Anstalten oder Stiftungen des öffentlichen Rechts gegründet werden.

444 Will die Gemeinde eine **privatrechtliche Organisationsform** wählen (etwa GmbH oder AG), sind die zusätzlichen Anforderungen der §§ 103 ff. GemO zu beachten. Deren ratio legis ist zum einen die Begrenzung der Haftung (§ 103 I 1 Nr. 4 GemO) und zum anderen die Sicherung des kommunalen Einflusses auf die Geschäftsführung des Unternehmens und die Bindung der Unternehmenstätigkeit an den öffentlichen Zweck (vgl. § 103 I S. 1 Nrn. 2 f., II, III, § 105a GemO). Wegen der Unabhängigkeit des Vorstandes einer AG, die den kommunalen Einfluss mindert, kommt der Rechtsform der GmbH ein Vorrang zu (§ 103 II GemO).

445 Zu beachten ist, dass den Gemeinden, wenn sie eine GmbH oder AG gründen, kein Sonderstatus zukommt. Sie unterliegen vielmehr in vollem Umfang den Vorgaben von GmbHG und AktienG.[225] Im Kollisionsfall käme diesen bundesrechtlichen Vorschriften der Vorrang vor entgegenstehenden Regelungen des Kommunalwirtschaftsrechts zu. Unzulässig wären etwa Weisungsrechte des Gemeinderates gegenüber seinen Vertretern in einem (obligatorischen) Aufsichtsrat.[226]

445a Eine wirtschaftliche Betätigung der Gemeinde kann auch darin liegen, dass ein „echter" privater Dritter (z.B. ein e.V. oder eine GmbH) aufgrund eines Vertrages für die Gemeinde tätig wird, wenn die Gemeinde sich hinreichende Einfluss- und Kontrollmöglichkeiten sichert und eine Gewährleistungs- und Reservefunktion übernimmt (→ Rn. 406). Der private Dritte ist dann das von der Gemeinde errichtete wirtschaftliche Unternehmen i.S.d. § 102 I GemO.[227]

c) Zusätzliche Anforderungen an die überörtliche Betätigung, § 102 VII GemO

446 Wegen der Bindung des öffentlichen Zwecks an die durch Art. 28 II GG umrissene Verbandskompetenz der Gemeinde darf sich die wirtschaftliche Betätigung grundsätzlich nur auf das Gemeindegebiet erstrecken. Dennoch können sich die Kommunen auch gebietsübergreifend betätigen. Unproblematisch möglich ist zunächst die **kommunale Zusammenarbeit,** wenn also z.B. zwei Gemeinden gemeinsam ein Busunternehmen betreiben, dessen Busse in beiden Gemeinden verkehren. Dann liegt eine sog. **mehrörtliche Wirtschaftstätigkeit** vor, die für jede der beteiligten Gemeinden Wahrnehmung ihrer örtlichen Angelegenheiten ist. Eines Rückgriffs auf § 102 VII GemO bedarf es deshalb nicht.

446a **Hinweis:** Die kommunale Zusammenarbeit kann öffentlich-rechtlich (z.B. gemeinsame selbstständige Kommunalanstalt, § 24a GKZ; → Rn. 54) oder privatrechtlich (z.B. GmbH mit den beteiligten Kommunen als Gesellschafterinnen; → Rn. 52) organisiert sein.

447 Vielfach ist eine wirtschaftliche Betätigung nur/besonders sinnvoll und rentabel, wenn die Gemeinde sich Märkte außerhalb ihrer Grenzen erschließt. § 102 VII GemO ermöglicht dies, verlangt aber hinsichtlich der **überörtlichen Wirtschaftstätigkeit**

---

[225] HessVGH, DVBl. 2012, 647, 648.
[226] SächsOVG, GmbHR 2013, 35.
[227] Vgl. VG Karlsruhe, Urt. v. 29.8.2017 – 11 K 2695/15, juris Rn. 43 ff.

G. Kommunalwirtschaftsrecht

eine Bindung an die Schrankentrias, also u. a. an den öffentlichen Zweck, der seinerseits örtlich radiziert sein muss. Die überörtliche Tätigkeit muss also einen öffentlichen Zweck innerhalb der Gemeinde erfüllen. Allein die Gewinnerzielung genügt nicht, wohl aber die Leistungssteigerung des Unternehmens (durch Synergieeffekte, Kostensenkung u. Ä.), die den Gemeindeeinwohnern zugute kommt.

Die **berechtigten Interessen der betroffenen auswärtigen Gemeinde** müssen gewahrt sein, was jedenfalls bejaht werden kann, wenn diese zustimmt. Bei der Versorgung mit Strom und Gas gelten gem. § 102 VII S. 2 GemO nur die Interessen als berechtigt, die nach den maßgeblichen Vorschriften eine Einschränkung des Wettbewerbs zulassen. Da es solche Vorschriften in diesem Kontext nicht gibt, können sich Gemeinden im Energiesektor nicht gegen die Konkurrenz anderer Kommunen wehren.[228] 448

§ 102 VII GemO trifft keine ausdrücklichen Regelungen für die wirtschaftliche Betätigung einer Kommune in anderen Bundesländern oder sogar im Ausland. In der Praxis kommt die Erweiterung des Tätigkeitsbereichs über die Landesgrenzen durchaus vor. Andere Länder kennen hierfür spezielle Regelungen. Für Baden-Württemberg ist davon auszugehen, dass § 102 VII GemO auch die **Wirtschaftstätigkeit über die Landes- und Bundesgrenzen hinaus** ermöglicht. 449

2. Zulässigkeit nichtwirtschaftlicher Unternehmen und Einrichtungen, § 102 IV GemO

Einige Bereiche der kommunalen Wirtschaftstätigkeit werden im Wege einer gesetzlichen **Fiktion** aus dem Anwendungsbereich des § 102 I, II GemO ausgeklammert und als nichtwirtschaftlich etikettiert. Das betrifft Unternehmen, zu deren Betrieb die Gemeinde gesetzlich verpflichtet ist (§ 102 IV S. 1 Nr. 1 GemO, z. B. Abwasserbeseitigung), öffentliche Einrichtungen i. S. d. § 102 IV S. 1 Nr. 2 GemO (z. B. Volkshochschule, Musikschule, Schwimmbad) sowie Hilfsbetriebe, die ausschließlich zur Deckung des kommunalen Eigenbedarfs dienen (§ 102 IV S. 1 Nr. 3 GemO, z. B. Gemeindedruckerei). 450

IV. Rechtsschutz von Konkurrenten

Das Kommunalwirtschaftsrecht ist durchaus klausurträchtig. Besondere Bedeutung kommt daher Rechtsschutzfragen zu: Wie können sich private Anbieter gegen kommunale Konkurrenz wehren? In Betracht kommt Rechtsschutz vor den Verwaltungsgerichten und vor den ordentlichen Gerichten. 451

1. Rechtsschutz durch die Verwaltungsgerichtsbarkeit

Klageart ist die **allgemeine Leistungsklage,** entweder auf Unterlassung (z. B. bei Regiebetrieben) oder auf Einwirkung (bei rechtlich verselbstständigten Wirtschaftseinheiten, z. B. GmbH). Problematisch ist die **Klagebefugnis.** 452

Grundrechte als subjektiv-öffentliche Rechte der Konkurrenten scheiden i. d. R. aus. Nach (sehr umstrittener, aber) h. L. beinhaltet das Hinzutreten des Staates als Konkurrent im Grundsatz lediglich eine systemimmanente Verschärfung des marktwirtschaftlichen Konkurrenzdruckes, vor der Art. 12 Abs. 1 GG nicht bewahrt, solange dadurch nicht die private Konkurrenz unmöglich gemacht wird. **Art. 12 Abs. 1 GG** 453

---

[228] Dazu *Stehlin/Grabolle*, VBlBW 2007, 41, 46.

schützt nicht vor Konkurrenz, auch nicht vor der Konkurrenz der öffentlichen Hand.[229] Die Schwelle zu einem Eingriff wird erst überschritten, wenn die kommunale Wirtschaftstätigkeit zu einer unerlaubten Monopolstellung führt, also private Wettbewerber vom Markt verdrängt werden. Art. 14 GG hilft nicht, weil nicht das Erworbene betroffen ist.

454 Deshalb ist es für Konkurrenten sehr bedeutsam, ob die Schrankentrias des § 102 I GemO drittschützend ist. Der VGH BW[230] bejaht unter Berufung auf die Gesetzgebungsmaterialien **Drittschutz für die Subsidiaritätsklausel,** nicht jedoch für die anderen Teile der Schrankentrias. Die drittschützende Wirkung der Subsidiaritätsklausel kommt dabei nicht nur örtlich ansässigen, sondern auch auswärtigen Unternehmen zugute, sofern diese auf dem lokalen Markt tätig sind bzw. sein wollen.[231] Gegen diese Sichtweise könnte zwar eingewandt werden, dass nach § 102 II GemO nur die *örtlichen* Kammern anzuhören sind. Diese Begrenzung der Verfahrenslast für den Gemeinderat dient jedoch der Praktikabilität, nicht der Bestimmung der Reichweite des Drittschutzes.

455 **Hinweis:** Die Frage des Drittschutzes wird für die Parallelvorschriften zu § 102 I GemO anderer Gemeindeordnungen durch die jeweiligen Oberverwaltungsgerichte unterschiedlich beantwortet. Das OVG NRW hält etwa nur den ersten Teil der Schrankentrias, d. h. den öffentlichen Zweck für drittschützend.[232] Das OVG S-A verneint für alle Teile der Schrankentrias den Drittschutz:[233] Auch die Subsidiaritätsklausel diene nur dem Selbstschutz der Kommune und nicht dem Konkurrentenschutz.

456 Die §§ 118 ff. GemO sind nicht drittschützend, sodass eine **Klage gegen die Aufsichtsbehörde** auf Einschreiten gegen die Kommune ohne Aussicht auf Erfolg ist.

2. Rechtsschutz durch die ordentliche Gerichtsbarkeit

457 In Betracht kommt zunächst **wettbewerbsrechtlicher Rechtsschutz.** Ein Unterlassungsanspruch kann sich aus § 3 UWG (= § 1 UWG a. F.) ergeben, wenn das entsprechende Unternehmen unlauter handelt. So stellt sich die Frage, ob ein Verstoß gegen § 102 I GemO zur Unlauterkeit führt. Dies wurde mit Blick auf § 1 UWG a. F. (i. V. m. Verstößen gegen § 107 GO NRW = § 102 GemO BW) von manchen Gerichten bejaht.[234] Anders entschied dann der BGH:[235] „Ein Verstoß gegen § 107 GO NRW [= § 102 GemO BW], der erwerbswirtschaftlichen Tätigkeiten der Gemeinden Grenzen setzt, begründet keinen Anspruch privater Wettbewerber aus § 1 UWG [a. F.]. Die Vorschrift hat insofern eine den Wettbewerb regelnde Funktion, als sie – auch zum Schutz der privaten Wirtschaft – durch die Beschränkung des Marktzutritts den Gemeinden Rahmenbedingungen des Wettbewerbs festlegt. Sie dient jedoch nicht der Kontrolle der Lauterkeit des Marktverhaltens der Gemeinden."

458 Die aktuelle Fassung des UWG steht nunmehr ohnehin Unterlassungsansprüchen von Konkurrenten gegen die Kommune entgegen. § 3a UWG lautet: „Unlauter han-

---

[229] VG Karlsruhe, Urt. v. 29.8.2017 – 11 K 2695/15, juris Rn. 91.
[230] VGH BW, NVwZ-RR 2006, 714, 715; VBlBW 2013, 93, 95; VG Karlsruhe, Urt. v. 29.8.2017 – 11 K 2695/15, juris Rn. 28; **a. A.** *Berghäuser/Gelbe*, KommJur 2012, 47, 48.
[231] VG Karlsruhe, Urt. v. 17.9.2013 – 6 K 3111/12, juris Rn. 35.
[232] OVG NRW, NVwZ 2008, 1031 f.
[233] OVG S-A, NVwZ-RR 2009, 347.
[234] Sog. Gelsengrün-Rechtsprechung des OLG Hamm, NJW 1998, 3504 f.; ebenso OLG Düsseldorf, NJW-RR 1997, 1470 f.
[235] BGH, NVwZ 2003, 246; siehe auch OLG Frankfurt, NVwZ-RR 2008, 559, 600.

G. Kommunalwirtschaftsrecht

delt, wer einer gesetzlichen Vorschrift zuwiderhandelt, die auch dazu bestimmt ist, im Interesse der Marktteilnehmer das *Marktverhalten* zu regeln, und …". Zu unterscheiden ist also der Marktzutritt (das „ob" der Marktteilnahme) vom Marktverhalten („wie"). Das UWG zielt nur auf das Marktverhalten. Die Vorgaben des § 102 I GemO betreffen jedoch den Marktzugang.

Im Rahmen **vergaberechtlicher Streitigkeiten** ist auf die Rechtsprechung des Vergabesenats des OLG Düsseldorf hinzuweisen. Ausgangspunkt ist § 97 I GWB, wonach öffentliche Auftraggeber Waren, Bau- und Dienstleistungen „im Wettbewerb" beschaffen. Angebote, die als unlautere Verhaltensweise zu werten seien, müssten daher ausgeschlossen werden, so das OLG Düsseldorf unter Berufung auf § 2 Nr. 1 II VOL/A a. F., das weiter ausführt:[236] „Beim Verstoß einer Gemeinde gegen § 107 GO NRW [= 102 GemO BW], § 53 I KrO NRW kann die den Wettbewerb verfälschende Unlauterkeit darin bestehen, dass eine Gemeinde oder ihr Beteiligungsunternehmen sich an einem Vergabeverfahren beteiligt, das ihr nach den kommunalwirtschaftsrechtlichen Einschränkungen der Gemeindeordnung verschlossen ist, und sie darin von einem öffentlichen Auftraggeber noch gefördert wird, indem sie den Zuschlag erhalten soll." Darüber hinaus erwägt das OLG Celle den Ausschluss eines Bieters wegen fehlender Zuverlässigkeit (vgl. § 2 I VOL/A), weil der Verstoß gegen kommunalrechtliche Vorschriften zur Untersagung der Tätigkeit des Unternehmens führen könnte.[237]

Ob diese Rechtsprechung einiger Vergabesenate sich mit der neueren Linie des BGH zu § 3 UWG (= § 1 UWG a. F.) in Übereinstimmung bringen lässt, ist zu bezweifeln.[238]

Vertiefungshinweise: *Ade/Notheis/Schmid* u.a., Kommunales Wirtschaftsrecht in BW, 8. Aufl. 2011; *Attendorn/Schweitzer*, Verfassungswidrige Zulassung der überörtlichen energiewirtschaftlichen Betätigung durch Kommunen, NWVBl. 2013, 13 ff.; *Bauer*, Zukunftsthema „Rekommunalisierung", DÖV 2012, 329 ff.; *Berger*, Das kommunalrechtliche Subsidiaritätsgebot als subjektives öffentliches Recht, DÖV 2010, 118 ff.; *Berghäuser/Gelbe*, Drittschutz der verschärften Subsidiaritätsklauseln in den Gemeindeordnungen, KommJur 2012, 47 ff.; *Dietl*, Die kommunale Netzgesellschaft – Kommunalwirtschaftliche Vorgaben für eine Betätigung im Bereich des Netzbetriebs, DÖV 2018, 407 ff.; *Dünchheim/Gräler*, Verfassungsrechtliche Implikationen der paritätischen Mitbestimmung in kommunalen Unternehmen, NVwZ 2019, 1225 ff.; *Ennuschat*, Rechtsschutz privater Wettbewerber gegenüber kommunaler Konkurrenz, WRP 2008, 883 ff.; *Fabry*, Die Kommunalanstalt – Mögliche Rechtsform bald auch in Baden-Württemberg?, VBlBW 2014, 212 ff.; *Fabry/Augsten*, Die Kommunalanstalt in Baden-Württemberg – rechtliche und steuerliche Hinweise zur neuen Rechtsform, VBlBW 2016, 103 ff.; *Franzius*, Die wirtschaftliche Betätigung der Kommunen, Jura 2009, 677 ff.; *Geis/Madeja*, Kommunales Wirtschafts- und Finanzrecht, JA 2013, 248 ff.; *Katz*, Erweiterte Handlungsspielräume für Kommunen – Einführung der Kommunalanstalt und Verbesserung der interkommunalen Zusammenarbeit, BWGZ 2016, 365 ff.; *ders.*, Demokratische Legitimationsbedürftigkeit der Kommunalunternehmen, NVwZ 2018, 1091 ff.; *Koch*, Die Bestimmung des Gemeindevertreters in Gesellschaften mit kommunaler Beteiligung, VerwArch 102 (2011), 1 ff.; *Mann/Püttner* (Hrsg.), HKWP, 2. Band – Kommunale Wirtschaft, 3. Aufl. 2011; *Mann*, Steuernde Einflüsse der Kommunen in ihren Gesellschaften, VBlBW 2010, 7 ff.; *Müller*, Kommunen in der Energiewende – zu den Erfordernissen der §§ 102 ff. GemO bei kommunalen Beteiligungsmodellen, BWGZ 2020, 9 ff.; *Neumann*, Kommunale Daseinsvorsorge im Bereich der Telekommunikation, KommJur 2012, 161 ff.; *Nieskens*, Wettbewerbsverzerrungen durch wirtschaftliche Tätigkeiten der öffentlichen Hand – zur umsatzsteuerrechtlichen Bevor-

---

[236] OLG Düsseldorf, VergabeR 2006, 509; Beschl. v. 13.8.2008 – VII-Verg 42/07, juris Rn. 22 ff.; Beschl. v. 4.5.2009 – VII-Verg 68/08, juris Rn. 108 ff.; Beschl. v. 7.8.2013 – VII-Verg 14/13 –, juris Rn. 40 ff.
[237] OLG Celle, NZBau 2001, 648.
[238] Gegen diese Rechtsprechung insbesondere OVG NRW, NVwZ 2008, 1031, 1032 f. mit zust. Anm. *Ennuschat*, NVwZ 2008, 966 ff.

zugung der öffentlichen Hand im Bereich des öffentlichen Friedhofswesens, UR 2013, 739 ff.; *Oebbecke*, Die Kommune als Konzern, VBlBW 2010, 1 ff.; *Schiebold/Doms*, Die Anwendbarkeit kommunalrechtlicher Vorschriften der Gemeindeordnung Baden-Württemberg auf kommunale Tochter-, Enkel- und Urenkelgesellschaften, VBlBW 2010, 453 ff.; *Suerbaum*, in: Ehlers/Fehling/Pünder (Hrsg.), Besonderes Verwaltungsrecht, Bd. 1 – Öffentliches Wirtschaftsrecht, 4. Aufl. 2019, S. 490 ff.; *Wurzel/Schraml/Becker* (Hrsg.), Rechtspraxis der kommunalen Unternehmen, 3. Aufl. 2015.

H. Kommunales Haushalts- und Finanzrecht

I. Überblick und Grundlagen

462 Zentraler Bestandteil des Selbstverwaltungsrechts ist die **Finanzhoheit** (→ Rn. 67). Ohne ausreichende Mittel zur Erledigung der Angelegenheiten der örtlichen Gemeinschaft läuft die Selbstverwaltungsgarantie leer. Gem. Art. 28 II 3 GG umfasst die Garantie der kommunalen Selbstverwaltung daher auch die Grundlagen der finanziellen Eigenverantwortung; dazu gehört eine den Gemeinden mit Hebesatzrecht zustehende wirtschaftskraftbezogene Steuerquelle (siehe zur Gewerbesteuer bei → Rn. 479). Ergänzend treten Vorgaben der Landesverfassung zur Sicherung der Finanzhoheit hinzu (Art. 71 III LV – Konnexitätsprinzip; Art. 73 LV).

463 Verbreitet wird aus Art. 28 II 1, 3 GG ein **Anspruch** der einzelnen Kommune **auf eine aufgabengerechte Finanzausstattung** oder jedenfalls eine **finanzielle Mindestausstattung** abgeleitet.[239] Zur Wahrung des kommunalen Selbstverwaltungsrechts soll es dann allerdings genügen, dass die Kommune „in der Lage [ist], einen, wenn auch geringen, Beitrag für freiwillige Selbstverwaltungsaufgaben auszugeben".[240] Teile der Literatur sind kommunalfreundlicher und verlangen, es müsse mindestens eine „freie Spitze von 5%" zur Finanzierung freiwilliger Selbstverwaltungsaufgaben verbleiben.[241] Das BVerfG hat diese Forderung freilich zurückgewiesen.[242]

464 Den Kommunen steht eine Reihe von **Einnahmequellen** zur Verfügung. Sie erhalten einen Anteil am gesamtstaatlichen Steueraufkommen gem. Art. 106 V–VII GG und an den Steuereinnahmen des Landes gem. Art. 73 III LV sowie z.B. Zuwendungen des Landes, die teils aus Bundesmitteln gespeist werden (vgl. Art. 104b GG). Hinzu kommen eigene Finanzierungsquellen der Kommunen, insbesondere die Kommunalabgaben, d.h. Steuern, Gebühren und Beiträge (§ 1 KAG, → Rn. 478 ff.), darüber hinaus etwa Gewinne aus kommunalwirtschaftlicher Betätigung (§ 102 III GemO, → Rn. 432), Einnahmen aus dem Verkauf von Grundstücken oder Kredite (§§ 87, 89 GemO).

> **Hinweis:** Manche Kommunen haben sich zwecks Erzielung von Einnahmen auf undurchsichtige und hochriskante Finanzspekulationen (Swapgeschäfte oder Anleihen in Fremdwährungen) eingelassen und teils erhebliche Verluste erlitten.[243] Einige dieser Kommunen hatten

---

[239] Z.B. BVerwG, NVwZ 2013, 1078, 1090; NVwZ-RR 2008, 131; **a.A.** VerfGH NRW, Urt. v. 6.5.2014 – 9/12, juris Rn. 56; offen lassend BVerfG, NVwZ-RR 2007, 435, 436.
[240] BVerwG, NVwZ-RR 2008, 131.
[241] So früher *Pieroth*, in: Jarass/Pieroth, GG, 12. Aufl. 2012, Art. 28 Rn. 14.
[242] BVerfG, NVwZ-RR 2007, 435, 436.
[243] Dazu z.B. *Gehrmann*, Kommunale Zinsswapgeschäfte und strafrechtliches Risiko, KommJur 2011, 41 ff.; *Lammers*, Pflichtverletzungen bei kommunalen Zins-Swaps, NVwZ 2012, 12 ff.;

H. Kommunales Haushalts- und Finanzrecht

Glück und konnten später vor Gericht von den Banken wegen Schlechtberatung Schadensersatz oder Rückabwicklung verlangen.[244] **465**

II. Haushaltswirtschaft

Für die Haushaltswirtschaft bieten §§ 77 ff. GemO und die GemHVO detaillierte **466** Vorgaben. Zentrales Ziel ist die Sicherung einer stetigen Erfüllung der Gemeindeaufgaben (§ 77 I 1 GemO). Wichtige Maxime ist die **Sparsamkeit und Wirtschaftlichkeit der Haushaltswirtschaft** (§ 77 II GemO).[245] Diese Vorgabe unterliegt der Rechtsaufsicht (→ Rn. 505). Gem. § 79 I 1 GemO hat die Gemeinde für jedes Haushaltsjahr eine **Haushaltssatzung** zu erlassen. Der Haushaltsplan ist Teil der Haushaltssatzung (§ 80 I 1 GemO). Durch ihn werden Ansprüche und Verbindlichkeiten weder begründet noch aufgehoben (§ 80 IV 2 GemO). Damit fehlt Haushaltsplan und Haushaltssatzung die Außenwirkung.

Beachte: Dasselbe gilt für die Haushaltsgesetze und Haushaltspläne von Bund und Ländern **467** (vgl. §§ 3 II HGrG, § 3 II BHO, § 3 II LHO). Die Haushaltsgesetze sind daher sog. nur formelle Gesetze, die zwar in einem förmlichen Gesetzgebungsverfahren zustande gekommen (also: formelles Gesetz), aber ohne Außenwirkung (also: kein materielles Gesetz) sind. Bei kommunalen Satzungen handelt es sich im Regelfall um materielle Gesetze (→ Rn. 11). Etwas anderes gilt für die Haushaltssatzung, die man deshalb als nur formelle Satzung bezeichnen könnte.

Beispiel: Im Haushaltsplan werden nach Maßgabe vom Rat zu formulierender Richtlinien **468** Mittel zur Förderung freier Theatergruppen bereitgestellt. Ein Förderanspruch einer Theatergruppe kann wegen § 80 IV 2 GemO nicht unmittelbar aus Haushaltssatzung und Haushaltsplan folgen. Die Richtlinien sind als Verwaltungsvorschriften einzustufen, deshalb ohne Außenwirkung und für sich ebenfalls keine taugliche Anspruchsgrundlage. Ein Anspruch könnte sich aber gemäß dem Grundsatz der Selbstbindung der Verwaltung durch ständige oder antizipierte Verwaltungspraxis auf den Haushaltsplan i. V. m. der Richtlinie i. V. m. Art. 3 I GG stützen.[246]

Bislang enthält der Haushaltsplan Angaben zu den Einnahmen und Ausgaben sowie zu **469** den Verpflichtungsermächtigungen (§ 80 I 2 GemO a. F.), künftig wird er – ganz im Sinne des sog. **New Public Management** – Angaben zu den anfallenden Erträgen und entstehenden Aufwendungen, den eingehenden ergebnis- und vermögenswirksamen Einzahlungen und den zu leistenden ergebnis- und vermögenswirksamen Auszahlungen sowie zu den Verpflichtungsermächtigungen (= Ermächtigungen, Verpflichtungen für spätere Haushaltsjahre einzugehen) enthalten (§ 80 I 2 GemO n. F.). Die bisherige Gegenüberstellung von Einnahmen und Ausgaben während einer Haushaltsperiode ist kennzeichnend für die kameralistische Buchführung, welche das öffentliche Haushaltswesen in Deutschland seit dem 18. Jahrhundert prägt. Durch Gesetz vom 4.5.2009 (GBl.

Weck/Schick, Unwirksamkeit spekulativer Swap-Geschäfte im kommunalen Bereich, NVwZ 2012, 18 ff.
[244] Siehe etwa OLG Köln, Gemeindehaushalt 2014, 237 f.; OLG Düsseldorf, WM 2013, 2046.
[245] VG Sigmaringen, Urt. v. 5.11.2014 – 2 K 521/12, juris Rn. 28.
[246] Näher z. B. OVG Saarland, Urt. v. 4.6.2012 – 3 A 33/12, juris Rn. 48 ff.; *Maurer/Waldhoff,* AllgVwR, 19. Aufl. 2017, § 24 Rn. 27 ff.

S. 185) wird die **Kameralistik** durch eine doppelte Buchführung (sog. Doppik) ersetzt. Die **Doppik** orientiert sich an der kaufmännischen Buchführung und Bilanzierung gemäß den Vorgaben des Handelsgesetzbuches (so auch §§ 1a, 7a HGrG); z.B. entspricht der Jahresabschluss gem. § 95 GemO dem Jahresabschluss von Kapitalgesellschaften gem. § 264 II HGB (LT-Drs. 14/4002, S. 57). Ab dem Haushaltsjahr 2020 müssen alle Gemeinden die Buchführung auf die Doppik umgestellt haben (§ 64 II GemHVO).

III. Kommunalabgaben

470   Gem. § 1 KAG umfassen die **Kommunalabgaben** die Steuern, Gebühren und Beiträge, die von den Gemeinden und Landkreise erhoben werden. Kommunalabgaben werden auf Grund einer Satzung erhoben (§ 2 I KAG) und auf Grundlage der Satzung für den Einzelfall durch Verwaltungsakt (Steuer-, Gebühren-, Beitragsbescheid) festgesetzt.

471   **Klausurhinweis:** Gem. § 8 II Nr. 9 JAPrO zählt das Kommunalabgabenrecht nicht zum Pflichtstoff in der Staatsprüfung. Rechtsgebiete außerhalb des Pflichtstoffs können dennoch Prüfungsgegenstand sein, soweit lediglich Verständnis und Arbeitsmethode festgestellt werden sollen.

472   **Steuern** sind Geldleistungen, die nicht eine Gegenleistung für eine besondere Leistung darstellen und von einem öffentlich-rechtlichen Gemeinwesen zur Erzielung von Einnahmen allen auferlegt werden, bei denen der Tatbestand zutrifft, an den das Gesetz die Leistungspflicht knüpft; die Erzielung von Einnahmen kann Nebenzweck sein (so die Legaldefinition in § 3 I AO). Steuern dienen also dem allgemeinen Finanzbedarf des Gemeinwesens (z.B. Lohn- und Einkommenssteuer). Sie können aber auch mit Lenkungszwecken verknüpft werden (z.B. Mineralölsteuer). Die Lenkung kann Haupt- oder Nebenzweck, darf jedoch nicht alleiniger Zweck sein.

473   **Beispiele:** Kommunale Steuern sind etwa die Grundsteuer und die Gewerbesteuer (§ 9 II KAG), die Hundesteuer (§ 9 III KAG) oder die Vergnügungssteuer (§ 9 IV KAG). Siehe näher → Rn. 478 ff.

474   Eine **Gebühr** ist eine öffentlich-rechtliche Gegenleistung für die (tatsächliche) Inanspruchnahme einer öffentlichen Leistung. Es gibt Verwaltungsgebühren (Gegenleistung für Verwaltungshandeln) und Benutzungsgebühren (Gegenleistung für Benutzung einer öffentlichen Einrichtung mit öffentlich-rechtlicher Ausgestaltung des Benutzungsverhältnisses). Die Gebühr soll kostendeckend sein, kann aber u.U. auch Lenkungszwecke verfolgen (z.B. § 18 I 1 Nr. 1 KAG BW: Abfallgebühr kann Anreize zur Abfallvermeidung setzen). Bei der Gebührenkalkulation hat die Kommune einen weiten Einschätzungs- und Prognosespielraum.[247]

475   **Beispiele** für Verwaltungsgebühren: Gebühr für Baugenehmigung, Gaststättengenehmigung; Benutzungsgebühren: Gebühren für Abwasserbeseitigung, Eintrittskarte für das Freibad, Bestattungs- und Grabnutzungsgebühr bei städtischem Friedhof.

476   **Beiträge** sind die Gegenleistung für die potentielle Inanspruchnahme einer öffentlichen Leistung (z.B. Erschließungsbeitrag, § 127 BauGB; Kurbeitrag [sog. Kurtaxe]). Hier gilt ebenfalls das Kostendeckungsprinzip.

---

[247] SächsOVG, SächsVBl. 2018, 276.

H. Kommunales Haushalts- und Finanzrecht

Sonderabgaben sind Abgaben, die sich nicht als Steuer, Gebühr oder Beitrag einordnen lassen, weil sie nicht dem allgemeinen Finanzbedarf des Gemeinwesens dienen (also: keine Steuer) und sich nicht als Gegenleistung für eine tatsächliche Leistung/Möglichkeit der Inanspruchnahme einer Leistung (also: weder Gebühr noch Beitrag) einstufen lassen. Sonderabgaben sind nur in engen Grenzen zulässig.[248] §§ 1f. KAG sehen keine kommunalen Sonderabgaben vor. **477**

IV. Örtliche Steuern

Einige Gemeindesteuern sind explizit gesetzlich benannt, so die Grundsteuer und Gewerbesteuer (§ 9 II KAG) und die Hundesteuer (§ 9 III KAG). Darüber hinaus steht den Gemeinden ein Steuererfindungsrecht zu (§ 9 IV KAG). **478**

1. Gesetzlich benannte Gemeindesteuern: Grundsteuer, Gewerbesteuer und Hundesteuer

Die **Grundsteuer** und die **Gewerbesteuer** werden in Art. 106 VI 1 GG angeführt und finden auch einfachrechtlich ihre Grundlagen im Bundesrecht. Gem. § 1 I GrStG bestimmt die Gemeinde, ob sie von dem in ihrem Gebiet liegenden Grundbesitz Grundsteuern erhebt. Nach § 1 GewStG erheben die Gemeinden eine Gewerbesteuer als Gemeindesteuer. Die Höhe der Steuer richtet sich nach Hebesätzen, welche die Gemeinden nach pflichtgemäßem Ermessen festlegen (§ 25 I GrStG, § 16 I GewStG). Die Gemeinden müssen von diesen Steuermöglichkeiten in angemessener Höhe Gebrauch machen, wenn dies nötig ist, um einen ausgeglichenen Haushalt zu erzielen oder zumindest anzustreben.[249] **479**

> **Beachte:** Entsprechendes gilt für andere Kommunalabgaben, z.B. für Straßenbeitragssatzungen. Die Kommunen müssen also diese Beiträge erheben, wenn anders ein Haushaltsausgleich nicht gelingt.[250] **480**

Die **Hundesteuer** stützt sich auf Art. 105 IIa 1 GG und auf § 9 III KAG. Es handelt sich um eine örtliche Aufwandssteuer (näher → Rn. 484). Sie dient der Einnahmeerzielung und verfolgt zugleich den Zweck, die Hundehaltung und die damit verbundenen Belästigungen und Gefahren für die Allgemeinheit einzudämmen.[251] Die Höhe der Hundesteuer darf **keine erdrosselnde Wirkung** erreichen; Erdrosselung wurde z.B. verneint bei einer jährlichen Steuerhöhe von 80 Euro für den ersten, 140 Euro für den zweiten und 200 Euro für jeden weiteren Hund.[252] **481**

2. Kommunales Steuererfindungsrecht, Art. 105 IIa 1 GG i.V.m. § 9 IV KAG

Große Praxis- und gewisse Prüfungsrelevanz weisen die **örtlichen Verbrauchs- und Aufwandssteuern** gem. § 9 IV KAG auf, die deshalb etwas genauer betrachtet werden sollen. Ausgangspunkt ist – wie auch bei der Hundesteuer (→ Rn. 481) – die **482**

---

[248] Näher z.B. *Maurer*, StaatsR I, 6. Aufl. 2010, § 21 Rn. 19.
[249] BVerwG, NVwZ 2011, 424.
[250] HessVGH, NVwZ-RR 2012, 486.
[251] Uneinheitlich beurteilt wird, welcher Zweck im Vordergrund steht; BayVGH, BayVBl. 2011, 701: Einnahmeerzielung; *Gern*, KommR BW, Rn. 541: Eindämmung der Hundehaltung.
[252] BayVGH, BayVBl. 2012, 507.

Vorgabe des **Art. 105 IIa 1 GG:** Die Länder haben die Befugnis zur Gesetzgebung über die örtlichen Verbrauch- und Aufwandsteuern, solange und soweit sie nicht bundesgesetzlich geregelten Steuern gleichartig sind. Von dieser Gesetzgebungskompetenz hat das Land durch **§ 9 IV KAG** Gebrauch gemacht: Soweit Gesetze im Sinne von § 9 I KAG nicht bestehen (gemeint ist: selbst dann, wenn die Gemeinden nicht ohnehin zur Erhebung bestimmter Steuern gesetzlich ermächtigt worden sind), können die Gemeinden örtliche Verbrauch- und Aufwandsteuern erheben, solange und soweit sie nicht bundesgesetzlich geregelten Steuern gleichartig sind, jedoch nicht Steuern, die vom Land erhoben werden oder den Stadtkreisen und Landkreisen vorbehalten sind (zu Kreissteuern siehe § 10 KAG). Das Land hat damit den Gemeinden die Befugnis verschafft, im durch Art. 105 IIa 1 GG i. V. m. § 9 IV KAG gezogenen Rahmen eigene Steuerquellen zu erschließen. Die Gemeinden haben also ein begrenztes **Steuererfindungsrecht;** die örtlichen Verbrauchs- und Aufwandssteuern tragen allerdings nur zu ca. 0,3 % zu den kommunalen Einnahmen bei.[253]

483 Eine **Verbrauchsteuer** besteuert den Verbrauch oder Gebrauch bestimmter Waren. Sie soll die im Ver-/Gebrauch dieser Waren zutage tretende steuerliche Leistungsfähigkeit abschöpfen. Verbrauchsteuern sind z. B. die Tabaksteuer, die dem Bund zufließt (Art. 106 I Nr. 2 GG), oder die Biersteuer, welche den Ländern zusteht (Art. 106 II Nr. 4 GG). Beispiel für eine Verbrauchsteuer auf kommunaler Ebene ist die Getränkesteuer in Form einer Schankverzehrsteuer, welche den öffentlichen Ausschank von Getränken (etwa in Gaststätten) besteuert. Gegenwärtig erhebt augenscheinlich keine Gemeinde diese Steuer. In Bayern ist den Gemeinden die Erhebung einer Getränkesteuer (und auch einer Speiseeissteuer) ausdrücklich untersagt (Art. 3 III 1 BayKAG).

484 Größere Bedeutung für die kommunalen Einnahmen haben **Aufwandsteuern,** welche an den Aufwand anknüpfen, der der persönlichen Lebensführung dient und über das hinausgeht, was zur gewöhnlichen Lebensführung erforderlich ist, und deshalb typischerweise wirtschaftliche Leistungsfähigkeit (Konsumfähigkeit) zum Ausdruck bringt, die abgeschöpft werden soll. Dabei muss sich keineswegs um eine besonders aufwendige oder luxuriöse Einkommensverwendung handeln. Die Aufwandssteuer ist **keine Luxussteuer.**[254] Wegen der typisierenden Betrachtung kommt es nicht auf die Leistungsfähigkeit im Einzelfall an. Traditionelle Anwendungsfälle örtlicher Aufwandsteuern sind die Zweitwohnungs-, die Hunde- und die Vergnügungsteuer. Neu eingeführt haben einige Gemeinden die sog. Kultur- und Tourismusförderabgabe, die Hotelübernachtungen besteuert (sog. **Bettensteuer**), eine **Pferdesteuer**[255] oder eine **Wettbürosteuer.**

485 **Beispiele:** Das Halten eines Reitpferdes übersteigt den Aufwand, der typischerweise zur Lebensführung erforderlich ist und ist damit Ausdruck wirtschaftlicher Leistungsfähigkeit, die steuerlich abgeschöpft wird. Auch Sozialhilfeempfänger sind hundesteuerpflichtig, obwohl sie an sich wirtschaftlich nicht leistungsfähig sind; sie leisten sich aber einen Aufwand, der über das Maß der gewöhnlichen Lebensführung hinausreicht.[256] Wenn ein Diensthund gehalten wird, dient dies nicht der persönlichen Lebensführung, sodass keine Hundesteuer erhoben werden darf.[257]

---

[253] Näher *Lammers*, DVBl. 2013, 348 ff.; *Stolterfoht*, FS Paul Kirchhof II, 2013, § 191 Rn. 10.
[254] BFH, NVwZ 2010, 1047, 1048.
[255] Die Zulässigkeit einer kommunalen Pferdesteuer bejahend BVerwG, NVwZ 2016, 620 ff.
[256] BVerwG, NVwZ-RR 2010, 934.
[257] BVerwG, NVwZ 2008, 91.

H. Kommunales Haushalts- und Finanzrecht

Beispielsweise wird das menschliche Grundbedürfnis „Wohnen" durch die Erstwohnung abgedeckt. Wer eine Zweitwohnung für den persönlichen Gebrauch nutzt, befriedigt damit Bedürfnisse, die über den gewöhnlichen Lebensbedarf hinausgehen. Hinsichtlich der Erstwohnung genügt es, dass der Steuerpflichtige dort seinen Erstwohnsitz angemeldet hat. Eine **Zweitwohnungssteuer** kann auch dann erhoben werden, wenn am Erstwohnsitz lediglich das Kinderzimmer in der elterlichen Wohnung zur Verfügung steht.[258] Nötig ist jedoch die rechtlich gesicherte Befugnis zur persönlichen Nutzung der Zweitwohnung. Eine Zweitwohnung, die an Dritte vermietet wird, ist als Kapitalanlage zu betrachten, die nicht der Zweitwohnungssteuer unterfällt. **486**

Die **Vergnügungssteuer** kann z.B. die Spielgeräte in Spielhallen und Gaststätten, Erotikfilme in Kinos, sexuelle Dienstleistungen, Tanzveranstaltungen oder Wettbüros erfassen.[259] Auch dabei soll die in der Benutzung der Spielgeräte oder der Inanspruchnahme sexueller Dienstleistungen erkennbare wirtschaftliche Leistungs- und Konsumfähigkeit abgeschöpft werden. Hinzu kommen Lenkungszwecke, d.h. ein Ausufern derartiger Angebote soll begrenzt werden. Bezugspunkt der abzuschöpfenden wirtschaftlichen Leistungsfähigkeit ist der Spieler bzw. Kunde. Aus Gründen der Praktikabilität kann die Gemeinde aber den Anbieter als Steuerpflichtigen heranziehen, der die Möglichkeit einer Überwälzung der Kosten auf den Spieler bzw. Kunden hat.[260] **487**

Bei der Kultur- und Tourismusförderabgabe (sog. **Bettensteuer**) ist zu beachten, dass eine Aufwandsteuer an eine über den gewöhnlichen Lebensbedarf hinausgehende Einkommensverwendung anknüpft, aber nicht an die Einkommenserzielung: Deshalb dürfen Geschäftsleute, die beruflich bedingt in Hotels übernachten, dieser Abgabe nicht unterworfen werden.[261] **488**

Örtlich ist die Steuer dann, wenn der Steuertatbestand örtlich radiziert ist, also an örtliche Gegebenheiten anknüpft. Örtlichkeit liegt selbst dann vor, wenn (nahezu) alle Gemeinden in ähnlicher Weise eine Steuer erheben (so etwa bei der Vergnügungssteuer für Spielautomaten). **489**

Die örtliche Steuer darf nicht mit einer bundesgesetzlich geregelten Steuer gleichartig sein. Gleichartigkeit wäre zu bejahen, wenn die örtliche Steuer die gleiche Quelle abschöpft und die gleiche Wirkung entfaltet. Als **gleichartige bundesrechtlich geregelte Steuern** kommen insbesondere die Umsatz- und die Einkommensteuer in Betracht. Die Umsatzsteuer betrifft jedoch auch Vorgänge der gewöhnlichen Lebensführung – anders die örtlichen Aufwandsteuern, welche nur den Aufwand besteuern, der darüber hinausreicht. Bezogen auf die Bettensteuer für Touristen soll der Unterschied zur Umsatzsteuer darin bestehen, dass erstgenannte den Aufwand des Touristen, letztgenannte aber die Leistung des Hotels betrifft.[262] Die Gleichartigkeit zur Einkommensteuer besteht jedenfalls dann nicht, wenn der Bezugspunkt der örtlichen Steuer nicht das Einkommen ist, sondern bei der Zweitwohnungssteuer z.B. die Kaltmiete oder bei der Vergnügungssteuer auf Spielgeräte der Spieleinsatz. Gleichar- **490**

---

[258] BVerfG, NVwZ 2010, 1022, 1024 – Zweitwohnungssteuer für Studierende.
[259] Die Zulässigkeit einer Wettbürosteuer als Aufwandsteuer bejahend BVerwG, NVwZ 2017, 1871; a.A. VGH BW, KommJur 2016, 185, 186. – Bejahend zur Zulässigkeit einer Vergnügungssteuer auf Tanzveranstaltungen OVG NRW, Beschl. v. 4.5.2016 – 14 B 362/16, juris Rn. 21, auf sexuelle Dienstleistungen OVG NRW, Beschl. v. 19.10.2015 – 14 B 1025/15, juris Rn. 3.
[260] BVerwG, NVwZ-RR 2012, 368 – Spielautomaten; VGH BW, VBlBW 2011, 400; OVG NRW, NWVBl. 2013, 151, jeweils zur Bordell- bzw. Sexsteuer.
[261] So BVerwG, NVwZ 2012, 1407, 1408; OVG NRW, Urt. v. 23.1.2013 – 14 A 1860/11, juris Rn. 55.
[262] BVerwG, NVwZ 2012, 1407, 1411.

tigkeit läge etwa vor, wenn eine Kommune eine Aufwandssteuer auf (Luxus-)PKW erheben würde, weil diese bereits der bundesrechtlichen Kfz-Steuer unterworfen sind.[263]

3. Das Satzungsermessen und seine Grenzen

491 Sind die vorstehend genannten tatbestandlichen Voraussetzungen erfüllt, kann die Gemeinde gem. § 2 I KAG eine Steuersatzung erlassen. Auf Rechtsfolgenseite steht der Gemeinde **Satzungsermessen** zu. Ermessensgrenzen folgen aus dem höherrangigen Recht einschließlich des Unionsrechts. Besonders relevant sind die Grundrechte und der Verhältnismäßigkeitsgrundsatz.

492 Zentrale Bedeutung kommt zunächst dem **Gleichheitsgebot aus Art. 3 I GG** zu, das im Bereich des Steuerrechts durch die Grundsätze der Steuergerechtigkeit und der Steuergleichheit konkretisiert wird. **Steuergerechtigkeit** verlangt eine Besteuerung nach der individuellen wirtschaftlichen Leistungsfähigkeit (Leistungsfähigkeitsprinzip). Damit verknüpft ist die sog. vertikale Steuergleichheit: Unterschiedlich Leistungsfähige werden dementsprechend unterschiedlich hoch besteuert. Steuergerechtigkeit ist aber selbst dann gewahrt, wenn Studierende, die regelmäßig einkommensschwach sind, in gleicher Weise der Zweitwohnungssteuer unterworfen sind wie einkommensstarke Personen, welche die Zweitwohnung aus beruflichen Gründen oder als Ferienwohnung nutzen, zumal Steuertatbestände, um praktikabel zu sein, typisieren müssen.[264]

493 Der Grundsatz der (horizontalen) **Steuergleichheit** gibt vor, dass gleichermaßen Leistungsfähige auch gleich besteuert werden, lässt indessen sachlich begründete Ungleichheiten zu. Er ist deshalb nicht verletzt, wenn die Kommune aus sozialen Gründen dem therapeutischen Wohnen dienende Nebenwohnungen von der Zweitwohnungssteuer ausnimmt[265] oder wenn nur Spielhallen und Gaststätten von der Vergnügungssteuer erfasst werden, nicht aber die Spielautomaten in Spielbanken[266].

494 **Beachte:** Der Umstand, dass in der Gemeinde A höhere Steuersätze gelten als in der Gemeinde B, bleibt außer Betracht: Bei unterschiedlichen Normgebern fehlt es schon an der Vergleichbarkeit der Sachverhalte.

495 Die Vergnügungssteuer auf Spielgeräte oder im Bereich sexueller Dienstleistungen soll im Rahmen ihrer Lenkungsfunktion das Ausufern derartiger Angebote verhindern, soll also berufsregelnde Tendenz entfalten und ist damit als mittelbarer Eingriff in die **Berufsfreiheit gem. Art. 12 I GG** zu werten. Gründe des Gemeinwohls (z.B. Bekämpfung der Spielsucht) können diesen Eingriff rechtfertigen. Etwas anderes gilt bei erdrosselnder Wirkung der Steuer. Erdrosselungswirkung ist nicht schon dann zu bejahen, wenn ein einzelner Betreiber infolge der durch die Steuerbelastung verringerten Gewinne aus dem Markt ausscheidet. Erforderlich ist vielmehr, dass die Steuerbelastung den durchschnittlichen Betrieb in aller Regel unwirtschaftlich macht.[267] In die-

---

[263] OVG NRW, Urt. v. 23.10.2013 – 14 A 316/13, juris Rn. 58.
[264] BVerfG, NVwZ 2010, 1022, 1023; BVerwG, NVwZ 2009, 1437, 1440f.
[265] BVerwG, NVwZ 2009, 1437, 1440f.
[266] OVG NRW, KStZ 2012, 95.
[267] VGH BW, Urt. v. 13.12.2012 – 2 S 1010/12, juris Rn. 40; ähnlich OVG NRW, Beschl. v. 18.1.2016 – 14 B 1479/15, juris Rn. 9: keine erdrosselnde Wirkung der Vergnügungssteuer auf Spielgeräte in Gaststätten und Spielhallen.

H. Kommunales Haushalts- und Finanzrecht 93

sem Fall liegt zugleich ein Formenmissbrauch vor: Eine Steuer soll auch Einnahmen erzielen und nicht die besteuerte Tätigkeit faktisch verbieten. Derartige Maßnahmen, die materiell wie ein Verbot wirken, können nicht auf die Steuergesetzgebungskompetenz des Art. 105 IIa GG gestützt werden.

Relevant sein können auch die übrigen Grundrechte. So verstößt eine Zweitwoh- 496
nungssteuersatzung gegen das Grundrecht der Ehe (Art. 6 I GG), wenn ein Verheirateter neben der ehelichen Wohnung (Erstwohnsitz) aus beruflichen Gründen eine Zweitwohnung nutzen muss.[268]

Weitere Grenze für das Satzungsermessen soll das Gebot der **Widerspruchsfreiheit** 497
der Rechtsordnung sein. Dagegen soll, so eine verbreitete Ansicht, die Bettensteuer verstoßen:[269] Es sei widersprüchlich, wenn erst der Bundesgesetzgeber die Umsatzsteuer für Hotelübernachtungen senke, dann aber die Kommune letztlich denselben wirtschaftlichen Vorgang zusätzlich besteuere; der bundesgesetzlich intendierte Förderzweck werde dann kommunal konterkariert. Demgegenüber weist die Gegenansicht auf den geringen Umfang der kommunalen Bettensteuer sowie darauf hin, dass diese keinen Lenkungszweck verfolge und deshalb nicht im Widerspruch zum bundesrechtlichen Förderzweck stehe.[270]

Das Satzungsermessen wird schließlich auch durch das **Unionsrecht** begrenzt. Um- 498
stritten war etwa, ob eine Vergnügungssteuer, die in ihrer Höhe an den Umsatz anknüpft, mit der Mehrwertsteuer-Richtlinie 2006/112/EG vereinbar ist.[271]

4. Steuerbescheid; Fehlerfolgen rechtswidriger Steuersatzungen

Festgesetzt wird die Steuer durch Verwaltungsakt. Dieser **Steuerbescheid** findet 499
seine Ermächtigungsgrundlage in der Steuersatzung. Er muss formell und materiell rechtmäßig sein. In materieller Hinsicht ist zu prüfen, ob die tatbestandlichen Voraussetzungen der Ermächtigungsgrundlage, so wie sie in der Steuersatzung normiert sind, vorliegen. Sollte die Satzungsnorm bei der Festsetzung des Steuerbescheids Ermessen eröffnen, wären die Ermessensgrenzen, insbesondere Grundrechte und Verhältnismäßigkeitsprinzip, zu beachten. Im Falle von Rechtsstreitigkeiten sind die **Verwaltungsgerichte** zuständig, nicht etwa die Finanzgerichte.

Wenn eine Steuersatzung sich als unheilbar rechtswidrig (zur Heilung siehe § 4 IV 500
GemO sowie → Rn. 299) und nichtig herausstellt, wird der Steuerbescheid ebenfalls rechtswidrig, aber nicht nichtig. Die Gemeinde kann dann eine neue, nunmehr fehlerfreie Satzung erlassen und diese rückwirkend in Kraft treten lassen. Selbst eine echte Rückwirkung ist ausnahmsweise zulässig, weil der Bürger in dem Zeitpunkt, auf den sich die Rückwirkung bezieht, mit einer entsprechenden Regelung rechnen musste und sich deshalb nicht auf Vertrauensschutz berufen kann.[272] Die Möglichkeit der Rückwirkung gilt gleichermaßen für andere Abgabensatzungen (z.B. zu Gebühren oder Beiträgen).

---

[268] BVerfG, NJW 2005, 3556.
[269] Z.B. BayVGH, DVBl. 2012, 767, 768.
[270] BVerwG, NVwZ 2012, 1407, 1411; OVG RP, DVBl. 2011, 1039, 1044; zur Zulässigkeit kommunaler Bettensteuern in Baden-Württemberg ferner BVerwG, Beschl. v. 11.12.2015 – 9 BN 7/15, juris Rn. 3 ff.; VGH BW, KommJur 2015, 419 ff.
[271] Bejahend EuGH, NVwZ 2014, 483, 484; BVerwG, Beschl. v. 19.8.2013 – 9 BN 1/13, juris Rn. 11; OVG NRW, Beschl. v. 26.2.2013 – 14 A 2916/12, juris Rn. 16 ff.; OVG Nds., Beschl. v. 18.5.2016 – 9 LA 186/15, juris Rn. 9 – jeweils zu Spielautomaten.
[272] *Aker*, in: Aker/Hafner/Notheis, GemO BW, § 4 Rn. 18; *Plate/Schulze/Fleckenstein*, KommR BW, Rn. 62.

501 **Beispiel:** Eine Steuersatzung vom 1.1.2017 sieht die Besteuerung der Hundehaltung vor. Im Jahr 2019 stellt sich ihre Nichtigkeit heraus. Eine an ihre Stelle tretende neue Satzung wird im November 2019 erlassen und rückwirkend zum 1.1.2017 in Kraft gesetzt. Bezogen auf die Besteuerung der Jahre 2017 und 2018 handelt es sich um abgeschlossene Steuertatbestände und damit um eine echte Rückwirkung, die nur ausnahmsweise zulässig ist – so hier mangels entgegenstehenden Vertrauens: Jeder Bürger muss mit der Besteuerung der Hundehaltung rechnen (vgl. § 9 III KAG). Bezogen auf die Besteuerung des Jahres 2019 ist der Steuertatbestand noch nicht abgeschlossen, sodass eine unechte Rückwirkung vorliegt. Diese ist grundsätzlich zulässig, wenn nicht ausnahmsweise das Vertrauen des Bürgers überwiegt, was hier aber nicht der Fall ist.[273]

V. Überblick über die Prüfung eines Steuerbescheides auf Grundlage einer kommunalen Steuersatzung

502 Soll die Rechtmäßigkeit eines Steuerbescheids (= Verwaltungsakt) geprüft werden, der auf einer kommunalen Steuersatzung beruht, könnte folgendes Schema verwendet werden:

> I. Ermächtigungsgrundlage für den Steuerbescheid: § xy Satzung
> Voraussetzung: Die Satzung ist wirksam, was jedenfalls im Falle ihrer Rechtmäßigkeit zu bejahen ist (zu Heilung einiger formeller Fehler siehe → Rn. 299).
> 1. Rechtsgrundlage für die Satzung: § 2 I i.V.m. (z.B.) § 9 IV KAG BW
> Danach „können die Gemeinden örtliche Verbrauchs- und Aufwandssteuern erheben, solange und soweit sie nicht bundesgesetzlich geregelten Steuern gleichartig sind …". Das Land hat die Gesetzgebungskompetenz hierfür (vgl. Art. 105 IIa GG).
> 2. Formelle Rechtmäßigkeit der Satzung (siehe → Rn. 288 ff.)
> 3. Materielle Rechtmäßigkeit der Satzung
>   a) Tatbestandsvoraussetzungen der Rechtsgrundlage (= § 9 IV KAG BW)
>   aa) **Verbrauchsteuer** = Besteuerung des Ge- und Verbrauchs von Gegenständen.
>   **Aufwandsteuer** = wenn mit ihr die in der Einkommensverwendung zum Ausdruck kommende, über die Befriedigung des allgemeinen Lebensbedarfs hinausgehende wirtschaftliche Leistungsfähigkeit des Steuerpflichtigen erfasst werden soll.
>   bb) **Örtlich:** der Steuertatbestand knüpft an örtliche Gegebenheiten an (örtliche Radizierung).
>   cc) **Keine Gleichartigkeit mit bundesgesetzlicher Steuer:** insb. nicht vergleichbar mit Einkommensteuer oder Umsatzsteuer.
>   b) Satzungsermessen, Grenzen: u.a. Grundrechte, Verhältnismäßigkeit
> II. Formelle Rechtmäßigkeit des Steuerbescheids
> III. Materielle Rechtmäßigkeit des Steuerbescheids

503 **Vertiefungshinweise:** *Ade/Notheis/Schmid u.a.*, Kommunales Wirtschaftsrecht in BW, 8. Aufl. 2011; *Geis/Madeja*, Kommunales Wirtschafts- und Finanzrecht, JA 2013, 321 ff.; *Gerhard/Brandt*, Die Besteuerung von „Vergnügungen" – ein „Vergnügen" für die Gemeinden?, VBlBW 2010, 302 ff.; *Groh*, Schuldenbremse und kommunale Selbstverwaltungsgarantie, LKV

---

[273] Zur Rückwirkung siehe z.B. *Maurer*, Staatsrecht I, 6. Aufl. 2010, § 17 Rn. 101 ff.

2010, 1 ff.; *Henneke*, Gesicherte Kommunalfinanzen trotz Verschuldungs- und Finanzkrise, VBlBW 2014, 241 ff.; *Hentschel/Wurzel*, Anspruch der Kommunen auf angemessene Finanzausstattung, KommJur 2011, 203 ff.; *Kuplich*, Die Vergnügungssteuer und Spielgeräte mit Gewinnmöglichkeiten, KommJur 2011, 85 ff.; *Lammers*, Das kommunale Steuererfindungsrecht aus Art. 28 Abs. 2 GG, DVBl. 2013, 348 ff.; *Meyer*, Grundgesetz und Kreisumlage, NVwZ 2019, 1254 ff.; *Reif*, Von der Kameralistik zur Doppik, BWGZ 2009, 526 ff.; *Schmidt*, Die Grundlagen des kommunalen Finanzausgleichs, DÖV 2012, 8 ff.; *Schmitt*, Der kommunale Finanzausgleich aus verfassungsrechtlicher Sicht, DÖV 2013, 452 ff.; *Siegel*, Einführung in das Kommunalabgabenrecht, JuS 2008, 1071 ff.; *Sodan/Kluckert*, Kompetenzordnung und Widerspruchsfreiheit der Rechtsordnung als Grenzen der Vergnügungssteuersätze, NVwZ 2013, 241 ff.; *Stolterfoht*, Kommunalsteuern, in: FS Paul Kirchhoff, Band II, 2013, S. 2093 ff.

J. Kommunalaufsicht

Gem. Art. 75 I 1 LV überwacht das Land die Gesetzmäßigkeit der Gemeinden und Gemeindeverbände. Die **Rechtsaufsicht** ist das notwendige Gegenstück und **Korrelat der Selbstverwaltung.**[274] Dies folgt schon aus dem Rechtsstaatsprinzip (Art. 20 III GG), das die Sicherung der Gesetzmäßigkeit der Verwaltung verlangt. Die Aufsicht darf aber nicht zur „Einmischungsaufsicht" führen (vgl. § 118 III GemO).[275] 504

Zu differenzieren ist zwischen der Rechts- und der Fachaufsicht (→ Rn. 30). Die **Rechtsaufsicht** beschränkt sich auf die Überwachung der Gesetzmäßigkeit des Kommunalhandelns (Art. 75 I 1 LV, § 118 I GemO). Gesetzmäßigkeit meint die Beachtung *öffentlich-rechtlicher* Normen (→ Rn. 512 f.); dazu gehört auch die Vorgabe der Sparsamkeit und Wirtschaftlichkeit gem. § 77 II GemO (→ Rn. 466).[276] Die bloße Rechtsaufsicht greift für die weisungsfreien Angelegenheiten, d. h. für die freiwilligen und pflichtigen Selbstverwaltungsangelegenheiten, wenn es um den eigenen Wirkungskreis der Gemeinde geht (→ Rn. 40). Handelt es sich um Pflichtaufgaben zur Erfüllung nach Weisung, d. h. den übertragenen Wirkungskreis (→ Rn. 44), unterstehen die Kommunen der **Fachaufsicht** (§ 118 II GemO), die über die Gesetzmäßigkeit hinaus zusätzlich die Zweckmäßigkeit überwacht. Dasselbe gilt für (Bundes-)Auftragsangelegenheiten (§ 129 III GemO: Fachaufsicht; → Rn. 42). 505

Die (Rechts- oder Fach-)Aufsicht gem. §§ 118 ff. GemO ist im Grundsatz **repressiv** ausgerichtet, d. h. sie setzt erst an, wenn ein rechts- bzw. zweckwidriges Gemeindeverhalten vorliegt (vgl. z. B. Beanstandung gem. § 121 I 1 GemO). Von der repressiven Aufsicht zu unterscheiden sind **präventive** Aufsichtsmaßnahmen, die also schon das Entstehen von Rechts- bzw. Zweckwidrigkeit verhindern sollen, etwa durch eine informelle (und im Gesetz nicht explizit genannte) Beratung, durch Anzeige- und Vorlagepflichten (z. B. §§ 92 III 1, 108 GemO) oder Genehmigungsvorbehalte (z. B. § 88 II 2 GemO). 506

I. Rechtsaufsicht

1. Rechtsaufsichtsbehörden, § 119 GemO

Rechtsaufsichtsbehörden sind das Regierungspräsidium für Stadtkreise und für Große Kreisstädte sowie das Landratsamt als untere Verwaltungsbehörde für die übrigen 507

---

[274] VGH BW, VBlBW 1989, 332; SächsOVG NVwZ-RR 2009, 776.
[275] BVerwG, NVwZ 1989, 45.
[276] VG Sigmaringen, Urt. v. 5.11.2014 – 2 K 521/12, juris Rn. 28.

Gemeinden (§ 119 1 GemO). Obere Rechtsaufsichtsbehörde für alle Gemeinden ist das Regierungspräsidium, oberste Rechtsaufsichtsbehörde das Innenministerium (§ 119 S. 2 u. 3 GemO). Die obere und die oberste Rechtsaufsichtsbehörde haben **kein Selbsteintrittsrecht.** Sie müssen vielmehr Weisungen an die zuständige Rechtsaufsichtsbehörde erteilen. Etwas anderes gilt nur dann, wenn ein Gesetz das Selbsteintrittsrecht vorsieht.

508 **Klausurhinweis:** Die Frage des Selbsteintrittsrechts ist im Rahmen der instanziellen Zuständigkeit (als Teil der formellen Rechtmäßigkeit) zu erörtern.

2. Aufsichtsmittel, §§ 120 ff. GemO

509 Die Aufsichtsmittel sind vor allem in §§ 120 ff. GemO geregelt, finden sich aber auch in anderen Teilen der Gemeindeordnung (z. B. § 87 II GemO: Genehmigungspflicht für Kreditaufnahmen; § 92 III GemO: Vorlagpflicht für die Veräußerung von Vermögensgegenständen unter Wert; § 108 GemO: Vorlagepflicht für bestimmte Maßnahmen im Rahmen der Kommunalwirtschaft).

510 Das **Informationsrecht** (§ 120 GemO) erstreckt sich nur auf einzelne Angelegenheiten. Es ermöglicht keine laufende und auch keine allgemeine Kontrolle (keine sog. Visitation). Ausgeübt wird das Informationsrecht z. B. durch Einholung mündlicher und schriftlicher Auskünfte, durch Vorlage von Akten etc. Das Verlangen einer Auskunft oder der Aktenvorlage ist ein Verwaltungsakt. Ein konkreter Verdacht auf Gesetzeswidrigkeit ist nicht nötig zur Ausübung des Informationsrechts. Die Informationsrechte erstrecken sich auch auf Angelegenheiten, die der Geheimhaltung oder dem Datenschutz unterliegen, oder auf Angelegenheiten, die Gegenstand einer nichtöffentlichen Ratssitzung waren.

511 Das **Beanstandungsrecht** gem. § 121 GemO enthält drei Aufsichtsmittel: Beanstandung, Verlangen nach Aufhebung und Verlangen nach Rückgängigmachung. Es handelt sich jeweils um **Verwaltungsakte.** Die Beanstandung hat **aufschiebende Wirkung** (§ 121 I 3 GemO). Zu unterscheiden ist zwischen dem Verlangen der Kommunalaufsicht nach Aufhebung/Rückgängigmachung sowie der späteren Aufhebung/Rückgängigmachung durch die Gemeinde, d. h. das Verlangen der Kommunalaufsicht bewirkt noch nicht unmittelbar die Aufhebung bzw. Rückgängigmachung. Wenn die Gemeinde dem Verlangen nach Aufhebung/Rückgängigmachung nicht nachkommt, kann die Aufsichtsbehörde im Wege der Ersatzvornahme selbst die Aufhebung/Rückgängigmachung vornehmen. **Beschlüsse,** als Gegenstand von Maßnahmen i. S. d. § 121 GemO, können vielerlei Inhalte haben, z. B. (allgemeinpolitische) Stellungnahmen des Rates, eine Straßenumbenennung, Satzungen oder die Gründung eines kommunalen Unternehmens.

512 Das **Anordnungsrecht** gem. § 122 GemO richtet sich gegen eine gesetzeswidrige Untätigkeit der Gemeinde. Die Anordnung ist ein **Verwaltungsakt.** „Gesetzlich obliegende Pflichten" sind nur **öffentlich-rechtliche Pflichten.** Die Aufsichtsbehörde kann daher z. B. eine Anordnung an die Gemeinde erteilen, die Haushaltssatzung oder eine Beitragssatzung zu erlassen oder das Einvernehmen i. S. d. § 36 BauGB zu erteilen, nicht aber, den Kaufpreis gem. § 433 II BGB für die angeschafften Büromöbel zu leisten. Anders gelagert sind Gesetzesverstöße: Missachtet die Gemeinde z. B. zwingende Vorgaben des AktienG, unterfällt dies der Kommunalaufsicht.[277]

---

[277] So HessVGH, DVBl. 2012, 647, 648.

J. Kommunalaufsicht

Beachte: Die Überprüfung der Rechtmäßigkeit kommunalen Handelns durch die Kommunalaufsicht ist generell auf öffentlich-rechtliche Pflichten der Gemeinde beschränkt und betrifft nicht die Erfüllung zivilrechtlicher Pflichten, welche die Gemeinde gegenüber ihren Vertragspartnern eingegangen ist. Die Aufsichtsbehörde könnte also auch nicht im Wege der Ersatzvornahme gem. § 123 GemO für die Gemeinde den Kaufpreis entrichten. 513

Die **Ersatzvornahme** gem. § 123 GemO (= **Verwaltungsakt**) stellt quasi die Vollstreckung eines Verlangens nach Aufhebung/Rückgängigmachung (§ 121 GemO) oder einer Anordnung (§ 122 GemO) dar. Sie kann sogar den Erlass einer Satzung bewirken. Die Ersatzvornahme ist zwar eine vollstreckungsähnliche Maßnahme; auf sie finden aber die Vorschriften des LVwVG keine Anwendung.[278] 514

Die **Bestellung eines Beauftragten** gem. § 124 GemO (= **Verwaltungsakt**) ist die ultima ratio. Der sog. **Staatskommissar** tritt – je nach Bestellungsumfang – z.B. an die Stelle des Gemeinderates oder des Bürgermeisters. Es handelt sich dann um einen Fall gesetzlicher Vertretung.[279] Der Staatskommissar darf aber nicht gleichzeitig mehrere Gemeindeorgane vertreten.[280] 515

Beachte: In anderen Ländern tritt der Staatskommissar an die Stelle der Gemeinde (nicht nur eines Gemeindeorgans). 516

3. Anforderungen an die Rechtmäßigkeit einer Maßnahme der Kommunalaufsicht (Rechtsaufsicht)

Soll die Rechtmäßigkeit einer Maßnahme der Kommunalaufsicht geprüft werden, z.B. im Rahmen der Begründetheit einer dagegen gerichteten Anfechtungsklage (vgl. § 125 GemO), empfiehlt sich folgender Aufbau: (I.) Ermächtigungsgrundlage, (II.) Formelle Rechtmäßigkeit, (III.) Materielle Rechtmäßigkeit. 517

(I.) Als **Ermächtigungsgrundlage** kommt – je nach Konstellation – einer der Tatbestände der §§ 120 bis 124 GemO in Betracht. 518

(II.) Im Rahmen der **formellen Rechtmäßigkeit** ist **(1.)** die **Zuständigkeit** (§ 119 GemO) zu erörtern. Zu beachten ist, dass die obere und die oberste Aufsichtsbehörde kein Selbsteintrittsrecht haben (→ Rn. 507). **(2.)** Für das **Verfahren** gelten die allgemeinen Anforderungen (z.B. Anhörung, § 28 I VwVfG, und Begründung, § 39 I VwVfG).[281] **(3.)** Eine ausdrückliche Vorgabe für die **Form** der Aufsichtsmaßnahme besteht nicht. Aus Gründen der Rechtssicherheit ist jedenfalls hinsichtlich der §§ 121 bis 124 GemO von einem ungeschriebenen Schriftformerfordernis auszugehen. 519

(III.) Die Prüfung der **materiellen Rechtmäßigkeit** untergliedert sich in die Tatbestandsvoraussetzungen der Ermächtigungsgrundlage und die Rechtsfolgenseite. 520

(1.) Welche **Tatbestandsvoraussetzungen** zu erörtern sind, richtet sich nach der jeweiligen Ermächtigungsgrundlage. So setzt etwa die Beanstandung nach § 121 I 1 GemO einen rechtswidrigen Ratsbeschluss voraus; zu prüfen sind dann also: **(a)** Ermächtigungsgrundlage für den Ratsbeschluss, **(b)** formelle Rechtmäßigkeit des Ratsbeschlusses, **(c)** materielle Rechtmäßigkeit des Ratsbeschlusses. 521

Die Ersatzvornahme nach § 123 GemO setzt zunächst **(a)** eine bestandskräftige oder sofort vollziehbare Maßnahme nach §§ 120 bis 122 GemO (also z.B. Beanstandung, 522

---

[278] OVG NRW, NWVBl. 2008, 69.
[279] *Plate/Schulze/Fleckenstein*, KommR BW, Rn. 384.
[280] *Waibel*, GemVerfR BW, Rn. 442.
[281] *Aker*, in: ders./Hafner/Notheis, GemO BW, § 122 Rn. 8.

Anordnung) sowie **(b)** die Nichtbefolgung trotz Fristablauf voraus. Hier treten aber noch ungeschriebene Tatbestandsvoraussetzungen hinzu: **(c)** ein gesetzwidriges Verhalten der Gemeinde (das Gegenstand der Maßnahme nach §§ 120 bis 122 GemO ist) und **(d)** in Orientierung an § 20 LVwVG zumindest im Regelfall eine Androhung,[282] die ihrerseits als Verwaltungsakt zu qualifizieren ist.

523 **Hinweis zu (c):** Man könnte erwägen, dass es genügt, wenn die Maßnahme nach §§ 120 bis 122 GemO bestandskräftig ist. Aber die Kommunalaufsicht dient der Sicherung der Gesetzmäßigkeit (§ 118 I GemO). Deshalb setzt jede Aufsichtsmaßnahme voraus, dass es ein rechtswidriges Verhalten der Gemeinde gibt, das Anlass für das Einschreiten der Kommunalaufsicht ist.[283] Die weiteren Rechtmäßigkeitsvoraussetzungen der Aufsichtsmaßnahmen nach §§ 120 bis 122 GemO, an welche die Ersatzvornahme ebenfalls anknüpft, müssen nicht zwingend vorliegen; insoweit genügt Bestandskraft.

524 Verbreitet wird eine weitere ungeschriebene Tatbestandsvoraussetzung angenommen, die für alle Kommunalaufsichtsmaßnahmen greife: Das Einschreiten der Kommunalaufsicht müsse **im öffentlichen Interesse geboten** sein.[284] Die Gebotenheit könnte jedoch auch erst auf Rechtsfolgenseite erörtert werden (→ Rn. 526).

525 **(2.)** Auf **Rechtsfolgenseite** kommt der Aufsichtsbehörde **Ermessen** zu. Dabei kann – je nach (Klausur-)Konstellation – zwischen dem Entschließungsermessen (es gilt das **Opportunitätsprinzip**) und dem Auswahlermessen unterschieden werden. Teils gibt es spezielle **Ermessensgrenzen** (z.B. § 121 I 1 GemO: angemessene Frist), im Übrigen ist als allgemeine Ermessensgrenze das **Verhältnismäßigkeitsprinzip** zu beachten. Die vorherige Duldung rechtswidriger Zustände oder eine erteilte Genehmigung begründen keine Selbstbindung der Kommunalaufsicht.

526 Eine allgemeine **Ermessensdirektive** besteht in der **Pflicht zum gemeindefreundlichen Verhalten** (vgl. § 118 III GemO). Hieraus folgt z.B., dass die Aufsicht nur einschreiten soll, wenn gewichtige Gründe im öffentlichen Interesse dies gebieten. Je intensiver die Rechtsverletzung ist, desto eher verdichtet sich das Ermessen in Richtung auf eine Pflicht zum Einschreiten.

527 **Klausurhinweis:** Diese Erwägungen werden vielfach bereits im Rahmen der Verhältnismäßigkeitsprüfung zu erörtern sein.

II. Fachaufsicht

528 Die Gemeindeordnung regelt die Fachaufsicht nur rudimentär (§§ 118 II, 129 GemO). So nennt § 129 II 1 GemO nur *ein* Aufsichtsmittel der Fachaufsichtsbehörden, und zwar das Informationsrecht gem. § 120 GemO. Die weiteren Regelungen zur Fachaufsicht finden sich in den jeweiligen Fachgesetzen (§§ 118 II, 129 I GemO). Am Rande erwähnt sei § 129 III GemO, wo ein allgemeines Weisungsrecht im Rahmen der Bundesauftragsangelegenheiten (→ Rn. 42) normiert ist.

529 **Beispiel:** Die Gemeinden sind die Ortspolizeibehörden (§ 62 IV 1 PolG). Es handelt sich insoweit um Pflichtaufgaben nach Weisung (§ 62 IV 2 PolG). Aufsichtsbehörden sind bei Stadt-

---

[282] *Plate/Schulze/Fleckenstein*, KommR BW, Rn. 383.
[283] *Hollenbach*, VBlBW 2000, 464, 467.
[284] So etwa *Gern*, KommR BW, Rn. 435; in diese Richtung wohl auch *Engel/Heilshorn*, KommR BW, § 11 Rn. 3.

J. Kommunalaufsicht

kreisen und Großen Kreisstädten das Regierungspräsidium und das zuständige Ministerium (§ 64 Nr. 3 lit. a PolG). Aufsichtsmittel sind das Weisungsrecht (§ 65 I 1 PolG) und die Ersatzvornahme (§ 65 II PolG).

1. Anforderungen an die Rechtmäßigkeit einer Maßnahme der Fachaufsicht

Sind die Anforderungen an die **Rechtmäßigkeit einer Maßnahme der Fachauf-** 530
sicht (z.B. Weisung) zu prüfen, ist wiederum in einem ersten Schritt **(I.)** die in Betracht kommende **Ermächtigungsgrundlage** zu ermitteln. Sie findet sich im jeweiligen Fachgesetz (z.B. PolG, LBO), auf das § 118 II GemO verweist.

Im Rahmen der **(II.) formellen Rechtmäßigkeit** richtet sich die **(1.) Zustän-** 531
digkeit ebenfalls nach dem Fachgesetz (vgl. § 129 I GemO). Hinsichtlich des
(2.) Verfahrens ist zu beachten, dass die Vorschriften der §§ 28, 39 LVwVfG zu Anhörung und Begründung nur greifen, wenn es sich um einen Verwaltungsakt handelt. Das ist bei Weisungen der Fachaufsicht aber regelmäßig zu verneinen (→ Rn. 546). Selbst wenn **kein Verwaltungsakt** vorliegt, ist allerdings zu beachten, dass § 118 III GemO und die Pflicht zum kommunalfreundlichen Handeln auch im Falle der Fachaufsicht gelten. Weisungen ohne Anhörung und Begründung wären nicht kommunalfreundlich und wären entgegen § 118 III GemO geeignet, die Entschlusskraft und die Verantwortungsfreudigkeit der Gemeinde zu beeinträchtigen. Deshalb wird auch ohne Anwendung der §§ 28, 39 VwVfG ein Minimum an Anhörung und Begründung geboten sein. **(3.)** Ausdrückliche Vorgaben zur **Form** bestehen nicht. Aus Gründen der Rechtssicherheit wird zumindest bei einschneidenden Maßnahmen Schriftform erforderlich sein.

Die Prüfung der **(III.) materiellen Rechtmäßigkeit** unterteilt sich in **(1.)** die tat- 532
bestandlichen Voraussetzungen der jeweiligen Ermächtigungsgrundlage und **(2.)** die Rechtsfolgenseite (hier: Ermessen). Im Rahmen der Ermessensausübung sind § 118 III GemO und die **Pflicht zum gemeindefreundlichen Verhalten** zu beachten. Infolge der Weisungsunterworfenheit kommt den Belangen der Kommune allerdings kein allzu großes Gewicht zu.

2. Zusammenwirken von Kommunalaufsicht und Fachaufsicht

Die Kommunalaufsicht und ihre Behörden sind von der Fachaufsicht und deren 533
Behörden zu unterscheiden. In gewissen Konstellationen müssen Kommunalaufsicht und Fachaufsicht zusammenwirken. Relevant wird das z.B., wenn der Fachaufsichtsbehörde im Fachgesetz kein Recht zur Ersatzvornahme eingeräumt ist, die Gemeinde alle Weisungen aber missachtet. Wie kann die Fachaufsichtsbehörde dann erreichen, dass die notwendige Handlung durchgeführt wird?

Wenn die Gemeinde gegen eine Weisung der Fachaufsicht verstößt, handelt sie 534
rechtswidrig. Die Kommunalaufsichtsbehörde kann dann im Rahmen der Rechtsaufsicht tätig werden, z.B. durch eine Anordnung gem. § 122 GemO, der Weisung der Fachaufsicht Folge zu leisten, ggf. sogar in Form der Ersatzvornahme (§ 123 GemO). Aus § 129 II 2 GemO folgt, dass nur die Rechtsaufsichtsbehörde zur Ersatzvornahme gem. § 123 GemO befugt ist.

Die Fachaufsichtsbehörde muss also die Kommunalaufsicht (Rechtsaufsichtsbehörde) 535
auffordern, im Rahmen der Rechtsaufsicht tätig zu werden. Die Rechtsaufsichtsbehörde prüft dann auf Tatbestandsseite, ob die Weisung der Fachaufsicht rechtmäßig (beachte: sie prüft nicht die Zweckmäßigkeit) und deshalb die Weigerung der Gemeinde, diese Weisung zu befolgen, rechtswidrig ist. Wenn die Tatbestandsvoraussetzungen vor-

liegen (das Verhalten der Gemeinde also rechtswidrig ist), hat die Rechtsaufsichtsbehörde dennoch Ermessen.

536 Bleibt die Kommunalaufsicht untätig, kann die Fachaufsichtsbehörde Dienstaufsichtsbeschwerde (bei der gemeinsamen Aufsichtsbehörde) einlegen; es gibt aber keine Klagemöglichkeit. Wird die Kommunalaufsicht (im Rahmen der Rechtsaufsicht) tätig, kann sich die Gemeinde gegen deren Maßnahmen gerichtlich wehren.[285]

III. Rechtsschutzfragen

1. Kein Anspruch eines Bürgers auf Einschreiten der Kommunalaufsicht

537 Die kommunalaufsichtsrechtlichen Tatbestände dienen nur Allgemeininteressen; Bürger sind allenfalls reflexartig betroffen. Die §§ 118 ff. GemO entfalten deshalb **keine drittschützende Wirkung**.

2. Rechtsschutz der Kommune gegenüber Maßnahmen der Rechtsaufsicht

538 In der **Zulässigkeit** einer verwaltungsprozessualen Klage im Zusammenhang mit der Kommunalaufsicht sind einige Besonderheiten zu berücksichtigen (zur **Begründetheit** siehe → Rn. 517 ff.).

539 Welche **Klageart** ist statthaft? Die Aufsichtsmaßnahmen der §§ 120 ff. GemO sind als Verwaltungsakte einzustufen. Allein problematisch und in einer Klausur kurz zu erörtern ist die Außenwirkung. Diese ist zu bejahen, weil die Kommune als eigenständiger Rechtsträger in ihrem Selbstverwaltungsrecht gem. Art. 28 II GG, 71 I LV betroffen ist. Daher ist die Anfechtungsklage gem. § 42 I VwGO statthaft, wie § 125 GemO deklaratorisch feststellt.

540 **Beachte:** § 125 GemO nennt auch die Verpflichtungsklage. Diese kann etwa statthaft sein, wenn die Gemeinde eine Genehmigung erstrebt (z. B. § 87 II GemO).

541 Die **Klagebefugnis** gem. § 42 II VwGO folgt aus der Möglichkeit einer Verletzung des Selbstverwaltungsrechts aus Art. 28 II GG, 71 LV.

542 **Klausurhinweis:** Üblicherweise wird die sog. Adressatenformel herangezogen, um die Klagebefugnis einer Anfechtungsklage durch den Adressaten gegen einen belastenden Verwaltungsakt zu begründen. Die Adressatenformel ist jedoch eng mit der Überlegung verknüpft, dass ein belastender Verwaltungsakt zumindest einen Eingriff in die allgemeine Handlungsfreiheit aus Art. 2 I GG darstellt. Die Gemeinde kann sich aber auf keine Grundrechte berufen. Deshalb empfiehlt es sich, bei einer Anfechtungsklage einer Gemeinde auf die sog. Möglichkeitstheorie und nicht auf die Adressatenformel abzustellen.

543 In Baden-Württemberg ist die Durchführung eines **Vorverfahrens** nach §§ 68 ff. VwGO grundsätzlich nötig. Zu beachten ist aber § 15 I 1 AGVwGO (i. V. m. § 68 I 2 VwGO): Das Vorverfahren ist entbehrlich, wenn das Regierungspräsidium die Aufsichtsbehörde ist. Dies ist relevant für die Aufsicht über Stadtkreise und Große Kreisstädte (§ 119 S. 1 GemO).

---

[285] So *Gern*, KommR BW, Rn. 449; *Plate/Schulze/Fleckenstein*, KommR BW, Rn. 392; **a. A.** *Waibel*, GemVerfR BW, Rn. 450: es handele sich dann um Maßnahmen der Fachaufsicht, gegen die grundsätzlich kein Rechtsschutz möglich ist.

J. Kommunalaufsicht

Beteiligte ist die Kommune, nicht etwa das Organ (z.B. der Rat), dessen Beschluss beanstandet wird.[286] Die Beteiligten- und Prozessfähigkeit folgen aus §§ 61 Nr. 1, 62 III VwGO.

3. Rechtsschutz der Kommune gegenüber Maßnahmen der Fachaufsicht

Für die **Zulässigkeit** einer Klage im Zusammenhang mit der Fachaufsicht gelten nachstehende Besonderheiten (zur **Begründetheit** siehe → Rn. 530 ff.).

Welche **Klageart** ist statthaft? Eine Anfechtungsklage setzt voraus, dass die Maßnahme der Fachaufsicht als Verwaltungsakt einzuordnen ist. Im Grundsatz ist das zu verneinen. Es fehlt die Außenwirkung. Die Gemeinde wird nicht in eigenen Angelegenheiten, sondern nur als verlängerter Arm des Landes tätig. Statthafte Klageart ist dann die allgemeine Leistungsklage (ggf. in Form der Unterlassungsklage) oder die Feststellungsklage.

Eine Ausnahme gilt z.B. dann, wenn eine Weisung intensiv in die Organisations- und/oder Personalhoheit eingreift, indem sie im Detail vorgibt, wie und mit wem eine bestimmte Aufgabe zu erfüllen ist. Dann wird verbreitet infolge des Eingriffs in das Selbstverwaltungsrecht Außenwirkung bejaht, sodass die Anfechtungsklage statthaft ist.[287]

Eine weitere Ausnahme wird für Weisungen diskutiert, die entweder ohne Ermächtigungsgrundlage erlassen werden oder weiter reichen als dies die Ermächtigungsgrundlage zulässt. Solche Weisungen griffen, so wird vertreten, in eine eigene, geschützte Rechtsstellung der Kommune ein, hätten deshalb Außenwirkung, sodass ein Verwaltungsakt vorliege und die Anfechtungsklage statthaft sei.[288] Konsequenz dieser Ansicht wäre: Die Gemeinde kann sich mittels Anfechtungsklage wehren, wenn es um Bestand oder Umfang des Weisungsrechts geht. Gegen diese Ansicht sind indessen Zweifel anzumelden. So mag eine Weisung, welche ohne hinreichende Ermächtigungsgrundlage oder über deren Grenzen hinaus ergeht, Rechte der Gemeinde verletzen und deshalb Außenwirkung haben. Ein Verwaltungsakt setzt aber voraus, dass er auf Außenwirkung *gerichtet* ist. Daran dürfte es in aller Regel fehlen, weil die Aufsichtsbehörde ja nicht rechtswidrig handeln will. Deshalb gilt: Selbst bei Weisungen, welche die Grenzen des Weisungsrechts überschreiten, liegt regelmäßig kein Verwaltungsakt vor, sodass die Anfechtungsklage ausscheidet. Die Gemeinde ist deshalb nicht schutzlos, sondern kann ihre Rechte mittels allgemeiner Leistungsklage oder Feststellungsklage verteidigen.[289]

Grundsätzlich berührt die Weisung der Fachaufsicht die Gemeinde nicht in ihrem Selbstverwaltungsrecht, weil die Gemeinde bei Pflichtaufgaben zur Erfüllung nach Weisung nur verlängerter Arm des Landes ist. Die **Klagebefugnis** ist deshalb vielfach zu verneinen. Im Ausnahmefall kann Art. 28 II GG betroffen sein, sodass die Klagebefugnis gegeben ist. Dasselbe gilt, wenn die Gemeinde geltend macht, die Pflicht zum gemeindefreundlichen Verhalten gem. § 118 III GemO sei verletzt.

Vertiefungshinweise: *Gröpl/Sonntag*, Die Informationsbefugnis der Kommunalaufsicht und ihre Durchsetzung, LKRZ 2009, 326 ff.; *Hollenbach*, Zur Rechtsaufsicht der Gemeinden in BW,

---

[286] OVG Nds., KommJur 2019, 55; *Müller*, NWVBl. 2012, 414, 418.
[287] So *Müller*, KommR BW, Rn. 384; *Engels/Krausnick*, KommR, § 10 Rn. 46; im Ergebnis ähnlich *Engel/Heilshorn*, KommR BW, § 11 Rn. 38.
[288] So *Waibel*, GemVerfR BW, Rn. 450; *Plate/Schulze/Fleckenstein*, KommR BW, Rn. 394; *Engels/Krausnick*, KommR, § 10 Rn. 46.
[289] Ähnlich *Gern*, KommR BW, Rn. 460, der die allgemeine Leistungsklage annimmt.

VBlBW 2000, 464 ff.; *Müller*, Die Rechtsprechung zur Ersatzvornahme nach nordrhein-westfälischem Kommunalrecht, NWVBl. 2012, 414 ff.; *Koreng*, Rechtsaufsichtliche Maßnahmen gegen internationale Städtepartnerschaften, SächsVBl. 2008, 157 ff.; *Shirvani*, Rechtsschutz gegen die Ersatzvornahme im bayerischen Kommunalrecht, BayVBl. 2009, 137 ff.; siehe ferner die Falllösung bei *Kümper*, Jura 2015, 1231 ff.

§ 2. Allgemeines Polizeirecht

Allgemeine Literaturauswahl: Länderübergreifende Lehr- und Handbücher zum Polizeirecht: *Drews/Wacke/Vogel/Martens*, Gefahrenabwehr, 9. Aufl. 1986; *Götz/Geis*, Allgemeines Polizei- und Ordnungsrecht, 16. Aufl. 2017; *Gusy*, Polizei- und Ordnungsrecht, 10. Aufl. 2017; *Knemeyer*, Polizei- und Ordnungsrecht, 11. Aufl. 2007; *Kugelmann*, Polizei- und Ordnungsrecht, 2. Aufl. 2012; *Lisken/Denninger* (Hrsg.), Handbuch des Polizeirechts, 6. Aufl. 2018; *Möller/Warg*, Allgemeines Polizei- und Ordnungsrecht, 6. Aufl. 2012; *Pewestorf/Söllner/Tölle*, Praxishandbuch Polizei- und Ordnungsrecht, 2013; *Kingreen/Poscher*, Polizei- und Ordnungsrecht, 10. Aufl. 2018; *Schenke*, Polizei- und Ordnungsrecht, 10. Aufl. 2018; *Schenke/Schenke*, Polizei- und Ordnungsrecht, in: Steiner (Hrsg.), Besonderes Verwaltungsrecht, 9. Aufl. 2018, § 2 (S. 147 ff.); *Schmidt*, Polizei- und Ordnungsrecht, 20. Aufl. 2018; *Schoch*, Polizei- und Ordnungsrecht, in: ders. (Hrsg.), Besonderes Verwaltungsrecht, 2018, Erstes Kapitel (S. 11 ff.); *Erbguth/Mann/Schubert*, Besonderes Verwaltungsrecht, 13. Aufl. 2019, Teil II: Polizei- und Ordnungsrecht (S. 167 ff.); *Thiel*, Polizei- und Ordnungsrecht, 4. Aufl. 2020; *Wehr*, Examens-Repetitorium Polizeirecht, 4. Aufl. 2019; *Würtenberger*, Polizei- und Ordnungsrecht, in: Ehlers/Fehling/Pünder (Hrsg.), Besonderes Verwaltungsrecht, Bd. 3, 3. Aufl. 2013, § 69 (S. 398 ff.).

Lehr- und Handbücher speziell zum baden-württembergischen Polizeirecht: *Dittmann*, Polizeirecht, in: Maurer/Hendler, Baden-Württembergisches Staats- und Verwaltungsrecht, 1990, S. 264 ff.; *Hammann/Leuze-Mohr*, in: Leuze-Mohr (Hrsg.), Öffentliches Recht für Rechtsreferendare, 3. Aufl. 2012, Kapitel 6 (S. 139 ff.); *Huttner*, Handbuch für die Ortspolizeibehörden Baden-Württemberg, 4. Aufl. 2014; *Mußmann*, Allgemeines Polizeirecht in Baden-Württemberg, 4. Aufl. 1994; *Pöltl/Ruder*, Öffentliche Sicherheit und Ordnung in Baden-Württemberg, Loseblatt; *Ruder*, Polizeirecht Baden-Württemberg, 8. Aufl. 2015; *Würtenberger/Heckmann/Tanneberger*, Polizeirecht in Baden-Württemberg, 7. Aufl. 2017; *Zeitler/Trurnit*, Polizeirecht für Baden-Württemberg, 3. Aufl. 2014.

Kommentare zum baden-württembergischen PolG: *Belz/Mußmann/Kahlert/Sander*, Polizeigesetz für Baden-Württemberg, 8. Aufl. 2015; *Möstl/Trurnit*, BeckOK PolR BW, Stand 2019; *Stephan/Deger*, Polizeigesetz für Baden-Württemberg, 7. Aufl. 2014.

Fallsammlungen: *Beaucamp*, Grundfälle zum Allgemeinen Polizei- und Ordnungsrecht, JA 2009, 279 ff.; *Sander*, Fälle zum Besonderen Verwaltungsrecht, 4. Aufl. 2014; *Geis*, Fälle zum Polizei- und Ordnungsrecht, 3. Aufl. 2019; *Gornig/Jahn*, Fälle zum Polizei- und Ordnungsrecht, 4. Aufl. 2014; *Heyen/Collin/Spiecker gen. Döhmann*, 40 Klausuren aus dem Verwaltungsrecht, 11. Aufl. 2017, C. Polizeirecht (Klausuren 16–23, S. 141 ff.); *Knemeyer/Schmidt*, Prüfe dein Wissen: Polizei und Ordnungsrecht, 4. Aufl. 2016; *Muckel*, Fälle zum Besonderen Verwaltungsrecht, 7. Aufl. 2019, 1. Teil: Polizei- und Ordnungsrecht (Fälle 1–21, S. 1 ff.); *Prümm/Thieß*, Fälle mit Lösungen aus dem Sicherheits- und Ordnungsrecht, 2. Aufl. 2004; *Schmidt*, Fälle zum Polizei- und Ordnungsrecht, 8. Aufl. 2018; *Schoch*, Grundfälle zum Polizei- und Ordnungsrecht, JuS 1994, 391 ff., 479 ff., 570 ff., 667 ff., 754 ff., 849 ff., 932 ff., 1026 ff. und JuS 1995, 30 ff., 215 ff., 307 ff., 504 ff.; *Seidel/Reimer/Möstl*, Besonderes Verwaltungsrecht, 3. Aufl. 2009, Fälle 11–19 (S. 177 ff.).

A. Grundlagen

I. Polizei und Polizeirecht

Das Polizeirecht ist das Recht der staatlichen Abwehr von Gefahren für die öffentliche Sicherheit und Ordnung. Gleichbedeutend wird heute von Sicherheits- und Ordnungsrecht oder von Gefahrenabwehrrecht gesprochen. Es ist ein wichtiges Teilgebiet 1 des Besonderen Verwaltungsrechts mit engen Bezügen zum Allgemeinen Verwaltungsrecht und zum Verfassungsrecht. Sein Gegenstand und sein Verständnis sind bis heute eng verknüpft mit der Entwicklung des Begriffs „Polizei".

1. Zur Geschichte des Begriffs Polizei

2   **Bis zum Ende des Mittelalters** (Ende des 15. Jahrhunderts) bezeichnete das aus dem Griechischen stammende deutsche Wort Polizei die **ganze „innere" Staatsverwaltung** (also ohne auswärtige Angelegenheiten, Militär und Justiz). **Noch weitergehend** verstand man im **16. und 17. Jahrhundert** unter „Policey" weder eine Behörde noch eine bestimmte Hoheitsaufgabe, sondern eine **gute Ordnung des Gemeinwesens**, sog. **wohlfahrtsstaatlicher Polizeibegriff**. Diese gute Ordnung sollte alle Lebensbereiche erfassen – Ehe, Familie, Essen, Trinken, Arbeit, Handel, Religion, Bildung usw. Wie sie zu erreichen und zu erhalten war, legten Gesetze fest.

3   **Im 18. Jahrhundert** (im Absolutismus) änderte sich diese Vorstellung und es entstand ein **polizeistaatlicher Polizeibegriff**. „Polizei" hießen nun eine **bestimmte Behörde und deren Bedienstete**. Mit ihnen wollte der Landesherr das Wohl seiner Untertanen und des Staatsganzen fördern und in diesem sog. Polizeistaat die Untertanen umfassend bevormunden.

4   Die Kritik gegen solch staatliche Bevormundung setzte sich erst **Ende des 19. Jahrhunderts** durch. Für den damals größten deutschen Bundesstaat, Preußen, erreichte 1882 das Preußische Oberverwaltungsgericht eine Wende. In seinen zwei berühmten Kreuzberg-Urteilen[1] legte es die polizeiliche Generalklausel des Preußischen Allgemeinen Landrechts (von 1794) einschränkend aus: Auf dieser Rechtsgrundlage solle die Polizei nicht das Wohl aller verwirklichen, sondern habe nur die – engere – Aufgabe, Gefahren für die öffentliche Sicherheit und Ordnung abzuwehren. Wolle der Staat über diese Gefahrenabwehr hinaus das Allgemeinwohl durch Eingriffe in Rechte der Bürger fördern, brauche er speziellere Gesetze.[2] Diese **Beschränkung der polizeilichen Generalermächtigung auf die Gefahrenabwehr, ein sog. liberal-rechtsstaatlicher Polizeibegriff**, gilt bis heute als rechtsstaatliche Errungenschaft. „Polizei" wurde dadurch von einem der „Verwaltung" gleichbedeutenden Begriff zu einem der Verwaltung nachgeordneten Unterbegriff. In Baden erzielte man dasselbe Ergebnis, indem die Gesetzgebung die Polizei auf die Abwehr von Gefahren beschränkte; § 30 des Badischen Polizeistrafgesetzbuches von 1863 enthielt eine polizeiliche Generalklausel für die Gefahrenabwehr.[3] In Württemberg wurde eine entsprechende Gefahrenabwehr-Generalermächtigung der Polizei kraft Gewohnheitsrechts aus der Aufgabe der Polizei zur Wahrung des öffentlichen Wohls[4] und damit aus einem materiell verstandenen Begriff der „Polizei" (→ Rn. 19) hergeleitet[5].

5   Unter der Verfassung des Deutschen Reiches von **1919** (Weimarer Verfassung) hielten die Bundesstaaten an der liberal-rechtsstaatlichen Gefahrenabwehraufgabe der Polizei fest. Preußen gelang es gegen Ende der **Weimarer Republik** sogar noch, die Polizeirechtsprechung des Preußischen Oberverwaltungsgerichts, die für ganz Deutschland zum Vorbild geworden war, 1931 im Preußischen Polizeiverwaltungsgesetz[6] zu kodifi-

---

[1] Erneut abgedruckt DVBl. 1985, 216 und 219 sowie VBlBW 1993, 271.
[2] Vgl. auch BVerwGE 129, 318, 322 ff.
[3] Reg.Bl. S. 439, Abdruck bei *Drews/Wacke/Vogel/Martens*, Gefahrenabwehr, S. 7 f.
[4] WürttVGH, WÜRV 1930, 54, 57.
[5] *Schlez*, BaWüVBl. 1964, 145.
[6] PrGS 1931, S. 77.

A. Grundlagen

zieren. Dessen § 14 übernahm die Generalermächtigung der Polizei für eine **rechtsstaatliche Gefahrenabwehr**, und er bestimmte, dass diese Aufgabe und die damit verknüpfte Ermächtigung von „den Polizeibehörden" zu erfüllen sei.

Kurz darauf jedoch endete nach der sog. Machtergreifung der Nationalsozialisten 6 (1933) die Rechtsstaatlichkeit der Polizei. Der **NS-Staat** formte die Polizei nach und nach zu seinem Machtwerkzeug um: Die Nationalsozialisten schufen 1933 die Geheime Staatspolizei (Gestapo). Zudem verflochten sie Polizei und Partei, indem 1936 die Polizei dem Reichsführer SS unterstellt wurde. Der **nationalsozialistische Polizeibegriff** erweiterte die Aufgabe der Polizei ins Schrankenlose: Die **Polizei im Sinne der** sog. **nationalsozialistischen Weltanschauung** sollte jedes Gut schützen, das von der völkischen Ordnung und von der Führung des Reiches für wichtig gehalten wurde.[7] Alles, was den NS-Staat untergraben oder auch nur hemmen konnte, berechtigte die Polizei zum Eingreifen.

Nach dem 2. Weltkrieg fand **Westdeutschland** zu einer rechtsstaatlichen Polizei 7 zurück; dabei entwickelten sich Polizeibegriff und Polizeirecht in den Ländern **unterschiedlich** weiter.[8]

Die Länder der **amerikanischen und britischen Besatzungszone** (Bayern, Ber- 8 lin, Hamburg, Hessen, Niedersachsen, Nordrhein-Westfalen, Schleswig-Holstein) **verengten** den **Polizeibegriff** stärker als je zuvor: Er wurde nicht nur allgemein wieder auf die Gefahrenabwehr beschränkt, sondern es wurden auch noch viele Gefahrenabwehraufgaben aus der Polizeiorganisation ausgegliedert und anderen Behörden übertragen, d.h. „**entpolizeilicht**", z.B. die Bau- und Gewerbeüberwachung. In diesen Ländern, seit 1993 auch in Rheinland-Pfalz, versteht man heute unter Polizei im Wesentlichen nur noch die uniformierte Polizei (z.T. als Polizeivollzugsdienst bezeichnet). Die anderen für die Gefahrenabwehr zuständigen Behörden gehören in diesen Bundesländern zur allgemeinen Landesverwaltung und heißen Ordnungsbehörden, in Bayern Sicherheitsbehörden. Dieses System, das Ordnungsbehörden und Polizeivollzugsdienst trennt, ist das sog. Trennungs- bzw. **Ordnungsbehördensystem.**

Baden-Württemberg hat, wie Bremen und das Saarland, **auf eine „Entpolizei-** 9 **lichung" verzichtet.** Hier erfüllt die Gefahrenabwehraufgabe „die Polizei", vgl. z.B. § 1 I PolG. Man spricht deshalb vom sog. Einheits- bzw. **Polizeibehördensystem.**[9] Gleichwohl finden sich auch für Baden-Württemberg Beispiele dafür, dass der Gesetzgeber einzelnen Verwaltungsbehörden die Aufgabe überträgt, in ihrem speziellen Aufgabenbereich und mit ihren Mitteln die öffentliche Sicherheit und Ordnung zu schützen, z.B. durch die bauordnungsrechtliche Generalklausel des § 47 I LBO i.V. mit § 3 I LBO. Unbeschadet seines grundsätzlichen Einheitssystems gliedert **Baden-Württemberg** seine Polizei **in „Polizeibehörden" und „Polizeivollzugsdienst"** (§ 59 PolG). Diese Gliederung gilt aber nur der Art und Weise, wie polizeiliche Aufgaben prinzipiell wahrgenommen werden sollen: § 60 PolG weist den Polizeibehörden grundsätzlich die Anordnung zu und dem Polizeivollzugsdienst die Vollzugshandlung.

Die **einstige DDR** ließ zunächst das alte Preußische Polizeiverwaltungsgesetz 10 (→ Rn. 5) in Kraft, interpretierte es aber im sozialistischen Sinne um. Seit **1968** galt dann mit dem **Volkspolizeigesetz** ausdrücklich ein „**sozialistischer Polizeibegriff**". Damit beseitigte die DDR um einer **sozialistischen Wohlfahrtspflege** willen

---

[7] Vgl. *Drews/Wacke/Vogel/Martens*, Gefahrenabwehr, S. 13.
[8] Näher *Drews/Wacke/Vogel/Martens*, Gefahrenabwehr, S. 14 f.
[9] Vgl. z.B. OVG NW, NWVBl. 2010, 195, 196.

auch formal die Beschränkung der Polizei auf die Gefahrenabwehr. Erst als die deutsche Wiedervereinigung absehbar war, entstand wieder ein rechtsstaatliches Polizeigesetz.[10]

11 Heute haben auch **die fünf neuen Bundesländer** eine rechtsstaatliche Polizei und ein rechtsstaatliches Gefahrenabwehr-Polizeirecht. Brandenburg, Thüringen, Sachsen-Anhalt und Mecklenburg-Vorpommern nutzen das Ordnungsbehördensystem (→ Rn. 8), **Sachsen orientierte sich an Baden-Württemberg** und folgt dem Polizeibehördensystem (→ Rn. 9).

11a **Vertiefungshinweise:** Aufsätze zur Geschichte des Polizeibegriffs: *Knemeyer*, Polizeibegriffe in Gesetzen des 15. bis 18. Jahrhunderts, AöR 92 (1967), 153 ff.; *Peters*, Die polizeirechtlichen Lehren der sog. Borkumlied-Entscheidung des Oberverwaltungsgerichts, Die Polizeipraxis 1927, 369 ff.; *Schlez*, Der Polizeibegriff in der Rechtsprechung des Badischen VGH und des VGH Baden-Württemberg, BaWüVBl. 1964, 145 ff., 164 ff., 181 ff.; *Schoch*, Abschied vom Polizeirecht des liberalen Rechtsstaats? – Vom Kreuzberg-Urteil des Preußischen Oberverwaltungsgerichts zu den Terrorismusbekämpfungsgesetzen unserer Tage, Der Staat 43 (2004), 347 ff.; *Schulte*, Die historische Entwicklung der Polizei in der Bundesrepublik Deutschland, Die Polizei 2009, 16 ff.; *v. Unruh*, Polizei als Tätigkeit der leistenden Verwaltung, DVBl. 1972, 469 ff.; *Walther*, Das Kreuzberg-Urteil, JA 1997, 287 ff.

Rechtsprechung: PrOVG, DVBl. 1985, 216 ff., 219 ff. – Kreuzberg-Urteile.

2. Polizeibegriffe der Gegenwart

a) Herkömmliche Begriffskategorien

12 Diese geschichtliche Entwicklung führte zu verschiedenen Polizeibegriffen, die von der Rechtslehre weiter systematisiert wurden. Bis heute bestimmen der Begriff der Polizei im organisatorischen Sinn (organisatorischer bzw. institutioneller Polizeibegriff), der Begriff der Polizei im formellen Sinn (formeller Polizeibegriff) und der Begriff der Polizei im materiellen Sinn (materieller Polizeibegriff) das Verständnis der Polizei mit.

aa) Polizei im organisatorischen Sinn

13 Spricht man von Polizei im organisatorischen Sinn, so sind **alle Stellen** gemeint, **die zur besonderen Behördenorganisation** (Institution) „**Polizei**" **zählen.** Die Literatur verwendet sinngleich dafür auch „Vollzugspolizei"[11] und „Polizei im institutionellen Sinne"[12]. Darunter werden als Dienstzweige Schutzpolizei, Kriminalpolizei, Bereitschaftspolizei und Wasserschutzpolizei der Länder sowie die Bundespolizei (vormals Bundesgrenzschutz genannt) und das Bundeskriminalamt zusammengefasst, ergänzt durch die der Vollzugspolizei jeweils angegliederten Polizeibehörden. Allerdings wird der organisationsrechtliche Polizeibegriff von Bundesland zu Bundesland (und im Vergleich zum Bund) unterschiedlich verwendet.

14 **Baden-Württemberg** verwendet den organisationsrechtlichen Begriff der Polizei als Oberbegriff. Hier zählen zur **Polizei im organisatorischen Sinn,** wie § 59 PolG zeigt, ein behördlicher Teil, nämlich „1. die **Polizeibehörden**", und ein Vollzugsteil, nämlich „2. de[r] **Polizeivollzugsdienst** mit seinen Beamten (Polizeibeamte)". „Polizeivollzugsdienst" ist ein Sammelbegriff[13]. Er umfasst alle in § 70 PolG genannten Polizeidienststellen. Deren organisatorische Gliederung in Dienstzweige (z. B. Schutzpoli-

---

[10] G über die Aufgaben und Befugnisse der Polizei v. 13.9.1990, GBl. I S. 1489.
[11] Z. B. *Götz/Geis*, Allg.POR, § 1 Rn. 6.
[12] Z. B. *B. Becker*, DVBl. 1977, 945.
[13] *Belz/Mußmann/Kahlert/Sander*, PolG BW, § 59 Rn. 6.

A. Grundlagen

zei, Kriminalpolizei usw.) nimmt das PolG nicht selbst vor, sondern beschränkt sich in § 71 auf eine Ermächtigung zum Erlass einer Rechtsverordnung. Von dieser Verordnungsermächtigung hat das Innenministerium durch Erlass der Verordnung zur Durchführung des Polizeigesetzes[14] Gebrauch gemacht (zu Schutz- und Kriminalpolizei s. § 23 DVOPolG).

Die **Zuständigkeitsabgrenzung** zwischen Polizeibehörden und Polizeivollzugsdienst ergibt sich aus § 60 PolG. Regelmäßig sind die Polizeibehörden zuständig, § 60 I PolG. Der Polizeivollzugsdienst ist in allen Eilfällen (§ 60 II PolG) und in anderen, gesetzlich genau bestimmten Fällen zuständig, oft neben den Polizeibehörden, vgl. § 60 III PolG. Die Anwendung unmittelbaren Zwangs (→ Rn. 346 f., 353 f.) kommt nur durch Beamte des Polizeivollzugsdienstes in Betracht, § 51 PolG.

Eine Sonderstellung haben die „gemeindlichen Vollzugsbediensteten" der Ortspolizeibehörden (§ 80 PolG). Sie können von den Gemeinden „im niederschwelligen Gefahrenbereich" zum Schutz der öffentlichen Sicherheit und Ordnung eingesetzt werden.[15] Sie zählen nicht zum „Vollzugsteil", sondern zum „behördlichen Teil".[16] Dennoch haben sie, wie § 80 II PolG eigens bestimmt, dieselben Eingriffsbefugnisse wie die Polizeibeamten des Polizeivollzugsdienstes.

Das PolG nennt in § 61 außerdem die „Allgemeinen Polizeibehörden" und die „Besonderen Polizeibehörden". Aber diese Unterscheidung hat heute keine praktische Bedeutung mehr, weil das Verwaltungsstrukturgesetz 2004[17] alle bisherigen Besonderen Polizeibehörden in Allgemeine Polizeibehörden eingliederte. **Allgemeine Polizeibehörden** sind (vgl. §§ 61 I, 62 PolG):
1. die zuständigen Ministerien als **obersten Landespolizeibehörden**,
2. die Regierungspräsidien als **Landespolizeibehörden**,
3. die unteren Verwaltungsbehörden als **Kreispolizeibehörden**,
4. die Gemeinden als **Ortspolizeibehörden**.

Die Allgemeinen Polizeibehörden sind hierarchisch gegliedert. Dies zeigen die Vorschriften des PolG über Dienstaufsicht, Fachaufsicht, Weisungsrecht und Unterrichtungspflicht (§§ 63 ff. PolG). In diese Hierarchie ist die Gemeinde als Ortspolizeibehörde eingebunden; ihre polizeilichen Aufgaben sind Pflichtaufgaben nach Weisung, vgl. § 62 IV 2 PolG. Soweit nichts anderes bestimmt ist, sind die Ortspolizeibehörden sachlich zuständig, § 66 II PolG.

bb) Polizei im formellen Sinn

Spricht man von „Polizei im formellen Sinn", ist die **Summe sachlicher Zuständigkeiten der als Polizei bezeichneten Behörden** gemeint[18]. Dieser formelle, nicht auf eine bestimmte Aufgabe abzielende Polizeibegriff soll hervorheben, dass die Polizei außer zur Gefahrenabwehr, d.h. außerhalb des Polizei- und Ordnungsrechts, für weitere Aufgaben zuständig ist, insbesondere dafür, Straftaten und Ordnungswidrigkeiten zu verfolgen (§ 163 StPO, § 53 OWiG). Dass der formelle Polizeibegriff vom geltenden Recht noch genutzt wird, zeigt z.B. § 1 II PolG. Nach ihm hat die Polizei außer ihrer Gefahrenabwehraufgabe (§ 1 I PolG) „die ihr durch andere Rechtsvorschriften übertragenen Aufgaben wahrzunehmen". Außer den schon genannten

---

[14] V. 16.9.1994, zuletzt geändert durch Art. 31 des G v. 23.7.2013, GBl. S. 233, 246 – DVOPolG.
[15] Näher *K. Gassner*, VBlBW 2013, 281 ff.
[16] *Belz/Mußmann/Kahlert/Sander*, PolG BW, § 59 Rn. 1, 7.
[17] GBl. S. 469, ber. S. 653.
[18] Vgl. z.B. *Götz/Geis*, Allg.POR, § 2 Rn. 14.

§ 163 StPO und § 53 OWiG sind dies insbesondere Vorschriften über die Amtshilfe zur Unterstützung anderer Behörden, z. B. die §§ 4–8 LVwVfG.

cc) Polizei im materiellen Sinn

19 Der materielle Polizeibegriff knüpft an Inhalt und Gegenstand der Gefahrenabwehraufgabe der Polizei an. Er bezeichnet als Polizei also nicht einen Teil der Verwaltungsorganisation, sondern die Gefahrenabwehraufgaben und -befugnisse der öffentlichen Verwaltung.[19] Er setzt also Polizei mit Gefahrenabwehr gleich.[20] Polizei im materiellen Sinne bezeichnet **die spezifische Tätigkeit zur Gefahrenabwehr.** Polizei im materiellen Sinn übt danach jede Stelle aus, die hoheitlich Aufgaben zur Abwehr von Gefahren für die öffentliche Sicherheit oder Ordnung wahrnimmt. Darauf, ob ein Gesetz diese Stelle „Polizei" oder „Polizeibehörde" nennt, kommt es nicht an. Dieser materielle Polizeibegriff ist hilfreich, um Besonderheiten der Gefahrenabwehr zu verdeutlichen – z. B. das Erfordernis einer Gefahrenprognose (→ Rn. 87 ff.), die Auswirkungen auf den Rechtsschutz (→ Rn. 419 ff.), die Abgrenzung von Gesetzgebungskompetenzen (→ Rn. 39) – und um das Rechtsgebiet Polizeirecht einzugrenzen (→ Rn. 62).

20 Die Polizeigesetze der einzelnen Bundesländer lehnen sich unterschiedlich stark an den materiellen Polizeibegriff an: eher schwach in den Ländern, die mit der Entpolizeilichung viele Gefahrenabwehrbehörden auf Stellen außerhalb der Polizeiorganisation verlagert haben (→ Rn. 8, 11), dagegen stärker etwa in Baden-Württemberg, dessen Polizeigesetz weiterhin die Aufgabe der Gefahrenabwehr mit dem Begriff der Polizei gleichsetzt, vgl. z. B. § 1 I PolG.

20a **Vertiefungshinweise:** Aufsätze zu den Polizeibegriffen der Gegenwart: *Becker*, Organisation und Umfang des Zugriffes des Bundes auf bundes- und landeseigene Polizeien, DVBl. 1977, 945 ff.; *K. Gassner*, Der kommunale Ordnungsdienst in Baden-Württemberg, VBlBW 2013, 281 ff.; *Schaefer*, Die Verwaltungsorganisation und das System der verwaltungsbehördlichen Zuständigkeiten in Baden-Württemberg, VBlBW 2007, 447 ff.; *Schenk*, Verwaltungsorganisation, -aufgaben und -zuständigkeiten in Baden-Württemberg 2005, VBlBW 2006, 228 ff.

b) Polizei durch Private?

aa) Private Sicherheitsdienste keine Polizei

21 Gefahrenabwehr, typischerweise mit Befehl und Zwang, ist eine Staatsaufgabe. Der moderne Staat muss sie grundsätzlich selbst und hoheitlich wahrnehmen, seitdem das staatliche Gewaltmonopol das Selbsthilferecht der Bürger ersetzt.[21] Nur in seltenen, durch Gesetz vorgesehenen Ausnahmen (z. B. § 32 StGB, § 227 BGB: Notwehr und Nothilfe; §§ 34, 35 StGB, §§ 228, 904 BGB: Notstand; § 127 I StPO: Jedermannsrecht zur vorläufigen Festnahme) dürfen Bürger gegeneinander Gewalt anwenden. Folglich haben auch **private Sicherheitsdienste** weder eine polizeiliche Gefahrenabwehraufgabe noch polizeiliche Befugnisse. Ihnen stehen allenfalls die genannten Ausnahmebefugnisse Jedermanns zu. Dies bedeutet etwa für die DB Sicherheit GmbH, die als Tochterunternehmen der Deutsche Bahn AG deren Eigentum (z.B. Bahnhöfe) sichern soll, dass ihre Angestellten nur diese Jedermannsbefugnisse ausüben dürfen – etwa zur Durchsetzung des Hausrechts. Private Sicherheitsdienste sind deshalb **weder formell noch materiell Polizei.** Aber sie können mit der Polizei im Rahmen sog.

---

[19] Vgl. z. B. OVG NW, NWVBl. 2010, 195, 196.
[20] *Kingreen/Poscher*, POR, § 1 Rn. 19.
[21] Vgl. dazu *Drews/Wacke/Vogel/Martens*, Gefahrenabwehr, S. 1.

A. Grundlagen

Ordnungspartnerschaften kooperieren. Z.B. existiert eine solche Partnerschaft zwischen der Deutsche Bahn AG (DB Sicherheit GmbH) und der Bundesrepublik Deutschland (Bundespolizei). Sie bezweckt u.a. die Entwicklung und Umsetzung gemeinsamer Sicherheitskonzepte, die Intensivierung des Informationsaustauschs und vor allem gemeinsame Streifeneinsätze.[22]

bb) Gefahrenabwehr durch Beliehene

Gefahrenabwehr als Staatsaufgabe schließt nicht aus, dass der Staat hoheitliche Polizeiaufgaben und -befugnisse durch Gesetz oder aufgrund Gesetzes einem Privaten überträgt. Eine solche **Beleihung** muss (u.a. wegen Art. 33 IV GG) die **Ausnahme** bleiben. Durch sie verzichtet der Staat nicht auf seine Polizeigewalt, sondern gliedert den beliehenen Privaten dem Staat an: Ein mit Hoheitsmacht **beliehener Privater** wird im Umfang der Beleihung zur **Behörde;** er **handelt öffentlich-rechtlich** und untersteht staatlicher Aufsicht. Der Staat nutzt die Beleihung in legitimer Weise dort, wo ihm selbst die nötigen Kenntnisse oder Mittel fehlen. Beispielsweise hat an Bord eines Flugzeugs während des Flugs der Luftfahrzeugführer als Beliehener für die Aufrechterhaltung der Sicherheit und Ordnung zu sorgen. Er ist zu den erforderlichen Maßnahmen befugt, notfalls unter Anwendung von Zwang (§ 12 LuftSiG, abgedruckt im Sartorius Ergänzungsband Nr. 976). Auch die Abwehr von Gefahren im Zusammenhang mit dem Luftverkehr, die sog. Flugsicherung, vgl. § 27c I i.V. mit II 1 Nr. 1 LuftVG (abgedruckt im Sartorius Ergänzungsband Nr. 975), wird heute von der Deutschen Flugsicherungs-GmbH wahrgenommen. Diese ist eine Beliehene (vgl. § 31d II 5 LuftVG). Ihre Gesellschaftsanteile werden überdies ausschließlich vom Bund gehalten (vgl. § 31b I 1 LuftVG). Das baden-württembergische Polizeigesetz ermöglicht keine Beleihung Privater mit Polizeigewalt. 22

cc) Materielle Privatisierung der Polizei ausgeschlossen

Gefahrenabwehr, die typischerweise Befehl und Zwang einsetzt, ist hoheitlich vom Staat selbst wahrzunehmen (Gewaltmonopol des Staates → Rn. 21). Der Staat darf nicht durch (materielle) Privatisierung („Entstaatlichung") auf diese Staatsaufgabe verzichten und ihre Ausübung zivilrechtlich handelnden Privaten überlassen. Gefahrenabwehr durch Befehl und Zwang steht unter „Polizeivorbehalt"[23]. Sogar der Abwälzung der Kosten der Gefahrenabwehr auf Private werden dadurch gewisse Schranken gesetzt (→ Rn. 383 ff.). 23

Vertiefungshinweise: Aufsätze zur Privatisierung der Polizei: *Rixen*, Vom Polizeirecht über das Gewerberecht zurück zum Policeyrecht?, DVBl. 2007, 221 ff.; *Schoch*, Privatisierung polizeilicher Aufgaben, in: FS Stober, 2008, S. 559 ff.; *Stober*, Police-Private-Partnership aus juristischer Sicht, DÖV 2000, 261 ff. 23a

c) Der Begriff der Polizei im baden-württembergischen Polizeirecht

Das PolG BW verwendet den Begriff „die Polizei" in vielen Vorschriften, zumeist in seinen Ermächtigungsgrundlagen, insgesamt mehr als 50 Mal. Hier ist **grundsätzlich der** sog. **materielle Polizeibegriff** maßgeblich.[24] Dies zeigt z.B. § 1 I PolG: Er überträgt die Aufgabe, Gefahren abzuwehren, der Polizei, gleichgültig, ob ihre Amtsträger vor Ort in Uniform und bewaffnet oder vom Schreibtisch einer Verwaltungsbe- 24

---

[22] Vgl. hierzu *Peilert*, in: Möllers/van Ooyen/Spohrer (Hrsg.), Die Polizei des Bundes in der rechtsstaatlichen pluralistischen Demokratie, 2003, S. 141 ff.
[23] *Lisken/Denninger*, HdbPolR, M 165.
[24] *Hammann/Leuze-Mohr*, Öff. R., S. 139.

hörde aus Gefahren abwehren. „Vom Schreibtisch aus" zur Gefahrenabwehr nach dem Polizeigesetz tätig werden in Baden-Württemberg die allgemeinen Verwaltungsbehörden; sie handeln dann zur Gefahrenabwehr („funktionell" bzw. „materiell") als allgemeine Polizeibehörden.[25]

25 Gleichwohl hat der Grundsatz, dass Baden-Württemberg einem materiellen Polizeibegriff folgt, **Ausnahmen**. § 1 II PolG mit dem dort genutzten **formellen Polizeibegriff** wurde schon genannt (→ Rn. 18). Außerdem gibt es auch in Baden-Württemberg Stellen, die Gefahrenabwehraufgaben wahrnehmen, ohne Polizei zu sein, z.B. die Feuerwehr (vgl. § 2 FwG BW)[26]. Dem materiellen Polizeibegriff nach wäre sie Polizei, aber das Feuerwehrgesetz erklärt sie als „in ihrer Einrichtung von der Polizei unabhängig" (§ 1 I 2 FwG BW).

d) Der Begriff der Polizei im Recht anderer Bundesländer

26 Für das Polizeirecht einiger anderer Bundesländer, z.B. für Nordrhein-Westfalen und Bayern, ist demgegenüber ein organisatorischer Polizeibegriff maßgebend. Gefahrenabwehr durch Verwaltungsbehörden wird dort nicht „Polizei" genannt, sondern Verwaltungshandeln nach Sicherheits- und Ordnungsrecht.

e) Der Begriff der Polizei im Bundesrecht

27 Auch Bundesrecht enthält Regelungen zu Polizei und Gefahrenabwehr, z.B. im Bundespolizeigesetz und in der Straßenverkehrsordnung. In den verschiedenen Gesetzen des Bundes ist der Begriff der Polizei nicht einheitlich, sondern muss jeweils durch Auslegung bestimmt werden.

Für die Straßenverkehrsordnung (StVO) deutet die Systematik in § 44 I und II StVO darauf hin, dass in § 44 II 1 und 2 StVO mit dem Begriff „Polizei" nur die (uniformierte) Vollzugspolizei gemeint ist, während vom Schreibtisch aus die Straßenverkehrsbehörden (§ 44 I 1 StVO) zuständig sind. Wegen Art. 84 I 2 GG können die Länder abweichende Regelungen treffen.[27] Anders, aber ohne eine angesichts der Systematik von Abs. 1 und 2 erforderliche Begründung, zählt der VGH Mannheim auch die baden-württembergischen Polizeibehörden zu diesem bundesrechtlichen Polizeibegriff.[28]

§ 12 VersG spricht von „Polizeibeamte", § 12a I 1 VersG und § 19a VersG ermächtigen „die Polizei" zu Bild- und Tonaufnahmen bei Versammlungen, § 13 I 1 VersG ermächtigt „die Polizei" zur Auflösung einer Versammlung, nach § 18 III VersG und § 19 IV VersG kann „die Polizei" bestimmte Personen von einer Versammlung bzw. einem Aufzug unter freiem Himmel ausschließen, nach § 9 II 2 VersG kann „die Polizei" die Zahl der ehrenamtlichen Ordner einer Versammlung beschränken. Nach Sinn und Zweck des § 9 II 2 VersG sind dort nur die Polizisten vor Ort gemeint, nicht aber die nur vom Schreibtisch aus entscheidenden.[29] Auch § 12 VersG erfasst ersichtlich nur Polizeibeamte vor Ort. Nicht so klar auf die Polizei vor Ort beschränkt sind dagegen § 12a VersG und § 19a VersG.

(Klausur-) Wichtig ist auch der **Begriff des Polizeivollzugsbeamten i.S. des § 80 II 1 Nr. 2 VwGO**. Dieser beschränkt sich auf Beamte der (Vollzugs-) Polizei im

---

[25] *Kingreen/Poscher*, POR, § 4 Rn. 9.
[26] Abgedruckt z.B. bei Dürig, Gesetze des Landes Baden-Württemberg, Textsammlung, Nr. 95.
[27] Nicht zweifelsfrei deshalb VG Augsburg, Urt. v. 27.8.2018 – Au 7 K 17.1021 – juris Rn. 58.
[28] VGH BW, NZV 2003, 301, 302 f.
[29] Vgl. *Kniesel*, in: Dietel/Gintzel/Kniesel, Versammlungsgesetze, 17. Aufl. 2016, § 9 Rn. 18.

A. Grundlagen

organisatorischen (bzw. institutionellen) Sinn (→ Rn. 13). Als Polizeivollzugsbeamte in diesem Sinne handeln in Baden-Württemberg insbesondere die Verkehrs-, Bereitschafts- und Wasserschutzpolizei und die Beamten der Bundespolizei, aber auch die Angehörigen des Freiwilligen Polizeivollzugsdienstes (§ 6 I FPolDG) und die gemeindlichen Vollzugsbediensteten (§ 80 PolG).[30] Nicht gemeint sind in § 80 II 1 Nr. 2 VwGO Beamte der Gefahrenabwehrbehörden, die vom Schreibtisch aus tätig werden. § 80 II 1 Nr. 2 VwGO wird analog angewendet auf Verkehrszeichen, die ein Ge- oder Verbot enthalten (sie ersetzen die Anordnung eines Verkehrspolizisten und sind sog. „Blechpolizisten")[31].

Die Bundespolizei ist eine Sonderpolizei des Bundes (der frühere Bundesgrenzschutz). Unter einem zentralen Bundespolizeipräsidium stehen regionale Bundespolizeidirektionen und nachgeordnete Bundespolizeiinspektionen. Die Bundespolizei erfüllt die ihr durch Bundesgesetz, insbesondere durch das Bundespolizeigesetz (früher Bundesgrenzschutzgesetz genannt), übertragenen Aufgaben. Zu ihnen gehören Gefahrenabwehraufgaben insb. des Grenzschutzes, der Bahnpolizei[32] und der Luftsicherheit (vgl. §§ 2 ff. BPolG). Zudem unterstützt die Bundespolizei andere Bundesbehörden, z.B. nach § 9 I Nr. 1 BPolG den Bundestagspräsidenten (und die ihm unterstellte Polizei des Deutschen Bundestages[33]) bei der Ausübung der dem Bundestagpräsidenten durch Art. 40 II GG übertragenen Polizeigewalt im Gebäude des Bundestages.[34] Daneben verfolgt die Bundespolizei näher bestimmte Straftaten und Ordnungswidrigkeiten (vgl. §§ 12 f. BPolG). Die Beschränkung auf einige wenige Sachgebiete rechtfertigt die Charakterisierung der Bundespolizei als „Sonderpolizei" des Bundes. **28**

Das Bundespolizeigesetz (BPolG) ermächtigt in verschiedenen Standardermächtigungen (z.B. § 23 I BPolG zur Identitätsfeststellung) und durch eine polizeiliche Generalklausel in § 14 I BPolG i.V. mit §§ 1 – 7 BPolG „die Bundespolizei". Diese Ermächtigungsgrundlagen zur Gefahrenabwehr unterscheiden nicht zwischen einem Vollzugsdienst und anderen Stellen der Bundespolizei, wie sie sich sinngemäß aus § 63 I BPolG ergibt. Nach Sinn und Zweck der Ermächtigungsgrundlagen gelten diese für alle Stellen der Bundespolizei. Das BPolG nutzt damit einen materiellen Polizeibegriff. **28a**

Das Bundeskriminalamt (BKA) ist eine „Zentralstelle" (Art. 87 I 2 GG) des Bundes. Als solche unterstützt es die Polizeien des Bundes und der Länder. Die Einzelheiten, insbesondere die Aufgaben des BKA, regelt das Bundeskriminalamtgesetz – BKAG[35]. Außer Koordinations- und Strafverfolgungsaufgaben hat das BKA danach auch Gefahrenabwehraufgaben. So soll es u.a. Gefahren des internationalen Terrorismus abwehren sowie die Mitglieder der Verfassungsorgane des Bundes schützen (Personenschutz). Die Gesetzgebungskompetenz des Bundes zur Regelung der präventiven Abwehr terroristischer Gefahren folgt vornehmlich aus Art. 73 I Nr. 9a GG[36]. **29**

Vertiefungshinweise: Aufsätze zum Begriff der Polizei im Bundesrecht: *Friehe*, Extragesetzliche Parlamentspolizei?, DÖV 2016, 521 ff.; *Gusy*, Die Zentralstellenkompetenz des Bundes, DVBl. 1993, 1117 ff.; *Kretschmer*, BKA, BND und BfV – was ist das und was dürfen die?, Jura 2006, 336 ff.; *Ramm*, Die Polizeigewalt des Bundestagspräsidenten, NVwZ 2010, 1461 ff.; *Wag-* **29a**

---

[30] *Belz/Mußmann/Kahlert/Sander*, PolG BW, § 49 Rn. 13.
[31] VGH BW, NVwZ 1994, 801, 802.
[32] Dazu OVG Rh.-Pf., DÖV 2013, 441; *Waldhoff*, JuS 2014, 191.
[33] Dazu z.B. *Ramm*, NVwZ 2010, 1461 ff.
[34] Dazu z.B. *Friehe*, DÖV 2016, 521 ff.
[35] Sartorius Nr. 450.
[36] Vgl. *Götz/Geis*, Allg.POR, § 16 Rn. 17 f., 26.

ner, Die Bundespolizei – wer ist das, was darf und was macht die?, Jura 2009, 96 ff.; *Waldhoff*, Sachliche Zuständigkeit der Bundespolizei, JuS 2014, 191 f.

3. Das Polizeirecht als Teil des Besonderen Verwaltungsrechts

30 In Deutschland ist das Polizeirecht, also das Recht der gefahrenabwehrenden Staatsverwaltung, ein zentrales Teilgebiet des Verwaltungsrechts.

a) Verhältnis zum Allgemeinen Verwaltungsrecht

31 Historisch gesehen ist das Polizeirecht eine Wurzel des Allgemeinen Verwaltungsrechts. Beispielsweise war die sog. Polizeiverfügung (→ Rn. 148) das Vorbild für das wichtigste Handlungsinstrument der Verwaltung, den Verwaltungsakt. Dies lässt immer noch die Legaldefinition des Verwaltungsakts (§ 35 S. 1 VwVfG) erkennen: „Verwaltungsakt ist jede Verfügung ...".

32 Bis heute bietet das Polizeirecht für viele Rechtsfiguren des Allgemeinen Verwaltungsrechts typische Anwendungsfälle, z. B. für die Allgemeinverfügung (→ Rn. 149), für Realakte (→ Rn. 150), für unbestimmte Rechtsbegriffe (→ Rn. 68, 77), für die Ermessensausübung (→ Rn. 260 ff.) und für das Verhältnismäßigkeitsprinzip (→ Rn. 252 ff.).

33 Das Polizeirecht zählt gleichwohl zum Besonderen Verwaltungsrecht, weil es auf die staatliche Gefahrenabwehr beschränkt ist. Als Folge muss bei der Anwendung des Polizeirechts, wo es keine Spezialregelung trifft, oft auf das Allgemeine Verwaltungsrecht zurückgegriffen werden. Etwa hat die Polizei vor einer belastenden Verfügung den Adressaten gem. § 28 I LVwVfG anzuhören, sofern kein Ausnahmefall nach § 28 II oder III LVwVfG vorliegt.

b) Polizeirecht und Verfassungsrecht

34 Wie das Verwaltungsrecht insgesamt wird auch das Polizeirecht von dem höherrangigen Verfassungsrecht geprägt und durchdrungen: Auch Polizeirecht ist „konkretisiertes Verfassungsrecht".[37]

aa) Vorgaben des Staatsorganisationsrechts für das Polizeirecht

(1) Polizeirecht im Rechtsstaat

(a) Vorrang des Gesetzes

35 Die **Polizei darf niemals gegen Gesetz oder Recht verstoßen**, vgl. Art. 20 III GG, Art. 25 II LV, sog. Vorrang des Gesetzes. Jeder Verstoß einer Polizeibehörde gegen ein formelles Gesetz, gegen eine Rechtsverordnung oder eine Satzung macht ihr Handeln rechtswidrig. Welche weitere Folge dies hat, ergibt sich aus den Art. 20 III und Art. 19 IV GG nebst der darauf beruhenden Dogmatik des Öffentlichen Rechts, sowie aus einfachen Gesetzen: Ein rechtswidriger Verwaltungsakt der Polizei ist grundsätzlich wirksam, aber aufhebbar (vgl. z. B. §§ 43 f., 48 f. LVwVfG, §§ 68 ff., 113 I 1 VwGO). Ein rechtswidriger Realakt ist nichtig. Eine rechtswidrige Polizeiverordnung ist nichtig (→ Rn. 46). Ergänzend kommen Schadensersatz- und Entschädigungsansprüche in Betracht (→ Rn. 402 ff.).

36 Beruht die Rechtswidrigkeit einer polizeilichen Maßnahme nicht auf einem Fehler der **Polizeibehörde** selbst, sondern auf der Rechtswidrigkeit des von ihr angewandten Gesetzes, darf die Behörde das fehlerhafte Gesetz gleichwohl nicht außer Acht lassen;

---

[37] *Werner*, DVBl. 1959, 527, 529 f.

A. Grundlagen

sie **hat keine eigene Normverwerfungskompetenz.** Sie muss also auch in diesem Fall das Gesetz anwenden, zugleich aber die Rechtsaufsichtsbehörde über ihre Bedenken unterrichten.

(b) Vorbehalt des Gesetzes

Im Rechtsstaat (vgl. Art. 20 III, 28 I GG, Art. 23 I LV) darf die Polizei(verwaltung) nur dann in ein Recht des Einzelnen eingreifen, wenn ein formelles Gesetz sie hierzu ermächtigt, vgl. insb. Art. 58 LV. Das Gesetz, das zum Eingriff ermächtigt, wird (sinngleich) als gesetzliche Ermächtigung, als Eingriffsermächtigung, als Eingriffsgrundlage, als **Ermächtigungsgrundlage** oder als Befugnisnorm bezeichnet (→ Rn. 164 ff.). 37

Ermächtigungsgrundlagen für Eingriffe der Polizei finden sich in speziellen Gesetzen, in Polizeiverordnungen (die ihrerseits einer formellgesetzlichen Ermächtigung bedürfen) und im Polizeigesetz. Das Polizeigesetz enthält insbesondere Ermächtigungen zu sog. Standardmaßnahmen (→ Rn. 179 ff.) und die polizeiliche Generalklausel (→ Rn. 192, 199 ff.) sowie besondere Ermächtigungen zur Anwendung von Zwangsmitteln (Polizeizwang → Rn. 194). 38

(c) Bestimmtheitsgebot

Das PolG verwendet häufig unbestimmte Rechtsbegriffe, bei denen die Vereinbarkeit mit dem rechtsstaatlichen Bestimmtheitsgebot manchmal zweifelhaft sein kann (z.B. „öffentliche Ordnung" → Rn. 79). Mit dem aus Art. 20 III GG, Art. 23 I LV folgenden rechtsstaatlichen Bestimmtheitsgebot sind sog. unbestimmte Rechtsbegriffe/unbestimmte Gesetzesbegriffe vereinbar, wenn sie sich durch Auslegung eindeutig präzisieren lassen. 38a

(2) Polizeirecht im Bundesstaat

Bedingt durch die Entscheidung für einen **Bundesstaat** (Art. 20 I GG) verteilt das Grundgesetz die Ausübung der staatlichen Gewalt auf Bund und Länder. Für die Gefahrenabwehr überträgt es dem Bund nur einzelne Kompetenzen, z.B. für den Grenzschutz, für den Luft- und für den Eisenbahnverkehr (Art. 73 I Nr. 5, 6, 6a GG, Art. 87 I 2, 87d, 87e GG). Das GG begründet also keine umfassende Kompetenz des Bundes für das Allgemeine Polizeirecht. Deshalb ist das **Allgemeine Polizeirecht** (→ Rn. 54 ff.) **grundsätzlich Ländersache.** Im praktischen Ergebnis setzt dies in Deutschland eine bundesstaatliche Verfassungstradition aus dem Kaiserreich und der Weimarer Republik fort. Obwohl angesichts des nationalen und des internationalen Terrorismus mehrmals die Polizeibefugnisse des Bundes erweitert wurden,[38] bleibt es für die Kompetenzverteilung wesentlich, dass es **keine allgemeine Bundespolizei** gibt.[39] Zudem wurde mit der Föderalismusreform I[40] die frühere Bundesgesetzgebungskompetenz für das Versammlungsrecht (Art. 74 I Nr. 3 GG a. F.) gestrichen; dies hat die Länderkompetenz auf dem Gebiet der Gefahrenabwehr gestärkt. In Baden-Württemberg gibt es bis heute kein Landesversammlungsgesetz. 39

Hinweis: Die Abgrenzung der Gesetzgebungskompetenzen von Bund und Land wird in polizeirechtlichen Klausuren häufig wichtig (→ Rn. 134a, 286f., 327b). 39a

---

[38] Terrorismusbekämpfungsgesetz v. 9.1.2002, BGBl. I S. 361.
[39] Vgl. BVerfGE 97, 198, 218, 225.
[40] BGBl. I 2006, S. 361.

40 Baden-Württemberg nutzte seine Gesetzgebungsbefugnis für das Allgemeine Polizeirecht erstmals 1955. Der Landesgesetzgeber orientierte sich dabei am Preußischen Polizeiverwaltungsgesetz von 1931.[41] Das neue Polizeigesetz[42] vereinheitlichte landesweit Recht, Organisation und Kosten der Polizei gegenüber der zuvor unterschiedlichen Rechtslage in den einstigen Ländern Baden und Württemberg bzw. – nach 1945 – Baden, Württemberg-Baden und Württemberg-Hohenzollern.

41 Die Gesetze aller Bundesländer gestalten das Polizeirecht als staatliche Angelegenheit aus, nicht als Selbstverwaltungsangelegenheit der Gemeinden. Für Baden-Württemberg folgt dies aus § 62 IV 2 PolG („Die den Gemeinden hiernach übertragenen Aufgaben sind Pflichtaufgaben nach Weisung.") und aus der in §§ 63 ff. PolG angeordneten staatlichen Dienst- und Fachaufsicht.[43] Wenn also die Gemeinde als Ortspolizeibehörde durch ihr Organ Bürgermeister handelt (vgl. § 44 III 1 GemO), ist nur eine staatliche Behörde weisungsbefugt (vgl. § 63 I Nr. 3, § 64 Nr. 3 PolG), nicht jedoch der Gemeinderat.

bb) Polizeirecht und Grundrechte

(1) Polizeiliches Handeln als Grundrechtseingriff

42 Die **Polizei** ist, wie alle Staatsgewalt, unmittelbar an die Grundrechte gebunden (vgl. Art. 1 III GG). Da die Polizei den Bürgern häufig und typischerweise mit Befehl und Zwang entgegentritt, greift sie oft in Grundrechte ein. § 4 PolG, mit dem der baden-württembergische Gesetzgeber das Zitiergebot des Art. 19 I 2 GG befolgt, veranschaulicht dies. Jeder Eingriffsakt der Polizei muss deshalb verfassungsrechtlich gerechtfertigt, insbesondere grundrechtskonform, sein. Der Eingriff **bedarf dazu einer gesetzlichen Ermächtigung,** die ihrerseits von einer (ausdrücklichen oder immanenten) Schranke des jeweils betroffenen Grundrechts gedeckt sein muss. Also ist nicht nur der eingreifende Einzelakt der Polizei, sondern auch dessen gesetzliche Ermächtigung an Grundrechten zu messen.

42a **Hinweis:** Bei der Bearbeitung polizeirechtlicher Fälle sind Grundrechte deshalb regelmäßig zweimal Prüfungsmaßstab: Bei der Prüfung des Einzelakts und bei der dazu nötigen (inzidenten) Kontrolle seiner gesetzlichen Grundlage.

43 Grundrechte scheiden nur dann als Prüfmaßstab aus, wenn das polizeiliche Handeln kein Grundrecht beschränkt, insbesondere keinen Befehls- oder Zwangscharakter hat. Beispiele sind Streifenfahrten der Polizei, Suchaktionen nach vermissten Personen oder Rettung aus hilfloser Lage (z. B. aus Bergnot). Dafür bedarf es auch keiner Ermächtigungsgrundlage (→ Rn. 144 f.).

44 Um einer effektiven Gefahrenabwehr willen muss die Polizei oftmals schnell in Grundrechte eingreifen, manchmal sogar, ohne den Grundrechtsträger vorher zu informieren. Dem verfassungsrechtlich gleichwohl gebotenen Grundrechtsschutz der Betroffenen trägt das Polizeirecht durch eine besondere gesetzliche, z. T. auch richterrechtliche Ausgestaltung der (Verwaltungs- und Gerichts-)Verfahren Rechnung, sog. **Grundrechtsschutz durch Verfahren** (→ Rn. 298, 300, 306, 307, 314, 330, 336 ff., 343). Bestimmte besonders schwer wiegende Grundrechtseingriffe durch die Polizei stehen deshalb kraft Gesetzes unter einem Vorbehalt, dass ein Richter sie zulassen

---

[41] *Belz/Mußmann*, PolG BW, 7. Aufl. 2009, Einführung Rn. 7.
[42] V. 21.11.1955, GBl. S. 249.
[43] Vgl. VGH BW, VBlBW 1986, 22; 1986, 217, 217 f.; *Ennuschat*, Kommunalrecht, Rn. 44.

A. Grundlagen 115

muss, sog. **Richtervorbehalt** (z. B. → Rn. 330) oder wenigstens der Behördenleiter, sog. **Behördenleitervorbehalt** (z. B. → Rn. 330, 336, 343, 353a). Das PolG nutzt manchmal auch eine Kombination von Behördenleiter- und Richtervorbehalt, vgl. §§ 23 III 8, 23b VII PolG. Auf bestimmte andere Grundrechtseingriffe, z. B. auf eine Videoüberwachung öffentlicher Plätze, muss die Polizei ausdrücklich aufmerksam machen (→ Rn. 323 ff.). Darf die Polizei ausnahmsweise verdeckt in Grundrechte eingreifen (→ Rn. 329 ff.), erschwert das Gesetz das für den Eingriff vorgesehene Verfahren und sieht z. B. eine **besondere Begründungspflicht** (§ 23 III 6 PolG, § 23a II 3, 7 PolG), eine **Befristung des Grundrechtseingriffs** (§ 23 III 4, 5 PolG, § 23a II 7 PolG), und eine **nachträgliche Benachrichtigung** des Betroffenen vor (§ 22 VIII PolG, § 23 VI PolG). Für den gerichtlichen Rechtsschutz gegen bestimmte Grundrechtseingriffe der Polizei gibt es einige **besondere Rechtsweg- und Rechtsbehelfsvorgaben** (→ Rn. 418 ff.). Außerdem muss dem Grundrecht auf effektiven Rechtsschutz (Art. 19 IV GG) auch dann genügt werden, wenn die Polizei schnell handeln muss und dazu in Grundrechte eingreifen darf. Deshalb sind bestimmte Rechtsschutzformen, insbesondere **vorläufiger Rechtsschutz** und die **Fortsetzungsfeststellungsklage,** im Polizeirecht typisch (→ Rn. 427 ff.).

(2) Grundrechte als polizeiliche Schutzgüter

Die Polizei greift aber nicht nur häufig in Grundrechte der Bürger ein, sondern sie 45 schützt umgekehrt auch Grundrechtsträger und deren Grundrechte, z. B. wenn sie bei einem Chemieunfall Anwohner warnt und auffordert, Türen und Fenster zu schließen. Die Unversehrtheit der Grundrechte ist Teil der öffentlichen Sicherheit (→ Rn. 71, 75); sie zu schützen ist Aufgabe der Polizei, vgl. § 1 I 1 PolG. Damit erfüllt die Polizei grundrechtliche Schutzpflichten des Staates.

(3) Gebot grundrechtskonformer Auslegung und Anwendung des Polizeirechts

Aus **Art. 1 III GG,** demzufolge die Grundrechte als unmittelbar geltendes Recht 46 Gesetzgebung, vollziehende Gewalt und Rechtsprechung binden, und aus **Art. 20 III GG**, der einen funktionierenden Rechtsstaat verbürgt, folgt das Gebot grundrechtskonformer Auslegung und Anwendung allen Polizeirechts. Grundrechtswidrige Normen des Polizeirechts verletzen Art. 1 III GG und sind nach allgemeinen dogmatischen Regeln nichtig (sog. Nichtigkeitsdogma). Verstößt ein Verwaltungsakt gegen ein Grundrecht, ist er grundsätzlich rechtswidrig (vgl. § 43 II LVwVfG) und aufhebbar (vgl. §§ 48 ff. LVwVfG, § 113 I VwGO), ausnahmsweise ist er nichtig (vgl. § 44 LVwVfG). Grundrechtswidrige Realakte sind nichtig. Die von Art. 20 III GG garantierte Funktionsfähigkeit des Rechtsstaats darf aber nicht durch vorschnelle Annahme eines Grundrechtsverstoßes geschwächt werden. Bevor deshalb eine Norm des Polizeirechts grundrechtswidrig und nichtig genannt werden darf, muss geprüft werden, ob sie grundrechtskonform auslegbar ist (Gesetzesauslegung). Wird bei verschiedenen Auslegungsmöglichkeiten nur eine den Grundrechten gerecht, muss sie das Auslegungsergebnis sein, sog. **grundrechtskonforme Auslegung** (vgl. z. B. → Rn. 307, 329, 336, 421). Auch bevor ein Verwaltungsakt der Polizei für grundrechtswidrig erklärt werden darf, muss geprüft werden, ob seine Regelung, also die Verbindlichkeit bezweckende Willenserklärung der Behörde, grundrechtskonform ausgelegt werden kann (Auslegung einer Willenserklärung). In diesem Punkt gilt für die Auslegung behördlicher Willenserklärungen nichts anderes als für die Auslegung von Rechtsnormen.

47 Ein Beispiel für eine grundrechtskonforme Auslegung des Polizeigesetzes bietet § 7 PolG, der den Eigentümer für die Gefährlichkeit seiner Sachen polizeilich verantwortlich macht. § 7 PolG beschränkt als Inhalts- und Schrankenbestimmung i. S. des Art. 14 I 2 (i. V. mit Art. 14 II) GG das Eigentumsgrundrecht. Diese Zustandsverantwortlichkeit des Eigentümers wird bei grundrechtskonformer Gesetzesauslegung durch den Wert der gefährlichen Sache begrenzt. Als Folge braucht der Eigentümer für Kosten zur Beseitigung einer von seinem Grundstück ausgehenden Gefahr für die öffentliche Sicherheit nur bis zur Höhe des Grundstückswerts einzustehen; sein weiteres Vermögen bleibt verschont. Auch die Verhältnismäßigkeit einer polizeilichen Maßnahme hängt mit davon ab, ob und wie stark sie in Grundrechte eingreift (→ Rn. 259).

47a **Vertiefungshinweise:** Aufsätze zu Polizeirecht und Verfassungsrecht: *Götz*, Innere Sicherheit, in: Isensee/Kirchhof (Hrsg.), Handbuch des Staatsrechts, B. IV, 2006, § 85; *Kniesel*, „Innere Sicherheit" und Grundgesetz, ZRP 1996, 48 ff.; *Nehm*, Das nachrichtendienstliche Trennungsgebot und die neue Sicherheitsarchitektur, NJW 2004, 3289 ff.; *Roggan/Bergemann*, Die neue Sicherheitsarchitektur der Bundesrepublik Deutschland, NJW 2007, 876 ff.

c) Polizeirecht unter dem Einfluss von Europa- und Völkerrecht

48 Gefahren durch organisierte Kriminalität und Terrorismus enden nicht an Landesgrenzen. Effektiv bekämpft werden können sie nur grenzüberschreitend. Zu diesem Zweck beeinflussen Europarecht und Völkerrecht zunehmend das Polizeirecht. Als aufgrund des Schengener Übereinkommens **(Schengen I)**[44] die Kontrollen an den gemeinsamen Grenzen der Vertragsstaaten abgebaut wurden, beugte dem damit verbundenen Verlust an Sicherheit ein zweites Übereinkommen (**Schengen II,** Übereinkommen zur Durchführung des Übereinkommens von Schengen)[45] vor. Es ermöglicht u. a. ein grenzübergreifendes automatisiertes Fahndungssystem (SIS in Straßburg), die einheitliche Überwachung der Außengrenzen der EU, Vereinbarungen über die bilaterale polizeiliche Zusammenarbeit im Grenzgebiet, Regelungen über die grenzüberschreitende Observation und Nacheile. 1992 entstand das Europäische Polizeiamt **Europol** mit Sitz in Den Haag. Grundlage ist heute Art. 88 AEUV, dessen Vorgaben durch den Europol-Beschluss[46] näher ausgeformt werden. Europol unterstützt die nationalen Polizeibehörden durch den Informationsaustausch zwischen den Mitgliedstaaten und bei der Verbrechensbekämpfung. Es hat keine exekutiven (Zwangs-) Befugnisse (Art. 88 III 2 AEUV). Ungeachtet dessen können mit der Informationsverarbeitung durch Europol Grundrechtseingriffe (in das Recht auf informationelle Selbstbestimmung) einhergehen.

49 Allerdings zählen die EU-Mitgliedstaaten die Innere Sicherheit immer noch zum Kernbereich ihrer nationalen Souveränität, den sie grundsätzlich nicht zugunsten anderer Organisationen aufgeben möchten. Deshalb haben sie der EU für die Gefahrenabwehr nur sehr beschränkt Hoheitsaufgaben übertragen (vgl. Art. 72 ff. AEUV).

50 In Baden-Württemberg tragen insbesondere die §§ 78 und 79 PolG einer grenzüberschreitenden Gefahrenabwehr Rechnung. § 78 PolG legt fest, unter welchen Voraussetzungen die Polizei anderer Bundesländer, die Polizei des Bundes und die Polizei anderer Staaten Amtshandlungen in Baden-Württemberg vornehmen dürfen. § 79

---

[44] V. 14.6.1985, GMBl. 1986, S. 790.
[45] V. 19.6.1990, BGBl. II 1993, S. 1010, 1013; BGBl. II 1994, S. 631.
[46] Beschluss des Rates zur Errichtung des Europäischen Polizeiamts (Europol) v. 6.4.2009 (2009/371/JI), ABl. EU Nr. L 121/37.

A. Grundlagen

PolG bestimmt, unter welchen Voraussetzungen baden-württembergische Polizeibeamte außerhalb Baden-Württembergs handeln dürfen.

Die Polizei Baden-Württembergs arbeitet auf der Grundlage der §§ 78 III 2 und 79 **51** I 2 PolG und einem deutsch-französischen Abkommen[47] im Gemeinsamen deutsch-französischen Zentrum für Polizei- und Zollzusammenarbeit mit. Auch im Verhältnis zu Österreich[48] und zur Schweiz[49] regeln völkerrechtliche Verträge eine grenzüberschreitende Zusammenarbeit zur Gefahrenabwehr[50].

Europäische Vorgaben können zudem Auslegung und Anwendung nationaler poli- **52** zeirechtlicher Ermächtigungsgrundlagen beeinflussen. Etwa ist die Warenverkehrsfreiheit der Art. 28 ff. AEUV Bestandteil der öffentlichen Sicherheit (z. B. i. S. des § 15 VersG). Ihr muss die Polizei ggf. auch bei der Ermessensausübung Rechnung tragen.[51]

Aus den skizzierten europäischen Einflüssen auf das nationale Polizeirecht wird auch **53** deutlich, dass ein europäisches Polizeirecht noch nicht zusammenhängend geregelt ist, sondern aus Vorschriften ganz unterschiedlichen Ursprungs besteht.

Vertiefungshinweise: Aufsätze zum Polizeirecht unter dem Einfluss von Europa- und Völ- **53a** kerrecht: *v. Arnauld*, Die Europäisierung des Rechts der inneren Sicherheit, JA 2008, 327 ff.; *Brodowski*, Innere Sicherheit in der Europäischen Union, Jura 2013, 492 ff.; *Hecker*, Die Europäisierung der inneren Sicherheit, DÖV 2006, 273 ff.; *Heidebach*, Der polizeiliche Präventivgewahrsam auf konventionsrechtlichem Prüfstand, NVwZ 2014, 554 ff.; *Kretschmer*, Europol, Eurojust, OLAF – was ist das und was dürfen die?, Jura 2007, 169 ff.; *Lindner*, Die gemeinschaftsrechtliche Dimension des Polizeirechts, JuS 2005, 302 ff.; *Möstl*, Polizeiliche Sicherheitsgewährleistung im Mehrebenensystem, Die Verwaltung 41 (2008), 309 ff.; *Rengeling*, Sicherheit im Recht der Europäischen Union, in: FS Knemeyer, 2012, S. 269 ff.; *R. P. Schenke*, Der Rechtsschutz gegen Europol auf dem Prüfstein des Art. 47 GrCH, in: FS Knemeyer, 2012, S. 365 ff.

d) Allgemeines und Besonderes Polizeirecht

Das Polizeirecht wird in das Allgemeine und das Besondere Polizeirecht gegliedert. **54** Die maßgeblichen Abgrenzungsmerkmale sind allerdings nicht ganz klar. So kann man unter **Besonderes Polizeirecht fachspezifische Gefahrenabwehrmaterien** zusammenfassen, die **spezialgesetzlich geregelt** sind, sei es durch Bundesrecht (z. B. Gewerberecht, Immissionsschutzrecht, Straßenverkehrsrecht) oder durch Landesrecht (z. B. Bauordnungs-, Brandschutz-, Bestattungsrecht). Nach dieser Sichtweise regelt dann das Allgemeine Polizeirecht die nicht durch Spezialgesetze geformten Aufgaben und Befugnisse zur Gefahrenabwehr, und zwar vornehmlich in den Polizeigesetzen der Länder. So verstanden, umfasst das Allgemeine Polizeirecht u. a. die Unterbringung von Obdachlosen, die Gewährleistung von Sicherheit und Ordnung auf Straßen, Plätzen und in Parks (im „öffentlichen Raum"), soweit sie nicht von StVG und StVO erfasst wird, ferner das Abschleppen verkehrswidrig abgestellter Fahrzeuge und die vorbeugende Verbrechensbekämpfung. Nach einer anderen Sichtweise kann man zum Allgemeinen Polizeirecht aber auch die Normen zählen, die allgemeine Gefahrenabwehrgrundsätze, d. h. gemeinsame Grundregeln des Gefahrenabwehrrechts, ausformen, die auch die Gefahrenabwehr nach Spezialgesetzen mitprägen. Nach dieser Sicht, die die Funktion der systematischen Grundlegung des Allgemeinen Polizeirechts betont[52], gehören zum Allgemeinen Polizeirecht auch solche Vorschriften der Spezialgesetze

---

[47] V. 9.10.1997, Zustimmungsgesetz v. 14.9.1998, BGBl. II 2000, S. 2479.
[48] BGBl. II 2005, S. 858.
[49] BGBl. II 2001, S. 946.
[50] Vgl. weiter *Belz/Mußmann/Kahlert/Sander*, PolG BW, § 78 Rn. 17 ff., § 79 Rn. 5.
[51] Z. B. *Kirchhoff*, Europa und Polizei, S. 151 ff.
[52] *Götz/Geis*, Allg.POR, § 1 Rn. 17.

(auch des Bundes, vgl. → Rn. 58), die die allgemeinen Regeln zur Gefahrenabwehr aufnehmen und wiederholen (nicht aber diejenigen, die allgemeine Regeln erweitern, begrenzen oder verdrängen). Richtigerweise erfasst **Allgemeines Polizeirecht** beides: **die nicht durch Spezialgesetze**, sondern im Polizeigesetz **geregelten Aufgaben und Befugnisse zur Gefahrenabwehr sowie** die Gefahrenabwehrregelungen, die **allgemeine Gefahrenabwehrgrundsätze** ausformen (unabhängig davon, ob sie in speziellen Gefahrenabwehrgesetzen wiederholt werden). Danach enthalten z. B. die Versammlungsgesetze Allgemeines Polizeirecht (etwa mit den Begriffen der öffentlichen Sicherheit oder Ordnung in § 15 I VersG) und Besonderes Polizeirecht (u. a. das Vermummungsverbot in § 17a II Nr. 1 VersG).

55 Ein allgemeiner Gefahrenabwehrgrundsatz ist z. B. (ausgeformt u. a. durch die §§ 6, 7, 9 PolG), dass die Polizei zur Gefahrenabwehr grundsätzlich nur solche Personen belasten darf, die für die zu bekämpfende Gefahr für die öffentliche Sicherheit oder Ordnung polizeilich verantwortlich sind; nur ausnahmsweise darf die Polizei sog. Nichtstörer im polizeilichen Notstand (→ Rn. 250) zur Gefahrenbeseitigung heranziehen. Für das Bauordnungsrecht (Baupolizeirecht) benennt die Landesbauordnung Personen, die für Gefahren verantwortlich sind, die mit der Errichtung oder dem Abbruch von Bauvorhaben einhergehen (§ 41 LBO); im Einzelnen sind dies Bauherr (§ 42 LBO), Entwurfsverfasser (§ 43 LBO), Unternehmer (§ 44 LBO) und Bauleiter (§ 45 LBO)[53]. Diese Regeln sind Besonderes Polizeirecht. Sie sind aber nicht abschließend, sodass die zum Allgemeinen Polizeirecht zählenden §§ 6, 7 und 9 PolG daneben anwendbar sind[54]. Dies kann insbesondere für die Ermessensauswahl zwischen mehreren Störern (→ Rn. 267f.) wichtig werden. Nach Errichtung des Bauwerks endet i. d. R. die Bauherreneigenschaft. Dann und bei Abrissverfügungen sind regelmäßig nur die Verantwortlichkeitsregeln des Allgemeinen Polizeirechts anwendbar[55].

56 Obwohl das Allgemeine Polizeirecht insbesondere durch das PolG weitgehend kodifiziert ist, umfasst es auch ungeschriebene Grundsätze. Dazu zählt etwa die **Unterscheidung** zwischen einer **„Primär-"** und einer **„Sekundärebene"**[56]. Sie wird häufig (klausur-)wichtig, wenn sich die Prognose, es liege eine Gefahr vor, später als falsch erweist, weil zwischen der Gefahrenabwehrmaßnahme (Primärebene) und dem Verwaltungsakt, der die dafür entstandenen Kosten erhebt (→ Rn. 390, Sekundärebene) und/oder einem Entschädigungsverlangen des Bürgers, der durch die Polizeimaßnahme einen Schaden erlitt (→ Rn. 408, ebenfalls Sekundärebene), neue Erkenntnisse gewonnen wurden. Ein weiterer (in Baden-Württemberg) ungeschriebener Grundsatz des Allgemeinen Polizeirechts ist der Grundsatz des Austauschmittels (→ Rn. 258).

57 Obwohl es allgemeine Gefahrenabwehrgrundsätze zusammenfasst, zählt das Allgemeine Polizeirecht zum Besonderen Verwaltungsrecht (→ Rn. 33). Denn seine Grundregeln dienen speziell der Abwehr von Gefahren für die öffentliche Sicherheit oder Ordnung. Zwar können diese Gefahrenabwehrgrundregeln auch Grundsätze des Allgemeinen Verwaltungsrechts durch spezifisch polizeirechtliche Elemente ergänzen, bleiben aber i. d. R. auf das Polizeirecht beschränkt; sie wachsen nicht ohne Weiteres dem Allgemeinen Verwaltungsrecht zu. Beispielsweise wird das zum Allgemeinen Verwaltungsrecht (und zum Verfassungsrecht) zählende Verhältnismäßigkeitsprinzip durch den polizeirechtlichen Grundsatz des Austauschmittels (→ Rn. 258) ergänzt, ohne dass diese Figur über das Polizeirecht hinaus anerkannt ist.

---

[53] Vgl. auch *Remmert*, Öffentliches Baurecht, Rn. 236 f.
[54] Vgl. z. B. VGH BW, VBlBW 1984, 380.
[55] Vgl. *Sauter*, LBO BW, § 65 Rn. 51.
[56] Vgl. z. B. VGH BW, NVwZ-RR 2012, 387, 389.

A. Grundlagen   119

Obwohl **Allgemeines Polizeirecht vornehmlich in den Polizeigesetzen der** 58
Länder enthalten ist, nutzen auch manche bundesrechtliche Bestimmungen Begriffe
und **allgemeine Gefahrenabwehrgrundsätze,** die sie oft von den landesrechtlichen
Vorbildern übernommen haben; *insoweit* kann **auch im Bundesrecht** Allgemeines
Polizeirecht enthalten sein. Beispiele finden sich in Art. 40 II GG („Polizeigewalt" des
Bundestagspräsidenten im Gebäude des Bundestages) und in den §§ 14 ff. des BPolG
(§ 14: polizeiliche Generalklausel, Gefahrenbegriff, § 15: Verhältnismäßigkeitsgrundsatz, § 16: Ermessen, Grundsatz des Austauschmittels, § 17: Verhaltensverantwortlichkeit, § 18: Zustandsverantwortlichkeit, § 19: Unmittelbare Ausführung, § 20: Inanspruchnahme von Nichtstörern).

Beachte: Für die Fallbearbeitung folgt aus diesem Verständnis von Allgemeinem und Be- 59
sonderem Polizeirecht, dass der systematische Grundsatz der Rechtsdogmatik *„lex specialis derogat legi generali"* eingreifen kann: Er ist immer dort anzuwenden, wo eine spezialgesetzliche Regelung zur Gefahrenabwehr eine im Polizeigesetz enthaltene Regel des Allgemeinen Polizeirechts verdrängen soll. Ob dies der Fall ist, oder ob die spezialgesetzliche Gefahrenabwehrregelung eine allgemeine des Polizeigesetzes nur ergänzt, muss durch Gesetzesauslegung ermittelt werden. Ergibt diese, dass die spezialgesetzliche Norm die allgemeine verdrängt, darf die allgemeine nicht angewendet werden. Ergibt die Auslegung, dass die spezialgesetzliche Norm ergänzend neben die allgemeine tritt, darf auf die allgemeine zurückgegriffen werden, wenn die Voraussetzungen der spezialgesetzlichen nicht erfüllt sind. Für die ermessensfehlerfreie Auswahl zwischen mehreren Störern können sogar spezielle *und* allgemeine Normen (über die Störerverantwortlichkeit) zu beachten sein (→ Rn. 55).

Gegenstand der vorliegenden Darstellung ist das im obigen Sinn (→ Rn. 54) zu ver- 60
stehende Allgemeine Polizeirecht, konzentriert auf die im Land Baden-Württemberg
geltende Rechtslage. Baden-Württemberg regelt das Allgemeine Polizeirecht insbesondere **im Polizeigesetz** (ferner z.B. in der dazu ergangenen Durchführungsverordnung
– DVO PolG).

Das Polizeigesetz systematisiert das Allgemeine Polizeirecht. Für die Fallbearbeitung 61
wichtig ist dabei insbesondere das Verhältnis der verschiedenen Ermächtigungsgrundlagen des Polizeigesetzes zueinander: Dabei geht es u.a. um das Verhältnis der sog. Standardermächtigungen zur polizeilichen Generalklausel (→ Rn. 181 ff.), ferner darum,
wie sich die Ermächtigungen zum Zwangseinsatz zur polizeilichen Generalklausel und
zu den Standardmaßnahmen verhalten (→ Rn. 347) sowie um die Abgrenzung der
Generalklauseln der §§ 3, 1 PolG und der §§ 10, 1 PolG voneinander (→ Rn. 372).
Aber auch das Verhältnis zwischen den Ermächtigungsgrundlagen und anderen Bestimmungen des Polizeigesetzes ist wichtig. So wäre es falsch, in den Vorschriften über
die polizeiliche Verantwortlichkeit des Verursachers (§ 6 PolG, → Rn. 209 ff.) und des
Eigentümers oder des Inhabers der tatsächlichen Gewalt über eine gefährliche Sache
(§ 7 PolG, → Rn. 218 ff.) und in der Vorschrift über die ausnahmsweise polizeiliche
Verantwortlichkeit unbeteiligter Personen (§ 9 PolG, → Rn. 250 ff.) Ermächtigungsgrundlagen zu sehen. Vielmehr ergänzen diese Vorschriften die polizeiliche Generalermächtigung für Einzelfallregelungen (§§ 3, 1 PolG) und diejenige für Polizeiverordnungen (§§ 10, 1 PolG) durch zusätzliche Rechtmäßigkeitsanforderungen.

II. „Gefahrenabwehr" als Ziel und Gegenstand des Allgemeinen Polizei- und Ordnungsrechts

Es ist eine zentrale Aufgabe des Staates, die Allgemeinheit, jeden Einzelnen und alle 62
staatlichen Einrichtungen vor Gefahren zu schützen. Diesem Ziel dient das Gefah-

renabwehrrecht, das in Deutschland traditionell auch Sicherheits- und Ordnungsrecht bzw. Polizeirecht heißt. Mit dem Polizeirecht sollen Gefahren für die öffentliche Sicherheit oder Ordnung bekämpft werden (vgl. z.B. §§ 3, 1 PolG). Sein Gefahrenabwehr-Ziel unterscheidet das Polizeirecht vom Strafrecht (dessen Ziel die Strafverfolgung ist), vom Ordnungswidrigkeitenrecht (das auf die Verfolgung von Ordnungswidrigkeiten zielt), vom Umweltrecht (soweit dieses als „Risikoverwaltungsrecht" auch sog. bloße Risiken bekämpfen soll) und vom Verfassungsschutzrecht (das die Verfassung insb. durch Geheim- und Nachrichtendienste schützen soll). Folglich ist der wichtigste Begriff des Polizeirechts die „Gefahr für die öffentliche Sicherheit oder Ordnung". Als Bezugspunkt des Polizeirechts ist dieser Begriff Rechtmäßigkeitsvoraussetzung grundsätzlich jedes Gefahrenabwehrhandelns der Polizei (zu Ausnahmen vgl. z.B. → Rn. 139). Zugleich grenzt er das Polizeirecht von den genannten anderen Rechtsgebieten ab.

1. Die „Gefahr für die öffentliche Sicherheit oder Ordnung"

63 Dieser **Schlüsselbegriff** des Polizeirechts vereint drei Begriffe: „Gefahr", „öffentliche Sicherheit" und (öffentliche) „Ordnung". Diese drei Begriffe sind Tatbestandsvoraussetzungen der meisten polizeirechtlichen Ermächtigungsgrundlagen für Eingriffe in Rechte der Bürger. Besonders klar zeigt dies § 3 I i.V. mit § 1 I 1 PolG, die sog. polizeiliche Generalklausel (→ Rn. 199 ff.).

64 **Hinweis:** Deshalb müssen Sie den genauen Inhalt und die Bedeutung dieser drei Begriffe beherrschen: In annähernd jeder Klausur und Hausarbeit aus dem Polizeirecht sind diese Begriffe erst zu definieren und dann anzuwenden. Ob die Polizei zur Abwehr einer Gefahr für die öffentliche Sicherheit oder Ordnung eingriff (und nicht etwa zur Strafverfolgung), wird wichtig bei der Zulässigkeitsprüfung einer Klage gegen die Polizeimaßnahme (Ist der Verwaltungsrechtsweg eröffnet?) und bei der Begründetheitsprüfung (Welche Ermächtigungsgrundlage ist einschlägig? Hat die Polizei diese rechtmäßig angewendet?). Besondere Schwierigkeiten ergeben sich, wenn die Polizei durch eine sog. doppelfunktionale Maßnahme (→ Rn. 132 f.) mehrere Ziele zugleich verfolgt (Gefahrenabwehr und Strafverfolgung, z.B. bei einer Geiselnahme).

65 Das Wort **„Gefahr" bezieht sich auf** die beiden anderen Teile des Schlüsselbegriffs (→ Rn. 63), nämlich auf die **zwei Hauptschutzgüter** des Polizeirechts – die **„öffentliche Sicherheit"** (→ Rn. 67 ff.) und die (öffentliche) **„Ordnung"** (→ Rn. 77 ff.). Ob eine Gefahr i.S. des Polizeirechts vorliegt, ist deshalb immer mit Blick auf eines dieser Hauptschutzgüter (oder auf beide) zu bestimmen.

66 **Klausurhinweis:** Für die Reihenfolge in einer Fallprüfung bedeutet dies, dass zunächst geklärt werden muss, ob die öffentliche Sicherheit oder/und die öffentliche Ordnung betroffen ist. Erst danach ist zu ermitteln, ob für dieses polizeiliche Schutzgut eine Gefahr besteht.

a) Öffentliche Sicherheit

67 Zwar definiert das baden-württembergische Polizeigesetz (anders als die Gesetze in Bremen, Sachsen-Anhalt und Thüringen) den Begriff „öffentliche Sicherheit" nicht, sondern setzt ihn voraus, z.B. in der polizeilichen Generalermächtigung (§§ 3, 1 PolG). Aber über den Begriffsinhalt herrscht trotzdem Einigkeit. Er umfasst **drei Teilschutzgüter:**

67a **Merke: Öffentliche Sicherheit** i.S. des Polizeirechts ist ein Zustand der Unversehrtheit
aa) der objektiven Rechtsordnung (→ Rn. 71 ff.),

A. Grundlagen

bb) der subjektiven Rechte und Rechtsgüter jedes Einzelnen (→ Rn. 75) sowie

cc) der Einrichtungen und Veranstaltungen des Staates und sonstiger Hoheitsträger (→ Rn. 76).

Auch wenn „öffentliche Sicherheit" ein sog. unbestimmter Rechtsbegriff (unbestimmter Gesetzesbegriff) ist, steht sein Inhalt mit dieser Definition fest. Er wird durch die drei Teilschutzgüter so klar, dass er dem rechtsstaatlichen **Bestimmtheitsgebot des Art. 20 III GG** genügt. Dieses verlangt bei unbestimmten Rechtsbegriffen lediglich, dass sich ihr Inhalt durch Gesetzesauslegung (d. h. nach Wortlaut, Systematik, Sinn und Zweck sowie Entstehungsgeschichte) eindeutig ermitteln lässt. 68

Die o. g. Definition der öffentlichen Sicherheit ist auch so genau, dass ihre Anwendung auf den Einzelfall (Subsumtion) eindeutige Ergebnisse zulässt. Es ist deshalb zu Recht überwiegend anerkannt, dass der **Polizei** bei Auslegung und Anwendung des unbestimmten Gesetzesbegriffs der öffentlichen Sicherheit **kein Beurteilungsspielraum** zusteht. In einem etwaigen Gerichtsprozess **kontrolliert** das **Verwaltungsgericht** folgerichtig **umfassend**, ob sich die Polizei im Streitfall auf die öffentliche Sicherheit berufen durfte. 69

Klausurhinweis: Bei der Fallbearbeitung müssen Sie deshalb genau prüfen und entscheiden, ob eines dieser drei Teilschutzgüter und damit die öffentliche Sicherheit berührt wird. Sie dürfen also nicht eine entsprechende Ansicht der Polizeibehörde unbesehen übernehmen. 70

aa) Unversehrtheit der objektiven Rechtsordnung

Wichtigstes Teilschutzgut der öffentlichen Sicherheit ist die objektive Rechtsordnung, weil sie den Bestand des Gemeinwesens organisiert und sichert. Sie umfasst **alle** (geschriebenen und ungeschriebenen) **Rechtsnormen, die Verbote und Gebote aufstellen.**[57] Dies heißt im praktischen Ergebnis, dass die Polizei- und Ordnungsverwaltung grundsätzlich gegen jede Verletzung einer zwingenden Rechtsnorm **des öffentlichen Rechts,** insbesondere des Verwaltungsrechts und des Strafrechts, einschreiten darf. Ordnet beispielsweise eine Satzung der Gemeinde an, dass jeder Grundeigentümer im Ort sein Grundstück an die kommunale Wasserversorgung anschließen muss (sog. Anschlusszwang, vgl. z. B. § 11 GemO), so ist die Unversehrtheit der objektiven Rechtsordnung und damit die öffentliche Sicherheit verletzt, wenn ein Grundeigentümer dieser öffentlich-rechtlichen Verpflichtung nicht nachkommt. Auch bei Erfüllung eines *objektiven* Straftatbestandes ist die öffentliche Sicherheit verletzt und die Polizei darf zur Gefahrenabwehr einschreiten – nur nicht gegen einen in Notwehr oder mit wirksamer Einwilligung Handelnden.[58] Zudem müssen Straftatbestände grundrechtskonform ausgelegt werden. Die öffentliche Sicherheit ist auch berührt, wenn Straftaten im Ausland drohen, für die nach den §§ 5 ff. StGB deutsches Strafrecht anwendbar ist.[59] 71

Nur ausnahmsweise verletzt der Verstoß gegen eine Rechtsnorm die objektive Rechtsordnung nicht, nämlich wenn und solange für das normwidrige Verhalten oder 72

---

[57] Vgl. VGH BW, NVwZ 1994, 1233, 1234.
[58] Ähnlich *Götz/Geis*, Allg.POR, § 4 Rn. 11; *Würtenberger/Heckmann/Tanneberger*, PolR BW, § 5 Rn. 257; vgl. auch BVerwGE 64, 55, 61.
[59] *Kingreen/Poscher*, POR, § 7 Rn. 10.

den normwidrigen Zustand eine wirksame behördliche Erlaubnis oder Genehmigung vorliegt (sog. Legalisierungswirkung der Genehmigung). Beispiel: Die Gemeinde hat einer Brauerei eine Ausnahme vom satzungsgemäßen Anschlusszwang erteilt, damit das Bier mit Wasser aus der brauereieigenen Felsquelle gebraut werden kann. Selbstverständlich schließt dies nicht aus, dass gegen die Brauerei wegen eines Verstoßes gegen die öffentliche Sicherheit polizeilich eingeschritten werden kann, wenn das verwendete Felsquellwasser mit gesundheitsgefährdenden Keimen verunreinigt ist. Jede Legalisierungswirkung ist nämlich durch den Inhalt der Regelung des genehmigenden Verwaltungsaktes, die durch Auslegung der Willenserklärung der Behörde zu ermitteln ist, begrenzt.

73 Rechtsnormen sind abstrakt-generelle Regelungen, insbesondere Gesetze, Rechtsverordnungen und Satzungen. Nicht zur objektiven Rechtsordnung im Sinne der öffentlichen Sicherheit zählen Verwaltungsakte, selbst Allgemeinverfügungen zählen nicht dazu. Die Befolgung eines gebietenden oder verbietenden Verwaltungsakts kann dagegen unter den Voraussetzungen der §§ 49 ff. PolG (Polizeizwang → Rn. 345 ff.) bzw. des LVwVG (Verwaltungszwang) durch Zwangsmittel vom Pflichtigen erzwungen werden, ohne dass dafür eine Gefahr für die öffentliche Sicherheit besonders festgestellt werden müsste. Erfüllt aber ausnahmsweise der Verstoß gegen einen Verwaltungsakt zugleich den Tatbestand einer Ordnungswidrigkeit in einer Bußgeldnorm (z.B. § 84a PolG) oder einer Straftat in einer Strafnorm (z.B. § 75 I Nr. 1 Infektionsschutzgesetz, Sartorius Ergänzungsband Nr. 285 – Verstoß gegen eine Quarantänemaßnahme), ist auch die objektive Rechtsordnung und damit die öffentliche Sicherheit verletzt.

74 Wird ausschließlich gegen Ge- oder Verbotsnormen **des Privatrechts** verstoßen, darf die Polizei nur ausnahmsweise, nämlich unter Beachtung des **§ 2 II PolG**, einschreiten. Nach dieser sog. **Subsidiaritätsklausel** obliegt der Polizei der Schutz privater Rechte „nur auf Antrag des Berechtigten und nur dann, wenn gerichtlicher Schutz nicht rechtzeitig zu erlangen ist und wenn ohne polizeiliche Hilfe die Gefahr besteht, dass die Verwirklichung des Rechts vereitelt oder wesentlich erschwert wird" (vgl. auch → Rn. 75, 280, 310, 416).

bb) Unversehrtheit der subjektiven Rechte und Rechtsgüter jedes Einzelnen

75 Das zweite Teilschutzgut der öffentlichen Sicherheit umfasst die individuellen Rechte und Rechtsgüter jedes Einzelnen, z.B. Leben, Gesundheit, Freiheit, Eigentum, Besitz, Vermögen und das allgemeine Persönlichkeitsrecht; unter ihnen hebt § 1 I 2 PolG die „staatsbürgerlichen Rechte" (z.B. aus Art. 38 I GG) ausdrücklich hervor. Dieses zweite Teilschutzgut der öffentlichen Sicherheit wird in der Praxis aber **erst wichtig, wenn** in der Verletzung eines individuellen Rechts oder Rechtsguts einer Person **kein Verstoß gegen die objektive Rechtsordnung** liegt, z.B. bei einer Naturkatastrophe. Auch kein Verstoß gegen die objektive Rechtsordnung liegt vor bei einem Selbstmordversuch, es sei denn, der Selbstmörder gefährdet andere, z.B. beim Sprung von der Autobahnbrücke, vgl. § 315b I Nr. 3 StGB. Ein Selbstmordversuch, der Dritte nicht beeinträchtigt, verletzt auch kein subjektives Recht. In einem solchen Selbstmordversuch kann allenfalls ein Verstoß gegen das zweite polizeiliche Hauptschutzgut der öffentlichen Ordnung (→ Rn. 77 ff.) gesehen werden. Selbst diese Sichtweise scheidet aus, wenn es sich um einen „Bilanzselbstmord" im „stillen Kämmerchen" handelt. Auch simulierte Kampfspiele wie Lasertag oder Paintball verstoßen weder gegen Rechtsnormen noch gegen subjektive Rechte, möglich ist aber auch hier ein Verstoß gegen das zweite polizeiliche Hauptschutzgut der öffentlichen Ordnung (→ Rn. 77 ff.). Verletzt ein Dritter ein individuelles Recht oder Rechtsgut, verstößt er

A. Grundlagen

aber oft auch gegen Strafrecht oder Verwaltungsrecht; dann ist dieser Verstoß gegen die objektive Rechtsordnung als Verstoß gegen das erste und wichtigste Teilschutzgut der öffentlichen Sicherheit (→ Rn. 71 ff.) maßgeblich. Beruht die Verletzung eines Individualrechts(guts) allerdings nur auf einem Verstoß gegen eine Privatrechtsnorm (z.B. durch eine Eigentumsstörung i.S. von § 1004 BGB oder durch ein nur vertragswidriges Handeln), tritt das Individualrecht in den Vordergrund; hier muss zusätzlich die Subsidiaritätsklausel des § 2 II PolG bedacht werden (→ Rn. 74).

cc) Unversehrtheit der Einrichtungen und Veranstaltungen des Staates und sonstiger Hoheitsträger

Das dritte Teilschutzgut der öffentlichen Sicherheit schützt **staatliche Stellen** (z.B. Parlamente, Regierungen, Behörden, Gerichte, Universitäten, kommunale Schwimmbäder) und **hoheitliche Veranstaltungen** (z.B. staatliche Festakte) sowie **sonstige Hoheitsmaßnahmen** (z.B. Geschwindigkeitskontrollen durch die Polizei, str., oder einen Gefangenentransport durch ein Sondereinsatzkommando[60]) davor, dass ihre Funktion rechtswidrig beeinträchtigt wird. Sperrt etwa ein Privater ein Grundstück, über das ein zur Benutzung durch die Allgemeinheit gewidmeter öffentlicher Weg (vgl. §§ 2 I, 5 LStrG) verläuft, beeinträchtigt er diese staatliche Einrichtung in ihrer Funktion[61]. Zu diesem dritten Teilschutzgut der öffentlichen Sicherheit zählt auch die in § 1 I PolG besonders erwähnte („insbesondere") verfassungsmäßige Ordnung; deren Hervorhebung dort ist deshalb nur deklaratorisch. Die „verfassungsmäßige Ordnung" i.S. des § 1 I 2 PolG (nicht zu verwechseln mit der öffentlichen Ordnung i.S. des § 1 I 1 PolG!) besteht u.a. aus den in Art. 20 II, III GG und Art. 25 I, II LV genannten Verfassungsgrundsätzen (Gewaltenteilung, Verfassungsbindung des Parlaments) und der Verantwortlichkeit der Regierung gegenüber dem Parlament (Art. 67 f. GG, Art. 54 LV). Zu beachten ist aber, dass in einem Rechtsstaat ein grundrechtskonformes Verhalten, z.B. eine durch Art. 5 I GG oder Art. 8 I GG gedeckte Kritik, nicht in polizeirechtlich relevanter Weise eine Gefahr verursachen kann (→ Rn. 210).

76

Vertiefungshinweise: Aufsätze zur Öffentlichen Sicherheit: *Aubel*, Das menschenunwürdige Laserdrome, Jura 2004, 255 ff.; *Erbel*, Öffentliche Sicherheit und Ordnung, DVBl. 2001, 1714 ff.; *Waechter*, Die Schutzgüter des Polizeirechts, NVwZ 1997, 729 ff.; *Zimmermann*, Der vollstreckbare Inhalt von Verwaltungsakten als (Teil-)Schutzgegenstand der öffentlichen Sicherheit im Polizei- und Ordnungsrecht?, SächsVBl. 2013, 59 ff.; vgl. auch noch die Literaturnachweise u. C.

76a

Rechtsprechung: OVG NW, NJW 1997, 1596 – Warnung vor Radarkontrolle; BVerwGE 143, 74 ff. – Fotografieren des Einsatzes eines polizeilichen Sondereinsatzkommandos.

b) Öffentliche Ordnung

Das zweite Hauptschutzgut des Polizei- und Ordnungsrechts ist die „öffentliche Ordnung".

77

> **Merke: Öffentliche Ordnung** ist die Gesamtheit außerrechtlicher ungeschriebener Regeln für das Verhalten des Einzelnen in der Öffentlichkeit, deren Beachtung nach den jeweils herrschenden Anschauungen für ein geordnetes staatsbürgerliches Zusammenleben unerlässlich ist.

77a

---

[60] BVerwGE 143, 74.
[61] VGH BW, VBlBW 2005, 478.

77b Man ist sich einig, dass diese Definition des unbestimmten Rechtsbegriffs „öffentliche Ordnung" nur einen **Auffangtatbestand** beschreibt: Er kann nur dann eigenes Gewicht erhalten, wenn im konkreten Fall das erste Hauptschutzgut, die öffentliche Sicherheit, nicht gefährdet ist. Das polizeiliche Schutzgut der öffentlichen Ordnung ist also gegenüber dem der öffentlichen Sicherheit **subsidiär**.

78 Ein Verstoß gegen die öffentliche Ordnung kann unter Zugrundelegung der o. g. Definition und der Subsidiarität dieses Schutzguts nur selten bejaht werden. In Betracht kommen **unzumutbare Belästigungen in der Öffentlichkeit**, soweit diese von der Definition der öffentlichen Sicherheit nicht oder nicht eindeutig erfasst werden[62]. Beispiele sind öffentlicher exzessiver Alkoholgenuss oder aggressives Betteln – während das „stille" Betteln gewöhnlich geduldet wird[63]. Ein Selbstmordversuch in der Öffentlichkeit kann, wenn er kein subjektives Recht Dritter beeinträchtigt, einen Verstoß gegen die öffentliche Ordnung darstellen (vgl. auch oben → Rn. 75). Wohl kein Verstoß gegen die öffentliche Ordnung, weil heute gesellschaftlich akzeptiert, liegt in simulierten Kampfspielen wie Lasertag und Paintball[64]. Ein grundrechtskonformes Verhalten kann dagegen niemals die öffentliche Ordnung verletzen.

79 Beim Begriff der öffentlichen Ordnung ist (anders als bei dem der öffentlichen Sicherheit → Rn. 68 f.) **streitig, ob er mit** dem rechtsstaatlichen **Bestimmtheitsgebot des Art. 20 III GG vereinbar** ist oder dieses Gebot verletzt und verfassungswidrig ist. Es kommt darauf an, ob der Begriffsinhalt durch Gesetzesauslegung klar genug bestimmt werden kann. Seit Jahrzehnten wenden Gerichte diesen Begriff an und haben dabei die o. g. Definition gefunden. Sie beschränkt den Anwendungsbereich dieses zweiten Hauptschutzguts streng („unerlässlich") und ermöglicht es, in jedem Einzelfall zu erkennen, ob die öffentliche Ordnung betroffen ist. Einer etwa verbleibenden Unsicherheit kann verfassungskonform dadurch begegnet werden, dass im Zweifel der Begriff nicht einschlägig ist. Dies **genügt** dem rechtsstaatlichen **Bestimmtheitsgebot**.

80 **Klausurhinweis:** Für die Fallbearbeitung bedeutet dies, dass Sie in Ihrem Gutachten kurz den Begriff der öffentlichen Ordnung für verfassungsmäßig erklären, weil er jahrzehntelang von der Rechtsprechung angewandt wurde und dadurch ausreichende Bestimmtheit erlangt hat. Dann prüfen Sie seine Voraussetzungen. Auch wenn Sie den Begriff (vertretbar) für verfassungswidrig halten, müssen Sie – nunmehr hilfsgutachterlich – erörtern, ob seine Voraussetzungen erfüllt sind.

81 Die Definition der öffentlichen Ordnung (→ Rn. 77) ist auch so klar, dass im Streitfall jeder Verwaltungsrichter beurteilen kann, ob die Polizei dieses polizeiliche Schutzgut als betroffen ansehen durfte. Deshalb ist auch für die öffentliche Ordnung anerkannt, dass der **Polizei** bei Auslegung und Anwendung dieses unbestimmten Gesetzesbegriffs **kein Beurteilungsspielraum** zukommt. In einem etwaigen Gerichtsprozess **kontrolliert** das **Verwaltungsgericht umfassend**, ob die öffentliche Ordnung betroffen war.

82 **Klausurhinweis:** In einer Klausur oder Hausarbeit müssen Sie selber prüfen und entscheiden, ob die Voraussetzungen der Definition der öffentlichen Ordnung (→ Rn. 77) erfüllt sind. Sie dürfen also nicht eine entsprechende Ansicht der Polizeibehörde unbesehen übernehmen.

---

[62] *Götz/Geis*, Allg.POR, § 5 Rn. 16, 28.
[63] VGH BW, NVwZ 2003, 115, 116.
[64] VG Weimar, ThürVBl. 2017, 21 m.w.N.; ausdrücklich offen lassend VGH BW, VBlBW 2004, 378; a.A. aber BVerwGE 115, 189; BVerwG, GewArch 2007, 247.

A. Grundlagen 125

Vertiefungshinweise: Aufsätze zur Öffentlichen Ordnung: *Beaucamp/Kroll*, „Laserdrome" als **82a** Gefahr für die öffentliche Ordnung, Jura 1996, 13 ff.; *Fechner*, „Öffentliche Ordnung" – Renaissance eines Begriffs, JuS 2003, 734 ff.; *Finger*, Sicherheit, Sauberkeit und Ordnung im urbanen Raum – Zur Renaissance der „öffentlichen Ordnung" im Kampf gegen aggressive Bettelei, öffentliche Trinkgelage und ähnliche Nutzungsformen des innerstädtischen Raums, Die Verwaltung 40 (2007), 105 ff.; *Götz*, Die öffentliche Ordnung im Rahmen der verfassungsmäßigen Ordnung, in: FS Stober, 2008, S. 195 ff.; *Hebeler*, Das polizeiliche Schutzgut der öffentlichen Ordnung, JA 2002, 521 ff.

Rechtsprechung: VGH BW, VBlBW 1999, 101 ff. = NuR 1999, 221 ff. – Alkoholkonsum keine Gefahr für die öffentliche Ordnung; VGH BW, NVwZ 1999, 560 ff. – Verbot des Bettelns.

c) Gefahr

aa) Begriffsbestimmung

> **Merke: Gefahr** ist eine Sachlage, die bei ungehindertem Ablauf mit hinreichender **83** Wahrscheinlichkeit in absehbarer Zeit zu einem Schaden für die öffentliche Sicherheit oder Ordnung führen würde.

Diese Definition der Gefahr **genügt** dem rechtsstaatlichen **Bestimmtheitsgebot** **84** **des Art. 20 III GG,** weil über ihre Einzelheiten durch Auslegung (Wortlaut, Systematik, Sinn und Zweck, Geschichte, Verfassungskonformität) Klarheit geschaffen worden ist: Das Erfordernis einer bestimmten Sachlage verlangt, dass die Annahme einer Gefahr **auf Tatsachen gestützt** sein muss (→ Rn. 90). Die Tatsachen dienen als Grundlage für die **Prognose** (→ Rn. 91), dass ein **Schaden** an einem polizeilichen Schutzgut (an der öffentlichen Sicherheit oder an der öffentlichen Ordnung) eintritt. Für diese Gefahrenprognose wird ein **Wahrscheinlichkeitsmaßstab** – die **„hinreichende Wahrscheinlichkeit"** – benannt (→ Rn. 92 ff.). Darüber hinaus hat der Gesetzgeber für besondere Fälle den Gefahrenbegriff durch Adjektive oder Zusätze präzisiert und enger bestimmt (z. B. § 31 I 1 PolG: dringende Gefahr, § 31 I 2 PolG: gemeine Gefahr, Lebensgefahr, schwere Gesundheitsgefahr, § 40 I 1 PolG: Gefahr für den Bestand oder die Sicherheit des Bundes oder eines Landes oder für Leben, Gesundheit oder Freiheit einer Person). Ferner ergibt die systematische Auslegung der §§ 3, 1 und 10 I PolG, dass für den Erlass einer Polizeiverfügung nach §§ 3, 1 PolG eine „konkrete" Gefahr Voraussetzung ist (→ Rn. 102, 104, 201 ff.), während für eine Polizeiverordnung nach § 10 I PolG eine „abstrakte" Gefahr genügt (→ Rn. 102 f., 375 f.).

Schaden im Sinne dieser Begriffsbestimmung ist die Störung oder Schädigung eines **85** polizeilichen Schutzguts, d. h. dessen mehr als geringfügige Beeinträchtigung. Das **polizeiliche Schutzgut muss in seinem rechtlich geschützten Bestand beeinträchtigt** sein. Den nötigen Grad der Beeinträchtigung erreichen weder eine sog. bloße Belästigung (→ Rn. 122) noch ein bloßer Nachteil, eine bloße Unbequemlichkeit oder eine bloße Geschmacklosigkeit[65]; so einzuordnen ist auch ein Damenboxkampf „oben ohne".

Nur unter einer besonderen Voraussetzung stört schon eine Belästigung die öffentli- **86** chen Sicherheit: wenn ein spezielles Gesetz eine näher bestimmte „Belästigung" ausdrücklich untersagt. Dann ist durch einen Verstoß gegen dieses Gesetz die öffentliche Sicherheit verletzt. Beispielsweise verlangt § 1 StVO, dass sich jeder im Straßenverkehr so verhält, dass andere nicht mehr als nach den Umständen unvermeidbar belästigt werden. Vgl. ferner § 3 I BImSchG oder § 118 OWiG.

---

[65] Vgl. z. B. BVerwG, DVBl. 1969, 586; VGH BW, NVwZ 2003, 115, 116.

bb) Gefahrenprognose

87 Die Entscheidung der Polizei, zur Gefahrenabwehr tätig zu werden, setzt eine Gefahrenprognose voraus: Das Ergebnis eines in die Zukunft führenden Geschehensablaufs (die „Gefahr") ist im Vorhinein zu beurteilen. Wie jede **Prognose** ist auch die Voraussage, aus einer Sachlage entstehe hinreichend wahrscheinlich ein Schaden für die öffentliche Sicherheit oder Ordnung (Gefahrenprognose), regelmäßig mit Unsicherheiten der künftigen Entwicklung behaftet.

88 Manchmal fällt es leicht, eine Gefahr anzunehmen, nämlich dann, wenn der Schaden für die öffentliche Sicherheit oder Ordnung schon eingetreten ist und noch andauert. Dann bedarf es keiner besonderen Voraussage mehr, weil das polizeiliche Schutzgut schon verletzt ist. Die eingetretene und fortdauernde **Störung** ist gewissermaßen die **intensivste Form der Gefahr**. Dass bereits eine Störung der öffentlichen Sicherheit vorliegt, ist vergleichsweise häufig, etwa wenn das Verhalten einer Person oder der Zustand einer Sache gegen ein Ge- oder Verbot einer Norm (Gesetz, Verordnung oder Satzung) verstößt.

89 Liegt noch keine Störung vor, muss das Polizeirecht die mit der Gefahrenprognose verknüpften Unsicherheiten künftigen Geschehens meistern. Dazu sind unterschiedliche Interessen zu wahren: Die Polizei muss effektiv künftige Schäden der öffentlichen Sicherheit oder Ordnung verhindern und darf doch Rechte der Bürger nur einschränken, wenn ein Schaden für ein polizeiliches Schutzgut hinreichend wahrscheinlich ist. Die Gefahrenprognose ist nur rechtmäßig, wenn die **Tatsachengrundlage zuverlässig** (→ Rn. 90) und die **Wertung nachvollziehbar und zu billigen** ist (→ Rn. 91).

(1) Zuverlässige Tatsachenbasis

90 Die Gefahrenprognose muss auf **Tatsachen** fußen; Vermutungen genügen nicht, erst recht nicht Unterstellungen (zum sog. Gefahrenverdacht → Rn. 109 ff.). Der Sachverhalt ist gründlich von Amts wegen zu ermitteln (vgl. §§ 24, 26, 28 LVwVfG). Also ist die Prognose auf Grundlage aller **Erkenntnismöglichkeiten** zu treffen, die **im Zeitpunkt der behördlichen Entscheidung** zur Verfügung stehen.[66] Das sind die der Polizei bekannten Tatsachen und solche, die ihr bei ordnungsgemäßer Sachaufklärung bekannt sein müssten. Auch fachliche Erkenntnisse, die allgemeine Lebenserfahrung und die Denkgesetze sind zu nutzen.

(2) Nachvollziehbares Wahrscheinlichkeitsurteil

91 Jede Gefahrenprognose trifft – abwägend und zukunftsgerichtet wertend – ein Wahrscheinlichkeitsurteil. Wegen der Vielfalt der Fakten und Vorgänge, die künftig die öffentliche Sicherheit oder Ordnung schädigen können und die im Voraus oft nicht zu erkennen sind, kann der Gesetzgeber das Ergebnis dieser Wertung nicht selbst für jeden Fall vorzeichnen. Im Rechtsstaat muss das Gesetz aber die Wertungsmaßstäbe für die Gefahrenabwehr und für den Rechtsschutz des von einer Gefahrenabwehrmaßnahme belasteten Bürgers so klar und verlässlich wie möglich vorgeben. Dies ist gelungen, weil der Gesetzesbegriff der Gefahr so auszulegen ist, dass ein Schaden für ein polizeiliches Schutzgut „hinreichend wahrscheinlich" sein muss und weil es Regeln und Differenzierungen (z.B. zwischen verschiedenen Gefahrenarten → Rn. 98 ff.) gibt, die diese Wertung lenken.

---

[66] *Drews/Wacke/Vogel/Martens*, Gefahrenabwehr, S. 223.

A. Grundlagen

cc) Wahrscheinlichkeitsgrad der „hinreichenden" Wahrscheinlichkeit

Der **Wahrscheinlichkeitsgrad „hinreichend wahrscheinlich"** hängt von verschiedenen Größen und Regeln ab. Er kann in bestimmten Grenzen – zwischen Gewissheit und bloßer Möglichkeit eines Schadens – unterschiedlich streng sein. Anerkanntermaßen verlangt „hinreichende Wahrscheinlichkeit" keine Gewissheit des Schadenseintritts. Das Maß der Wahrscheinlichkeit („hinreichend") wird mitbestimmt von messbaren Größen: Vom **Wert des** bedrohten (und zu schützenden) **Rechtsguts** und von der **Höhe des** drohenden **Schadens**. Zum Wert eines Rechtsguts trägt bei, wie stark die Rechtsordnung es schützt: Durch einfaches Recht? Mit Verfassungsrang? Die Verfassung schützt wiederum Menschenwürde, Leben, Gesundheit, Eigentum und allgemeine Handlungsfreiheit verschieden stark. Auch das einfache Recht schützt unterschiedlich stark, etwa durch Straf-, Ordnungswidrigkeiten- oder Zivilrecht. Eingebürgert hat sich überdies eine **Je-desto-Formel:** Je höher der Wert des schutzbedürftigen Rechtsguts ist und je größer ein drohender Schaden, desto eher darf die Polizei einen Schaden für hinreichend wahrscheinlich halten. Je niedriger der Wert eines Rechtsguts und je kleiner der drohende Schaden, desto höher sind die Anforderungen an die hinreichende Wahrscheinlichkeit des Schadenseintritts. 92

Grundsätzlich **nicht „hinreichend" wahrscheinlich** ist die bloße Möglichkeit eines Schadens, insbesondere nicht eine nur hypothetische Annahme oder gar Spekulation. Auch eine latente Möglichkeit, bei der (erst) durch Hinzutreten neuer Umstände ein Schaden wahrscheinlich wird („latente Gefahr" → Rn. 120 f.) ist keine Gefahr im Sinne der Generalklausel. Ebenfalls noch keine hinreichende Wahrscheinlichkeit eines Schadenseintritts i. S. des polizeilichen Gefahrbegriffs besteht bei einem sog. Risiko (→ Rn. 123, 135). 93

Ebenfalls **nicht „hinreichend" wahrscheinlich** ist ein Schaden für ein polizeiliches Schutzgut, wenn zwar der handelnde Polizeibeamte („subjektiv") einen Schadenseintritt für hinreichend wahrscheinlich hält, ohne dass jedoch ausreichende tatsächliche Anhaltspunkte diese Annahme objektiv rechtfertigen. Eine solche sog. **Scheingefahr** (→ Rn. 119) bzw. **Putativgefahr** bzw. vermeintliche Gefahr ist keine Gefahr im Sinne des Polizeirechts; darauf gestützte Gefahrenabwehrmaßnahmen der Polizei sind rechtswidrig[67]. 94

Eine **„hinreichende" Wahrscheinlichkeit besteht** demgegenüber **bei** der sog. **Anscheinsgefahr** (zum Begriff → Rn. 108, zu den Kosten → Rn. 390, zur Entschädigung → Rn. 408), aber grundsätzlich **nicht beim** sog. **Gefahrenverdacht** (→ Rn. 109 ff.). 95

dd) Kein Beurteilungsspielraum der Polizei

Der Prognosebegriff der Gefahr ist durch seine o. g. Definition (→ Rn. 83) und durch die Vorgaben für die zu treffende Wertung gut präzisiert, und es wird zu Recht mehrheitlich anerkannt, dass der **Polizei** bei Auslegung und Anwendung dieses unbestimmten Gesetzesbegriffs **kein Beurteilungsspielraum** zukommt[68]. Dies gilt für alle Gefahrenarten (→ Rn. 107), also z. B. für die abstrakte wie für die konkrete Gefahr[69]. In einem etwaigen Gerichtsprozess **kontrolliert** deshalb das **Verwaltungsgericht umfassend,** ob die Polizei im Zeitpunkt ihres Einschreitens eine Gefahr bejahen durfte. 96

---

[67] *Drews/Wacke/Vogel/Martens,* Gefahrenabwehr, S. 225.
[68] Unzutreffend und ohne Begründung anderer Ansicht VG Karlsruhe, Urt. v. 28.6.2010 – 3 K 2356/09 – juris Rn. 26 und 3 K 2444/09 – juris Rn. 24.
[69] VGH BW, BWGZ 2013, 77, 78 – Konstanzer Glasflaschenverbot.

97 Klausurhinweis: Für die Fallbearbeitung bedeutet dies: Sie selbst müssen prüfen und entscheiden, ob eine Gefahr (für die öffentliche Sicherheit oder Ordnung) vorlag. Sie dürfen also nicht eine entsprechende Ansicht der Polizeibehörde unbesehen übernehmen.

ee) Gefahrenarten

98 Das Polizeirecht unterscheidet verschiedene Gefahrenarten (→ Rn. 99 ff.). Die Unterscheidung trägt dazu bei, dass der Gefahrenbegriff rechtsstaatlich bestimmt genug ist (→ Rn. 84). Zugleich dient die Unterscheidung bestimmter Gefahrenarten der Wahrung des Verhältnismäßigkeitsgrundsatzes im Polizeirecht, denn zu besonders intensiven Grundrechtseingriffen wird die Polizei nur bei schwerwiegenderen Gefahren ermächtigt. Die Differenzierung verschiedener Gefahrenarten erleichtert es auch, eine Gefahr von einer Noch-nicht-Gefahr, z. B. von einer bloßen Belästigung (→ Rn. 122), von einer sog. Scheingefahr (→ Rn. 119) oder von einer noch nicht hinreichenden Wahrscheinlichkeit eines Schadenseintritts (→ Rn. 92 ff.) abzugrenzen. Einige Gefahrenarten sind im Polizeigesetz als Tatbestandsmerkmal einer Eingriffsermächtigung ausdrücklich genannt, andere zählen als Ergebnis jahrzehntelanger Entwicklung und Anerkennung in Rechtsprechung und Literatur zur Dogmatik des Polizeirechts.

(1) Im PolG genannte Gefahrenarten

99 Manche spezielle polizeiliche Ermächtigungsgrundlage (z. B. zu sog. Einzel- bzw. Standardmaßnahmen oder zu Eingriffen durch Datenerhebung) gilt nur für eine bestimmte Gefahrenart. Die Gefahren-Klassifizierung trägt dazu bei, dass ein intensiver Grundrechtseingriff rechtsstaatlich, insbesondere verhältnismäßig, sein kann (→ Rn. 259). So darf ein Wohnungsverweis nach § 27a III 1 PolG nur zum Schutz „vor einer **unmittelbar bevorstehenden erheblichen Gefahr**" ausgesprochen werden. Für ein Rückkehrverbot und ein Annäherungsverbot muss diese „**erhebliche Gefahr**" fortbestehen, § 27a III 2 PolG. Die Ingewahrsamnahme einer Person nach § 28 I PolG setzt eine „**bereits eingetretene erhebliche Störung**" (Nr. 1, 2. Alt.) oder eine „**unmittelbar bevorstehende erhebliche Störung**" (Nr. 1, 1. Alt.) voraus. Das Betreten einer Wohnung durch die Polizei erfordert nach § 31 I 1 PolG „**dringende Gefahren** für die öffentliche Sicherheit oder Ordnung"; für ein Betreten während der Nachtzeit bedarf es nach § 31 I 2 PolG sogar „einer **gemeinen Gefahr** oder einer **Lebensgefahr** oder **schweren Gesundheitsgefahr** für einzelne Personen". Entsprechendes gilt nach § 31 III PolG für Wohnungsdurchsuchungen. Nach § 22 II PolG kann der Polizeivollzugsdienst durch verdeckt eingesetzte technische Mittel Daten nur „zur Abwehr einer **erheblichen Gefahr**" erheben. In oder aus Wohnungen heraus darf dies nach § 23 I 1 PolG nur geschehen, „wenn andernfalls die Abwehr einer **unmittelbar bevorstehenden Gefahr für den Bestand oder die Sicherheit des Bundes oder eines Landes oder für Leben, Gesundheit oder Freiheit einer Person** gefährdet oder erheblich erschwert würde".

100 Das Einschreiten der Polizei gegen sog. Nichtstörer (§§ 3, 1, 9 PolG) setzt nicht nur eine konkrete Gefahr voraus, sondern eine „**unmittelbar bevorstehende Störung**". Diese Gefahrenart (Polizeigesetze anderer Bundesländer sprechen gleichbedeutend von „gegenwärtiger Gefahr") stellt strenge Anforderungen an die zeitliche Nähe und an die Wahrscheinlichkeit des Schadenseintritts, denn in diesen Fällen wird in Rechte unbeteiligter Dritter eingegriffen. Sie liegt nur vor, wenn die Störung nach allgemeiner Er-

A. Grundlagen

fahrung sofort oder in allernächster Zeit bevorsteht und als gewiss anzusehen ist, falls nicht eingeschritten wird[70].

Bei bestimmten intensiven Grundrechtseingriffen ergänzt oder verschiebt das PolG zur effektiveren Gefahrenabwehr die behördliche Zuständigkeit, sofern eine **Gefahr im Verzug** vorliegt (vgl. §§ 23 III, 26 I Nr. 5, 31 V 1 PolG). Generell schafft § 2 I PolG eine Eilzuständigkeit der Polizei bei **Gefahr im Verzug,** beschränkt die Polizei dann aber auf vorläufige Maßnahmen.

101

(2) In der Dogmatik des Allgemeinen Polizeirechts entwickelte Gefahrenarten

(a) Abstrakte Gefahr und konkrete Gefahr

Zu den dogmatischen Grundsätzen des Polizeirechts zählt die Unterscheidung von „konkreter Gefahr" und „abstrakter Gefahr". Früher sprach man sinngleich auch von dem Begriffspaar „aktueller" und „potentieller" Gefahr[71]. Das PolG nennt keinen dieser Begriffe ausdrücklich; seine §§ 10 und 3 zeigen aber, dass es die Unterscheidung von abstrakter und konkreter Gefahr zugrunde legt. Deshalb prägen beide Gefahrenarten die Systematik des Polizeigesetzes und des Allgemeinen Polizeirechts mit, und sie sind wichtig für die Rechtmäßigkeit polizeilichen Handelns. Der Begriff der abstrakten Gefahr hat nur eine, aber eine mehrschichtige Aufgabe[72]: er soll Beweggrund, Anknüpfungspunkt und Rechtmäßigkeitsvoraussetzung von Gefahrenabwehrverordnungen sein, dadurch die Einsatzfelder von Polizeiverordnung und Polizeiverfügung möglichst eindeutig voneinander trennen und so die rechtsstaatliche Bestimmtheit des Polizeirechts und den Rechtsschutz verbessern.

102

Abstrakt ist die Gefahr, die „in gedachten, typischen Fällen, d.h. aus bestimmten Arten von Handlungen oder Zuständen, *(in abstracto)* zu entstehen pflegt"[73]. Eine abstrakte Gefahr darf die Polizei nur durch Rechtsverordnung (§ 10 I PolG) bekämpfen (→ Rn. 375 f.). Eine solche Polizeiverordnung stellt in einem abstrakt normierten Tatbestand im Voraus Ge- und Verbote auf, und zwar für eine unbestimmte Vielzahl künftiger Einzelfälle, die **typischerweise** hinreichend wahrscheinlich zu einem Schaden für die öffentliche Sicherheit oder Ordnung führen und dadurch (schon z. Zt. des Verordnungserlasses) eine abstrakte Gefahr bilden. In diesem Sinne abstrakt gefährlich sind z. B. fahrkorblose Aufzüge[74] oder das Füttern von verwilderten Haustauben, die Krankheiten auf den Menschen übertragen können[75]. Nach Ansicht des VGH BW rechtfertigt der Konsum alkoholischer Getränke noch nicht die Annahme einer abstrakten Gefahr.[76] Deshalb hat der baden-württembergische Gesetzgeber, um übermäßigen Alkoholkonsum in der Öffentlichkeit angemessen bekämpfen zu können, im Jahr 2017 mit § 10a PolG eine gegenüber dem § 10 PolG spezielle Verordnungsermächtigung zum Erlass örtlicher Alkoholkonsumverbote geschaffen (→ Rn. 376b).

103

Dagegen bekämpft eine Polizeiverfügung eine konkrete Gefahr.[77] Konkret ist die Gefahr, die in dem betreffenden Einzelfall tatsächlich *(in concreto)* besteht, und zwar in dem Zeitpunkt, in dem die Polizei ihre Verfügung dem Adressaten bekannt gibt. Eine

104

---

[70] VGH BW, VBlBW 2013, 178, 180.
[71] Z. B. *Drews*, Preußisches Polizeirecht, 3. Aufl. 1931, S. 11.
[72] Vgl. *Götz/Geis*, Allg.POR, § 6 Rn. 22.
[73] VGH BW, ESVGH 21, 216, 218; BVerwG, NJW 1970, 1890, 1892.
[74] Vgl. BVerwG, DVBl. 1973, 857, 858 f.
[75] Vgl. VGH BW, NVwZ-RR 2006, 398, 398; VGH BW, NVwZ-RR 1992, 19, 20.
[76] VGH BW, NVwZ-RR 2010, 55, 56 f.; anders Nds. OVG, NdsVBl. 2013, 68.
[77] BVerwGE 12, 87, 90.

konkrete Gefahr liegt z. B. vor, wenn der Aufzug im Mensagebäude der Universität Konstanz im Zeitpunkt des Erlasses der polizeilichen Stilllegungsverfügung keinen Fahrkorb hat oder wenn der Polizist P einer alten Dame, die gegen das im Stadtgebiet geltende Taubenfütterungsverbot verstößt, das weitere Füttern untersagt.

105 Wie jede andere Polizeiverfügung darf auch ein Dauerverwaltungsakt nur zur Regelung (Bekämpfung) einer konkreten Gefahr erlassen werden, z. B. wenn im Zeitpunkt des Erlasses hinreichend wahrscheinlich ist, dass der Adressat dauerhaft gegen das Verbot einer Polizeiverordnung verstoßen wird[78].

106 Auch eine Allgemeinverfügung (vgl. § 35 S. 2 LVwVfG, → Rn. 149) darf nur zur Regelung einer konkreten Gefahr erlassen werden[79].

107 Kein Unterschied zwischen konkreter und abstrakter Gefahr besteht bei den Anforderungen der Prognose für einen Schaden an einem polizeilichen Schutzgut[80]. Bei beiden Gefahrenarten muss ein Schaden „hinreichend wahrscheinlich" (→ Rn. 92 ff.) sein. Um diese Wahrscheinlichkeit zu bestimmen, steht der Polizei weder bei der konkreten noch bei der abstrakten Gefahr eine Einschätzungsprärogative zu[81] (→ Rn. 96 f.). Hier wie dort gilt die Je-desto-Formel (→ Rn. 92).[82]

(b) Anscheinsgefahr

108 Von einer Anscheinsgefahr spricht man, wenn im Zeitpunkt des polizeilichen Eingriffs die Polizei aufgrund einer sorgfältigen Sachverhaltserforschung eine Gefahr für die öffentliche Sicherheit oder Ordnung annehmen durfte, es sich aber im Nachhinein zeigt, dass doch keine Gefahr bestanden hatte. Ein Beispiel dafür ist ein Hilferuf aus einer Wohnung, der sich erst nach Einschreiten der Polizei als Stimme im Radio herausstellt. In einem solchen Fall war die **Abwehrmaßnahme** der Polizei dennoch **rechtmäßig.** Eine (Fortsetzungsfeststellungs-) Klage bliebe also erfolglos. Davon zu trennen sind die Fragen, ob im Fall einer Anscheinsgefahr die Polizei für ihr Einschreiten vom „Anscheinsstörer" (→ Rn. 227 f.) Kosten erstattet verlangen darf (→ Rn. 390) und ob jemand, der durch die Bekämpfung der Anscheinsgefahr einen Schaden erlitten hat, Entschädigung oder Schadensersatz fordern kann (→ Rn. 408).

(c) „Gefahrenverdacht" schon Gefahr?

109 Beim „Gefahrenverdacht" gibt es zwar durch Tatsachen erhärtete Hinweise auf eine Gefahr. Diese kann aber noch nicht bejaht werden, weil im Zeitpunkt des polizeilichen Eingreifens der Sachverhalt noch nicht vollständig bekannt ist (= Diagnose unsicher) oder weil aus anderen Gründen die hinreichende Wahrscheinlichkeit eines Schadens für die öffentliche Sicherheit oder Ordnung noch nicht ausreichend prognostiziert werden kann, z. B. mangels Erfahrungswissens oder mangels genügender Erkenntnisse über die maßgeblichen Kausalverläufe (= Prognose unsicher)[83]. Beim Gefahrenverdacht weiß die Polizei, anders als bei der Anscheinsgefahr (→ Rn. 108), dass die bislang bekannten Umstände noch nicht ganz genügen, um einen Schaden an einem polizeilichen Schutzgut für hinreichend wahrscheinlich zu halten.

110 Solche Fälle kommen oft vor. Beispiele sind Hilferufe, Anrufe bei der Polizei mit Unfall- und anderen Gefahrenmitteilungen („Auf der I-Straße läuft ein Löwe frei her-

---

[78] VGH BW, NVwZ-RR 2006, 398, 398 ff.
[79] VGH BW, NVwZ 2003, 115, 115.
[80] Vgl. BVerwGE 116, 347, 351.
[81] VGH BW, BWGZ 2013, 77, 78 – Konstanzer Glasflaschenverbot.
[82] VGH BW, BWGZ 2013, 77, 78; VGH BW, VBlBW 2008, 134, 135.
[83] BVerwGE 116, 347, 352.

A. Grundlagen

um!")[84] oder anonyme Bombendrohungen. Unproblematisch erlaubt (und vom Amtsermittlungsgrundsatz geboten, vgl. §§ 24 I, 26 I LVwVfG) sind hier polizeiliche Maßnahmen, die den Sachverhalt weiter aufklären, ohne in Rechte Einzelner einzugreifen; diese Aufklärungsmaßnahmen bedürfen keiner Eingriffsermächtigung (vgl. → Rn. 144).

Allerdings bejaht die herrschende Meinung seit langem, dass die Polizei bei einem **111** Gefahrenverdacht durch Gefahrerforschungsmaßnahmen (z. B. Probebohrungen) und Sicherungsmaßnahmen (z. B. Absperrungen) auch in Rechte eingreifen darf[85]. Welche Maßnahmen im Einzelnen zulässig sein sollen, ist aber umstritten: Nur Duldungsverfügungen? Auch Handlungsgebote? Sogar endgültige Maßnahmen? Für Rechtseingriffe benötigt die Polizei eine gesetzliche Ermächtigungsgrundlage (→ Rn. 142f.), die der behördliche Amtsermittlungsgrundsatz (§§ 24 I, 26 I LVwVfG) nicht enthält. Taugliche Grundlage soll vielmehr die polizeiliche Generalklausel der §§ 3, 1 PolG sein – sofern keine spezialgesetzliche Ermächtigung vorgeht. Deren Zahl wächst stetig, Beispiele sind § 31 II PolG („Die Polizei kann eine Wohnung nur durchsuchen, wenn … Tatsachen die Annahme rechtfertigen, dass sich eine Sache in der Wohnung befindet, die sichergestellt oder beschlagnahmt werden darf"), § 9 II BBodSchG („Besteht auf Grund konkreter Anhaltspunkte der hinreichende Verdacht einer schädlichen Bodenveränderung oder einer Altlast, kann die zuständige Behörde anordnen, daß die in § 4 Abs. 3, 5 und 6 [BBodSchG] genannten Personen die notwendigen Untersuchungen zur Gefährdungsabschätzung durchzuführen haben.") oder § 13 S. 1 Nr. 2a FahrerlaubnisVO (Anordnung, ein medizinisch-psychologisches Gutachten beizubringen, „wenn nach dem ärztlichen Gutachten zwar keine Alkoholabhängigkeit, jedoch Anzeichen für einen Alkoholmissbrauch vorliegen oder sonst Tatsachen die Annahme von Alkoholmissbrauch begründen").[86] Fehle indes eine Spezialnorm für den Gefahrenverdacht, sei die polizeiliche Generalklausel entweder unmittelbar anwendbar, weil auch der Gefahrenverdacht den Gefahrenbegriff der Generalklausel erfülle[87] oder analog, weil der Gefahrenverdacht zwar noch keine Gefahr darstelle, aber wie eine solche zu handhaben sei[88].

Demgegenüber hält der VGH Mannheim jedes Einschreiten aufgrund der poli- **112** zeilichen Generalklausel der §§ 3, 1 PolG für rechtswidrig, solange nur ein Gefahrenverdacht, ein „Besorgnispotenzial" bestehe[89], aber noch keine konkrete Gefahr (→ Rn. 104). Gegen den VGH könnte eingewandt werden, die Polizei müsse funktionsfähig bleiben. Daran ist richtig, dass sie ihre Gefahrenabwehraufgabe wirksam nur erfüllen kann, wenn sie auch bei plötzlichen neuen Bedrohungen eines polizeilichen Schutzguts so frühzeitig eingreifen darf, dass dessen Schädigung noch abwendbar ist. Allerdings ist eine Funktionsstörung der Polizei selbst bei unsicherer Sachlage dank der Je-desto-Formel (→ Rn. 92) kaum einmal zu befürchten. Denn die hinreichende Wahrscheinlichkeit eines Schadens für ein polizeiliches Schutzgut – und damit nicht nur ein Gefahrenverdacht, sondern eine Gefahr – liegt desto eher vor, je gewichtiger das geschützte Gut und je größer der zu erwartende Schaden ist. Bei anderen unsicheren Sachlagen wird die Polizei meist mangels hinreichender Wahrscheinlichkeit eines Schadenseintritts eine Gefahr ohne weiteres verneinen müssen.

---

[84] OVG Hamburg, NJW 1986, 2005.
[85] Z.B. *Drews*, Preußisches Polizeirecht, 3. Aufl. 1931, S. 65; *Poscher*, NVwZ 2001, 141, 143.
[86] Vgl. dazu VGH BW, VBlBW 2013, 19, 22.
[87] Z.B. *Schoch*, Bes. VerwR, 2018, 1. Kap., Rn. 298.
[88] Vgl. *Götz/Geis*, Allg.POR, § 6 Rn. 31: „sinngemäß".
[89] VGH BW, VBlBW 2013, 178, 180; VBlBW 2013, 31, 32; s. auch BVerwGE 72, 300, 315.

113 Für die Ansicht des VGH spricht die Rechtssicherheit, die unser Rechtsstaat mit seinem anerkannten Gefahrenbegriff (→ Rn. 83 ff.) erreicht hat: Eine konkrete Gefahr, d. h. die hinreichende Wahrscheinlichkeit eines Schadens für die öffentliche Sicherheit oder Ordnung im Einzelfall, liegt eben noch nicht vor, solange dieser Schaden nur möglicherweise hinreichend wahrscheinlich ist[90]. Andernfalls ginge die Gewissheit verloren, die das Erfordernis „hinreichender Wahrscheinlichkeit" der polizeilichen Generalklausel gebracht hat. Auch eine analoge Anwendung der Generalklausel auf den Gefahrenverdacht ginge fehl: Eine polizeiliche Eingriffsgrundlage durch Analogie zu erschaffen, widerspräche dem Vorbehalt des Gesetzes. Nicht einmal eine Ähnlichkeit des von der Generalklausel erfassten hinreichend wahrscheinlichen Schadenseintritts für ein polizeiliches Schutzgut mit einem von ihr nicht genannten „(Gefahren-)Verdacht" unbestimmter Wahrscheinlichkeit wäre belegbar – was eine Analogie aber gerade voraussetzen würde.

114 Für die Ansicht des VGH spricht zudem die jahrzehntelange Entwicklung der Gesetzgebung im Gefahrenabwehrrecht. Für Fallkonstellationen, in denen schon länger ein Rechtseingriff auch bei Gefahrenverdacht zulässig sein sollte, entstanden spezielle Befugnisnormen, die Voraussetzungen und Rechtsfolgen des zulässigen Eingriffs präzisieren und dadurch der polizeilichen Generalklausel vorgehen (→ Rn. 111). Eine typische, einen Gefahrenverdacht umfassende Formulierung in speziellen Ermächtigungsgrundlagen des PolG lautet: „Rechtfertigen Tatsachen die Annahme ..."[91] (vgl. z. B. § 26 I Nr. 3, § 27 I Nr. 1, § 27 III 2 PolG). Die Gesetzgeber geben sich hier mit der polizeilichen Generalklausel gerade nicht mehr zufrieden – und angesichts der Entwicklung der Gesetzgebung hin zu speziellen Eingriffsgrundlagen bei bloßem Verdacht dürften sie dies wohl auch nicht mehr. Viele der (auch) bei Gefahrenverdacht einschlägigen speziellen Standardermächtigungen der Polizeigesetze erlauben sogar „endgültige" Maßnahmen, etwa ein befristetes Aufenthaltsverbot (§ 27a II PolG), die Durchsuchung einer Person (z. B. § 29 I Nr. 2 PolG) oder einer Wohnung (z. B. § 31 II Nr. 2 PolG).

115 Berücksichtigt man alle genannten Aspekte – Rechtssicherheit, Rechtsklarheit, Rechtsschutz, Vorbehalt des Gesetzes und Funktionsfähigkeit polizeilicher Gefahrenabwehr – bietet sich folgende Lösung an: Ein Gefahrenverdacht ist grundsätzlich keine Gefahr i. S. der Generalklausel. Soll die Polizei schon bei Gefahrenverdacht in Rechte eingreifen dürfen, muss das Parlament dafür Eingriffsgrundlagen (durch Standardmaßnahmen im Polizeigesetz oder sonst im besonderen Polizeirecht) schaffen. Dies sollte auch für immer wiederkehrende „Alltagsfälle" im Vorfeld einer Gefahr gelten (z. B. bei anonymen Bombendrohungen, bei denen es erfahrungsgemäß in mehr als 90% aller Fälle in Wirklichkeit keine Bombe gibt)[92], wenn die Polizei sie durch Eingriffe in subjektive Rechte soll lösen dürfen. Seltene Ausnahmen sind bei neuartigen Gefahrenverdachtsfällen denkbar, bei denen im Vorfeld einer konkreten Gefahr ohne Eingriff in das Recht einer Person die staatliche Gefahrenabwehraufgabe unerfüllbar würde – einmal unterstellt, dass selbst die Je-desto-Formel (→ Rn. 92) keine Lösung anböte. Dann mag der Verdacht hinreichender Wahrscheinlichkeit eines Schadens für ein polizeiliches Schutzgut (Gefahrenverdacht) seinerseits die hinreichende Wahrscheinlichkeit dafür begründen, dass die Funktionsfähigkeit der staatlichen Einrichtung Polizei Schaden nähme – und damit ein hochwertiges anderes polizeiliches Teilschutzgut als das, dessen Schädigung (noch) nicht hinreichend wahrscheinlich ist. In einem solchen Ausnahmefall wäre der Gefahrenverdacht eine konkrete Gefahr i. S. der Generalklausel.

---

[90] *Wapler*, DVBl. 2012, 86, 87 f.
[91] Vgl. z. B. *Barczak*, Jura 2014, 888, 895.
[92] *Götz/Geis*, Allg.POR, § 6 Rn. 30.

A. Grundlagen

Aus dem rechtsstaatlichen Verhältnismäßigkeitsgebot folgt, dass die Polizei bei einem **116** Gefahrenverdacht auf die Generalklausel **höchstens** (vgl. aber auch → Rn. 115) sog. **Gefahrerforschungseingriffe und vorläufige** bzw. **vorsorgliche Sicherungsmaßnahmen** stützen darf. Der Gefahrerforschung dienen Maßnahmen, die aufklären sollen, ob wirklich eine Gefahr besteht; Sicherungsmaßnahmen sind etwa die Räumung oder die Absperrung eines Hauses.

Zweifelhaft ist, ob die Polizei bei einem Gefahrenverdacht Personen als Störer heran- **117** ziehen darf (zum „Verdachtsstörer" → Rn. 229 ff.) oder nur als Nichtstörer im polizeilichen Notstand (→ Rn. 250). Die Antwort darauf hat auch für etwaige Entschädigungsansprüche Bedeutung (→ Rn. 409). Richtigerweise sind die §§ 6 und 7 PolG bei einem bloßen Gefahrenverdacht unanwendbar, weil sie eine Gefahr i. S. der Generalklausel voraussetzen. Auch eine Heranziehung als Nichtstörer nach § 9 PolG scheidet aus, solange keine Gefahr vorliegt. Eine Polizeipflichtigkeit kann aber aus Vorschriften folgen, die spezialgesetzlich Eingriffe bei Gefahrenverdacht erlauben. Beispielsweise ermächtigt § 26 I BImSchG beim Verdacht schädlicher Umwelteinwirkungen aus einer Anlage i. S. des BImSchG zu Anordnungen gegenüber dem Anlagenbetreiber. § 10 I des baden-württembergischen Ausführungsgesetzes zum Lebensmittel- und Bedarfsgegenständegesetz[93] ermächtigt bei einem Verdacht, dass ein Produkt entgegen Bestimmungen des Lebensmittelrechts hergestellt wurde oder werden soll, zu der Anordnung, dass der „Verantwortliche" eine Prüfung durchführt oder durchführen lässt. Verantwortlicher ist nach § 3 I dieses Gesetzes jeder, der selbständig Produkte herstellt, behandelt oder in den Verkehr bringt, oder dem die Verantwortung hierfür wirksam übertragen ist.

Rechtswidrig wäre es auch, zur Bekämpfung eines Gefahrenverdachts eine Polizei- **118** verordnung (z. B. eine „Kampfhundeverordnung") auf die polizeiliche Generalklausel für Polizeiverordnungen (§§ 10, 1 PolG) zu stützen, weil diese Generalklausel eine abstrakte Gefahr voraussetzt (→ Rn. 102 f., 375 f.); ein bloßer Gefahrenverdacht genügt dafür nicht[94].

(3) In der Dogmatik entwickelte Figuren, die keine Gefahr darstellen

(a) „Scheingefahr" bzw. „Putativgefahr"

Eine „Scheingefahr" bzw. „Putativgefahr" ist (anders als eine „Anscheinsgefahr" **119** → Rn. 108) **keine Gefahr im Sinne des Polizeirechts,** sondern liegt vor, wenn die Polizei irrig eine Gefahr annimmt, weil sie die Tatsachen **pflichtwidrig** falsch ermittelt hat oder weil ihr Wahrscheinlichkeitsurteil pflichtwidrig fehlerhaft ist, z.B. ein Polizist kommt zu Filmaufnahmen, die klar als solche erkennbar sind, hinzu und ringt den Darsteller des Mörders nieder. Jede Maßnahme, die die Polizei zur Abwehr einer Scheingefahr ergreift, ist **rechtswidrig.**

(b) „Latente Gefahr"

Der Begriff „latente Gefahr" benennt **keine Gefahr i. S. des Allgemeinen Poli- 120 zeirechts,** sondern eine Lage, aus der erst später durch Hinzutreten weiterer Umstände eine Gefahr entstehen kann. Manchmal wird heute sinngleich von „potentieller Gefahr" gesprochen[95]. Dies ist misslich, weil die „potentielle Gefahr" herkömmlich als

---

[93] GBl. 1991 S. 473.
[94] BVerwGE 116, 347, 348 ff.
[95] Z. B. *Stephan/Deger*, PolG BW, § 1 Rn. 36.

Synonym für die „abstrakte Gefahr" (→ Rn. 102 f., 375 f.), also für eine schon bestehende Gefahr, benutzt wurde[96].

121 Wenn später tatsächlich eine Gefahr entsteht, kann allerdings fraglich sein, wer für sie verantwortlich ist: derjenige, der durch sein Verhalten die letzte Ursache setzte, mit der die Gefahrenschwelle schließlich überschritten wurde (Theorie der unmittelbaren Verursachung → Rn. 209 f.) oder der „latente Störer" (→ Rn. 232), in dessen Sache oder dessen Verhalten die Gefahr „latent", d. h. verborgen vorhanden gewesen war. Richtigerweise ist allein auf den Zeitpunkt des polizeilichen Einschreitens abzustellen[97]. Wer durch sein Handeln die Gefahrenschwelle überschreitet, ist Handlungsstörer (es sei denn, sein Handeln ist ausnahmsweise rechtmäßig[98]). Führt sein Handeln zu einem gefährlichen Zustand einer Sache, ist deren Eigentümer bzw. Inhaber der Sachherrschaft zustandsverantwortlich.

(c) Belästigung

122 Eine sog. bloße Belästigung beeinträchtigt nur geringfügig und erreicht noch nicht den Grad, in dem von einem Schaden für ein polizeiliches Schutzgut gesprochen werden kann (→ Rn. 85). Sie begründet deshalb **keine Gefahr** für die öffentliche Sicherheit oder Ordnung[99]. Das Gleiche gilt für einen bloßen Nachteil, eine bloße Unbequemlichkeit oder eine bloße Geschmacklosigkeit[100], es sei denn, es handelt sich um einen Gesetzesverstoß (→ Rn. 86).

(d) Risiko

123 Risiko als Rechtsbegriff kennzeichnet eine mögliche Rechtsgutsverletzung, die noch nicht die für eine Gefahr im Sinne des Polizeirechts nötige hinreichende Wahrscheinlichkeit eines Schadenseintritts für ein polizeiliches Schutzgut erreicht. Ein Risiko ist deshalb **keine polizeiliche Gefahr** (→ Rn. 135). Die Abgrenzung zwischen Risiko und Gefahr ist aber oft schwierig. Die Rechtsordnung reagiert auf Risiken nicht mit dem Allgemeinen Polizeirecht, sondern mit speziellen Regelungen, die sich heute zu einem eigenen Rechtsgebiet verdichtet haben, dem sog. Risikoverwaltungsrecht (→ Rn. 135). Dazu zählt z. B. das Atomrecht, soweit es über eine Gefahrenabwehr hinausgehend der Vorsorge vor Schäden dient, die im Zusammenhang mit der friedlichen Nutzung der Kernenergie nach Stand von Wissenschaft und Technik nicht auszuschließen sind (Risiko- bzw. Schadensvorsorge), vgl. z. B. § 6 II Nr. 2 AtomG.[101]

123a **Vertiefungshinweise:** Aufsätze zum Begriff der Gefahr: *Arzt*, Gefahrenverdacht und Gefahrerforschungseingriff im allgemeinen Polizeirecht, Die Polizei 2003, 100 ff., 129 ff.; *Brandt/Smeddinck*, Der Gefahrenbegriff im Polizeirecht, Jura 1994, 225 ff.; *Classen*, Gefahrerforschung und Polizeirecht, JA 1995, 608 ff.; *Di Fabio*, Vorläufiger Verwaltungsakt bei ungewissem Sachverhalt, DÖV 1991, 629 ff.; *Erichsen/Wernsmann*, Anscheinsgefahr und Anscheinsstörer, Jura 1995, 219 ff.; *Gerhardt*, Anscheinsgefahr, Gefahrenverdacht und Putativgefahr im Polizei- und Ordnungsrecht, Jura 1987, 521 ff.; *Ibler*, Gefahrenverdacht und polizeiliche Generalklausel, in: FS Hailbronner, 2013, S. 737 ff.; *Kirchhof*, Sicherungsauftrag und Handlungsvollmachten der Polizei, DVBl. 1976, 449 ff.; *Kobitzsch*, Der Kampf gegen das Scherbenmeer, VBlBW 2014, 198 f. und 233 ff. (Falllösung); *Losch*, Zur Dogmatik der Gefahrerforschungsmaßnahme, DVBl. 1994, 781 ff.; *Möstl*, Gefahr und Kompetenz – polizeirechtsdogmatische und bundesstaatsrechtliche

---

[96] Z. B. *Drews*, Preußisches Polizeirecht, 3. Aufl. 1931, S. 11.
[97] I. E. ebenso *Kugelmann*, POR, 5. Kap. Rn. 157.
[98] Vgl. zu einem solchen Ausnahmefall z. B. PrOVGE 40, 391, 397.
[99] BVerwG, DVBl. 1969, 586, 586.
[100] VGH BW, NVwZ 2003, 115, 116.
[101] Vgl. z. B. BVerwGE 131, 129, 144 ff.

A. Grundlagen

Konsequenzen der „Kampfhundeentscheidung" des BVerfG, Jura 2005, 48 ff.; *Poscher*, Der Gefahrenverdacht, NVwZ 2001, 141 ff.; *ders.*, Eingriffsschwellen im Recht der inneren Sicherheit, Die Verwaltung 41 (2008), 345 ff.; *ders./Rusteberg*, Die Klausur im Polizeirecht (2. Teil), JuS 2011, 984 (986 ff.); *Schlink*, Das Objektive und das Subjektive beim polizeirechtlichen Gefahrenbegriff, Jura 1999, 169 ff.; *Schoch*, Die „Gefahr" im Polizei- und Ordnungsrecht, Jura 2003, 472 ff.; *Trurnit*, Eingriffsschwellen für polizeiliche Maßnahmen, Jura 2019, 258 ff.; *Voßkuhle*, Grundwissen – Öffentliches Recht: Der Gefahrbegriff im Polizei- und Ordnungsrecht, JuS 2007, 908 f.; *Wapler*, Alles geklärt? Überlegungen zum polizeilichen Gefahrerforschungseingriff, DVBl. 2012, 86 ff.

Rechtsprechung: VGH BW, BWGZ 2013, 77 ff. – Konstanzer Glasflaschenverbot; VGH BW, NVwZ-RR 2006, 398 ff. – Taubenfütterungsverbot; VGH BW, VBlBW 2013, 31 f.; 178 ff. – Gefahrenverdacht.

2. Von der Gefahrenabwehr zu unterscheidende Staatsziele

Vom Gefahrenabwehrziel des Polizeirechts zu sondern – obgleich der Gefahrenabwehr nahe stehend – sind drei weitere Ziele des Staates, die herkömmlich nicht vom Polizeirecht verfolgt werden. Allerdings erschwert die jüngere Entwicklung der Gesetzgebung die Abgrenzung. 124

a) Verfolgung von Straftaten

Dem Ziel der **Verfolgung von Straftaten** und Ordnungswidrigkeiten dienen Straf- und Strafprozessrecht sowie das Ordnungswidrigkeitenrecht. Die Verfolgung von Straftaten dient der Durchsetzung eines staatlichen Strafanspruchs, nachdem ein Täter eine Strafnorm verletzt hat. An der Strafverfolgung wirken Polizeibeamte nicht präventiv-gefahrenabwehrend, d. h. polizeirechtlich, sondern als Ermittlungspersonen der Staatsanwaltschaft (vgl. § 152 GVG), d. h. repressiv-strafverfolgend mit. Die Strafverfolgung setzt ein, wenn sich eine Gefahr bereits verwirklicht hat, weil ein durch Strafnorm geschütztes Rechtsgut verletzt wurde. Hier veranlasst und legitimiert nicht eine Gefahr das polizeiliche Handeln, sondern der Verdacht einer Straftat. 125

b) Vorsorge vor Risiken

Ein zweites von der Gefahrenabwehr zu trennendes staatliches Ziel ist die **Vorsorge vor und** die **Bekämpfung von Risiken,** die (noch) keine Gefahr darstellen. Diesem Ziel dienen andere Rechtsgebiete des Besonderen Verwaltungsrechts, beispielsweise das Umweltrecht, das vom sog. Vorsorgeprinzip geprägt wird. Neuerdings wird in der Literatur sogar versucht, übergreifend und verallgemeinernd ein neues allgemeines Rechtsgebiet „Risikoverwaltungsrecht" zu entwickeln (→ Rn. 135). 126

c) Verfassungsschutz

Ein drittes von der polizeilichen Gefahrenabwehr zu unterscheidendes, ihr aber nahestehendes Ziel des Staates ist es, die freiheitlich-demokratische Grundordnung sowie den Bestand und die Sicherheit des Bundes und der Länder zu schützen. Es wird als **Verfassungsschutz** bezeichnet. 127

3. Gefahrenabwehr als Abgrenzungsmerkmal des Polizeirechts von anderen Rechtsgebieten

An diese drei Ziele (→ Rn. 124 ff.) anknüpfend, unterscheidet die deutsche Rechtsdogmatik das Polizeirecht (Gefahrenabwehrrecht) vom Strafrecht, von der Risikovorsorge dienenden Rechtsgebieten und vom Verfassungsschutz. 128

129 Polizeiliche Gefahrenabwehr, Strafverfolgung, Risikovorsorge und Verfassungsschutz als Rechtsgebiete voneinander zu trennen, ist aus rechtsstaatlichen Motiven und zum Grundrechtsschutz richtig. Denn staatliche Eingriffe auf diesen Gebieten können den Bürger ganz unterschiedlich stark treffen; deshalb müssen sie verschieden hohe Rechtmäßigkeitsanforderungen erfüllen. Ein Hoheitsakt, der im Risikoverwaltungsrecht ein vages Risiko vermeiden soll, bedarf einer anderen Rechtfertigung als die Bekämpfung einer realen Gefahr im Polizeirecht oder als eine Strafverfolgungsmaßnahme; und wenn der Geheimdienst einen Bürger überwacht, bedarf dieser aus rechtsstaatlichen Gründen besonderen Schutz.

a) Abgrenzung zum Strafrecht

130 Diesen Unterschieden trägt die Rechtsordnung mehrfach Rechnung: Das Strafrecht setzt für eine Bestrafung die Schuld des Täters voraus. Im Polizeirecht geht es dagegen darum, eine Gefahr möglichst zügig zu beseitigen; dafür ist die Schuldfrage unbeachtlich. Für die Gefahrenabwehr gilt das Opportunitätsprinzip (vgl. auch → Rn. 260), für die Strafverfolgung das Legalitätsprinzip (vgl. § 152 II StPO). Bei der Strafverfolgung muss die Polizei Weisungen der Staatsanwaltschaft befolgen, im Polizeirecht nicht. Unterschiede ergeben sich auch für den zulässigen Rechtsweg (→ Rn. 419) und bei den Kosten.

aa) Faustregel: Abgrenzung anhand der Zielrichtung polizeilichen Handelns

131 Schlagwortartig abgrenzen kann man das Polizeirecht **vom Straf- und Strafprozessrecht** nach dem Ziel des jeweiligen Polizeihandelns: Bekämpft die Polizei präventiv eine Gefahr, ist das Polizeirecht maßgeblich. Handelt sie repressiv, d. h. will sie einen Straftäter ermitteln und überführen, sind Strafrecht und Strafprozessrecht einschlägig. Trotz dieser Faustregel bleibt die Abgrenzung manchmal schwierig.

bb) Abgrenzungsschwierigkeiten

(1) Doppelfunktionale Maßnahmen

132 Schwierig sein kann die Abgrenzung **bei sog. doppelfunktionalen Maßnahmen**, wenn eine Handlung der Polizei beide Ziele – Gefahrenabwehr und Strafverfolgung – zugleich bezweckt.[102] Überwältigt z. B. die Polizei einen Bankräuber, der Geiseln genommen hat, sollen die Geiseln aus der Gefahr befreit und gleichzeitig soll der Bankräuber verhaftet werden, damit er bestraft werden kann. Die richtige Abgrenzung ist nicht nur wichtig für die Frage, ob sich die Rechtmäßigkeit dieses Handelns nach dem PolG oder dem Straf(prozess)recht beurteilt, sondern auch für die Bestimmung des zulässigen Rechtswegs für eine Klage gegen die Maßnahme (→ Rn. 420).

133 Die h. M. stellt hier zu Recht darauf ab, ob „bei natürlicher Betrachtungsweise ... nach dem Gesamteindruck"[103] des Falls das **Schwergewicht** und der Hauptzweck des konkreten polizeilichen Handelns die Gefahrenabwehr oder die Strafverfolgung ist.[104] Wenn die Polizei den für sie maßgeblichen Grund ausdrücklich benennt, z. B. indem sie ihre Ermittlungen an die Staatsanwaltschaft weiterleitet[105], kann dies den Ausschlag

---

[102] Z. B. *Schoch*, Jura 2013, 1115, 1116 ff.
[103] BVerwGE 47, 255, 265.
[104] Z. B. BVerwGE 47, 255, 264 f.; VGH BW, NVwZ-RR 2005, 540; VGH BW, NVwZ 1989, 412, 413; *Möstl*, DVBl. 2010, 808, 814 f.; a. A. aber viele, z. B. *W.-R. Schenke*, POR, Rn. 423.
[105] BVerwGE 47, 255, 265.

A. Grundlagen

geben; andernfalls ist die Sicht eines verständigen Bürgers maßgebend. Die Mindermeinung, nach der die gefahrenabwehrrechtlichen Ermächtigungsgrundlagen unanwendbar werden, sobald ein strafprozessualer Anfangsverdacht (vgl. § 152 II StPO) besteht,[106] hat der Bundesgerichtshof[107] in einer neueren, wenngleich umstrittenen Entscheidung zu einer doppelfunktionalen Maßnahme (Durchsuchung eines Autos nach Drogen zur Gefahrenabwehr und zur Strafverfolgung), ausdrücklich verworfen.

(2) Schleierfahndung

Verwischt werden kann die Grenze zwischen präventiver Gefahrenabwehr und repressiver Strafverfolgung auch bei der verdachts- und ereignisunabhängigen Kontrolle (§ 26 I Nr. 6 PolG). Nach dieser sog. **„Schleierfahndung"**[108] (→ Rn. 288) darf die Polizei die Identität einer Person feststellen „zum Zwecke der Bekämpfung der grenzüberschreitenden Kriminalität in öffentlichen Einrichtungen des internationalen Verkehrs sowie auf Durchgangsstraßen (Bundesautobahnen, Europastraßen und andere Straßen von erheblicher Bedeutung für die grenzüberschreitende Kriminalität)". Diese Befugnis soll wettmachen, dass die Personenkontrollen an den Binnengrenzen der EU entfallen sind (→ Rn. 48). Die Schleierfahndung hilft nicht nur Straftaten zu verhindern (= Gefahrenabwehr), sondern ist auch ein Mittel, mit dem Straftäter erkannt und gefasst werden können (= Strafverfolgung). Gegen die rechtsstaatliche Bestimmtheit des § 26 I Nr. 6 PolG bestehen allerdings Bedenken (→ Rn. 288).

134

(3) Strafverfolgungsvorsorge

Unter Strafverfolgungsvorsorge versteht man das Ergreifen von Maßnahmen, die es ermöglichen oder erleichtern sollen, Straftaten zu ahnden, die erst in Zukunft erwartet werden. Sie knüpfen nicht an eine bereits begangene Straftat oder einen Anfangsverdacht an, sondern zielen auf die Verfolgung noch nicht begangener, sondern in ungewisser Zukunft möglicherweise bevorstehender Straftaten. Die Strafverfolgungsvorsorge geschieht mithin in zeitlicher Hinsicht präventiv, betrifft aber gegenständlich das repressiv ausgerichtete Strafverfahren[109]. Erfasst werden auch Maßnahmen, die es der Polizei ermöglichen, auch nach einer Straftat gegen Personen einzuschreiten, die (noch) nicht die Stellung eines Beschuldigten i.S. der StPO haben. Es handelt sich um eine Angelegenheit des Strafrechts, nicht der polizeilichen Gefahrenabwehr. Nach der Kompetenzverteilung im Grundgesetz steht für diese Materie dem Bund die konkurrierende Gesetzgebung für das Strafrecht zu, vgl. Art. 74 I Nr. 1 GG. Allerdings hat der Bund diese Gesetzgebungskompetenz bislang nicht voll ausgeschöpft, denn das StGB regelt die staatliche Sanktion schon begangener Straftaten, und nach der StPO beginnt die Strafverfolgung grds. erst mit einem Anfangsverdacht, vgl. § 152 II StPO. Diese nicht abschließende bundesgesetzliche Regelung belässt den Ländern die Gesetzgebungskompetenz für Maßnahmen zur Strafverfolgungsvorsorge, vgl. Art. 72 I GG. Der baden-württembergische Gesetzgeber hat sich entschlossen, solche Vorschriften mit dem Ziel der Strafverfolgungsvorsorge zu schaffen und hat sie ins Polizeigesetz aufgenommen, z.B. in § 36 I Nr. 2 PolG (→ Rn. 318, 320). Die Grenze der Regelungsbefugnis des Landes liegt aber dort, wo der Bund von einer ihm zustehenden konkurrierenden Gesetzgebung abschließend Gebrauch gemacht hat. Z.B. enthält die StPO keine Regelung, die es ermöglicht oder erleichtert, für den Fall, dass ein Polizist ein-

134a

---

[106] Vgl. *Schiemann,* NStZ 2017, 651, 658.
[107] BGH, NJW 2017, 3173.
[108] Z.B. *Möstl,* Jura 2011, 840, 852 f.
[109] BVerfG, NJW 2019, 827, 831.

mal zum Straftäter wird, diesen Polizisten zu identifizieren.[110] Der Verzicht des Bundesgesetzgebers auf entsprechende Regelungen soll diese nicht endgültig aus der Rechtsordnung ausschließen und überlässt so den Landesgesetzgebern die Entscheidung, sie einzuführen,[111] z.B. eine Kennzeichnungspflicht für Polizeibeamte. Da der Bund seine Gesetzgebungskompetenz dafür nicht ausgeschöpft hat, könnte der Landesgesetzgeber in Baden-Württemberg zur Strafverfolgungsvorsorge künftig eine Namensschildpflicht für Polizeibeamte einführen.[112] Zwar läge darin ein Eingriff in das Recht jedes Polizeibeamten auf informationelle Selbstbestimmung, dieser Eingriff wäre aber durch das Allgemeinwohlinteresse gerechtfertigt, im Rechtsstaat auch Straftaten von Polizeibeamten effektiv aufklären und bestrafen zu können.

b) Abgrenzung zum Risikoverwaltungsrecht

135 Auch die **Abgrenzung** des Polizeirechts **vom Risikoverwaltungsrecht** ist nicht immer klar. „Gefahr" und „Risiko" sind auslegungsbedürftige, prognose- und wertungsabhängige unbestimmte Rechtsbegriffe. Beide kennzeichnen Sachlagen im Vorfeld einer Rechtsgutsverletzung. Beide setzen voraus, dass die zu bewertenden Tatsachen sorgfältig ermittelt sind. Beide verlangen anschließend eine Prognose. Aber die beiden Prognosen werden von unterschiedlichen Wahrscheinlichkeitsgraden geprägt[113]: Eine polizeirechtliche Gefahr besteht, wenn die Verletzung eines polizeilichen Schutzguts (öffentliche Sicherheit, öffentliche Ordnung) hinreichend wahrscheinlich ist (→ Rn. 92ff.). Das Risiko beschreibt demgegenüber eine wesentlich geringere Wahrscheinlichkeit: Es ist sehr unwahrscheinlich, dass es zu einer Verletzung kommt, aber nicht völlig auszuschließen. Eine **Gefahrenprognose muss** auch im Übrigen **strengeren Maßstäben genügen** als die Prognose eines Risikos. Eine Gefahr darf prognostiziert werden, wenn es **Erfahrungswissen** (auch der Alltagserfahrung) gibt, nach dem bei Vorliegen der ermittelten Tatsachen erfahrungsgemäß ein polizeiliches Schutzgut verletzt wird. Erst recht darf eine Gefahr prognostiziert werden, wenn die festgestellten Tatsachen nach dem **anerkannten Stand von Wissenschaft und Technik** die Verletzung eines polizeilichen Schutzguts erwarten lassen. Demgegenüber keine Gefahr, sondern nur ein Risiko kann prognostiziert werden, wenn ein Kausalverlauf wissenschaftlich ungeklärt ist (etwa ob ein Stoff Krebs erregt) und auch Erfahrungswissen nicht weiter hilft. Polizeibehörden müssen keine wissenschaftlichen Fragen klären. Das Polizeirecht soll auch keine Risiken steuern, dies muss ggf. durch Spezialgesetze, z.B. im Gesundheits-, Lebensmittel- und Umweltrecht, geschehen[114]. Zur Abgrenzung zwischen Gefahr und Risiko beitragen kann überdies auch die Je-desto-Formel: Je größer der drohende Schaden, desto geringere Anforderungen sind an die Wahrscheinlichkeit zu stellen, ab der von einer Gefahr gesprochen werden kann (→ Rn. 92).

c) Abgrenzung zum Verfassungsschutzrecht

136 Es ist auch schwierig, Polizeirecht, Strafrecht und Risikoverwaltungsrecht vom Verfassungsschutzrecht abzugrenzen. Der **Verfassungsschutz** (Geheimdienst, Nachrichtendienst) soll bestimmten Bedrohungen begegnen, die man auch einem Risiko oder gar einer Gefahr zuordnen kann; möglicherweise wird dabei auch eine Straftat aufgedeckt. Dabei **ermittelt der Verfassungsschutz typischerweise im Verborgenen**; da-

---

[110] VerfG LSA, NVwZ 2019, 1198, 1199.
[111] Vgl. z.B. VerfG LSA, NVwZ 2019, 1198, 1199.
[112] Vgl. für Sachsen-Anhalt VerfG LSA, NVwZ 2019, 1198, 1199.
[113] Vgl. z. B. *Di Fabio*, Jura 1996, 566ff.
[114] *Götz/Geis*, Allg.POR, § 6 Rn. 9.

A. Grundlagen

mit dies rechtsstaatlich geschieht, sind seine Befugnisse und Handlungsinstrumente beschränkt: Er hat zwar nachrichtendienstliche Ermittlungsbefugnisse, aber **keine Befehls- und Zwangsbefugnisse,** wie sie für das Polizeirecht (und das Strafrecht) typisch sind. Diese Abgrenzungsmerkmale haben aber z.T. an Schärfe verloren, seit die Erhebung personenbezogener Daten, ihre Verarbeitung und Weiterleitung zutreffend als (Grundrechts-) Eingriffe anerkannt sind (→ Rn. 145).

Die Trennung von Polizei und Nachrichtendiensten ist ein Strukturprinzip des deutschen Sicherheitsrechts. Das **Trennungsgebot** legt dem Staat zweierlei auf: Organisatorisch untersagt es ihm, die Nachrichtendienste an Polizeidienststellen anzugliedern; kompetenzbezogen untersagt es ihm, die Nachrichtendienste mit polizeilichen Eingriffsbefugnissen (für Gebote, Verbote, Zwangsmittel) auszustatten.[115] Das Trennungsgebot hat historischen Ursprung: Die westalliierten Besatzungsmächte verlangten 1949 in dem sog. Polizeibrief[116] vom Parlamentarischen Rat, bei der Ausarbeitung des Grundgesetzes Polizei und Nachrichtendienste zu trennen. Vor allem aber stärkt das Trennungsgebot den Rechtsstaat: Es soll kein allmächtiger Überwachungsstaat entstehen. Deshalb kommt ihm nach richtiger, wenngleich umstrittener Ansicht Verfassungsrang zu. Baden-Württemberg verwirklicht das Trennungsgebot durch § 2 III LVSG[117]: „Das Landesamt für Verfassungsschutz darf einer Polizeidienststelle nicht angegliedert werden" und in § 5 III 1 LVSG: „Polizeiliche Befugnisse oder Weisungsbefugnisse stehen dem Landesamt für Verfassungsschutz nicht zu; es darf die Polizei auch nicht im Wege der Amtshilfe um Maßnahmen ersuchen, zu denen es selbst nicht befugt ist" (vgl. aber auch → Rn. 344). 137

Vertiefungshinweise: Aufsätze zur Unterscheidung der Gefahrenabwehr von anderen Staatszielen: *Bäuerle,* Polizeirecht in Deutschland, APuZ 2008, 15 ff.; *Brenner/Nehrig,* Das Risiko im öffentlichen Recht, DÖV 2003, 1024 ff.; *Denninger,* Schleierfahndung im Rechtsstaat, FS Stein, 2002, S. 15 ff.; *Di Fabio,* Gefahr, Vorsorge, Risiko: Die Gefahrenabwehr unter dem Einfluß des Vorsorgeprinzips, Jura 1996, 566 ff.; *Kahl,* Risikosteuerung durch Verwaltungsrecht: Ermöglichung oder Begrenzung von Innovationen?, DVBl. 2003, 1105 ff.; *Nehm,* Das nachrichtendienstrechtliche Trennungsgebot und die neue Sicherheitsarchitektur, NJW 2004, 3289 ff.; *Scherzberg,* Risikosteuerung durch Verwaltungsrecht: Ermöglichung oder Begrenzung von Innovationen?, VVDStRL 63 (2004), 214 ff.; *Schoch,* Doppelfunktionale Maßnahmen der Polizei, Jura 2013, 1115 ff.; *Stephan,* Zur Verfassungsmäßigkeit anlassunabhängiger Personenkontrollen, DVBl. 1998, 81 ff.; *Waechter,* Die „Schleierfahndung" als Instrument der indirekten Verhaltenssteuerung durch Abschreckung und Verunsicherung, DÖV 1999, 138 ff.; *Wolff,* Die Grenzverschiebung von polizeilicher und nachrichtendienstlicher Sicherheitsgewährleistung, DÖV 2009, 597 ff.; *ders./Scheffczyk,* Verfassungsrechtliche Fragen der gemeinsamen Antiterrordatei von Polizei und Nachrichtendiensten, JA 2008, 81 ff.

Rechtsprechung: BVerwGE 47, 255 ff. – doppelfunktionale Maßnahme; BVerfG, NJW 2019, 827 ff., 842 ff. – Automatisierte Kfz-Kennzeichenkontrolle; VerfG LSA, NVwZ 2019, 1198 ff. – Kennzeichnungspflicht für Polizeibeamte. 137a

4. Zur Zukunft des polizeilichen Schlüsselbegriffs der Gefahr

Eine Hauptbedingung dafür, dass auf Grund des Polizeirechts der Staat Freiheit und Eigentum der Bürger beschränken darf, ist das Bestehen einer „Gefahr" für die öffentliche Sicherheit oder Ordnung. Dieses Anknüpfen an eine „Gefahr" ist ein hergebrachtes rechtsstaatliches Element unseres Polizeirechts. Einzelne neuere Entwicklungen könnten diese Errungenschaft allerdings schwächen: 138

---

[115] Vgl. *Nehm,* NJW 2004, 3289, 3289.
[116] Abgedruckt z.B. bei *Bull,* AK-GG, Art. 87 Rn. 65.
[117] Landesverfassungsschutzgesetz i.d.F. vom 5.12.2005, GBl. 2006, S. 1.

a) Polizeiliche Befugnisse im Vorfeld der Gefahr

139 Die Gesetzgeber in Bund und Ländern haben die Aufgaben und Befugnisse der Polizei zur Gefahrenabwehr (und zur Strafverfolgung) ausgedehnt, und zwar in das sog. **Vorfeld** der herkömmlichen Gefahrenabwehr (und in das Vorfeld der überkommenen Strafverfolgung). Im zeitlichen Vorfeld einer Gefahr, wenn also noch keine hinreichende Wahrscheinlichkeit dafür besteht, dass künftig ein Schaden für die öffentliche Sicherheit oder Ordnung eintritt, darf die Polizei **kraft besonderer gesetzlicher Ermächtigung** – also nicht aufgrund der allgemeinen polizeilichen Generalklausel![118] – schon bei einem **Gefahrenverdacht** (→ Rn. 109 ff.) tätig werden, u. U. auch zur **Gefahrenvorsorge** (d. h. zur Vorbereitung künftiger Gefahrenabwehr – auch Gefahrenvorbeugung oder Gefahrenverhütung genannt). Zudem ermächtigt der Gesetzgeber zu bestimmten polizeilichen Informationseingriffen vielfach schon im Vorfeld einer Gefahr (vgl. dazu §§ 37 ff. PolG). Ein öfters gegen z. B. gewaltbereite Fußballfans (Hooligans) oder militante Globalisierungsgegner ergehender Verwaltungsakt der Polizei mit dem Gebot, der Adressat habe sich während eines bestimmten Zeitraums auf einem Polizeirevier zu melden (**„Meldeauflage"**), greift in dessen Grundrechte – aus Art. 2 I GG, u. U. auch aus Art. 8 GG und je nach Häufigkeit der Meldpflicht auch aus Art. 11 I GG – ein[119] und bedarf somit einer gesetzlichen Ermächtigungsgrundlage. Die Standardermächtigung des § 27 PolG (Vorladung) scheidet aber aus, weil die Meldeauflage weder der Befragung noch der erkennungsdienstlichen Behandlung dient. Als weitere Ermächtigungsgrundlage kommt dann nur die polizeiliche Generalklausel (§§ 3, 1 PolG) in Betracht. Deren Anwendbarkeit ist zwar umstritten. Eingewandt wird, die Meldeauflage bedürfe als „faktische Standardermächtigung" einer speziellen Ermächtigung.[120] Außerdem entfalte die nicht einschlägige Standardermächtigung des § 27 PolG Sperrwirkung[121] (zum Grundsatz der Sperrwirkung der Standardermächtigungen vgl. → Rn. 182). Jedoch dient die Meldeauflage nicht der Gewinnung von Informationen, sondern will die Abwesenheit von einem bestimmten Ort zu einem bestimmten Zeitpunkt sicherstellen.[122] Damit unterscheidet sie sich so stark von der Vorladung, dass diese keine Sperrwirkung entfalten kann. Somit darf eine Meldeauflage auf die polizeiliche Generalklausel gestützt werden[123] – aber auch nur, wenn eine konkrete Gefahr für die öffentliche Sicherheit oder Ordnung besteht. Erlässt die Polizei dagegen eine Meldeauflage nur zur Gefahrenvorsorge, bedürfte es einer speziellen Ermächtigungsgrundlage,[124] die es in Baden-Württemberg nicht gibt. Erst recht bedarf es besonderer gesetzlicher Ermächtigung, wenn die Polizei, wie z. B. bei der Personenfeststellung nach § 26 I Nr. 6 PolG, zu Rechtseingriffen ohne jede Anknüpfung an eine konkrete Gefahr oder einen Gefahrenverdacht befugt wird. Bei der Strafverfolgung, bei der die Polizei ursprünglich erst tätig wurde, wenn der Anfangsverdacht für eine Straftat bestand, darf die Polizei heute auch schon im Vorfeld ermitteln, um zu klären, ob es angezeigt ist, ein Ermittlungsverfahren einzuleiten.

---

[118] VGH BW, VBlBW 2013, 178, 180; BVerwGE 129, 142, 148 f.; *Barczak*, Jura 2014, 888, 889; str.
[119] Vgl. näher zu den betroffenen Grundrechten *Schucht*, NVwZ 2011, 709, 711.
[120] *Schucht*, NVwZ 2011, 709, 713.
[121] So *Arzt*, Die Polizei 2006, 156, 159.
[122] *Breucker*, NJW 2004, 1631, 1632.
[123] So auch die Rspr., vgl. nur BVerwGE 129, 142; VGH BW, VBlBW 2017, 425, 431.
[124] Vgl. z. B. *Barczak*, Jura 2014, 888, 892 ff.

A. Grundlagen

Während in Bayern der Gesetzgeber eine „drohende Gefahr" als Eingriffsvoraussetzung im Vorfeld konkreter Gefahren geschaffen hat[125], nutzt der baden-württembergische Gesetzgeber den Begriff der drohenden Gefahr restriktiver. § 23a I 2 PolG nutzt den Begriff für einen Gefahrenverdacht (→ Rn. 337) als Voraussetzung zur Verhütung terroristischer Straftaten. In der Ermächtigung zur Ingewahrsamnahme in § 28 I Nr. 2 PolG hat der Begriff keine eigenständige Bedeutung, „drohende Gefahr" bedeutet dort bestehende Gefahr.[126] Anders als in Bayern beschreibt also die im badenwürttembergische Polizeigesetz genannte „drohende Gefahr" keine neue, eigenständige Gefahrenkategorie.

b) Technischer Fortschritt

Zu der Entwicklung, welche die „Gefahr" als Grundvoraussetzung eines rechtsstaatlichen polizeirechtlichen Handelns teilweise aufgibt, trägt auch der rasante **technische Fortschritt** bei. Die Praxis der polizeilichen Gefahrenabwehr, der Strafverfolgung, der Risikoverwaltung und des Verfassungsschutzes hat sich dadurch verändert und vermischt sich: Internetüberwachung, Videoüberwachung, DNA-Analyse-Datei zur Vorsorge für künftige Strafverfahren, Einsatz von IMSI-Catchern zum Orten, Identifizieren und Abhören von Mobiltelefonen, mittels moderner EDV geführte zentrale Datensammlungen und die technische Möglichkeit, die so erworbenen Daten mühelos untereinander auszutauschen, wirken faktisch einer Trennung der genannten Staatsaufgaben entgegen.

Immerhin setzen die meisten Eingriffsermächtigungen der Polizeigesetze weiterhin eine Gefahr für die öffentliche Sicherheit oder Ordnung voraus. Die „Gefahr" ist nach wie vor der Schlüsselbegriff des Polizeirechts und muss es aus rechtsstaatlichen Gründen bleiben.

Vertiefungshinweise: Aufsätze zur Zukunft des Schlüsselbegriffs der Gefahr: *Barczak*, Polizeiliche Vorfeldmaßnahmen gegen Fußballhooligans und gewaltbereite Ultragruppierungen, Jura 2014, 888 ff.; *Kugelmann*, Der polizeiliche Gefahrenbegriff in Gefahr?, DÖV 2003, 781 ff.; *Mann/Fontana*, Entwicklungslinien des Polizeirechts im 21. Jahrhundert, JA 2013, 734 ff.; *Möllers*, Polizeikontrollen ohne Gefahrverdacht – Ratio und rechtliche Grenzen der neuen Vorsorgebefugnisse, NVwZ 2000, 382 ff.; *Möstl*, Das Bundesverfassungsgericht und das Polizeirecht, DVBl. 2010, 808 ff.; *Pils*, Zum Wandel des Gefahrenbegriffs im Polizeirecht, DÖV 2008, 941 ff.; *Poscher*, Eingriffsschwellen im Recht der inneren Sicherheit, Die Verwaltung 41 (2008), 345 ff.; *Schucht*, Die polizei- und ordnungsrechtliche Meldeauflage, NVwZ 2011, 709 ff.; *Trute*, Die Erosion des klassischen Polizeirechts durch die polizeiliche Informationsvorsorge, in: GS Jeand'Heur, 1999, S. 403 ff.

Rechtsprechung: VGH BW, VBlBW 2017, 425 ff. – Aufenthaltsverbot und Meldeauflage gegenüber Hooligans.

---

[125] Vgl. Art. 13 I Nr. 1 PAG (Identitätsfeststellung), Art. 14 I Nr. 3 PAG (erkennungsdienstliche Maßnahmen), Art. 16 I, II PAG (Platzverweis, Kontaktverbot, Aufenthalts- und Meldeanordnung) sowie Art. 21 I Nr. 3 PAG (Durchsuchung von Personen) und sogar auf der Grundlage der Generalklausel in Art. 11 III 1 PAG, vgl. *Turnit*, Jura 2019, 258, 266.

[126] Vgl. *Stephan/Deger*, PolG BW, § 28 Rn. 19.

B. Ermächtigungsgrundlagen und Handlungsinstrumente der Polizei im Polizei- und Ordnungsrecht (Dogmatische Grundlagen)

I. Ermächtigungsgrundlagenerfordernis

142 In Rechte eines Bürgers eingreifen darf die Polizei nur, wenn der Eingriff durch eine gesetzliche Grundlage (auch Eingriffsgrundlage, Ermächtigungsgrundlage oder Befugnisnorm genannt) gedeckt ist. Dies folgt aus dem in Art. 20 III GG verankerten Rechtsstaatsprinzip mit seinem Vorbehalt des Gesetzes (→ Rn. 37).

1. Polizei als Eingriffsverwaltung

143 Die Polizei handelt gegenüber den Bürgern **typischerweise mit Befehl und Zwang** und zählt deshalb zur Eingriffsverwaltung. Greift die Polizei in das Recht einer Person ein, muss sie sich auf eine Eingriffsermächtigung, auf eine Befugnisnorm, stützen können. Die bloße Aufgabenzuweisung in § 1 I PolG genügt dafür nicht.[127] Ein Eingriff muss gedeckt sein von einer speziellen Ermächtigungsgrundlage oder von der polizeilichen Generalermächtigung (der Generalklausel des § 3 i.V. mit § 1 I PolG für einen Eingriff im Einzelfall bzw. des § 10 I i.V. mit § 1 I PolG für einen Eingriff durch Polizeiverordnung).

144 Gleichwohl ist nicht zu verkennen, dass die Polizei für Staat und Bürger – mit und ohne Eingriffe – eine große Leistung erbringt: Sie produziert Sicherheit. Als Leistung gelten **auch eingriffsfreie Tätigkeiten** wie z.B. Streifenfahrten oder Rettungsmaßnahmen. Für diese benötigt die Polizei keine Befugnisnorm, es genügt die Aufgabenzuweisung des § 1 I PolG. Die Gefahrenabwehraufgabe erstreckt sich zudem auf bestimmte Tätigkeiten, die eine Gefahrenabwehr nur vorbereiten helfen bzw. einer Gefahr vorbeugen sollen. In Baden-Württemberg kann dies auch aus § 1 I 2 PolG hergeleitet werden, nach dem die Polizei insbesondere die verfassungsmäßige Ordnung und die ungehinderte Ausübung der staatsbürgerlichen Rechte zu gewährleisten hat. Für eingriffsfreie Tätigkeiten muss nicht zusätzlich auf § 3 I PolG abgestellt werden.

145 Allerdings ist es **manchmal zweifelhaft, ob** ein polizeiliches Handeln eingriffsfrei ist oder einen **Eingriff** darstellt. Handelt es sich z.B. bei der offen erkennbaren **Übersichts-Videoaufnahme** eines öffentlichen Platzes nach dem Kamera-Monitor-Prinzip, bei der ohne jede Aufzeichnung der Platz nur vom Polizeirevier aus beobachtet wird, um einen Eingriff in Rechte der so beobachteten Passanten?[128] Kann das **Betreiben einer Facebook-Seite** oder ein **Twittern** durch die Polizei ein Eingriff sein?[129] Liegt ein Eingriff in einer sog. **Gefährderansprache**[130] bzw. einem sog. Gefährderanschreiben (→ Rn. 157)? Damit will die Polizei eine Person davon überzeugen, von einer Veranstaltung fernzubleiben, bei der es Ausschreitungen geben könnte. Der hohe Wert subjektiver Rechte des Einzelnen in unserer Rechtsordnung (z.B. des Grundrechts auf informationelle Selbstbestimmung, Art. 2 I GG i.V. mit Art. 1 I GG,

---

[127] Insoweit zutreffend VGH BW, NVwZ 1989, 279, 280.
[128] Verneinend z.B. VG Halle, LKV 2000, 164, 164; bejahend z.B. VGH BW, NVwZ 2004, 498, 500.
[129] Differenzierend *Herrmann*, VR 2016, 122, 124ff.; anschauliches Beispiel bei OVG NW, Urt. v. 17.9.2019 – 15 A 4753/18 – juris.
[130] *Hebeler*, NVwZ 2011, 1364.

B. Ermächtigungsgrundlagen und Handlungsinstrumente der Polizei 143

der Versammlungsfreiheit, Art. 8 GG, und des Grundrechts auf effektiven Rechtsschutz, Art. 19 IV GG) hat zwei Folgen: Erstens ist der **Eingriffsbegriff weit** zu verstehen. Eingriff ist jede hoheitliche Maßnahme, die ein subjektives öffentliches Recht einer Person schmälern kann. Ein Eingriff liegt also nicht erst dann vor, wenn die Polizei durch förmlichen Hoheitsakt ein Recht durch Befehl und Zwang beschränkt. Zweitens ist **im Zweifel** von einem **Eingriff** auszugehen. Die Polizei muss ihr Handeln dann auf eine gesetzliche Grundlage stützen können. Für polizeiliche Videoaufnahmen stellt § 21 III PolG eine besondere Ermächtigung bereit; für ein Gefährderanschreiben kann die polizeiliche Generalklausel (§§ 3, 1 PolG) Eingriffsgrundlage sein.[131]

Die Eingriffsgrundlagen des Polizeirechts sehen für die Polizei zum einen **Handlungsinstrumente** des allgemeinen Verwaltungsrechts vor: Einzelakte der Polizei können als Verwaltungsakt (typischerweise als sog. Polizeiverfügung, → Rn. 148 f.) oder Realakt (→ Rn. 150 f.) ergehen. Zum anderen gibt es spezielle polizeirechtliche Handlungsinstrumente für den Einzelfall, z.B. die Warnung (→ Rn. 156), die sog. Gefährderansprache (→ Rn. 157) und die sog. Unmittelbare Ausführung (→ Rn. 158 ff., 189). Wichtig ist, dass der Polizei darüber hinaus zur zwangsweisen Durchsetzung von Ge- und Verbotsverfügungen Zwangsmittel zur Verfügung stehen (vgl. §§ 49 ff. PolG und → Rn. 346). Genügen die Einzelakt-Instrumente nicht (z.B. weil ein Schaden für ein polizeiliches Schutzgut typischerweise immer wieder zu erwarten ist, sog. abstrakte Gefahr (→ Rn. 103)), kommt der Erlass von Rechtsnormen (Polizeiverordnungen → Rn. 359 ff.) in Betracht (vgl. §§ 10 ff. PolG). 146

Da im Rechtsstaat eine effektive Gefahrenabwehr gesichert sein muss, scheidet eine Verwirkung polizeilicher Eingriffsbefugnisse aus.[132] 146a

2. Handlungsinstrumente für einen Eingriff durch Einzelakt

Sehr oft greift die Polizei in ein Recht einer Person durch Einzelakt ein, z.B. durch einen Verwaltungsakt, durch einen Realakt oder durch eine andere Handlungsform (→ Rn. 146). Die Generalklausel der §§ 3, 1 PolG ermächtigt die Polizei, zur Wahrnehmung ihrer Aufgaben (vgl. § 1 PolG) „diejenigen Maßnahmen zu treffen, die ihr nach pflichtgemäßem Ermessen erforderlich erscheinen" (§ 3 PolG). Was „erforderliche Maßnahmen" sein können, wird vom Gesetzestext nicht weiter präzisiert, insbesondere nicht auf Ge- und Verbote in Gestalt eines Verwaltungsakts i. S. des § 35 S. 1 LVwVfG (sog. Polizeiverfügungen → Rn. 148 f.) beschränkt, sondern dem Ermessen der Polizei überlassen. Dies entspricht dem Zweck der polizeilichen Generalklausel: Sie soll die Polizei zur effektiven Gefahrenabwehr befähigen. Die (zu § 10 PolG abgrenzende) systematische Auslegung der §§ 3, 1 PolG ergibt allerdings, dass § 3 PolG nur zu Maßnahmen im Einzelfall ermächtigt. Denn Ge- und Verbote, die für eine unbestimmte Vielzahl von Fällen an eine unbestimmte Anzahl von Personen gerichtet sind (Polizeiverordnungen), werden von § 10 I PolG erfasst. Weiter erbringt eine (zu den §§ 49 ff. PolG abgrenzende) systematische Auslegung, dass Zwangsmittel zur Durchsetzung von ge- und verbietenden Verwaltungsakten („Polizeiverfügungen" → Rn. 148 f.) nicht auf die polizeiliche Generalklausel gestützt werden können. Zwangsmittel bedürfen vielmehr einer besonderen Ermächtigungsgrundlage, die sich aus den §§ 49 ff. PolG und dem Landesverwaltungsvollstreckungsgesetz ergibt (→ Rn. 347). 147

---

[131] Vgl. Nds. OVG, NJW 2006, 391, 393 f.; *Herberger*, VBlBW 2015, 445.
[132] Vgl. z.B. BVerwG, NVwZ 2008, 684, 685.

a) Die Polizeiverfügung und andere Verwaltungsakte i. S. des § 35 S. 1 LVwVfG

148 **Wichtigstes Handlungsinstrument** der Polizei im Einzelfall ist die **Polizeiverfügung:** ein Verwaltungsakt der Polizei, der ein Ge- oder Verbot (zu einem Handeln, Dulden oder Unterlassen) ausspricht. Unter den Voraussetzungen der §§ 49 ff. PolG ist eine solche Polizeiverfügung zwangsweise durchsetzbar (= vollstreckbar, sog. Polizeizwang → Rn. 345 ff.). Auch andere Verwaltungsakte kann die Polizei erlassen, z. B. ein Einschreiten ablehnen oder eine Erlaubnis erteilen.

b) Allgemeinverfügungen (§ 35 S. 2 LVwVfG)

149 Außer konkret-individuellen Verwaltungsakten i. S. des § 35 S. 1 LVwVfG kann die Polizei Allgemeinverfügungen i. S. des § 35 S. 2 LVwVfG erlassen. Auch eine Allgemeinverfügung ist eine Maßnahme in einem konkreten Einzelfall und Verwaltungsakt. Allerdings sind ihre Adressaten nicht sofort erkennbar individualisiert, sondern nach Merkmalen bezeichnet, die eine Individualisierung erlauben, insbesondere bei einer Allgemeinverfügung i. S. des § 35 S. 2, 1. Variante LVwVfG (z. B. die Bewohner des Hauses Hauptstraße 5 oder die im Saal gerade Anwesenden). Die **Abgrenzung zur Polizeiverordnung** wird **schwierig** bei Allgemeinverfügungen i. S. der 2. und 3. Variante des § 35 S. 2 LVwVfG (dingliche Verwaltungsakte und Benutzungsregelungen). Für die Abgrenzung zwischen einer Allgemeinverfügung der Polizei und einer Polizeiverordnung kommt es auf den Regelungsgegenstand an: Soll ein Einzelfall geregelt – im Polizeirecht also eine konkrete Gefahr (→ Rn. 104 ff.) bekämpft – werden, dann ist die Allgemeinverfügung statthaft. Will die Polizei eine abstrakte Vielzahl von Gefahrenfällen regeln, dann muss sie das zur Bekämpfung einer abstrakten Gefahr (→ Rn. 364) vorgesehene Instrument der Polizeiverordnung ergreifen (→ Rn. 204). Erschwert wird die Abgrenzung dadurch, dass die genaue Grenzziehung zwischen einer konkreten und einer abstrakten Gefahr umstritten ist (→ Rn. 102 f., 362 ff.).

c) Realakte

150 Realakte (auch tatsächliche Handlungen oder schlichtes Verwaltungshandeln genannt) sind Handlungen, die einen tatsächlichen Erfolg herbeiführen. Anders als ein Verwaltungsakt treffen sie **keine** rechtlich verbindliche **Regelung;** sie sind also keine Willenserklärungen, weil sie nicht darauf zielen, Rechte oder Pflichten zu begründen, aufzuheben, zu ändern, festzustellen oder zu gestalten. Zu den Realakten der Polizei zählen u. a. Kontrollgänge, Streifenfahrten, Ermittlungen und Handlungen, mit denen die Polizei ein geplantes Einschreiten vorbereitet. Auch eine sog. Unmittelbare Ausführung (→ Rn. 158), d. h. eine Handlung, mit der die Polizei eine Gefahr mit eigenen Mitteln beseitigt, wenn ein Störer nicht vorhanden oder nicht greifbar ist, ist ein Realakt (z. B. das Abstreuen einer Ölspur auf der Straße). Ebenfalls ein Realakt der Polizei ist die *tatsächliche Anwendung* eines (durch Verwaltungsakt festgesetzten) Zwangsmittels (→ Rn. 350). In der Praxis sind Realakte der Polizei sehr häufig; für die Polizeirechtswissenschaft werden sie in atypischen Fällen wichtig: Wenn ein Realakt fehlerhaft ist und deshalb einen Unterlassungs-, Beseitigungs- und/oder Staatshaftungsanspruch auslösen kann oder wenn mit ihm konkludent der Erlass eines (Duldungs-) Verwaltungsakts einhergeht, nämlich ein Gebot, den Realakt zu dulden (ein Polizist erschießt den bissigen Hund gegen den Willen des Eigentümers/Zustandsstörers).

151 Regelmäßig keine Realakte sind polizeiliche Standardmaßnahmen (→ Rn. 153 ff.), auch nicht das Festhalten einer Person, ihre Ingewahrsamnahme (→ Rn. 295), die Vorladung oder die erkennungsdienstliche Behandlung einer Person, die Durchsuchung

B. Ermächtigungsgrundlagen und Handlungsinstrumente der Polizei 145

einer Person oder einer Sache und die Sicherstellung einer Sache, sofern ein Adressat anwesend ist[133] (→ Rn. 300). Nur ausnahmsweise hat eine Standardmaßnahme den Charakter eines Realakts, z.B. die Durchsuchung einer Wohnung in Abwesenheit des Wohnungsinhabers, wenn ihm gegenüber ein Verwaltungsakt nicht bekannt gemacht werden kann, vgl. § 43 I LVwVfG (→ Rn. 304).

d) Besondere Erscheinungsformen polizeilichen Handelns

Besondere Erscheinungsformen polizeilichen Handelns sind Standardmaßnah- 152 men, Warnungen, Gefährderansprachen, die Unmittelbare Ausführung und die Ausübung von Zwangsmitteln (Polizeizwang). Standardmaßnahmen sind regelmäßig Verwaltungsakte (→ Rn. 154f.). Warnungen (→ Rn. 156) und Gefährderansprachen (→ Rn. 157) sind keine Polizeiverfügungen (Verwaltungsakte), weil sie kein Ge- oder Verbot aufstellen; sie enthalten keine Regelung i.S. des § 35 S. 1 LVwVfG. Sie sind auch keine gewöhnlichen Realakte. Mit ihnen will die Polizei zwar einen tatsächlichen Erfolg erzielen, nimmt dabei aber erkennbar in Kauf, dass Rechte des Betroffenen eingeschränkt werden. Die (besonders klausurträchtige) Unmittelbare Ausführung (→ Rn. 158ff., 189) ist der Sonderfall eines Realakts. Sie tritt an die Stelle einer Polizeiverfügung und deren Ausführung durch den Pflichtigen, weil ein Störer nicht vorhanden oder nicht erreichbar ist. Bei der Ausübung von Polizeizwang (→ Rn. 345ff.) können Verwaltungsakte (Androhung, Festsetzung) und Realakt (Vornahme einer Handlung, Einsatz körperlicher Gewalt) aufeinander folgen.

aa) Standardmaßnahmen

„Standardmaßnahmen" sind **bestimmte polizeitypische Eingriffe,** die in der 153 Praxis oft vorkommen. Sie sollen eine effektive Gefahrenabwehr ermöglichen und können auf die Individualsphäre besonders intensiv einwirken. Für Standardmaßnahmen enthält das Polizeigesetz spezielle Eingriffsermächtigungen (→ Rn. 179, 281ff.).

Ihrer **Rechtsnatur** nach sind Standardmaßnahmen nach richtiger Ansicht i.d.R. 154 Verwaltungsakte, nicht Realakte.[134] Sie enthalten eine Anordnung und lösen Duldungs- und Mitwirkungspflichten des Adressaten aus. Standardmaßnahmen sind auch kein sog. Polizeizwang. Wenn der Betroffene die Standardmaßnahme nicht freiwillig befolgt, kann dieser Verwaltungsakt (als sog. Grundverfügung) durch Polizeizwang vollstreckt werden, der den entgegenstehenden Willen des Adressaten bricht und dazu einer zusätzlichen Ermächtigungsgrundlage bedarf.[135] Die Gegenansicht, die Standardermächtigungen für leges speciales gegenüber den Vorschriften über den Polizeizwang hält, verkennt, dass zum Schutz der Gewaltunterworfenen polizeiliche Gewaltanwendung nur kraft gesonderter Zwangsmittelermächtigung (§§ 49ff. PolG) statthaft ist (→ Rn. 347). § 27 III PolG, der die Anwendbarkeit der §§ 49ff. PolG beschränkt, bestätigt diese Sicht (→ Rn. 190, 290).

Setzt eine Standardmaßnahme nicht voraus, dass ein Adressat anwesend ist (z.B. bei 155 der Sicherstellung oder Durchsuchung einer Sache) und ist auch keiner anwesend, ist sie Realakt. Ihr Erscheinungsbild entspricht dann der Unmittelbaren Ausführung (→ Rn. 159, 189) einer polizeilichen Maßnahme. Abzulehnen ist aber die Ansicht, als Grundlage von Realakten verdrängten alle Standardermächtigungen stets die Voraussetzungen der Unmittelbaren Ausführung nach § 8 I PolG (→ Rn. 189).

---

[133] *Drews/Wacke/Vogel/Martens*, Gefahrenabwehr, S. 216f.
[134] Z.B. *Götz/Geis*, Allg.POR, § 12 Rn. 9ff.; *Möstl*, Jura 2011, 840, 848.
[135] Wie hier *W.-R. Schenke*, POR, Rn. 116.

bb) Warnungen

156 „Warnung" ist der Hinweis auf einen Nachteil, meist auf eine Gefahr, und enthält regelmäßig drei Elemente: eine Information (in Form einer Tatsachenbehauptung), ein Werturteil (in Form einer Meinungsäußerung) und eine Aufforderung (in Form eines Appells). Warnungen der Bevölkerung vor Gefahren sind für die Gewarnten keine Belastung, sondern eine Leistung der Polizei. Folgerichtig darf die Polizei grundsätzlich im Rahmen ihrer Aufgaben (§ 1 PolG) warnen, ohne dass es dafür ergänzend des § 3 PolG als Befugnisnorm bedarf. Ausnahmsweise kann für solche Warnungen anderes gelten, mit denen die Polizei vor dem Verhalten oder der Ware einer bestimmten Person warnt. Eine solche Warnung kann gegenüber demjenigen, vor dem gewarnt wird, ein Grundrechtseingriff sein und bedarf dann einer gesetzlichen Ermächtigung. Diese kann in einer spezialgesetzlichen Ermächtigungsgrundlage liegen oder in der polizeilichen Generalklausel der §§ 3, 1 PolG. Ein Unterfall der Warnung ist die sog. **Gefährdetenansprache;** durch sie warnt die Polizei z.B. Gesprächspartnerinnen eines aus der Haft entlassenen Sexualstraftäters.[136] Die Gefährdetenansprache ist zu unterscheiden von der Gefährderansprache (→ Rn. 157).

156a Vertiefungshinweise: Aufsätze zu Warnungen: *Goldmann*, Eine Frage der Inkompetenz: Polizeiliche Warnungen vor Sexualstraftätern, KJ 2009, 282 ff.; *Herrmann*, Gefahrenabwehr durch Öffentlichkeitsarbeit in den sozialen Netzwerken Facebook und Twitter – Rechtliche Möglichkeiten und Grenzen der Polizei Baden-Württemberg, VR 2016, 122 ff.; *Haussühl*, Die staatliche Warnung im System des Öffentlichen Rechts, VBlBW 1998, 90 ff.; *Ibler*, Grundrechtseingriff und Gesetzesvorbehalt bei Warnungen durch Bundesorgane, in: FS Maurer, 2001, S. 145 ff.; *Milker*, Die Polizei auf Twitter – Brauchen wir ein Social-Media-Gesetz für staatliche Stellen?, NVwZ 2018, 1751 ff.

cc) Gefährderansprache

157 Mit einer Gefährderansprache (auch in Form eines Gefährderanschreibens[137]) empfiehlt die Polizei einer Person bzw. legt ihr nahe, sich von einer bestimmten Aktion (z.B. einem Fußballspiel, einer Facebook-Party[138] oder einer Demonstration) fernzuhalten, weil sie andernfalls zum Adressaten präventiver oder strafprozessualer Maßnahmen werden könne.[139] Hier liegt mangels Regelung i.S. des § 35 S. 1 LVwVfG kein Verwaltungsakt vor, denn die Polizei spricht gerade keinen Befehl aus, setzt also keine verbindliche Rechtsfolge.[140] Es geht aber auch nicht nur um einen unverbindlichen Ratschlag oder einen Hinweis auf die Rechtslage. Die Polizei will erkennbar die Entscheidungsfreiheit des Adressaten beeinflussen, ob dieser seine Grundrechte, etwa aus Art. 5 und 8 oder 2 I GG, ausüben soll. Diese Belastung ist ein Grundrechtseingriff, der einer gesetzlichen Ermächtigungsgrundlage, einer Befugnisnorm, bedarf (→ Rn. 145). In Betracht kommt die polizeiliche Generalklausel der §§ 3, 1 PolG[141] (auch im Vorfeld einer Versammlung).

157a Vertiefungshinweise: Aufsätze zur Gefährderansprache: *Arzt*, Gefährderansprache und Meldeauflage bei Sport-Großereignissen, Die Polizei 2006, 156 ff.; *Barczak*, Polizeiliche Vorfeldmaßnahmen gegen Fußballhooligans und gewaltbereite Ultragruppierungen, Jura 2014, 888 ff.; *Hebeler*, Die Gefährderansprache, NVwZ 2011, 1364 ff.; *Herberger*, Öffentlich-rechtliche Probleme

---

[136] Vgl. z.B. BVerfG, DVBl. 2013, 169, 170.
[137] Dazu z.B. Nds. OVG, NJW 2006, 391.
[138] *Herberger*, VBlBW 2015, 445, 447.
[139] *Barczak*, Jura 2014, 888, 890 ff.
[140] VGH BW, VBlBW 2018, 316.
[141] VGH BW, VBlBW 2018, 316.

B. Ermächtigungsgrundlagen und Handlungsinstrumente der Polizei   147

von Facebook-Partys, VBlBW 2015, 445 ff.; *Kießling*, Die dogmatische Einordnung der polizeilichen Gefährderansprache in das allgemeine Polizeirecht, DVBl. 2012, 1210 ff.; *Kreuter-Kirchhof*, Die polizeiliche Gefährderansprache, AöR 139 (2014), 257 ff.; *Siegel*, Hooligans im Verwaltungsrecht – Stadionverbote und andere polizeirechtliche Maßnahmen zur Eindämmung von Gewalt in Fußballstadien, NJW 2013, 1035 ff.

Rechtsprechung: Nds. OVG, NJW 2006, 391 ff. – Gefährderanschreiben; VGH BW, VBlBW 2018, 316 ff. – Gefährderansprache.

dd) Unmittelbare Ausführung

Mit dem Handlungsinstrument der sog. Unmittelbaren Ausführung bekämpft die **158** Polizei eine konkrete Gefahr selbst oder mit Hilfe von Dritten, die sie (z. B. aufgrund eines Werkvertrags) einschaltet. „Unmittelbar" heißt: ohne vorausgehenden belastenden Verwaltungsakt.[142] „Unmittelbar ausführen" darf die Polizei nur, wenn weder ein Handlungs- noch ein Zustandsstörer, der durch Polizeiverfügung zur Gefahrenabwehr verpflichtet werden könnte, rechtzeitig erreichbar ist. Dazu zählen auch Fälle, in denen ein Störer eine Polizeiverfügung (z. B. wegen Trunkenheit) nicht verstehen oder nicht befolgen kann. Die erforderliche Ermächtigungsgrundlage für die Unmittelbare Ausführung folgt regelmäßig aus den §§ 3, 1 PolG i. V. mit § 8 I PolG (→ Rn. 195). Die Unmittelbare Ausführung nach § 8 I 1 PolG ist ein Sonderfall des Realakts (→ Rn. 150), kein Verwaltungsakt (heute h. M.). Es fehlt an einer Regelung i. S. des § 35 S. 1 LVwVfG, d. h. an einer auf rechtliche Bindung des Adressaten zielenden und diesem zugehenden Willenserklärung der Polizei. Folglich entsteht mangels Bekanntgabe auch kein wirksamer Verwaltungsakt (vgl. § 43 I LVwVfG). Eine Unmittelbare Ausführung scheidet aus, wenn ein erreichbarer Störer zwar handeln kann, aber nicht will. In einem solchen Fall kann gegen den Störer eine Polizeiverfügung ergehen, die erforderlichenfalls zwangsweise vollstreckt werden kann (→ Rn. 160).

Keine Unmittelbare Ausführung i. S. des § 8 I 1 PolG sind in der Regel die sog. **159** Standardmaßnahmen der Polizei, denn sie sind regelmäßig Verwaltungsakte (→ Rn. 154, 190). Nur wenn eine Standardmaßnahme ausnahmsweise auch zulässig ist, ohne dass ein Verwaltungsakt gegen den Verantwortlichen ergehen kann (z. B. bei der Sicherstellung einer aufgefundenen Sache oder bei der Durchsuchung einer Wohnung in Abwesenheit des Wohnungsinhabers), ähnelt der dann vorliegende Realakt in seiner äußeren Erscheinung der Unmittelbaren Ausführung.[143] Ob die Voraussetzungen des § 8 I 1 PolG in einem solchen Ausnahmefall eingehalten werden müssen, ist für jede Standardermächtigung durch Auslegung zu ermitteln (→ Rn. 189).

Auch das Anwenden von Zwangsmitteln durch die Polizei (→ Rn. 345) ist keine **160** Unmittelbare Ausführung. Diese ist kein Institut des Polizeizwangs und deshalb nicht in den §§ 49 ff. PolG, sondern in § 8 PolG geregelt. Zwangsmittel sollen einen Verwaltungsakt (eine Polizeiverfügung) zwangsweise durchsetzen. Die Unmittelbare Ausführung ist nur einsetzbar, wenn eine Polizeiverfügung nicht ergehen (nicht wirksam werden) kann, weil ein nach den §§ 6 oder 7 PolG Polizeipflichtiger nicht existiert, nicht rechtzeitig erreichbar ist oder einen Verwaltungsakt (z. B. wegen Trunkenheit) nicht verstehen kann. Die Unmittelbare Ausführung ist statthaft, wenn und weil der Polizeipflichtige nicht handeln kann, Polizeizwang darf angewendet werden, wenn der Polizeipflichtige zwar handeln kann, aber nicht handeln will. Dies ist zwar umstritten, folgt aber aus dem Beugezweck der Zwangsmittel (→ Rn. 162, 345): Kann der Polizeipflichtige nicht handeln, wäre jede Beugemaßnahme sinnlos. Ohne Verwaltungsakt

---

[142] *Stephan*, VBlBW 1985, 121, 123.
[143] Vgl. *Drews/Wacke/Vogel/Martens*, Gefahrenabwehr, S. 217.

kommt nur die Unmittelbare Ausführung einer Maßnahme nach § 8 PolG in Betracht. Ist eine Polizeiverfügung zwar gegenüber dem Pflichtigen wirksam geworden, kann er sie aber nicht (mehr) befolgen, selbst wenn er dies gewollt hätte (z. B. weil er bewusstlos geworden ist), so scheidet ein Zwangsmitteleinsatz ebenfalls aus. Dann bleibt der Polizei nur übrig, ihr Handlungsinstrument zu wechseln und im Wege Unmittelbarer Ausführung zu handeln.

160a Gelegentlich setzt die Polizei bei der Unmittelbaren Ausführung Gewalt gegen Sachen ein.

> **Beispiel:** Aus einer Garage dringt Rauch. Polizist P kann den Eigentümer nicht erreichen und bricht das Garagentor auf.

Diese Erscheinungsform der Unmittelbaren Ausführung ist vom Zwangsmittel unmittelbarer Zwang zu unterscheiden. Für die Unmittelbare Ausführung genügen die §§ 3, 1 i. V. mit § 8 PolG als Ermächtigung, und zwar auch in der besonderen Variante mit Gewalteinsatz gegen Sachen. Denn Gewalt gegen Sachen, die *nicht dazu dient, den Willen einer Person zu beugen*, erreicht nicht die Eingriffsintensität des unmittelbaren Zwangs (→ Rn. 162). Nur solche Gewalt gegen Sachen, die den Willen einer Person brechen soll, ist unmittelbarer Zwang i. S. des § 50 I PolG (Schuss auf den Autoreifen, um den Fahrer zum Anhalten zu zwingen). Unmittelbarer Zwang (§§ 50 ff. PolG) soll einen vorangegangenen Verwaltungsakt der Polizei gewaltsam durchsetzen und richtet sich dazu gegen eine Person, die diesen Verwaltungsakt nicht befolgen will, um durch „Einwirkung auf Personen oder Sachen" (§ 50 PolG) diesen entgegenstehenden Willen zu brechen.

160b Keine Unmittelbare Ausführung, sondern die Anwendung des Zwangsmittels unmittelbarer Zwang liegt vor, wenn die Polizei Gewalt gegen geschäftsunfähige oder beschränkt geschäftsfähige Personen einsetzt.

> **Beispiel:** Ein Polizeibeamter bemerkt, dass ein Zehnjähriger mit dem Auto seiner Eltern wegfahren will. Er befiehlt ihm, den Autoschlüssel herauszugeben. Als der Junge sich weigert, entreißt der Polizist ihm den Schlüssel.

Verursacht ein Geschäftsunfähiger oder nur beschränkt Geschäftsfähiger eine Gefahr, ist er selbst nach § 6 I PolG polizeilich verantwortlich. Ihm gegenüber darf und kann eine Polizeiverfügung erlassen werden (also nicht nur gegen den Betreuer bzw. Sorgeberechtigten, vgl. § 6 II PolG),[144] wenn er sie im Einzelfall verstehen kann, und kann erforderlichenfalls durch das Zwangsmittel unmittelbarer Zwang gewaltsam durchgesetzt werden, §§ 49 II, 52 PolG. Dem steht § 12 I Nr. 1 und 2 LVwVfG (Unfähigkeit, im Verwaltungsverfahren Verfahrenshandlungen vorzunehmen) nicht entgegen.[145] Andernfalls könnte die Gefahr nicht effektiv, d. h. notfalls durch Zwangsmittel, bekämpft werden – oder der Geschäftsunfähige bzw. beschränkt Geschäftsfähige wäre weniger geschützt, denn oft genügt schon eine Polizeiverfügung zur Gefahrenabwehr, ohne dass es unmittelbaren Zwangs bedarf. Auch ein Verwaltungsakt gegen einen Zusatzverantwortlichen (§ 6 II PolG) bekämpft hier die Gefahr regelmäßig nicht schnell und effektiv genug, zumal wenn vom Geschäftsunfähigen oder beschränkt Geschäftsfähigen eine unvertretbare Handlung verlangt wird.

---

[144] *Stephan/Deger*, PolG BW, § 6 Rn. 15 („selbstverständlich").
[145] *Belz/Mußmann/Kahlert/Sander*, PolG BW, § 3 Rn. 13 und § 6 Rn. 4; *Würtenberger/Heckmann/Tanneberger*, PolR BW, § 5 Rn. 289; a. A. *W.-R. Schenke*, JuS 2016, 507 ff.

B. Ermächtigungsgrundlagen und Handlungsinstrumente der Polizei 149

Beim **Abschleppenlassen von Fahrzeugen** durch die Polizei muss unterschieden **161** werden: Geht dem Abschleppen ein Verwaltungsakt voraus, der dem Adressaten das Wegfahren gebietet (wichtigster Fall: Verkehrszeichen, das ein Halteverbot ausspricht), ist das Abschleppen die zwangsweise Durchsetzung dieses (Grund-)Verwaltungsakts (→ Rn. 348) durch Ersatzvornahme (mit der Kostenfolge der §§ 49 I PolG, §§ 25, 31 LVwVG → Rn. 346, 399 f.). Dagegen ist das Abschleppen eines Kraftfahrzeugs aus einer durch Rechtsnorm (§ 12 StVO) angeordneten Halteverbotszone (z. B. scharfe Kurven, Bahnübergänge, Feuerwehrzufahrten, Grundstücksausfahrten, 5m vor und hinter Kreuzungen und Einmündungen) mangels vollstreckbaren Verwaltungsakts keine Ersatzvornahme, sondern eine Unmittelbare Ausführung (mit der Kostenfolge des § 8 II PolG → Rn. 400).

Die **Rechtmäßigkeitsvoraussetzungen einer Unmittelbaren Ausführung** er- **161a** geben sich durch systematische Auslegung des § 8 I PolG i.V. mit der polizeilichen Generalklausel (oder ggf. einer gegenüber der Generalklausel spezielleren Norm). Die Formulierung „wenn der polizeiliche Zweck" in § 8 I 1 PolG ist ein Verweis auf § 1 PolG; mit den Worten „durch Maßnahmen" verweist § 8 I 1 PolG auf § 3 PolG (bzw. auf etwaige speziellere Normen), und mit „gegen die in den §§ 6 und 7 bezeichneten Personen" verweist § 8 I 1 PolG auf die §§ 6, 7 PolG. Dass die in § 3 PolG bezeichnete Maßnahme verhältnismäßig sein muss, folgt aus § 5 PolG; dass sie ermessensfehlerfrei sein muss, aus § 3 a.E. PolG. Diese Voraussetzungen fasst man üblicherweise unter **„Rechtmäßigkeit einer hypothetischen Polizeiverfügung"** zusammen. Als „hypothetisch" bezeichnet man sie, weil dem potentiellen Polizeipflichtigen diese Verfügung nicht bekannt gegeben werden konnte und sie deshalb nicht wirksam werden konnte (vgl. § 43 I LVwVfG). Darüber hinaus zeigt § 8 I PolG durch die Formulierung „ist nur zulässig", dass auch die Unmittelbare Ausführung im polizeilichen Ermessen steht. Also muss nicht nur die hypothetische Polizeiverfügung ermessensfehlerfrei sein, sondern auch die Unmittelbare Ausführung selbst. Für die Rechtmäßigkeitsprüfung der Unmittelbaren Ausführung ergeben sich somit die nachstehenden Prüfungsvoraussetzungen:

Prüfungsschema **161b**
Rechtmäßigkeit einer Unmittelbaren Ausführung

I. Ermächtigungsgrundlage für Unmittelbare Ausführung[146]
  1. Begriffsbestimmung „Unmittelbare Ausführung": Gefahrenabwehr durch Realakt im Einzelfall ohne vorherige Polizeiverfügung[147]
  2. Spezielle Ermächtigungsgrundlage, ggf. i.V. mit § 8 I PolG für Unmittelbare Ausführung? (maßgeblich Gesetzesauslegung[148])
  3. §§ 3, 1 i.V. mit § 8 I PolG (§ 3 I PolG: „Maßnahmen …, die … erforderlich erscheinen" durch § 8 I PolG: „unmittelbare Ausführung")[149]

---

[146] Zu ermitteln danach, ob Rechtsfolge einer Norm „passt" – ob also die von der Polizei ergriffene Maßnahme eine Konkretisierung dieser Rechtsfolge sein kann.
[147] Ergibt sich durch systematische Auslegung z. B. der §§ 3, 1, 8 PolG, vgl. auch → Rn. 158.
[148] Maßgeblich ist die Gesetzesauslegung: Wird die polizeiliche Generalklausel durch ein Spezialgesetz oder eine Standardermächtigung verdrängt, ist durch deren weitere Auslegung zu ermitteln, ob die spezielle Regelung selbst zur unmittelbaren Ausführung ermächtigt oder ob ergänzend auf § 8 I PolG zurückgegriffen werden darf.
[149] § 8 I PolG für sich allein ist keine Ermächtigungsgrundlage, sondern modifiziert teilweise die polizeiliche Generalklausel (→ Rn. 195).

II. Formelle Rechtmäßigkeit der Unmittelbaren Ausführung
  1. Zuständigkeit (nur „die Polizei", § 8 I 1 PolG)
  2. Verfahren
     Beachte: Unterrichtung des Betroffenen gem. § 8 I 2 PolG ist keine Rechtmäßigkeitsvoraussetzung der Unmittelbaren Ausführung[150]
  3. Form (formfreier Realakt)
III. Materielle Rechtmäßigkeit der Unmittelbaren Ausführung
  1. Vorliegen einer Unmittelbaren Ausführung
     a) Realakt der Polizei
     b) Kein vorangehender Verwaltungsakt (keine Polizeiverfügung)
  2. Rechtmäßigkeit einer hypothetischen Polizeiverfügung[151]
     a) Ermächtigungsgrundlage für eine hypothetische Polizeiverfügung
     b) Formelle Rechtmäßigkeit der hypothetischen Polizeiverfügung
        aa) Zuständigkeit
        bb) Verfahren und Form (können hypothetisch eingehalten werden)
     c) Materielle Rechtmäßigkeit der hypothetischen Polizeiverfügung
        aa) Tatbestandsvoraussetzungen
           (1) Öffentliche Sicherheit
              (a) Begriffsbestimmung (durch Auslegung), die die anerkannten drei Teilschutzgüter der öffentlichen Sicherheit[152] benennt
              (b) Subsumtion
              (c) Bei Verstoß ausschließlich gegen Privatrecht(snorm) zusätzlich Voraussetzungen des § 2 II PolG
           (2) (Öffentliche) Ordnung
              (a) Begriffsbestimmung (durch Auslegung) und knappe Prüfung auf Vereinbarkeit mit rechtsstaatlichem Bestimmtheitsgebot
              (b) Subsumtion
           (3) Störung[153]
              (a) Begriffsbestimmung (durch Auslegung)
              (b) Subsumtion
           (4) Gefahr
              (a) Begriffsbestimmung[154] (durch Auslegung)
                 (aa) Schaden
                    (i) Begriffsbestimmung (durch Auslegung)
                    (ii) Subsumtion
                 (bb) Hinreichende Wahrscheinlichkeit (Prognose)[155]
                    (i) Begriffsbestimmung (durch Auslegung)
                    (ii) Subsumtion
              (b) Konkretheit der Gefahr
                 (aa) Begriffsbestimmung[156] (durch Auslegung)
                 (bb) Subsumtion

---

[150] *Belz/Mußmann/Kahlert/Sander*, PolG BW, § 8 Rn. 14.
[151] → Rn. 161a.
[152] → Rn. 67 ff.
[153] → Rn. 88 f.
[154] → Rn. 83.
[155] → Rn. 87 ff.
[156] → Rn. 104, 201 ff.

B. Ermächtigungsgrundlagen und Handlungsinstrumente der Polizei

> 3. Polizeipflichtigkeit desjenigen, in dessen Rechte der Realakt der Unmittelbaren Ausführung eingreift
> 4. Gefahrenabwehr durch Polizeiverfügung gegen den nach § 6 oder § 7 PolG[157] Verantwortlichen nicht (rechtzeitig) möglich[158]
> 5. Verhältnismäßigkeit der unmittelbaren Ausführung (§ 5 PolG, Art. 20 III GG)
> 6. Ermessensfehlerfreiheit

Ein besonderer Fall unmittelbarer Ausführung liegt vor, wenn die Polizei bei einer **161c** konkreten Gefahr weder einen nach § 6 oder § 7 PolG verantwortlichen Störer in Anspruch nehmen kann noch die Gefahr durch eigene Mittel beseitigen, und ein Nichtstörer, der über ein taugliches Abwehrmittel verfügt, nicht rechtzeitig erreichbar ist. Dann kann die Polizei gegen diesen Nichtstörer (§ 9 PolG) zwar keine Polizeiverfügung nach §§ 3, 1 PolG erlassen (keine Bekanntgabe möglich, vgl. § 43 I LVwVfG). Sie darf aber, obwohl dieser Fall weder in § 8 I PolG noch in einer speziellen Ermächtigung zur Unmittelbaren Ausführung genannt wird, auch hier im Wege unmittelbarer Ausführung vorgehen und das Abwehrmittel in Anspruch nehmen.

Lehrbuchbeispiel[159]: Nach einem Sturm blockiert ein umgestürzter Baum die Straße. Es gelingt der Polizei nicht, diesen selbst oder durch einen beauftragten Dritten beiseiteschaffen zu lassen. Deshalb greift sie auf einen zufällig auf dem Feld stehenden Traktor eines abwesenden Bauern zu.

Vertiefungshinweise: Aufsätze zur Unmittelbaren Ausführung: *Fischer*, Das polizeiliche Abschleppen von Kraftfahrzeugen, JuS 2002, 446 ff.; *Gaul*, Die Rechtsgrundlage für das Abschleppen von Kraftfahrzeugen, VBlBW 1996, 1 ff.; *Hartmann*, Aufgebrochen und abgeschleppt, VBlBW 2012, 279 und 321 ff. (Falllösung); *Huttner*, Das Abschleppen rechtswidrig abgestellter Fahrzeuge auf Privatgrundstücken, BWGZ 1997, 486 ff.; *Kästner*, Unmittelbare Maßnahmen der Gefahrenabwehr, JuS 1994, 361 ff.; *Kugelmann*, Unmittelbare Ausführung von Maßnahmen und sofortige Anwendung von Verwaltungszwang durch die Polizei, DÖV 1997, 153 ff.; *Michaelis*, Das Abschleppen von Kraftfahrzeugen, Jura 2003, 298 ff.; *Pietzner*, Unmittelbare Ausführung als fiktiver Verwaltungsakt, VerwArch 81 (1991), 291 ff.; *Sadler*, Unmittelbare Ausführung einer Maßnahme durch sofortigen Vollzug, DVBl. 2009, 292 ff.; *W.-R. Schenke*, Die polizeiliche Inanspruchnahme nicht geschäftsfähiger Störer, JuS 2016, 507 ff. **161d**

Rechtsprechung: VG Karlsruhe, Urt. v. 21.4.2017 – 2 K 4554/15 – juris – Verbringen eines umherstreunenden Hundes in Tierheim.

ee) Zwangsmittel

Eine Gefahr für die öffentliche Sicherheit oder Ordnung kann häufig nur dann ef- **162** fektiv bekämpft werden, wenn die Polizei ihre hierzu erlassene Ge- oder Verbotsverfügung auch gegen den Willen des Adressaten, d. h. zwangsweise, durchsetzt. Zwangsmittel sollen einen entgegenstehenden Willen des Adressaten der Polizeiverfügung brechen, sog. **Beugezweck** der Zwangsmittel. Die Möglichkeit des Polizeizwangs verstärkt die Wirkkraft des Polizeirechts.[160] Andererseits belastet die zwangsweise Durchsetzung einer Polizeiverfügung deren Adressaten über das bloße Ge- oder Verbot hin-

---

[157] Gegenüber der Inanspruchnahme eines Nichtstörers ist die Unmittelbare Ausführung dagegen grds. vorrangig, außer wenn die eigenen Mittel der Polizei nicht ausreichen, § 9 I PolG; dazu Belz/Mußmann/Kahlert/Sander, PolG BW, § 9 Rn. 6.
[158] Zu einem Sonderfall siehe → Rn. 161b.
[159] Nach *Würtenberger/Heckmann/Tanneberger*, PolR BW, § 8 Rn. 60.
[160] *Würtenberger/Heckmann/Tanneberger*, PolR BW, § 8 Rn. 3.

aus. Das zwangsweise Beugen seines entgegenstehenden Willens greift besonders stark in das Persönlichkeitsrecht des Adressaten ein. Die Rechtsordnung sieht deshalb für die Zwangsmittel „Zwangsgeld", „Zwangshaft", „Ersatzvornahme" und „unmittelbarer Zwang" besondere Ermächtigungsgrundlagen vor (→ Rn. 347, 353). Für die Voraussetzungen der Zwangsmittel Zwangsgeld, Zwangshaft und Ersatzvornahme verweist § 49 I PolG auf die Vorschriften des Landesverwaltungsvollstreckungsgesetzes. Das Zwangsmittel des unmittelbaren Zwangs wird in den §§ 50 ff. PolG selbst ausführlich geregelt; insbesondere regeln die §§ 53 ff. PolG die Unterfälle des Gebrauchs von Schusswaffen und Explosivmitteln. Bei der Rechtsnatur einzelner Zwangsmittel ist zu unterscheiden (→ Rn. 350). Androhung und Festsetzung des Zwangsmittels sind Verwaltungsakte; die tatsächliche Vollstreckung wird meist als Realakt qualifiziert,[161] gelegentlich auch als (Duldungs-)Verwaltungsakt.[162] Die Zwangsmittel sind zudem von solchen Standardmaßnahmen abzugrenzen, die, wie die Wohnungsdurchsuchung, im Ergebnis einen ähnlichen Zwang auf den Betroffenen ausüben. Anders als Zwangsmittel bezwecken Standardmaßnahmen keine Beugung eines entgegenstehenden Willens des Betroffenen. Muss zur Durchführung einer Standardmaßnahme einmal ein entgegenstehender Wille des Pflichtigen gebrochen werden, bildet der Verwaltungsakt der Standardmaßnahme die zur Zwangsanwendung nötige Grundverfügung (→ Rn. 190). Zur Abgrenzung des Polizeizwangs von der sog. Unmittelbaren Ausführung → Rn. 160.

162a **Vertiefungshinweise:** Aufsätze zu den Zwangsmitteln der Polizei s. u. E (Rn. 353d).

3. Eingriff durch Rechtsnorm

163 Die Polizei kann nicht nur durch Einzelakt Rechte einer Person beschränken, sondern auch für eine Vielzahl von Fällen Ge- und Verbote aussprechen, die an eine unbestimmte Anzahl von Personen gerichtet sind. Dafür sieht das PolG das Instrument der Polizeiverordnung (→ Rn. 359 ff.), d. h. eine Rechtsverordnung, vor. Eine Polizeiverordnung enthält Gebote oder Verbote für jeden, den es angeht, und sie bekämpft eine „abstrakte Gefahr" (→ Rn. 103, 375). Die nach Art. 61 I LV erforderliche gesetzliche Verordnungsermächtigung enthält § 10 I PolG.

II. Begriff der Ermächtigungsgrundlage

164 Ermächtigungsgrundlage (auch Eingriffsermächtigung, Eingriffsgrundlage, Befugnisnorm genannt) heißt eine Rechtsnorm, deren Rechtsfolge der zuständigen Behörde den von ihr beabsichtigten oder getätigten Eingriff in ein Recht einer Person erlaubt, sofern die Tatbestandsvoraussetzungen dieser Norm erfüllt sind. Mit dem Erfordernis einer Ermächtigungsgrundlage für Eingriffe wird dem Rechtsstaatsprinzip, insbesondere dem Vorbehalt des Gesetzes, genügt (Art. 20 III GG → Rn. 37).

165 Keine Ermächtigungsgrundlage ist die bloße Aufgabenzuweisungsnorm des § 1 PolG. Erst durch § 3 PolG erhält die polizeiliche Generalklausel für **Polizeiverfügungen** und andere Einzelakte (z. B. Gefährderansprache → Rn. 157) den Charakter einer Befugnisnorm: **§ 3 i. V. mit § 1 I PolG** (→ Rn. 199). Erst durch § 10 I PolG erhält die polizeiliche Generalklausel für **Polizeiverordnungen** den Charakter einer Befugnisnorm: **§ 10 i. V. mit § 1 PolG** (→ Rn. 374).

---

[161] Z. B. *Würtenberger/Heckmann/Tanneberger*, PolR BW, § 8 Rn. 33 f.
[162] *Drews/Wacke/Vogel/Martens*, Gefahrenabwehr, S. 530 f.

B. Ermächtigungsgrundlagen und Handlungsinstrumente der Polizei   153

Die Ermächtigungsgrundlage für eine **„Unmittelbare Ausführung"** (→ Rn. 195) 166
bilden die **§§ 3, 1 i. V. mit § 8 PolG.**

Keine eigenständigen Eingriffsgrundlagen, sondern bloße Adressatenregelungen[163], 167
sind die Vorschriften über die polizeirechtliche Verantwortlichkeit von Handlungs-,
Zustands- und Nichtstörern (§§ 6, 7, 9 PolG → Rn. 209 ff., 215 ff., 250 f.).

1. Das Auffinden der einschlägigen Ermächtigungsgrundlage

Ob eine Norm als Ermächtigung für eine belastende Maßnahme (einen Rechtsein- 168
griff) der Polizei in Betracht kommt, lässt regelmäßig die **Rechtsfolgenseite der
Norm** erkennen. Dazu ist der genaue Inhalt der Rechtsfolge durch Gesetzesauslegung
zu ermitteln. Erfasst die Rechtsfolgenseite den von der Polizei erstrebten Eingriff,
kommt die Norm als Ermächtigungsgrundlage in Betracht. Erst dann ist zu prüfen, ob
sie höherrangigem Recht genügt (→ Rn. 172) und ob ihre Tatbestandsmerkmale im
konkreten Fall erfüllt sind.

Beachte: Zu erkennen, auf welche Ermächtigungsgrundlage sich die Polizei in einem kon- 169
kreten Fall stützen darf, ist eine Schlüsselaufgabe des Rechtsanwenders und kann bei der
Fallprüfung an verschiedenen Stellen wichtig werden:

(1) Für die **Zulässigkeit** einer Klage gegen einen polizeilichen Eingriff ist 170
   (a) der **Verwaltungsrechtsweg** eröffnet, wenn es sich um eine **öffentlich-rechtliche
       Streitigkeit** i. S. des § 40 I VwGO handelt. Dann muss die **voraussichtlich streit-
       entscheidende Norm** zum öffentlichen Recht gehören. Voraussichtlich streitent-
       scheidend in einem Fall, in dem eine Polizeimaßnahme einen Bürger belastet, ist die
       in Betracht kommende **Ermächtigungsgrundlage.**
   (b) die **Klagebefugnis** (nach der „Möglichkeitstheorie") zu bejahen, wenn die Polizei-
       maßnahme den Kläger möglicherweise in einem seiner subjektiven öffentlichen
       Rechte verletzt. Ein solches Recht kann aus einer Norm folgen, deren Auslegung
       ergibt, dass sie nicht nur im Allgemeininteresse, sondern auch im Interesse bestimm-
       ter, von der Allgemeinheit unterscheidbarer Personen geschaffen wurde (sog. Schutz-
       normlehre); dies kann auch einmal die Ermächtigungsgrundlage selbst sein. – Unab-
       hängig davon ist der Adressat eines belastenden Verwaltungsakts stets klagebefugt
       („Adressatentheorie").

(2) Ist die **Begründetheit** einer verwaltungsgerichtlichen Klage zu prüfen, kommt es darauf 171
   an, ob die Polizeimaßnahme rechtswidrig ist und den Kläger in seinen Rechten verletzt
   (für Maßnahmen der Polizei mit Verwaltungsaktcharakter vgl. § 113 I 1 VwGO).
   Rechtswidrig ist die belastende Maßnahme insbesondere dann, wenn die Polizei sie
   nicht auf eine Ermächtigungsgrundlage stützen kann. Außerdem richtet sich nach der
   Ermächtigungsgrundlage, welche Tatbestandsvoraussetzungen erfüllt sein müssen, und
   auch die Ermessensprüfung hat sich am Zweck der Ermächtigungsgrundlage auszurich-
   ten (vgl. § 114 S. 1 VwGO).

2. Rechtmäßigkeitsanforderungen an Ermächtigungsgrundlagen

Taugt eine Norm wegen ihrer passenden Rechtsfolge als Ermächtigung für einen po- 172
lizeilichen Eingriff, kann sie diesen doch nur rechtfertigen, wenn sie gültig, d. h. mit
höherrangigem Recht vereinbar ist. Dies folgt aus dem Rechtsstaatsprinzip des Art. 20
III GG und des Art. 25 II LV (→ Rn. 35), aus Art. 1 III GG und aus Art. 31 GG und
ist regelmäßig inzident zu prüfen. Wichtige verfassungsrechtliche Prüfmaßstäbe für
eine polizeirechtliche Befugnisnorm sind die Kompetenzgrundlagen im Bundesstaat

---

[163] *Belz/Mußmann/Kahlert/Sander*, PolG BW, § 6 Rn. 1, § 9 Rn. 2.

(→ Rn. 39), die Grundrechte (→ Rn. 42 ff.), der Verhältnismäßigkeitsgrundsatz (→ Rn. 255 ff.) und das rechtsstaatliche Bestimmtheitsgebot (→ Rn. 68, 79, 281). Obwohl viele Ermächtigungsgrundlagen des Polizeirechts sog. unbestimmte Rechtsbegriffe enthalten (z. B. „Gefahr", „öffentliche Sicherheit", „öffentliche Ordnung"), scheidet ein Verstoß gegen das rechtsstaatliche Bestimmtheitsgebot i. d. R. aus, weil der Begriffsinhalt durch Gesetzesauslegung eindeutig ermittelt werden kann (→ Rn. 68, 79, 84).

172a **Klausurtipp:** In die Niederschrift einer Klausur aufzunehmen sein können Überlegungen zur Verfassungsmäßigkeit der Ermächtigungsgrundlage, z. B.
– bei einer noch nicht lange im Gesetz enthaltenen, insbesondere bei einer neu geschaffenen Ermächtigungsgrundlage
– bei einer Ermächtigungsgrundlage, die Eingriffe im Vorfeld der Gefahrenabwehr zulässt (z. B. → Rn. 288)
– bei einer Ermächtigungsgrundlage, die zu besonders schwerwiegenden Eingriffen ermächtigt
– bei einer Ermächtigungsgrundlage, die ungewöhnliche unbestimmte Rechtsbegriffe enthält.

III. Systematik der Ermächtigungsgrundlagen im Polizei- und Ordnungsrecht

173 Die Ermächtigungsgrundlagen des Polizeirechts können in Gruppen eingeteilt werden:
1. Gefahrenabwehrermächtigungen in speziellen Gesetzen,
2. Ermächtigungen zu Standardmaßnahmen in besonderen Gefahrenabwehrvorschriften des Polizeigesetzes (sog. Standardermächtigungen),
3. die polizeiliche Generalklausel für Einzelakte (§§ 3, 1 PolG) und für Polizeiverordnungen (§§ 10 I, 1 PolG) sowie
4. Ermächtigungen zum Zwangsmitteleinsatz.

173a Ob sich die Behörde im konkreten Fall auf eine spezialgesetzliche Ermächtigung, auf eine Standardermächtigung oder auf die Generalklausel stützen darf, richtet sich nach dem systematischen Verhältnis dieser Normkategorien zueinander (Gesetzesauslegung!). Im Zweifel **verdrängt** eine **speziellere** Ermächtigungsgrundlage **die allgemeinere** (→ Rn. 175), d. h. die spezialgesetzliche Ermächtigung verdrängt im Zweifel die Standardermächtigung, und beide verdrängen im Zweifel die polizeiliche Generalklausel. Die Gesetzesauslegung kann aber auch ergeben, dass die allgemeinere Ermächtigungsgrundlage als Auffangtatbestand („subsidiär") anwendbar bleibt, wenn zwar eine spezielle Ermächtigungsnorm existiert, ihre Voraussetzungen aber nicht erfüllt sind. Für den Einsatz eines Zwangsmittels – Zwangsgeld, Zwangshaft, Ersatzvornahme (vgl. § 49 I PolG) und unmittelbarer Zwang (vgl. § 49 II PolG) – benötigt die Polizei eine zusätzliche Zwangsmittel-Ermächtigung, die die Ermächtigungen der Gruppen 1. bis 3. ergänzt (→ Rn. 347).

174 **Spezieller** kann eine Ermächtigungsgrundlage sein, **wenn** im Vergleich mit einer anderen (1) ihre **Rechtsfolge abweicht und** sie (2) gegenüber der anderen Ermächtigungsgrundlage mindestens eine **zusätzliche** (formelle oder materielle) **Voraussetzung** aufstellt, insbesondere ein weiteres Tatbestandsmerkmal. (1) Die abweichende Rechtsfolge kann darin liegen, dass die Behörde anders als die in der polizeilichen Generalklausel (§§ 3, 1 PolG) genannten „erforderlichen Maßnahmen" nur eine bestimmte, genau bezeichnete Maßnahme zulässt (z. B. eine Beschlagnahme) oder das Ermessen der Behörde

B. Ermächtigungsgrundlagen und Handlungsinstrumente der Polizei

beschränkt (z. B. auf ein Auswahlermessen). (2) Die zusätzliche Rechtmäßigkeitsvoraussetzung kann formeller Natur sein, also Zuständigkeit, Verfahren oder Form betreffen. Sie kann auch materieller Natur sein, z. B. ein besonderes polizeiliches Schutzgut benennen, die abzuwehrende Gefahr als abstrakte oder konkrete qualifizieren, den Adressatenkreis über die nach den §§ 6, 7 und 9 PolG genannten Personen erweitern oder aber verengen, z. B. beim Wohnungsverweis (§ 27a III 1 PolG) auf die Wohnungsinhaber beschränken (→ Rn. 294), oder die Anforderungen an die Verhältnismäßigkeit strenger fassen[164].

1. Spezialgesetzliche Ermächtigungsgrundlagen zur Gefahrenabwehr

Aufgaben und Befugnisse zur Gefahrenabwehr sind für viele Materien des Besonderen Verwaltungsrechts (z. B. Bodenschutz, Immissionsschutz, Versammlungen, bauliche Anlagen) heute **in speziellen Gesetzen** normiert (vgl. auch die nicht abschließende Übersicht in → Rn. 358b). Deren Vorschriften zur Gefahrenabwehr (Aufgaben- und Befugnisnormen sowie sonstige, z. B. Verantwortlichkeitsregeln) gehen denen des Allgemeinen Polizeirechts im Zweifel vor (*lex specialis derogat legi generali*). Ist allerdings eine spezialgesetzliche Ermächtigungsgrundlage nicht abschließend, kann – subsidiär – auf die Generalklausel der §§ 3, 1 PolG zurückgegriffen werden. Ob eine Spezialermächtigung abschließend ist, ist durch Gesetzesauslegung zu ermitteln. **Im Zweifel** hat der Gesetzgeber mit einer Spezialermächtigung erreichen wollen, dass ein **Rückgriff auf die polizeiliche Generalklausel ausgeschlossen** ist. Im Zweifel geht eine Ermächtigung in einem speziellen Gesetz auch den Standardermächtigungen des Polizeigesetzes vor. 175

Der Standardermächtigung zur Beschlagnahme (§ 33 PolG) beispielsweise gehen spezialgesetzliche Ermächtigungsgrundlagen zur Entziehung der tatsächlichen Sachherrschaft über einen bestimmten Gegenstand (z. B. § 42 LMBG, § 46 WaffG, § 16a I Nr. 2 TierSchG, § 47 BNatSchG, §§ 46f. FahrerlaubnisVO, § 13 PassG) vor. 176

Das Verhältnis der Ermächtigungsgrundlagen des Versammlungsgesetzes zu denen des Polizeigesetzes ist besonders schwierig. Das zur Beschreibung dieses Verhältnisses oft genutzte Schlagwort von der „Polizeifestigkeit von Versammlungen" oder „Polizeifestigkeit des Versammlungsrechts" ist wenig hilfreich. Es soll zum Ausdruck bringen, dass polizeiliche Eingriffe in das Grundrecht der Versammlungsfreiheit grds. nicht auf das Polizeigesetz, sondern nur auf das Versammlungsgesetz gestützt werden können. Die Schwierigkeiten zeigen sich in Fällen, in denen die Polizei mit Maßnahmen gegen eine öffentliche Versammlung einschreitet, die nicht ausdrücklich im VersG genannt werden, z.B. die Beschlagnahme eines Spruchbandes mit beleidigendem Inhalt[165] oder die Anordnung einer Meldeauflage (→ Rn. 139) gegenüber einer Person, um diese an der Teilnahme an einer auswärtigen Demonstration zu hindern[166]. Auch wenn weder § 15 III VersG noch eine andere Norm des VersG ausdrücklich zu einer Beschlagnahme von Spruchbändern aus einem Demonstrationszug befugt, so könnte sich eine solche Ermächtigung doch durch Auslegung der Rechtsfolge des § 15 III VersG ergeben. § 15 III VersG ermächtigt zur „Auflösung" einer Versammlung. Das BVerwG zieht in diesem Fall „§ 15 III VersG i. V. mit § 33 PolG" heran[167], weil unter Berücksichtigung des Verhältnismäßigkeitsgrundsatzes trotz Vorliegens der Voraussetzungen für eine „Auflösung" in der „Beschlagnahme eines Spruchbandes" ein verhältnismäßig geringerer Eingriff zu sehen ist. Man spricht hier von einer „Minusmaß- 176a

---

[164] *Kingreen/Poscher*, POR, § 11 Rn. 2f.
[165] BVerwGE 64, 55.
[166] BVerwGE 129, 142.
[167] Vgl. BVerwGE 64, 55, 58 zur damaligen Rechtslage in Nordrhein-Westfalen.

nahme". Eine solche Minusmaßnahme darf auf „§ 15 III VersG i. V. mit § 33 PolG" gestützt werden. Noch anders liegt der Fall bei der erwähnten Meldeauflage. Auch für eine Meldeauflage enthält das VersG keine ausdrückliche Ermächtigung. Hier ist zusätzlich zu beachten, dass § 15 III VersG unanwendbar ist, solange noch keine Versammlung stattfindet; auch im Übrigen enthält das VersG für Maßnahmen im Vorfeld einer Versammlung keine abschließenden Regelungen. Deshalb kann, wenn im Vorfeld einer Versammlung eine konkrete Gefahr besteht, auf die polizeiliche Generalklausel (§§ 3, 1 PolG) zurückgegriffen werden, wobei besonders darauf zu achten ist, dass durch die Maßnahme Art. 8 GG nicht verletzt wird (→ Rn. 358). Nach Beendigung (ggf. nach Auflösung) einer Versammlung findet das allgemeine Polizeirecht wieder uneingeschränkt Anwendung; der besondere Schutz, den das Versammlungsgesetz für Versammlungen bereitstellt, ist dann nicht mehr erforderlich. Gegenüber nicht-öffentlichen Versammlungen, die vom VersG nicht erfasst werden (vgl. § 1 I 1 VersG: „öffentliche Versammlungen", z.B. die Vorstandssitzung eines Vereins im Hinterzimmer einer Gaststätte), kann ggf. auf Grundlage des baden-württembergischen Polizeigesetzes eingeschritten werden. Wenn allerdings im konkreten Fall eine Zusammenkunft als nicht-öffentliche Versammlung dem Schutz des Art. 8 I GG unterfällt, muss die einschlägige Ermächtigungsgrundlage (z.B. §§ 3, 1 PolG) im Lichte dieses Grundrechts ausgelegt werden.

177 Selbst wenn spezielle Eingriffsgrundlagen existieren, kann deren Auslegung ausnahmsweise ergeben, dass sie die Bekämpfung von ihnen erfasster Gefahren nicht abschließend regeln. Beispielsweise regeln die bergrechtlichen Vorschriften (insb. des Bundesberggesetzes) nicht die Abwehr von Gefahren, die von Altbergwerken, die vor 1982 stillgelegt wurden, ausgehen. Insoweit bleibt der Rückgriff auf die polizeiliche Generalklausel (§§ 3, 1 PolG) möglich.[168]

177a Denkbar ist schließlich, dass für eine Maßnahme der Polizei gegen eine Versammlung eine Ermächtigungsgrundlage des Versammlungsgesetzes die passende Rechtsfolge bereitstellt (z.B. § 15 III VersG: Auflösung), aber es an einer vom VersG durchwegs vorausgesetzten versammlungstypischen Gefahr fehlt, z.B. wenn ein drohendes Unwetter das Leben der Versammlungsteilnehmer in Gefahr bringt. In einem solchen Fall darf die Polizei zur Auflösung der Versammlung auf die polizeiliche Generalklausel (§§ 3, 1 PolG) zurückgreifen.[169]

178 Bei unvorhergesehenen **Regelungslücken** spezialgesetzlicher Gefahrenabwehrvorschriften oder wenn die Spezialregelung das Allgemeine Polizeirecht lediglich ergänzen soll (Auslegung!), sind die **Grundsätze des Allgemeinen Polizeirechts heranzuziehen**, z.B. wenn das Spezialgesetz nicht oder nicht abschließend bestimmt, gegen wen die Polizei einschreiten darf. Beispielsweise kann eine Abrissverfügung nach § 65 S. 1 LBO, außer gegen die in den §§ 41 ff. LBO genannten Verantwortlichen, auch gegen die nach den §§ 6 und 7 PolG Polizeipflichtigen ergehen.

2. Ermächtigungsgrundlagen im Polizeigesetz für Standardmaßnahmen (Standardermächtigungen)

a) Standort und Struktur von Standardermächtigungen

179 Das **Polizeigesetz enthält spezielle** Ermächtigungsgrundlagen **für** bestimmte praxiswichtige **polizeitypische Eingriffe** („Standardmaßnahmen" → Rn. 153, 281 ff.),

---

[168] VGH BW, VBlBW 2013, 178.
[169] *Götz/Geis,* Allg. POR, § 23 Rn. 39; vgl. auch *Würtenberger/Heckmann/Tanneberger,* PolR BW, § 5 Rn. 73.

B. Ermächtigungsgrundlagen und Handlungsinstrumente der Polizei 157

die den Betroffenen besonders belasten können (sog. **Standardermächtigungen** bzw. Standardmaßnahmebefugnisse oder Standardbefugnisse). Bei den sog. „klassischen Standardmaßnahmen" (in den §§ 26 ff. PolG, zur Rechtsnatur → Rn. 154 f.) geht es im Wesentlichen um Befragung, Auskunftsverlangen, Identitätsfeststellung, erkennungsdienstliche Maßnahmen, Vorladung, Platzverweisung, Aufenthaltsverbot, Wohnungsverweisung, Ingewahrsamnahme, Durchsuchung von Personen und Sachen, Betreten und Durchsuchung von Wohnungen, Sicherstellung und Beschlagnahme. Neben diesen klassischen Standardermächtigungen (in den §§ 26 ff. PolG) sind nach dem Volkszählungsurteil des BVerfG (BVerfGE 65, 1 ff.) besondere Ermächtigungsgrundlagen zur Datenerhebung, -speicherung und -verarbeitung geschaffen worden (§§ 19 ff. PolG), die als Standardmaßnahmen „neuer Generation" bezeichnet werden.[170]

Standardermächtigungen **weichen** in mehrfacher Hinsicht **von** der polizeilichen **180 Generalklausel ab** (→ Rn. 174). Die Rechtsfolge einer Standardermächtigung ist auf eine oder mehrere näher bestimmte (Standard-)Maßnahmen beschränkt. Ihre Tatbestandsmerkmale sind präziser als die der Generalklausel oder weichen auf andere Weise von dieser ab. Manchmal bestimmt die Standardermächtigung den Adressatenkreis der Standardmaßnahme anders als dies für Maßnahmen nach der polizeilichen Generalklausel vorgesehen ist. Während die Generalklausel zu einem Einschreiten gegen Handlungs- und Zustandsstörer ermächtigt, dürfen beispielsweise ein Wohnungsverweis nach § 27a III 1 PolG („aus ihrer Wohnung") und ein Rückkehrverbot nach § 27a III 2 PolG nur gegen einen Wohnungsinhaber gerichtet werden (was nicht ausschließt, dass z. B. gegen dessen Gäste oder gegen einen Stalker aufgrund der polizeilichen Generalklausel eingeschritten wird → Rn. 183, 294).

b) Verhältnis zur polizeilichen Generalklausel

Wie bei Ermächtigungsgrundlagen zur Gefahrenabwehr in Spezialgesetzen ist auch **181** bei mancher Standardermächtigung des PolG klärungsbedürftig, ob und ggf. in welchem Umfang ergänzend auf die polizeiliche Generalklausel oder auf Grundsätze des Allgemeinen Polizeirechts (z. B. gegen wen sich die Standardmaßnahme richten darf, §§ 6, 7, 9 PolG) zurückgegriffen werden kann (vgl. → Rn. 174, 183, 294).

aa) Verdrängung der Generalklausel als Grundsatz

Standardermächtigungen fassen die Rechtsfolge und i. d. R. die Voraussetzungen für **182** einen Eingriff präziser als die Generalklausel. Sie sollen dem rechtsstaatlichen Bestimmtheitsgrundsatz (Art. 20 III GG) besser gerecht werden als diese und dadurch den Schutz betroffener Grundrechte verbessern. Deshalb gilt als Grundsatz, dass die polizeiliche Generalklausel unanwendbar ist, wenn eine Standardermächtigung die passende Rechtsfolge für den Eingriff der Polizei bereitstellt. Weitergehend halten manche die Generalklausel selbst dann für verdrängt, wenn die Standardermächtigung die von der Polizei gewollte Rechtsfolge zwar nicht ausdrücklich nennt, aber den Kreis der in Betracht kommenden Maßnahmen abschließend regelt.[171] Richtigerweise wird man bei der Auslegung darauf achten müssen, dass durch einen Ausschluss der Generalklausel keine vom Gesetzgeber ungewollte Lücke bei der Gefahrenabwehr entsteht. Insbesondere bei neuartigen Gefahren darf deshalb im Zweifel auf die polizeiliche Generalklausel zurückgegriffen werden.

---

[170] Z. B. *Möstl*, Jura 2011, 840, 841; *Glaser*, Jura 2009, 742.
[171] Vgl. OVG Nds., NVwZ-RR 2007, 103 m. w. N.

bb) Grenzen der Spezialität

183 Stellt eine Standardermächtigung für eine Standardmaßnahme gegen bestimmte Personen besondere Voraussetzungen auf, um deren spezifischer Grundrechtsposition Rechnung zu tragen, schließt dies entsprechende Eingriffe gegen andere Personen aufgrund der polizeilichen Generalklausel nicht aus: Ein Wohnungsverweis gegen den Wohnungsinhaber ist nur unter den Voraussetzungen des § 27a III 1 PolG erlaubt, die den Grundrechten des Wohnungsinhabers aus Art. 14 I, 13 und 11 GG besonders Rechnung tragen. Andere Personen (z. B. die öffentliche Sicherheit gefährdende Gäste, Stalker) können aufgrund der Generalklausel (§§ 3, 1 PolG) durch ein Annäherungs- und Kontaktverbot ferngehalten werden (→ Rn. 294).

184 Bei der polizeilichen Generalklausel der §§ 3, 1 PolG ist die entscheidende Eingriffsschwelle eine konkrete Gefahr (→ Rn. 102, 202). Demgegenüber heben einzelne Standardermächtigungen diese Eingriffsschwelle an oder senken sie ab. Angehoben wird sie z. B. für eine Beschlagnahme nach § 33 I Nr. 1 PolG. Diese setzt eine unmittelbar bevorstehende Störung der öffentlichen Sicherheit oder Ordnung oder eine bereits eingetretene Störung voraus. Die große Bedeutung mancher Standardermächtigung soll indes in einer Absenkung oder gar in dem Verzicht auf eine konkrete Gefahr liegen; eine andere Bedeutung darin, dass auf eine nach den §§ 6, 7 oder 9 PolG zu bestimmende Verantwortlichkeit des Adressaten verzichtet wird. Etwa dürfen durch Videoaufnahmen auf öffentlichen Plätzen auch Personen überwacht werden, von denen keine Gefahr ausgeht. Aber ein Verzicht auf eine konkrete Gefahr und auf die polizeiliche Verantwortlichkeit ("Polizeipflichtigkeit") der von der Polizei Überwachten ist rechtsstaatlich ein Rückschritt gegenüber der Rechtslage nach der polizeilichen Generalklausel, die eine Inanspruchnahme auf Störer und auf Nichtstörer im polizeilichen Notstand beschränkt (vgl. §§ 6, 7 und 9 PolG). *Im Zweifel* ist deshalb auch eine Standardermächtigung so auszulegen, dass sich die Standardmaßnahme nur gegen die in §§ 6, 7 und 9 PolG vorgesehenen Adressaten richten darf (vgl. z. B. → Rn. 291 zu § 27a I PolG). *Im Zweifel* ist auch eine Standardermächtigung so auszulegen, dass sie eine Gefahr für die öffentliche Sicherheit oder Ordnung voraussetzt.

184a Aus dem Vorstehenden folgt, dass das Verhältnis der Standardermächtigungen zur Generalklausel nicht für alle Standardermächtigungen gleich bestimmt werden kann. Maßgeblich ist jeweils die Auslegung jeder einzelnen Standardermächtigung. Nachfolgend wird das an einigen Standardermächtigungen aufgezeigt und wegen der anderen auf die späteren Ausführungen dazu verwiesen.

cc) Das Verhältnis einzelner Standardermächtigungen zur Generalklausel

185 § 26 I PolG zählt die Fälle, in denen das Polizeigesetz zu einer **Personenfeststellung** ermächtigt, abschließend auf. Ein Rückgriff auf die Generalermächtigung ist ausgeschlossen, aber auch unnötig[172], weil § 26 I PolG die Voraussetzungen der polizeilichen Generalklausel in Nr. 1 wiederholt und in weiteren Nrn. Fälle präzisiert, in denen man sonst zweifeln könnte, ob sie eine „Gefahr für die öffentliche Sicherheit oder Ordnung" beschreiben (→ Rn. 283 ff.).

186 Zu den Standardermächtigungen für ein **Aufenthaltsverbot** nach § 27a II 1 PolG, für einen **Wohnungsverweis** nach § 27a III 1 PolG und für ein **Rückkehrverbot** nach § 27a III 2 PolG gegen den Wohnungsinhaber vgl. → Rn. 292, 294.

187 § 28 I Nr. 1 PolG ermächtigt die Polizei dazu, eine Person in **Gewahrsam** zu nehmen. Voraussetzung ist, dass eine erhebliche Störung der öffentlichen Sicherheit

---

[172] *Stephan/Deger*, PolG BW, § 26 Rn. 7.

B. Ermächtigungsgrundlagen und Handlungsinstrumente der Polizei

oder Ordnung bereits eingetreten ist oder unmittelbar bevorsteht. Damit sind Gefahrengröße („erheblich") und Wahrscheinlichkeit bzw. Nähe der Gefahr („bereits eingetreten" bzw. „unmittelbar bevorstehend") im Vergleich zur Generalklausel verschärft. Folgerichtig darf bei geringerem Ausmaß oder geringerer Wahrscheinlichkeit bzw. Nähe der Gefahr ein Gewahrsam auch nicht auf die §§ 3, 1 PolG gestützt werden.

„Gewahrsam" i.S. des § 28 I Nr. 1 PolG ist eine Freiheitsentziehung aus präventivpolizeilichen Gründen. Der in Gewahrsam Genommene wird gegen seinen Willen an einem bestimmten eng begrenzten Ort untergebracht oder festgehalten. Diese Rechtsfolge passt aber nicht bei dem sog. Verbringungsgewahrsam, bei dem die Polizei einen Stadtstreicher, einen Randalierer oder einen Betrunkenen lediglich an einen anderen Ort verbringt, von dem er nicht so einfach und nicht rechtzeitig genug zurückkehren kann, um die Störung fortzusetzen. Anders als der Gewahrsam zielt der Verbringungsgewahrsam nicht auf das Festhalten, sondern auf das Fernhalten einer Person.[173] Dennoch ist auch bei einem Verbringungsgewahrsam der Rückgriff auf die Generalklausel (§§ 3, 1 PolG) ausgeschlossen, weil eine andere Ermächtigung vorgeht: Das Verbringen ist die zwangsweise Durchsetzung eines Platzverweises.[174] Die Ermächtigungsgrundlage dafür ist § 27a I PolG (Standardermächtigung für den Platzverweis) i.V. mit den §§ 49 II, 50 ff. PolG (Ermächtigung zur Anwendung unmittelbaren Zwangs). **188**

Zum Verhältnis der Standardmaßnahme Durchsuchung (§§ 29, 30, 31 PolG) zur Generalklausel siehe → Rn. 301, 305, 307; zum Verhältnis der Beschlagnahme (§ 33 I PolG) zur Generalklausel siehe → Rn. 315; zur Standardmaßnahme der offenen Bild- und Tonaufzeichnung (§ 21 PolG) → Rn. 324 ff.; zu den Standardmaßnahmen der heimlichen Datenerhebungen (§§ 22 ff. PolG) siehe → Rn. 331. **188a**

c) Verhältnis der Standardmaßnahmen zur Unmittelbaren Ausführung

Einige Standardmaßnahmen ähneln, wenn sie den Charakter von Realakten haben (z.B. die Durchsuchung einer Wohnung), in ihrem äußeren Erscheinungsbild einer Unmittelbaren Ausführung (→ Rn. 155, 158 f., 161, 195). Sie richten sich nach den Vorgaben der Standardermächtigung. Zu weit ginge aber die Annahme, § 8 I PolG (Unmittelbare Ausführung) sei bei Standardmaßnahmen von vornherein unanwendbar[175]. Stützt sich die Polizei auf eine Standardermächtigung, hat sie diese i.d.R. zum Erlass eines Verwaltungsakts zu nutzen, wenn dessen Bekanntgabe (§ 43 I LVwVfG) möglich ist. Ohne Bekanntgabemöglichkeit kommt nur ein Realakt in Betracht. Eine freie Auswahl zwischen beiden Handlungsformen steht der Polizei hier nicht zu. Für den Fall des Realakts muss zum Schutz des Betroffenen für jede Standardermächtigung (durch Auslegung) ermittelt werden, ob sie die Voraussetzungen des § 8 I PolG (Maßnahmen gegen Störer untauglich) verdrängt oder ergänzt (vgl. auch → Rn. 196). Erst recht nicht darf der Realakt die Voraussetzungen des Polizeizwangs umgehen (→ Rn. 191, 348 f.). **189**

d) Verhältnis der Standardmaßnahmen zum Zwangsmitteleinsatz (Polizeizwang)

Polizeizwang durch die Zwangsmittel Zwangsgeld, Zwangshaft und Ersatzvornahme (§ 49 I PolG) dient der zwangsweisen Durchsetzung polizeilicher Ge- und Verbotsver- **190**

---

[173] VG Karlsruhe, Urt. v. 10.12.2018 – 1 K 6428/16 – juris Rn. 60.
[174] *Stephan/Deger*, PolG BW, § 28 Rn. 6; *Götz/Geis*, Allg.POR, § 8 Rn. 42; a.A. viele, z.B. *Guckelberger*, Jura 2015, 926, 933; *W.-R. Schenke*, POR, Rn. 142; *Kingreen/Poscher*, POR, § 16 Rn. 6.
[175] So aber z.B. *Heintzen*, DÖV 2005, 1038, 1040.

waltungsakte (vgl. § 2 i. V. mit § 1 I LVwVG). Polizeizwang soll den Willen eines Adressaten beugen, der einen solchen vollstreckbaren „Grundverwaltungsakt" nicht befolgen will. Dagegen bezweckt eine Standardmaßnahme kein zwangsweises Beugen eines entgegenstehendenden Willens ihres Adressaten. Sie ist vielmehr in der Regel Ge- oder Verbotsverwaltungsakt (→ Rn. 154), der als Grundverwaltungsakt einer zwangsweisen Durchsetzung bedarf, wenn sein Adressat ihm nicht freiwillig nachkommt. Eine Standardermächtigung allein genügt nicht als Rechtsgrundlage zur Zwangsanwendung (→ Rn. 154). Zu § 27 III PolG → Rn. 290.

191 Polizeizwang durch das Zwangsmittel unmittelbarer Zwang (§ 49 II PolG) setzt ein vollstreckbares Ge- oder Verbot voraus, das vom Pflichtigen eine unvertretbare Handlung oder Unterlassung verlangt. Ermächtigungsgrundlage einer entsprechenden Grundverfügung kann eine Standardermächtigung sein; für deren zwangsweise Durchsetzung durch unmittelbaren Zwang müssen als weitere eigene Rechtsgrundlage die §§ 49 II ff. PolG erfüllt sein. Eine Standardermächtigung allein genügt ebenfalls nicht als Ermächtigungsgrundlage für die Anwendung unmittelbaren Zwangs (→ Rn. 189).

3. Die polizeiliche Generalklausel der §§ 3, 1 PolG

192 Das Polizeigesetz normiert die polizeiliche Generalklausel in den §§ 3, 1. Sie ist dem früheren § 14 des Preußischen Polizeiverwaltungsgesetzes nachgebildet, der seinerseits der Formulierung des PrALR (II. Teil, 17. Titel, § 10) folgte. § 3 i. V. mit § 1 PolG ermächtigt die Polizei zu Eingriffen im Einzelfall, bei einer konkreten Gefahr (→ Rn. 102, 104, 147, 149, 201 ff.). Die polizeiliche Generalklausel der §§ 3, 1 PolG ist lex generalis im Verhältnis zu spezialgesetzlichen Ermächtigungsgrundlagen zur Gefahrenabwehr (→ Rn. 173 ff.) und zu den Standardermächtigungen des PolG (→ Rn. 173 f., 179 ff.).

193 **Klausurhinweis:** Für die Prüfungsreihenfolge in einer Fallbearbeitung bedeutet dies, dass Sie nach einer einschlägigen gesetzlichen Ermächtigungsgrundlage für eine Gefahrenabwehrmaßnahme zuerst in speziellen Gesetzen des Besonderen Verwaltungsrechts suchen müssen. Findet sich keine, sind zweitens die Standardermächtigungen daraufhin zu prüfen, ob sie eine Ermächtigung für die polizeiliche Maßnahme bereitstellen. Erst wenn auch dies nicht der Fall ist, kommt die Generalermächtigung der §§ 3, 1 PolG in Betracht.

4. Ermächtigungsgrundlagen zum Zwangsmitteleinsatz durch die Polizei

194 Zwangsmittel sind Zwangsgeld, Zwangshaft, Ersatzvornahme und unmittelbarer Zwang. Mit ihnen kann eine Polizeiverfügung, die den Adressaten zu einem Handeln, Tun oder Unterlassen verpflichtet, zwangsweise durchgesetzt („vollstreckt") werden. Ein Zwangsmitteleinsatz ist ein über eine Polizeiverfügung hinausgehender, zusätzlicher Grundrechtseingriff im Einzelfall. Für diesen benötigt die Polizei deshalb eine zusätzliche Ermächtigungsgrundlage, eine Zwangsmittel-Ermächtigung. Nicht ausreichend für einen Zwangsmitteleinsatz sind Ermächtigungsgrundlagen, die nur zu Polizeiverfügungen oder Standardmaßnahmen ermächtigen. Das PolG enthält in den §§ 49 ff. spezielle Zwangsmittelermächtigungen. Sie schließen es aus, für den Zwangsmitteleinsatz die polizeiliche Generalermächtigung heranzuziehen. Für die Rechtmäßigkeitsvoraussetzungen der Zwangsmittel Zwangsgeld, Zwangshaft und Ersatzvornahme verweist § 49 I PolG auf das Landesverwaltungsvollstreckungsgesetz; die Voraussetzungen für den unmittelbaren Zwang folgen aus § 52 PolG (näher → Rn. 347).

5. Ermächtigungsgrundlage für die Unmittelbare Ausführung

Mit dem Realakt der sog. Unmittelbaren Ausführung bekämpft die Polizei eine **195** konkrete Gefahr selbst oder mit Hilfe von Dritten (→ Rn. 158). Dieser Realakt ist keine bloße Leistung der Polizei. Er tritt vielmehr an die Stelle einer belastenden Polizeiverfügung gegen einen Störer (der ggf. zum Kostenersatz verpflichtet ist, vgl. § 8 II PolG). Die Unmittelbare Ausführung ist deshalb ebenfalls ein Eingriff. Daraus folgt erstens, dass sie einer gesetzlichen Ermächtigung bedarf und zweitens, dass eine bloße Rettungsmaßnahme der Polizei (→ Rn. 144) kein Anwendungsfall der Unmittelbaren Ausführung ist.[176] Die gesetzliche Ermächtigungsgrundlage für die Unmittelbare Ausführung setzt sich zusammen aus den §§ 3, 1 PolG und aus § 8 I 1 PolG (in wenigen Ausnahmefällen ist die Ermächtigungsgrundlage für die unmittelbare Ausführung eine Standardermächtigung i.V. mit § 8 I PolG, vgl. → Rn. 159, 189, 196). Aus der Existenz des § 8 I 1 PolG und seinem Kontext zu den §§ 3, 1 PolG folgt, dass es bei den in § 8 I 1 PolG genannten „Maßnahmen" um solche geht, die auf die §§ 3, 1 PolG gestützt und damit grundsätzlich einem Störer (§§ 6, 7 PolG) bekannt gegeben werden müssten. § 8 I 1 PolG erfasst die Fälle, in denen ein Störer nicht oder nicht rechtzeitig erreicht werden kann, sodass ein Verwaltungsakt nicht bekanntgegeben und wirksam werden könnte (vgl. § 43 I LVwVfG). (Nur) in diesen Fällen erlaubt § 8 I 1 PolG eine „Unmittelbare Ausführung"; folgerichtig ist die Unmittelbare Ausführung kein Verwaltungsakt, sondern stets Realakt.[177] Die Unmittelbare Ausführung kann weder allein auf die Generalklausel gestützt werden noch allein auf § 8 I 1 PolG, sondern es bedarf des Zusammenwirkens beider Normen.[178]

Keine Unmittelbare Ausführung i.S. des § 8 I PolG sind die sog. Standardmaßnah- **196** men der Polizei (z.B. die Sicherstellung einer Sache); diese sind auf die entsprechende Standardermächtigung zu stützen (→ Rn. 159). Regelmäßig handelt es sich bei ihnen um Verwaltungsakte, sodass § 8 I PolG unanwendbar ist. Wenn eine Standardmaßnahme – ausnahmsweise (→ Rn. 159, 312) – als Realakt einzustufen ist, ähnelt sie in ihrem äußeren Erscheinungsbild der Unmittelbaren Ausführung. Sie muss aber zum Schutz der Betroffenen den (ggf. strengeren) Voraussetzungen der Standardermächtigung genügen und – wenn deren Auslegung dies ergibt – zusätzlich den Anforderungen des § 8 I PolG (→ Rn. 189).

6. Ermächtigungsgrundlagen zum Erlass von Polizeiverordnungen

Polizeiverordnungen sind Rechtsverordnungen mit Ge- und Verboten zur Gefah- **197** renabwehr. Sie bedürfen aus zwei Gründen der gesetzlichen Ermächtigung: Erstens verlangt Art. 61 I LV für Rechtsverordnungen ein (Parlaments-)Gesetz, das zum Erlass von Rechtsverordnungen ermächtigt (S. 1) und in dem Inhalt, Zweck und Ausmaß der erteilten (Verordnungs-)Ermächtigung bestimmt werden (S. 2). Zweitens erfordert der allgemeine Vorbehalt des Gesetzes für Ge- und Verbote wegen ihres Eingriffscharakters in Rechte der Bürger eine parlamentsgesetzliche Ermächtigung. Die den beiden Anforderungen grundsätzlich genügende gesetzliche Ermächtigungsgrundlage für Polizeiverordnungen ist § 10 i.V. mit § 1 PolG. Es handelt sich um eine Generalermächtigung, d.h. um eine polizeiliche Generalklausel für den Erlass von Polizeiverordnungen. Sie ermächtigt die Polizei zur Bekämpfung einer abstrakten Gefahr

---

[176] Vgl. *Stephan*, VBlBW 1985, 121, 123.
[177] *Stephan/Deger*, PolG BW, § 8 Rn. 2.
[178] *Stephan/Deger*, PolG BW, § 8 Rn. 23; a.A. *Belz/Mußmann/Kahlert/Sander*, PolG BW, § 8 Rn. 2.

(→ Rn. 102 f., 364) (während die Generalklausel der §§ 3, 1 PolG nur zur Bekämpfung einer konkreten Gefahr ermächtigt). Sie erlaubt Verordnungen nur zur Gefahrenabwehr, nicht zur Gefahrenvorsorge.[179] Sie ermächtigt auch nicht zu Verordnungen, die in den Kompetenz- und Aufgabenbereich anderer juristischer Personen des öffentlichen Rechts (insbesondere in das kommunale Selbstverwaltungsrecht der Gemeinden) übergreifen[180] (Näheres → Rn. 366). Etwa kann eine Polizeiverordnung nicht abschließend die Benutzungszeiten öffentlicher Einrichtungen der Gemeinde festlegen.[181]

198 Einige Spezialgesetze zur Gefahrenabwehr enthalten eigene Verordnungsermächtigungen. Etwa ermächtigt § 6 I StVG zum Erlass der StVO; weitere Verordnungsermächtigungen enthalten z.B. § 32 IfSG, §§ 23 I, II, 40 III, 49 I, II BImSchG und § 21 II BW WasserG 2013. Im Geltungsbereich dieser Gesetze ist ein Rückgriff auf die Generalklausel der §§ 10, 1 PolG ausgeschlossen.[182]

198a **Vertiefungshinweise:** Aufsätze zu den Ermächtigungsgrundlagen im Polizei- und Ordnungsrecht: *Beaucamp*, §§ 32, 34 StGB als Ermächtigungsgrundlagen für polizeiliches Eingreifen, JA 2003, 402 ff.; *Büscher*, Grundfälle zur Bestimmung der Ermächtigungsgrundlage im Polizei- und Ordnungsrecht, JA 2010, 719 ff.; 791 ff.; *Butzer*, Flucht in die polizeiliche Generalklausel?, VerwArch 93 (2002), 506 ff.; *Kunze*, Das System der Kompetenzverteilung zur Gefahrenabwehr in Baden-Württemberg, VBlBW 1995, 81 ff.; *Poscher/Rusteberg*, Die Klausur im Polizeirecht (1. Teil), JuS 2011, 888 (889 ff.); *Schoch*, Grundlagen und System des allgemeinen Polizei- und Ordnungsrechts, Jura 2006, 664 ff.

C. Die polizeiliche Generalklausel der §§ 3, 1 PolG als Ermächtigung zum Eingriff im Einzelfall bzw. in einer bestimmten Anzahl von Fällen

I. Tatbestandsvoraussetzungen

1. „Zur Wahrnehmung ihrer Aufgaben"

199 § 3 PolG erlaubt ein Eingreifen der Polizei, wenn eine Gefahr für die öffentliche Sicherheit oder Ordnung besteht, denn die Worte „zur Wahrnehmung ihrer Aufgaben" verweisen auf die in § 1 I 1 PolG genannte Aufgabe der Gefahrenabwehr. § 3 PolG nimmt dadurch den oben bestimmten (→ Rn. 63 ff.) Schlüsselbegriff des Polizeirechts in sich auf und macht dessen Bestandteile zu Tatbestandsmerkmalen der polizeilichen Generalermächtigung (systematische Auslegung). **§ 3 und § 1 PolG** sind deshalb **zusammen** zu nennen, wenn von der polizeilichen **Generalklausel** die Rede ist.

200 Nach § 1 I 1 a.E. PolG besteht die Gefahrenabwehraufgabe der Polizei und demgemäß i.V. mit § 3 PolG ihre Eingriffsbefugnis nur, „soweit es im öffentlichen Interesse geboten ist". Deshalb ist es nicht Aufgabe der Polizei, in den seltenen Fällen einer sog. *bloßen* Selbstgefährdung einzugreifen, in denen jemand aufgrund freien Willensentschlusses allein sich selbst in Gefahr bringt, d.h. ohne jede Auswirkung auf die Öffentlichkeit (→ Rn. 75, 78).

---

[179] VGH BW, NVwZ-RR 2010, 55.
[180] Vgl. *Würtenberger/Heckmann/Tanneberger*, PolR BW, § 7 Rn. 20.
[181] VGH BW, NVwZ-RR 2012, 939; VGH BW, VBlBW 2014, 292.
[182] *Würtenberger/Heckmann/Tanneberger*, PolR BW, § 7 Rn. 18.

C. Die polizeiliche Generalklausel der §§ 3, 1 PolG

2. Konkrete Gefahr

Eine weitere systematische, nämlich zu § 10 PolG abgrenzende Auslegung des § 3 PolG ergibt, dass die Generalklausel der §§ 3, 1 PolG nur zur Abwehr einer konkreten Gefahr ermächtigt. **Konkrete Gefahr ist eine durch Einzelakt zu bekämpfende, im Einzelfall bestehende Gefahr für die öffentliche Sicherheit oder Ordnung.** Denn Ge- und Verbote, die sich für eine unbestimmte Anzahl von Gefahrenfällen (d. h. „abstrakt") an eine unbestimmte Anzahl von Personen richten (d. h. „generell"), werden als Polizeiverordnungen von § 10 I PolG erfasst. Anders als § 10 PolG lässt § 3 PolG eine abstrakte Gefahr nicht genügen. Deshalb ist die Entscheidung, ob eine Gefahr „konkret" ist und nicht nur „abstrakt", notwendig und praktisch sehr bedeutsam (→ Rn. 102 ff., 184, 374 f.). Zugleich ist sie jedoch dogmatisch umstritten. **201**

Im Ausgangspunkt unstreitig setzen die §§ 3, 1 PolG für eine Einzelmaßnahme der Polizei (insbesondere für einen Verwaltungsakt, ggf. auch als Allgemeinverfügung[183]) eine konkrete Gefahr voraus, während § 10 PolG als Voraussetzung für den Erlass einer Polizeiverordnung eine abstrakte Gefahr genügen lässt. **202**

Aus der Systematik der §§ 3, 1 PolG und § 10 I PolG folgt deshalb: Eine konkrete Gefahr darf die Polizei durch Verwaltungsakt bekämpfen, eine abstrakte Gefahr darf sie nur durch Verordnung bekämpfen.[184] **203**

Problematisch sind Fälle, in denen die Polizei eine Gefahr mit einer Allgemeinverfügung (also einem Verwaltungsakt i.S. des § 35 S. 2 LVwVfG) bekämpfen will, in denen es aber zweifelhaft ist, ob die Gefahr wirklich konkret ist. Eine bloß abstrakte Gefahr, die nur durch Polizeiverordnung bekämpft werden kann, kann z.B. in den folgenden (umstrittenen) Fällen bestehen: Verbot des Windsurfens auf dem Bodensee[185], Tauchverbot am Teufelstisch[186], Tauchverbot an Schiffslandestellen[187], Einschränkung des Tauchens in einem Baggersee[188], Taubenfütterungsverbot[189], Endiviensalatverkaufsverbot (str.)[190], Verbot sog. Fluglaternen[191]. **204**

Vertiefungshinweise: Aufsätze zur polizeilichen Generalklausel: *v. Mutius*, Die Generalklausel im Polizei- und Ordnungsrecht, Jura 1986, 649 ff.; *Poscher/Rusteberg*, Die Klausur im Polizeirecht (1./2. Teil), JuS 2011, 888 (892 f.), 984 (984 ff.); *Schoch*, Die Schutzgüter der polizei- und ordnungsrechtlichen Generalklausel, Jura 2003, 177 ff.; *ders.*, Die Allgemeinverfügung (§ 35 S. 2 VwVfG), Jura 2012, 26 ff. **204a**

Rechtsprechung: BVerwGE 129, 142 ff. = NVwZ 2007, 1439 ff. – Meldeauflage; BVerwGE 12, 87 ff. = NJW 1961, 2077 ff. – Endiviensalatverkaufsverbot; VGH BW, VBlBW 1998, 25 ff. = NJW 1998, 2235 f. – Tauchverbot; VGH BW, NVwZ-RR 2006, 398 ff. – Taubenfütterungsverbot; BVerwGE 160, 157 ff. – Fluglaternen; VGH BW, BWGZ 2008, 150 ff. – Tauchverbot an Schiffslandestellen; VGH BW, VBlBW 2019, 194 ff. – Einschränkung des Tauchens in einem Baggersee.

---

[183] VG Karlsruhe, NVwZ-RR 2009, 22.
[184] Vgl. z.B. *Schoch*, Jura 2012, 26, 30.
[185] *Schoch*, Jura 2012, 26, 27.
[186] A. A. VGH BW, VBlBW 1998, 25, 26.
[187] VGH BW, BWGZ 2008, 150.
[188] VGH BW, VBlBW 2019, 194.
[189] VGH BW, VBlBW 2006, 103.
[190] *Schoch*, Jura 2012, 26, 27: Rechtsvorschrift; BVerwGE 12, 87, 89 f.: Allgemeinverfügung.
[191] BVerwGE 160, 157.

II. Sonstige Rechtmäßigkeitsvoraussetzungen

1. Polizeipflichtigkeit der Person, die zur Gefahrenabwehr herangezogen werden soll

205 Gestützt auf die polizeiliche Generalklausel darf die Polizei, will sie die Gefahr nicht mit eigenen Kräften bekämpfen, nur ganz bestimmte Personen belasten (d.h. zur Gefahrenabwehr in Anspruch nehmen), und zwar grundsätzlich nur sog. Störer. Störer sind Personen, die für die zu bekämpfende polizeiliche Gefahr nach § 6 PolG oder nach § 7 PolG polizeilich verantwortlich sind. Andere Personen („Nichtstörer", „Dritte") darf die Polizei aufgrund der polizeilichen Generalklausel nur ausnahmsweise unter den engen, in § 9 PolG bestimmten Voraussetzungen zur Gefahrenabwehr heranziehen. Erleidet der Nichtstörer dabei einen Schaden, kann er vom Staat Entschädigung verlangen, vgl. §§ 55 I, 56 PolG (→ Rn. 404 ff.).

206 Unter den die polizeiliche Generalklausel ergänzenden Voraussetzungen der §§ 6, 7 und 9 PolG sind Personen „polizeipflichtig". Das Erfordernis der Polizeipflichtigkeit bringt zum Ausdruck, dass zur Abwehr einer Gefahr für die öffentliche Sicherheit oder Ordnung nicht nur der Staat und seine Polizei zuständig sind, sondern dass dazu auch Personen in die Pflicht genommen werden sollen, die für die Gefahr verantwortlich gemacht werden können. Polizeipflichtigkeit ist also die Mitverantwortung für die Abwehr einer polizeilichen Gefahr. Dies soll die Gefahrenabwehr verbessern und Staat wie Steuerzahler entlasten; zudem entspricht es dem Prinzip des mündigen Bürgers.

207 Dass der Staat zur Erfüllung der Staatsaufgabe Gefahrenabwehr (→ Rn. 21) kraft Gesetzes einzelne Personen für Gefahren verantwortlich macht und in die Gefahrenabwehr einbindet, ist eine grundlegende **Wertungsentscheidung.** Im demokratischen Rechtsstaat wird diese Wertung durch den (Verfassungs- und den einfachen) Gesetzgeber getroffen und von der gesetzesausführenden Polizei- und Ordnungsverwaltung umgesetzt. Der baden-württembergische Gesetzgeber hat die polizeiliche Verantwortlichkeit des Verhaltensstörers (→ Rn. 209) und des Zustandsstörers (→ Rn. 215) in den §§ 6 und 7 PolG sowie für Ausnahmefälle die des Nichtstörers (→ Rn. 250) in § 9 PolG bestimmt. Er nutzt dabei z.T. unbestimmte Gesetzesbegriffe, z.B. „verursacht" in § 6 I, II 1 PolG. Ergänzend haben Rechtsprechung und Literatur diese Wertungen zu dogmatischen Regeln gefasst und verfeinert, z.B. durch die sog. Lehre von der unmittelbaren Verursachung (→ Rn. 212) und durch die Figur des Zweckveranlassers (→ Rn. 226).

207a Mit dem Abstellen auf die Polizeipflichtigkeit (Verantwortlichkeit) will der Gesetzgeber die Nähe einer Person zu einer bestimmten Gefahr für die effektive Gefahrenabwehr nutzbar machen, z.B. weil der Eigentümer die Sache besser kennt als jeder andere, oft auch besser als die Polizei, und der Verursacher einer Gefahr hat bessere Kenntnisse vom Zustandekommen der Gefahr und kann daraus eher als andere Schlussfolgerungen zu deren Bekämpfung ziehen. Die Rechtmäßigkeitsvoraussetzung der Polizeipflichtigkeit einer Person soll der Polizei also eine effektive Gefahrenabwehr erleichtern. Ohne Bedeutung für die Bestimmung dieser Verantwortlichkeit einer Person für eine Gefahr ist im Polizeirecht deshalb (ganz anders als im Privatrecht und im Strafrecht), ob die Person schuldhaft gehandelt hat, ob die Person schuldfähig ist, ob sie grundrechtsmündig ist, ob sie geschäftsfähig ist, ob sie volljährig oder minderjährig ist, ob sie deliktsfähig ist, ob sie einsichtsfähig ist und ob sie einen Handlungswillen hat oder nicht (→ Rn. 130)[192]. Die Polizeipflichtigkeit einer Person endet mit ihrem Tod (dazu, ob und in welchem Umfang eine Rechtsnachfolge möglich ist → Rn. 234 ff.).

---

[192] Vgl. z.B. *Drews/Vogel/Wacke/Martens,* S. 293.

C. Die polizeiliche Generalklausel der §§ 3, 1 PolG

Das Erfordernis der Polizeipflichtigkeit des von der Polizei Herangezogenen gilt für die polizeiliche Generalklausel für ein Handeln im Einzelfall (§§ 3, 1 PolG) wie für die Generalklausel für den Erlass von Polizeiverordnungen (§§ 10 I i.V. mit § 1 PolG). Das PolG verdeutlicht dies, indem es die Normen zur polizeilichen Verantwortlichkeit im Abschnitt „Maßnahmen der Polizei" im 1. Unterabschnitt („Allgemeines") gleichsam vor die Klammer gezogen hat.

a) Vom PolG ausdrücklich geregelte Polizeipflichtigkeit

aa) Verursacherverantwortlichkeit

(1) Verhaltensstörer (§ 6 I PolG)

Gegen eine Person, die durch ihr Verhalten eine Gefahr für die öffentliche Sicherheit oder Ordnung verursacht hat, darf die Polizei Gefahrenabwehrmaßnahmen treffen, vgl. **§ 6 I PolG.** „Personen" i.S. des § 6 I PolG sind natürliche Personen, juristische Personen und – insoweit abweichend vom Zivilrecht – auch (teil-)rechtsfähige Personengesellschaften wie OHG und KG[193], ferner der nicht-rechtsfähige Verein. Mit „Verhalten" meint § 6 I PolG aktives Tun, aber auch ein Unterlassen trotz gesetzlich begründeter Handlungspflicht, z.B. aus § 32 I 2 StVO oder § 823 BGB.[194] Der Gefahrverursacher, auch Verhaltensstörer, Verhaltensverantwortlicher, Handlungsstörer oder Handlungsverantwortlicher genannt, ist „polizeipflichtig". Er darf Adressat einer Gefahrenabwehrmaßnahme werden, z.B. einer Polizeiverfügung oder einer Polizeiverordnung.

„Verursacht" i.S. des § 6 PolG (bzw. „Verursacher" in dessen Überschrift oder allgemein „Verursachung") ist ein sog. unbestimmter Rechtsbegriff. Sein Inhalt ist durch Auslegung zu ermitteln. Er soll die Personen erfassen, deren Verhalten mit der Gefahr so eng zusammenhängt, dass der Staat sie für die Gefahr verantwortlich machen und von ihnen fordern kann, diese (für den Staat und die Allgemeinheit) zu beseitigen. Bei der Auslegung zu beachten sind zudem der Sinn und Zweck des Polizeirechts – effektive Gefahrenabwehr –, der Charakter der Gefahrenabwehr als Staatsaufgabe und das Schutzbedürfnis Einzelner vor ungerechter Heranziehung zur Gefahrenabwehr anstelle der Allgemeinheit. Der Begriff der „Verursachung" einer Gefahr erweist sich damit als wertender Rechtsbegriff, und die Entscheidung, ob eine Person die Gefahr „verursacht" hat, als wertungsabhängig und wertungsbedürftig.

Für diese Wertung sind im Polizeirecht etliche Theorien (Verursachungslehren) erwogen worden. Sie sollen möglichst rechtssicher (vorhersehbar, nachvollziehbar und handhabbar) bestimmen, wann genau im polizeirechtlichen Sinne ein menschliches Verhalten eine Gefahr „verursacht" und deshalb der „Verursacher" als Handlungsstörer zum Adressaten einer Gefahrenabwehrmaßnahme der Polizei gemacht werden darf.

Im Polizeirecht durchgesetzt hat sich die sog. **Theorie der unmittelbaren** (bzw. der letzten) **Verursachung.**[195] Nach ihr ist grundsätzlich derjenige für eine Gefahr (verhaltens-)verantwortlich, dessen Verhalten in einer Kausalkette möglicher Gefahrverursachungsbeiträge die letzte (die eigentliche und wesentliche) Ursache vor Eintritt der Gefahr gesetzt und damit die Gefahrengrenze überschritten hat, nicht aber derjenige, dessen Verhalten nicht oder nur mittelbar zur Entstehung der Gefahr beigetragen hat. Diese Lehre spiegelt die mit dem Verursachungserfordernis zum Ausdruck

---

[193] VGH BW, VBlBW 2015, 207, 208.
[194] VGH BW, VBlBW 2013, 178, 182 f.
[195] Z.B. VGH BW, VBlBW 2013, 178, 180.

kommende Wertung des Gesetzgebers für die meisten Fälle angemessen wider. Nur in Sonderfällen ist zweifelhaft, ob andere Gesichtspunkte dazu zwingen, von dieser Lehre abzuweichen, sodass ausnahmsweise nicht der unmittelbare, sondern ein mittelbarer Verursacher verhaltensverantwortlich sein soll. Diese Sonderfälle werden unter den Stichworten „Zweckveranlasser" (→ Rn. 226) und „latenter Störer" (→ Rn. 232) kontrovers diskutiert. Die Lehre von der unmittelbaren Verursachung macht die Entscheidung, ob eine Person eine Gefahr verursacht hat, gerichtlich voll kontrollierbar (→ Rn. 262).

213 Andere Theorien konnten sich gegenüber der Theorie der unmittelbaren Verursachung im Polizeirecht nicht durchsetzen: die Äquivalenztheorie (nach der im Strafrecht die Kausalität bestimmt wird), die Adäquanztheorie (die im Zivilrecht für eine Zurechenbarkeit wichtig ist) und die Theorie der rechtswidrigen Verursachung (nach der eine Person nur für rechtswidriges Verhalten verantwortlich gemacht werden soll).

213a **Klausurtipp:** Auf diesen Theorienstreit sollten Sie in einer Klausur in der Regel **nicht** näher eingehen (d.h., solange Sie keine stichhaltigen Gründe für eine Ausnahme aufzeigen können). Vielmehr sollten Sie nur die Lehre von der unmittelbaren Verursachung zugrunde legen und – falls der Sachverhalt dazu Anlass gibt – die Sonderfälle („Zweckveranlasser" → Rn. 226; „latenter Störer" → Rn. 232) erörtern.

(2) Sog. Zusatzverantwortliche (§ 6 II, III PolG)

214 Ist der Handlungsverantwortliche noch nicht 16 Jahre alt, kann (= Ermessen) die Polizei ihre Gefahrabwehrmaßnahme auch gegen den Sorgeberechtigten richten (§ 6 II 1 PolG); steht der Handlungsverantwortliche unter Betreuung, auch gegen den Betreuer (§ 6 II 2 PolG); ist der Handlungsverantwortliche ein Verrichtungsgehilfe (vgl. § 831 BGB, maßgeblich ist die Weisungsabhängigkeit[196]), auch gegen den Geschäftsherrn (§ 6 III PolG). „Auch" meint hier jeweils „zusätzlich" oder „an dessen Stelle".

bb) Zustandsverantwortlichkeit

215 Die Zustandsverantwortlichkeit knüpft an die rechtliche Beziehung einer Person zu einer gefährlichen Sache, zum Gefahrenherd, an. Der verfassungsrechtlich legitimierende Grund der Zustandsverantwortlichkeit ist die durch die Sachherrschaft vermittelte Einwirkungsmöglichkeit dessen, der aus der Sache Nutzen ziehen darf. Das Bundesverfassungsgericht leitet dies zutreffend aus Art. 14 II GG („Eigentum verpflichtet ...") ab. Folgerichtig durfte der Gesetzgeber mit § 7 PolG die Grundrechtsposition des Eigentümers (zu dem i.S. des Art. 14 I GG auch der berechtigte Inhaber der Sachherrschaft zählt) beschränken (Art. 14 I 2 i.V. mit II GG). § 7 PolG ist danach als Inhalts- und Schrankenbestimmung i.S. des Art. 14 I 2 i.V. mit II GG verfassungsgemäß.[197]

216 Der Sachbegriff des § 7 PolG lehnt sich an den zivilrechtlichen an und umfasst körperliche Gegenstände (vgl. § 90 BGB) und Tiere (vgl. § 90a BGB).

217 Durch den Zustand der Sache muss die öffentliche Sicherheit oder Ordnung gestört oder bedroht werden, § 7 PolG. Für die hier ebenfalls erforderliche Wertung nicht anwendbar ist die Theorie der unmittelbaren Verursachung (→ Rn. 212), wenngleich viele anderer Ansicht sind[198]. Sie wurde für die Feststellung der Verhaltensverantwort-

---

[196] VGH BW, NJW 1993, 1543, 1544.
[197] Vgl. BVerfGE 102, 1, 15 ff.
[198] Z.B. *W.-R. Schenke*, POR, Rn. 268; VGH BW, VBlBW 2013, 178, 179.

lichkeit von Personen entwickelt, nicht für die Eigenschaft einer Sache.[199] Z.B. stört ein Grundstück die öffentliche Sicherheit, wenn von ihm nach einem Naturereignis ein Bergrutsch oder Felssturz auszugehen droht.

(1) Eigentümerverantwortlichkeit (§ 7, 1. Alt. PolG)

(a) Begriff des Eigentümers

Der Eigentümerbegriff in § 7, 1. Alt PolG folgt dem des BGB.[200] Auch Miteigentümer und Sicherungseigentümer sind umfasst. Überträgt der Eigentümer sein Eigentum, so endet seine Zustandsverantwortlichkeit und die des neuen Eigentümers beginnt; maßgeblich ist der Zeitpunkt der Rechtsänderung, d.h. bei einer Grundstücksveräußerung Auflassung und Eintragung im Grundbuch (§§ 873 I, 925 BGB). Auch in den Fällen des gesetzlichen Eigentumsübergangs nach den §§ 946 bis 950 BGB endet die Zustandsverantwortlichkeit des bisherigen und beginnt die des neuen Eigentümers.[201]

(b) Zweifelsfragen

(aa) Sachherrschaft eines Dritten ohne Willen des Eigentümers

Während die Polizeigesetze der meisten Bundesländer die Zustandsverantwortlichkeit des Eigentümers verneinen, wenn ein **anderer**, z.B. ein Dieb, **gegen den Willen des Eigentümers** die **tatsächliche Sachherrschaft** ausübt (ebenso § 18 II BPolG und schon § 20 II 2 PrVG 1931), enthält das PolG BW keine entsprechende Vorschrift. Solange aber dem Eigentümer der Zugriff auf die gefährliche Sache unmöglich ist, darf er nicht nach § 7 PolG in Anspruch genommen werden, wenn und weil er nichts zur Gefahrenabwehr beitragen kann.[202] Entsprechendes gilt, wenn die gefährliche Sache hoheitlich beschlagnahmt wurde, z.B. durch Pfändung oder Zwangsverwaltung im Insolvenzverfahren. Zulässig kann es aber sein, den Eigentümer zu Auskünften über gefährliche Eigenschaften der Sache zu verpflichten.

(bb) Wiederaufleben der Eigentümerverantwortlichkeit nach Ende der Sachherrschaft eines Dritten ohne Willen des Eigentümers

Nach dem eben Gesagten lebt die Eigentümerzustandsverantwortlichkeit ohne weiteres wieder auf, wenn die Sachherrschaft etwa des Diebes endet, z.B. weil das vom Dieb verlassene Auto wieder aufgefunden wird. Für die andere Gesetzeslage außerhalb Baden-Württembergs wird dies im Ergebnis meist ebenso gesehen.[203] Entsprechendes gilt, wenn Pfändung, Zwangsverwaltung und Insolvenzverfahren wieder aufgehoben werden. Anders ist es aber, wenn beim Diebstahl von Benzin der abgesaugte Kraftstoff verschüttet wird und im Erdreich versickert. Hier entfällt durch den Diebstahl die Sachherrschaft und damit die Zustandsverantwortlichkeit des Auto-Eigentümers für das versickerte Benzin und lebt auch nicht wieder auf; polizeipflichtig sind allein die Diebe als Handlungsverantwortliche[204] und der Eigentümer des Grundstücks, auf dem das Benzin versickerte, als Zustandsverantwortlicher.

---

[199] Vgl. z.B. PrOVGE 80, 176, 189 f.; PrOVGE 82, 351, 359 ff.
[200] Vgl. z.B. VGH BW, NVwZ-RR 1997, 267, 268.
[201] *Götz/Geis*, Allg.POR, § 9 Rn. 77.
[202] Vgl. *Würtenberger/Heckmann/Tanneberger*, PolR BW, § 5 Rn. 296.
[203] *Götz/Geis*, Allg.POR, § 9 Rn. 60.
[204] Nds. OVG, NJW 2017, 503, 504.

(cc) Ende der Eigentümerverantwortlichkeit bei Dereliktion

221   Im Unterschied zu den Polizeigesetzen der meisten Bundesländer und zu § 18 III BPolG (und zu § 4 III 4 BBodSchG) erklärt das PolG BW eine Eigentumsaufgabe, die zur Herrenlosigkeit der gefährlichen Sache führt, nicht für unbeachtlich. Deshalb endet die Zustandsverantwortlichkeit, wenn der Eigentümer das Eigentum aufgibt, *bevor* ein ihn in Anspruch nehmender Verwaltungsakt ergeht; maßgeblich ist der Zeitpunkt der letzten Behördenentscheidung[205]. Ebenso endet die Zustandsverantwortlichkeit des Sachherrschaftsinhabers, wenn er die Sachherrschaft aufgibt.[206] In (seltenen) Ausnahmefällen kann noch erwogen werden, ob die Aufgabe des Eigentums oder der Sachherrschaft sittenwidrig und damit nichtig sein könnte (Rechtsgedanke des § 138 BGB).[207] Eine Eigentumsaufgabe bzw. Sachherrschaftsaufgabe lässt eine etwaige Verhaltensverantwortlichkeit unberührt. Nicht aber erzeugt allein schon die Handlung der Eigentums- oder Sachherrschaftsaufgabe eine Verhaltensverantwortlichkeit des zuvor nur Zustandsverantwortlichen. Andernfalls würde die Zustandsverantwortlichkeit verewigt, obwohl dies der baden-württembergische Gesetzgeber, anders als andere Gesetzgeber, in § 7 PolG gerade nicht angeordnet hat.[208] Die Eigentümerzustandsverantwortlichkeit endet selbst dann, wenn die mit der Eigentumsaufgabe verbundene Handlung gegen eine gesetzlich besonders angeordnete Handlungspflicht verstößt. Entsorgt z.B. der Eigentümer seine Sache im Wald, dann verstößt er gegen § 28 I 1 KrWG.[209] Er begründet dann aber durch den Verstoß gegen eine gesetzlich ausdrücklich angeordnete Handlungspflicht nunmehr eine Verhaltensverantwortlichkeit.

(dd) „Reduktion" der Eigentümer-Zustandsverantwortlichkeit in sog. Opferfällen

222   Beruht die Gefährlichkeit einer Sache auf einem Naturereignis (z.B. bei drohendem Felssturz oder Bergrutsch), so ist der Eigentümer gleichwohl nach § 7 PolG zustandsverantwortlich. Denn die Zustandsverantwortlichkeit besteht unabhängig von einem Verhalten oder gar Verschulden des Eigentümers. Der Besonderheit, dass der Eigentümer, nicht anders als die Allgemeinheit, zum Opfer des Naturereignisses wird, trägt das BVerfG Rechnung, indem es die Zumutbarkeit einer Inanspruchnahme des Eigentümers begrenzt: Die Kostenbelastung des Eigentümers für die Gefahrenabwehr darf grds. den Verkehrswert des Grundstücks nicht überschreiten.[210] Der Eigentümer muss zwar notfalls das Grundstück zur Gefahrenabwehr opfern, nicht aber sein weiteres Vermögen. Entsprechend „reduziert" ist die Eigentümerverantwortlichkeit in ähnlichen Fällen, in denen die Gefährlichkeit einer Sache statt von einem Naturereignis von nicht nutzungsberechtigten Dritten herrührt.[211]

(2) Inhaber der tatsächlichen Gewalt über eine gefährliche Sache (§ 7, 2. Alt PolG)

223   Inhaber der tatsächlichen Gewalt sind z.B. Mieter, Pächter, Verwahrer, Entleiher, auch bloße Besitzdiener. Auf einen Besitzwillen kommt es nicht an, denn subjektive

---

[205] Vgl. VGH BW, NJW 1997, 3259, 3260.
[206] VGH BW, NVwZ-RR 1991, 27.
[207] Vgl. VGH BW, NVwZ 1996, 1035, 1037f.
[208] Vgl. z.B. VGH BW, Urt. v. 30.7.2002 – 10 S 2153/01 – juris Rn. 135: § 7 PolG begründet keine „nachwirkende" Zustandsverantwortlichkeit.
[209] Ähnliches Beispiel bei *Würtenberger/Heckmann/Tanneberger*, PolR BW, § 5 Rn. 299.
[210] BVerfGE 102, 1, 20ff.
[211] Vgl. z.B. *Götz/Geis*, Allg.POR, § 9 Rn. 65.

C. Die polizeiliche Generalklausel der §§ 3, 1 PolG   169

Eigenschaften, die zu ermitteln die Gefahrenabwehr verzögern kann, sind im Polizeirecht unbeachtlich.²¹² Üblicherweise wird auch vermutet, dass auch der Halter des störenden Fahrzeugs die Sachherrschaft über das Fahrzeug hat und deshalb zustandsverantwortlich ist.²¹³

cc) Spezialregelungen zur Polizeipflichtigkeit

Einige Vorschriften über Standardmaßnahmen regeln die Polizeipflichtigkeit besonders, z. B. des Wohnungsinhabers in § 27a III 1 PolG („aus ihrer Wohnung"), vgl. ferner § 27a III 2 PolG (die „der Wohnung verwiesene [...] Person"). Auch einige Gesetze des besonderen Polizeirechts enthalten Spezialvorschriften zur Polizeipflichtigkeit (z. B. § 4 II, III, VI BBodSchG, §§ 41 ff. LBO). Ob diese die §§ 6 und 7 PolG ergänzen oder verdrängen, ergibt die Auslegung der speziellen Normen. § 27a III 2 PolG macht den Rückgriff auf die §§ 6 und 7 PolG entbehrlich, ebenso § 4 BBodSchG. Neben den §§ 41 ff. LBO bleiben die §§ 6 und 7 PolG anwendbar.   224

Vertiefungshinweise: Aufsätze zur Polizeipflichtigkeit: *Felix/Nitschke*, Störermehrheit im Polizei- und Ordnungsrecht, NordÖR 2004, 469 ff.; *Hartmann*, Grundwissen – Öffentliches Recht: Pflichtigkeit im Polizei- und Ordnungsrecht, JuS 2008, 593 ff.; *Hummel*, Zur Zustandsverantwortlichkeit des Eigentümers im Gefahrenabwehrrecht, Die Verwaltung 43 (2010), 521 ff.; *v. Mutius*, Der „Störer" im Polizei- und Ordnungsrecht, Jura 1983, 298 ff.; *Poscher*, Die gefahrenabwehrrechtliche Verantwortlichkeit, Jura 2007, 801 ff.; *ders./Rusteberg*, Die Klausur im Polizeirecht (3. Teil), JuS 2011, 1082 (1082 ff.); *Selmer*, Der Begriff der Verursachung im allgemeinen Polizei- und Ordnungsrecht, JuS 1992, 97 ff., s. außerdem die Vertiefungshinweise Rn. 233a.   224a

Rechtsprechung: BVerfGE 102, 1 ff. = NJW 2000, 2573 ff. – „Reduktion" der Eigentümer-Zustandsverantwortlichkeit; Nds. OVG, NJW 2017, 503 ff. – Verantwortlichkeit für ausgelaufenen Kraftstoff bei Kraftstoffdiebstahl.

b) Nicht ausdrücklich im PolG geregelte Fälle der Polizeipflichtigkeit

aa) Doppelstörer

Vom „Doppelstörer" spricht man, wenn ein und dieselbe Person verhaltens- und zustandsverantwortlich ist, z. B. wenn ein Autofahrer einen Unfall verursacht und sein Fahrzeug die Straße blockiert.²¹⁴ Gibt es unter mehreren Verantwortlichen einen Doppelstörer, *kann* sich das Ermessen der Polizei so verengen, dass sie ihre Maßnahmen gegen diesen richten muss. Ein Doppelstörer könnte sich zwar durch eine Eigentumsaufgabe seiner Zustandsverantwortlichkeit entziehen, nicht aber seiner Verhaltensverantwortlichkeit (vgl. → Rn. 221).   225

bb) Zweckveranlasser

Das Polizeigesetz regelt den (vom Nichtstörer abzugrenzenden!) **„Zweckveranlasser"** nicht ausdrücklich, doch ist diese (im Schrifttum umstrittene) Figur der Polizeirechtsdogmatik von den Gerichten zu Recht anerkannt.²¹⁵ „Zweckveranlasser" nennt man eine Person, die durch ihr Verhalten eine Gefahr zwar nicht unmittelbar verursacht hat, aber mittelbar an deren Entstehung so mitgewirkt (sie durch ihr Verhalten „bezweckt") hat, dass sie ausnahmsweise – abweichend von der Theorie der unmittelbaren Verursachung (→ Rn. 212) – für die Gefahr verantwortlich gemacht wird. Für   226

---

²¹² *Götz/Geis*, Allg.POR, § 9 Rn. 55.
²¹³ VG Hamburg, Urt. v. 2.9.2009 – 4 K 2377/08 – juris.
²¹⁴ *W.-R. Schenke*, POR, Rn. 229.
²¹⁵ Vgl. z. B. *Schoch*, Jura 2009, 360, 361.

die **Abgrenzung vom Nichtstörer** ist maßgebend eine objektive Betrachtungsweise, denn im Interesse einer wirksamen Gefahrenabwehr können Kenntnis und Wille eines potentiellen Störers allein nicht den Ausschlag geben.[216] Der **Zweckveranlasser ist** als „Mitverursacher" (neben Personen, deren Verhalten unmittelbar die Gefahr herbeiführte) **Verhaltensstörer**.[217] Ein Schulbeispiel ist der Schaufensterpuppen-Fall: Ein Ladeninhaber lockte durch aufsehenerregende Schaufensterwerbung so viele Schaulustige an, dass durch diese der Straßenverkehr behindert wurde.[218] Ob in folgenden Fällen der mittelbar Gefahrverursachende als Zweckveranlasser polizeipflichtig ist, ist umstritten: der Vermieter von Wohnungen an Prostituierte im Sperrbezirk[219], der Veranstalter von Sportgroßveranstaltungen[220], der Kioskbetreiber, der im Karneval an Jecken Glasflaschen verkauft, obwohl denen das Mitbringen von Glasbehältern verboten war[221], und der berühmte Borkumlied-Fall[222].

cc) Anscheinsstörer

227 Der Begriff „Anscheinsstörer" bezieht sich auf die sog. Anscheinsgefahr (→ Rn. 108) und bezeichnet den für diese nach den §§ 6 und/oder 7 PolG Verantwortlichen. Da die Anscheinsgefahr eine anerkannte Gefahrenart ist, ist derjenige, gegen den die Polizei eine Gefahrenabwehrmaßnahme richten darf, nach den §§ 6, 7 und 9 PolG zu ermitteln. Seine Heranziehung zur Gefahrenabwehr (sog. Primärebene → Rn. 390) war und bleibt rechtmäßig, auch wenn sich nachträglich herausstellt, dass in Wahrheit doch keine Gefahr bestanden hatte[223]. Sobald dies aber erkannt ist, darf für weitere Behördenentscheidungen – über Kosten und/oder Entschädigungen – (sog. Sekundärebene → Rn. 390) nicht mehr von einer Gefahr ausgegangen werden und damit auch nicht mehr von einer polizeilichen Verantwortlichkeit der zur Gefahrenabwehr rechtmäßig herangezogenen Person. Folgerichtig kann von dieser keine Erstattung von Polizeikosten verlangt werden. Erlitt ein Anscheinsstörer durch die polizeiliche Maßnahme einen Schaden, kann er (wie ein Nichtstörer) nach § 55 I PolG Entschädigung verlangen (→ Rn. 408).

228 In einer zweiten Bedeutungsvariante kann von einem Anscheinsstörer gesprochen werden, wenn nicht nur eine Anscheinsgefahr, sondern wirklich eine konkrete Gefahr bestand, sich aber nachträglich herausstellt, dass der von der Polizei ex ante rechtmäßig als Störer Herangezogene im Nachhinein (ex post-Sicht) doch nicht nach § 6 oder § 7 PolG für die Gefahr verantwortlich war. Er darf dann nicht zur Erstattung von Polizeikosten herangezogen werden, und er hat nach § 55 I PolG einen Entschädigungsanspruch, es sei denn, er hat den Anschein seiner Störereigenschaft zurechenbar veranlasst.[224]

dd) Verdachtsstörer

229 Der Begriff „Verdachtsstörer" wird ebenfalls in zwei Bedeutungen verwendet. Die eine nimmt Bezug auf den sog. Gefahrenverdacht (→ Rn. 109 ff., 230), die andere auf den sog. Verursachungsverdacht (→ Rn. 231).

---

[216] VGH BW, NVwZ-RR 1995, 663.
[217] VGH BW, NVwZ-RR 1995, 663.
[218] PrOVGE 40, 216; weitere Beispiele bei *Schoch*, Jura 2009, 360 ff.
[219] Bejahend HessVGH, NVwZ 1992, 1111.
[220] Verneinend *Würtenberger/Heckmann/Tanneberger*, PolR BW, § 5 Rn. 313; anders dagegen *Götz/Geis*, Allg.POR, § 9 Rn. 32 f. („Veranstalterverantwortlichkeit").
[221] OVG NW, GewArch 2012, 265, 266 f.; vertiefend *Heckel*, NVwZ 2012, 88, 91 f.
[222] PrOVGE 80, 176.
[223] *Stephan/Deger*, PolG BW, § 55 Rn. 11.
[224] *Stephan/Deger*, PolG BW, § 55 Rn. 11.

C. Die polizeiliche Generalklausel der §§ 3, 1 PolG   171

Beim Gefahrenverdacht darf die Polizei (i.d.R. vorläufige oder Sicherungs-)Maß- **230**
nahmen auf eine Spezialermächtigung stützen oder in wenigen Ausnahmefällen
(→ Rn. 115f.) auf die polizeiliche Generalklausel der §§ 3, 1 PolG. Jeweils bezeichnet
der Begriff des Verdachtsstörers die Person, die für den Gefahrenverdacht soll verantwortlich gemacht werden dürfen. Spezialermächtigungen für ein Eingreifen bei Gefahrenverdacht bestimmen diese Person regelmäßig ausdrücklich. Soll bei einem Gefahrenverdacht ausnahmsweise aufgrund der polizeilichen Generalklausel eingeschritten
werden (→ Rn. 115f.), ist zweifelhaft, ob die Polizei Personen mit Hilfe der §§ 6 und
7 PolG als Störer heranziehen darf oder nur als Nichtstörer im polizeilichen Notstand
(→ Rn. 117, 223). Die Antwort darauf hat auch für etwaige Entschädigungsansprüche
Bedeutung (→ Rn. 117, 409). Solche Zweifel stellen sich indes nicht, folgt man der
vorzugswürdigen Ansicht, nach der bei einem bloßen Gefahrenverdacht die polizeiliche Generalklausel als Ermächtigungsgrundlage für Eingriffe in subjektive öffentliche
Rechte regelmäßig ausscheidet[225] (→ Rn. 115).

In einer anderen Bedeutungsvariante wird der Begriff des Verdachtsstörers beim sog. **231**
Verursachungsverdacht verwendet. Beim Verursachungsverdacht liegt tatsächlich eine
Gefahr (d.h. nicht nur ein Gefahrenverdacht) vor. Aber es steht nicht zweifelsfrei fest,
sondern liegt lediglich nahe, dass die von der Polizei zur Gefahrenabwehr herangezogene Person für die Gefahr (nach § 6 oder § 7 PolG) verantwortlich ist. In diesem Fall
darf die Person nur unter den Voraussetzungen des § 9 PolG als Nichtstörer in Anspruch genommen werden.[226]

ee) „Latenter Störer"

Der Begriff des „latenten Störers" lehnt sich an den Begriff der „latenten Gefahr" an. **232**
Diese ist keine Gefahr im polizeilichen Sinn (→ Rn. 120), sondern eine „gefahrgeneigte"
Sachlage, aus der sich durch Hinzutreten des Handelns anderer Personen später eine Gefahr entwickeln kann. Entsteht dann tatsächlich eine Gefahr (→ Rn. 121), kann man erwägen, aus Billigkeitsgründen für diese Gefahr die Verantwortlichkeit anders als nach der
Theorie der unmittelbaren Verursachung (→ Rn. 209f.) zu bestimmen und die Person für
polizeipflichtig zu erklären, die aus der „gefahrgeneigten Sachlage" Nutzen gezogen hat.

ff) Polizeipflicht von Hoheitsträgern?

Nach neuerdings herrschender Ansicht darf die Polizei zur Gefahrenabwehr auch **233**
gegen eine juristische Person des öffentlichen Rechts einschreiten, wenn diese für eine
Gefahr verantwortlich ist – es sei denn, das polizeiliche Ge- oder Verbot griffe ausnahmsweise unmittelbar in die hoheitliche Tätigkeit des anderen Verwaltungsträgers
ein.[227] Auch wenn eine juristische Person des öffentlichen Rechts wegen der ihr zugewiesenen eigenen Verwaltungsaufgaben selbst dafür sorgen muss, dass in ihrem Aufgabenbereich keine Gefahr entsteht (sog. „materielle" Polizeipflichtigkeit), kann sie also
darüber hinaus von der Polizeibehörde durch Ge- oder Verbotsverfügung zur Gefahrenbeseitigung verpflichtet werden (sog. „formelle" Polizeipflichtigkeit). Z.B. darf die
Polizei einem Abfallzweckverband als dem zustandsverantwortlichen Inhaber der Sachherrschaft (§ 7 PolG) über ein vor Jahrzehnten stillgelegtes Bergwerk und als verhaltensverantwortlichem Verkehrssicherungspflichtigen (§ 6 PolG) auferlegen, eine Einsturzstelle (Tagesbruch) zu sichern.[228] Dagegen ist weiterhin abzulehnen, dass sich die

---

[225] *Ibler*, FS Hailbronner, 2013, S. 737, 743f.
[226] Vgl. *Classen*, JA 1995, 608, 612f.
[227] Vgl. z.B. VGH BW, NVwZ-RR 1997, 267, 268.
[228] VGH BW, VBlBW 2013, 178, 182f.

Polizeibehörde durch Polizeiverfügung gezielt (und damit gesetzliche Zuständigkeiten unterlaufend) in die hoheitliche Tätigkeit einer juristischen Person des öffentlichen Rechts einmischt – es sei denn, es handelt sich um einen unaufschiebbaren Notfall.

233a **Vertiefungshinweise:** Aufsätze zu nicht ausdrücklich im Gesetz geregelten Fällen der Polizeipflichtigkeit: *Beaucamp/Seifert*, Soll der Zweckveranlasser weiterleben?, JA 2007, 577 ff.; *Britz*, Abschied vom Grundsatz fehlender Polizeipflicht von Hoheitsträgern?, DÖV 2002, 891 ff.; *Erbel*, Zur Polizeipflichtigkeit des sog. „Zweckveranlassers", JuS 1985, 257 ff.; *Finger*, Der „Freier": Ein Störer im Sinne des Gefahrenabwehrrechts?, VBlBW 2007, 139 ff.; *Levin/Schwarz*, Zum polizeirechtlichen Umgang mit sog. Facebook-Partys – „Ab geht die Party und die Party geht ab!" … oder doch nicht?, DVBl. 2012, 10 ff.; *Schmelz*, Die Entwicklung der dogmatischen Figuren des Zweckveranlassers und der latenten Gefahr, BayVBl. 2001, 550 ff.; *Schoch*, Polizeipflichtigkeit von Hoheitsträgern, Jura 2005, 324 ff.; *ders.*, Der Zweckveranlasser im Gefahrenabwehrrecht, Jura 2009, 360 ff.; *Sendler*, Abschied vom „latenten" Störer, WiVerw 1977, 94 ff.; *Weidemann/Barthel*, Ordnungsrechtliche Verantwortlichkeit und Zweckveranlasser, VR 2007, 217 ff.; *Wobst/Ackermann*, Der Zweckveranlasser wird 100 – Ein Grund zum Feiern?, JA 2013, 916 ff.

Rechtsprechung: PrOVGE 40, 216 ff. – Schaufensterpuppen-Fall (Zweckveranlasser); VGH BW, VBlBW 2011, 155 ff. = NVwZ-RR 2011, 231 ff. – Anscheinsstörer.

c) Rechtsnachfolge in die polizeirechtliche Verantwortlichkeit

234 Hat ein Störer einen Rechtsnachfolger, kann die Polizei unter bestimmten Voraussetzungen diesen zur Gefahrenabwehr (oder ggf. zur Erstattung der dafür angefallenen Kosten) heranziehen. Es geht im Polizeirecht bei der Rechtsnachfolge um die mit dieser verknüpfte Pflichtennachfolge.[229] Die Einzelheiten sind bis heute umstritten.

235 Praktisch (und in Klausuren) wichtige Fragen sind, ob die Polizei eine gegen den Rechtsvorgänger gerichtete Gefahrenabwehrverfügung nach Eintritt der Rechtsnachfolge gegen den Rechtsnachfolger vollstrecken darf (vgl. auch § 3 LVwVG) oder ob sie gegen diesen eine neue Gefahrenabwehrverfügung erlassen müsste und ob sie dies ggf. überhaupt darf.

236 Um die theoretischen Probleme einer Rechtsnachfolge im Polizeirecht zu meistern, sind folgende Unterscheidungen hilfreich[230]:
– Geht es um einen Fall, für den Spezialvorschriften des Besonderen Polizeirechts die Verantwortlichkeit bei Rechtsnachfolge regeln (z. B. § 4 III, VI BBodSchG) oder ist das Allgemeine Polizeirecht einschlägig? (→ Rn. 237 ff.)
– Bedarf es für einen Übergang der polizeilichen Verantwortlichkeit einer ausdrücklichen Rechtsnorm, die diesen Übergang anordnet (Frage nach einem sog. **Rechtsnachfolgetatbestand** bzw. **Übergangstatbestand**)? (→ Rn. 241)
– Hatte die Polizeibehörde schon vor Eintritt der Rechtsnachfolge den Rechtsvorgänger durch Verwaltungsakt zu einer konkreten Gefahrenabwehrmaßnahme (oder zur Kostenerstattung) verpflichtet oder noch nicht? (→ Rn. 242 ff.)
– Konnte die Pflicht des Rechtsvorgängers nur höchstpersönlich von diesem erfüllt werden (z. B. Schulpflicht) bzw. verlangte ggf. die schon an ihn ergangene Gefahrenabwehrverfügung ein höchstpersönliches Tun, Dulden oder Unterlassen (z. B. einen bestimmten Platz zu verlassen) oder war er zu einem nicht höchstpersönlichen, d. h. vertretbaren Verhalten verpflichtet (worden), das auch durch Dritte erfüllt werden kann, erforderlichenfalls im Wege der Ersatzvornahme, z. B. sein Auto aus dem Halteverbot zu entfernen (Frage nach der **Nachfolgefähigkeit** bzw. Übergangsfähigkeit **der Pflichtenstellung**)? (→ Rn. 245 ff.)

---

[229] *Thiel*, POR, § 8 Rn. 150.
[230] Vgl. z. B. *Wittreck*, Jura 2008, 534, 537.

C. Die polizeiliche Generalklausel der §§ 3, 1 PolG   173

- War der polizeipflichtige Rechtsvorgänger Verhaltens- oder Zustandsstörer? (→ Rn. 245 ff., 248 f.)
- Handelt es sich um eine Einzelrechtsnachfolge (z. B. bei Veräußerung der gefährlichen Sache) oder um eine Gesamtrechtsnachfolge (z. B. beim Tod eines Störers oder bei der Umwandlung einer polizeilich verantwortlichen Personen- oder Kapitalgesellschaft in eine andere)? (→ Rn. 245 ff.)

aa) Spezialgesetzliche Regelungen zur Verantwortlichkeit eines Rechtsnachfolgers

Im Besonderen Polizeirecht regeln wenige Gesetze bestimmte Fälle einer Rechtsnachfolge ausdrücklich. 237

§ 4 III 1 BBodSchG erstreckt die Verantwortlichkeit für eine schädliche Bodenveränderung oder Altlast ausdrücklich auf den Gesamtrechtsnachfolger des Verursachers. Die Einzelheiten sind trotz der wichtigen Entscheidung BVerwGE 125, 325 umstritten geblieben.[231] Die Regelung im BBodSchG ist auch deshalb besonders geartet, weil in den Fällen des § 4 VI BBodSchG ein neuer Eigentümer einer Altlast nicht anstelle seines Rechtsvorgängers, sondern neben diesem verantwortlich gemacht wird. 238

Die LBO Baden-Württembergs enthält für die Rechtsnachfolge in baupolizeiliche (Gefahrenabwehr-)Verfügungen – anders als die Bauordnungen einiger anderer Bundesländer – keine ausdrückliche Vorschrift. Nur die Baugenehmigung gilt gemäß § 58 II LBO auch für und gegen den Rechtsnachfolger des Bauherrn. Daraus kann man ableiten, dass der Rechtsnachfolger des Bauherrn auch etwaige der Baugenehmigung (z. B. aus Gefahrenabwehrgründen) beigefügte Nebenbestimmungen gegen sich gelten lassen muss. Darüber hinaus erkennt die Rechtsprechung – gegen Widerspruch in der Literatur – heute an, dass selbst ohne ausdrückliche Rechtsnachfolgeregelung in der Bauordnung eine zur Gefahrenabwehr an den Verantwortlichen gerichtete Abrissverfügung oder Nutzungsuntersagung auch gegen dessen Rechtsnachfolger wirkt.[232] 239

Regelt keine Norm des Besonderen Polizeirechts eine Rechtsnachfolge in die polizeiliche Verantwortlichkeit eines Störers, halten Rechtsprechung und h. L. eine Rechtsnachfolge nach Grundsätzen des Allgemeinen Polizeirechts für möglich. Danach genüge, dass eine zivilrechtliche Norm eine Rechtsnachfolge vorsehe (z. B. die §§ 1922, 1967 BGB für die Rechte und Pflichten des Erblassers). Andere in der Literatur kritisieren diese Rechtsprechung mit Recht, weil wegen der weitreichenden Folgen eines Übergangs der polizeilichen Verantwortlichkeit der rechtsstaatliche Vorbehalt des Gesetzes ein spezielles – eine Nachfolge in die *öffentlich-rechtliche* Pflichtenstellung anordnendes – Parlamentsgesetz verlange.[233] 240

Das Polizeigesetz trifft keine Bestimmung darüber, ob die Polizei dem Rechtsnachfolger der Person, die nach § 6 oder § 7 PolG für eine Gefahr verantwortlich war, die Beseitigung der Gefahr aufgeben darf. Rechtsprechung und h. L. haben deshalb Regeln entwickelt, von denen manche anerkannt, andere bis heute umstritten sind. Vorausgesetzt wird zumindest ein **Rechtsnachfolgefall** (z. B. der Tod des polizeilichen Störers) und eine Norm, die für diesen Fall den Übergang von Pflichten anordnet (möglicherweise z. B. die §§ 1922 I, 1967 BGB), sog. **Nachfolgetatbestand.** Ob zivilrechtliche Nachfolgetatbestände auch den Übergang kraft Polizeirechts begründeter Pflichten erfassen, ist umstritten (→ Rn. 240). 241

---

[231] Vgl. z. B. *Wittreck*, Jura 2008, 534.
[232] Nachweise bei *Götz/Geis*, Allg.POR, § 9 Rn. 88.
[233] *Wittreck*, Jura 2008, 534, 540; *Nolte/Niestedt*, JuS 2000, 1071, 1073.

bb) Unterscheidung von konkreter Polizeipflicht und abstrakter Polizeipflichtigkeit

242 Eine wichtige theoretische Unterscheidung ist, ob die Polizei(behörde) vor Eintritt der Rechtsnachfolge (also z. B. vor dem Tod des nach den §§ 6 und 7 PolG verantwortlichen Störers) gegenüber dem Störer durch Verwaltungsakt eine Gefahrenbeseitigungsmaßnahme angeordnet hat oder nicht.

243 Besteht eine Gefahr, für die eine Person nach § 6 oder § 7 PolG verantwortlich ist, und hat die Polizei vor Eintritt der Rechtsnachfolge durch Verwaltungsakt – ihr Entschließungs- und Auswahlermessen (→ Rn. 264 ff.) ausübend – dem Verantwortlichen eine bestimmte Gefahrenabwehrmaßnahme befohlen, hat sie ihm eine konkrete (Polizei-)Pflicht auferlegt. Eine **konkrete** (bzw. „konkretisierte") **Polizeipflicht** wird als echte Rechtspflicht (Verbindlichkeit) eingestuft. Dass sie grundsätzlich auf einen Rechtsnachfolger übergehen kann, wird überwiegend anerkannt.

244 Hat dagegen die Polizei die Verantwortlichkeit eines Störers noch nicht durch den Erlass eines Verwaltungsakts „konkretisiert", spricht man von einer **abstrakten Polizeipflichtigkeit** (einer „Verpflichtbarkeit" oder „Verantwortlichkeit") des Verantwortlichen. Abstrakt bedeutet hier, dass die Pflichtigkeit bislang nur aufgrund von Gesetzen (z. B. der polizeilichen Generalklausel i. V. mit § 6 PolG) besteht. Es sind bei Vorliegen einer Gefahr nur die Tatbestandsmerkmale dieser gesetzlichen Eingriffsgrundlage erfüllt, und es gibt einen oder mehrere Verantwortliche für die Gefahr. Die Eingriffsermächtigung muss aber von der Polizei erst noch unter Ausübung von Ermessen (→ Rn. 260 ff.) im Einzelfall angewendet, d. h. durch Erlass einer inhaltlich bestimmten Verfügung gegenüber einem bestimmten Polizeipflichtigen konkretisiert werden.

cc) Rechtsnachfolge bei Verursachungsverantwortlichkeit

245 Besonders kompliziert und umstritten sind dagegen die Fälle einer Rechtsnachfolge bei Verursachungsverantwortlichkeit. Früher wurde zumeist verneint, dass auch die vor Ermessensausübung im Einzelfall noch unvollständige Verbindlichkeit auf einen Rechtsnachfolger übergehen kann (→ Rn. 244). Für die abstrakte Verhaltensverantwortlichkeit wird für nicht höchstpersönliche Pflichten (→ Rn. 246 f.) heute jedoch die Übergangsfähigkeit auf einen Gesamtrechtsnachfolger meist bejaht, weil dieser passgenau in diese Pflichtigkeit seines Rechtsvorgängers einrücke; ohne die Rechtsnachfolge hätte gegen den ursprünglichen Verhaltensstörer das Ermessen ebenfalls noch ausgeübt werden müssen und können.[234] Einigkeit besteht insoweit, als ein Übergang der Verhaltensverantwortlichkeit **nur bei einer Gesamtrechtsnachfolge** (z. B. beim Tod des Verhaltensstörers) möglich sein kann.

246 Hat die Polizei bei einer Gefahr gegen einen Verursachungsverantwortlichen vor der Gesamtrechtsnachfolge noch keine Verfügung erlassen, kommt es darauf an, ob die abstrakte Polizeipflichtigkeit des Verhaltensstörers auf den Gesamtrechtsnachfolger (z. B. den Erben) übergegangen ist. Beruht eine abstrakte Polizeipflichtigkeit auf einer **höchstpersönlichen Verantwortlichkeit** (z. B. bei ansteckender Krankheit dem Schulunterricht fern zu bleiben), geht sie nicht auf den Rechtsnachfolger über. Hat die Polizei vor Eintritt der Gesamtrechtnachfolge die abstrakte Verhaltensverantwortlichkeit (→ Rn. 244) durch einen Verwaltungsakt gegenüber dem Verhaltensstörer zu einer konkreten Polizeipflicht (→ Rn. 243) konkretisiert, kommt es ebenfalls darauf an, ob es sich um eine höchstpersönliche Pflicht handelt. Ist dem Verantwortlichen wegen seiner ansteckenden Krankheit durch Verwaltungsakt der Schulbesuch untersagt wor-

---

[234] *Götz/Geis*, Allg.POR, § 9 Rn. 85; *Nolte/Niestedt*, JuS 2000, 1071, 1073.

den, geht diese konkrete Polizeipflicht wegen ihrer Höchstpersönlichkeit nicht auf einen Rechtsnachfolger über.

Ist eine polizeiliche Verantwortlichkeit nicht höchstpersönlich, sondern „vertretbar", **247** d. h. kann auch durch einen anderen als den Polizeipflichtigen – durch einen Vertreter – erfüllt werden (z. B. die Pflicht, ein falsch geparktes Auto wegzufahren), kann sie nach Rechtsprechung und h. L. nach den zivilrechtlichen Regelungen über eine Gesamtrechtnachfolge, die (analog) auch im öffentlichen Recht anzuwenden seien, auf den Gesamtrechtsnachfolger übergehen (str. → Rn. 240). Dies soll für den Übergang der abstrakten Polizeipflichtigkeit ebenso gelten wie für den Übergang einer (vor Eintritt der Rechtsnachfolge durch Verwaltungsakt „konkretisierten") konkreten Polizeipflicht.

dd) Rechtsnachfolge bei Zustandsverantwortlichkeit

Bei der Zustandsverantwortlichkeit spielen Fragen der Rechtsnachfolge seltener eine **248** Rolle. Geht das Eigentum an einer gefährlichen Sache (sei es durch Gesamt- oder durch Einzelrechtsnachfolge) von einem Zustandsstörer auf dessen Rechtsnachfolger über, erlischt die (abstrakte) polizeiliche Verantwortlichkeit des früheren Eigentümers bzw. Sachherrschaftsinhabers – sofern nicht spezialgesetzlich etwas anderes bestimmt ist, wie z. B. durch § 4 III, VI BBodSchG (→ Rn. 238). An ihre Stelle tritt nach § 7 PolG eine Zustandsverantwortlichkeit des neuen Eigentümers bzw. Sachherrschaftsinhabers. Die Polizei darf ihre Gefahrenabwehrverfügung dann gegen den neuen Zustandsstörer richten.

Hatte die Polizei schon vor der (Gesamt-)Rechtsnachfolge dem früheren Zustands- **249** verantwortlichen durch Verfügung eine bestimmte Gefahrenabwehrmaßnahme auferlegt, kann sie diese Verfügung ihm gegenüber nicht mehr durchsetzen; im Fall einer Einzelrechtsnachfolge (z. B. nach Veräußerung der gefährlichen Sache) darf sie dies nicht mehr. Gegenüber dem neuen Zustandsstörer bedarf es aber keiner vollständig neuen Gefahrenabwehrverfügung. Vielmehr kann die Polizei den gegen den alten Zustandsstörer erlassenen Verwaltungsakt auf den Rechtsnachfolger umadressieren (durch feststellenden Verwaltungsakt). Der Rechtsnachfolger muss sich ggf. damit abfinden, dass sein Rechtsvorgänger die gegen ihn gerichtete Verfügung hat unanfechtbar werden lassen.[235]

Vertiefungshinweise: Aufsätze zur Rechtsnachfolge in die polizeirechtliche Verantwortlich- **249a** keit: *Ammermann*, Nachfolge in ordnungsrechtliche Rechte und Pflichten, in: FS Knemeyer, 2012, S. 297 ff.; *Nolte/Niestedt*, Grundfälle zur Rechtsnachfolge im Öffentlichen Recht, JuS 2000, 1071 ff., 1172 ff.; *Rau*, Die Rechtsnachfolge in Polizei- und Ordnungspflichten, Jura 2000, 37 ff.; *Wittreck*, Altlasten-Rechtsprechung oder Rechtsprechungs-Altlasten?, Jura 2008, 534 ff.; *Zacharias*, Die Rechtsnachfolge im Öffentlichen Recht, JA 2001, 720 ff.

d) Polizeipflichtigkeit eines Nichtstörers im polizeilichen Notstand (§ 9 I PolG)

Gegen „Nichtstörer" bzw. „Dritte", d. h. gegen andere als die in § 6 und § 7 PolG **250** genannten Personen, darf die Polizei ihre Maßnahmen nur im (besonders klausurwichtigen) Fall eines sog. polizeilichen Notstands richten. „Polizeilicher Notstand" heißt der in § 9 I PolG geregelte **Ausnahmefall.** Er betrifft eine unmittelbar bevorstehende Störung, d. h. einen in allernächster Zeit und gewiss eintretenden Schaden[236] für die öffentliche Sicherheit oder Ordnung, bzw. eine schon eingetretene Störung, wenn sie

---

[235] Vgl. z. B. Nds. OVG, NdsRpfl 2013, 212.
[236] VGH BW, VBlBW 2013, 178, 180.

weder durch ein polizeiliches Einschreiten gegen Störer noch durch eine Unmittelbare Ausführung (→ Rn. 158 ff.) noch mit eigenen Mitteln der Polizei verhindert bzw. beseitigt werden kann. Dazu zählen auch Fälle, in denen durch Maßnahmen gegen vorhandene Störer oder durch eine Unmittelbare Ausführung ein unverhältnismäßiger Schaden entstünde, vgl. § 9 I PolG a. E. Typische Anwendungsbeispiele für § 9 I PolG sind sog. Obdachlosenfälle und Gegendemonstrationsfälle. In den Gegendemonstrationsfällen[237] verbietet die Polizei eine friedliche Versammlung, um einen schweren Zusammenstoß mit einer Gegendemonstration abzuwenden. In den Obdachlosenfällen beschlagnahmt die Polizei bei einem Hauseigentümer eine Wohnung, um darin eine unfreiwillig obdachlose Person unterzubringen, deren Gesundheit andernfalls in Gefahr wäre. Nicht einschlägig ist § 9 I PolG bei freiwilliger Obdachlosigkeit, da diese keine Gefahr für die öffentliche Sicherheit begründet.

250a Aus § 9 II PolG folgt die Pflicht, die Inanspruchnahme des Nichtstörers zu beenden, sobald die Voraussetzungen des § 9 I PolG nicht mehr vorliegen. Wenn eine gemeindliche Obdachlosenunterkunft frei wird, muss die Beschlagnahme der Wohnung des Nichtstörers aufgehoben werden. Darauf hat dieser einen Rechtsanspruch, wie sich aus einer verfassungskonformen Auslegung der §§ 33 IV und 9 II PolG im Lichte des Art. 14 GG ergibt. Die Polizeibehörde hat sogar noch weitergehend die objektive Pflicht, eine (gemeinde-) eigene Ersatzunterkunft zu beschaffen. Über diese **Beschaffungspflicht** wacht die Aufsichtsbehörde.

251 Trifft die Polizei nach § 9 I PolG rechtmäßig eine Maßnahme gegen einen Nichtstörer, z. B. gegen den Eigentümer der Wohnung, die für den Obdachlosen beschlagnahmt wurde (→ Rn. 250, 406), und erleidet der Nichtstörer dadurch einen Schaden, so steht ihm nach § 55 I PolG eine Entschädigung zu. Erst recht steht dem geschädigten Nichtstörer dieser Entschädigungsanspruch zu, wenn die Maßnahme gegen ihn rechtswidrig war (str. → Rn. 407).

251a **Vertiefungshinweise:** Aufsätze zur Polizeipflichtigkeit des Nichtstörers: *Eckstein*, Polizeirechtliche Aspekte der Obdachlosigkeit, VBlBW 1994, 306 ff.; *Kießling*, Nichtstörer und andere Unbeteiligte als Adressaten von Polizeiverfügungen, Jura 2016, 483 ff.; *Schoch*, Die Notstandspflicht im Polizei- und Ordnungsrecht, Jura 2007, 676 ff.

Rechtsprechung: VGH BW, VBlBW 2013, 178 ff. – Inanspruchnahme eines Grundstückseigentümers als Nichtstörer.

2. Bestimmtheit der Polizeiverfügung

251b Besteht die polizeiliche Maßnahme in einem Verwaltungsakt, muss dieser inhaltlich hinreichend bestimmt sein (vgl. § 37 I LVwVfG). Ob eine Polizeiverfügung hinreichend bestimmt ist, ergibt eine Auslegung dieser behördlichen Willenserklärung. Diese Auslegung folgt auch im Polizeirecht den Maßstäben der §§ 133, 157 BGB.[238] Maßgeblich ist also der „objektivierte Empfängerhorizont" des Adressaten. Das Bestimmtheitsgebot verlangt, dass der Adressat eines Verwaltungsaktes in der Lage sein muss zu erkennen, was von ihm gefordert wird – und zwar so klar, dass der behördliche Wille nicht anders verstanden werden kann.[239] Nur so kann der Verwaltungsakt Grundlage für eine vielleicht nötige zwangsweise Durchsetzung sein (→ Rn. 345 ff.).

---

[237] Z.B. VGH BW, VBlBW 2016, 299.
[238] VGH BW, NJW 2003, 234, 234 f.
[239] VGH BW, BauR 2017, 2148, 2149.

C. Die polizeiliche Generalklausel der §§ 3, 1 PolG   177

3. Verhältnismäßigkeit

Ein polizeilicher Eingriff kann nur rechtmäßig sein, wenn er auch dem Verhältnismäßigkeitsgebot genügt. Der im preußischen Polizeirecht entwickelte Verhältnismäßigkeitsgrundsatz, heute auch in § 5 PolG verankert, erstarkte allmählich zu einem Grundsatz des allgemeinen Verwaltungsrechts und hat dann als Teil des Rechtsstaatsprinzips (Art. 20 III GG) und der Grundrechte Verfassungsrang erlangt. Als Verfassungsgebot durchdringt er die Polizeigesetzgebung sowie Auslegung und Anwendung des Polizeirechts. Insbesondere beschränkt er die Ausübung des Ermessens (→ Rn. 269).

Das Verhältnismäßigkeitsgebot verlangt, dass jeder Eingriff der Polizei ein legitimes Ziel (→ Rn. 254) verfolgt, und dass er dazu geeignet (→ Rn. 255), erforderlich (→ Rn. 256) und angemessen (→ Rn. 257) ist. Im Polizeirecht wird das Verhältnismäßigkeitsgebot um einen besonderen Bestandteil ergänzt, den sog. Grundsatz des Austauschmittels (→ Rn. 258).

a) Legitimes Ziel

Im Polizeirecht ist legitimes Ziel des polizeilichen Handelns die Erfüllung der Aufgaben, wie sie durch § 1 PolG (oder durch speziellere polizeiliche Aufgabennormen) festgelegt werden, insbesondere also die Abwehr einer Gefahr für die öffentliche Sicherheit oder Ordnung (§ 1 I PolG).

b) Geeignetheit

Geeignet i.S. des Verhältnismäßigkeitsgebots ist die Eingriffsmaßnahme, wenn sie hilft, das legitime Ziel, dem sie dient, zu erreichen. Es genügt, wenn durch die Maßnahme die Gefahr abnimmt.

c) Erforderlichkeit

Die Eingriffsmaßnahme der Polizei ist erforderlich, wenn es keine andere gleich geeignete, aber den Betroffenen und die Allgemeinheit weniger beeinträchtigende Maßnahme gibt, vgl. auch § 5 I PolG.

d) Angemessenheit

Die Eingriffsmaßnahme der Polizei muss zudem angemessen bzw. verhältnismäßig im engeren Sinne sein, d.h. sie darf keinen Nachteil mit sich bringen, der zu dem von der Polizei beabsichtigten Schutz der öffentlichen Sicherheit oder Ordnung ersichtlich außer Verhältnis steht. Um dies zu erkennen, ist festzustellen, wie wichtig das von der Polizei zu schützende Gut ist und wie stark es gefährdet ist. Entsprechend ist darzutun, wie wichtig das von dem polizeilichen Eingriff beeinträchtigte Gut ist und wie stark es beschränkt würde (→ Rn. 259).

e) Grundsatz des Austauschmittels

Der Verhältnismäßigkeitsgrundsatz hat im Polizeirecht einen eigentümlichen Bestandteil, nämlich das Recht des Verpflichteten, der Polizei anstelle der in der Verfügung angeordneten Maßnahme einen gleichwertigen Ersatz anzubieten, sog. Grundsatz des Austauschmittels. Bietet der Adressat vor Unanfechtbarkeit einer Polizeiverfügung der Polizei einen (rechtmäßigen)[240] Ersatz an, der sich genauso gut dazu eignet, die Gefahr abzuwenden, dann muss sich die Polizei darauf einlassen, sofern dies die

---

[240] Vgl. z.B. VG Freiburg, Urt. v. 2.2.2017 – 6 K 1701/15 – juris Rn. 44.

Allgemeinheit nicht stärker belastet – selbst wenn der Verpflichtete durch das neu angebotene Mittel objektiv stärker belastet wird. Gibt die Polizei z.B. einem Grundeigentümer auf, die Höhe seiner Gartenhecke um 50 cm zu kürzen, weil sie Autofahrern in einer Kurve die Sicht nimmt, könnte der Adressat anbieten, die Hecke ganz zu entfernen.[241] Ordnet die Polizei gegenüber einem Hundehalter einen Leinenzwang für dessen bissigen Hund an, könnte der Hundehalter anbieten, den Hund einschläfern zu lassen. Weigert sich die Polizei, in ihrer Verfügung das angebotene gleich geeignete Austauschmittel zu akzeptieren, ist die Verfügung rechtswidrig und verletzt das entsprechende Recht des Adressaten (Anspruch auf Akzeptanz eines gleich geeigneten Austauschmittels). Zwar regelt das PolG Baden-Württembergs – anders als die Polizeigesetze anderer Bundesländer und anders als § 16 II 2 BPolG – den Grundsatz des Austauschmittels nicht ausdrücklich. Er gilt in Baden-Württemberg aber als allgemeiner Grundsatz des Polizeirechts (→ Rn. 54 f.; zur gerichtlichen Durchsetzbarkeit → Rn. 261, 472).

f) Verhältnismäßigkeit und Grundrechte

259 Polizeimaßnahmen greifen häufig in Grundrechte der Bürger ein. Die Polizei muss deshalb besonders darauf achten, ihre Eingriffsermächtigungen stets grundrechtskonform auszulegen und anzuwenden (→ Rn. 46 f., 99). Dies gilt auch für die Wahrung der Verhältnismäßigkeit. Insbesondere bestimmen bei der Angemessenheitsprüfung (→ Rn. 257) die Grundrechte mit, welches Gewicht den von der Polizei zu schützenden Gütern zukommt und welches Gewicht den Gütern, die durch die polizeiliche Maßnahme beschränkt werden.

259a **Vertiefungshinweise:** Aufsätze zur Verhältnismäßigkeit im Polizeirecht: *Grupp*, Das Angebot des anderen Mittels, VerwArch 69 (1978), 125 ff.; *Kluth*, Das Übermaßverbot, JA 1999, 606 ff.; *Poscher/Rusteberg*, Die Klausur im Polizeirecht (3. Teil), JuS 2011, 1082 (1085 f.); *Riegel*, Die Bedeutung des Grundsatzes der Verhältnismäßigkeit und der Grundrechte für das Polizeirecht, BayVBl. 1980, 577 ff.; *Wienbracke*, Der Verhältnismäßigkeitsgrundsatz, ZJS 2013, 148 ff.

III. Das Ermessen der Polizei

1. Begriff und Wesen des Ermessens

260 Das „Ermessen" der Polizei ist eine der Polizei **durch Gesetz eingeräumte besondere Entscheidungsmacht:** Wenn alle Tatbestandsmerkmale einer Ermessensnorm erfüllt sind, darf die Polizei unter Einhaltung gewisser Grenzen frei darüber entscheiden, ob sie eine Eingriffsmaßnahme ergreift und ggf. welche. Ob eine gesetzliche Eingriffsermächtigung ein Ermessen einräumt und deshalb eine Ermessensnorm ist – im Unterschied zu einer „zwingenden Norm" bzw. „Mussvorschrift" – ergibt die **Gesetzesauslegung.** Gewöhnlich lässt schon der Normtext erkennen, dass die Polizei ein Ermessen haben soll, wenn der Gesetzgeber Tatbestandsseite und Rechtsfolgenseite einer Eingriffsermächtigung zur Gefahrenabwehr durch die Worte „kann", „darf", „soll" oder „entscheidet nach pflichtgemäßem Ermessen" verknüpft (vgl. z.B. § 3 PolG). Ein solches Rechtsfolgermessen gewährt der Gesetzgeber der Polizei, weil er nicht selbst für jede nur denkbare Gefahr stets die passende Abhilfe genau vorhersehen und festlegen kann. Was der Gesetzgeber dagegen typischerweise vorhersehen und abstrakt klären kann, regelt er durch die Tatbestandsmerkmale der Ermessensnorm und durch wenige Vorschriften, die **gesetzliche Grenzen des Ermessens** festlegen, z.B. § 40 VwVfG

---

[241] Weitere Beispiele bei *Kingreen/Poscher*, POR, § 10 Rn. 29.

C. Die polizeiliche Generalklausel der §§ 3, 1 PolG   179

und § 114 VwGO, § 5 PolG (→ Rn. 252, 269). Im Übrigen darf sich der Gesetzgeber darauf verlassen, dass die Gerichte und die Wissenschaft rechtsdogmatisch diese gesetzlichen Grenzen des Ermessens hinreichend präzisiert haben; insbesondere durch eine allgemein anerkannte **Ermessensfehlerlehre** (→ Rn. 270 ff.). Konsequenz dieser Regelungstechnik in unserer Rechtsordnung ist es, dass bei Vorliegen der Tatbestandsvoraussetzungen einer gesetzlichen Ermessens-Eingriffsermächtigung zur Gefahrenabwehr, z. B. bei einer Gefahr für die öffentliche Sicherheit (§§ 3, 1 PolG), verschiedene Entscheidungen der Polizei – alternativ – rechtmäßig sein können. Die Auswahl unter ihnen trifft die Polizei nach – rechtlich nicht vorgegebenen – Gesichtspunkten der **Zweckmäßigkeit**. Die Polizei hat dadurch bei der Ausübung ihres Ermessens einen „**Ermessensspielraum**". Ihn kennzeichnet, dass Gerichte das Ermessen der Polizei nur beschränkt überprüfen, d. h. nur darauf, ob die Polizei die rechtlichen Grenzen des Ermessens (→ Rn. 269 ff.) eingehalten hat, vgl. § 114 S. 1 VwGO. Aber nur dort, wo das Gesetz der Polizei Ermessen (ausdrücklich oder durch Auslegung ermittelbar) einräumt, verbleibt ihr ein Ermessensspielraum, in dem sie auch nach Zweckmäßigkeit entscheidet.

2. Entscheidungsteile ohne Ermessen

Kein Ermessen – und damit auch kein Ermessensspielraum – steht der Polizei zu bei **261** der Einhaltung des gesetzlichen Tatbestands, der Verhältnismäßigkeit und der Grundrechte und auch nicht für die Entscheidung, ob eine Person Handlungsstörer, Zustandsstörer oder Nichtstörer im polizeilichen Notstand ist. Diese Vorgaben sind vielmehr Maßstäbe der Rechtmäßigkeit, nicht der Zweckmäßigkeit. Folgerichtig kontrollieren Gerichte umfassend, also nicht nur beschränkt auf Ermessensfehler, ob die Polizei tatbestandsmäßig, verhältnismäßig und grundrechtskonform gehandelt sowie als Adressaten der Polizeimaßnahme einen Polizeipflichtigen herangezogen hat. Voll kontrollierbar ist auch, ob ein vom Polizeipflichtigen zum Tausch angebotenes „Austauschmittel" (→ Rn. 258) ebenso wirksam ist wie die von der Polizei angeordnete Maßnahme.[242]

Ebenfalls kein Ermessen gebührt der Polizei für die Entscheidung, ob auch andere **262** Personen als die herangezogene für eine Gefahr verantwortlich sind. Ob mehrere Personen Handlungs- bzw. Zustandsstörer sind, ist keine Ermessensfrage, sondern allein nach den Vorgaben der §§ 6 und 7 PolG zu bestimmen, die kein Ermessen einräumen. Insbesondere hat die Polizei kein Ermessen und damit auch keinen „Spielraum" bei der Beurteilung, ob eine Person durch ihr Verhalten die Gefahr verursacht hat (→ Rn. 212). Erst wenn sich herausgestellt hat, dass nicht nur der von der Polizei Inanspruchgenommene, sondern auch noch andere die Gefahr zu verantworten haben, steht die dann gebotene Auswahl zwischen mehreren Störern im Ermessen der Polizei (→ Rn. 268).

3. Ermessensarten

Das Verwaltungsrecht unterscheidet verschiedene Arten behördlichen Ermessens **263** (z. B. Rechtsfolgeermessen, Planungsermessen, intendiertes Ermessen, Versagungsermessen). Die Ermessensnormen des PolG räumen in ihrer Rechtsfolge der Polizei regelmäßig (Rechtsfolge-)Ermessen in Form eines Entschließungs- und eines Auswahlermessens ein.

---

[242] *Drews/Wacke/Vogel/Martens*, Gefahrenabwehr, S. 372.

a) Entschließungsermessen

264 Entschließungsermessen ist die Entscheidungsfreiheit darüber, ob bei Erfülltsein des Tatbestands der Ermessensnorm die Behörde überhaupt etwas unternimmt oder untätig bleibt (Ermessen über das „Ob" eines Einschreitens). Selbst bei Vorliegen einer Gefahr für die öffentliche Sicherheit darf die Polizei von einer Gefahrenabwehrmaßnahme absehen, z.B. wenn sie erkennt, dass der Polizeipflichtige schon selbst geeignete Maßnahmen zur Beseitigung der Gefahr ergriffen hat. Bei der Ausübung ihres Entschließungsermessens muss die Polizei die rechtlichen Grenzen des Ermessens (→ Rn. 269 ff.) einhalten.

b) Auswahlermessen

265 Auswahlermessen ist die Wahlfreiheit über die Art und Weise (über das „Wie") eines Einschreitens der Behörde. Ein Auswahlermessen der Polizei kann sich auf die Auswahl unter verschiedenen Gefahrenabwehrmaßnahmen beziehen (Mittelauswahl) und/oder auf die Auswahl zwischen mehreren polizeipflichtigen Personen (Störerauswahl).

aa) Auswahl zwischen mehreren Gefahrenabwehrmaßnahmen (Mittelauswahl)

266 Hat die Polizei fehlerfrei die Voraussetzungen der Ermessensermächtigung als erfüllt angesehen und sich zum Handeln entschlossen, d.h. ihr Entschließungsermessen (→ Rn. 264) pflichtgemäß ausgeübt, muss sie ermitteln, welche Maßnahmen in Betracht kommen, um die Gefahr für die öffentliche Sicherheit oder Ordnung zu bekämpfen. Stehen ihr mehrere Maßnahmen zur Verfügung (vgl. als Beispiel § 26 II 1–3 PolG), kann sie eine oder mehrere auswählen. Bei ihrer Wahl muss sie aber die rechtlichen Grenzen des Ermessens (→ Rn. 269 ff.), insbesondere den Verhältnismäßigkeitsgrundsatz, einhalten.

bb) Auswahl zwischen mehreren polizeilich Verantwortlichen (Störerauswahl)

267 Hat die Polizei fehlerfrei die Voraussetzungen der Ermessensermächtigung (z.B. der polizeilichen Generalklausel der §§ 3, 1 PolG) als erfüllt angesehen, darf sie ihre Ermessensentscheidung nur gegen einen Polizeipflichtigen richten. Sie darf also grundsätzlich nur gegen eine nach § 6 oder § 7 für die Gefahr verantwortliche Person (→ Rn. 209 ff., 215 ff.) einschreiten, nur ausnahmsweise auch gegen Nichtstörer (vgl. § 9 PolG und einige Standardermächtigungen). Für die Feststellung, ob eine Person polizeipflichtig ist, steht der Polizei kein Ermessen zu (→ Rn. 262). Ob eine Person Verhaltensstörer, Zustandsstörer oder Nichtstörer ist, ist eine Rechtsfrage und wird ggf. von den Gerichten uneingeschränkt kontrolliert (→ Rn. 212).

268 Ergibt sich aber im konkreten Fall nach fehlerfreier Anwendung der §§ 6 und 7 PolG (Auslegung und Subsumtion), dass für eine Gefahr für die öffentliche Sicherheit oder Ordnung mehrere Personen verantwortlich sind, es also mehrere Verhaltensverantwortliche und/oder Zustandsverantwortliche gibt, darf die Polizei nach Ermessen auswählen, gegen welchen oder gegen welche von ihnen sie ihre Maßnahme richtet. Bei der Ausübung dieses Auswahlermessens zur Auswahl zwischen mehreren tatsächlich vorhandenen Störern muss die Polizei wiederum die rechtlichen Grenzen des Ermessens (→ Rn. 269 ff.) einhalten. Ob es speziell für diese Auswahl zwischen mehreren Störern zusätzliche Ermessensgrenzen gibt, ist umstritten. Gelegentlich wird vertreten, die Polizei müsse grundsätzlich einen Verhaltensverantwortlichen vor einem Zustandsverantwortlichen in Anspruch nehmen. Entscheidend für die Auswahl zwischen meh-

C. Die polizeiliche Generalklausel der §§ 3, 1 PolG   181

reren Störern ist jedoch, dass die Polizei ihre Maßnahmen gegen denjenigen oder gegen diejenigen richtet, die die Gefahr am besten (d.h. am schnellsten und sichersten) beseitigen können.[243] Gebietet die effektive Gefahrenabwehr nichts anderes, lässt der VGH Mannheim es zu, dass auch andere Gesichtspunkte die Störerauswahl mitlenken, z.B. die „größere Gefahrennähe" eines der Störer oder sogar der „Gesichtspunkt der gerechten Lastenverteilung".[244]

4. Rechtliche Grenzen des Ermessens

a) Gesetzliche Grenzen des Ermessens

Wichtige Grenzen des Ermessens hat der Gesetzgeber in § 40 LVwVfG und § 114 VwGO benannt. Sie sind aber überaus abstrakt formuliert. Es ist deshalb anerkannt, dass aus ihnen durch Auslegung weitere Grenzen abzuleiten sind. Eine wichtige (in § 5 PolG genannte) gesetzliche Grenze des Ermessens ist auch der Verhältnismäßigkeitsgrundsatz (→ Rn. 252). **269**

b) Ermessensfehlerlehre

Zudem haben Rechtsprechung und Wissenschaft über Jahrzehnte als Grenze des Verwaltungsermessens eine Ermessensfehlerlehre entwickelt. Sie benennt und verbietet Fehler, die bei der Ermessensausübung häufig auftreten und eine Ermessensentscheidung rechtswidrig machen. Der wesentliche Gehalt der Ermessensfehlerlehre ist nicht nur anerkannter Bestandteil der Dogmatik des öffentlichen Rechts. Soweit ihr Inhalt nicht ohnehin durch Auslegung der gesetzlichen Grenzen des Ermessens (→ Rn. 269) gewonnen werden kann, gilt sie als Gewohnheitsrecht. Ihre Einhaltung ist folglich gerichtlich kontrollierbar. **270**

aa) Begriff des Ermessensfehlers

Ermessensfehler sind bestimmte Fehler bei der Ermessensausübung, die zur Rechtswidrigkeit der Behördenentscheidung führen (also nicht bloß zu einer Unzweckmäßigkeit). Sie können beim Entschließungsermessen (→ Rn. 264) und/oder beim Auswahlermessen (→ Rn. 265) auftreten. **271**

bb) Arten von Ermessensfehlern

(1) Ermessensausfall

Der Ermessensausfall ist ein häufig vorkommender Ermessensfehler im Polizeirecht. Er liegt vor, wenn die Polizei von ihrem Ermessen (aus Nachlässigkeit oder durch Irrtum) keinen Gebrauch macht, z.B. wenn sie übersieht, dass auch ein anderer als der Herangezogene als Störer in Betracht kommt. **272**

(2) Ermessensdefizit

Ein Ermessensdefizit (auch Ermessensunterschreitung genannt) liegt vor, wenn die Polizei zwar Ermessen ausübt, dabei aber nicht alle ermessensrelevanten Gesichtspunkte berücksichtigt, z.B. wenn sie verkennt, dass ihr bei Vorliegen einer Gefahr nicht nur ein Auswahl-, sondern auch ein Entschließungsermessen zusteht. **273**

---

[243] Z.B. VGH BW, NVwZ 2000, 1199, 1200.
[244] VGH BW, VBlBW 2013, 189, 190.

(3) Ermessensfehlgebrauch

274 Ein Ermessensfehlgebrauch liegt vor, wenn die Behörde aufgrund eines unrichtigen Sachverhalts oder nach unsachlichen, nicht dem Zweck der Ermessensnorm entsprechenden Erwägungen entscheidet.

(4) Ermessensüberschreitung

275 Eine Ermessensüberschreitung liegt vor, wenn die Behörde eine Rechtsfolge wählt, die in der Ermessensnorm überhaupt nicht vorgesehen ist.

cc) Ermessensreduzierung auf Null

276 Von einer Ermessensreduzierung auf Null ist die Rede, wenn die Behörde zwar aufgrund einer Ermessensnorm zu entscheiden hat, im konkreten Fall aber nur eine einzige Maßnahme ermessensfehlerfrei und damit rechtmäßig ist, jede andere dagegen ermessensfehlerhaft und damit rechtswidrig wäre. Dieser Ausnahmefall kann eintreten, wenn ein besonders großer Schaden droht oder wenn ein sehr wichtiges Rechtsgut, insbesondere ein Grundrecht, in Gefahr ist. Für die Generalklausel der §§ 3, 1 PolG heißt dies etwa, dass bei einer großen Gefahr für Leib und Leben die Polizei einschreiten muss; ihr Entschließungsermessen (→ Rn. 264) ist dann auf Null reduziert. Auch ihr Auswahlermessen (→ Rn. 265) kann auf Null reduziert sein, sodass sie eine ganz bestimmte Maßnahme ergreifen muss. Hat sie z.B. eine Wohnung beschlagnahmt, um darin einen Obdachlosen unterzubringen, muss sie nach Ablauf der höchstzulässigen Beschlagnahmedauer (6 Monate, § 33 IV 2 PolG) die Wohnung räumen. Hier reduzieren § 33 IV 2 PolG und die aus dem Rechtsstaatsprinzip (Art. 20 III GG) und dem Grundrecht auf Eigentum (Art. 14 I GG) folgende Folgenbeseitigungspflicht der Polizei (Pflicht, die von ihr veranlasste, nach Zeitablauf rechtswidrige Wohnungsnutzung zu beenden) das Entschließungs- und das Auswahlermessen (→ Rn. 416).

c) Sonstige Ermessensgrenzen

277 Wie jede staatliche Stelle unterliegt auch die Polizei bei ihrer Ermessensausübung dem **Willkürverbot** und den Grundsätzen der **Selbstbindung der Verwaltung**[245].

5. Anspruch auf fehlerfreie Ermessensausübung

a) Adressat einer polizeilichen Verfügung

278 Bezweckt die ermessenseinräumende Norm nicht nur den Schutz der Allgemeinheit, sondern (im Sinne der Schutznormtheorie) zumindest auch den Schutz bestimmter einzelner Personen (Auslegung!), so haben diese einen Anspruch auf fehlerfreie Ermessensausübung. Die polizeiliche Generalklausel der §§ 3, 1 PolG begründet ein solches Recht des Adressaten einer polizeilichen Verfügung auf fehlerfreie Ermessensausübung. Folgerichtig ist der Adressat einer Polizeiverfügung stets klagebefugt i.S. von § 42 II VwGO. Auf seine Anfechtungsklage hin wird das Verwaltungsgericht eine Verfügung, die das Recht des Adressaten auf fehlerfreie Ermessensentscheidung verletzt, aufheben (vgl. § 113 I 1 VwGO).

b) Ansprüche Dritter auf polizeiliches Einschreiten

279 Aus der polizeilichen Generalklausel der §§ 3, 1 PolG kann ein Anspruch einer Person gegen die Polizei auf ermessensfehlerfreie Entscheidung über ein Einschreiten er-

---

[245] Vgl. dazu z.B. *Würtenberger/Heckmann/Tanneberger*, PolR BW, § 5 Rn. 356f.

C. Die polizeiliche Generalklausel der §§ 3, 1 PolG   183

wachsen, um einer dieser Person drohenden Gefahr zu begegnen. Dieser Anspruch
kann im Wege der Verpflichtungsklage (meist in Form der Bescheidungsklage) gerichtlich durchgesetzt werden. Liegt ausnahmsweise der Fall einer Ermessensreduzierung
auf Null (→ Rn. 276) vor, erstarkt der Anspruch auf fehlerfreie Ermessensausübung
zu einem Anspruch gegen die Polizei auf Einschreiten. Hat sich nicht nur das Entschließungsermessen der Polizei (→ Rn. 264), sondern auch ihr Auswahlermessen
(→ Rn. 265) auf Null reduziert, richtet sich der Anspruch auf eine ganz bestimmte
Polizeimaßnahme. Z.B. kann der Eigentümer einer von der Polizei beschlagnahmten
Wohnung nach Ablauf der höchstzulässigen Beschlagnahmedauer (6 Monate, § 33 IV 2
PolG) von der Polizei die Räumung der Wohnung verlangen; Anspruchsgrundlage ist
dann die polizeiliche Generalklausel i.V. mit dem öffentlich-rechtlichen Folgenbeseiti-
gungsanspruch (vgl. auch → Rn. 416). Umfasst ist davon sogar ein Vorgehen der Poli-
zei gegen den vormals in die Wohnung Eingewiesenen (Anspruch auf polizeiliches
Einschreiten gegen einen Dritten[246]).

Mit Hilfe der Schutznormtheorie (→ Rn. 278) kann auch die Auslegung einer spe- **280**
ziellen polizeirechtlichen Ermächtigungsgrundlage (z.B. einer Standardermächtigung)
ergeben, dass diese einer bestimmten Person gegen die Polizei einen Anspruch auf ermessensfehlerfreie Entscheidung gewährt; bei Ermessensreduzierung auf Null sogar einen Anspruch auf eine ganz bestimmte Maßnahme. Keine Anspruchsgrundlage, mit
der ein Privater die Polizei zum Einschreiten zwingen kann, enthält § 2 II PolG;[247]
zum speziellen § 32 PolG → Rn. 310.

Prüfungsschema   **280a**
Rechtmäßigkeit einer Polizeiverfügung (und weiterer Einzelmaßnahmen
der Polizei)[248] **auf Grundlage der polizeilichen Generalklausel**
(§§ 3, 1 PolG)

I. Ermächtigungsgrundlage für die Polizeiverfügung
  Zu ermitteln danach, ob die Rechtsfolge einer Norm „passt" – ob also die von
  der Polizei ergriffene Maßnahme (Polizeiverfügung) eine Konkretisierung dieser Rechtsfolge sein kann – und zwar in den Prüfungsschritten:[249]
  1. Keine vorrangige spezialgesetzliche Ermächtigung
  2. Keine vorrangige Standardermächtigung im PolG
  3. §§ 3, 1 PolG („Maßnahmen ..., die ... erforderlich erscheinen")
II. Formelle Rechtmäßigkeit der Polizeiverfügung[250]
  1. Zuständigkeit
  2. Verfahren
  3. Form
III. Materielle Rechtmäßigkeit der Polizeiverfügung
  1. Tatbestandsvoraussetzungen der §§ 3, 1 PolG
    a) Öffentliche Sicherheit

---

[246] Vgl. VGH BW, VBlBW 1987, 423 mit Anm. *Götz*.
[247] *Belz/Mußmann/Kahlert/Sander*, PolG BW, § 2 Rn. 17; offengelassen von VGH BW, NJW 1997, 1798.
[248] → Rn. 147 ff.
[249] → Rn. 193.
[250] Beachte: Die formelle Rechtmäßigkeit der Verfügung darf erst nach Ermittlung der Ermächtigungsgrundlage geprüft werden, weil sich Zuständigkeit, Verfahren und Form je nach
Ermächtigungsgrundlage unterscheiden können.

aa) Begriffsbestimmung (durch Auslegung), die die anerkannten drei Teilschutzgüter der öffentlichen Sicherheit[251] benennt
bb) Subsumtion
cc) Bei Verstoß ausschließlich gegen Privatrecht(snorm) zusätzlich Voraussetzungen des § 2 II PolG
b) (Öffentliche) Ordnung
aa) Begriffsbestimmung (durch Auslegung) und knappe Prüfung auf Vereinbarkeit mit rechtsstaatlichem Bestimmtheitsgebot
bb) Subsumtion
c) (Ggf.) Störung[252]
aa) Begriffsbestimmung (durch Auslegung)
bb) Subsumtion
d) Gefahr
aa) Begriffsbestimmung[253] (durch Auslegung)
(1) Schaden
(a) Begriffsbestimmung (durch Auslegung)
(b) Subsumtion
(2) Hinreichende Wahrscheinlichkeit (Prognose)[254]
(a) Begriffsbestimmung (durch Auslegung)
(b) Subsumtion
bb) Konkretheit der Gefahr
(1) Begriffsbestimmung[255] (durch Auslegung)
(2) Subsumtion
2. Einhaltung sonstiger Rechtsnormen
a) Polizeipflichtigkeit des Adressaten der Verfügung[256]
aa) Handlungsverantwortlichkeit (§ 6 PolG)
bb) Zustandsverantwortlichkeit (§ 7 PolG)
cc) Polizeipflichtigkeit als Nichtstörer im polizeilichen Notstand (§ 9 PolG)
b) Bestimmtheit der Polizeiverfügung (§ 37 I LVwVfG)
c) Verhältnismäßigkeit der Polizeiverfügung[257] (§ 5 PolG, Art. 20 III GG), insbesondere kein Verstoß gegen Grundrechte[258]
3. Ermessensfehlerfreiheit der Polizeiverfügung[259] (begrenzter Prüfungsmaßstab, vgl. § 40 LVwVfG, § 114 S. 1 VwGO)
a) Entschließungsermessen (bezüglich „Ob" des polizeilichen Einschreitens)
b) Auswahlermessen (bezüglich „Wie" des polizeilichen Einschreitens)
aa) Ermessensfehlerfreie Auswahl unter mehreren Mitteln
bb) (Ggf.) Ermessensfehlerfreie Auswahl unter mehreren Störern
(1) Mehrheit von Störern
(a) Weitere(r) Handlungsstörer

---

[251] → Rn. 67 ff.
[252] → Rn. 88 f.
[253] → Rn. 83.
[254] → Rn. 87 ff.
[255] → Rn. 104, 201 ff.
[256] → Rn. 205 ff.
[257] → Rn. 252 ff.
[258] → Rn. 259.
[259] → Rn. 260 ff.

> (b) Weitere(r) Zustandsstörer
> (2) Ermessensfehlerfreie Auswahl

Vertiefungshinweise: Aufsätze zum Ermessen der Polizei: *Ossenbühl*, Der polizeiliche Er- **280b** messens- und Beurteilungsspielraum, DÖV 1976, 463 ff.; *Poscher/Rusteberg*, Die Klausur im Polizeirecht (3. Teil), JuS 2011, 1082 (1086 f.); *Schoch*, Störermehrheit im Polizei- und Ordnungsrecht, Jura 2012, 685 ff.; *Voßkuhle*, Grundwissen – Öffentliches Recht: Entscheidungsspielräume der Verwaltung (Ermessen, Beurteilungsspielraum, planerische Gestaltungsfreiheit), JuS 2008, 117 ff.; *Waechter*, Polizeiliches Ermessen zwischen Planungsermessen und Auswahlermessen, VerwArch 88 (1997), 298 ff.

Rechtsprechung: VGH BW, NVwZ 2000, 1199 f. – Störerauswahlermessen; VGH BW, VBlBW 1987, 423 f. = NVwZ 1987, 1101 – Folgenbeseitigungsanspruch nach Wohnungseinweisung.

D. Ermächtigungsgrundlagen für polizeiliche Standardmaßnahmen („Standardermächtigungen")

Der Gesetzgeber stärkt die rechtsstaatliche Bestimmtheit des Polizeirechts, wenn er für **281** typische Gefahrenlagen die Polizeibefugnisse durch spezielle „Standardermächtigungsgrundlagen" im PolG präzisiert. Im Vergleich mit der polizeilichen Generalklausel und ihrer Voraussetzung der „hinreichenden Wahrscheinlichkeit" eines Schadens für ein polizeiliches Schutzgut heben diese speziellen Ermächtigungen für die von ihnen zugelassenen Eingriffe die Gefahrenschwelle an (z. B. in § 28 I Nr. 1 PolG: „Die Polizei kann eine Person in Gewahrsam nehmen, wenn 1. auf andere Weise eine unmittelbar bevorstehende erhebliche Störung der öffentlichen Sicherheit oder Ordnung nicht verhindert oder eine bereits eingetretene Störung nicht beseitigt werden kann ...") oder senken sie ab (z. B. kann die Polizei nach § 26 I Nr. 2 PolG „die Identität einer Person feststellen, ... wenn sie an einem Ort angetroffen wird, an dem erfahrungsgemäß Straftäter sich verbergen, Personen Straftaten verabreden, vorbereiten oder verüben ..."). Senkt eine Standardermächtigung die Gefahrenschwelle, z. B. durch den Verzicht auf das Erfordernis einer konkreten Gefahr, erweitert sie die Eingriffsbefugnis der Polizei, abweichend von der polizeilichen Generalklausel, in das Vorfeld der Gefahrenabwehr (→ Rn. 284 ff.). Die genannten Beispiele zeigen auch, dass Standardermächtigungen (abweichend von der Generalklausel) nicht nur die Voraussetzungen des polizeilichen Eingriffs präzisieren, sondern auch die Rechtsfolge auf bestimmte zulässige Polizeimaßnahmen begrenzen. Manche bestimmen außerdem (Auslegung!), wer – abweichend von den §§ 6, 7, 9 PolG – Adressat der betreffenden polizeilichen Maßnahme sein darf (→ Rn. 287 f., 292, 294, 302, 306, 320, 325 f., 336). Die Standardermächtigungen gehen der Generalklausel vor und engen so deren Anwendbarkeit immer mehr ein. Heute ermächtigen die Polizeigesetze in vielen besonderen Befugnisnormen zu typischen Polizeimaßnahmen (Standardmaßnahmen).

Vertiefungshinweise: Überblickaufsätze zu polizeilichen Standardmaßnahmen: *Erichsen*, **281a** Polizeiliche Standardmaßnahmen, Jura 1993, 45 ff.; *Heintzen*, Was standardisieren Standardmaßnahmen?, DÖV 2005, 1038 ff.; *Krane*, Das Verhältnis der polizeilichen Standardbefugnisse zueinander und zur Generalklausel, NordÖR 2004, 425 ff.; *Möstl*, Standardmaßnahmen des Polizei- und Ordnungsrechts, Jura 2011, 840 ff.; *Poscher/Rusteberg*, Die Klausur im Polizeirecht (4. Teil), JuS 2012, 26 ff. Vertiefungshinweise zu einzelnen Standardmaßnahmen s. bei der jeweiligen Standardmaßnahme.

I. Personenfeststellung (§ 26 PolG) und Vorladung (§ 27 PolG)

282 Durch eine Personen- bzw. Identitätsfeststellung nach § 26 PolG erhebt die Polizei förmlich die Personalien einer Person und überprüft deren Wahrheitsgehalt. Dies geschieht regelmäßig dadurch, dass sich die Polizei einen Ausweis zeigen lässt; im Einzelnen zulässige Maßnahmen benennt § 26 II PolG (→ Rn. 289). § 26 PolG geht deshalb über § 20 I 2 PolG hinaus, der jedermann verpflichtet, (nur) die dort bezeichneten Personalien „anzugeben".[260] Die Personen- bzw. Identitätsfeststellung greift in das Grundrecht auf informationelle Selbstbestimmung (Art. 2 I GG i.V. mit Art. 1 I GG) des Betroffenen ein. § 26 PolG stellt den Polizeibehörden (und dem Polizeivollzugsdienst, vgl. § 60 III PolG) die erforderliche gesetzliche Eingriffsermächtigung bereit. Ihrer Rechtsnatur nach ist die Personen- und Identitätsfeststellung ein belastender Verwaltungsakt.[261]

283 Nach § 26 I Nr. 1 PolG kann die Polizei die Identität einer Person feststellen, „um im einzelnen Falle eine Gefahr", d.h. eine konkrete Gefahr (→ Rn. 102, 104, 201), für die öffentliche Sicherheit oder Ordnung zu bekämpfen. Diese Voraussetzungen sind wie die entsprechenden der polizeilichen Generalklausel (→ Rn. 63ff.) zu verstehen (systematische Auslegung). Das bedeutet auch, dass eine Personenfeststellung nach § 26 I Nr. 1 PolG nur gegenüber polizeipflichtigen Personen (Störer oder Nichtstörer im polizeilichen Notstand, → Rn. 209ff., 215ff., 250ff.[262]) zulässig ist.

284 § 26 I Nr. 2 PolG ermächtigt zur Personenfeststellung an bestimmten, in Nr. 2 beschriebenen sog. gefährlichen bzw. verrufenen Orten. Er unterscheidet sich deutlich von Nr. 1. Nr. 2 setzt keine konkrete Gefahr voraus, sondern nur ein Antreffen an einem gefährlichen Ort[263]. Dadurch wird die Befugnis der Polizei zu einem Eingriff im Einzelfall in das **Vorfeld einer konkreten Gefahr** ausgedehnt.[264] **Adressat** dieser Maßnahme **kann jeder** an diesem gefährlichen bzw. verrufenen Ort **Angetroffene sein;** es kommt also nicht darauf an, ob er Störer oder Nichtstörer im polizeilichen Notstand (§§ 6, 7, 9 PolG) ist. Deshalb kann an den gefährlichen Orten auch eine **Razzia** (Sammelkontrolle) auf § 26 I Nr. 2 PolG gestützt werden.[265]

285 § 26 I Nr. 3 PolG erlaubt der Polizei eine Identitätsfeststellung von Personen, die in oder bei besonders gefährdeten Objekten, die in der Norm näher beschrieben sind (z.B. Versorgungsanlagen und öffentliche Verkehrsmittel), angetroffen werden. Auch Nr. 3 dehnt (ähnlich wie Nr. 2) die Befugnis der Polizei zu einem Eingriff im Einzelfall in das **Vorfeld einer konkreten Gefahr** aus: Vorausgesetzt wird nur das Antreffen in einem besonders gefährdeten Objekt (oder in dessen unmittelbarer Nähe) und ein **Gefahrenverdacht** (→ Rn. 109ff.), nämlich dass „Tatsachen die Annahme rechtfertigen, daß in oder an Objekten dieser Art Straftaten begangen werden sollen". Unerheblich ist, ob die angetroffene Person als Straftäter in Betracht kommt. Also kann auch hier die Identität jedes Angetroffenen festgestellt werden, selbst wenn er weder Störer noch Nichtstörer im polizeilichen Notstand (§§ 6, 7, 9 PolG) ist.

286 Der frühere § 26 I Nr. 4 PolG a.F. erlaubte der Polizei an Kontrollstellen die Fahndung nach Straftätern. Aber er wurde vom BVerfG wegen Verstoßes gegen Art. 72 I i.V. mit Art. 74 I Nr. 1 GG für nichtig erklärt, denn für die Identitätsfeststellung an

---

[260] Stephan/Deger, PolG BW, § 20 Rn. 11.
[261] VGH BW, NVwZ-RR 2011, 231, 232.
[262] Zur Identitätsfeststellung eines Anscheinsstörers s. VGH BW, NVwZ-RR 2011, 231.
[263] Vgl. näher VG Freiburg, Urt. v. 4.4.2019 – 10 K 3092/18 – juris Rn. 36ff.
[264] Ruder, PolR BW, Rn. 628.
[265] Belz/Mußmann/Kahlert/Sander, PolG BW, § 26 Rn. 7.

D. Ermächtigungsgrundlagen für polizeiliche Standardmaßnahmen

Kontrollstellen zur Fahndung nach Straftätern hat der Bund durch § 111 StPO seine konkurrierende Gesetzgebung abschließend ausgeübt.[266]

Aus dem gleichen Grund erklärte das BVerfG § 26 I Nr. 5 PolG a.F., der noch weitergehend die Personenfeststellung zum Zwecke der Fahndung nach Straftätern ermöglichen sollte, für verfassungswidrig.[267]

§ 26 I Nr. 6 PolG ermächtigt zwecks Bekämpfung der grenzüberschreitenden Kriminalität zur Feststellung der Identität jeder Person in öffentlichen Einrichtungen des internationalen Verkehrs (z. B. Flughäfen, Bahnhöfen, Häfen) und auf „Durchgangsstraßen", die für die grenzüberschreitende Kriminalität bedeutsam sind. Es bedarf weder einer konkreten Gefahr noch eines konkreten Verdachts. Entsprechend kann jedermann Adressat dieser Personenfeststellung sein, unabhängig davon, ob er Störer oder Nichtstörer im polizeilichen Notstand (§§ 6, 7, 9 PolG) ist. Man spricht auch von anlassunabhängiger bzw. **verdachtsunabhängiger Personenkontrolle** und von **„Schleierfahndung"**.[268] Strenggenommen dürfte nach Nr. 6 die Polizei, bloß gestützt auf das Motiv, grenzüberschreitende Kriminalität einzudämmen, fast überall und zu jeder Zeit und gegenüber jedermann durch Personenfeststellung in das Recht auf informationelle Selbstbestimmung eingreifen. Wegen dieser Vagheit und Reichweite ist die Norm **nicht rechtsstaatlich bestimmt genug**[269], zudem europarechtswidrig[270]. Es kann erwartet werden, dass § 26 I Nr. 6 PolG in Kürze neu gefasst wird, weil das BVerfG einen entsprechenden Gesetzgebungsauftrag erteilt hat.[271]

§ 26 II PolG konkretisiert die zur Personenfeststellung zulässigen Maßnahmen: Anhalten, Aufforderung, die Ausweispapiere vorzuzeigen und auszuhändigen, Durchsuchung mitgeführter Sachen, Mitnahme zur Dienststelle zur Personenfeststellung (sog. Sistierung). Diese Mitnahme zur Dienststelle darf nur von kurzer Dauer sein, andernfalls läge ein Identitätsfeststellungsgewahrsam vor. Ein solcher kann nur auf § 28 I Nr. 3 PolG gestützt werden (→ Rn. 296 f.). § 26 II PolG ermächtigt nicht zum Einsatz von Zwangsmitteln; Polizeizwang darf also nur unter den weiteren Voraussetzungen der §§ 49 ff. PolG angewendet werden (→ Rn. 347 ff.).

§ 27 PolG ermächtigt die Polizei, eine Person auf die Polizeidienststelle vorzuladen. Die **Vorladung** ist ein belastender Verwaltungsakt (vgl. § 35 S. 1 LVwVfG); er gibt dem Adressaten verbindlich auf, zu einer bestimmten Zeit auf einer bestimmten Dienststelle zu erscheinen und dort zu bleiben, bis das beabsichtigte Dienstgeschäft (Aufnahme von Angaben, Durchführung erkennungsdienstlicher Maßnahmen, vgl. § 27 I Nr. 1, 2 PolG) erledigt ist[272]. Die Vorladung greift in das Grundrecht auf allgemeine Handlungsfreiheit (Art. 2 I GG) ein. Sie ist aber keine Beschränkung der körperlichen Bewegungsfreiheit i. S. des Art. 2 II 2 GG und damit auch keine Freiheitsentziehung i. S. des Art. 104 I GG. Die Vorladung nach § 27 I PolG ist, wie § 27 III PolG verdeutlicht, nur zur Gefahrenabwehr zulässig, nicht zu Zwecken der Strafverfolgung (für diese gelten die §§ 163, 163a III StPO). § 27 III PolG schränkt für den Verwaltungsakt der Vorladung nach § 27 I PolG die Möglichkeit zwangsweiser Durchset-

---

[266] BVerfG, NJW 2019, 842, 844.
[267] BVerfG, NJW 2019, 842, 844.
[268] *Ruder*, PolR BW, Rn. 638.
[269] Vgl. *Stephan/Deger*, PolG BW, § 26 Rn. 22a.
[270] Dazu *Trennt*, DÖV 2012, 216 ff.; vgl. auch VG Stuttgart, Urt. v. 22.10.2015 – 1 K 5060/13 – juris.
[271] Vgl. BVerfG, NJW 2019, 842, 848.
[272] *Belz/Mußmann/Kahlert/Sander*, PolG BW, § 27 Rn. 1.

zung (nach den §§ 49 ff. PolG, → Rn. 345 ff.) ein.[273] Die Durchsetzung der Vorladung durch unmittelbaren Zwang heißt auch „Vorführung".

290a **Vertiefungshinweise:** Aufsätze zur Personenfeststellung: *Kempfler*, Zur Europarechtskonformität der Befugnisnorm zur sog. „Schleierfahndung" gemäß Art. 13 Abs. 1 Nr. 5 PAG, BayVBl. 2012, 9 ff.; *Moser v. Filseck*, Verdachts- und ereignisunabhängige Personenkontrollen, BWVP 1996, 272 ff.; *Petersen-Thrö/Ornatowski*, Die Vorladung zur präventiven erkennungsdienstlichen Behandlung, SächsVBl. 2008, 29 ff.; *Stephan*, „Zur Verfassungsmäßigkeit anlaßunabhängiger Personenkontrollen", DVBl. 1998, 81 ff.; *Trennt*, Die (Un-)Vereinbarkeit der Ermächtigungsgrundlagen zur Schleierfahndung mit dem Schengener Grenzkodex, DÖV 2012, 216 ff.

Rechtsprechung: VGH BW, VBlBW 2011, 155 ff. = NVwZ-RR 2011, 231 ff. – Personenfeststellung und Sistierung; BVerfG, NJW 2019, 842 ff. – Kennzeichenkontrollen in Baden-Württemberg teilweise verfassungswidrig; VG Freiburg, Urt. v. 4.4.2019 – 10 K 3092/18 – juris – Polizeiliche Identitätsfeststellung einer Person.

II. Platz- und Wohnungsverweis, Aufenthalts-, Rückkehr- und Annäherungsverbot, Aufenthaltsvorgabe, Kontaktverbot, elektronische Aufenthaltsüberwachung (§§ 27a-c PolG)

291 Die Standardermächtigung für die Verwaltungsakte (Polizeiverfügungen) Platz- und Wohnungsverweis, Aufenthalts-, Rückkehr- und Annäherungsverbot hat Baden-Württemberg (erst) 2008 geschaffen. Seitdem verdrängt § 27a PolG für diese Maßnahmen (partiell → Rn. 294) die polizeiliche Generalklausel. Durch Auslegung ist zu ermitteln, ob und in welchem Umfang der Inhalt einzelner Eingriffsvoraussetzungen unter Rückgriff auf die Generalklausel und andere Vorschriften (z. B. §§ 6, 7, 9 PolG) bestimmt werden muss. Wenn beispielsweise § 27a I PolG für einen Platzverweis eine „Gefahr" voraussetzt, ist damit eine konkrete Gefahr für die öffentliche Sicherheit oder Ordnung i. S. der polizeilichen Generalklausel (§§ 3, 1 PolG) gemeint.[274] Die Rechtsfolge **„Platzverweis"** wird durch § 27a I PolG präzise legaldefiniert: Es handelt sich um eine vorübergehende Verweisung von einem Ort oder um ein vorübergehendes Betretungsverbot. „Vorübergehend" meint, wie eine systematische Auslegung mit Blick auf Absatz 2 zeigt (→ Rn. 292), von kurzer Dauer. Ob in Abs. 1 unter „Ort" nur eine eng umgrenzte, überschaubare Örtlichkeit[275] oder auch das ganze Stadtgebiet[276] zu verstehen ist, wird unterschiedlich beurteilt. Sprachlich kann unter „Ort" auch das ganze Stadtgebiet verstanden werden. Systematisch könnte aus Abs. 2 S. 1 hergeleitet werden, dass das Gesetz in § 27a PolG zwischen „Ort" und „Gemeindegebiet" differenziert. Die Regierungsbegründung zum Gesetzentwurf nennt als Anwendungsbereich des Abs. 1 einen „eng umgrenzten Ort".[277] Für den betroffenen Bürger schonender ist dieses enge Verständnis. Wem gegenüber ein Platzverweis ausgesprochen werden darf, präzisiert § 27a I PolG aber nicht. Insoweit ist auf die §§ 6, 7 und 9 PolG zurückzugreifen. Als Adressaten kommen also nur Störer oder Nichtstörer im polizeilichen Notstand in Betracht.[278]

---

[273] *Stephan/Deger*, PolG BW, § 27 Rn. 11 f.
[274] Enger *Thurnit*, VBlBW 2009, 205, 206: nur zum Schutz der öffentlichen Sicherheit; vgl. auch *Belz/Mußmann/Kahlert/Sander*, PolG BW, § 27a Rn. 4.
[275] So *Belz/Mußmann/Kahlert/Sander*, PolG BW, § 27a Rn. 3.
[276] *Würtenberger/Heckmann/Tanneberger*, PolR BW, § 5 Rn. 167.
[277] LT-Drs. 14/3165, S. 66.
[278] *Stephan/Deger*, PolG BW, § 27a Rn. 9.

D. Ermächtigungsgrundlagen für polizeiliche Standardmaßnahmen   189

Zu einem – im Vergleich zum Platzverweis längeren – **„Aufenthaltsverbot"** er- 292
mächtigt **§ 27a II 1 PolG** (Höchstdauer 3 Monate, § 27a II 3 PolG[279]). Ein noch längeres Aufenthaltsverbot ist dadurch ausgeschlossen und kann folglich auch nicht auf die polizeiliche Generalklausel gestützt werden.[280] Eine Wiederholung des auf § 27a II 1 PolG zu stützenden Aufenthaltsverbotes hält der VGH Baden-Württemberg für möglich.[281] Anders als § 27a I PolG (und anders als die §§ 3, 1 PolG) setzt § 27a II 1 PolG keine konkrete Gefahr für die öffentliche Sicherheit voraus. Statt einer konkreten Gefahr genügt erstens ein „herabgesetzter Wahrscheinlichkeitsmaßstab" („Tatsachen, die die Annahme rechtfertigen"[282]), also ein Gefahrenverdacht (→ Rn. 109ff.). Zweitens erlaubt § 27a II 1 PolG ein Aufenthaltsverbot nicht zum umfassenden Schutz aller Teilschutzgüter der öffentlichen Sicherheit (→ Rn. 67), sondern nur zum Schutz vor Straftaten. Wem gegenüber ein Aufenthaltsverbot ergehen kann, bestimmt § 27a II 1 PolG selbst: nur gegen eine Person, die an dem bestimmten Ort „eine Straftat begehen oder zu ihrer Begehung beitragen wird". Ein Rückgriff auf die §§ 6, 7 und 9 PolG wird dadurch versperrt.

Der Gesetzgeber muss bei einer Eingriffsermächtigung den Kreis der Pflichtigen so 293
präzise wie möglich festlegen. Ob ihm dies in § 27a II 1 PolG gelungen ist, wird manchmal bezweifelt.[283] Die Vorschrift ermächtigt die Polizei (sogar schon bei einem Gefahrenverdacht: „wenn Tatsachen die Annahme rechtfertigen") dazu, ein Aufenthaltsverbot nicht nur gegen eine Person auszusprechen, die an dem Ort (womöglich) eine Straftat begehen wird, sondern auch gegen eine Person, die (vielleicht) zur Begehung der Straftat „beitragen wird". Immerhin lässt sich erwägen, die Vorschrift befuge z. B. zur Absperrung einer Straße, wenn die Polizei nach dem „stillen Alarm" einer Bank überprüfen will, ob tatsächlich ein Überfall und kein Fehlalarm vorliegt, und dazu Passanten fernhalten will, die den polizeilichen Einsatz behindern könnten.[284]

Ein durch **§ 27a III 1 PolG** legaldefinierter **„Wohnungsverweis"** kann – abwei- 294
chend von der polizeilichen Generalklausel – nur bei „einer unmittelbar bevorstehenden erheblichen Gefahr" rechtmäßig sein. Die Auslegung ergibt, dass Adressat eines Wohnungsverweises nach § 27a III 1 PolG nur ein Wohnungsinhaber sein darf („aus ihrer Wohnung") und nur, wenn von ihm die unmittelbar bevorstehende Gefahr für den zu schützenden anderen Bewohner ausgeht. Um die Verantwortlichkeit des Wohnungsinhabers zu bestimmen, darf auf § 6 PolG zurückgegriffen werden. Störende Gäste dagegen dürfen ggf. gestützt auf die polizeiliche Generalklausel von der Polizei aus der Wohnung verwiesen werden. Wohnungsverweise – und die in **§ 27a III 2 PolG** legaldefinierten Maßnahmen **„Rückkehrverbot"** und **„Annäherungsverbot"** – dürfen nur von kurzer Dauer sein (§ 27a IV PolG). Diese Voraussetzungen können nicht durch Rückgriff auf die insoweit verdrängte polizeiliche Generalklausel umgangen werden. Im Anschluss an einen Wohnungsverweis ermächtigt § 27a III 2 PolG zu einem Rückkehrverbot und einem Annäherungsverbot nur gegenüber „der der Wohnung verwiesenen Person". Ein Rückgriff auf die §§ 6, 7 und 9 PolG ist bei auf § 27a III 2 PolG gestützten Maßnahmen ausgeschlossen. Aber gegen von § 27a III 2 PolG nicht erfasste sog. Stalker (und gegen störende Gäste) kann ein Annäherungsverbot auf

---

[279] Zur Fristberechnung VGH BW, NVwZ-RR 2017, 873.
[280] Vgl. z. B. *Barczak*, Jura 2014, 888, 896.
[281] VGH BW, NVwZ-RR 2017, 873.
[282] VG Stuttgart, Beschl. v. 22.3.2013 – 5 K 191/13 – juris Rn. 5.
[283] Z. B. von *Lisken/Denninger*, HdbPolR, E 437 f.
[284] Vgl. *Arzt*, Die Polizei 2003, 100, 101.

§ 2. Allgemeines Polizeirecht

die polizeiliche Generalklausel i. V. mit § 6 PolG gestützt werden[285], zumal diese Personen sich nicht auf Art. 13 GG berufen können.

294a Im Jahr 2017 hat der Gesetzgeber die bisherige Ermächtigung zu Platz- und Wohnungsverweis, Aufenthaltsverbot, Rückkehr- und Annäherungsverbot des § 27a PolG durch weitere spezielle Ermächtigungen (Standardermächtigungen) ergänzt. Der neue § 27b PolG ermächtigt den Polizeivollzugsdienst zu weiteren Aufenthaltsvorgaben und zu Kontaktverboten zur Verhütung terroristischer Straftaten. Ebenfalls zur Verhütung terrroristischer Straftaten ermächtigt der neue § 27c PolG den Polizeivollzugsdienst zu einer elektronischen Aufenthaltsüberwachung. Beide Ermächtigungsgrundlagen erfassen schon das Vorfeld einer konkreten Gefahr. Sie dienen der Verhütung bzw. Verfolgung künftiger Straftaten. Mit den neuen Vorschriften reagiert der baden-württembergische Gesetzgeber[286] auf das sog. BKA-Urteil des BVerfG.[287]

Vertiefungshinweise: Aufsätze zu Platz- und Wohnungsverweisen: *Bösch*, Rechtswidrige polizeiliche Verweisungsmaßnahmen, Jura 2009, 650 ff.; *Deger*, Platzverweise und Betretungsverbote gegen Mitglieder der Drogenszene und anderer offener Szenen, VBlBW 1996, 90 ff.; *ders.*, Handlungsformen der Polizei gegen störende Ansammlungen, VBlBW 2004, 96 ff.; *Guckelberger*, Die polizeiliche Wohnungsverweisung, JA 2011, 1 ff.; *Gusy*, Verfassungsrechtliche Anforderungen an den Wohnungsverweis, JZ 2005, 355 ff.; *Ruder*, Platz- bzw. Hausverweis, Betretungs- und Rückkehrverbot für gewalttätige Ehepartner?, VBlBW 2002, 11 ff.; *Seiler*, Der polizeiliche Verweis aus der eigenen Wohnung, VBlBW 2004, 93 ff.; *Trurnit*, Platzverweis, Wohnungsverweis und Aufenthaltsverbot gem. § 27a PolG, VBlBW 2009, 205 ff.; *Wuttke*, Polizeirechtliche Wohnungsverweise, JuS 2005, 779 ff. **294b**

Rechtsprechung: VG Karlsruhe, Urt. v. 28.6.2010 – 3 K 2326/09 – juris – Platzverweis; VG Freiburg, Beschl. v. 26.8.2014 – 4 K 1839/14 – juris – Aufenthaltsverbot gegen einen radikalen Fußballfan; VGH BW, NVwZ-RR 2017, 873 ff. – Aufenthaltsverbot gegenüber einem früheren Mitglied einer gewaltbereiten Fußballfangruppe.

III. Gewahrsam (§ 28 PolG)

295 Gewahrsam i. S. des § 28 PolG ist eine (durch Verwaltungsakt angeordnete) **Freiheitsentziehung aus präventivpolizeilichen Gründen** (→ Rn. 187). Der in Gewahrsam Genommene wird gegen seinen Willen an einem eng begrenzten Ort untergebracht oder festgehalten. Ab wann eine Freiheitsentziehung angenommen werden kann, richtet sich nach der Intensität des Eingriffs. Eine Freiheitsentziehung setzt mindestens voraus, dass die körperliche Bewegungsfreiheit nach jeder Richtung hin aufgehoben wird. Dies kann auch mittels Einkesselung durch die Polizei geschehen.[288] Nicht gemeint ist eine Freiheitsentziehung nach der StPO zwecks Strafverfolgung (§ 112 StPO: Untersuchungshaft, § 127 StPO: Vorläufige Festnahme, § 127b StPO: Hauptverhandlungshaft, § 163c StPO: Freiheitsentziehung zur Identitätsfeststellung). Ebenfalls kein Gewahrsam i. S. des § 28 PolG, obwohl der Gefahrenabwehr dienend, ist der sog. Verbringungsgewahrsam (→ Rn. 188). § 28 PolG wird ergänzt durch § 1 der Durchführungsverordnung zum Polizeigesetz (DVO PolG).[289]

296 § 28 I PolG unterscheidet **drei Gewahrsamsarten** und nennt deren Voraussetzungen. Den **Gewahrsam aus allgemeinpolizeilichen Gründen** (Nr. 1), den **Schutzge-**

---

[285] Vgl. z. B. *Trurnit*, VBlBW 2009, 205, 210.
[286] LT-Drs. 16/2741, S. 35, 37.
[287] BVerfGE 141, 220 ff.
[288] VG Karlsruhe, Urt. v. 10.12.2018 – 1 K 6428/16 – juris Rn. 59.
[289] Vom 16.9.1994 (GBl. 567), zuletzt geändert durch Gesetz vom 23.7.2013 (GBl. 233).

D. Ermächtigungsgrundlagen für polizeiliche Standardmaßnahmen   191

wahrsam (Nr. 2) und den **Identitätsfeststellungsgewahrsam** (Nr. 3). Der Gewahrsam, also ein (mehr als nur ganz kurzfristiges) Festhalten an einem bestimmten, eng umgrenzten Ort, greift in wichtige Grundrechte ein (Art. 2 II 2, 104 II GG). Der Gesetzgeber hat deshalb die Voraussetzungen, die diesen Eingriff rechtfertigen können, in den Fällen der Nr. 1 und der Nr. 2 im Vergleich zur polizeilichen Generalklausel verschärft. § 28 I Nr. 1 PolG setzt „eine unmittelbar bevorstehende erhebliche Störung" oder eine „bereits eingetretene erhebliche Störung" der öffentlichen Sicherheit oder Ordnung voraus. § 28 I Nr. 2 PolG setzt für einen Gewahrsam zum Schutz einer Person (Schutzgewahrsam) eine „drohende Gefahr für Leib oder Leben" dieser Person voraus und verschärft die Voraussetzungen noch weiter: Entweder muss die Person a. um Gewahrsam nachsuchen oder b. sich in einer hilflosen Lage befinden oder c. sich selbst töten wollen[290].

Demgegenüber gehen die Voraussetzungen nach Nr. 3 für den sog. Identitätsfeststel- **297** lungsgewahrsam auf den ersten Blick nicht über die Voraussetzungen der polizeilichen Generalklausel hinaus; der Gesetzestext erwähnt nicht einmal das Erfordernis einer Gefahr für die öffentliche Sicherheit oder Ordnung. Diese Voraussetzung ergibt sich aber durch systematische Auslegung mit Blick auf §§ 3, 1 PolG. Einen rechtsstaatlichen Gewinn gegenüber der Generalklausel bringt allerdings auch § 28 I Nr. 3 PolG: Durch diese Standardermächtigung hat der Gesetzgeber für die Fälle, in denen zur Gefahrenabwehr die Identität einer Person bekannt sein muss, ausdrücklich eine Ingewahrsamnahme akzeptiert. Vor allem gelten auch für den Identitätsfeststellungsgewahrsam die weiteren besonderen, über die polizeiliche Generalklausel hinausgehenden Vorgaben, die § 28 II und III PolG an alle drei Arten des Gewahrsams stellt.

Nach § 28 II PolG sind dem in Gewahrsam Genommenen der Grund dieser Maßnah- **298** me und die gegen sie zulässigen Rechtsbehelfe unverzüglich bekannt zu geben (zulässig sind vor der Entscheidung des Amtsgerichts gem. § 28 III 3 PolG die Rechtsbehelfe der VwGO, nach der Entscheidung des Amtsgerichts nur die FGG-Beschwerde, § 28 IV 7, 8 PolG)[291]. Nach § 28 III 1 PolG ist der Gewahrsam aufzuheben, sobald sein Zweck erreicht ist. Vor allem aber stellt § 28 III 2 PolG – von Art. 104 II GG vorgegeben – für den Gewahrsam einen sog. **Richtervorbehalt** auf: Der Gewahrsam darf ohne richterliche Entscheidung nicht länger als bis zum Ende des Tags nach dem Ergreifen aufrechterhalten werden. Nach § 28 III 3 PolG ist eine richterliche Entscheidung über den Gewahrsam unverzüglich herbeizuführen. Die Anforderungen an diese präzisieren § 28 III 4 und 5 sowie § 28 IV PolG (Zuständigkeit des Amtsgerichts!). § 28 II-IV PolG verdeutlichen, wie der Gesetzgeber die betroffenen Grundrechte (→ Rn. 296) auch durch Verfahrensregeln schützen will – **Grundrechtsschutz durch Verfahren** (→ Rn. 44).

Vertiefungshinweise: Aufsätze zur Ingewahrsamnahme: *Dörschuck/Glaser*, Entscheidung des **298a** Bundesverfassungsgerichts vom 13.12.2005 – 2 BvR 447/05 – zur Ingewahrsamnahme anlässlich eines Castoreinsatzes, VBlBW 2007, 90 ff.; *Finger*, Der „Verbringungsgewahrsam" und der Streit um seine rechtliche Grundlage, NordÖR 2006, 423 ff.; *Guckelberger*, Der präventiv-polizeiliche Gewahrsam, Jura 2015, 926 ff.; *Heidebach*, Der polizeiliche Präventivgewahrsam auf konventionsrechtlichem Prüfstand, NVwZ 2014, 554 ff.; *Janson/Schultes*, Polizeieinsatz beim Fußballspiel, VBlBW 2015, 486 f. und 524 ff. (Falllösung); *Mußmann*, Der „Verbringungsgewahrsam", VBlBW 1986, 52 ff.; *Renzikowski/Schmidt-De Caluwe*, Menschenrechtliche Grenzen des polizeilichen Unterbringungsgewahrsams, JZ 2013, 289 ff.; *Schucht*, Der Verbringungsgewahrsam im Polizeirecht, DÖV 2011, 553 ff.; *Vahle*, Freiheitsbeschränkung und Freiheitsentziehung nach neuem Polizeirecht, Die Polizei 1984, 277 ff.

---

[290] Zur inhaltsgleichen Vorschrift des § 22 I Nr. 2b SächsPolG SächsVerfGH, Urt. v. 10.7. 2003 – Vf. 43-II-00-juris.
[291] *Belz/Mußmann/Kahlert/Sander*, PolG BW, § 28 Rn. 26 ff.

Rechtsprechung: VGH BW, VBlBW 2011, 350 ff. – Ingewahrsamnahme eines Anscheinsstörers; VG Karlsruhe, Urt. v. 10.12.2018 – 1 K 6428/16 – juris – Freiheitsbeschränkende polizeiliche Maßnahmen gegen Versammlungsteilnehmer; VG Karlsruhe, Urt. v. 12.1.2017 – 3 K 141/16 – juris – Rechtmäßigkeit einer polizeilichen Umschließung (Ingewahrsamnahme) und erkennungsdienstlichen Behandlung in der Öffentlichkeit bei einem Fußballspiel.

IV. Durchsuchungen (§§ 29, 30, 31 PolG)

299 § 29 PolG ermächtigt die Polizei zur **Durchsuchung von Personen** zur Gefahrenabwehr. Diese polizeirechtliche Durchsuchung ist zu unterscheiden von der strafverfahrensrechtlichen Personendurchsuchung nach den §§ 102, 105 StPO und der strafverfahrensrechtlichen körperlichen Untersuchung nach den §§ 81a, 81c und 81d StPO.

300 Die Durchsuchung i.S. von § 29 PolG ist das Suchen nach Gegenständen, die der Betroffene nicht von sich aus offen legt. Ihr geht typischerweise eine polizeiliche Aufforderung an den Betroffenen voraus, die eine Verhaltenspflicht zur Verwirklichung der Durchsuchung, z.B. eine Duldungspflicht, begründet, also eine Rechtsfolge setzt. Dies prägt die gesamte Maßnahme, so dass die Durchsuchung als **Verwaltungsakt** i.S. des § 35 S. 1 LVwVfG anzusehen ist[292] (→ Rn. 151). Zur Anwendung von Zwangsmitteln ermächtigt § 29 PolG nicht. Soll die Durchsuchung zwangsweise durchgesetzt werden, müssen zusätzlich die Voraussetzungen des Polizeizwangs (→ Rn. 347 ff.) erfüllt sein. § 29 PolG ermächtigt zugleich zur Anordnung von Vorbereitungsmaßnahmen, die für eine Durchsuchung unabdingbar sind, z.B. den Befehl „Ziehen Sie die Jacke aus!".[293]

301 Bei der Durchsuchung darf die Polizei die Kleidung und die ohne weiteres zugänglichen Köperöffnungen (Mund, Nase, Ohren) der zu durchsuchenden Person abtasten. Nicht umfasst (und deshalb keine „Durchsuchung") ist eine „Untersuchung", z.B. auf Krankheiten oder auf verschluckte Gegenstände. Eine sich auf das Körperinnere erstreckende „Untersuchung" ist in Baden-Württemberg (anders als in einigen anderen Bundesländern[294]) auf der Grundlage des PolG nicht erlaubt. Sie ist ein besonders gravierender Eingriff in die körperliche Unversehrtheit, also schwerwiegender als eine Durchsuchung, und hätte erst recht einer Standardermächtigungsgrundlage bedurft; zudem wäre es für den Gesetzgeber einfach, ihre Voraussetzungen und Rechtsfolgen zu präzisieren. Deshalb darf die Polizei für eine Untersuchung des Körpers auch nicht auf die Gefahrenabwehr-Generalklausel der §§ 3, 1 PolG zurückgreifen.[295] Eine sich auf das Körperinnere erstreckende Untersuchung kann das zuständige Gesundheitsamt auf der bundesrechtlichen Grundlage des § 25 I IfSG vornehmen. Seit dem Jahr 2012 erklärt § 60 IV PolG auch den Polizeivollzugsdienst für Maßnahmen nach § 25 I–III IfSG für zuständig. Wie der Standort der Norm (Zweiter Teil: Die Organisation der Polizei, Zuständigkeitsabgrenzung) zeigt, handelt es sich um eine ergänzende Zuständigkeitszuweisung, nicht aber um eine neue Ermächtigungsgrundlage.[296] Zwar klingen die Formulierungen in der Norm wie Tatbestandsmerkmale einer Eingriffsermächtigung, aber § 25 IfSG hat alle Eingriffsvoraussetzungen für die dort zugelassene Untersuchung abschließend normiert, sodass der Landesgesetzgeber keine abweichenden Eingriffsvoraussetzungen schaffen konnte. Auch im Übrigen ist § 60 IV PolG missglückt, weil er eine Parallelzuständigkeit von Polizeivollzugsdienst und Gesund-

---

[292] *Drews/Wacke/Vogel/Martens*, Gefahrenabwehr, S. 216.
[293] *Nachbaur*, in: BeckOK PolR BW, § 29 PolG, Rn. 2.
[294] Nachweise bei *Götz/Geis*, Allg.POR, § 8 Rn. 82.
[295] A.A. für unvorhersehbare, atypische Situationen *Kingreen/Poscher*, POR, § 17 Rn. 3.
[296] A.A. *Nachbaur*, VBlBW 2018, 45, 53; *Ruder*, PolR BW, Rn. 96.

D. Ermächtigungsgrundlagen für polizeiliche Standardmaßnahmen

heitsamt ermöglicht.[297] Soll eine körperliche Untersuchung nicht präventiven Zwecken, sondern zur Strafverfolgung dienen, enthält § 81a StPO eine Ermächtigungsgrundlage.

§ 29 PolG setzt für eine Durchsuchung keine konkrete Gefahr voraus. Stattdessen verweist er auf andere Vorschriften und erklärt unter deren **Voraussetzungen** eine Durchsuchung für zulässig. Durch diese Regelungstechnik wird – im Vergleich mit der polizeilichen Generalklausel – die Gefahrenschwelle abgesenkt, z.T. genügt sogar ein Gefahrenverdacht (→ Rn. 109 ff.). Beispielsweise kann nach § 29 I Nr. 2 PolG die Polizei eine Person durchsuchen, wenn „Tatsachen die Annahme rechtfertigen, dass sie Sachen mit sich führt, die sichergestellt oder beschlagnahmt werden dürfen". Allerdings ist die Durchsuchung kein Mittel zur Verdachtsgewinnung, sondern die Polizei muss schon zu Beginn der Durchsuchung konkrete Vorstellungen davon haben, wonach sie sucht.[298] § 29 PolG geht auch insoweit über die polizeiliche Generalklausel hinaus, als sich die Durchsuchung auch – ohne die Einschränkungen des § 9 PolG – gegen Nichtstörer richten darf.[299] 302

§ 30 PolG ermächtigt die Polizei zur **Durchsuchung von Sachen** zur Gefahrenabwehr. Auch diese polizeirechtliche Durchsuchung ist zu unterscheiden von einer Durchsuchung zwecks Verfolgung von Straftaten und Ordnungswidrigkeiten (§§ 102 ff. StPO, § 46 OWiG). 303

Durchsuchung i.S. von § 30 PolG ist das Suchen in einer Sache nach anderen Sachen und Personen. Die Durchsuchung von Sachen ist – aus den bei der Personendurchsuchung genannten Gründen (→ Rn. 300) – als **Verwaltungsakt** i.S. des § 35 S. 1 LVwVfG anzusehen, wenn ein Inhaber der Sachherrschaft anwesend ist, sodass ihm die Maßnahme bekannt gegeben werden kann (vgl. § 43 I 1 LVwVfG). Das Suchen umfasst auch das Öffnen der Sache, aber ohne Zwangsanwendung. Für eine zwangsweise Durchsuchung müssen zusätzlich die Voraussetzungen des Polizeizwangs (→ Rn. 347 ff.) erfüllt sein.[300] Ist kein Berechtigter anwesend, dem gegenüber sie angeordnet werden könnte, ist die Durchsuchung einer Sache Realakt. In diesem Fall kommt Polizeizwang mangels Grundverfügung (→ Rn. 348) von vornherein nicht in Betracht; überdies muss kein entgegenstehender Wille gebeugt werden (→ Rn. 345). 304

Die Standardermächtigung des § 30 PolG weicht – ähnlich wie § 29 PolG (→ Rn. 299 ff.) – in mehrfacher Hinsicht von der Generalklausel ab. Sie verlangt ebenfalls keine konkrete Gefahr, sondern senkt die Gefahrenschwelle durch Verweisung auf andere Vorschriften; auch sie erlaubt eine Durchsuchung ausdrücklich schon in einigen Fällen des bloßen Gefahrenverdachts (Nrn. 2, 3: wenn „Tatsachen die Annahme rechtfertigen ..."). Allerdings sind die Nrn. 6 und 7 des § 30 PolG heute obsolet, weil sie auf § 26 I Nr. 4 und 5 PolG verweisen, die das BVerfG für nichtig erklärt hat. Wird bei der Durchsuchung ein Gegenstand gefunden, den die Polizei für gefährlich hält, z.B. ein Pulver, das Sprengstoff sein könnte, so darf die Untersuchung dieser Sache (anders als die Untersuchung einer Person (→ Rn. 301)) auf die polizeiliche Generalklausel gestützt werden.[301] 305

§ 31 PolG ermächtigt die Polizei zum **Betreten und** zur **Durchsuchung von Wohnungen** aus präventivpolizeilichen Gründen. Soll dagegen zur Strafverfolgung 306

---

[297] Vgl. z.B., dort auch zu weiteren Bedenken gegen die Norm, *Nachbaur*, VBlBW 2018, 45, 54.
[298] VG Freiburg, Urt. v. 4.4.2019 – 10 K 3092/18 – juris Rn. 55.
[299] Vgl. *Stephan/Deger*, PolG BW, § 29 Rn. 3.
[300] A. A. *Drews/Wacke/Vogel/Martens*, Gefahrenabwehr, S. 217.
[301] *Nachbaur*, in: BeckOK PolR BW, § 30, Rn. 12; *Ruder*, PolR BW, Rn. 705.

eine Wohnung durchsucht werden, kann dies nur auf die §§ 102 ff. StPO gestützt werden.³⁰² „Betreten" meint Hineingehen. Typischerweise geht dem Betreten eine Aufforderung der Polizei voraus, die eine Duldungspflicht begründet (→ Rn. 300). Diese Aufforderung ist ein Verwaltungsakt. Adressat darf nur ein Wohnungsinhaber sein – d.h. jemand, der die tatsächliche Gewalt über die Wohnung rechtmäßig ausübt –, der zugleich Störer (§§ 6, 7 PolG) oder Nichtstörer im polizeilichen Notstand (§ 9 PolG) ist.³⁰³ Ob auch ein Hausbesetzer Wohnungsinhaber im besetzen Haus sein kann, ist umstritten. Da § 31 PolG eine Konsequenz des grundrechtlichen Schutzes der Wohnung nach Art. 13 GG ist und es dort um den Schutz der Privatsphäre in räumlicher Hinsicht geht, dürfte dies zu bejahen sein.³⁰⁴ „Durchsuchung" i.S. des § 31 II PolG ist das ziel- und zweckgerichtete Suchen nach Personen oder Sachen, die der Wohnungsinhaber nicht von sich aus offenlegen oder herausgeben will.³⁰⁵ Auch die Wohnungsdurchsuchung ist – aus den (→ Rn. 300) genannten Gründen – ein **Verwaltungsakt** i.S. des § 35 S. 1 LVwVfG. Dass sie – Grundrechtsschutz durch Verfahren (→ Rn. 44) – vom Amtsgericht „angeordnet" wird (§ 31 V PolG), ändert daran nichts³⁰⁶ (zum Rechtsweg → Rn. 418). Die Wohnungsdurchsuchung bleibt eine Maßnahme der Polizei, von der diese nach ihrem Ermessen Abstand nehmen kann. Für eine zwangsweise Wohnungsdurchsuchung müssen zusätzlich die Voraussetzungen des Polizeizwangs (→ Rn. 347 ff.) erfüllt sein. Ist kein Berechtigter anwesend, dem gegenüber die Wohnungsdurchsuchung angeordnet werden könnte, ist die Durchsuchung Realakt. Polizeizwang scheidet dann aus (vgl. → Rn. 348).

306a Eine Durchsuchung zur Nachtzeit ist allerdings nur in dem Ausnahmefall des § 31 III 2 PolG zulässig.³⁰⁷ Demgegenüber darf nach Abs. 2 nicht zur Nachtzeit durchsucht werden. Eine Übertragung des Abs. 3 S. 2 auf diesen Fall, z.B. im Wege der Analogie, scheidet aus, weil die in Abs. 2 und 3 geregelten Lebenssachverhalte nicht vergleichbar sind und es damit an einer Analogievoraussetzung fehlt. Abs. 2 erlaubt – tagsüber – Wohnungsdurchsuchungen u.a. schon zum Auffinden von Sachen. Auch eine Übertragung der Befugnis zum Betreten von Wohnungen während der Nachtzeit gem. § 31 I 2 PolG scheidet aus, weil das Durchsuchen ein wesentlich schwerwiegenderer Eingriff als das Betreten ist.

307 § 31 PolG stellt an das Betreten und Durchsuchen von Wohnungen hohe Anforderungen (u.a. § 31 V PolG: Grundrechtsschutz durch Verfahren → Rn. 44), denn es geht um erhebliche Grundrechtseingriffe (Art. 13 GG, Art. 8 EMRK). § 31 PolG verdrängt insoweit die polizeiliche Generalklausel. Andere Räume als Wohnungen können dagegen aufgrund der polizeilichen Generalklausel betreten und unter den (im Vergleich zu § 31 PolG weniger strengen) Voraussetzungen des § 30 PolG durchsucht werden. Deshalb ist besonders wichtig, was § 31 PolG unter „Wohnung" versteht. Eine verfassungskonforme Auslegung (Maßstab: Art. 13 GG, Schutz der räumlichen Privatsphäre) führt zu einem weiten Verständnis: Wohnung ist jede tatsächlich bewohnte Räumlichkeit, die zum Aufenthalt von Menschen bestimmt und geeignet ist. Ob § 31 VI PolG mit Art. 13 GG, der auch Arbeits-, Betriebs- und Geschäftsräu-

---

³⁰² *Stephan/Deger*, PolG BW, § 30 Rn. 4.
³⁰³ *Belz/Mußmann/Kahlert/Sander*, PolG BW, § 31, Rn. 5, 9.
³⁰⁴ Vgl. *Schoch*, Jura 2010, 22, 24; a.A. *Würtenberger/Heckmann/Tanneberger*, PolR BW, § 5 Rn. 204.
³⁰⁵ Vgl. BVerwG, NJW 2005, 454, 455.
³⁰⁶ I.E. ebenso *Belz/Mußmann/Kahlert/Sander*, PolG BW, § 31 Rn. 22.
³⁰⁷ A.A. viele, z.B. *Würtenberger/Heckmann/Tanneberger*, PolR BW, § 5 Rn. 209; *Belz/Mußmann/Kahlert/Sander*, § 31, Rn. 12.

D. Ermächtigungsgrundlagen für polizeiliche Standardmaßnahmen   195

me schützt, vereinbar ist, ist zweifelhaft.[308] § 31 VI PolG erleichtert der Polizei das Betreten solcher Räume sehr, weil sein Wortlaut weder eine konkrete Gefahr noch einen Gefahrenverdacht noch ein Handeln zur Gefahrenvorsorge voraussetzt. Er ist aber systematisch so auszulegen, dass er nur zur Erfüllung einer Gefahrenabwehraufgabe (vgl. § 1 I PolG) genutzt werden darf. § 31 PolG wird ergänzt durch § 2 der DVO PolG.

Vertiefungshinweise: Aufsätze zu Durchsuchungen: *Ennuschat*, Behördliche Nachschau in Geschäftsräume und die Unverletzlichkeit der Wohnung gem. Art. 13 GG, AöR 127 (2002), 252 ff.; *Gusy*, Grundgesetzliche Anforderungen an Durchsuchungsbeschlüsse i. S. d. Art. 13 II GG, NStZ 2010, 353 ff.; *Kolmer*, Polizeiliche Razzia in Asylbewerberunterkünften, BWGZ 1995, 226 f.; *Mittag*, Das Betreten öffentlich zugänglicher Geschäftsräume zu polizeilichen Zwecken, NVwZ 2005, 649 ff.; *Schoch*, Die Unverletzlichkeit der Wohnung nach Art. 13 GG, Jura 2010, 22 ff.; *Zeitler*, Die Razzia aus verwaltungsrechtlicher und verwaltungsvollstreckungsrechtlicher Sicht, VBlBW 1992, 328 ff. **307a**

Rechtsprechung: VG Freiburg, Urt. v. 4.4.2019 – 10 K 3092/18 – juris – Polizeiliche Identitätsfeststellung einer Person.

V. Sicherstellung, Beschlagnahme und Einziehung (§§ 32, 33, 34 PolG)

Das PolG BW nutzt die Begriffe Sicherstellung und Beschlagnahme abweichend **308** vom **Sprachgebrauch** der Polizeigesetze anderer Bundesländer (außer Sachsen) und anders als § 47 BPolG, die beide Maßnahmen unter den Begriff „Sicherstellung" fassen. Anders ist auch der Sprachgebrauch der StPO, vgl. § 94 I, II und §§ 111b, c StPO. Das baden-württembergische Polizeirecht unterscheidet Sicherstellung und Beschlagnahme nach ihrer Zweckbestimmung: Unter Sicherstellung versteht § 32 PolG die Inverwahrnahme einer Sache, um den Eigentümer oder den rechtmäßigen Gewahrsamsinhaber vor Verlust oder Beschädigung der Sache zu schützen. Eine Beschlagnahme i. S. des § 33 PolG ist dagegen die Inverwahrnahme einer Sache (sogar auch einer Forderung oder eines anderen Vermögensrechts, § 33 II PolG) zum Schutze der Allgemeinheit oder einzelner vor den in § 33 PolG genannten Gefahren. Kurz: Die Sicherstellung dient dem Schutz der Sache, die Beschlagnahme dem Schutz vor der Sache.[309]

§ 32 PolG setzt eine konkrete Gefahr[310] (→ Rn. 104) voraus, dass die Sache verloren **309** geht oder beschädigt wird. Kraft **§ 32 PolG** begründet die dem Schutz des Eigentümers oder berechtigten Gewahrsaminhabers dienende **Sicherstellung** den Gewahrsam (tatsächliche Sachherrschaft) der Polizei an der zu sichernden Sache. Der **Rechtscharakter der Sicherstellung** ist nicht einfach zu bestimmen. Obwohl mit der Sicherstellung ein Rechtsverhältnis zwischen dem Eigentümer und der Polizei entsteht (Verwahrungsverhältnis, vgl. § 32 III, IV PolG), ist der Eigentümer im Zeitpunkt der Sicherstellung regelmäßig nicht anwesend, so dass ihm gegenüber mangels Bekanntgabe kein wirksamer Verwaltungsakt ergeht. Nur wenn mit der Sicherstellung ausnahmsweise der Gewahrsam eines anwesenden Dritten beendet oder verhindert werden muss, ist die Sicherstellung diesem gegenüber ein (Duldungs-)Verwaltungsakt mit Dauerwirkung,[311]

---

[308] *Stephan/Deger*, PolG BW, § 31 Rn. 29.
[309] *Würtenberger/Heckmann/Tanneberger*, PolR BW, § 5 Rn. 216.
[310] VGH BW, VBlBW 2019, 461, 463.
[311] So im Fall des VGH BW, VBlBW 2019, 461; vgl. auch VG Freiburg, Urt. v. 28.10.2010 – 4 K 389/09 – juris Rn. 14 ff.

das Verwahrungsverhältnis zwischen Polizei und Eigentümer entsteht kraft Gesetzes (vgl. § 32 I, III PolG). Beendet die Sicherstellung nicht den Gewahrsam einer Person (das ist der Regelfall, z. B. Sicherstellung eines geparkten Autos bei Hochwasser), ist die Sicherstellung Realakt; das Verwahrungsverhältnis entsteht auch hier als dessen gesetzliche Folge (vgl. § 32 I, III PolG). Der Konstruktion der h. M.[312], die Sicherstellung sei zunächst ein Realakt, der sich später mit Bekanntgabe gegenüber dem Eigentümer in einen Verwaltungsakt wandele, bedarf es nicht.

310 § 32 PolG geht dem § 2 II PolG vor[313]. Nach § 2 II PolG (Notzuständigkeit der Polizei) obliegt der Schutz privater Rechte der Polizei nur auf Antrag und nur, wenn gerichtlicher Schutz nicht rechtzeitig zu erlangen ist. Außerdem muss ohne eine polizeiliche Hilfe die Gefahr bestehen, dass die Verwirklichung des Rechts vereitelt oder wesentlich erschwert wird. Abweichend davon will § 32 PolG den privaten Rechtsinhaber vor Verlust oder Beschädigung der Sache schützen.

311 Die Sicherstellung i. S. des § 32 PolG ist auf „Sachen" beschränkt (während eine Beschlagnahme auch Rechte erfassen kann, vgl. § 33 II PolG). Sache i. S. des § 32 PolG soll nur eine bewegliche Sache sein.[314] Dafür spricht, dass für die sich anschließende Verwahrung die §§ 688 ff. BGB Vorbild sind, die nur für bewegliche Sachen gelten. Nähere Vorschriften über das Verwahrungsverhältnis enthält § 3 DVO PolG. Etwa verbleibende Regelungslücken können durch entsprechende Anwendung der §§ 688 ff. BGB geschlossen werden.[315]

311a Die Sicherstellung endet nach § 32 IV PolG. Einem Herausgabeanspruch des Berechtigten, z.B. aus § 985 BGB, kann allerdings eine Zurückbehaltungsbefugnis der Polizei nach § 83a PolG entgegenstehen (→ Rn. 399a ff.).

312 § 33 I PolG ermächtigt die Polizei zur **Beschlagnahme** einer Sache. Die Beschlagnahme (Definition → Rn. 308) ist im Regelfall ein **Verwaltungsakt** mit Dauerwirkung.[316] Mit ihm gibt die Polizei dem (Verfügungs-)Berechtigten und dem Gewahrsamsinhaber (Nutzer) einer Sache auf, befristet deren Wegnahme durch die Polizei beim Gewahrsamsinhaber (Nutzer) zu dulden. Mit dem Vollzug der Beschlagnahme entsteht kraft Gesetzes ein Gewahrsamsverhältnis, das der Abwehr der Gefahr dient. Näheres zum Gewahrsamsverhältnis bestimmt § 3 III DVO PolG. Die Verpflichtung zur Duldung ist nicht selbst ein Beugemittel[317], sondern kann mit Zwangsmitteln durchgesetzt werden (→ Rn. 345 ff.). Allerdings scheidet das Zwangsmittel der Ersatzvornahme aus, da dieses voraussetzt, dass der zu vollstreckende Verwaltungsakt (die Grundverfügung) eine vertretbare Handlung anordnet (vgl. § 25 LVwVG). Deshalb kann § 33 I PolG nicht Ermächtigungsgrundlage für eine Abschleppanordnung sein, die im Wege der Ersatzvornahme durchgesetzt werden soll. In diesem Fall ist vielmehr die polizeiliche Generalklausel die in Betracht kommende Ermächtigungsgrundlage für eine Abschleppverfügung. Sind ausnahmsweise weder der Eigentümer noch ein Gewahrsamsinhaber (Nutzer) anwesend, kann kein wirksamer Verwaltungsakt ergehen (vgl. § 43 I 1 LVwVfG); es bedarf dann auch keiner Zwangsmittel, weil kein entgegenstehender Wille gebeugt werden muss (→ Rn. 345). In diesem Fall erfolgt die Beschlagnahme als Realakt der Unmittelbaren Ausführung (→ Rn. 159, 196); auch hier entsteht als gesetzliche Folge ein Verwahrungsverhältnis.

---

[312] Z. B. *Ruder*, PolR BW, Rn. 734.
[313] *Zeitler/Trurnit*, PolR BW, Rn. 477.
[314] *Stephan/Deger*, PolG BW, § 32 Rn. 4.
[315] *Ruder*, PolR BW, Rn. 736.
[316] VGH BW, VBlBW 2007, 351, 352; VBlBW 2001, 100, 101.
[317] VGH BW, VBlBW 2001, 100, 102.

D. Ermächtigungsgrundlagen für polizeiliche Standardmaßnahmen

Beschlagnahmt werden können bewegliche und unbewegliche Sachen i. S. des § 90 **313**
BGB (auch Tiere, vgl. § 90a S. 3 BGB) nach § 33 I PolG. Ein wichtiger Anwendungsfall ist die Beschlagnahme einer Wohnung, um darin einen Obdachlosen unterzubringen („Obdachloseneinweisung"); dabei wird der Wohnungseigentümer als Nichtstörer in Anspruch genommen (→ Rn. 250 f.). In diesem Fall wird die Sache nicht wegen einer von ihr ausgehenden Gefahr beschlagnahmt, sondern um eine sonstige Gefahr zu bekämpfen. § 33 I Nr. 1 PolG ist die richtige Ermächtigungsgrundlage, um zur Obdachloseneinweisung auf eine private Wohnung zuzugreifen, denn seine Rechtsfolge schließt nicht aus, dass die Polizei anschließend den Gewahrsam an der Sache einem Dritten überlässt, wenn dadurch die Gefahr der Obdachlosigkeit bekämpft wird.

Nach § 33 II PolG kann unter den Voraussetzungen des § 33 I Nr. 3 PolG der Poli- **313a**
zeivollzugsdienst auch eine Forderung oder andere Vermögensrechte beschlagnahmen. Diese Beschlagnahme wird durch Pfändung bewirkt, unter sinngemäßer Anwendung der entsprechenden Vorschriften der ZPO (vgl. § 33 II 2, 3 PolG). Die Pfändungsverfügung begründet ein Pfandrecht des Landes und ist daher ein (privatrechtsgestaltender) Verwaltungsakt; sie hat keine Beugefunktion und ist deshalb kein Zwangsmittel.[318]

Eine Beschlagnahme muss aufgehoben werden, sobald ihr Zweck erreicht ist, die **314**
Beschlagnahme einer Sache aber spätestens nach 6 Monaten, es sei denn, ein spezielles Gesetz erlaubt eine längere Dauer, vgl. § 33 IV PolG. Die Frist beginnt mit Entstehung des Gewahrsamsverhältnisses, d. h. mit der tatsächlichen Ingewahrsamnahme als Vollzug der Beschlagnahmeverfügung.[319] Dem VGH BW zufolge endet die Beschlagnahme nach dieser Frist automatisch[320]; dies lässt der Gesetzeswortlaut aber so nicht erkennen. Die Beschlagnahme einer Forderung kann bis zu einer Gesamtdauer von zwei Jahren verlängert werden, § 33 V 1 PolG. Über die Verlängerung entscheidet das Amtsgericht, § 33 V 2 PolG. Auch mit diesem Richtervorbehalt trägt der Gesetzgeber einem Grundrechtsschutz durch Verfahren Rechnung (→ Rn. 44).

Der in der Beschlagnahme liegende Eingriff in das Eigentumsgrundrecht ist verfas- **315**
sungsrechtlich gerechtfertigt, wenn die Voraussetzungen des § 33 I PolG eingehalten sind. § 33 PolG stellt eine Inhalts- und Schrankenbestimmung des Eigentums i. S. des Art. 14 I 2 GG dar, durch die der Gesetzgeber den Art. 14 II GG („Eigentum verpflichtet. ...") ausgestaltet. Die in § 33 I PolG genannten **Rechtmäßigkeitsvoraussetzungen** einer Beschlagnahme weichen von denen der polizeilichen Generalklausel ab. Nr. 1 hebt die Gefahrenschwelle im Vergleich zur polizeilichen Generalklausel an: Es muss eine Störung der öffentlichen Sicherheit oder Ordnung unmittelbar bevorstehen oder schon eingetreten sein. Nr. 2 verlangt keine konkrete Gefahr, hier genügt, dass mit der Beschlagnahme der Sache (z. B. einer Waffe) eine missbräuchliche Verwendung durch eine festgehaltene oder in Gewahrsam genommene Person verhindert werden soll. Für Nr. 3 genügt die konkrete Gefahr einer dort genannten Straftat von erheblicher Bedeutung.[321]

Regelmäßig keine Beschlagnahme liegt in den Fällen des polizeilichen Abschleppen- **315a**
lassens von falsch geparkten Autos vor. Hier geht es der Polizei nicht darum, durch Begründung eines Gewahrsamsverhältnisses die Gefahr abzuwenden. In einem solchen Fall muss die Polizei, gestützt auf die polizeiliche Generalklausel, durch Verwaltungsakt ein Wegfahrgebot erlassen, das nötigenfalls im Wege der Ersatzvornahme (Fremd-

---

[318] I. E. ebenso *Belz/Mußmann/Kahlert/Sander*, PolG BW, § 33 Rn. 9.
[319] VGH BW, VBlBW 2014, 377.
[320] VGH BW, VBlBW 2014, 377; a.A. *Dolderer*, VBlBW 2003, 222, 225; *Reinhardt*, in: BeckOK PolR BW, § 34 PolG, Rn. 6.
[321] *Stephan/Deger*, PolG BW, § 33 Rn. 20.

vornahme durch den Verwaltungshelfer Abschleppunternehmer, § 49 I PolG i.V. mit § 25 LVwVG → Rn. 346) vollstreckt wird. Konnte gegenüber dem Polizeipflichtigen kein Wegfahrgebot ausgesprochen werden, kommt als Ermächtigungsgrundlage für das Abschleppen im Wege Unmittelbarer Ausführung nur §§ 3, 1, 8 I PolG in Betracht (→ Rn. 158 ff.). Noch anders ist es, wenn ein Fahrzeug unverschlossen aufgefunden wird und die Polizei es auf ihren Betriebshof bringen lässt, um den Eigentümer vor Schäden zu bewahren; in diesem Fall handelt es sich um eine Sicherstellung, zu der § 32 PolG ermächtigt (→ Rn. 309 ff.).

316 § 34 I PolG ermächtigt die Polizeibehörde zur **Einziehung** einer beschlagnahmten Sache aus Gründen der Gefahrenabwehr. Die Einziehungsanordnung ist ein **privatrechtsgestaltender Verwaltungsakt**. Sie bewirkt (mit Bekanntgabe, § 43 I LVwVfG, also nicht erst mit Unanfechtbarkeit[322]) kraft Gesetzes den Eigentumsübergang vom bisherigen Eigentümer auf den Träger der Polizeibehörde (dies ist i. d. R. die Gemeinde als Rechtsträgerin der Ortspolizeibehörde, die die Einziehung anordnete, vgl. § 66 II PolG). Wegen der Verweisung des § 34 II 1 PolG auf § 383 III BGB erfasst § 34 PolG nur bewegliche Sachen. Voraussetzung einer Einziehung ist nach § 34 I 1 PolG erstens die noch wirksame[323] Beschlagnahme der Sache („*beschlagnahmte* Sache") (→ Rn. 312) und zweitens, dass die Sache „nicht mehr herausgegeben werden kann, ohne daß die Voraussetzungen der Beschlagnahme erneut eintreten". Eine nach § 34 I PolG eingezogene Sache ist nach § 34 II PolG zu verwerten. Ist dies nicht möglich, ist sie unbrauchbar zu machen oder zu vernichten, § 34 III PolG. Darin liegt keine Enteignung; vielmehr sind diese Vorschriften als Inhalts- und Schrankenbestimmungen i. S. des Art. 14 I 2 GG Ausdruck der Sozialbindung des Eigentums (Art. 14 II GG).

316a **Vertiefungshinweise:** Aufsätze zu Sicherstellung, Beschlagnahme und Einziehung: *Dolderer*, Beschlagnahme und Einziehung im Polizeirecht, VBlBW 2003, 222 ff.; *Erichsen/Biermann*, Obdachlosigkeit als gefahrenabwehrrechtliches Problem, Jura 1998, 371 ff.; *Hebeler*, Die Sicherstellung von Kraftfahrzeugen im Wege des Abschleppens zum Schutz des Eigentümers wegen Verlust- und Beschädigungsgefahr – Überlegungen zu einem „Sonderfall" des Polizeirechts, NZV 2002, 158 ff.; *Heyna*, Die Sicherstellung von Gegenständen nach dem Polizeigesetz, Kriminalistik 2010, 659 ff.; *Kolmer*, Polizeirechtliche Beschlagnahme und Einziehung von Kraftfahrzeugen wegen Fahrens ohne Fahrerlaubnis, BWGZ 1994, 595 ff.; *Laub*, Polizeirechtliche Führerscheinbeschlagnahme bei Drogenkonsumenten zur Vorbereitung der Fahrerlaubnisentziehung durch die Fahrerlaubnisbehörde, VBlBW 2005, 51 ff.; *Trockels*, Polizeirechtliche Gesichtspunkte der Obdachlosigkeit, BWVPr 1989, 145 ff.

Rechtsprechung: VG Freiburg, Urt. v. 28.10.2010 – 4 K 389/09 – juris – Sicherstellung zum Schutz des wahren Eigentümers; VGH BW, VBlBW 2007, 351 f. = BWGZ 2007, 978 f. – Eigentumsübergang bei Einziehung einer Sache; VGH BW, VBlBW 2001, 100 ff. – Beschlagnahme eines Liegerades; VGH BW, VBlBW 2019, 461 ff. – Sicherstellung von Uhren und Schmuck.

VI. Erkennungsdienstliche Maßnahmen (§ 36 PolG)

317 § 36 I PolG ermächtigt den **Polizeivollzugsdienst** zu erkennungsdienstlichen Maßnahmen, d. h. insbesondere zur Abnahme von Fingerabdrücken, Aufnahme von Lichtbildern, Feststellung äußerlicher körperlicher Merkmale und Messungen, vgl. § 36 II PolG. Durch erkennungsdienstliche Maßnahmen werden äußere Merkmale einer Person festgestellt. Nicht erfasst sind also die Abnahme einer Blutprobe oder eines

---

[322] VGH BW, VBlBW 2007, 351, 352; VGH BW, VBlBW 2010, 240; *Belz/Mußmann/Kahlert/Sander*, PolG BW, § 34 Rn. 2.
[323] VGH BW, VBlBW 2014, 377.

D. Ermächtigungsgrundlagen für polizeiliche Standardmaßnahmen   199

genetischen Fingerabdrucks und Röntgenaufnahmen. Die Anordnung erkennungsdienstlicher Maßnahmen ist ein (Duldungs-)**Verwaltungsakt**. § 36 I PolG ermächtigt nicht zu Zwangsmitteln. Bedarf es der zwangsweisen Durchsetzung einer Anordnung nach § 36 I PolG, z. B. durch unmittelbaren Zwang (→ Rn. 346), muss zusätzlich (→ Rn. 347) auf die einschlägige Ermächtigungsgrundlage in den §§ 49 ff. PolG zurückgegriffen werden.[324]

Wegen der **bundesstaatlichen Kompetenzverteilung** und Art. 31 GG kann § 36 PolG nur zu solchen erkennungsdienstlichen Maßnahmen ermächtigen, die nicht von der bundesgesetzlichen Ermächtigung zu erkennungsdienstlichen Maßnahmen in § 81b StPO erfasst werden. Sobald und solange deshalb jemand i. S. der StPO Beschuldigter in einem Strafverfahren ist, dürfen erkennungsdienstliche Maßnahmen gegenüber ihm nicht auf § 36 PolG gestützt werden.[325] Erkennungsdienstliche Maßnahmen zur Strafverfolgungsvorsorge und zur Gefahrenvorsorge (i. S. einer vorbeugenden Verhütung von Straftaten) gegen einen „Beschuldigten" i. S. der StPO können sich aber auf **§ 81b, 2. Alt. StPO** stützen[326]; § 81b, 2. Alt. StPO ermächtigt die (Kriminal-)Polizei auch zum Eingriff im Wege eines belastenden Verwaltungsakts[327], sog. Verwaltungsaktbefugnis (allgemein zu ihr auch → Rn. 458, zum Rechtsschutz → Rn. 419). 318

Nach **§ 36 I Nr. 1 PolG** sind erkennungsdienstliche Maßnahmen zulässig, wenn eine nach § 26 PolG zulässige Identitätsfeststellung (→ Rn. 282 ff.) auf andere Weise nicht zuverlässig durchgeführt werden kann, z. B. wenn die betroffene Person keinen Ausweis dabei hat. 319

§ 36 I Nr. 2 PolG ermächtigt zu erkennungsdienstlichen Maßnahmen zur vorbeugenden Bekämpfung von Straftaten. Wegen der beschränkten Gesetzgebungskompetenz des Landesgesetzgebers (→ Rn. 39, 318) gilt dies aber nur, soweit nicht § 81b 2. Alt. StPO aus Anlass eines Strafverfahrens gegen einen „Beschuldigten" zur Vornahme präventiv-polizeilicher erkennungsdienstlicher Maßnahmen ermächtigt[328] (→ Rn. 318). Folgerichtig stellt § 36 I Nr. 2 PolG auf „Betroffene" ab statt auf „Beschuldigte". In Betracht kommt nach § 36 I Nr. 2 PolG etwa eine erkennungsdienstliche Maßnahme gegenüber einem Strafunmündigen. Mit der Garantie gerichtlichen Rechtsschutzes in Art. 19 IV GG unvereinbar ist die These, der Polizei stehe bei der nach § 36 I Nr. 2 PolG nötigen Prognose, dass der Betroffene „zukünftig eine Straftat begehen wird", ein richterlich nur beschränkt überprüfbarer Beurteilungsspielraum zu[329] (vgl. auch → Rn. 96, 426). 320

Nach **§ 36 III 1 PolG** sind die durch die erkennungsdienstliche Behandlung erhobenen personenbezogenen Daten zu löschen und die entstandenen Unterlagen zu vernichten, wenn die Voraussetzungen des § 36 I PolG entfallen sind. Für den Betroffenen enthält § 36 III 1 PolG ein subjektives öffentliches Recht, d. h. die Vorschrift ist Anspruchsgrundlage für den entsprechenden **Löschungsanspruch** (zur gerichtlichen Durchsetzbarkeit → Rn. 469).[330] Keine Löschungspflicht und demgemäß auch kein Löschungsanspruch besteht, wenn andere Vorschriften eine weitere Aufbewahrung für zulässig erklären, vgl. § 36 III 1 PolG. 321

---

[324] *Belz/Mußmann/Kahlert/Sander*, PolG BW, § 36 Rn. 14.
[325] Vgl. OVG Hamburg, Urt. v. 11.4.2013 – 4 Bf 141/11 – juris Rn. 27 ff.
[326] VGH BW, NJW 2008, 3082.
[327] BVerwG, NJW 2006, 1225.
[328] VGH BW, NVwZ-RR 2004, 572.
[329] So aber *Würtenberger/Heckmann/Tanneberger*, PolR BW, § 5 Rn. 243 unter Hinweis auf VGH BW, VBlBW 2004, 214.
[330] *Belz/Mußmann/Kahlert/Sander*, PolG BW, § 36 Rn. 19.

321a **Vertiefungshinweise:** Aufsätze zu erkennungsdienstlichen Maßnahmen: *Dörschuck*, ED-Behandlung – Die präventiv-polizeiliche erkennungsdienstliche Behandlung unter besonderer Berücksichtigung ihrer sofortigen Vollstreckbarkeit, Kriminalistik 1996, 732 ff.; *Dreier*, Erkennungsdienstliche Maßnahmen im Spannungsfeld von Gefahrenabwehr und Strafverfolgung, JZ 1987, 1009 ff.; *Hermes*, Die Anordnung der erkennungsdienstlichen Behandlung nach § 81b 2 Alt. StPO, Die Polizei 2010, 277 ff.; *Kruse/Bulling*, Aus der Praxis: Rechtswegbestimmung bei polizeilichem Handeln nach § 81b Var. 2 StPO, JuS 2007, 342 f.; *Waszczynski*, Rechtsschutzmöglichkeiten gegen erkennungsdienstliche Maßnahmen unter besonderer Berücksichtigung der Rechtsnatur des § 81b Alt. 2 StPO, JA 2013, 60 ff.

Rechtsprechung: zur Rechtsgrundlage für die Anordnung einer erkennungsdienstlichen Behandlung einerseits BVerwGE 162, 275 ff. = NJW 2018, 3194 ff.; andererseits VGH BW, VBlBW 2016, 424 ff.; VG Karlsruhe, Urt. v. 10.12.2018 – 1 K 6428/16 – juris – Freiheitsbeschränkende polizeiliche Maßnahmen gegen Versammlungsteilnehmer; VG Karlsruhe, Urt. v. 12.1.2017 – 3 K 141/16 – juris – Rechtmäßigkeit einer polizeilichen Umschließung (Ingewahrsamnahme) und erkennungsdienstlichen Behandlung in der Öffentlichkeit bei einem Fußballspiel.

VII. Datenerhebung (§§ 19 ff. PolG) und weitere Datenverarbeitung (§§ 37 ff. PolG) zur Gefahrenabwehr (Auswahl)

322 Für die Erhebung und die Weiterverarbeitung personenbezogener Daten durch die Polizei enthält das PolG in den §§ 19–25 und den §§ 37–48a PolG Spezialregelungen gegenüber dem Landesdatenschutzgesetz (LDSG). Sie sollen den Grundrechtsschutz (insbesondere des Grundrechts auf informationelle Selbstbestimmung aus Art. 2 I GG i. V. mit Art. 1 I GG) in den Fällen verbessern, in denen die Polizei Daten erhebt. Das LDSG bleibt subsidiär anwendbar, vgl. § 48 PolG. Das ist wichtig für die maßgeblichen Grundbegriffe (z. B. „personenbezogene Daten", „Verarbeiten", „Erheben", „Speichern", „Übermitteln", „Löschen"). Diese werden nicht im PolG, sondern in § 3 LDSG a.F. legaldefiniert, der gemäß § 30 I LSDG n.F. (v. 12.6.2018, GBl. S. 173) vorläufig weiter gilt. Die §§ 19–25 und 37–48a PolG präzisieren die Voraussetzungen für Grundrechtseingriffe, die mit der Datenverarbeitung durch die Polizei einhergehen, insbesondere stellen sie (neben allgemeinen Regeln, vgl. § 19 PolG) die erforderlichen Eingriffsermächtigungen bereit. Eine Generalklausel für die polizeiliche Datenerhebung[331] enthält § 20 II PolG. Sie tritt zurück gegenüber den spezielleren Ermächtigungen zur polizeilichen Datenerhebung (§§ 20 III–VI, 21 ff. PolG).

1. Offene Bild- und Tonaufzeichnungen (§ 21 PolG)

323 Praktisch wichtig (und klausurrelevant) sind die verschiedenen Ermächtigungen für den Polizeivollzugsdienst (und teilweise auch für die Ortspolizeibehörde) zum offenen Einsatz technischer Mittel zur Bild- und Tonaufzeichnung in § 21 PolG. **Offener Einsatz** meint, dass die Aufnahme (meist durch Videokamera) **nicht geheim**, sondern **für jedermann bemerkbar** erfolgt (vgl. dazu auch § 21 VIII 1 PolG). Den geheimen („verdeckten") Einsatz technischer Mittel regeln demgegenüber die §§ 22 ff. PolG (→ Rn. 329 ff.) abschließend. Ihrer **Rechtsnatur** nach ist die Videoüberwachung (mangels „Regelung" i.S. des § 35 LVwVfG) **schlicht hoheitliches Handeln** (Konsequenz: Statthafte Klageart dagegen ist die Unterlassungsklage[332]).

324 § 21 I PolG ermächtigt den Polizeivollzugsdienst zu Bild- und Tonaufzeichnungen von Personen „bei oder im Zusammenhang mit öffentlichen Veranstaltungen und

---

[331] *Ruder*, PolR BW, Rn. 429.
[332] VGH BW, NVwZ 2004, 498.

D. Ermächtigungsgrundlagen für polizeiliche Standardmaßnahmen

Ansammlungen, die ein besonderes Gefährdungsrisiko aufweisen", und zwar „zur Erkennung und Abwehr von Gefahren". Das Tatbestandsmerkmal „zur Erkennung ... von Gefahren" **erweitert** die Eingriffsbefugnis des Polizeivollzugsdienstes **auf das Vorfeld der Gefahrenabwehr.** Die Voraussetzung „öffentliche Veranstaltungen und Ansammlungen" grenzt die zulässigen Beobachtungsanlässe ab von „Versammlungen", die wegen Art. 8 GG durch das Versammlungsrecht stärker geschützt sind (vgl. §§ 19a, 12a VersG). Versammlungen bezwecken, anders als öffentliche Veranstaltungen und Ansammlungen, eine durch Art. 8 GG geschützte kollektive Meinungsäußerung bzw. -bildung. Öffentliche Veranstaltungen sind organisierte, jedermann zugängliche Sport- oder andere Unterhaltungserlebnisse wie z.B. Volksfeste, Straßenfeste, Fußballspiele, Konzerte. Eine Ansammlung ist das zufällige Zusammentreffen von Menschen ohne jeden gemeinsamen Zweck, z.B. Gaffer bei einem Unfall. Unter welchen Voraussetzungen diese Veranstaltungen und Ansammlungen ein „besonderes Gefährdungsrisiko" aufweisen, wird von § 21 I 2 Nrn. 1 und 2 PolG genauer beschrieben.

§ 21 I PolG grenzt den Kreis der Personen, die von der Videoüberwachung erfasst werden dürfen, nicht ein. Eine Beschränkung wäre auch nur schwer handhabbar.[333] Die §§ 6, 7 und 9 PolG sind hier nicht (entsprechend) anzuwenden.[334] Videoüberwacht werden darf deshalb jeder, der „bei" der Veranstaltung oder Ansammlung anwesend ist oder mit dieser „im Zusammenhang" steht, also etwa im Begriff ist, sich der Veranstaltung anzuschließen oder sich von ihr zu entfernen.[335] Eine vergleichbare Befugnis enthält § 26 BPolG für die Bundespolizei. **325**

§ 21 II PolG ermächtigt den Polizeivollzugsdienst zu Bild- und Tonaufzeichnungen von Personen in den in § 26 I Nr. 3 PolG genannten Objekten (also „in einer Verkehrs- oder Versorgungsanlage oder -einrichtung, einem öffentlichen Verkehrsmittel, Amtsgebäude oder einem anderen besonders gefährdeten Objekt") oder in unmittelbarer Nähe dieser Objekte. (Weitere) Voraussetzung ist, dass „Tatsachen die Annahme rechtfertigen, dass an oder in Objekten dieser Art Straftaten begangen werden sollen, durch die Personen, diese Objekte oder darin befindliche Sachen gefährdet sind". Nicht vorausgesetzt wird eine konkrete Gefahr; insoweit erweitert § 21 II PolG die Eingriffsbefugnis des Polizeivollzugsdienstes im Vergleich zur polizeilichen Generalklausel. Den Kreis der Personen, der gefilmt werden darf, begrenzt die Norm allein durch den geforderten **Objektbezug:** Jeder, der sich in der Nähe solch **besonders gefährdeter Objekte** oder in einem solchen Objekt befindet, darf aufgenommen werden.[336] Die §§ 6, 7 und 9 PolG sind nicht, auch nicht entsprechend, anwendbar. Eine vergleichbare Befugnis enthält § 27 BPolG für die Bundespolizei. **326**

§ 21 III PolG ermächtigt den Polizeivollzugsdienst sowie die Ortspolizeibehörden zu einer Videoüberwachung an sog. Kriminalitätsschwerpunkten, d.h. „an öffentlich zugänglichen Orten ..., wenn sich die Kriminalitätsbelastung dort von der des Gemeindegebiets deutlich abhebt und Tatsachen die Annahme rechtfertigen, dass dort auch künftig mit der Begehung von Straftaten zu rechnen ist". Danach setzt auch § 21 III PolG keine konkrete Gefahr voraus. Er dient der **Gefahrenvorsorge,** d.h. die auf ihn gestützte offene Videoüberwachung soll „präventiv" durch ihre Abschreckungswirkung von vornherein (im Vorfeld konkreter Gefahren) Straftaten verhindern.[337] **327**

---

[333] Vgl. auch *Schoch*, Jura 2007, 676, 677.
[334] *Kingreen/Poscher*, POR, § 13 Rn. 103.
[335] *Stephan/Deger*, PolG BW, § 21 Rn. 6 f.
[336] *Stephan/Deger*, PolG BW, § 21 Rn. 11; krit. *Ruder*, PolR BW, Rn. 450.
[337] Vgl. VGH BW, NVwZ 2004, 498, 499.

327a

> **Prüfungsschema**
> **Standardermächtigung (am Beispiel des § 21 III PolG)**
>
> I. Ermächtigungsgrundlage
> → Danach zu ermitteln, ob Rechtsfolge der Norm einschlägig ist („passt" – ggf. ist dazu Auslegung nötig)
>   1. Keine spezialgesetzliche Ermächtigung(sgrundlage)
>   2. Standardermächtigung(sgrundlage) (hier § 21 III PolG)
>   3. Ggf.[338] Verfassungsmäßigkeit der Ermächtigungsgrundlage
> II. Formelle Rechtmäßigkeit der Standardmaßnahme
>   1. Zuständigkeit: Polizeivollzugsdienst oder Ortspolizeibehörden
>   2. Verfahren
>   3. Form
> III. Materielle Rechtmäßigkeit der Standardmaßnahme
>   1. Tatbestandsvoraussetzungen (hier des § 21 III PolG)
>   a) Öffentlich zugänglicher Ort
>   aa) Auslegung
>   bb) Subsumtion
>   b) Kriminalitätsbelastung dort deutlich abgehoben von der des Gemeindegebiets (sog. Kriminalitätsschwerpunkt)
>   aa) Auslegung
>   bb) Subsumtion
>   c) Tatsachen die Annahme rechtfertigen, dass dort auch künftig mit der Begehung von Straftaten zu rechnen ist (= Gefahrenverdacht bezüglich künftiger Verletzung eines Straftatbestandes)
>   aa) Auslegung
>   bb) Subsumtion
>   2. Einhaltung sonstiger Rechtsnormen:
>   a) Rechtmäßiger Adressat: „Personen" (= jedermann)
>   b) Verhältnismäßigkeit
>   3. Ermessensfehlerfreiheit

327b Die Neufassung des **§ 21 IV 1 PolG** ermächtigt den Polizeivollzugsdienst seit 2017, näher bestimmte Bildaufzeichnungen auch automatisch auszuwerten. Die schwer verständlich formulierte Neufassung des **§ 21 V PolG** ermächtigt seit 2016 den Polizeivollzugsdienst zu Bild- und Tonaufnahmen mittels körpernah getragener Aufnahmegeräte (sog. „Bodycams"). Erlaubt sind die Aufzeichnungen „zur Abwehr einer Gefahr". Diese Gefahr muss bei der Durchführung von Maßnahmen zur Gefahrenabwehr (§ 21 V 1 Var. 1 PolG) oder bei der Durchführung von Maßnahmen zur Verfolgung von Straftaten oder Ordnungswidrigkeiten (§ 21 V 1 Var. 2 PolG) an einem öffentlich zugänglichen Ort bestehen. Die verfassungskonforme Auslegung des Tatbestandsmerkmals „an öffentlich zugänglichen Orten" im Lichte von Art. 13 und 14 GG ergibt, dass die Aufnahmen nicht in Wohnungen oder auf Privatgrundstücken, zu denen nicht jeder Zugang hat[339], angefertigt werden dürfen. Nach Vorstellung der Regie-

---

[338] Nur in die Niederschrift der Klausur aufzunehmen, wenn Anlass zu Zweifeln besteht, z. B. an der Gesetzgebungskompetenz des Landes oder an der rechtsstaatlichen Bestimmtheit (Beachte: Möglichkeit verfassungskonformer Auslegung verhindert i. d. R. die Verfassungswidrigkeit).
[339] Vgl. LT-Drs. 16/334, S. 4.

rungsbegründung sollen die Aufnahmen erforderlichenfalls in einem späteren Strafprozess als Beweise verwertet werden. Für diese Strafverfolgungsvorsorge ist die Gesetzgebungskompetenz des Landes hier nicht durch Art. 74 I Nr. 1 GG gesperrt, weil der Bund seine konkurrierende Gesetzgebungskompetenz zur Verfolgung von Straftaten noch nicht durch eine Regelung zu offenen Bildaufzeichnungen abschließend ausgeübt hat.[340] Die neue Standardermächtigung erlaubt die Erhebung personenbezogener Daten nicht nur von Polizeipflichtigen, sondern auch von Dritten, wenn diese unvermeidbar betroffen sind (§ 21 V 2 PolG). § 21 VI PolG stellt für eine Speicherung dieser Daten, die 60 Sekunden überschreitet, zusätzliche Voraussetzungen auf.

Nach § 21 VII PolG kann der Polizeivollzugsdienst in Gewahrsam genommene **328** Personen offen mittels Bildübertragung (also ohne Ton) beobachten, soweit dies zu ihrem oder zum Schutz des zur Durchführung des Gewahrsams eingesetzten Personals oder zur Verhütung von Straftaten in polizeilich genutzten Räumen erforderlich ist. Der Verhältnismäßigkeitsgrundsatz verlangt hier, die Intimsphäre zu wahren; unzulässig wäre z. B. eine Überwachung der Notdurft.[341]

2. Heimliche Datenerhebung durch die Polizei (§§ 22 ff. PolG)

Während § 21 I–IV PolG nur eine „offene" Videoüberwachung ermöglicht **329** (→ Rn. 323 ff.), enthalten die §§ 22 ff. PolG **Ermächtigungsgrundlagen für eine heimliche Überwachung.** Die §§ 22 ff. PolG sind grundrechtskonform eng auszulegen, denn die heimliche Datenerhebung greift besonders stark in das Grundrecht auf informationelle Selbstbestimmung (Art. 2 I i.V. mit Art. 1 I GG) ein.[342] Erst recht ist eine **grundrechtskonforme Auslegung** (→ Rn. 46) **geboten,** wenn – gestützt auf § 23 PolG – durch die heimliche Überwachung auch in das Wohnungsgrundrecht (Art. 13 GG) und innerhalb der Wohnung in den absolut geschützten Kernbereich privater Lebensgestaltung (Art. 1 I GG, z.B. Äußerungen innerster Gefühle, Ausdrucksformen der Sexualität oder das höchstpersönliche Gespräch mit engsten Familienangehörigen[343]) eingegriffen wird (→ Rn. 336).

Dem besonderen Bedürfnis nach Grundrechtsschutz bei heimlicher Datenerhebung **330** trägt das PolG auch durch besondere Verfahrensvorgaben Rechnung – **Grundrechtsschutz durch Verfahren** (→ Rn. 44[344]): Viele der Eingriffe, zu denen die §§ 22 ff. PolG ermächtigen, dürfen nur vom Behördenleiter angeordnet werden, sog. **Behördenleitervorbehalt** (vgl. § 22 VI, § 23 III 8, IV, § 23a III, VI, VII, § 25 II PolG) oder sogar nur von einem Gericht, sog. **Richtervorbehalt** (vgl. § 23 III 1, VI 3–6, VII 5, § 23a II, VIII PolG). Werden diese Verfahrensvorgaben missachtet, ist der Eingriff rechtswidrig – unabhängig davon, ob der Behördenleiter bzw. das Gericht ihn hätte anordnen dürfen.

§ 22 II und III PolG enthalten **spezielle Ermächtigungsgrundlagen** für den **331** verdeckten Einsatz der in § 22 I PolG näher bestimmten „besonderen Mittel der Datenerhebung" (längerfristige Observation, verdeckter Einsatz technischer Mittel, Verdeckte Ermittler und Vertrauenspersonen). Eine **Observation,** d.h. eine planmäßig angelegte Beobachtung, ist **„längerfristig",** wenn sie entweder innerhalb einer Woche länger als 24 Stunden dauert oder wenn sie länger dauert als eine Woche (vgl. § 22 I Nr. 1 PolG). Kurzfristige Observationen dagegen können auf § 20 PolG gestützt werden, nicht aber

---

[340] LT-Drs. 16/334, S. 5.
[341] *Ruder,* PolR BW, Rn. 455.
[342] VG Freiburg, NVwZ-RR 2006, 322, 323.
[343] Vgl. BVerfGE 109, 279, 314 ff.
[344] Vgl. z.B. VG Freiburg, NVwZ-RR 2006, 322, 324.

auf die Generalklausel der §§ 3, 1 PolG.³⁴⁵ **Verdeckte technische Mittel** sind z. B. heimlich genutzte Kameras, Bewegungsmelder, Nachtsichtgeräte, (Richt-)Mikrofone, „Wanzen" und Peilsender. Deren heimlicher Einbau z. B. in Fahrzeuge (nicht aber in Wohnungen, weil dafür § 23 PolG abschließend ist) wird von § 22 II–IV PolG als notwendige Vorbereitungs- und Begleitmaßnahme mit umfasst.³⁴⁶ **Verdeckte Ermittler** sind Polizisten, die unter Geheimhaltung ihrer Identität im Einsatz sind, § 22 I Nr. 4 PolG. Regelmäßig erheben sie zeitlich begrenzt und mit konkretem Ermittlungsauftrag unter einer ihnen verliehenen Legende heimlich Daten³⁴⁷ (Näheres bestimmt § 24 PolG). Darüber, ob die Legende auf längere Zeit angelegt sein muss, schweigt das Gesetz. Deshalb muss auch der kurzzeitig über seine Identität täuschende Beamte, z.B. der Scheinankäufer von Rauschgift, die Rechtmäßigkeitsvoraussetzungen des § 22 III PolG einhalten, die gegenüber der datenschutzrechtlichen Generalklausel des § 20 II PolG strenger sind.³⁴⁸ **Vertrauenspersonen** sind Private (ohne hoheitliche Befugnisse), die dauerhaft für die Polizei – als deren „verlängerter Arm" – heimlich Daten erheben.

332 **§ 22 II, 1. Alt. PolG** ermächtigt den Polizeivollzugsdienst zum verdeckten Einsatz technischer Mittel zur Anfertigung von Lichtbildern und Bildaufzeichnungen von Störern wie von anderen Personen (vgl. § 22 II i.V. mit § 20 II PolG), wenn eine konkrete **erhebliche Gefahr** abgewehrt werden soll. Eine Gefahr (→ Rn. 83) ist erheblich, wenn ein bedeutsames Rechtsgut gefährdet ist oder wenn ein großer Schaden zu erwarten ist.

333 Ebenfalls zum verdeckten Einsatz technischer Mittel zur Anfertigung von Lichtbildern und Bildaufzeichnungen ermächtigt den Polizeivollzugsdienst **§ 22 II, 2. Alt. PolG**, und zwar **zur vorbeugenden Bekämpfung von Straftaten,** wenn andernfalls die Wahrnehmung der Aufgaben des Polizeivollzugsdienstes gefährdet oder erheblich erschwert würde. Der VGH BW verlangt eine **verfassungskonforme Auslegung** des § 22 II (und des § 22 III) PolG dahin, dass unter einer vorbeugenden Bekämpfung von Straftaten **nur** die **Verhütung von Straftaten** (Verhinderungsvorsorge), nicht aber die Vorsorge für die Verfolgung künftiger Straftaten (Strafverfolgungsvorsorge) zu verstehen ist.³⁴⁹ Zudem dürfen nur die in § 22 II, 2. Alt. i.V. mit § 20 III Nr. 1, 2 und 4 und § 22 IV PolG genannten Personen aufgenommen werden.

334 **§ 22 III PolG** ermächtigt den Polizeivollzugsdienst zum Einsatz aller in § 22 I PolG genannten heimlichen Mittel der Datenerhebung (längerfristige Observation, verdeckter Einsatz technischer Mittel, Verdeckte Ermittler und Vertrauenspersonen → Rn. 331) zur Abwehr bestimmter, in Nr. 1 genannter Gefahren und zur vorbeugenden Bekämpfung bestimmter, in Nr. 2 genannter (und in § 22 V PolG definierter) Straftaten mit erheblicher Bedeutung. Ausgeforscht werden dürfen bei letzterem nur die in § 22 III Nr. 2 a.E. i.V. mit § 20 III Nr. 1 und 2 und § 22 IV PolG genannten Personen. Voraussetzung ist jeweils, dass andernfalls die Wahrnehmung der Aufgaben des Polizeivollzugsdienstes gefährdet oder erheblich erschwert würde.

335 **§ 22a PolG** ermächtigt den Polizeivollzugsdienst zum **Einsatz automatisierter Kennzeichenlesesysteme.** Durch diesen Eingriff in das Grundrecht auf informatio-

---

³⁴⁵ A.A. *Kingreen/Poscher*, POR, § 13 Rn. 106: „übergangsweise".
³⁴⁶ *Belz/Mußmann/Kahlert/Sander*, PolG BW, § 22 Rn. 25.
³⁴⁷ Dazu z.B. *Hohnerlein*, NVwZ 2016, 511.
³⁴⁸ A.A. *Belz/Mußmann/Kahlert/Sander*, PolG BW, § 22 Rn. 28.
³⁴⁹ VGH BW, Urt. v. 15.5.2014 – 1 S 815/13 – juris Rn. 37, 40, 42 = NVwZ-RR 2015, 26 = VBlBW 2015, 167; zu weiteren verfassungsrechtlichen Bedenken des VGH s.a.a.O., Rn. 53 ff. = NVwZ-RR 2015, 26 = VBlBW 2015, 167.

D. Ermächtigungsgrundlagen für polizeiliche Standardmaßnahmen 205

nelle Selbstbestimmung werden Kfz-Kennzeichen durch eine Videokamera aufgenommen und dann über einen Computer automatisch mit polizeilichen Fahndungsdateien abgeglichen. Im Fall einer Treffermeldung werden das Kennzeichen und weitere Informationen festgehalten.[350] Im Jahr 2018 hat das BVerfG wesentliche Teile dieser Ermächtigungsgrundlage für verfassungswidrig erklärt, weil sie teils ohne zureichende Gesetzgebungskompetenzgrundlage erlassen wurden, teils gegen den rechtsstaatlichen Bestimmtheitsgrundsatz und das Verhältnismäßigkeitsprinzip verstoßen haben.[351]

§ 23 PolG ermächtigt den Polizeivollzugsdienst zum sog. **großen Lauschangriff,** 336 d.h. zur heimlichen Datenerhebung in oder aus Wohnungen unter Einsatz technischer Hilfsmittel. Nicht ausgeforscht werden aber darf ein absolut geschützter Kernbereich privater Lebensgestaltung, vgl. § 23 II, V PolG.[352] Zum Betreten der Wohnung (um z.B. eine „Wanze" zu verstecken) ermächtigt nicht § 23 PolG, sondern § 31 I PolG (→ Rn. 307). Materielle Rechtmäßigkeitsvoraussetzung des § 23 PolG ist eine „unmittelbar bevorstehende […] Gefahr" für besonders wichtige Rechtsgüter, nämlich „den Bestand oder die Sicherheit des Bundes oder eines Landes oder [für] Leben, Gesundheit oder Freiheit einer Person", § 23 I 1 PolG. Die Datenerhebung in oder aus Wohnungen darf sich nur gegen Störer (§§ 6, 7 PolG) oder gegen Nichtstörer im polizeilichen Notstand (§ 9 PolG) richten, vgl. § 23 I 1 PolG. Die Datenerhebung ist auch rechtmäßig, wenn Dritte unvermeidbar betroffen werden, § 23 I 2 PolG. Besondere formelle Rechtmäßigkeitsvoraussetzung des § 23 PolG für den großen Lauschangriff ist dessen Anordnung durch das zuständige Landgericht, § 23 III PolG. Ausnahmsweise tritt an die Stelle dieses Richtervorbehalts ein sog. Behördenleitervorbehalt, vgl. § 23 IV PolG i.V. mit § 22 VI PolG. § 23 III und IV PolG sind Beispiele für einen Grundrechtsschutz durch Verfahren (→ Rn. 44).

§ 23a PolG ermächtigt den Polizeivollzugsdienst zu **heimlichen technischen Ein-** 337 **griffen in die Telekommunikation** zur Gefahrenabwehr. Die in **§ 23a I PolG** vorgesehene **Erhebung sog. Telekommunikationsverkehrsdaten** (vgl. §§ 3 Nr. 30, 96 I TelekommunikationsG, z.B. Standort der Gesprächsteilnehmer) ohne Wissen des Betroffenen greift in dessen Grundrecht aus Art. 10 I GG (Fernmeldegeheimnis) ein.[353] **Allerdings** ermächtigt § 23a PolG **nicht** dazu, die **Inhalte** einer Kommunikation zu überwachen.[354] Vielmehr erlaubt er nur, auf Verkehrs- und Verbindungsdaten zuzugreifen. Dazu geht § 23a I PolG einerseits über den Anwendungsbereich der Generalklausel hinaus, weil er die Datenerhebung auch im Vorfeld der Gefahrenabwehr, d.h. schon bei einem Gefahrenverdacht zulässt (Satz 1: „soweit bestimmte Tatsachen die Annahme rechtfertigen […]" bzw. Satz 2: „[…] soweit bestimmte Tatsachen auf eine […]drohende Gefahr […] hinweisen"; zum Adjektiv „drohende" → Rn. 139). Andererseits ist er teilweise enger als die polizeiliche Generalklausel, weil er nur die in Satz 1 und 2 genannten Rechtsgüter, also nicht die gesamte öffentliche Sicherheit und Ordnung, schützt. § 23a I 1 i.V. mit § 23a II 6 PolG ermächtigt den Polizeivollzugsdienst zu einer sog. **Funkzellenabfrage. § 23a VI PolG** ermächtigt den Polizeivollzugsdienst unter den Voraussetzungen des § 23a I PolG zur **Ermittlung des Standorts eines Mobiltelefons** (durch einen sog. IMSI-Catcher) oder der Kennung eines Telekommunikationsanschlusses oder eines Endgerätes. **§ 23a VII PolG** ermächtigt den Polizeivollzugsdienst **zur Unterbrechung oder Verhinderung der Telekommunikationsverbindung,**

---

[350] Vgl. BVerfGE 120, 378, 397 ff.
[351] BVerfG, NJW 2019, 842 ff.
[352] Vgl. auch BVerfGE 109, 279, 318 f.
[353] Vgl. BVerfGE 113, 348, 365.
[354] *Belz/Mußmann/Kahlert/Sander*, PolG BW, § 23a Rn. 1.

wenn die Voraussetzungen des § 23a I 1 PolG vorliegen. Besondere formelle Rechtmäßigkeitsvoraussetzung des § 23a PolG für die Verkehrsdatenerhebung ist grundsätzlich eine Anordnung durch das zuständige Amtsgericht, vgl. § 23a II 1, 2, 5, 7 PolG. Der nötige Antrag der Polizei beim Gericht unterliegt ebenfalls besonderen Form- und Verfahrenserfordernissen, vgl. § 23a II 3, 4 PolG. Auch diese Bestimmungen sind Beispiele für einen Grundrechtsschutz durch Verfahren (→ Rn. 44).

337a Der im Jahr 2017 mit Blick auf das BKA-Urteil des BVerfG[355] neu eingeführte **§ 23b PolG** ermächtigt in seinem Abs. 1 den Polizeivollzugsdienst zur heimlichen Telekommunikationsüberwachung einer Person. Abs. 2 ermächtigt weitergehend zu einer Quellentelekommunikationsüberwachung, z.B. durch Einschleusen eines Trojaners in den Computer. Die Systematik zu Abs. 1 und zu Abs. 4 S. 3 ergibt, dass auch nach Abs. 2 der Polizeivollzugsdienst zuständig ist. Zusätzlich ist eine Anordnung durch das Amtsgericht nötig (§ 23b IV 1 PolG), sog. Richtervorbehalt, wodurch Grundrechtsschutz durch Verfahren gewährt wird (vgl. auch → Rn. 44), oder bei Gefahr in Verzug eine Anordnung durch die Behördenleitung, sog. Behördenleitervorbehalt (→ Rn. 44), kombiniert mit einem Richtervorbehalt (vgl. auch → Rn. 44). Abweichend von §§ 6, 7, 9 PolG benennt § 23b I 1 Nr. 4 und 5 PolG besondere Zusatzverantwortliche, die überwacht werden dürfen, außerdem bestimmte andere Dritte, § 23b I 3 PolG. Die Rechtmäßigkeitsvoraussetzungen dieser neuen Standardmaßnahme sind im Vergleich zur polizeilichen Generalklausel strenger, z.B. Abs. 1 Nr. 1: „dringende und erhebliche Gefahr für Leib, Leben oder Freiheit…". Noch strenger sind die Rechtmäßigkeitsvoraussetzungen bei der Quellentelekommunikationsüberwachung nach Abs. 2. Unzulässig ist eine Maßnahme nach Abs. 1 oder 2, wenn durch sie allein Erkenntnisse aus dem Kernbereich privater Lebensgestaltung erlangt würden, § 23b IX 1 PolG. Zu gegebener Zeit sind die betroffenen Personen von den Maßnahmen zu unterrichten (§ 23b X PolG). Weitere Datenschutzbestimmungen enthalten die Abs. 11–13. Abs. 14 ermöglicht eine „demokratische Kontrolle" dieser besonderen Überwachungsmaßnahmen.[356]

3. Weitere Datenverarbeitung (§§ 37 ff. PolG)

338 Die Phasen der **Speicherung, Verarbeitung und Nutzung** personenbezogener Daten sind (neben der Datenerhebung) eigenständige **Eingriffe in das Grundrecht auf informationelle Selbstbestimmung** (Art. 2 I i.V. mit Art. 1 I GG). Auch sie bedürfen deshalb einer gesetzlichen Ermächtigung. **§ 37 I 1 PolG** enthält für das Speichern, Verarbeiten und Nutzen (rechtmäßig) erhobener personenbezogener Daten durch die Polizei eine **Generalermächtigung**. Sie ist sehr weit gefasst: „Die Polizei kann personenbezogene Daten speichern, verändern und nutzen, soweit und solange dies zur Wahrnehmung ihrer Aufgaben erforderlich ist."

339 Diese **Datenverarbeitungs-Generalklausel des § 37 I PolG** knüpft mit ihrer Bezugnahme auf die Aufgaben der Polizei an § 1 PolG an (systematische Auslegung). Die weitere Verarbeitung von Daten darf aufgrund des § 37 I PolG deshalb (nur) zur Gefahrenabwehr (§ 1 I PolG) und zu den Aufgaben erfolgen, die die Polizei gemäß § 1 II PolG nach anderen Rechtsvorschriften wahrnehmen muss. Im Einzelnen gehören zu diesen Aufgaben die Gefahrenabwehr einschließlich der vorbeugenden Bekämpfung von Straftaten, die Vorbereitung auf die Gefahrenabwehr, der Schutz privater Rechte

---
[355] BVerfGE 143, 220.
[356] LT-Drs. 16/2741, S. 34 unter Hinweis auf BVerfGE 141, 220, Rn. 143.

D. Ermächtigungsgrundlagen für polizeiliche Standardmaßnahmen 207

(§ 2 II PolG) und die Vollzugshilfe (§ 60 V PolG). Nicht gemeint sind dagegen Aufgaben der Strafverfolgung.

Der weiten Datenverarbeitungs-Generalermächtigung des § 37 I PolG setzt **340** § 37 II 1 PolG eine **erste Grenze** durch das (vom Grundrecht auf informationelle Selbstbestimmung gebotene)[357] sog. **Zweckbindungsgebot,** das auch als **Zweckveränderungsverbot** oder **Zweckverfremdungsverbot** bezeichnet wird: „Die Speicherung, Veränderung und Nutzung personenbezogener Daten ist nur zu dem Zweck zulässig, zu dem die Daten erlangt worden sind." Eine **Ausnahme** von dieser Grenze macht allerdings sogleich **§ 37 II 2 PolG** für jeden „anderen polizeilichen Zweck ..., soweit die Polizei die Daten zu diesem Zweck erheben dürfte". Eine **weitere Ausnahme** vom Zweckverfremdungsverbot des § 37 II 1 PolG macht (der verfassungsgemäße[358]) **§ 38 PolG,** indem er einen **Übergang vom repressiven zum präventiven Zweck** zulässt: Er ermächtigt den Polizeivollzugsdienst unter näher genannten Voraussetzungen dazu, personenbezogene Daten, die ihm im Rahmen von Ermittlungsverfahren bekannt geworden sind, zu speichern, zu verändern und zu nutzen, soweit und solange dies zur Abwehr einer konkreten Gefahr oder zur vorbeugenden Bekämpfung von Straftaten erforderlich ist.

Als **weitere Grenzen** der Datenverarbeitungs-Generalermächtigung gehen **speziel-** **341** **le Ermächtigungsgrundlagen** dem § 37 I PolG vor (→ Rn. 342). Dies trägt dem Rechtsstaatsprinzip Rechnung. Ergänzend verweist § 48 PolG auf die (nachrangige) Anwendung des Landesdatenschutzgesetzes (LDSG).

Nach **§ 39 I PolG** kann der Polizeivollzugsdienst überprüfen („abgleichen"), ob **342** Daten der in §§ 6 und 7 PolG genannten Personen in anderen polizeilichen Dateien enthalten sind, z. B. im Schengener Informationssystem „SIS", im elektronischen Informationssystem „INPOL" beim Bundeskriminalamt oder im polizeilichen Auskunftssystem in Baden-Württemberg „POLAS BW". Daten anderer Personen kann der Polizeivollzugsdienst nur abgleichen, wenn Tatsachen die Annahme rechtfertigen, dass dies zur Wahrnehmung einer bestimmten polizeilichen Aufgabe erforderlich ist.

§ 40 I PolG ermächtigt den Polizeivollzugsdienst – unter Behördenleitervorbe- **343** halt, vgl. § 40 III 1 PolG (Grundrechtsschutz durch Verfahren → Rn. 44) – Dritten gegenüber **zu** einer Anordnung, dem Polizeivollzugsdienst bestimmte Daten zu übermitteln, sog. **Übermittlungsanordnung, und** zu der Nutzung dieser Daten **zu** einer sog. **Rasterfahndung.** Eine Rasterfahndung soll helfen, schwerwiegende Gefahren für die öffentliche Sicherheit, z. B. terroristische Anschläge, zu verhindern.[359] Anhand spezifischer Kriterien („Raster") werden maschinell-automatisiert mehrere Dateien abgeglichen und ausgewertet, um nach Personen zu fahnden, die diese Kriterien erfüllen. Anders als bei § 39 PolG werden auch beliebige andere als polizeiliche Datenbestände einbezogen, z. B. von Meldebehörden, Sozialämtern, kommunalen Rechenzentren, Banken, Versicherungen, Krankenkassen, Gas- und Elektrizitätsunternehmen, Universitäten. Angesichts der „Streubreite"[360] dieses Eingriffs in das Grundrecht auf informationelle Selbstbestimmung (Art. 2 I i. V. mit Art. 1 I GG) der von der präventiven Rasterfahndung Betroffenen müssen die Voraussetzungen des § 40 PolG („zur Abwehr einer Gefahr für den Bestand oder die Sicherheit des Bundes oder eines Landes oder für Leben, Gesundheit oder Freiheit einer Person") verfassungskonform eng ausgelegt werden: Es muss eine konkrete Gefahr (→ Rn. 201) vorliegen; eine Rasterfahndung

---
[357] Vgl. BVerfGE 65, 1, 45 f.
[358] Vgl. VGH BW, VBlBW 1993, 13, 16.
[359] *Götz/Geis,* Allg.POR, § 17 Rn. 67.
[360] BVerfGE 115, 320, 354.

im Vorfeld der Gefahrenabwehr ist unzulässig.[361] Während die eigentliche Durchführung der **Rasterfahndung** ein **Realakt** ist, stellt die **Übermittlungsanordnung** des Polizeivollzugsdienstes gegenüber der ersuchten Stelle einen **Verwaltungsakt** dar (mit Drittwirkung für diejenigen, deren Daten übermittelt werden). Er kann gegen nichtöffentliche Stellen erforderlichenfalls mit Mitteln des Polizeizwangs (→ Rn. 345 ff.) vollstreckt werden,[362] nicht aber gegenüber Behörden und juristischen Personen des öffentlichen Rechts, vgl. § 22 LVwVG.[363]

344 Die **§§ 41–48a PolG** normieren weitere Vorgaben für eine **Datenübermittlung**. Die Datenübermittlung innerhalb der Polizei und die Übermittlung von Daten an andere öffentliche Stellen regelt § 42 PolG, die Datenübermittlung von der Polizei an ausländische öffentliche Stellen sowie an über- und zwischenstaatliche Stellen § 43 PolG, an Mitgliedstaaten der Europäischen Union §§ 43a–c PolG und die Übermittlung von Daten an Personen oder Stellen außerhalb des öffentlichen Bereichs § 44 PolG. § 45 PolG bestimmt eine Auskunftspflicht des Polizeivollzugsdienstes über die von ihm gespeicherten personenbezogenen Daten; dieser Auskunftspflicht korrespondiert ein Auskunftsanspruch, also ein subjektives öffentliches Recht des Betroffenen auf Auskunft[364]. § 46 PolG enthält Vorgaben zur Löschung, Sperrung und Berichtigung von Daten. Der 2008 eingefügte § 48a PolG erlaubt eine Zusammenarbeit zwischen dem Landeskriminalamt, weiteren Polizeidienststellen des Landes und dem Landesamt für Verfassungsschutz mittels projektbezogener gemeinsamer Dateien (Projektdateien). Diese erste Befugnisnorm des PolG, die auch für den Verfassungsschutz gilt, und darauf gründende gemeinsame Projektdateien weichen das sog. Trennungsgebot (→ Rn. 137) von Polizei und Verfassungsschutz weiter auf.[365]

344a **Vertiefungshinweise:** Aufsätze zur polizeirechtlichen Datenerhebung und -verarbeitung: *Becker/Ambrock*, Datenschutz in den Polizeigesetzen, JA 2011, 561 ff.; *Collin*, Die Videoüberwachung von Kriminalitätsschwerpunkten, JuS 2006, 494 ff.; *Cornils*, Grundrechtsschutz gegenüber polizeilicher Kfz-Kennzeichenüberwachung, Jura 2010, 443 ff.; *Desoi/Knierim*, Intimsphäre und Persönlichkeitsschutz, DÖV 2011, 398 ff.; *Eisenbarth/Ringhof*, Die Dauerobservierung ehemals sicherheitsverwahrter Sexualstraftäter – eine präventiv-polizeiliche Zwischenlösung, DVBl. 2013, 566 ff.; *Fischer*, Polizeiliche Videoüberwachung des öffentlichen Raums, VBlBW 2002, 131 ff.; *Gusy*, Lauschangriff und Grundgesetz, JuS 2004, 457 ff.; *Glaser*, Die „neue Generation" polizeirechtlicher Standardmaßnahmen, Jura 2009, 742 ff.; *Greve/v. Lucius*, Überwachung entlassener gefährlicher Straftäter durch die Polizei, DÖV 2012, 97 ff.; *Heckmann*, Polizeiliche Datenerhebung und -verarbeitung, VBlBW 1992, 164 ff., 203 ff.; *Hohnerlein*, Verdeckte Ermittler – Verdeckter Rechtsstaat?, NVwZ 2016, 511 ff.; *Huff*, Videoüberwachung im öffentlichen und privaten Bereich – Eine Zwischenbilanz, JuS 2005, 896 ff.; *Kipker/Gärtner*, Verfassungsrechtliche Anforderungen an den Einsatz polizeilicher „Body-Cams", NJW 2015, 296 ff.; *Lachenmann*, Einsatz von Bodycams durch Polizeibeamte – Rechtliche Anforderungen und technische Maßnahmen zum Einsatz der Miniaturkameras, NVwZ 2017, 1424 ff.; *Lepsius*, Der große Lauschangriff vor dem Bundesverfassungsgericht, Jura 2005, 433 ff., 586 ff.; *Linke*, Die längerfristige Observation von als gefährlich eingestuften Straftätern durch Polizeibeamte, DVBl. 2013, 559 ff.; *Meister*, Die gefahrenabwehrrechtliche Rasterfahndung, JA 2003, 83 ff.; *Trurnit*, Polizeiliche Datenverarbeitung zur vorbeugenden Bekämpfung von Straftaten?, VBlBW 2011, 458 ff.; *Volkmann*, Die Verabschiedung der Rasterfahndung als Mittel der vorbeugenden Verbrechensbekämpfung, Jura 2007, 132 ff.; *Zöller*, Möglichkeiten und Grenzen polizeilicher Videoüberwachung, NVwZ 2005, 1235 ff.

---

[361] Vgl. BVerfGE 115, 320, 354 ff.
[362] *Ruder*, PolR BW, Rn. 562.
[363] *Belz/Mußmann/Kahlert/Sander*, PolG BW, § 40 Rn. 11.
[364] *Belz/Mußmann/Kahlert/Sander*, PolG BW, § 45 Rn. 11. Die Verweisung in § 45 PolG bezieht sich auf § 21 des Landesdatenschutzgesetzes in der bis zum 20.6.2018 geltenden Fassung (vgl. § 30 I LDSG).
[365] *Ruder*, PolR BW, Rn. 614.

Rechtsprechung: VGH BW, VBlBW 2004, 20 ff. = NVwZ 2004, 498 ff. – Videoüberwachung an Kriminalitätsbrennpunkten; VGH BW, VBlBW 2015, 303 ff. – Speicherung, Veränderung und Nutzung personenbezogener Daten aus Ermittlungsverfahren; BVerwGE 141, 329 ff. = NVwZ 2012, 757 – Offene Videoüberwachung der Reeperbahn; BVerfG, NJW 2019, 842 ff. – Kennzeichenkontrollen in Baden-Württemberg teilweise verfassungswidrig.

E. Die Ermächtigung der Polizei zum Einsatz von Zwangsmitteln (Polizeizwang)

I. Begriff und Zwecke

345 Polizeizwang ist die Anwendung von Zwangsmitteln durch die Polizei. Mit ihm wird eine Polizeiverfügung zwangsweise durchgesetzt (vollstreckt), die der durch diesen Verwaltungsakt Verpflichtete nicht freiwillig befolgt. Dessen entgegenstehenden Willen soll der Zwangsmitteleinsatz brechen, sog. **Beugefunktion,** um die mit der Polizeiverfügung erstrebte Gefahrenabwehr zu verwirklichen, sog. **Durchsetzungsfunktion** (bzw. Realisierungs- oder Rechtsverwirklichungsfunktion). Zwangsmittel sind deshalb Beugemittel, also keine Strafen oder Bußen.[366] Folgerichtig dürfen die Zwangsmittel Zwangsgeld, Zwangshaft, Ersatzvornahme gewechselt werden, und Zwangsgeld und Zwangshaft dürfen so lange wiederholt werden, bis der Pflichtige dem Verwaltungsakt nachkommt (vgl. § 49 I PolG i. V. mit § 19 IV LVwVG; für das Zwangsmittel unmittelbarer Zwang beachte aber § 52 I 1 PolG). Zudem schließt die Zwangsmittelanwendung es nicht aus, dass neben ihr Strafen oder Bußgelder verhängt werden.

II. Die Zwangsmittel der Polizei

346 Die Zwangsmittel der Polizei sind Zwangsgeld, Zwangshaft (§ 49 I PolG, §§ 23, 24 LVwVG), Ersatzvornahme (§ 49 I PolG, § 25 LVwVG) und unmittelbarer Zwang (§§ 49 II, 50 ff. PolG). **Zwangsgeld** ist die hoheitliche Auferlegung einer Geldzahlungspflicht, um zu erreichen, dass der Pflichtige ein ihm zuvor durch Verwaltungsakt von der Polizei auferlegtes Verhaltensgebot oder -verbot befolgt. Es ist, wie alle Zwangsmittel (→ Rn. 345), ein auf künftiges Verhalten zielendes Beugemittel ohne Strafcharakter,[367] d. h. weder Geldstrafe noch Bußgeld. Ist das Zwangsgeld uneinbringlich, kann als „Ersatzzwangsmittel"[368] **Zwangshaft** verhängt werden. Mit ihr wird der Pflichtige (für die Dauer von einem Tag bis zu zwei Wochen) inhaftiert, damit er das ihm zuvor durch Verwaltungsakt von der Polizei auferlegte Verhaltensgebot oder -verbot befolgt (vgl. § 49 I PolG i. V. mit § 24 LVwVG). Die Zwangshaft ist ebenfalls ein Beugemittel, sie ist eine „Erzwingungshaft" und daher keine Strafe oder Buße. Mit dem Zwangsmittel **Ersatzvornahme** führt die Polizei (d. h. in „Selbstvornahme") oder ein von ihr privatrechtlich beauftragter Dritter (z. B. ein Abschleppunternehmer in „Fremdvornahme") einen Verwaltungsakt aus, der dem Pflichtigen eine vertretbare Handlung gebietet (vgl. § 49 I PolG i. V. mit § 25 LVwVG[369]). Die Legaldefinition in § 25 LVwVG ist durch systematische und teleologische Auslegung zu präzisieren: Die Ersatzvornahme dient zur Durchsetzung eines Verwaltungsakts unter Beugung des ent-

---

[366] Vgl. VGH BW, NVwZ-RR 1995, 620.
[367] VGH BW, NVwZ-RR 1995, 620.
[368] *Belz/Mußmann/Kahlert/Sander*, PolG BW, § 49 Rn. 43.
[369] *Belz/Mußmann/Kahlert/Sander*, PolG BW, § 49 Rn. 47.

gegegnstehenden Willens einer Person. Diese Präzisierung ist insbesondere wichtig zur Abgrenzung gegenüber einer unmittelbaren Ausführung (→ Rn. 158 ff.). **Unmittelbarer Zwang** wird von § 50 PolG (übereinstimmend mit § 26 I 1 LVwVG) legaldefiniert als jede Einwirkung auf Personen oder Sachen durch einfache körperliche Gewalt, Hilfsmittel der körperlichen Gewalt oder Waffengebrauch.[370] Auch diese Legaldefinition des § 50 I PolG ist durch systematische und teleologische Auslegung zu präzisieren:[371] Im Gefahrenabwehrrecht[372] dient unmittelbarer Zwang zur Durchsetzung eines Verwaltungsakts unter Beugung des entgegenstehenden Willens einer Person. Unmittelbarer Zwang ist das dem Polizeivollzugsdienst eigentümliche[373], im PolG (§§ 49 II, 50 ff.) selbst ausführlich geregelte Zwangsmittel, um – als ultima ratio, § 52 I 1 PolG – zu erreichen, dass der Pflichtige ein ihm zuvor durch Verwaltungsakt von der Polizei auferlegtes Verhaltensgebot oder -verbot befolgt[374]. Die genaue Abgrenzung von Ersatzvornahme und unmittelbarem Zwang kann in Einzelfällen schwierig sein.[375] Nicht zu den Zwangsmitteln zählt die sog. Unmittelbare Ausführung (→ Rn. 160). Auch Standardmaßnahmen sind, mangels Beugefunktion, keine Zwangsmittel (→ Rn. 347).

III. Erfordernis besonderer Ermächtigungsgrundlage für den Zwangsmitteleinsatz

347   Die **Zwangsanwendung** zur Durchsetzung einer Polizeiverfügung greift viel stärker in die (Grund-)Rechte des Verpflichteten ein als die Polizeiverfügung, zu deren Durchsetzung der Polizeizwang dient. Als **zusätzlicher Eingriff** bedarf Polizeizwang einer eigenen gesetzlichen Ermächtigung.[376] Das Polizeigesetz stellt deshalb mit den §§ 49, 52–54 für Zwangsmittel **besondere Ermächtigungsgrundlagen** bereit. Regelungstechnisch geschieht dies dadurch, dass § 49 I PolG für die Zwangsmittel Zwangsgeld, Zwangshaft und Ersatzvornahme auf die Voraussetzungen des LVwVG zum Zwangsmitteleinsatz verweist, während für das Zwangsmittel unmittelbarer Zwang die §§ 49 II, 52–54 PolG selbst die Voraussetzungen bestimmen. Folgerichtig ergibt die systematische Auslegung, dass weder die polizeiliche Generalklausel (§§ 3, 1 PolG) noch die Standardermächtigungen zum Einsatz von Zwangsmitteln i.S. der §§ 49 ff. PolG ermächtigen. Generalklausel und Standardermächtigungen können lediglich Ermächtigungsgrundlagen für einen Verwaltungsakt (sog. Grundverfügung → Rn. 348) sein, der – wenn die weiteren Voraussetzungen einer Ermächtigungsgrundlage zum Polizeizwang erfüllt sind (→ Rn. 349 ff.) – mit Zwangsmitteln durchgesetzt werden darf.

---

[370] Beispiele für diese Hilfsmittel und Waffen, vgl. § 84 II PolG i.V. mit der Verwaltungsvorschrift VwV PolG vom 18.7.1997 (GABl. S. 406).

[371] Nämlich in Abgrenzung zu der Rechtsfolge der Generalklausel der §§ 3, 1 PolG, einschließlich der Abgrenzung zur Unmittelbaren Ausführung nach §§ 3, 1 i.V. mit § 8 I PolG sowie in Abgrenzung zu den Rechtsfolgen der Standardmaßnahmen.

[372] Zum Einsatz unmittelbaren Zwangs nach den §§ 49 II, 50 ff. PolG im Rahmen der Strafverfolgung und der Verfolgung von Ordnungswidrigkeiten s. *Belz/Mußmann/Kahlert/Sander*, § 49 Rn. 4, § 51 Rn. 3, § 53 Rn. 26.

[373] *Götz/Geis*, Allg. POR, § 13 Rn. 39.

[374] *Belz/Mußmann/Kahlert/Sander*, PolG BW, § 52 Rn. 2 f.

[375] *Belz/Mußmann/Kahlert/Sander*, PolG BW, § 49 Rn. 50.

[376] *Belz/Mußmann/Kahlert/Sander*, PolG BW, § 49 Rn. 1.

IV. Allgemeine Rechtmäßigkeitsvoraussetzungen des Polizeizwangs (= Allgemeine Vollstreckungsvoraussetzungen)

1. Vorliegen eines Grundverwaltungsaktes

Polizeizwang bezweckt, den Adressaten einer Polizeiverfügung unter Beugung seines entgegenstehenden Willens zu zwingen, die ihm durch den Verwaltungsakt auferlegte Verhaltenspflicht zu erfüllen. **Erste Voraussetzung** für diese zwangsweise Vollstreckung ist deshalb eine sog. **Grundverfügung**, d.h. ein wirksamer **Verwaltungsakt, der** dem Verpflichteten durch Ge- oder Verbot ein **Tun, Dulden oder Unterlassen aufgibt** (vgl. §§ 49 I, 52 IV PolG i.V. mit § 2 LVwVG i.V. mit § 1 I 1 LVwVG; besteht die Grundverfügung in einem Zahlungsgebot, gelten die §§ 13 ff. LVwVG). Wirksam wird die Grundverfügung mit ihrer Bekanntgabe gegenüber dem Pflichtigen, sogar, wenn sie rechtswidrig sein sollte (vgl. § 43 LVwVfG). Keine Grundverfügung können feststellende und gestaltende Verwaltungsakte sein (z.B. ein gestaltender Verwaltungsakt zur Versammlungsauflösung nach § 15 III VersG); sie enthalten weder ein Ge- noch ein Verbot und bedürfen keiner Vollstreckung. Ge- oder Verbote, die (nur) in einer Rechtsnorm (Gesetz, Polizeiverordnung, sonstiger Verordnung) enthalten sind wie z.B. das Verbot des § 12 I Nr. 1 StVO, an unübersichtlichen Straßenstellen zu halten, können nicht durch Zwangsmittel vollstreckt werden. Wer jedoch gegen ein gesetzliches Ge- oder Verbot verstößt, verletzt die öffentliche Sicherheit i.S. der polizeilichen Generalklausel (→ Rn. 71, 199). Folglich darf die Polizei ihm gemäß §§ 3, 1 PolG durch Verwaltungsakt gebieten, das gesetzliche Ge- oder Verbot einzuhalten. U.U. ist eine solche sog. konkretisierende Verfügung auf eine speziellere polizeirechtliche Ermächtigungsgrundlage zu stützen, etwa auf § 27a I PolG ein Platzverweis (nach Versammlungsauflösung zur Beendigung eines Verstoßes gegen § 18 I i.V. mit § 13 II VersG). (Erst) dieser konkretisierende Verwaltungsakt (gelegentlich missverständlich als „unselbständiger Verwaltungsakt" bezeichnet) ist dann eine taugliche Grundverfügung für den Einsatz von Polizeizwang. 348

2. Vollstreckbarkeit des Grundverwaltungsaktes

Zweite Voraussetzung für die Anwendung von Polizeizwang ist, dass der **Grundverwaltungsakt entweder unanfechtbar** geworden ist (vgl. §§ 49 I, 52 IV PolG i.V. mit § 2 Nr. 1 LVwVG) **oder** die **aufschiebende Wirkung eines Rechtsbehelfs** gegen die Grundverfügung **entfällt** (vgl. §§ 49 I, 52 IV PolG i.V. mit § 2 Nr. 2 LVwVG). Unanfechtbar wird die Grundverfügung, wenn der Pflichtige nicht fristgerecht Widerspruch und Anfechtungsklage erhebt oder wenn ein klagabweisendes Verwaltungsgerichtsurteil rechtskräftig wird. Die aufschiebende Wirkung eines Rechtsbehelfs entfällt in den Fällen des § 80 II VwGO. Im Polizeirecht oft einschlägig sind § 80 II 1 Nr. 2 und Nr. 4 VwGO. Nach § 80 II 1 Nr. 2 VwGO haben (abweichend von § 80 I VwGO) Widersprüche und Anfechtungsklagen gegen „unaufschiebbare […] Anordnungen und Maßnahmen von Polizeivollzugsbeamten" keine aufschiebende Wirkung. Mit Polizeivollzugsbeamten sind hier nur Beamte des Polizeivollzugsdienstes gemeint, nicht die „Polizeibehörden".[377] Zur analogen Anwendung auf Verkehrszeichen s. → Rn. 27. Nach § 80 II 1 Nr. 4 VwGO entfällt die aufschiebende Wirkung des Rechtsbehelfs gegen eine Grundverfügung, wenn die Behörde die sofortige Vollziehung dieses Verwaltungsakts im öffentlichen Interesse besonders angeordnet hat. **Aus-** 349

---

[377] *Götz/Geis*, Allg.POR, § 13 Rn. 2.

nahmsweise kann die Polizei (auch die Polizeibehörde) abweichend von § 2 Nr. 1 LVwVG eine noch anfechtbare Grundverfügung zwangsweise vollstrecken, wenn eine „Gefahr im Verzug" vorliegt, vgl. §§ 49 I, 52 IV PolG i. V. mit **§ 21 LVwVG**. Zuständig für die Vollstreckung (Vollstreckungsbehörde) ist grds. die Behörde, die den Grundverwaltungsakt erlassen hat, vgl. § 4 I, II LVwVG. Ob diese für den Erlass des Grundverwaltungsaktes sachlich zuständig war, ist unerheblich. Grds. gilt dies auch bei örtlicher Unzuständigkeit der Erlassbehörde, es sei denn, die örtliche Unzuständigkeit führt ausnahmsweise gem. § 44 II Nr. 3 LVwVfG zur Nichtigkeit, weil dann überhaupt kein vollstreckbarer Grundverwaltungsakt existiert.

3. Rechtmäßigkeitszusammenhang („Konnexität") zwischen Grundverfügung und Zwangsmaßnahme?

349a Die h.M. lässt für eine Vollstreckbarkeit genügen, dass der Grundverwaltungsakt wirksam ist. Fehler des Grundverwaltungsaktes, die zu seiner Rechtswidrigkeit führen, sind danach nur beachtlich, d.h. führen auch zur Rechtswidrigkeit der Vollstreckungsmaßnahme, wenn sie zugleich einen Nichtigkeitsgrund nach § 44 LVwVfG darstellen. Diese beschränkte Fehlerempfindlichkeit wird mit der Effektivität der Gefahrenabwehr begründet, die nicht bis zur verbindlichen oder auch nur vorläufigen Klärung der Rechtsfrage aufgeschoben werden kann.[378] Manche begründen dieses Ergebnis zusätzlich damit, dass der Wortlaut des § 2 LVwVG die Vollstreckung von Verwaltungsakten erlaubt, die unanfechtbar oder sofort vollziehbar sind, ohne auf ihre Rechtmäßigkeit abzustellen, und schließen daraus, dass die Vorschrift auch die Vollstreckung rechtswidriger, aber wirksamer Verwaltungsakte ermöglicht.[379] Dagegen spricht, dass in einem Rechtsstaat (Art. 20 III GG), der seinen Bürgern von Verfassungs wegen effektiven Rechtsschutz garantiert (Art. 19 IV GG), rechtswidrige Hoheitsmaßnahmen nicht auch noch durch ihre Vollstreckung verfestigt werden und auf Dauer hingenommen werden dürfen. Spätestens durch die nachträgliche Gerichtskontrolle einer zwangsweisen Durchsetzung von Verwaltungsakten muss sichergestellt sein, dass ein damit verbundener Grundrechtseingriff in jeder Hinsicht rechtmäßig gewesen sein muss. Wer allerdings eine Grundverfügung unanfechtbar werden lässt, verdient nicht gleichermaßen Schutz. Deshalb ist der h.M. dahin zu folgen, dass bei einer unanfechtbar gewordenen Grundverfügung (§ 2 Nr. 1 LVwVG) für die Rechtmäßigkeit des Vollstreckungsaktes die Wirksamkeit der Grundverfügung genügt. Ist dagegen der Grundverwaltungsakt noch mit Rechtsbehelfen angreifbar (vgl. § 2 Nr. 2 LVwVG), so ist die zwangsweise Vollziehung nur rechtmäßig, wenn auch der Grundverwaltungsakt in jeder Hinsicht rechtmäßig ist. Die h.M. droht den Rechtsschutz des Bürgers besonders dann zu verkürzen, wenn die Polizei ihm die Kosten der Vollstreckung durch einen Kostenbescheid auferlegt (näher → Rn. 464a).

V. Besondere Rechtmäßigkeitsvoraussetzungen des Polizeizwangs

350 Für die Anwendung von Polizeizwang muss ein **besonderes Vollstreckungsverfahren** eingehalten werden. Ein bestimmtes Zwangsmittel, das die Polizei genau zu benennen hat, muss zunächst *angedroht* (§§ 49 I PolG i. V. mit § 20 I 1 LVwVG bzw. § 52 II PolG) und *festgesetzt* werden (vgl. § 23 LVwVG für das Zwangsgeld; für die an-

---

[378] BVerfG, NVwZ 1999, 290, 292.
[379] *Würtenberger/Heckmann/Tanneberger*, PolR BW, § 8 Rn. 22.

E. Die Ermächtigung der Polizei zum Einsatz von Zwangsmitteln 213

deren Zwangsmittel folgt dies aus dem Verhältnismäßigkeitsgrundsatz[380]), erst dann darf es *angewendet* werden. Die **Androhung** des Zwangsmittels erfüllt die Voraussetzungen des § 35 S. 1 LVwVfG und ist deshalb ein Verwaltungsakt. Gleiches gilt für die **Festsetzung** des Zwangsmittels. Die folgende **Anwendung** des Zwangsmittels ist dann nur noch eine tatsächliche Handlung, ein Realakt (→ Rn. 150).

Adressat des Polizeizwangs darf nur derjenige sein, der auch Adressat der Grundverfügung ist. Berührt der Polizeizwang gegen den Pflichtigen auch das Recht eines anderen (z. B. das Mietrecht des Mieters einer Sache, die der Eigentümer an die Polizei übergeben soll), muss diesem anderen gegenüber eine Duldungsverfügung ergehen, bevor das Vollstreckungsverfahren gegen den Pflichtigen eingeleitet wird.[381]

351

Gegenüber einem **Rechtsnachfolger** des Adressaten darf Polizeizwang nur angewendet werden, **wenn die Grundverfügung nachfolgefähig ist und ein Nachfolgetatbestand** erfüllt ist. Nachfolgefähig ist eine Grundverfügung, die zu einer „vertretbaren" (d. h. nicht höchstpersönlichen) Handlung verpflichtet. Nachfolgetatbestand ist eine Norm, die eine Rechtsnachfolge anordnet, z. B. § 1922 BGB.

352

VI. Schusswaffengebrauch

Schusswaffengebrauch der Polizei zur Durchsetzung eines Verwaltungsakts ist der (neben dem Gebrauch von Explosivmitteln gem. § 54a PolG → Rn. 353a) gravierendste Grundrechtseingriff durch Polizeizwang. Deshalb hat der Gesetzgeber dieser **Form des unmittelbaren Zwangs** in den §§ 53 und 54 PolG besonders enge Grenzen gesetzt. Die §§ 53 f. PolG enthalten keine selbständige Ermächtigung zum Schusswaffengebrauch, sondern setzen ihm (zur Wahrung der Verhältnismäßigkeit) Grenzen durch zusätzliche Voraussetzungen[382]. **Ermächtigungsgrundlage** für den Schusswaffengebrauch ist deshalb **§ 49 II i. V. mit §§ 52 i. V. mit § 53 bzw. § 54 PolG.** Der Schusswaffengebrauch durch die baden-württembergische Polizei ist deshalb nur rechtmäßig, wenn er die detaillierten Vorgaben dieser Normen einhält. Die strengsten Voraussetzungen stellt § 54 II PolG für einen gezielten Todesschuss auf, wie er z. B. gegen einen Geiselnehmer oder gegen einen Amokläufer erforderlich werden kann; diese Vorschrift genügt dem Gesetzesvorbehalt des Art. 2 II 3 GG[383]. Der Schusswaffengebrauch von Polizeibeamten des Bundes (z. B. auf Bahnhöfen und Flughäfen in Baden-Württemberg) richtet sich nach dem (Bundes-)Gesetz über den unmittelbaren Zwang bei Ausübung öffentlicher Gewalt durch Vollzugsbeamte des Bundes (UZwG, Sartorius Nr. 115).

353

VII. Gebrauch von Explosivmitteln

Der im Jahr 2017 neu eingefügte § 54a PolG[384] ermächtigt die Polizeidienststellen des Polizeivollzugsdienstes (§ 70 I PolG) zum Gebrauch von Explosivmitteln zur zwangsweisen Durchsetzung einer Polizeiverfügung im Wege des unmittelbaren Zwangs, z.B. gegen Terroristen. Wegen der zu erwartenden erheblichen Grundrechtseingriffe sieht das Gesetz für die Anordnung des Gebrauchs von Explosivmitteln einen Behördenleitervorbehalt (→ Rn. 44) vor, vgl. § 54a III PolG.

353a

---

[380] Vgl. *Ruder*, PolR BW, Rn. 824.
[381] *Ruder*, PolR BW, Rn. 828.
[382] Vgl. *Götz/Geis*, Allg.POR, § 13 Rn. 47 ff.
[383] *Belz/Mußmann/Kahlert/Sander*, PolG BW, § 54 Rn. 21.
[384] Regierungsbegründung in LT-Drs. 16/2741.

353b
Prüfungsschema
Rechtmäßigkeit einer Ersatzvornahme

I. **Ermächtigungsgrundlage für Ersatzvornahme:** § 49 I PolG i. V. mit §§ 2, 25 LVwVG
   Passende Rechtsfolge: Ersatzvornahme (→ Rn. 346)
II. Formelle Rechtmäßigkeit
   1. Zuständigkeit: Vollstreckungsbehörde (§ 49 I PolG i. V. mit § 4 I, II LVwVG)
   2. Verfahren:
      a) Schriftliche Androhung des Zwangsmittels Ersatzvornahme (§ 49 I PolG i. V. mit § 20 LVwVG, soweit nicht – bei Gefahrenabwehr häufig – nach § 21 LVwVG entbehrlich) = VA
      b) Festsetzung des Zwangsmittels Ersatzvornahme (Voraussetzung nicht im Gesetzestext, folgt aus Verhältnismäßigkeitsgrundsatz, sofern nicht entsprechend § 21 LVwVG entbehrlich)[385] = VA
   3. Form: Ausführung der Ersatzvornahme (= Realakt) formfrei
III. Materielle Rechtmäßigkeit
   1. Allgemeine **Vollstreckungsvoraussetzungen** (§ 49 I PolG i. V. mit § 2 LVwVG)
      a) Zu vollstreckender Verwaltungsakt, sog. **Grundverfügung** (vgl. § 2 i. V. mit § 1 I 1 LVwVG)
      b) Besonderheit bei Ersatzvornahme: Grundverfügung muss **zu vertretbarer** (= nicht höchstpersönlicher) **Handlung** verpflichten (§ 49 I PolG i. V. mit § 25 LVwVG)
      c) **Vollstreckbarkeit** der Grundverfügung, *d. h. entweder*
         aa) Unanfechtbarkeit der Grundverfügung (§ 49 I PolG i. V. mit § 2 Nr. 1 LVwVG; Ausnahme: § 49 I PolG i. V. mit § 21 LVwVG)
         oder
         bb) Entfallen der aufschiebenden Wirkung eines Rechtsbehelfs gegen die Grundverfügung (§ 49 I PolG i. V. mit § 2 Nr. 2 LVwVG i. V. mit § 80 II VwGO)
      d) Rechtmäßigkeitsanforderungen an die Grundverfügung für Vollstreckung (sog. **Rechtmäßigkeitszusammenhang**[386] [„Konnexität"[387]] zwischen Grundverfügung und Vollstreckungsmaßnahme)
         aa) Bei unanfechtbarer Grundverfügung (§ 2 Nr. 1 LVwVG): Grundverfügung muss (nur) wirksam sein (vgl. §§ 43, 44 LVwVfG)
         bb) Bei noch anfechtbarer Grundverfügung (§ 2 Nr. 2 LVwVG): Grundverfügung muss rechtmäßig sein
      e) Kein Vollstreckungshindernis (z. B. rechtliche Unmöglichkeit, vorheriges Erreichen des Vollzugszwecks, § 49 I PolG i. V. mit § 11 LVwVG)
      f) Rechtmäßiger Vollstreckungsadressat (= Adressat der Grundverfügung, Ausnahme: dessen Rechtsnachfolger unter den Voraussetzungen des § 49 I PolG i. V. mit § 3 LVwVG)
   2. Verhältnismäßigkeit der Vollstreckung (z. B. § 5 PolG, Art. 20 III GG)

---

[385] → Rn. 350.
[386] Z. B. *Götz/Geis*, Allg.POR, § 13 Rn. 8; *Kingreen/Poscher*, POR, § 24 Rn. 32.
[387] Z. B. *Würtenberger/Heckmann/Tanneberger*, PolR BW, § 8 Rn. 20.

E. Die Ermächtigung der Polizei zum Einsatz von Zwangsmitteln   215

3. Ermessensfehlerfreie Vollstreckung
Begrenzter Prüfungsmaßstab (vgl. § 40 LVwVfG, § 114 S. 1 VwGO), insbesondere Ermessensfehlerlehre[388]
a) Entschließungsermessen (betr. „Ob" der Vollstreckung)
b) Auswahlermessen (betr. „Wie" der Vollstreckung)
   aa) Fehlerfreie Auswahl des Zwangsmittels Ersatzvornahme
   bb) Fehlerfreie Auswahl zwischen Selbstvornahme und Fremdvornahme[389]
   cc) (Ggf.) Fehlerfreie Adressatenauswahl
       (1) Mehrere Vollstreckungsadressaten rechtmäßig heranziehbar
       (2) Ermessensfehlerfreie Auswahl unter ihnen

Prüfungsschema 353c
Rechtmäßigkeit unmittelbaren Zwangs

I. **Ermächtigungsgrundlage für unmittelbaren Zwang:** §§ 49 II, 50 ff. PolG
   Passende Rechtsfolge: Unmittelbarer Zwang (→ Rn. 346)
II. **Formelle Rechtmäßigkeit**
   1. Zuständigkeit: Polizeivollzugsdienst (§§ 49 II, 51 PolG)
   2. Verfahren:
      a) Formfreie Androhung des Zwangsmittels unmittelbarer Zwang (§§ 49 II, 52 II PolG[390], soweit nicht nach 52 IV PolG i.V. mit § 21 LVwVG entbehrlich) = VA
      b) Festsetzung des Zwangsmittels unmittelbarer Zwang (Voraussetzung nicht im Gesetzestext, folgt aus Verhältnismäßigkeitsgrundsatz, sofern nicht entsprechend § 21 LVwVG entbehrlich)[391] = VA
   3. Form: Anwendung des unmittelbaren Zwangs (= Realakt) formfrei
III. **Materielle Rechtmäßigkeit**
   1. Allgemeine **Vollstreckungsvoraussetzungen** (§§ 49 II, 52 IV PolG i.V. mit § 2 LVwVG)
      a) Ge- oder Verbotsverwaltungsakt, sog. **Grundverfügung** (vgl. § 2 i.V. mit § 1 I 1 LVwVG)
      b) **Vollstreckbarkeit** der Grundverfügung, d.h. entweder
         aa) Unanfechtbarkeit der Grundverfügung (§§ 49 II, 52 IV PolG i.V. mit § 2 Nr. 1 LVwVG; Ausnahme: §§ 49 II, 52 IV PolG i.V. mit § 21 LVwVG)
         oder
         bb) Entfallen der aufschiebenden Wirkung eines Rechtsbehelfs gegen die Grundverfügung (§§ 49 II, 52 IV PolG i.V. mit § 2 Nr. 2 LVwVG i.V. mit § 80 II VwGO)
      c) Rechtmäßigkeitsanforderungen an die Grundverfügung für Vollstreckung (sog. **Rechtmäßigkeitszusammenhang**[392] [„Konnexität"[393]] zwischen Grundverfügung und Vollstreckungsmaßnahme)

---

[388] → Rn. 270 ff.
[389] → Rn. 346.
[390] Vgl. *Belz/Mußmann/Kahlert/Sander*, § 52 Rn. 9 f.
[391] → Rn 350.
[392] *Götz/Geis*, Allg.POR, § 13 Rn. 8; *Kingreen/Poscher*, POR, § 24 Rn. 32.
[393] Z.B. *Würtenberger/Heckmann/Tanneberger*, PolR BW, § 8 Rn 20.

aa) Bei unanfechtbarer Grundverfügung (§ 2 Nr. 1 LVwVG): Grundverfügung muss (nur) wirksam sein (vgl. §§ 43, 44 LVwVfG)
bb) Bei noch anfechtbarer Grundverfügung (§ 2 Nr. 2 LVwVG): Grundverfügung muss rechtmäßig sein
d) Kein Vollstreckungshindernis (z. B. rechtliche Unmöglichkeit, vorheriges Erreichen des Vollzugszwecks, § 52 III PolG)
e) Rechtmäßiger Vollstreckungsadressat (= Adressat der Grundverfügung, Ausnahme: dessen Rechtsnachfolger unter den Voraussetzungen des § 52 IV PolG i. V. mit § 3 LVwVG)
2. Besondere Vollstreckungsvoraussetzungen des unmittelbaren Zwangs (§§ 50 ff PolG)
   a) Subsidiarität des unmittelbaren Zwangs (§ 52 I 1, 2, 4 PolG)
   b) Besondere Voraussetzungen beim Gebrauch von Schusswaffen oder Explosivmitteln (§§ 53 ff. PolG)
3. Verhältnismäßigkeit der Vollstreckung (z. B. § 52 I 3 PolG, § 5 PolG, Art. 20 III GG)
4. Ermessensfehlerfreie Vollstreckung
   Begrenzter Prüfungsmaßstab (vgl. § 40 LVwVfG, § 114 S. 1 VwGO), insbesondere Ermessensfehlerlehre[394]
   a) Entschließungsermessen (betr. „Ob" der Vollstreckung)
   b) Auswahlermessen (betr. „Wie" der Vollstreckung)
      aa) Fehlerfreie Auswahl des Zwangsmittels Unmittelbarer Zwang
      bb) (Ggf.) Fehlerfreie Adressatenauswahl
         (1) Mehrere Vollstreckungsadressaten rechtmäßig heranziehbar
         (2) Ermessensfehlerfreie Auswahl unter ihnen

353d **Vertiefungshinweise:** Aufsätze zum polizeirechtlichen Zwangsmitteleinsatz: *App*, Einführung in das Verwaltungsvollstreckungsrecht, JuS 2004, 786 ff.; *Brühl*, Die Prüfung der Rechtmäßigkeit des Verwaltungszwangs im gestreckten Verfahren, JuS 1997, 926 ff., 1021 ff. und JuS 1998, 65 ff.; *Burmeister*, Die Ersatzvornahme im Polizei- und Verwaltungsvollstreckungsrecht, JuS 1989, 256 ff.; *Erichsen/Rauschenberg*, Verwaltungsvollstreckung, Jura 1998, 31 ff.; *dies.*, Rechtsschutz in der Verwaltungsvollstreckung, Jura 1998, 323 ff.; *Finger*, Polizeiliche Standardmaßnahmen und ihre zwangsweise Durchsetzung, JuS 2005, 116 ff.; *ders.*, Die Haftung des Anscheins- und Verdachtsstörers für Vollstreckungskosten, DVBl. 2007, 798 ff.; *Gusy*, Verwaltungsvollstreckungsrecht am Beispiel der Vollstreckung von Polizeiverfügungen, JA 1990, 296 ff., 339 ff.; *Heckmann*, Der Sofortvollzug rechtswidriger polizeilicher Verfügungen, VBlBW 1993, 41 ff.; *Hong*, Altes und Neues zum Abschleppen und zur Bekanntgabe und Anfechtung von Verkehrszeichen, Jura 2012, 473 ff. (Falllösung); *Horn*, Verwaltungsvollstreckung, Jura 2004, 447 ff., 597 ff.; *Muckel*, Verwaltungsvollstreckung in der Klausur, JA 2012, 272 ff., 355 ff.; *Poscher/Rusteberg*, Die Klausur im Polizeirecht (4. Teil), JuS 2012, 26 ff.

---

[394] → Rn. 270 ff.

F. Spezialgesetzliche Ermächtigungsgrundlagen zur Gefahrenabwehr (Auswahl)

I. Ermächtigungsgrundlagen in der Landesbauordnung (LBO)

Das Landesbauordnungsrecht dient der Abwehr von Gefahren, die von baulichen **354** Anlagen ausgehen können. Es wird deshalb auch als Baupolizeirecht bezeichnet. Historisch hat es wesentlich zur Entwicklung des allgemeinen Polizeirechts beigetragen. Heute verdrängen die besonderen Regelungen der LBO die des PolG. Aber die gesetzlichen Bestimmungen der LBO und die daraus folgenden Befugnisse der Baurechtsbehörden entsprechen vielfach denen des PolG und der Polizeibehörden. § 47 I LBO enthält eine **baupolizeiliche Eingriffs-Generalklausel.** Wichtige **spezielle Eingriffsermächtigungen** sind **für** den Erlass von **Abbruchsanordnungen** § 65 S. 1 LBO, für **Nutzungsuntersagungen** § 65 S. 2 LBO und für **Baueinstellungen** § 64 I LBO. Wie bei den Eingriffsermächtigungen des PolG steht das behördliche Einschreiten jeweils im Ermessen der Behörde. Maßnahmen nach den baupolizeilichen Eingriffsermächtigungen dürfen sich (wie im allgemeinen Polizeirecht auch) grds. nur gegen einen Verantwortlichen richten. Die baupolizeiliche Verantwortlichkeit wird in den §§ 41 ff. LBO präzisiert und erweitert; ergänzend darf auf die §§ 6, 7 und 9 PolG zurückgegriffen werden.³⁹⁵ Für den Einsatz von Zwangsmitteln zur Durchsetzung einer baupolizeilichen Verfügung (Polizeizwang) enthält die LBO keine besondere Ermächtigungsgrundlage. Aus dem systematischen Zusammenhang des speziellen Baupolizeirechts mit dem allgemeinen Polizeirecht folgt, dass sich der Zwangsmitteleinsatz nach den Vorschriften über den Polizeizwang in den §§ 49 ff. PolG richtet.³⁹⁶

Vertiefungshinweis: *Dürr*, Die Klausur im Baurecht (Teil 2), JuS 2007, 431 ff.

II. Ermächtigungsgrundlagen im Bundesbodenschutzgesetz (BBodSchG)

Seit 1998 regelt das BBodSchG die von schädlichen Bodenveränderungen und Alt- **355** lasten ausgehenden Gefahren besonders. Das PolG ist seitdem für die Abwehr dieser Gefahren vom spezielleren BBodSchG verdrängt. Immerhin hat das BBodSchG wesentliche Regelungsstrukturen und -inhalte des allgemeinen Polizeirechts übernommen und sie für durch Bodenverunreinigung drohende Gefahren präzisiert und ergänzt. Die **§§ 9 II, 10, 13, 15 f. BBodSchG** enthalten Ermächtigungsgrundlagen u.a. zur Anordnung von Untersuchungen und Sanierungsmaßnahmen. Diese Vorschriften ermächtigen zu Maßnahmen, die sogar über eine bloße Gefahrenabwehr hinausgehen können, weil sie zu einer Sanierung der schädlichen Bodenveränderung oder Altlast verpflichten dürfen. Wie im allgemeinen Polizeirecht stehen die Maßnahmen im Ermessen der Behörde. Wie im allgemeinen Polizeirecht dürfen sie sich nur gegen Verantwortliche richten. Der Kreis der Verantwortlichen ist aber gegenüber dem PolG erweitert: Auch der Gesamtrechtsnachfolger eines Verhaltensverantwortlichen ist sanierungspflichtig (§ 4 III 1 BBodSchG), außerdem derjenige, der das Eigentum an dem verunreinigten Grundstück aufgibt (§ 4 III 4, 2. Alt. BBodSchG). Für den Gesellschafter einer juristischen Person begründet § 4 III 4, 1. Alt. BBodSchG eine sog. Durch-

---

³⁹⁵ Vgl. z.B. VGH BW, NVwZ-RR 1989, 593, 596.
³⁹⁶ Vgl. *Götz/Geis*, Allg.POR, § 21 Rn. 22; a.A. *Remmert*, Öffentliches Baurecht, Rn. 414 (betr. § 64 II LBO).

griffs(zustands)verantwortlichkeit.³⁹⁷ Überdies wird der frühere Grundstückseigentümer in den Kreis der Pflichtigen einbezogen (§ 4 VI BBodSchG). Zudem wurden die Eingriffsbefugnisse der Behörden z. T. in das Vorfeld der Gefahrenabwehr erstreckt, wie die spezialgesetzliche Ermächtigung zum Gefahrerforschungseingriff in § 9 II BBodSchG zeigt. Auf Besonderheiten des BBodSchG wurde schon mehrfach hingewiesen (→ Rn. 221 zur polizeilichen Verantwortlichkeit trotz Eigentumsaufgabe; → Rn. 238 zur ausdrücklich angeordneten Verantwortlichkeit des Gesamtrechtsnachfolgers der Verursachung einer schädlichen Bodenveränderung oder Altlast; → Rn. 389 zum Ausgleichsanspruch mehrerer Verantwortlicher untereinander). Mit dem BBodSchG können Umweltgefahren, insbesondere durch Altlasten, wirkungsvoller bekämpft werden, als dies bis 1998 auf der Grundlage des allgemeinen Polizeirechts möglich gewesen war.

355a **Vertiefungshinweise:** Aufsätze zu Ermächtigungsgrundlagen im BBodSchG: *Buchholz*, Untersuchungsanordnungen nach dem Bundes-Bodenschutzgesetz, NVwZ 2002, 563 ff.; *Klüppel*, Die Zustandsstörerhaftung bei der Altlastensanierung, Jura 2001, 26 ff.; *Kutzschbach/Pohl*, Das Bundes-Bodenschutzgesetz, Jura 2000, 225 ff.; *Musil*, Typische Klausurprobleme bei Sanierungsbescheiden und ihrer Vollstreckung, JA 2003, 781 ff.; *Schlabach/Heck*, Bodenschutz- und Altlastenrecht – Rechtsprechungsübersicht, VBlBW 2005, 214 ff.

III. Ermächtigungsgrundlagen in der Straßenverkehrsordnung (StVO)

356 Die StVO regelt die vom Straßenverkehr ausgehenden Gefahren durch Verkehrsregelungen (insbesondere Verkehrszeichen). Insoweit verdrängt sie das allgemeine Polizeirecht.³⁹⁸ Die wichtigsten Ermächtigungsgrundlagen für Straßenverkehrsregelungen enthält **§ 45 StVO**. Das PolG bleibt ergänzend anwendbar für Gefahren, die von außen auf den Straßenverkehr einwirken und für Maßnahmen außerhalb von Verkehrsregelungen.³⁹⁹ Dazu zählen z. B. das Abschleppen ordnungswidrig geparkter Fahrzeuge, die Entfernung einer Ölspur oder eine Anleinpflicht für Hunde.

Vertiefungshinweis: *Manssen*, Anordnungen nach § 45 StVO im System des Verwaltungsrechts und des Verwaltungsprozeßrechts, DVBl. 1997, 133 ff.

IV. Ermächtigungsgrundlagen im Versammlungsrecht

357 Die Gefahrenabwehr im Zusammenhang mit öffentlichen Versammlungen richtet sich in Baden-Württemberg (noch) nach dem VersG des Bundes. Zwar ist 2006 durch die Föderalismusreform I die Gesetzgebungskompetenz für das Versammlungsrecht vom Bund auf die Länder übergegangen, aber das VersG gilt als Bundesrecht fort, bis es durch Landesrecht ersetzt wird, vgl. Art. 125a I GG. Die wichtigsten Ermächtigungsgrundlagen für die Polizeibehörden sind hier die Befugnisse zum **Verbot der Versammlung** und zur **Erteilung von Auflagen** in § 15 I VersG sowie zur **Auflösung der Versammlung** in § 15 III VersG. Sie gelten für (grds. anmeldepflichtige, § 14 VersG; Ausnahme: Spontanversammlungen) **Versammlungen unter freiem Himmel** und setzen voraus, dass „nach den zur Zeit des Erlasses der Verfügung erkennbaren Umständen die öffentliche Sicherheit oder Ordnung [...] unmittelbar gefährdet ist". Der rechtsstaatliche Verhältnismäßigkeitsgrundsatz (Art. 20 III GG) führt dazu, dass ein **Verbot** nur dann rechtmäßig ist, wenn das mildere Mittel der Auflage zur Gefahrenbeseitigung nicht genügt. (Klausur-) re-

---

³⁹⁷ Vgl. BVerwG, NVwZ 2008, 684, 684 f.
³⁹⁸ *Götz/Geis*, Allg.POR, § 21 Rn. 18 f.
³⁹⁹ *Götz/Geis*, Allg.POR, § 21 Rn. 19.

F. Spezialgesetzliche Ermächtigungsgrundlagen zur Gefahrenabwehr 219

levant ist, dass die **Auflage** nach § 15 I VersG ein selbständiger Verwaltungsakt ist, nicht etwa eine Nebenbestimmung i. S. des § 36 II Nr. 4 LVwVfG. Da Versammlungen erlaubnisfrei sind, gibt es keinen anderen Verwaltungsakt, an den eine Nebenbestimmung anknüpfen könnte. Die **Auflösung** (§ 15 III VersG) ist ein gestaltender Verwaltungsakt. Er beendet die Versammlung automatisch, sodass sich die ehemaligen Teilnehmer sofort entfernen müssen (vgl. §§ 13 II, 18 I VersG). Der Verhältnismäßigkeitsgrundsatz führt weiter dazu, dass auch eine Auflösung der Versammlung nur in Betracht kommt, wenn mildere Maßnahmen zur Gefahrenbeseitigung nicht ausreichen. Zwar erwähnt das VersG solche milderen Maßnahmen nicht ausdrücklich, aber § 15 III VersG ist verfassungskonform (Art. 20 III GG) dahin auszulegen, dass er auch zu milderen Maßnahmen, sog. **Minusmaßnahmen**, ermächtigt. Die **§§ 18 III, 19 IV VersG** ermächtigen darüber hinaus dazu, **Störer** von der Versammlung **auszuschließen.** Im Unterschied zu Versammlungen unter freiem Himmel, §§ 14 ff. VersG, könnten die Versammlungsbehörden gegenüber öffentlichen **Versammlungen in geschlossenen Räumen** grds. nur unter strengeren Voraussetzungen eingreifen, vgl. **§§ 5 (Versammlungsverbot), 12a (Bild und Tonaufnahmen), 13 (Versammlungsauflösung) VersG.** Der Grund dafür ist, dass Art. 8 II GG eine ausdrückliche Grundrechtsschranke nur für Versammlungen unter freiem Himmel enthält. Zu einem Eingriff gegen Versammlungen in geschlossenen Räumen kann daher nur aufgrund einer immanenten Schranke zum Schutz kollidierender Verfassungsgüter ermächtigt werden. Dies ist auch bei der Auslegung der §§ 5, 12a und 13 VersG im Einzelfall zu beachten.

Im **Vorfeld einer Versammlung** darf die Polizei auf Ermächtigungsgrundlagen des **358** PolG zurückgreifen. Während der Vorbereitung der Versammlung und während der Anreise der Teilnehmer müssen die Ermächtigungsgrundlagen des PolG aber im Lichte des Art. 8 GG verfassungskonform ausgelegt werden: Es müssen zumindest die strengen Tatbestandsvoraussetzungen des § 15 I VersG erfüllt sein.[400] Im weiteren Vorfeld einer Versammlung kann die Polizei eine sog. Gefährderansprache (→ Rn. 157) auf die polizeiliche Generalklausel der §§ 3, 1 PolG stützen[401].

Vertiefungshinweise: Aufsätze zu Ermächtigungsgrundlagen im Versammlungsrecht: *v. Ale-* **358a** *mann/Scheffczyk*, Aktuelle Fragen der Gestaltungsfreiheit von Versammlungen, JA 2013, 407 ff.; *Deger*, Polizeirechtliche Maßnahmen bei Versammlungen, NVwZ 1999, 265 ff.; *Enders*, Der Schutz der Versammlungsfreiheit, Jura 2003, 34 ff., 103 ff.; *Frenz*, Polizei- und Versammlungsrecht – Abgrenzung und Zusammenspiel, JA 2007, 334 ff.; *Gröpl*, Grundstrukturen des Versammlungsrechts, Jura 2002, 18 ff.; *Gröpl/Leinenbach*, Examensschwerpunkte des Versammlungsrechts, JA 2018, 8 ff.; *Hermanns*, Grundfragen des Rechts der Versammlungsfreiheit, VBlBW 2001, 79 ff.; *Hettich*, Neue Entwicklungen im Versammlungsrecht, VBlBW 2018, 485 ff.; *Kötter/Nolte*, Was bleibt von der „Polizeifestigkeit des Versammlungsrechts"?, DÖV 2009, 399 ff.; *Meßmann*, Das Zusammenspiel von Versammlungsgesetz und allgemeinem Polizeirecht, JuS 2007, 524 ff.; *Schoch*, Die Neuregelung des Versammlungsrechts durch § 15 II VersG, Jura 2006, 27 ff.; *Trurnit*, Eingriffsbefugnisse bei Veranstaltungen, Jura 2012, 365 ff.; *ders.*, Vorfeldmaßnahmen bei Versammlungen, NVwZ 2012, 1079 ff.

Rechtsprechung: VGH BW, VBlBW 2002, 383 ff. – Versammlungsverbot, Gegendemonstration; Nds. OVG, NdsVBl. 2016, 45 ff. – Vorhalten einer Mastkamera; VG Stuttgart, Urt. v. 18.11.2015 – 5 K 1265/14 – juris – Einsatz der Polizei im Stuttgarter Schlossgarten; VG Karlsruhe, Urt. v. 10.12.2018 – 1 K 6428/16 – juris – Freiheitsbeschränkende polizeiliche Maßnahmen gegen Versammlungsteilnehmer; zeitliche und örtliche Grenze der Polizeifestigkeit der Versammlung; VG Karlsruhe, NVwZ 2019, 897 ff. – Versammlungsbeschränkung von Beterinnen und Betern in der Nähe einer Konfliktberatungsstelle; VG Freiburg, Urt. v. 27.9.2017 – 1 K 3529/16 – juris – Verbot des Verteilens von Flugblättern bei einer angemeldeten Versammlung; VG Karlsruhe,

---

[400] *Götz/Geis*, Allg.POR, § 23 Rn. 22.
[401] Vgl. *Hebeler*, NVwZ 2011, 1364, 1366.

Beschl. v. 22.6.2017 – 7 K 8662/17 – juris – Verbot einer Fahrraddemonstration auf einer Bundesfernstraße; BVerwGE 160, 169 ff. = NJW 2018, 716 ff. – Tiefflug eines Tornado-Kampfflugzeugs über Demonstrantencamp; OVG Münster, Urt. v. 17.9.2019 – 15 A 4753/18 – juris – Übersichtsaufzeichnungen einer Versammlung zur Öffentlichkeitsarbeit.

V. Übersicht zu klausurwichtigen spezialgesetzlichen Eingriffsermächtigungen zur Gefahrenabwehr

358b

Ermächtigungsgrundlage	Regelungsgehalt
Versammlungen in geschlossenen Räumen	
§ 5 VersG	Versammlungsverbot
§ 12a VersG	Bild- und Tonaufzeichnungen
§ 13 VersG	Auflösung von Versammlungen
Versammlungen unter freiem Himmel	
§ 15 I VersG	Versammlungsverbot, Erteilung von Auflagen
§ 15 III VersG	Auflösung von Versammlungen
§§ 18 III, 19 IV VersG	Ausschluss von Störern
§§ 19a, 12a VersG	Bild- und Tonaufzeichnungen
Bundespolizeirecht	
§§ 1, 14 ff., 38 ff. BPolG	Allgemeine Befugnisse, „Standardmaßnahmen"
Terrorismusabwehr	
§§ 20a ff. BKAG	Allgemeine Befugnisse, „Standardmaßnahmen"
Bauordnungsrecht	
§ 47 I 2 LBO BW	Baupolizeiliche Eingriffs-Generalklausel
§ 64 I LBO BW	Baueinstellung
§ 65 S. 1 LBO BW	Abbruchsanordnung
§ 65 S. 2 LBO BW	Nutzungsuntersagung
Bodenschutzrecht	
§ 9 II BBodSchG	Untersuchungsanordnung
§ 10 BBodSchG	Sonstige Anordnungen
§§ 13, 15, 16 BBodSchG	Anordnungen in Altlastenfällen
Gewerbe- und Gaststättenrecht	
§ 15 II GewO	Untersagung eines illegal ausgeübten genehmigungspflichtigen Gewerbes
§ 35 GewO	Gewerbeuntersagung wegen Unzuverlässigkeit
§§ 4, 5, 19 GastG	Versagung, Auflagen, Verbot des Alkoholausschanks
Straßenverkehrsrecht	
§ 45 StVO	Ermächtigungsgrundlage für Verkehrszeichen und Verkehrseinrichtungen
§§ 44 II, 36 StVO	Zeichen und Weisungen der Polizeibeamten
Sonstiges	
§ 46 WaffG	Entziehung der Sachherrschaft über einen bestimmten Gegenstand
§ 16a TierSchG	Zentrale Anordnungsgrundlage
§ 47 BNatSchG	Einziehung von Tieren und Pflanzen, für die Besitzberechtigung nicht nachgewiesen ist
§ 30 BestattG BW	Bestattungspflicht

G. Der Erlass von Polizeiverordnungen

I. Begriff und Funktion der Polizeiverordnung

Der Begriff der Polizeiverordnung wird von § 10 I PolG legaldefiniert: Polizeiverordnungen sind **polizeiliche Gebote oder Verbote, die für eine unbestimmte Anzahl von Fällen an eine unbestimmte Anzahl von Personen gerichtet** sind. Sie werden von den allgemeinen Polizeibehörden erlassen zur Wahrnehmung ihrer Aufgaben nach dem Polizeigesetz. Aus § 18 I PolG folgt, dass eine Polizeiverordnung auch Bußgeldvorschriften enthalten darf. 359

Die Bezugnahme auf die Aufgaben nach dem Polizeigesetz stellt den systematischen Zusammenhang des § 10 I PolG insbesondere mit § 1 PolG her. 360

Eine Polizeiverordnung **erleichtert** der Polizei die **Gefahrenabwehr.** Verstößt jemand gegen ein Ge- oder Verbot einer Polizeiverordnung, braucht die Polizei nur noch diesen Verstoß festzustellen. Sie muss also nicht zusätzlich ermitteln und bewerten, ob ein Verhalten im konkreten Fall mit hinreichender Wahrscheinlichkeit zu einem Schaden für ein polizeiliches Schutzgut führt. Jeder Verstoß gegen die Verordnung stört automatisch die öffentliche Sicherheit (→ Rn. 71 ff., 88). Eine Polizeiverordnung ist aber kein Vollstreckungstitel (vgl. § 1 I 1, § 2 LVwVG). Will die Polizei ein Ge- oder Verbot mit Zwangsmitteln durchsetzen, muss sie zuvor eine Polizeiverfügung erlassen (→ Rn. 348). 361

II. Abgrenzung zur Allgemeinverfügung

Polizeiverordnungen sind Rechtsverordnungen. Sie sind von Verwaltungsakten – insbesondere von Allgemeinverfügungen – zu unterscheiden und abzugrenzen, weil z.B. nur ein Verwaltungsakt mit Zwangsmitteln durchgesetzt werden darf (→ Rn. 345). Polizeiverordnungen sind wie alle Rechtsverordnungen Rechtsnormen, also Gesetze im materiellen Sinn. Sie regeln eine Vielzahl von Sachverhalten durch polizeiliche Ge- und Verbote, die sich an jedermann richten; sie sind also abstrakt-generell. Verwaltungsakte dagegen enthalten Einzelfallregelungen. Ob eine „Einzelfallregelung" vorliegt, ist manchmal nur schwer zu bestimmen, zumal wenn sich ein Ge- oder Verbot an einen nur nach allgemeinen Merkmalen bestimmten Personenkreis richtet. Es könnte dann eine Allgemeinverfügung i.S. des § 35 S. 2 LVwVfG vorliegen. Zweifel bestehen z.B. bei einem Verbot, an einer gefährlichen Stelle im Bodensee zu tauchen. Wäre dieses eine Einzelfallregelung, dürfte es durch Verwaltungsakt ausgesprochen werden; als abstrakt-generelle Regelung ist es nur durch Polizeiverordnung rechtmäßig (näher → Rn. 201, 204, 364, 376). 362

In der Literatur wird von manchen vertreten, dass konkret-generelle Maßnahmen stets als Allgemeinverfügung einzuordnen seien.[402] Als typisches Beispiel werden Verkehrszeichen genannt. Ein Verkehrszeichen als Verwaltungsakt (Allgemeinverfügung mit Dauerwirkung) einzustufen, wenn es ein Ge- bzw. Verbot aufstellt, ist im Ergebnis richtig.[403] Jedoch bilden Verkehrszeichen einen dogmatisch nicht verallgemeinerungsfähigen Sonderfall: Sie ergehen aufgrund einer Rechtsverordnung, der StVO, die explizit zum Erlass von Verkehrszeichen ermächtigt (vgl. §§ 45, 39 StVO). Auf die Ei- 363

---

[402] *Kingreen/Poscher,* POR, § 23 Rn. 7.
[403] Zur verbleibenden Kritik s. *Götz/Geis,* Allg.POR, § 22 Rn. 19.

genschaft als konkret-generell kommt es dabei nicht entscheidend an. Vielmehr müssen sie aus Gründen der Sicherheit des Straßenverkehrs mit Bekanntgabe wirksam und vollstreckbar sein, selbst wenn ihr Erlass einmal rechtswidrig sein sollte. Die dazu nötige begrenzte Fehlerunempfindlichkeit gewährt nur das Instrument des Verwaltungsakts (vgl. §§ 43, 44 LVwVfG). Nur als Verwaltungsakte können sie mit Zwangsmitteln durchgesetzt werden (→ Rn. 345).

364 Für die Dogmatik verallgemeinerungsfähig ist jedoch, dass ein durch Verwaltungsakt (Allgemeinverfügung) zu regelnder „Einzelfall" vorliegt, wenn auf einen konkreten Lebenssachverhalt, eine konkrete Gefahr, reagiert werden muss.[404] Grundlage einer Polizeiverordnung ist demgegenüber eine abstrakte Gefahr (→ Rn. 102 f.), d. h. eine nur mögliche, gedachte Sachlage, die erst im Fall ihres Eintritts zu einer konkreten Gefahr wird.[405] Als z. B. in Stuttgart und Umgebung eine Typhus-Epidemie mit mehreren hundert Erkrankten auftrat, wurde durch Allgemeinverfügung allen Groß- und Kleinhändlern der Verkauf von Endiviensalat in den betroffenen Landkreisen verboten. Zu Recht, denn bei diesem realen Vorkommnis drohte hinreichend wahrscheinlich ein Gesundheitsschaden der Käufer; es bestand eine konkrete Gefahr. Dagegen bezieht sich das Verbot, an einer nach der Lebenserfahrung gefährlichen Stelle im Bodensee zu tauchen, auf einen „gedachten Fall" bzw. auf eine Vielzahl künftig möglicher Ereignisse (und richtet sich an Jedermann): Immer dann, wenn künftig irgendjemand an dieser Stelle tauchen will, soll ihm dies untersagt sein. Diese Regelung ist abstrakt-generell und darf nur durch Polizeiverordnung erfolgen.[406] Entsprechend sind Schilder wie „Baden verboten", „Schuttabladen verboten" keine Allgemeinverfügungen (str.); sie können aber Hinweistafeln auf ein durch Polizeiverordnung verhängtes Badeverbot sein.[407]

III. Abgrenzung zu Satzungen

365 Eine Polizeiverordnung ist keine Satzung, auch nicht, wenn sie von einer Orts- oder Kreispolizeibehörde erlassen wird. Angelegenheiten der Gefahrenabwehr dürfen nur durch Polizeiverordnung, nicht durch Satzung geregelt werden. Insbesondere sind Polizeiverordnungen **kein Gegenstand kommunaler Selbstverwaltungsgarantie**.[408] Ebensowenig ist das Zustimmungserfordernis des Kreistags bzw. des Gemeinderats zu bestimmten Polizeiverordnungen (vgl. § 15 I, II PolG) Teil der Selbstverwaltung.

366 Keine Polizeiverordnungen sind demnach Benutzungsregelungen für kommunale Einrichtungen (z. B. Öffnungszeiten eines kommunalen Schwimmbades oder Ruhezeiten in einer Obdachlosenunterkunft).[409] Diese darf der Gemeinderat durch Satzung treffen, die auch Regelungen zur gefahrlosen Benutzung der Einrichtung enthalten darf.[410] Für zulässig hält der VGH Baden-Württemberg allerdings Polizeiverordnungen, die gestützt auf §§ 10, 1 PolG aus Gefahrenabwehrgründen bestimmte Nutzungen beschränken.[411]

---

[404] Richtig z. B. VG Karlsruhe, NVwZ-RR 2009, 22.
[405] *Götz/Geis*, Allg.POR, § 22 Rn. 16.
[406] BVerwGE 12, 87, 88 f.
[407] Vgl. *Stephan/Deger*, PolG BW, § 10 Rn. 7.
[408] *Götz/Geis*, Allg.POR, § 22 Rn. 37.
[409] VGH BW, VBlBW 2014, 292, 294.
[410] *Zeitler/Trurnit*, PolR BW, Rn. 992.
[411] Vgl. VGH BW, VBlBW 2014, 292, 294; vgl. auch *Ruder*, PolR BW, Rn. 364.

G. Der Erlass von Polizeiverordnungen

IV. Ermächtigungsgrundlagen für Polizeiverordnungen

1. Ermächtigungsgrundlagenerfordernis

Ein durch Polizeiverordnung erlassenes Ge- oder Verbot ist ein Eingriff in (Grund-) 367
Rechte der Verpflichteten. Es bedarf deshalb und wegen Art. 61 I LV einer gesetzlichen Ermächtigung (→ Rn. 197).

2. Weitere verfassungsrechtliche Anforderungen

Die Ermächtigung zum Erlass einer Polizeiverordnung kann nur durch Gesetz erteilt 368
werden, vgl. Art. 61 I 1 LV. Dabei müssen Inhalt, Zweck und Ausmaß der erteilten
Ermächtigung bestimmt werden, Art. 61 I 2 LV. Die Rechtsgrundlage ist in der Verordnung anzugeben, Art. 61 I 3 LV.

Polizeiverordnungen müssen den rechtsstaatlichen Bestimmtheitsgrundsatz wahren 369
(vgl. Art. 20 III GG). Enthält eine Polizeiverordnung Bußgeldtatbestände, so müssen
diese dem strengeren Bestimmtheitsgrundsatz des Art. 103 II GG genügen.[412]

3. Systematik der polizeirechtlichen Verordnungsermächtigungen

Zu unterscheiden sind spezialgesetzliche Ermächtigungen und eine allgemeine Ge- 370
neralklausel für den Erlass von Polizeiverordnungen. Höherrangige und spezialgesetzliche Verordnungsermächtigungen (Beispiele → Rn. 371 f.) schließen einen Rückgriff
auf die Verordnungs-Generalklausel (→ Rn. 372 ff.) regelmäßig aus (Auslegung!).

a) Spezielle Ermächtigungen zum Erlass von Polizeiverordnungen

Eine spezielle Verordnungsermächtigung enthält das PolG in § 10a für Alkoholkon- 371
sum-Verbotsverordnungen (→ Rn. 376b). Spezialgesetzliche Ermächtigungen für den
Erlass von Polizeiverordnungen enthalten z.B. § 6 StVG, § 32 IfSG, §§ 23 I, 32 ff.
BImSchG, § 21 II BW WasserG 2013, § 70 BW WaldG, § 8 I BW KurorteG 2019,
§ 15 II BW BestattungsG.

b) Die Generalermächtigung für den Erlass von Polizeiverordnungen

Das Polizeigesetz enthält in § 10 I i.V. mit § 1 I eine Generalermächtigung speziell 372
für Polizeiverordnungen. Daraus folgt im Wege systematischer Gesetzesauslegung, dass
die andere Generalermächtigung (§ 3 i.V. mit § 1 PolG) nicht zum Erlass von Polizeiverordnungen befugt. Verordnungsermächtigungen zur Gefahrenabwehr in anderen
Gesetzen (vgl. z.B. § 6 StVG) verdrängen, soweit sie abschließend sind (Auslegung!), in
ihrem Anwendungsbereich i.d.R. die Generalklausel der §§ 10 I, 1 I PolG.

Auf die §§ 10 I, 1 I PolG gestützt werden in Baden-Württemberg z.B. Polizeiver- 373
ordnungen über das Anbringen von Hausnummern[413], über einen Leinenzwang für
Hunde in Fußgängerzonen[414] und über ein Taubenfütterungsverbot[415]. Auch ein Verbot sog. Fluglaternen (von Kerzen angetriebenen und dadurch flugfähigen Papierballons) kann auf §§ 10 I, 1 I PolG gestützt werden.[416]

---

[412] *Belz/Mußmann*, PolG BW, 7. Aufl. 2009, § 10 Rn. 16.
[413] Vgl. z.B. VGH BW, NVwZ-RR 2012, 393.
[414] Z.B. VGH BW, VBlBW 2008, 134.
[415] Vgl. z.B. VGH BW, NVwZ-RR 2006, 398.
[416] BVerwGE 160, 157, 164.

V. Rechtmäßigkeitsvoraussetzungen des § 10 PolG

1. „Zur Wahrnehmung ihrer Aufgaben"

374 § 10 I PolG ermächtigt die Polizei zum Erlass einer Polizeiverordnung, wenn eine Gefahr für die öffentliche Sicherheit oder Ordnung besteht, denn die Worte „zur Wahrnehmung ihrer Aufgaben", verweisen auf die in § 1 I 1 PolG genannte Gefahrenabwehraufgabe. § 10 I PolG greift dadurch die oben bestimmten (→ Rn. 63 ff.) Schlüsselbegriffe des Polizeirechts auf und macht sie zu Tatbestandsmerkmalen der polizeilichen Verordnungs-Generalermächtigung. Diese Regelungstechnik entspricht derjenigen bei der polizeilichen Generalklausel für Einzelakte in den §§ 3, 1 PolG (→ Rn. 199). Entsprechend sind **§ 10 I und § 1 PolG zusammen** zu nennen, wenn von der polizeilichen **Verordnungs-Generalermächtigung** die Rede ist.[417] Im Unterschied zu den §§ 3, 1 PolG legt § 10 I PolG seinen Anwendungsbereich genauer auf Gebote und Verbote fest, die für eine unbestimmte Anzahl von Fällen an eine unbestimmte Anzahl von Personen gerichtet sind. Diese Präzisierung ist für die systematische Auslegung der §§ 3, 1 PolG von Bedeutung (→ Rn. 201) und damit für die Abgrenzung der beiden polizeilichen Generalermächtigungen (§§ 3, 1 PolG einerseits, §§ 10, 1 PolG andererseits) voneinander und stellt klar, dass für den Erlass einer Polizeiverordnung eine abstrakte Gefahr genügt (→ Rn. 375).

2. Abstrakte Gefahr

375 § 10 I i. V. mit § 1 I PolG ermächtigt zum Erlass einer Polizeiverordnung, d. h. für polizeiliche Gebote und Verbote, „die für eine unbestimmte Anzahl von Fällen an eine unbestimmte Anzahl von Personen gerichtet sind". Aus dieser Formulierung und der systematischen Abgrenzung zu § 3 PolG folgt, dass als Voraussetzung für den Erlass einer Polizeiverordnung eine abstrakte Gefahr genügt. Abstrakt ist die Gefahr, **die in gedachten, typischen Fällen,** d. h. aus bestimmten Arten von Handlungen oder Zuständen **zu entstehen pflegt** (→ Rn. 103). Demgegenüber würde der Erlass einer Polizeiverfügung nach den §§ 3, 1 PolG eine konkrete Gefahr voraussetzen. Konkret ist eine Gefahr, wenn sie in dem Zeitpunkt, in dem das polizeiliche Ge- oder Verbot dem Polizeipflichtigen mitgeteilt wird, in einem realen Fall *(in concreto)* besteht, also nicht nur in einem gedachten, typischen Fall (→ Rn. 104 ff.).

376 Eine abstrakte Gefahr besteht beispielsweise, wenn es in einem Fluss oder in einem Badesee typischerweise wegen einer tückischen Strömung immer wieder einmal zu tödlichen Badeunfällen kommt. Zur Bekämpfung dieser abstrakten Gefahr darf das Baden hier durch Polizeiverordnung verboten werden. Konkret ist die Gefahr eines tödlichen Badeunfalls (erst) dann, wenn sich an einem bestimmten Tag an dieser Stelle am Fluss bzw. am See eine oder mehrere Personen entschließen, ins Wasser zu steigen. Dann darf diesen Personen zur Abwehr dieser konkreten Gefahr das Baden durch Verwaltungsakt (Polizeiverfügung) verboten werden. Handelt es sich um mehrere Personen, die die Polizei anspricht und ihnen das Baden verbietet, ist ihre Polizeiverfügung eine sog. Sammelverfügung. Ergibt sich die konkrete Gefahr daraus, dass aufgrund eines gerade niedergegangenen Unwetters der Fluss über die Ufer getreten ist, und kann die Polizei nicht genau feststellen, welche Personen im Begriff stehen, ins Wasser zu steigen, ergeht ihre Polizeiverfügung als Allgemeinverfügung i. S. des § 35 S. 2 LVwVfG.

---

[417] Vgl. z. B. VGH BW, NVwZ-RR 2010, 55 – Leitsätze.

G. Der Erlass von Polizeiverordnungen

376a In einem grundlegenden Urteil hat der VGH Mannheim die Merkmale einer abstrakten Gefahr präzisiert:

> „(E)ine abstrakte Gefahr ist gegeben, wenn eine generell-abstrakte Betrachtung für bestimmte Arten von Verhaltensweisen oder Zuständen zu dem Ergebnis führt, dass mit hinreichender Wahrscheinlichkeit ein Schaden im Einzelfall einzutreten pflegt und daher Anlass besteht, diese Gefahr mit generell-abstrakten Mitteln, also einem Rechtssatz zu bekämpfen. Auch die Feststellung einer abstrakten Gefahr verlangt mithin eine in tatsächlicher Hinsicht genügend abgesicherte Prognose: es müssen – bei generell-abstrakter Betrachtung – hinreichende Anhaltspunkte vorhanden sein, die den Schluss auf den drohenden Eintritt von Schäden rechtfertigen. Der Schaden muss regelmäßig und typischerweise, wenn auch nicht ausnahmslos zu erwarten sein. (...) Denn es liegt im Wesen von Prognosen, dass die vorhergesagten Ereignisse wegen anderer als der erwarteten Geschehensabläufe ausbleiben können. Von dieser mit jeder Prognose verbundenen Unsicherheit ist die Ungewissheit zu unterscheiden, die bereits die tatsächlichen Grundlagen der Gefahrenprognose betrifft. Ist die Behörde mangels genügender Erkenntnisse über die Einzelheiten der zu regelnden Sachverhalte und/oder die maßgeblichen Kausalverläufe zu der erforderlichen Gefahrenprognose nicht im Stande, so liegt keine Gefahr, sondern – allenfalls – eine mögliche Gefahr oder ein Gefahrenverdacht vor (...)."[418]

376b Anlass zu dieser Entscheidung des VGH war eine Polizeiverordnung, die zu näher bestimmten Nachtstunden und Tagen den Alkoholkonsum untersagte. Die Ortspolizeibehörde hatte das Verbot mit der abstrakten Gefährlichkeit des Alkoholkonsums begründet. Der VGH sah dies anders und grenzte in Anwendung seiner in → Rn. 376a zitierten Grundsätze dazu die abstrakte Gefahr von einem Gefahrenverdacht ab. Es fehle an der hinreichenden Wahrscheinlichkeit dafür, dass Alkoholkonsum regelmäßig und typischerweise zu Gewaltdelikten führe; es handele sich nur um einen Gefahrenverdacht, auf den eine Poizeiverordnung nach §§ 10, 1 PolG nicht gestützt werden könne.[419] Der Gesetzgeber reagierte 2017 darauf, wie vom VGH empfohlen, mit einer neuen Ermächtigungsgrundlage für polizeiliche Alkoholkonsum-Verbotsverordnungen in § 10a PolG. Zuständig zum Erlass ist der Gemeinderat, vgl. § 44 III 1 Hs. 2 GemO. § 13 PolG ist für Polizeiverordnungen nach § 10a PolG nicht einschlägig.

3. Zulässige Regelungsinhalte von Polizeiverordnungen i. S. des § 10 PolG

377 Inhalt einer auf die Generalermächtigung des § 10 I i. V. mit § 1 PolG gestützten Polizeiverordnung können ausschließlich **gefahrenabwehrende** (generalisierende und typisierende) **Ge- oder Verbote** sein, **ggf. bußgeldbewehrt** (vgl. § 18 I PolG[420]). Rechtswidrig wäre es danach z.B., die Benutzungsregeln für kommunale Einrichtungen als Polizeiverordnung zu erlassen (vgl. auch → Rn. 365f.). Zu den Verboten i. S. des § 10 I PolG zählen auch sog. präventive Verbote mit Erlaubnisvorbehalt,[421] d.h. Polizeiverordnungen können **auch Genehmigungspflichten** begründen. Soweit Polizeiverordnungen Ausnahmen vorsehen, sind sie (wie dies für jede Ausnahme gilt, damit sie nicht zur Regel wird) eng auszulegen, um ihren Gefahrenabwehrzweck nicht zu verfehlen.[422]

---

[418] VGH BW, NVwZ-RR 2010, 55, 56.
[419] VGH BW, NVwZ-RR 2010, 55, 56ff.
[420] Vgl. ferner VGH BW, NVwZ-RR 2012, 939, 940.
[421] *Stephan/Deger*, PolG BW, § 10 Rn. 14.
[422] BVerwGE 160, 157, 169; vgl. auch allgemein zum Auslegungsgrundsatz, dass Ausnahmen eng auszulegen sind, VGH BW, Beschl. v. 18.7.2019, 1 S 871/19 – juris Rn. 14.

4. Polizeipflichtigkeit bei Polizeiverordnungen

378 Für Polizeiverordnungen gilt (wie für Polizeiverfügungen, → Rn. 205 ff.), dass sich ihre Ge- und Verbote nur gegen polizeilich Verantwortliche richten dürfen, d.h. grundsätzlich nur gegen Störer i.S. der §§ 6 und 7 PolG und nur im sog. polizeilichen Notstand unter den Voraussetzungen des § 9 PolG gegen unbeteiligte Nichtstörer.[423]

5. Ermessensfehlerfreiheit der Polizeiverordnung

378a Der Erlass einer Polizeiverordnung steht im Ermessen der Polizei, vgl. z.B. §§ 10 I, 10a I PolG. Die zuständige Behörde muss ermessensfehlerfrei handeln. Allgemein zu den Ermessensfehlern vgl. → Rn. 270 ff. Einen Anspruch auf Erlass einer Polizeiverordnung gibt es ebenso wenig wie einen Anspruch auf fehlerfreie Ermessensentscheidung über den Erlass einer Polizeiverordnung.

VI. Formelle Rechtmäßigkeit einer Polizeiverordnung (§§ 12 ff. PolG)

379 Für den Erlass einer auf die Generalermächtigung (§§ 10 I, 1 I PolG) gestützten Polizeiverordnung **zuständig** sind **die allgemeinen Polizeibehörden,** nicht der Polizeivollzugsdienst, vgl. §§ 10 I, 13, 61 f. PolG. § 12 PolG stellt für Polizeiverordnungen **besondere Formerfordernisse** auf. **Besondere Verfahrenserfordernisse** für Polizeiverordnungen enthalten die §§ 15 f. PolG. Zu der besonderen Zuständigkeit für den Erlass einer Alkoholverbots-Verordnung s. → Rn. 376b.

379a **Vertiefungshinweise:** Aufsätze zu Polizeiverordnungen: *Albrecht*, Alkoholverbot in der kommunalen Praxis, VR 2012, 41 ff.; *Braun*, Hohe Hürden für zeitlich und örtlich begrenzte Alkoholkonsumverbote, BWGZ 2018, 76 ff.; *Bier*, Benutzungsregelungen durch Allgemeinverfügung und Rechtsverordnung, VBlBW 1991, 81 ff.; *Faßbender*, Alkoholverbote durch Polizeiverordnungen: per se rechtswidrig?, NVwZ 2009, 563 ff.; *Hamann*, Die Gefahrenabwehrverordnung – ein Gebrauchsklassiker des Ordnungsrechts, NVwZ 1994, 669 ff.; *Hecker*, Neue Rechtsprechung des VGH Mannheim zum Alkoholkonsumverbot im öffentlichen Raum, NVwZ 2010, 359 ff.; *Kibele*, Das Konstanzer Glasverbot und der Herdentrieb, VBlBW 2013, 88 ff.; *Pöltl*, Alkoholkonsumverbote im öffentlichen Raum, VBlBW 2018, 221 ff.; *Pschorr*, § 10a PolG BW – Kodifikation ohne Auswirkung, DÖV 2019, 389 ff.; *Schoch*, Verordnungen zur Gefahrenabwehr, Jura 2005, 600 ff.; *ders.*, Behördliche Untersagung „unerwünschten Verhaltens" im öffentlichen Raum, Jura 2012, 858 ff.

Rechtsprechung: VGH BW, NVwZ-RR 2012, 393 ff. – Anbringen von Hausnummern; VGH BW, VBlBW 2008, 134 ff. – Leinenzwang für Hunde; VGH BW, NVwZ-RR 2006, 398 ff. – Taubenfütterungsverbot; VGH BW, NVwZ-RR 2010, 55 ff. – Alkoholverbot; BVerwGE 160, 157 ff. = NJW 2018, 325 ff. – Fluglaternen; VGH BW, BWGZ 2013, 77 ff. – Konstanzer Glasflaschenverbot.

H. Erstattung von Polizeikosten

I. Begriff der Polizeikosten

380 Welche Kosten bei der Gefahrenabwehr anfallen und wer sie zu tragen hat, sind für Praxis und Ausbildung wichtige Fragen.

---

[423] *Belz/Mußmann/Kahlert/Sander*, PolG BW, § 10 Rn. 18 f.

H. Erstattung von Polizeikosten

Keine vollständige Antwort, sondern nur einen Nebenaspekt, liefert § 82 III PolG. **381** Er nennt als Kosten der Polizei „die unmittelbaren oder mittelbaren persönlichen und sächlichen Ausgaben für die allgemeinen Polizeibehörden und den Polizeivollzugsdienst". Allerdings hat **§ 82 PolG nur** das Ziel, die **Kostenlast zwischen dem Land und den kommunalen Trägern der Polizei** zu verteilen. Auf die Frage, welche Kosten ggf. vom Bürger eingefordert werden dürfen, antwortet er nicht.

Um die Verteilung der (Polizei-) **Kostenlast zwischen Staat und Bürger** geht es **382** u.a. in § 8 II PolG und in den §§ 49 I, 52 PolG. **§ 8 II PolG** meint mit Kosten, die von einem Störer (§§ 6, 7 PolG) eingefordert werden können, Aufwendungen, die durch eine Unmittelbare Ausführung (→ Rn. 158) entstanden sind.[424] Dazu zählen insbesondere Auslagen, die durch die Beauftragung eines Dritten (Abschleppunternehmen, Sachverständigen) anfallen, nicht aber die allgemeinen Sach- und Personalkosten der Polizei.[425] Ergänzt wird diese Sicht durch die **§§ 49 I, 52 IV PolG.** Sie verweisen für beim Polizeizwang (→ Rn. 345 ff.) entstehende Kosten u.a. auf **§ 31 II LVwVG,** der die Erhebung bei einem „Pflichtigen" erlaubt. Nach der Legaldefinition in § 31 I LVwVG handelt es sich bei diesen Kosten um **Gebühren und Auslagen**.

II. Pflicht Einzelner zur Erstattung von Polizeikosten als Ausnahme

Die Abwehr von Gefahren für die öffentliche Sicherheit oder Ordnung ist eine **383** Hoheitsaufgabe des Staates. Das verbietet nicht nur eine Privatisierung der Polizei (→ Rn. 23), sondern gebietet im **Grundsatz** auch, dass **der Staat** die Kosten dieser Hoheitsaufgabe aus den Steuern der Allgemeinheit **zahlt.**[426] Gefahrenabwehrkosten dürfen deshalb nicht ohne weiteres auf Private abgewälzt werden,[427] der VGH BW spricht vom „Grundsatz der Kostenfreiheit des Polizeihandelns"[428]. Soll die Polizei von bestimmten Bürgern Polizeikosten erheben dürfen, bedarf es aus zwei Gründen einer gesetzlichen Grundlage: Erstens führt der Grundsatz der Steuerfinanzierung der staatlichen Gefahrenabwehr dazu, dass die Polizei für eine von ihr bekämpfte Gefahr **nur ausnahmsweise vom Bürger** Kosten verlangen darf, nämlich **wenn** es dafür eine **Anspruchsgrundlage** gibt, welche die Kostenerstattung durch einen bestimmten Pflichtigen vorsieht. Zweitens folgt aus dem Vorbehalt des Gesetzes (→ Rn. 37), dass ein Kostenbescheid als einseitig-hoheitlicher (Grund-)Rechtseingriff einer **Ermächtigungsgrundlage** bedarf.

Die wichtige Wertungsentscheidung, welche Bürger abweichend von der Grundre- **384** gel der Steuerfinanzierung mit Polizeikosten belastet werden dürfen, trifft im demokratischen Rechtsstaat grundsätzlich der parlamentarische Gesetzgeber. Rechtsprechung und Rechtsdogmatik formen die erforderliche Wertung präzisierend mit aus (vgl. dazu → Rn. 390).

1. Pflicht des polizeilich Verantwortlichen zur Kostenerstattung

Der Gesetzgeber hat von seiner Befugnis, Ausnahmen vom (Haupt-)Grundsatz einer **385** Steuerfinanzierung der Polizeikosten zuzulassen, Gebrauch gemacht, z.B. durch

---

[424] *Stephan/Deger*, PolG BW, § 8 Rn. 29.
[425] Vgl. dazu die Fallbesprechung von *Guldi*, VBlBW 1997, 316, 318; a.A. *Hermesmeier/Brenz*, in: BeckOK PolR BW, § 82 PolG, Rn. 14.
[426] *Zeitler/Trurnit*, PolR BW, Rn. 1014.
[427] *Lisken/Denninger*, HdbPolR, M 165 f.
[428] VGH BW, VBlBW 2014, 56, 57.

§ 8 II PolG und § 31 II LVwVG. Danach dürfen – nur – Störer (vgl. z. B. § 8 II PolG) bzw. Adressaten einer Polizeiverfügung (vgl. z. B. § 31 II LVwVG) zu den Polizeikosten herangezogen werden (→ Rn. 383). Diese Ausnahmen lassen einen Leitgedanken des Gesetzgebers erkennen, der als (Unter-)Grundsatz des Polizeikostenrechts den (Haupt-) Grundsatz der Steuerfinanzierung der Gefahrenabwehr (→ Rn. 383) beschränkt: Aus der Störereigenschaft folgt prinzipiell die Pflicht, die Kosten der Gefahrenabwehr zu tragen bzw. zu erstatten.[429]

386 Folgerichtig trägt ein Nichtstörer grundsätzlich keine Polizeikosten (zu möglichen Ausnahmen → Rn. 390).

387 Ebenso folgerichtig trägt keine Polizeikosten, wer bloß Opfer einer Gefahr ist. Wen die Polizei aus Lebensgefahr rettet, wessen besetztes Haus sie in einer kostspieligen Aktion räumt, der muss sie dafür nicht bezahlen.[430] Der Schutz des Bürgers durch die Polizei ist steuerfinanziert und deshalb grundsätzlich kostenfrei.[431]

388 Ebenfalls folgerichtig ist, dass ein Störer, der die von ihm zu verantwortende Gefahr entsprechend seiner Polizeipflichtigkeit selbst beseitigt, die Kosten dafür nicht vom Staat erstattet verlangen kann (Konsequenz des Verursacherprinzips und des Art. 14 II GG).

389 Eine andere Frage ist, ob ein Störer, der pflichtgemäß die Gefahr auf eigene Kosten beseitigt hat, Ausgleich von einem anderen (Mit-)Störer fordern kann. Dafür bedarf es einer Anspruchsgrundlage, die im PolG fehlt. Zu Recht befürwortet ein Teil der Literatur aber (abweichend von der Rechtsprechung des BGH[432]) eine entsprechende Anwendung der §§ 421 ff. BGB, insbesondere des § 426 BGB, der im Zivilrecht den Ausgleich zwischen Gesamtschuldnern regelt.[433] Andernfalls würden die Mitstörer zu Lasten des vom Staat in Anspruch genommenen – und aus ihrem Blickwinkel zufällig – von ihrer Kostenverantwortung befreit. Im besonderen Polizeirecht hat der Gesetzgeber 1998 zum Bodenschutz mit § 24 II BBodSchG einen Anspruch für einen Ausgleich zwischen mehreren Verantwortlichen einer schädlichen Bodenveränderung geschaffen. Einige Stimmen in der Literatur schlagen vor, diese Norm im Allgemeinen Polizeirecht analog anzuwenden.[434]

2. Die dogmatische Trennung von Primär- und Sekundärebene

390 Auch die gesetzlich vorgesehene Kostenpflicht des nach den §§ 6 und 7 PolG polizeilich Verantwortlichen kann ausnahmsweise unverhältnismäßig oder unbillig sein, u. U. bei einer Anscheinsgefahr (→ Rn. 108, 227 f.) oder bei einem Gefahrenverdacht (→ Rn. 109 ff.). Um solche Fälle oder Fallgruppen zu identifizieren und zu bewältigen, trennt die Dogmatik des Polizeirechts theoretisch zwischen der Verantwortlichkeit zur Gefahrenabwehr und den finanziellen Folgen der Gefahrenabwehr (insbesondere der Kostentragungs- bzw. Kostenerstattungspflicht). Der VGH BW spricht von einem „Strukturprinzip des allgemeinen Gefahrenabwehrrechts"[435]. Während die Gefahrenabwehrverantwortlichkeit des Störers zur sog. „Primärebene" bzw. „Handlungsebene"

---

[429] *Kingreen/Poscher*, POR, § 25 Rn. 1.
[430] *Götz/Geis*, Allg. POR, § 14 Rn. 2. Noch anders, wenn nach einer Ersatzvornahme einer von mehreren Pflichtigen zum Kostenersatz herangezogen wird VGH BW, NVwZ-RR 2012, 387, 389 f.
[431] *Stephan/Deger*, PolG BW, § 82 Rn. 6.
[432] BGH, NJW 1981, 2457, 2458; BGH, NVwZ 2010, 789, 791.
[433] *W.-R. Schenke*, POR, Rn. 288 ff.
[434] *Götz/Geis*, Allg. POR, § 9 Rn. 97.
[435] VGH BW, NVwZ-RR 2012, 387, 389.

H. Erstattung von Polizeikosten

bzw. „Gefahrenabwehrebene" zählt, wird die etwaige Kostenpflicht der sog. „Sekundärebene" bzw. „Kostenebene" zugeordnet.[436] Dabei folgt (soweit gesetzlich vorgesehen → Rn. 385 ff.) aus der „primären" polizeilichen Verantwortlichkeit (nur) grundsätzlich die „sekundäre" Kostentragungs- bzw. Kostenerstattungspflicht. Durch die Unterscheidung dieser beiden Ebenen können Sachlagen besser bewertet werden, bei denen im Zeitpunkt der Gefahrenabwehr die Polizei zwar rechtmäßig von einer Gefahr ausgehen durfte („ex-ante-Sicht" auf Primärebene), es sich aber später herausstellt, dass damals in Wahrheit doch keine Gefahr bestanden hatte („ex-post-Sicht"). Hier könnte trotz Rechtmäßigkeit der Gefahrenabwehr (auf Primärebene) die Kostenpflicht eines Privaten (auf Sekundärebene) zu verneinen sein. Diese Konsequenz – keine Kostenpflicht – zieht die h. M.[437] grundsätzlich für den Anscheinsstörer (→ Rn. 108, 227 f.) und für den Verdachtsstörer (→ Rn. 109 ff.). Nur wenn einem Anscheinsstörer der Anschein oder einem Verdachtsstörer der Verdacht der Gefahr zurechenbar ist, wird auch ihre Kostenpflicht in Betracht gezogen.[438]

III. Ermächtigungsgrundlagen zur Erhebung von Polizeikosten

Der Grundsatz, dass die Gefahrenabwehr aus Steuermitteln zu finanzieren ist **391** (→ Rn. 383) und abweichend davon die Polizei Kosten von Einzelpersonen nur in gesetzlich benannten Fällen erstattet verlangen kann (→ Rn. 392 ff.), hat dazu geführt, dass Ermächtigungsgrundlagen zur Erhebung von Polizeikosten verstreut sind: auf das Polizeigesetz, das Landesverwaltungsvollstreckungsgesetz und das Landesgebührengesetz.

1. Ermächtigungsgrundlagen zum Polizeikostenersatz im Polizeigesetz

a) Kostenerstattung nach Unmittelbarer Ausführung (§ 8 II PolG)

Nach § 8 II 1 PolG sind Verhaltens- und Zustandsstörer zum Ersatz der Kos- **392** ten verpflichtet, die durch eine Unmittelbare Ausführung (→ Rn. 158) entstehen. § 8 II 1 PolG ist nicht nur Anspruchsgrundlage für den Polizeiträger, sondern – wie eine systematische Auslegung des § 8 II 1 PolG ergibt – zugleich **Ermächtigungsgrundlage** für die Geltendmachung durch Leistungsbescheid (VA): Nach Satz 2 können die Kosten im Verwaltungszwangsverfahren beigetrieben werden, also nach den §§ 13 ff. LVwVG, die einen Verwaltungsakt voraussetzen (vgl. auch § 2 LVwVG).

Ein Anspruch auf Kostenerstattung aus § 8 II 1 PolG besteht nur – und der Leistungs- **393** bescheid, der diese Kosten erhebt, ist nur rechtmäßig –, wenn die Unmittelbare Ausführung (→ Rn. 158) rechtmäßig war.[439] In diesem Fall muss die Polizei die Kosten erheben, vgl. § 8 II 1 PolG. Diese Pflicht folgt aus dem allgemeinen Kostenrecht, das grds. von einer Kostenerhebungspflicht ausgeht (vgl. § 4 I LGebG).[440] Ein Ermessen besteht insoweit – entgegen der Rechtsprechung des VGH BW[441] – nicht. Falls eine Kostenerhebung unbillig wäre, ist vielmehr entsprechend § 22 II 1 LGebG zu entscheiden.[442]

---

[436] Vgl. *Schoch*, Bes. VerwR, 2018, 1. Kap., Rn. 971.
[437] Z.B. VGH BW, NVwZ-RR 2012, 387, 389.
[438] Vgl. z.B. VGH BW, VBlBW 2014, 56, 57 f.; *Schoch*, Bes. VerwR, 2018, 1. Kap., Rn. 972.
[439] *Zeitler/Trurnit*, PolR BW, Rn. 1019.
[440] *Belz/Mußmann/Kahlert/Sander*, § 8 Rn. 18.
[441] VGH BW, VBlBW 2011, 153, 154.
[442] Vgl. *Belz/Mußmann/Kahlert/Sander*, § 8 Rn. 18.

394 Für Abschleppkosten ist § 8 II PolG in den Fällen einschlägig, in denen ein Kraftfahrzeug aus einer durch § 12 StVO, also durch Verordnung, angeordneten Halteverbotszone (z.B. scharfe Kurve, Bahnübergang, Feuerwehrzufahrt, Grundstücksausfahrt, 5m vor und hinter einer Kreuzung oder Einmündung) entfernt wurde. Dieses Halteverbot beruht nicht auf einem Verkehrszeichen. Das Abschleppen ist dann – mangels vollstreckbaren Verwaltungsakts – keine Ersatzvornahme, sondern eine Unmittelbare Ausführung i.S. des § 8 I PolG (→ Rn. 158) mit der Kostenfolge des § 8 II PolG.[443]

395 Die Unmittelbare Ausführung ist ein Eingriff. Maßnahmen ohne Eingriffscharakter werden von § 8 I PolG nicht erfasst (→ Rn. 195) und deshalb auch nicht von § 8 II 1 PolG. Für Rettungsmaßnahmen der Polizei können Kosten deshalb nicht nach § 8 II 1 PolG erhoben werden.[444]

b) Kostenersatz nach gesetzlich bestimmten anderen Sonderfällen

396 Das Polizeigesetz sieht für wenige andere Sonderfälle die Erstattung von Polizeikosten vor: § 34 IV PolG im Fall der Einziehung, § 57 PolG im Fall der Entschädigung eines Nichtstörers und § 84 I 1 Nr. 4 PolG i.V. mit § 3 I 3, III DVO PolG bei Sicherstellung und Beschlagnahme.[445]

2. Ermächtigungsgrundlagenkombination zum Kostenersatz nach polizeilichen Vollstreckungsmaßnahmen (Polizeizwang) – PolG/LVwVG

397 Für die Anwendung von Polizeizwang (→ Rn. 345 ff.) gelten die §§ 49 ff. PolG und ergänzend Vorschriften des LVwVG, vgl. §§ 49 I, 52 IV PolG. Werden für die Anwendung von Zwangsmitteln Kosten erhoben, bedarf dieser zusätzliche Rechtseingriff einer eigenen gesetzlichen Grundlage; sie ist ebenfalls in diesen Vorschriften enthalten. Ergänzend regelt die Landesverwaltungsvollstreckungskostenordnung (LVwVGKO[446]), eine auf § 31 IV LVwVG gestützte Rechtsverordnung, welche Gebühren und Auslagen genau erhoben werden dürfen und in welcher Höhe. Sie ist abschließend, die §§ 677 ff. BGB und die §§ 812 ff. BGB scheiden also als Anspruchsgrundlage der Polizei für Vollstreckungskosten aus.[447]

398 Die Erhebung von **Kosten** einer Anwendung des Zwangsmittels **unmittelbarer Zwang** richten sich nach § 52 IV i.V. mit § 31 I, II, IV und VI LVwVG, §§ 7, 8 LVwVGKO. Diese Vorschriften sind für die Polizei Anspruchsgrundlage und Ermächtigungsgrundlage zugleich. Rechtmäßigkeitsvoraussetzungen sind die Rechtmäßigkeit der Zwangsmaßnahme unmittelbarer Zwang (vgl. § 31 I LVwVG „Amtshandlung...nach diesem Gesetz"), Kostenschuldner muss der „Pflichtige" sein (vgl. § 31 II LVwVG) und die Erstattungsfähigkeit der Kosten (vgl. § 31 IV LVwVG i.V. mit der Vollstreckungskostenordnung LVwVGKO).

399 Die **Kosten einer Ersatzvornahme** der Polizei hat nach § 49 I PolG i.V. mit §§ 25, 31 I, II, IV, VI LVwVG, §§ 6, 8 LVwVGKO der (Polizei-)Pflichtige zu tragen. Diese Vorschriften sind ebenfalls für die Polizei Anspruchsgrundlage und Ermächtigungsgrundlage zugleich. Die Rechtmäßigkeitsanforderungen ergeben sich auch hier aus § 31 I, II und IV LVwVG. Nach § 31 V LVwVG kann die Behörde, die den zu

---

[443] Vgl. *Götz/Geis*, Allg.POR, § 14 Rn. 32.
[444] *Stephan/Deger*, PolG BW, § 8 Rn. 3.
[445] Vgl. VGH BW, VBlBW 2014, 56, 57.
[446] V. 29.7.2004, GBl. S. 670, zuletzt geändert durch Art. 2 des G. v. 13.11.2012, GBl. S. 572.
[447] *Belz/Mußmann/Kahlert/Sander*, PolG BW, § 49 Rn. 54.

H. Erstattung von Polizeikosten

vollstreckenden (Grund-)Verwaltungsakt erlassen hat (vgl. § 4 I LVwVG), durch Vorauszahlungsbescheid Vorauszahlung verlangen.

Unter den Voraussetzungen des § 83a S. 1 PolG darf **die Polizei** die Herausgabe einer durch Ersatzvornahme erlangten Sache (z. B. ein abgeschlepptes Fahrzeug) von der Zahlung der entstandenen Kosten abhängig machen, sog. **Zurückbehaltungsbefugnis.** Die im Jahr 2008 in das PolG eingefügte Zurückbehaltungsbefugnis macht einen Rückgriff auf § 273 BGB heute unzulässig. Die Erklärung, die Herausgabe der zurückbehaltenen Sache sei von der Zahlung der entstandenen Kosten abhängig, ist eine Willenserklärung der Polizei. Gleichwohl enthält sie grds. keine Regelungswirkung i.S. von § 35 LVwVfG und ist deshalb kein Verwaltungsakt.[448] Der VGH Mannheim bezeichnet die Ausübung des Zurückbehaltungsrechts nach § 83a PolG als „Vollziehung des Kostenbescheides"[449], mit der Konsequenz, dass ein Widerspruch gegen den Kostenbescheid diese Vollziehung hemmt (vgl. § 80 I 1 VwGO). Dadurch ist die weitere Ausübung der Zurückbehaltungsbefugnis ausgeschlossen. Dass die Behörde durch eine Anordnung der sofortigen Vollziehbarkeit des Kostenbescheides die aufschiebende Wirkung des Widerspruchs entfallen lassen kann, dürfte wegen der Wertung des § 80 II 1 Nr. 1 VwGO, der Abschleppkosten gerade nicht erfasst, ausgeschlossen sein. Durch den Beschluss des VGH verringert sich die vom Gesetzgeber bezweckte Schlagkraft der Zurückbehaltungsbefugnis. Der Gesetzgeber könnte die Schlagkraft des § 83a PolG wieder stärken, wenn er (wie dies der sächsische Gesetzgeber für die Ersatzvornahme getan hat)[450] die in § 83a PolG vorausgesetzten Kostenbescheide kraft Gesetzes für sofort vollziehbar erklärt, vgl. § 80 II 1 Nr. 3 VwGO.

Die **Voraussetzungen** für die Ausübung **der Zurückbehaltungsbefugnis** nennt **399b** § 83a PolG nur zum Teil ausdrücklich. Grundvoraussetzung ist, dass gegenüber der Polizei ein Herausgabeanspruch geltend gemacht wird. Für diesen müssen die Voraussetzungen einer Anspruchsgrundlage erfüllt sein, die zivilrechtlicher Natur (z.B. § 985 BGB) oder öffentlich-rechtlicher Natur (z.B. öffentlich-rechtlicher Folgenbeseitigungsanspruch) sein kann. Weiter muss die Polizei den Besitz einer Sache erlangt haben, und zwar aufgrund einer unmittelbaren Ausführung nach § 8 I PolG, nach einer Sicherstellung gemäß § 32 I PolG, nach einer Beschlagnahme gemäß § 33 PolG oder im Rahmen einer Ersatzvornahme gemäß § 49 I PolG i.V. mit § 25 LVwVG. Weiter ergibt § 83a S. 1 a.E. PolG, dass für die genannten Maßnahmen Kosten entstanden sein müssen. Gemeint sind rechtmäßig entstandene Kosten, d.h. der Polizei muss ein Kostenerstattungsanspruch zustehen. Dazu müssen die Voraussetzungen einer Kostenerstattungsanspruchsgrundlage erfüllt sein. Kostenerstattungsanspruchsgrundlage bei unmittelbarer Ausführung ist § 8 II PolG. Kostenerstattungsanspruchsgrundlage für die Kosten einer Verwahrung nach Sicherstellung bzw. Beschlagnahme ist der auf § 84 I 1 PolG gestützte § 3 I 3 bzw. § 3 III DVO PolG. Kostenerstattungsanspruchsgrundlage für eine polizeiliche Ersatzvornahme ist § 49 I PolG i.V. mit §§ 25, 31 I, II, IV, VI LVwVG, §§ 6, 8 LVwVGKO. Aus allgemeinen Rechtsgrundsätzen folgt als weitere Rechtmäßigkeitsvoraussetzung, dass der Kostenanspruch fällig und durchsetzbar sein muss. Schließlich muss die Ausübung des Zurückbehaltungsrechts verhältnismäßig und ermessensfehlerfrei erklärt werden.[451]

---

[448] Näher *Ernst*, Die Verwaltungserklärung, 2008, S. 109 f.
[449] VGH BW, Beschl. v. 18.7.2019, 1 S 871/19 – juris Rn. 20.
[450] Vgl. dazu *Hermesmeier/Brenz*, in: BeckOK PolR BW, § 83a PolG, Rn. 6.1.
[451] Vgl. dazu VGH BW, Beschl. v. 18.7.2019 – 1 S 871/19 – juris Rn. 22 ff.; OVG Hamburg, NJW 2007, 3513.

399c Gem. § 83a S. 2 PolG kann eine dritte Person, der die Verwahrung übertragen worden ist, durch Verwaltungsakt ermächtigt werden, Zahlungen in Empfang zu nehmen, z.B. ein privater Abschleppunternehmer, auf dessen Betriebshof ein im Wege des Polizeizwangs abgeschlepptes Fahrzeug steht. Dieser kann aber nicht selbst über die Ausübung der Zurückbehaltungsbefugnis entscheiden. Er kann mit einer solchen Entscheidungsbefugnis auch nicht beliehen werden, weil es an einem entsprechenden Beleihungstatbestand fehlt. Ein solcher liegt insbesondere nicht in § 83a S. 2 PolG, der den Abschleppunternehmer nur zur Entgegennahme von Zahlungen ermächtigt; eine Ermächtigung zur Zahlungsempfangnahme ist keine Ermächtigung zur Zurückbehaltung. Also kann der Abschleppunternehmer (Verwahrer) nur eine Entscheidung der Polizei über die Ausübung der Zurückbehaltungsbefugnis übermitteln; er ist Erklärungsbote der Polizei und damit nur ein Verwaltungshelfer. Daraus folgt weiter, dass der Abschleppunternehmer bei der Übermittlung der Zurückbehaltungsentscheidung der Polizei kein Ermessen ausüben kann. Eine solche Ermessensausübung obliegt allein der Polizei, vgl. § 83a S. 1 PolG („Die Polizei kann").

400 Bei der Kostenerhebung für das Abschleppen eines Kraftfahrzeugs durch die Polizei ist zu unterscheiden: Sie richtet sich nach § 49 I PolG i.V. mit §§ 25, 31 I, II, IV, VI LVwVG, §§ 6, 8 LVwVGKO, wenn mit dem Abschleppen ein (Grund-)Verwaltungsakt, der ein Wegfahren gebietet (z.B. ein auf Verkehrszeichen beruhendes Halteverbot), durch Ersatzvornahme zwangsweise vollstreckt wird. Geht dagegen dem Abschleppen kein Verwaltungsakt voraus (z.B. in den Fällen des § 12 StVO), ist das Abschleppen eine Unmittelbare Ausführung i.S. des § 8 I PolG, deren Kostenfolge § 8 II PolG regelt (→ Rn. 161).

400a

Prüfungsschema
Rechtmäßigkeit eines Kostenbescheids betr. Kosten eines unmittelbaren Zwangs

I. Ermächtigungsgrundlage für Kostenbescheid nach unmittelbarem Zwang: § 52 IV PolG i.V. mit § 31 I, II, IV, VI LVwVG, §§ 7, 8 LVwVGKO[452]
Passende Rechtsfolge: § 31 I LVwVG „... werden Kosten (Gebühren und Auslagen) erhoben". (Die Auslegung ergibt, dass die Norm Anspruchsgrundlage für einen Kostenerstattungsanspruch **und** Ermächtigungsgrundlage für dessen Geltendmachung durch Verwaltungsakt [„Kostenbescheid"] ist.)[453]
II. Formelle Rechtmäßigkeit des Kostenbescheids
 1. Zuständigkeit: Vollstreckungsbehörde (§ 52 IV PolG i.V. mit § 31 VI 1 und § 4 I LVwVG)
 2. Verfahren (es gelten die §§ 10 ff. LVwVfG)
 3. Form (§ 37 II LVwVfG)
III. Materielle Rechtmäßigkeit des Kostenbescheids
 1. Tatbestandsvoraussetzungen der Ermächtigungsgrundlage für den Kostenbescheid
  a) „Amtshandlung [...] nach diesem Gesetz" (§ 31 I LVwVG)
   aa) (Systematische) Auslegung: Auch für unmittelbaren Zwang nach PolG (§ 52 IV PolG)

---

[452] VO des Innenministeriums über die Erhebung von Kosten der Vollstreckung nach dem LVwVG v. 29.7.2004, GBl. S. 670, zuletzt geändert durch Art. 2 des G v. 13.11.2012, GBl. S. 572, 573.
[453] → Rn. 458; VGH BW, VBlBW 2010, 198; *Zeitler/Trurnit*, PolR BW, Rn. 1032.

H. Erstattung von Polizeikosten

bb) Rechtmäßigkeit der Amtshandlung unmittelbarer Zwang (= Inzidentkontrolle anhand des Schemas nach → Rn. 353b)
  b) Kostenschuldner: „der Pflichtige" (§ 52 IV PolG i. V. mit § 31 II LVwVG, Auslegung ergibt: Adressat der Grundverfügung[454])
  c) Erstattungsfähigkeit der Kosten (§ 52 IV PolG i. V. mit § 31 IV LVwVG i. V. mit §§ 7, 8 LVwVGKO)
 2. Rechtsfolge: Pflicht zur Kostenerhebung (gebundene Entscheidung, d. h. kein Ermessen), arg. Wortlaut § 31 I LVwVG; bei mehreren Pflichtigen gilt ergänzend § 9 LVwVGKO

Prüfungsschema 400b
Rechtmäßigkeit eines Kostenbescheids nach Ersatzvornahme

I. Ermächtigungsgrundlage für Kostenbescheid nach Ersatzvornahme: § 49 I PolG i. V. mit §§ 25, 31 I, II, IV, VI LVwVG, §§ 6, 8 LVwVGKO[455]
Passende Rechtsfolge: § 31 I LVwVG „... werden Kosten (Gebühren und Auslagen) erhoben". (Die Auslegung ergibt, dass die Norm Anspruchsgrundlage für einen Kostenerstattungsanspruch **und** Ermächtigungsgrundlage für dessen Geltendmachung durch Verwaltungsakt [„Kostenbescheid"] ist.)[456]
II. Formelle Rechtmäßigkeit des Kostenbescheids
 1. Zuständigkeit: Vollstreckungsbehörde (§ 49 I PolG i. V. mit §§ 31 VI 1, 4 I, II LVwVG)
 2. Verfahren (es gelten die §§ 10 ff. LVwVfG)
 3. Form (§ 37 II LVwVfG)
III. Materielle Rechtmäßigkeit des Kostenbescheids
 1. Tatbestandsvoraussetzungen der Ermächtigungsgrundlage für den Kostenbescheid
  a) „Amtshandlung [...] nach diesem Gesetz" (§ 31 I LVwVG)
   aa) (Systematische) Auslegung: Auch für Ersatzvornahme nach PolG (§ 49 I PolG)
   bb) Rechtmäßigkeit der Amtshandlung Ersatzvornahme (= Inzidentkontrolle anhand des Schemas nach → Rn. 353a)
  b) Kostenschuldner: „der Pflichtige" (§ 49 I PolG i. V. mit § 31 II LVwVG, Auslegung ergibt: Adressat der Grundverfügung[457])
  c) Erstattungsfähigkeit der Kosten (§ 49 I PolG i. V. mit § 31 III, IV LVwVG i. V. mit §§ 6, 8 LVwVGKO)
   aa) Bei Selbstvornahme durch Polizei (§ 6 I, II, § 8 LVwVGKO)
   bb) Bei Fremdvornahme, z. B. durch Abschleppunternehmer (§ 6 III, § 8, insb. § 8 I Nr. 8 LVwVGKO)
 2. Rechtsfolge: Pflicht zur Kostenerhebung (gebundene Entscheidung, d. h. kein Ermessen), arg. Wortlaut § 31 I LVwVG; bei mehreren Pflichtigen gilt ergänzend § 9 LVwVGKO

---

[454] Vgl. *Belz/Mußmann/Kahlert/Sander*, PolG BW, § 49 Rn. 53.
[455] VO des Innenministeriums über die Erhebung von Kosten der Vollstreckung nach dem LVwVG v. 29.7.2004, GBl. S. 670, zuletzt geändert durch Art. 2 des G v. 13.11.2012, GBl. S. 572, 573.
[456] → Rn. 458; VGH BW, VBlBW 2010, 198; *Zeitler/Trurnit*, PolR BW, Rn. 1032.
[457] *Belz/Mußmann/Kahlert/Sander*, PolG BW, § 49 Rn. 53.

3. Ermächtigungsgrundlagen zum Polizeikostenersatz im Landesgebührengesetz

401 Sind die speziellen Anspruchsgrundlagen und Ermächtigungsgrundlagen für Kostenbescheide im PolG oder im LVwVG (→ Rn. 392 ff.) nicht einschlägig (z. B. wenn die Polizei missbräuchlich alarmiert oder sonst ihr Einsatz missbräuchlich veranlasst wird[458]), kommt noch § 4 I LGebG als Anspruchsgrundlage für einen Kostenerstattungsanspruch und als Ermächtigungsgrundlage für einen Kostenbescheid in Betracht. Nach § 4 I LGebG setzen die Behörden, die eine öffentliche Leistung erbringen, für individuell zurechenbare öffentliche Leistungen Gebühren und Auslagen nach diesem Gesetz fest. Eine öffentliche Leistung ist behördliches Handeln (§ 2 II 1 LGebG). Individuell zurechenbar ist eine öffentliche Leistung, wenn sie im Interesse des Einzelnen erbracht wird; insbesondere gehört dazu auch die verantwortliche Veranlassung einer öffentlichen Leistung (§ 2 III LGebG). Weitere Voraussetzung ist das Bestehen einer Gebührenverordnung (vgl. § 4 II 1 LGebG). Für Leistungen des Polizeivollzugsdienstes besteht die Verordnung des Innenministeriums über die Festsetzung der Gebührensätze für öffentliche Leistungen der staatlichen Behörden für den Geschäftsbereich des Innenministeriums (GebVO IM[459], insb. Nr. 15 des GebVZ IM). Allerdings müssen die Tatbestände des Gebührenverzeichnisses präzise genug bestimmt sein; ein allgemeiner Auffangtatbestand genügt nicht.[460]

401a **Vertiefungshinweise:** Aufsätze zur Erstattung von Polizeikosten: *Götz,* Das Kostenrecht der Polizei- und Ordnungsverwaltung, DVBl. 1984, 14 ff.; *ders.,* Polizeikosten zwischen Verursacher- und Gemeinlastprinzip, in: Jachmann/Stober (Hrsg.), Recht des Sicherheitsgewerbes, 2003, S. 25 ff.; *Klas/Bauer,* Facebook-Partys: Haftung des Einladenden, K&R 2011, 533 ff.; *Knemeyer,* Polizeikosten im System von Verwaltungsabgaben und -kosten, JuS 1988, 866 ff.; *Martensen,* Die Kostentragungspflicht des Störers nach unmittelbarer Ausführung – illustriert am Beispiel der „Abschleppfälle", VBlBW 1996, 81 ff.; *Poscher/Rusteberg,* Die Klausur im Polizeirecht (4. Teil), JuS 2012, 26 (30 ff.); *Schmidt,* Der Anspruch auf Ersatz von Polizeikosten bei Großveranstaltungen, ZRP 2007, 120 ff.

Rechtsprechung: VGH BW, NVwZ-RR 2012, 387 ff. – grds. keine Kostenpflicht für Anscheins- und Verdachtsstörer; VGH BW, VBlBW 2014, 56 ff. – Kostenpflicht von Anscheins- und Verdachtsstörer bei Zurechenbarkeit des Anscheins bzw. Verdachts; VGH BW, VBlBW 2003, 284 f. = NVwZ-RR 2003, 558 f. – Abschleppkosten; VG Karlsruhe, Urt. v. 21.4.2017 – 2 K 4554/15 – juris – Verbringen eines umherstreunenden Hundes in Tierheim; VGH BW, Urt. v. 16.8.2018 – 1 S 625/18 – juris – Gebührentatbestand „ungerechtfertigtes Anfordern von Polizeikräften"; VGH BW, Beschl. v. 18.7.2019 – 1 S 871/19 – juris – Zurückbehaltungsbefugnis.

I. Entschädigung, Schadensersatz und Folgenbeseitigung im Polizeirecht

402 Eine Polizeimaßnahme kann mitunter Schäden verursachen. Vom Staat Ersatz erhalten Geschädigte nur, wenn ihnen ein Ersatzanspruch zusteht. Voraussetzung ist eine Anspruchsgrundlage, deren Rechtsfolge Entschädigung oder – im Betrag manchmal höher – Schadensersatz vorsieht, sobald ihr Tatbestand erfüllt ist. Auf (Geld-)Ersatz nach polizeilichem Handeln zielende Anspruchsgrundlagen finden sich in speziellen

---

[458] Vgl. z. B. VGH BW, VBlBW 2014, 56, 57 f.
[459] V. 12.7.2011, GBl. 2011, S. 404.
[460] VG Freiburg, Urt. v. 19.2.2013 – 5 K 1126/12 – juris Rn. 36; vgl. auch VGH BW, VBlBW 2014, 56, 58; vgl. auch VGH BW, Urt. v. 16.8.2018 – 1 S 625/18 – juris.

I. Entschädigung, Schadensersatz und Folgenbeseitigung

Gefahrenabwehrgesetzen (→ Rn. 403), im Polizeigesetz (→ Rn. 404 ff.) und im allgemeinen Staatshaftungsrecht (→ Rn. 412 ff.). Ihre Tatbestandsmerkmale unterscheiden sich insbesondere dadurch, dass sie entweder an rechtmäßiges oder an rechtswidriges oder an rechtswidrig-schuldhaftes Polizeihandeln anknüpfen. Als **Grundsätze** gelten:
1. Für ein *rechtmäßiges* Handeln der Polizei kann nur ein geschädigter Nichtstörer (→ Rn. 406) Ersatz beanspruchen.
2. *Rechtswidriges* Handeln der Polizei kann einen Entschädigungsanspruch jedes Geschädigten auslösen.
3. *Rechtswidrig-schuldhaftes* Handeln der Polizei kann einen Schadensersatzanspruch jedes Geschädigten begründen.
4. Neben diesen auf Geld gerichteten Ersatzansprüchen steht der öffentlich-rechtliche Folgenbeseitigungsanspruch. Mit ihm kann der Betroffene von der Polizei die Rückgängigmachung fortbestehender rechtsverletzender Folgen rechtswidrigen Polizeihandelns begehren (→ Rn. 415 f.).

I. Spezialgesetzliche Ersatzansprüche im Gefahrenabwehrrecht

Spezielle Ersatzansprüche bei Schäden, die im Zuge einer Gefahrenabwehr entstanden sind, finden sich im Bundes- und im Landesrecht verstreut. Z. B. gewährt § 15 Nr. 1 (Bundes-)Tiergesundheitsgesetz (TierGesG – Sartorius Nr. 870) einen Entschädigungsanspruch, wenn Tiere auf tierseuchenrechtliche Anordnung hin getötet wurden. Bei Streitigkeiten über diesen Anspruch ist der Verwaltungsrechtsweg gegeben (vgl. § 22 V TierGesG). § 83 BDSG gewährt einen Schadensersatzanspruch bei rechtswidriger Verarbeitung personenbezogener Daten durch die Polizei. Einen speziellen landesrechtlichen Entschädigungsanspruch gewährt z. B. § 32 I des Landeskatastrophenschutzgesetzes (LKatSG[461]). 403

II. Ersatzanspruch nach § 55 I PolG

1. Der Ersatzanspruch des Nichtstörers

Auf § 55 I 1 PolG gründet der **Entschädigungsanspruch eines Nichtstörers**, gegen den die Polizei unter den Voraussetzungen des § 9 I PolG („im polizeilichen Notstand") eine Maßnahme traf, die ihn schädigte. Der Entschädigungsanspruch richtet sich i. d. R. gegen das Land Baden-Württemberg, §§ 56 S. 1, 59 PolG. Handelte jedoch ein gemeindlicher Vollzugsbediensteter einer Ortspolizeibehörde, ist dessen Gemeinde entschädigungspflichtig, §§ 56 S. 1, 80 I PolG. Ggf. kann der nach § 56 PolG entschädigungspflichtige Rechtsträger der Polizei bei einem Störer Regress nehmen, § 57 PolG (→ Rn. 418, 458). 404

Der Entschädigungsanspruch ist auf Geld gerichtet, nicht umfasst werden entgangener Gewinn oder Schmerzensgeld. Zudem wird der Umfang des Entschädigungsanspruchs aus Billigkeitsgründen in § 55 I 2 PolG und durch eine spezielle Mitverschuldensregelung in § 55 I 3 PolG begrenzt. 405

Wie aus § 9 I PolG folgt, muss der **Schaden durch** eine **rechtmäßige Maßnahme** entstanden sein. § 55 PolG enthält damit einen gesetzlich normierten Aufopferungsanspruch des zur Gefahrenabwehr rechtmäßig herangezogenen Nichtstörers, z. B. eines Wohnungseigentümers, dessen Wohnung die Polizei beschlagnahmte, um einen 406

---

[461] *Dürig*, Gesetze des Landes Baden-Württemberg, Textsammlung, Nr. 96.

Obdachlosen unterzubringen (und so die in der Obdachlosigkeit liegende Gefahr für die öffentliche Sicherheit zu beseitigen). Der in § 55 I 1 PolG ausdrücklich geregelte Aufopferungsanspruch verdrängt als spezielle Regelung den allgemeinen Aufopferungsnspruch (einschließlich des gewohnheitsrechtlichen Anspruchs aus enteignendem Eingriff) des Staatshaftungsrechts.[462] Ersetzt wird grds. die ortsübliche Miete.[463] Ob das Land auch für vom „Eingewiesenen" verursachte Schäden nach § 55 I PolG Ersatz leisten muss, ist einzelfallabhängig.[464]

407 Gewährt § 55 I 1 PolG einem Nichtstörer bei rechtmäßigem Handeln der Polizei einen Ersatzanspruch, muss dies **erst recht bei rechtswidrigem Polizeihandeln** gelten (h. M.[465]), es sei denn, durch eine Klage gegen die rechtswidrige Maßnahme hätte sich der Schaden vermeiden lassen (sog. Vorrang des Primärrechtsschutzes). Für die Bundespolizei trifft § 51 II Nr. 1 BPolG eine spezialgesetzliche Regelung.

2. Ersatzanspruch aus § 55 I PolG auch für Anscheinsstörer, Verdachtsstörer, unbeteiligte Dritte und sog. freiwillige Polizeihelfer?

408 Wie ein Nichtstörer kann ein **Anscheinsstörer** (→ Rn. 227 f.) nach § 55 PolG Entschädigung erhalten. Zur Begründung macht die Dogmatik des Polizeirechts wiederum die theoretische Trennung von Primär- und Sekundärebene (→ Rn. 56, 390) fruchtbar. Zwar wird ein Anscheinsstörer für die Gefahrenabwehr (auf der sog. Primärebene der Gefahrenabwehr) als Störer (§§ 6, 7 PolG) herangezogen. Erweist sich dann später, dass in Wahrheit keine Gefahr bestand, gilt er bei der Entscheidung über eine Entschädigung (d.h. auf der sog. Sekundärebene der finanziellen Folgen der Gefahrenabwehr) als entschädigungsberechtigter Nichtstörer.

409 Ein „**Verdachtsstörer**" ist nach der hier vertretenen Auffassung (→ Rn. 229 ff.) wie ein Nichtstörer nach § 55 PolG anspruchsberechtigt.

410 Durch eine Polizeimaßnahme kann auch ein **unbeteiligter Dritter** geschädigt werden, der weder Störer ist noch von der Polizei als Nichtstörer nach § 9 I PolG in Anspruch genommen wird, z.B. ein Passant, der bei der Gefahrenabwehr versehentlich von der Polizei verletzt wird. Er ist analog § 55 I 1 PolG (a. A.: nach den allgemeinen Aufopferungsgrundsätzen des Staatshaftungsrechts)[466] zu entschädigen.

411 Keinen polizeirechtlichen (Aufopferungs-) Ersatzanspruch hat in Baden-Württemberg (anders die Polizeigesetze einiger anderer Bundesländer), wer mit Billigung der Polizei, aber ohne von ihr als Nichtstörer herangezogen oder durch § 323c StGB verpflichtet zu sein, freiwillig an der Gefahrenabwehr mitwirkt und dabei einen Schaden erleidet. Ein solcher sog. **freiwilliger Polizeihelfer** bzw. Nothelfer hat **in Baden-Württemberg nur** bundesrechtliche **Ansprüche gegen die gesetzliche Unfallversicherung** (§ 2 I Nrn. 11a), 13a) und c) SGB VII). Diese umfassen Heilbehandlung, Verdienstausfall, erforderliche Aufwendungen und Sachschäden, also ebenfalls weder Schmerzensgeld noch entgangenen Gewinn (vgl. §§ 13, 26 ff. SGB VII).

---

[462] *Würtenberger/Heckmann/Tanneberger*, PolR BW, § 9 Rn. 6.
[463] *Stephan/Deger*, PolG BW, § 55 Rn. 16.
[464] Vgl. BGH, NJW 1996, 315; BGH, NVwZ 2006, 963.
[465] Z.B. *Stephan/Deger*, PolG BW, § 55 Rn. 1; a. A. *Götz/Geis*, Allg.POR, § 15 Rn. 24; *Würtenberger/Heckmann/Tanneberger*, PolR BW, § 9 Rn. 26 f.
[466] Vgl. BGH, NJW 2011, 3157, 3158.

I. Entschädigung, Schadensersatz und Folgenbeseitigung

III. Anspruchsgrundlagen im übrigen Staatshaftungsrecht

1. Sonstige Entschädigungsansprüche

Soweit die polizeilichen Ersatzansprüche nicht als Spezialnormen die allgemeineren Entschädigungs- und Schadensersatzansprüche des Staatshaftungsrechts verdrängen (z. B. → Rn. 406), können nach polizeilichem Handeln ggf. Ansprüche aus Aufopferung, aus aufopferungsgleichem Eingriff, aus enteignendem und aus enteignungsgleichem Eingriff entstehen. Insoweit wird hier auf die Darstellungen des Staatshaftungsrechts verwiesen. 412

2. Schadensersatz aus Amtshaftung nach § 839 BGB i. V. mit Art. 34 GG

Der Amtshaftungsanspruch aus § 839 BGB i. V. mit Art. 34 GG wird durch die polizeilichen Entschädigungs- und Schadensersatzanspruchsgrundlagen nicht verdrängt. Er greift im Polizeirecht ein, wenn ein zur Gefahrenabwehr hoheitlich handelnder Amtsträger rechtswidrig und schuldhaft (vgl. § 276 BGB) eine drittbezogene Amtspflicht verletzt und dadurch einen Schaden verursacht. 413

Amtspflichten der Polizei ergeben sich insbesondere aus den speziellen Gefahrenabwehrgesetzen (z. B. → Rn. 354 ff.) und aus dem PolG. So hat die Polizei die Voraussetzungen ihrer Eingriffsermächtigungen einzuhalten. Dazu muss der zuständige Amtsträger die gesetzlichen Vorschriften sorgfältig auslegen, den Sachverhalt umsichtig ermitteln und gewissenhaft subsumieren. Insbesondere muss seine Gefahrenprognose sorgfältig sein. Außerdem muss er die Polizeipflichtigen richtig ermitteln und sein Ermessen fehlerfrei ausüben. Diese Amtspflichten sind i.S. von § 839 BGB **drittbezogen**. Sie obliegen dem Amtsträger nämlich nicht nur im öffentlichen Interesse, sondern dienen auch dem Schutz der Personen, von deren Rechtsgütern die Polizei Gefahren abwehren soll, sowie dem Interesse derjenigen, die die Polizei zur Gefahrenabwehr in Anspruch nimmt. Ein Amtshaftungsanspruch richtet sich nicht gegen den handelnden Amtsträger persönlich, sondern – wegen der Haftungsüberleitung durch Art. 34 S. 1 GG – grundsätzlich gegen den Staat. 414

IV. Öffentlich-rechtlicher Folgenbeseitigungsanspruch gegen die Polizei

Hat die Polizei durch öffentlich-rechtliches Handeln in ein subjektives öffentliches Recht einer Person eingegriffen und als Folge einen andauernden rechtswidrigen Zustand herbeigeführt, der nicht durch einen wirksamen Verwaltungsakt gedeckt ist, dann muss sie diese rechtswidrige Folge beseitigen, es sei denn, dies wäre unmöglich oder unzumutbar. Darauf hat die beeinträchtigte Person Anspruch. Dieses subjektive öffentliche Recht auf Folgenbeseitigung ist heute gewohnheitsrechtlich anerkannt und wird überwiegend aus dem Rechtsstaatsprinzip und aus den Grundrechten abgeleitet.[467] Überwacht die Polizei beispielsweise rechtswidrig einen Hauseingang mittels Videokamera, so können die Hausbewohner nicht nur Unterlassung der Videoüberwachung verlangen, sondern als Folgenbeseitigung auch den Abbau der Kamera, soweit diese selbst im abgeschalteten Zustand noch Rechte (z. B. das Persönlichkeits- und das Wohnungsgrundrecht) verletzt. 415

Nach richtiger Ansicht ermächtigt der öffentlich-rechtliche Folgenbeseitigungsanspruch aber den Staat nicht, hoheitlich zur Folgenbeseitigung in das Recht eines Drit- 416

---

[467] Vgl. z. B. *Detterbeck*, Allgemeines Verwaltungsrecht, 17. Aufl. 2019, Rn. 1204.

ten einzugreifen. Kann ein Folgenbeseitigungsanspruch nur durch einen hoheitlichen Eingriff in das Recht eines Dritten erfüllt werden, bedarf es außerdem einer Ermächtigungsgrundlage, und deren Rechtmäßigkeitsvoraussetzungen müssen erfüllt sein. Viel diskutiert ist die polizeiliche Wohnungsbeschlagnahme, bei der mit Ablauf der Beschlagnahmefrist die Beschlagnahmeverfügung unwirksam wird (vgl. § 43 II LVwVfG i. V. mit § 33 IV 2 PolG), aber der von der Polizei eingewiesene Bewohner nicht auszieht. Hier liegen zwar die Voraussetzungen einer Folgenbeseitigungspflicht der Polizei vor. Aber um die Pflicht zu erfüllen, müsste die Polizei den Bewohner nunmehr aus der Wohnung ausweisen. Für einen solchen Eingriff braucht die Polizei eine Ermächtigungsgrundlage. In Betracht kommt die polizeiliche Generalklausel der §§ 3, 1 PolG. Der nunmehr unrechtmäßige Bewohner stört als Handlungsverantwortlicher (vgl. § 6 PolG) die öffentliche Sicherheit, weil er das Eigentum des Hauseigentümers verletzt; überdies beeinträchtigt er die Erfüllung der öffentlich-rechtlichen Folgenbeseitigungspflicht der Polizei. Das Ermessen, das die polizeiliche Generalklausel der Polizei einräumt, wird durch die Folgenbeseitigungspflicht i. d. R. auf Null reduziert; die Polizei muss den Störer aus der Wohnung entfernen. Auch der Subsidiaritätsgrundsatz des § 2 II PolG (→ Rn. 74) hindert das polizeiliche Einschreiten nicht, weil die Polizei nicht nur zum Schutz privater Rechte handelt, sondern auch, um ihre öffentlich-rechtliche Folgenbeseitigungspflicht zu erfüllen.[468] Vgl. im Übrigen zu den Obdachlosenfällen → Rn. 250f., 276, 279, 313, 406, 470.

416a **Vertiefungshinweise:** Aufsätze zu Entschädigung, Schadensersatz und Folgenbeseitigung im Polizeirecht: *Brüning*, Die Aufopferung im Spannungsfeld von verfassungsrechtlicher Eigentumsgarantie und richterrechtlicher Ausgestaltung, JuS 2003, 2 ff.; *Cremer*, Ansprüche des Wohnungseigentümers gegen den Polizeiträger auf Ausgleich von Schäden infolge einer Obdachloseneinweisung, VBlBW 1996, 241 ff.; *Kasten*, Die Haftung der Ordnungsbehörden, JuS 1986, 450 ff.; *Sauer*, Staatshaftungsrecht – eine Systematisierung für die Fallbearbeitung, JuS 2012, 695 ff., 800 ff.; *Schoch*, Entschädigung bei Inanspruchnahme wegen Verdachts- oder Anscheinsgefahr – BGHZ 117, 303, JuS 1993, 724 ff.; *ders.*, Der Folgenbeseitigungsanspruch, Jura 1993, 478 ff.; *Sydow*, Entschädigungsansprüche im Polizei- und Ordnungsrecht, Jura 2007, 7 ff.; *Voßkuhle/Kaiser*, Grundwissen – Öffentliches Recht: Der Folgenbeseitigungsanspruch, JuS 2012, 1079 ff.

Rechtsprechung: VGH BW, VBlBW 1987, 423 f. = NVwZ 1987, 1101 – Folgenbeseitigung nach Wohnungseinweisung; VGH BW, VBlBW 2015, 298 ff. – Entschädigungsanspruch eines rechtswidrig Inanspruchgenommenen; OLG Stuttgart, Urt. v. 27.1.1999 – 9 U 231/98 – juris – Entschädigung bei rechtswidriger Polizeimaßnahme; BGH, NJW 2011, 3157 ff. – Ausgleich von Schäden auf Grund rechtmäßigen Polizeieinsatzes; BGHZ 197, 43 ff. = NJW 2013, 1736 ff. – Sonderopferrolle des Vermieters bei Schäden nach polizeilicher Durchsuchung der Mieterwohnung.

J. Rechtsschutz im Polizeirecht

417 Im Polizeirecht ist das Bedürfnis nach Gerichtsschutz besonders groß, weil die Polizei zur Gefahrenabwehr häufig durch Befehl und Zwang in Rechte der Bürger eingreift. Da bei Gefahr aber meist schnell reagiert werden muss, ist ein Rechtseingriff oft schon erfolgt, bevor ein betroffener Bürger ein Gericht anrufen kann. Ein Rechtsstaat muss auch für diese Fälle effektiven Rechtsschutz ermöglichen.

---

[468] VGH BW, NJW 1997, 2832, 2833.

J. Rechtsschutz im Polizeirecht

I. Rechtsschutzgarantie

Das Grundgesetz garantiert in Art. 19 IV und Art. 20 III einen effektiven Rechts- 418
schutz gegen die öffentliche Gewalt. Er wird vor allem durch die VwGO ausgestaltet (vgl. aber auch z. B. §§ 23 I, 25 I EGGVG und §§ 98 II 2–5, 101 I, VII StPO). Die verwaltungsgerichtliche Generalklausel des § 40 I VwGO eröffnet den Verwaltungsrechtsweg in allen öffentlich-rechtlichen Streitigkeiten nichtverfassungsrechtlicher Art. Dazu zählen typischerweise Rechtsstreitigkeiten zwischen Bürger und Staat über eine Gefahrenabwehr der Polizei. Es gibt aber auch Ausnahmen. Besondere Rechtswegbestimmungen ergänzen die verwaltungsgerichtliche Generalklausel oder gehen ihr vor (z. B. § 58 PolG: Entschädigungsanspruch des Bürgers; Regressanspruch des Staates → Rn. 404, 458; § 28 IV PolG: Gewahrsam → Rn. 298; § 31 V 1 PolG: Anordnung einer Wohnungsdurchsuchung durch das Amtsgericht → Rn. 306). Nicht dem Verwaltungsrechtsweg zugewiesen ist insbesondere der Rechtsschutz gegen Strafverfolgungsmaßnahmen der Polizei.[469]

Um den zulässigen Rechtsweg gegen eine Maßnahme der Polizei aufzufinden, kann 419
man sich von einer Faustregel leiten lassen: Maßgeblich ist der Zweck des polizeilichen Handelns: Gegen Gefahrenabwehrmaßnahmen (präventive Maßnahmen) wird Rechtsschutz im Verwaltungsrechtsweg (§ 40 I VwGO) gewährt, gegen Strafverfolgungsmaßnahmen (repressive Maßnahmen) der Polizei indes vor ordentlichen Gerichten (§§ 23 ff. EGGVG). Zu beachten ist, dass eine erkennungsdienstliche Behandlung nach § 81b, 2. Alt. StPO („für die Zwecke des Erkennungsdienstes") seit jeher als Gefahrabwehrmaßnahme eingestuft wird, sodass gegen sie der Verwaltungsrechtsweg nach § 40 I VwGO eröffnet ist. Dagegen ergehen Maßnahmen nach § 81b, 1. Alt. StPO nicht zur Gefahrenabwehr, sondern zur Strafverfolgung; gegen sie wird gemäß §§ 23 ff. EGGVG Rechtsschutz gewährt.

Verfolgt die Polizei **bei** sog. **doppelfunktionalen Maßnahmen** beide Zwecke 420
(z. B. Befreiung einer Geisel und Festnahme des Geiselnehmers), bestimmt sich der Rechtsweg danach, auf welchem Zweck der **Schwerpunkt** der Maßnahme liegt (h. M. → Rn. 132 f.).

1. Verfassungsrang effektiven Rechtsschutzes

Art. 19 IV GG erhebt den Rechtsschutz gegen die öffentliche Gewalt – also auch 421
gegen Gefahrenabwehrmaßnahmen der Polizei – zum Grundrecht. Das einfachgesetzliche (Polizei- und Prozess-) Recht ist deshalb stets auch an Art. 19 IV GG zu messen. Der einfache Gesetzgeber darf den verfassungsrechtlich geforderten Rechtsschutz nicht aushöhlen. Gleichwohl schließt Art. 19 IV GG Beschränkungen des Rechtsschutzes nicht von vornherein aus. Sie müssen aber verfassungsrechtlich gerechtfertigt sein. Eine Rechtfertigung, den Rechtsschutz im Polizeirecht zu begrenzen, kann aus verfassungsimmanenten Schranken der Rechtsschutzgarantie folgen (→ Rn. 422). Erschwerungen des Rechtsschutzes (z. B. das Entfallen der aufschiebenden Wirkung von Widerspruch und Anfechtungsklage gegen unaufschiebbare Anordnungen und Maßnahmen von Polizeivollzugsbeamten nach § 80 II 1 Nr. 2 VwGO) können deshalb verfassungsgemäß sein. Die Rechtsordnung darf auch vorsehen, dass eine Gefahr für die öffentliche Sicherheit möglichst schnell bekämpft wird und deshalb der Bürger erst danach Gerichtsschutz erhalten kann. Aber stets ist das einfache (Polizei- und Prozess-) Recht

---

[469] Dazu z. B. *Lisken/Denninger*, HdbPolR, L 10, 194.

grundrechtskonform so auszulegen, dass ein Gerichtsschutz nicht nutzlos wird (→ Rn. 46). Sein Grundrecht aus Art. 19 IV GG kann der Bürger vor den Verwaltungsgerichten und erforderlichenfalls durch Verfassungsbeschwerde vor dem Bundesverfassungsgericht (vgl. Art. 93 I Nr. 4a GG) durchsetzen. In Betracht kommt auch eine Verfassungsbeschwerde vor dem VerfGH BW zur Durchsetzung des landesverfassungsrechtlichen Grundrechts aus Art. 2 I LV i. V. mit Art. 19 IV GG gemäß Art. 68 I Nr. 4 LV i. V. mit §§ 55 ff. VerfGHG.

2. Verfassungsrang effektiver Gefahrenabwehr

422   Die Kraft zu effektiver Gefahrenabwehr ist eine Funktionsbedingung des Rechtsstaats. Das Gebot effektiver Gefahrenabwehr besitzt danach als Teil des Rechtsstaatsprinzips (Art. 20 III GG) ebenfalls Verfassungsrang. Es kann deshalb grundsätzlich die Rechtsschutzgarantie des Art. 19 IV GG verfassungsimmanent begrenzen.

3. Konsequenzen für die Ausgestaltung des Rechtsschutzes im Polizeirecht

423   Das Bedürfnis des Bürgers nach einem wirksamen Rechtsschutz (→ Rn. 421) steht zur Notwendigkeit einer effektiven staatlichen Gefahrenabwehr in einem verfassungsrechtlichen Spannungsverhältnis (→ Rn. 422). Beide Anliegen prägen den Rechtsschutz im Polizeirecht.

424   Für eine effektive Gefahrenabwehr darf die Polizei kraft vieler gesetzlicher Grundlagen in Rechte der Bürger eingreifen (→ Rn. 142 ff.). Mit dem Verwaltungsakt (§ 35 LVwVfG) erhält die Polizei zudem ein schlagkräftiges Handlungsinstrument. Der Verwaltungsakt wird mit Bekanntgabe wirksam, grundsätzlich unabhängig davon, ob er rechtmäßig oder rechtswidrig ist (vgl. § 43 LVwVfG). Für die Polizei wird diese Kraft des Verwaltungsakts nochmals erhöht: Gegen unaufschiebbare Anordnungen und Maßnahmen von Polizeivollzugsbeamten versagt § 80 II 1 Nr. 2 VwGO einem Widerspruch und einer Anfechtungsklage die aufschiebende Wirkung. Ein solcher Verwaltungsakt ist also auch dann zu befolgen, wenn der Belastete einen Rechtsbehelf eingelegt hat. Erforderlichenfalls kann das Ge- oder Verbot dieser Polizeiverfügung sogleich zwangsweise vollstreckt werden (vgl. § 2 Nr. 2 LVwVG). Muss eine Gefahr derart dringend bekämpft werden, dass zuvor kein Verwaltungsakt ergehen kann, darf die Polizei sie nach § 8 I PolG durch Eingriff ohne Verwaltungsakt im Wege Unmittelbarer Ausführung abwehren (→ Rn. 158).

425   Für einen wirksamen Rechtsschutz des Bürgers werden angesichts der schlagkräftigen Befugnisse der Polizei (→ Rn. 424) neben Widerspruch und Anfechtungsklage besondere Schutzmechanismen wichtig. Im Polizeirecht besonders bedeutsam ist der **vorläufige Rechtsschutz** bzw. Eilrechtsschutz (vgl. §§ 80 V, 123 VwGO → Rn. 428 ff.). Zudem kommen sogar schon im Vorfeld eines polizeilichen Eingriffs ein **vorbeugender Rechtsschutz** und ein **vorläufiger vorbeugender Rechtsschutz** in Betracht (→ Rn. 439, 471). Ein **besonderer nachträglicher Gerichtsschutz** ist sogar zu erhalten, wenn sich die Polizeimaßnahme schon erledigt hat, und zwar durch eine **Fortsetzungsfeststellungsklage** (→ Rn. 440 ff.). Einen nachträglichen Gerichtsschutz gegen Polizeiverfügungen bieten zudem **Klagen gegen Zwangsmittel** (→ Rn. 449 ff.) **und** gegen **Kostenbescheide** (→ Rn. 455 ff.). Auch die Möglichkeit, auf **Entschädigung** oder **Schadensersatz** zu klagen, gewährt – ebenfalls nachträglich – (Sekundär-) Rechtsschutz gegen eine Gefahrenabwehrmaßnahme der Polizei (→ Rn. 473 ff.). Gelegentlich sind Bürger auf eine Leistungsklage angewiesen, wenn sie ausnahmsweise Leistungsansprüche gegen die Polizei durchsetzen wollen, z. B. einen öffentlich-rechtlichen Folgenbeseitigungsanspruch (→ Rn. 415 f., 470).

J. Rechtsschutz im Polizeirecht

Die **Dogmatik des Polizeirechts** trägt ebenfalls der Eilbedürftigkeit der Gefahrenabwehr und dem dadurch bedingten besonderen Rechtsschutzbedürfnis Rechnung. Zu Recht prüfen Gerichte die Gefahrenprognose der Polizei umfassend nach. Der unbestimmte Rechtsbegriff der Gefahr gewährt der Polizei keinen Beurteilungsspielraum (→ Rn. 96). Allerdings ist für die Beurteilung der Rechtmäßigkeit der Gefahrenprognose der Zeitpunkt des polizeilichen Handelns maßgeblich. Das Gericht prüft, ob in diesem Moment die Polizei von einer Gefahr ausgehen durfte (→ Rn. 390). Im Übrigen stärkt die dogmatische Unterscheidung zwischen der Primärebene der Gefahrenabwehr und der Sekundärebene der finanziellen Folgen der Gefahrenabwehr (Kostenlast, Entschädigung → Rn. 227f., 408) den Rechtsschutz des Bürgers. Selbst wenn seine Klage gegen die Polizeimaßnahme erfolglos bleiben muss, weil die Polizei im Zeitpunkt ihres Eingriffs eine Gefahr annehmen durfte, kann die Klage gegen den Kostenbescheid oder eine Entschädigungsklage Erfolg haben, wenn sich später herausstellt, dass in Wahrheit doch keine Gefahr bestanden hatte. **426**

II. Typische Rechtsschutzkonstellationen im Polizeirecht

Weil die Gefahrenabwehr meist eilbedürftig ist, treten die „Normalfälle" einer Anfechtungsklage gegen einen belastenden Verwaltungsakt oder einer Unterlassungsklage gegen einen Realakt im Polizeirecht eher in den Hintergrund. Eher selten hat ein Betroffener noch Zeit, Klage zu erheben und kann das Gericht über die Klage noch entscheiden, bevor sich die Polizeiverfügung erledigt und dadurch die Anfechtungsklage unstatthaft wird (vgl. aber auch zur Erledigung die Rechtsprechung des BVerwG in → Rn. 443a, 464a). Auch Realakte der Polizei sind häufig längst ausgeführt, bevor Gerichtsschutz erlangt werden kann (zu Ausnahmen → Rn. 471). In seltenen Fällen in Betracht kommen Anfechtungsklagen gegen behördliche Auskunftsverlangen, Anordnungen erkennungsdienstlicher Maßnahmen, Aufenthaltsverbote und Wohnungsbeschlagnahmen.[470] Für den Rechtsschutz im Polizeirecht sind vielmehr **sechs typische Konstellationen** praxis- (und klausur-) wichtig (vgl. auch → Rn. 425): **427**

1. Vorläufiger Rechtsschutz (ggf. sogar vorläufiger vorbeugender Rechtsschutz),
2. Fortsetzungsfeststellungsklage nach erledigter Polizeimaßnahme,
3. Klage gegen eine Vollstreckungsmaßnahme der Polizei,
4. Klage gegen einen polizeilichen Kostenbescheid,
5. Klage auf polizeiliches Einschreiten, insbesondere auf Folgenbeseitigung,
6. Amtshaftungs- bzw. Entschädigungsklage.

1. Vorläufiger Rechtsschutz

Vorläufiger Rechtsschutz soll dem Bürger („vorläufig" bzw. „einstweilig") Rechtsschutz gewähren, solange noch nicht rechtskräftig über seine Klage in der Hauptsache entschieden ist. Beim vorläufigen Rechtsschutz entscheidet das Gericht schnell, dank eines nur summarischen Verfahrens. Anders als im Hauptsacheprozess kann es hier bei der Tatsachenermittlung auf u. U. zeitraubende Beweisaufnahmen durch Zeugenvernehmung und Einholung von Sachverständigengutachten verzichten. **428**

Deshalb darf durch eine Entscheidung im vorläufigen Rechtsschutz die Entscheidung des Verwaltungsgerichts in der Hauptsache grundsätzlich nicht vorweggenommen werden. Eine Ausnahme von diesem **Verbot der Vorwegnahme der Hauptsache** **429**

---

[470] Vgl. *Lisken/Denninger*, HdbPolR, L 42.

wird aber von Art. 19 IV GG geboten, wenn andernfalls der Antragssteller rechtsschutzlos bliebe, z.B. weil er eine Entscheidung in der Hauptsache nicht mehr rechtzeitig erwirken kann.

430 Die VwGO stellt für den vorläufigen Rechtsschutz verschiedene Verfahrensarten bereit. Folgende zwei Arten vorläufigen Rechtsschutzes sind im Polizeirecht wichtig: der vorläufige Rechtsschutz bei belastenden Verwaltungsakten der Polizei nach § 80 V VwGO und der vorläufige Rechtsschutz in sonstigen Fällen nach § 123 VwGO. Ein vorläufiger Rechtsschutz scheidet allerdings von vornherein aus, wenn die hoheitliche Maßnahme zwischenzeitlich erledigt ist. In diesem Fall kommen nur noch eine Fortsetzungsfeststellungklage (→ Rn. 440ff.) oder eine Schadensersatz- bzw. Entschädigungsklage (→ Rn. 473ff.) in Betracht.

431 Die statthafte Rechtsschutzform beim vorläufigen Rechtsschutz hängt also (wie die statthafte Klageart im Hauptsacheprozess) zunächst davon ab, ob die Polizei durch belastenden Verwaltungsakt gehandelt hat. In bestimmten Fallkonstellationen kann die Abgrenzung zum Realakt zweifelhaft sein, z.B. bei Standardmaßnahmen (→ Rn. 158), in anderen die Abgrenzung zur Polizeiverordnung (→ Rn. 362ff.).

a) Vorläufiger Rechtsschutz gegenüber Verwaltungsakten der Polizei (§ 80 V VwGO)

432 Verwaltungsakte der Polizei sind häufig sofort vollziehbar. Dies folgt bei unaufschiebbaren Anordnungen und Maßnahmen von Polizeivollzugsbeamten aus § 80 II 1 Nr. 2 VwGO (der für Verkehrszeichen analog gilt → Rn. 27). In einem solchen Fall kann der Betroffene beim zuständigen Verwaltungsgericht die **Anordnung/Herstellung der aufschiebenden Wirkung** seines Rechtsbehelfs gegen den Verwaltungsakt der Polizei beantragen (vgl. § 80 V 1, 1. Alt. VwGO). Entsprechendes gilt, wenn die sofortige Vollziehbarkeit aus einem anderen Gesetz folgt, vgl. § 80 II 1 Nr. 3 VwGO, z.B. aus § 12 LVwVG für Maßnahmen in der Verwaltungsvollstreckung wie die Androhung und die Festsetzung eines Zwangsmittels. In vielen anderen Fällen ordnet die Behörde die sofortige Vollziehbarkeit eines Verwaltungsakts wegen der Eilbedürftigkeit der Gefahrenabwehr nach § 80 II 1 Nr. 4 VwGO ausdrücklich an. Dann kann der Betroffene beim Verwaltungsgericht die **Wiederherstellung der aufschiebenden Wirkung** seines Rechtsbehelfs beantragen (vgl. § 80 V 1, 2. Alt. VwGO).

433 Für die **Begründetheitsprüfung** ist ebenfalls zu unterscheiden, ob es sich um einen Antrag auf Herstellung der aufschiebenden Wirkung (Fall des § 80 V 1, 1. Alt. VwGO i.V. mit § 80 II 1 Nr. 1–3 VwGO) handelt oder um einen Antrag auf Wiederherstellung der aufschiebenden Wirkung (Fall des § 80 V 1, 2. Alt. VwGO i.V. mit § 80 II 1 Nr. 4 VwGO). Beim Antrag auf **Wiederherstellung** der aufschiebenden Wirkung ist zunächst zu prüfen, ob die Anordnung der sofortigen Vollziehung formell rechtmäßig ist, insbesondere den Anforderungen des § 80 III VwGO genügt. Ist dies zu bejahen, richtet sich die Begründetheitsprüfung nach demselben Maßstab wie bei einem Antrag auf **Herstellung** der aufschiebenden Wirkung. Dieser Antrag ist begründet, wenn das private Interesse des Antragstellers, vorläufig von der Durchsetzung des belastenden Verwaltungsakts verschont zu bleiben, das besondere öffentliche Interesse der Behörde an der sofortigen Durchsetzung des Verwaltungsakts überwiegt. Das Interesse des Antragstellers überwiegt, wenn der Verwaltungsakt der Polizei voraussichtlich rechtswidrig ist und den Antragsteller in seinen Rechten verletzt. Rechtswidrig ist der belastende Verwaltungsakt insbesondere, wenn er nicht von einer Ermächtigungsgrundlage gedeckt ist. Folglich muss die einschlägige Ermächtigungsgrundlage ermittelt werden (→ Rn. 168). Dann sind deren formellen und materiellen Rechtmäßigkeitsvoraussetzungen zu prüfen. Zu

J. Rechtsschutz im Polizeirecht

den materiellrechtlichen Voraussetzungen zählen insbesondere die Tatbestandsmerkmale der Ermächtigungsgrundlage, die Vorgaben sonstiger Rechtsnormen (z. B. der §§ 6, 7, 9 PolG → Rn. 205 ff.) und ggf. die Fehlerfreiheit der Ermessensausübung (→ Rn. 270 ff.). Ergibt sich, dass der Verwaltungsakt wahrscheinlich rechtswidrig ist, und wird der Antragsteller dadurch voraussichtlich in einem subjektiven öffentlichen Recht verletzt, ordnet das Verwaltungsgericht im Ergebnis die aufschiebende Wirkung eines (vom Betroffenen zuvor einzulegenden) Widerspruchs bzw. einer Anfechtungsklage an bzw. stellt sie wieder her. Bei der Begründetheitsprüfung des Antrags nach § 80 V VwGO überwiegt dagegen das private Interesse des Antragstellers, von der vorläufigen Durchsetzung des belastenden Verwaltungsakts verschont zu bleiben, grds. allerdings dann nicht, wenn der bekämpfte Verwaltungsakt voraussichtlich rechtmäßig ist.

In der Praxis möglich ist auch noch die Fallkonstellation, dass bei Prüfung des Antrags nach § 80 V VwGO im vorläufigen Rechtsschutzverfahren die Rechtmäßigkeit oder Rechtswidrigkeit des Verwaltungsakts nicht sicher geklärt werden kann, weil im vorläufigen Rechtsschutz dem Verwaltungsgericht nur eine „summarische" Prüfung geboten ist[471], d.h. das Gericht darf zum Beispiel auf die Einholung von Sachverständigengutachten und Zeugenaussagen verzichten. In einem solchen Fall entscheidet das Verwaltungsgericht anhand einer Folgenabwägung, ob das Interesse des Antragstellers am vorläufigen Nichtvollzug der Polizeiverfügung oder das öffentliche Interesse der Polizei überwiegt. **Beachte für die Klausurbearbeitung:** Weil in einer Klausur im Studium regelmäßig ein Sachverhalt mit feststehenden Tatsachen zu prüfen ist, kommt diese Fallkonstellation bis zum Ersten juristischen Examen praktisch nicht vor. 433a

b) Vorläufiger Rechtsschutz gegenüber Realakten der Polizei (§ 123 VwGO)

Der vorläufige Rechtsschutz im Polizeirecht richtet sich nach § 123 VwGO, wenn die Polizei eine Gefahr für die öffentliche Sicherheit oder Ordnung durch einen Realakt (→ Rn. 150) bekämpft. In diesem Fall kann der Betroffene beim zuständigen Verwaltungsgericht eine **einstweilige Anordnung** beantragen. Da es dem Betroffenen meist um die vorläufige Unterlassung des Realakts gehen wird, ist regelmäßig die auf Erhaltung des bestehenden Rechtszustands (des status quo) gerichtete **Sicherungsanordnung** (§ 123 I 1 VwGO) statthaft. Im Polizeirecht seltener dürfte sein, dass der Betroffene mittels **Regelungsanordnung** (§ 123 I 2 VwGO) eine vorläufige (!) Erweiterung seines Rechtskreises begehrt. Antragsbefugt ist der Antragsteller analog § 42 II VwGO, wenn er durch den Realakt möglicherweise in einem seiner subjektiven öffentlichen Rechte verletzt ist. 434

Der Antrag auf Erlass einer einstweiligen Anordnung ist begründet, wenn der Antragsteller Tatsachen glaubhaft macht, aus denen sich ein **Anordnungsanspruch und** ein **Anordnungsgrund** ergeben (vgl. § 123 III VwGO i. V. mit § 920 II ZPO). 435

Der **Anordnungsanspruch bei** der **Sicherungsanordnung** besteht in einem **Unterlassungsanspruch.** Zu ermitteln ist dazu eine auf Unterlassung gerichtete **Anspruchsgrundlage.** Diese kann in dem heute gewohnheitsrechtlich anerkannten **öffentlich-rechtlichen Unterlassungsanspruch** liegen. Er wird aus dem Rechtsstaatsprinzip und aus den Grundrechten hergeleitet, z. T. auch aus einer Analogie zu § 1004 BGB. Seine Voraussetzungen sind: 436
1. Ein subjektives öffentliches Recht des Antragstellers.
2. Ein hoheitlicher Eingriff in dieses Recht durch einen Realakt.
3. Rechtswidrigkeit dieses Realakts.

---

[471] *Detterbeck*, Allgemeines Verwaltungsrecht, 17. Aufl. 2019, Rn. 1501.

437 Ein belastender Realakt der Polizei greift typischerweise in ein Grundrecht des Belasteten ein, z. B. in sein Eigentumsrecht (Art. 14 I GG), in sein Recht auf informationelle Selbstbestimmung (Art. 2 I GG i. V. mit Art. 1 I GG) oder in seine allgemeine Handlungsfreiheit (Art. 2 I GG). Rechtswidrig ist der belastende Realakt, wenn er nicht von einer Schranke des betreffenden (Grund-)Rechts gedeckt wird, insbesondere, wenn er nicht auf eine Ermächtigungsgrundlage gestützt ist. Folglich ist die Ermächtigungsgrundlage für den belastenden Realakt zu ermitteln. Dann müssen ihre Rechtmäßigkeitsvoraussetzungen (Tatbestandsmerkmale, Vorgaben weiterer Rechtsnormen, Ermessensfehlerfreiheit) geprüft werden. Erweist sich der Realakt als rechtswidrig, ist auch diese Voraussetzung des öffentlich-rechtlichen Unterlassungsanspruchs erfüllt. Der Antragsteller hat dann einen Anordnungsanspruch.

438 Der weiter für die Begründetheit des Antrags auf einstweilige Anordnung erforderliche **Anordnungsgrund** ist die **Eilbedürftigkeit** der Angelegenheit. Sie ist zu bejahen, wenn dem Antragsteller nicht zugemutet werden kann, eine Entscheidung im Hauptsacheverfahren (Unterlassungsklage vor dem Verwaltungsgericht) abzuwarten.

c) Vorläufiger vorbeugender Rechtsschutz

439 Wenn ein belastender Verwaltungsakt oder ein belastender Realakt der Polizei noch nicht vorliegt, sondern erst droht, kann (ausnahmsweise) schon vor dem Eingriff vorbeugend Gerichtsschutz begehrt werden, wenn dem Betroffenen ein nachträglicher Rechtsschutz nicht zumutbar ist. Dies kommt aber nur in Betracht, wenn selbst ein sofort nach der Polizeimaßnahme möglicher vorläufiger Rechtsschutz (§ 80 V VwGO bzw. § 123 VwGO) unzureichend bliebe. Angesichts der im Polizeirecht zu erwartenden Schnelligkeit polizeilichen Handelns ist vorbeugender Rechtsschutz regelmäßig nicht durch eine zeitraubende Unterlassungsklage, sondern nur durch einstweilige Anordnung nach § 123 VwGO effektiv zu gewährleisten. Begründet ist dieser vorläufige vorbeugende Rechtsschutz auch hier nur, wenn der Antragsteller Tatsachen glaubhaft macht, aus denen sich ein Anordnungsanspruch und ein Anordnungsgrund ergeben (→ Rn. 435 ff.).

2. Rechtsschutz trotz Erledigung der polizeilichen Maßnahme (Fortsetzungsfeststellungsklagen)

440 Bei der Abwehr einer konkreten Gefahr ist meist Eile geboten. Dies führt im Polizeirecht häufig dazu, dass sich eine Polizeimaßnahme schon erledigt hat, bevor ein betroffener Bürger Gerichtsschutz erhalten kann. Hierzu zählen folgende Fallgruppen:
1. Die Polizei hat die Gefahr schon beseitigt (z. B. durch Unmittelbare Ausführung → Rn. 158), bevor der Belastete Gerichtsschutz erlangen kann.
2. Der polizeiliche Eingriff in ein Recht des Betroffenen erfolgt so schnell und ist von so kurzer Dauer, dass er durch kein Gericht mehr verhindert werden kann, z. B. ein Platzverweis, eine kurzfristige Beschlagnahme oder die Durchsuchung einer Person.
3. Die Polizei entscheidet sich nach Beginn ihres Eingriffs noch einmal anders und beendet ihren Eingriff wieder, bevor der Betroffene Gerichtsschutz erhalten kann.
4. Der Adressat einer Polizeiverfügung erfüllt das ihm auferlegte Gebot und beseitigt dadurch die Gefahr; dieses rechtstreue Verhalten darf nicht mit Ausschluss vom gerichtlichen Rechtsschutz bestraft werden.

441 Da die Polizei aber auch in diesen Fallgruppen Rechte Einzelner verletzt haben könnte, muss wegen der Rechtsschutzgarantie des Art. 19 IV GG Gerichtsschutz möglich sein. Ein vorläufiger Rechtsschutz nach § 80 V oder § 123 VwGO scheidet in diesen Fällen allerdings aus (→ Rn. 430). Auch eine Anfechtungsklage (§ 42 I, 1. Alt. VwGO)

J. Rechtsschutz im Polizeirecht

liefe gegen eine erledigte Polizeiverfügung ins Leere, weil das Gericht den Verwaltungsakt nicht mehr aufheben könnte (vgl. § 113 I 1, 4 VwGO). Ebenso wäre eine Unterlassungsklage gegen einen erledigten Realakt aussichtslos, denn es gibt dann kein Handeln der Polizei mehr, zu dessen Unterlassen das Gericht verurteilen könnte.

Doch gewährt die Rechtsordnung (wegen Art. 19 IV GG) unter bestimmten Zulässigkeitsvoraussetzungen (→ Rn. 444 ff.) auch gegen erledigte Eingriffsmaßnahmen der Polizei eine verwaltungsgerichtliche Klage. Für erledigte Verwaltungsakte verdeutlicht dies als Beispiel § 113 I 4 VwGO (→ Rn. 445). Ist die Gefahr vorbei, ist ein zu ihrer Abwehr erlassener Verwaltungsakt erledigt.[472] Er hat seinen Anlass verloren, und eine von ihm geforderte Handlung ginge nunmehr ins Leere. Entsprechend kann man auch bei einem Realakt, z. B. einer Unmittelbaren Ausführung (→ Rn. 447), von Erledigung sprechen, wenn durch ihn die Gefahr beseitigt wurde oder der Eingriff aus anderen Gründen endete, z. B. weil die Durchsuchung eines Bewusstlosen abgeschlossen ist. 442

Gegen erledigte Verwaltungsakte ist eine sog. **Fortsetzungsfeststellungsklage statthaft**. Bei ihr prüft das Verwaltungsgericht, ob der erledigte Verwaltungsakt rechtswidrig gewesen war und dadurch den Kläger in einem Recht verletzte. Zwar erwähnt § 113 I 4 VwGO diese Rechtsschutzform nur für den Fall, dass sich ein schon durch Anfechtungsklage angefochtener Verwaltungsakt zwischen der Klageerhebung und dem Urteil erledigt. Aber zu Recht wird § 113 I 4 VwGO analog angewendet, wenn schon vor Klageerhebung Erledigung eintrat.[473] Die Voraussetzungen einer Analogie sind erfüllt: Eine planwidrige Regelungslücke liegt vor, weil die VwGO trotz des durch Art. 19 IV GG gebotenen Rechtsschutzes keine Fortsetzungsfeststellungsklage vorsieht, wenn sich ein Verwaltungsakt vor Klageergebung erledigt. Die weiter erforderliche Ähnlichkeit dieses nicht geregelten Falls mit dem in § 113 I 4 VwGO geregelten besteht ebenfalls. Das Rechtsschutzbedürfnis des Betroffenen ist jeweils gleich. Es hängt nur vom Zufall ab, ob der Betroffene noch schnell genug Anfechtungsklage erheben konnte oder nicht. 443

Beachte: Keine Erledigung eines Verwaltungsakts liegt in seiner zwangsweisen Durchsetzung, solange der Verwaltungsakt immer noch als Grundlage eines Kostenbescheids rechtlich bedeutsam ist.[474] 443a

Damit aber die Verwaltungsgerichte nicht unnötig mit erledigten Fällen (über-)belastet werden, muss der Kläger für eine Fortsetzungsfeststellungsklage ein besonderes rechtliches Interesse darlegen. Ein solches **Fortsetzungsfeststellungsinteresse** wird bejaht **bei** einer **Wiederholungsgefahr** oder bei einem **Rehabilitationsinteresse** des Betroffenen. Auch bei einem **gravierenden Grundrechtseingriff** wird ein Fortsetzungsfeststellungsinteresse angenommen. Wenn, wie häufig, die belastende Polizeimaßnahme in ein Grundrecht eingreift, ohne dass rechtzeitig Gerichtsschutz erlangt werden kann, lässt sich das Fortsetzungsfeststellungsinteresse des Betroffenen meist mit dieser Begründung bejahen. 444

Ein weiteres Fortsetzungsfeststellungsinteresse wird (nur) **bei der vom Wortlaut des § 113 I 4 VwGO erfassten Klage** (sog. eigentlichen Fortsetzungsfeststellungsklage) akzeptiert: Hat der Betroffene noch rechtzeitig Anfechtungsklage erhoben, und erledigt sich dann der Verwaltungsakt vor dem Gerichtsurteil, folgt das Fortsetzungs- 445

---

[472] *Lisken/Denninger*, HdbPolR, L 55.
[473] Manchmal als „nachgezogene" Fortsetzungsfeststellungsklage bezeichnet, z. B. von VG Freiburg, Urt. v. 15.9.2015 – 4 K 35/15 – juris Rn. 27.
[474] BVerwG, NVwZ 2009, 122.

feststellungsinteresse **auch** aus der **Absicht,** wegen des schädigenden Polizeihandelns später eine **Amtshaftungsklage** vor dem Landgericht (vgl. Art. 34 S. 3 GG, § 71 II Nr. 2 GVG) **zu erheben.** Dem Kläger sollen in diesem Fall etwaige ihm günstige Erkenntnisse (z. B. Beweisergebnisse) des Verwaltungsgerichts erhalten bleiben, damit im Amtshaftungsprozess die Rechtswidrigkeit der Polizeimaßnahme nicht erneut in Frage gestellt wird. **Anders** begründet die Absicht, später einen Amtshaftungsprozess zu führen, kein Fortsetzungsfeststellungsinteresse, wenn sich die Polizeimaßnahme, wie häufig, schon vor einer verwaltungsgerichtlichen Klage erledigt – also **bei analoger Anwendung des § 113 I 4 VwGO** (→ Rn. 443). Hier kann der Kläger nicht um Früchte eines bisherigen Verwaltungsprozesses gebracht werden. In diesem Fall genügt es der verfassungsrechtlichen Rechtsschutzgarantie, wenn im Amtshaftungsprozess das Landgericht über die Rechtswidrigkeit der erledigten Polizeimaßnahme (als Vorfrage) mitentscheidet.

446 Erledigt sich ein Verwaltungsakt, bevor Gerichtsschutz erlangt werden kann, ist eine Fortsetzungsfeststellungsklage analog § 113 I 4 VwGO ohne vorhergehendes Widerspruchsverfahren zulässig. Ein solches könnte einen wichtigen Zweck des Widerspruchsverfahrens – Möglichkeit der Verwaltung zur Selbstkorrektur – nicht mehr erfüllen. Es gibt deshalb keinen Fortsetzungsfeststellungswiderspruch.[475]

447 Die **Fortsetzungsfeststellungsklage** ist unter den genannten Voraussetzungen nicht nur gegen erledigte Verwaltungsakte, sondern **auch gegen erledigte Realakte** statthaft (str.).[476] Art. 19 IV GG gebietet auch insoweit eine Analogie zu § 113 I 4 VwGO. Eine planwidrige Regelungslücke besteht, weil die VwGO einen Fall der Erledigung zwar in § 113 I 4 VwGO ausdrücklich regelt, jedoch beschränkt auf erledigte Verwaltungsakte, obwohl nach Art. 19 IV GG effektiver Rechtsschutz gegen jeden Rechtseingriff möglich sein muss. Wie für eine Analogie weiter erforderlich, ist der ungeregelte Fall dem geregelten ähnlich: Der Grundrechtsträger ist schutzbedürftig unabhängig davon, ob der Eingriff eines Hoheitsträgers durch Verwaltungsakt oder Realakt erfolgt. Deshalb ist **§ 113 I 4 VwGO** auf nach Klageerhebung erledigte Realakte analog anwendbar, auf vor Klageerhebung erledigte Realakte **doppelt analog.**[477] Nach anderer und wohl überwiegender Ansicht scheidet für diese Fälle eine (einfache wie doppelte) Analogie zu § 113 I 4 VwGO aus, vielmehr sei mangels Regelungslücke die Feststellungsklage nach § 43 I VwGO statthaft[478]. Doch regelt § 43 I VwGO keine erledigten Fälle – nicht anders als § 42 I VwGO.

448 Die **Begründetheit der Fortsetzungsfeststellungsklage** ist analog § 113 I 1 VwGO zu bejahen, soweit die erledigte Polizeimaßnahme (Verwaltungsakt oder Realakt) rechtswidrig gewesen war und den Kläger in einem Recht verletzte. Folglich ist nach einer Ermächtigungsgrundlage für den polizeilichen Eingriff zu suchen (→ Rn. 168). Deren formelle und materielle Rechtmäßigkeitsvoraussetzungen sind zu prüfen. War die Polizeimaßnahme rechtswidrig und wurde der Kläger dadurch in einem Recht verletzt, hat seine Klage Erfolg.

3. Klagen gegen polizeiliche Zwangsmittel

449 Die Anwendung von Zwangsmitteln durch die Polizei (Polizeizwang) stellt einen zusätzlichen Eingriff in Rechte des Betroffenen dar (→ Rn. 347). Deshalb garantiert

---

[475] *Ehlers*, Jura 2001, 415, 420 f., h. M.
[476] Wie hier *Hufen*, Verwaltungsprozessrecht, 11. Aufl. 2019, § 18 Rn. 44 f.
[477] Vgl. z. B. *Hebeler*, JA 2015, 958, 959 f.
[478] Z. B. *Lisken/Denninger*, HdbPolR, L 94.

J. Rechtsschutz im Polizeirecht

Art. 19 IV GG auch gegen den Polizeizwang Gerichtsschutz. Zur Unterscheidung des Polizeizwangs von bestimmten Standardmaßnahmen, die ein Vollzugselement ohne Zwangscharakter umfassen, s. → Rn. 289, 300, 304, 306, 317, 321 f.

Androhung und *Festsetzung* eines bestimmten Zwangsmittels (→ Rn. 350) sind Verwaltungsakte.[479] Statthaft ist (nach erfolglosem Widerspruch) eine Anfechtungsklage. Allerdings haben Widerspruch und Anfechtungsklage gegen diese Vollstreckungsmaßnahmen keine aufschiebende Wirkung, vgl. § 80 II 1 Nr. 3 VwGO i. V. mit §§ 49, 52 IV PolG i. V. mit § 12 S. 1 LVwVG[480]. Der vorläufige Rechtsschutz richtet sich nach § 80 V VwGO, vgl. § 12 S. 2 LVwVG. Die *tatsächliche Zwangsanwendung* als solche ist ein Realakt (→ Rn. 150) und kann mit den dafür vorgesehenen Rechtsbehelfen (→ Rn. 447, 471) gerichtlich überprüft werden.[481] **450**

Im Prozess gegen ein Zwangsmittel prüft das Verwaltungsgericht die Rechtmäßigkeitsvoraussetzungen der Vollstreckungsmaßnahme nach. Dies sind neben den besonderen Vollstreckungsvoraussetzungen der einzelnen Zwangsmittel (vgl. §§ 49 ff. PolG, §§ 18 ff. LVwVG) u. a. die Ermächtigungsgrundlage für das Zwangsmittel (→ Rn. 347) und das Vorliegen einer wirksamen Grundverfügung, die entweder unanfechtbar oder für sofort vollziehbar erklärt ist (vgl. § 2 LVwVG, → Rn. 349). Nicht aber erstreckt sich diese Gerichtsprüfung darauf, ob die Grundverfügung, die mit der Vollstreckungsmaßnahme durchgesetzt werden soll (→ Rn. 348), in jeder Hinsicht rechtmäßig ist (str.). Vielmehr wird die **Grundverfügung** nach h. M. **nur eingeschränkt überprüft:** Sie muss wirksam (vgl. § 43 LVwVfG) sein; es darf also insbesondere kein Nichtigkeitsgrund (§ 44 LVwVfG) bestehen[482]. Richtigerweise ist zu differenzieren: Ist die Grundverfügung noch nicht unanfechtbar gewesen, muss sie in jeder Hinsicht rechtmäßig sein. Ist die Grundverfügung bereits unanfechtbar gewesen, kommt es nur auf ihre Wirksamkeit an. Die Wirksamkeit entfällt nur bei Rechtsfehlern, die nach § 44 LVwVfG zur Nichtigkeit führen. Diese eingeschränkte Gerichtskontrolle der Vollstreckungsmaßnahme ist mit Art. 19 IV GG vereinbar, soweit gegen die Grundverfügung gesondert Rechtsschutz erlangt werden kann. **451**

Klausurtipp: Wer einer der Meinungen folgt, dass der Grundverwaltungsakt stets oder wenigstens bei Unanfechtbarkeit nur auf seine Wirksamkeit zu prüfen ist, hat zwei Möglichkeiten des Klausuraufbaus: **452**

1. Sie können auf die eingeschränkte Gerichtskontrolle der Grundverfügung hinweisen und dann die Grundverfügung inzident daraufhin prüfen, ob ein Nichtigkeitsgrund vorliegt, z.B. ein offensichtlich besonders schwerwiegender Fehler, vgl. § 44 I LVwVfG.
2. Oder: Sie lassen den oben → Rn. 349a erörterten Streit ausdrücklich vorläufig dahingestellt und prüfen die Rechtmäßigkeit des Grundverwaltungsakts. Ergibt sich am Ende, dass der Grundverwaltungsakt fehlerfrei ist, kommt es auf die Entscheidung des Streits nicht mehr an. Stellt sich jedoch ein Fehler heraus, der nicht zur Nichtigkeit führt (vgl. §§ 43 III, 44 LVwVfG), so muss der Streit entschieden werden. Zu den Argumenten vgl. → Rn. 349a.

Weiterer Klausurtipp: Ist die Grundverfügung noch nicht unanfechtbar geworden, sollten Sie sich fragen, ob der Kläger neben seiner Klage gegen die Vollstreckungsmaßnahme auch die Grundverfügung anfechten will. Dazu ist der Klagantrag auszulegen. Allerdings erstreckt sich der Klagantrag im Zweifel dann nicht auf die Grundverfügung, wenn gegen diese erst noch ein Widerspruchsverfahren durchgeführt werden müsste. Vor Abschluss des Wider- **453–454**

---

[479] *Ruder*, PolR BW, Rn. 861.
[480] *Belz/Mußmann/Kahlert/Sander*, PolG BW, § 49 Rn. 28, 40, 48, 59.
[481] *Belz/Mußmann/Kahlert/Sander*, PolG BW, § 49 Rn. 60.
[482] *W.-R. Schenke*, POR, Rn. 540 ff.

spruchsverfahrens ist eine Anfechtungsklage unzulässig (vgl. § 68 I 1 VwGO) und deshalb im Zweifel (noch) nicht gewollt.

4. Klagen gegen Kostenbescheide der Polizei(behörden)

455 Gegen einen Verwaltungsakt, durch den die Polizei Kosten für eine Gefahrenabwehrmaßnahme erhebt (Kostenbescheid), sind Widerspruch und Anfechtungsklage statthaft. Sie entfalten grundsätzlich aufschiebende Wirkung. Zwar entfällt die aufschiebende Wirkung ausnahmsweise im Fall des § 80 II 1 Nr. 1 VwGO. § 80 II 1 Nr. 1 VwGO ist aber als Ausnahme zu § 80 I VwGO eng auszulegen[483]; er erfasst nur öffentliche Abgaben und Kosten, die – steuerähnlich – dem allgemeinen Finanzbedarf der öffentlichen Hand dienen sollen. Keine Kosten i. S. des § 80 II 1 Nr. 1 VwGO sind deshalb die Kosten für die Anwendung unmittelbaren Zwangs zur Vollstreckung eines Verwaltungsakts der Polizei.[484] Ebenso wenig Kosten i. S. des § 80 II 1 Nr. 1 VwGO sind Kosten der Ersatzvornahme[485] und Kosten, die für eine Unmittelbare Ausführung (→ Rn. 158) erhoben werden[486]. Sie beruhen auf einem anderen Grundgedanken als § 80 II 1 Nr. 1 VwGO. Sie sind nicht steuerähnlich, sondern Kosten, die auf den abgewälzt werden dürfen, zu dessen Pflichtenbereich (Polizeipflichtigkeit) die kostenauslösende Handlung der Polizei gehört.[487]

456 Die aufschiebende Wirkung von Widerspruch und Anfechtungsklage gegen Kostenbescheide nach Ersatzvornahme oder unmittelbarem Zwang entfällt auch nicht nach § 80 II 1 Nr. 3 VwGO i. V. mit § 12 S. 1 LVwVG. Denn § 12 S. 1 LVwVG schließt die aufschiebende Wirkung von Rechtsbehelfen nur für Maßnahmen „in" der Verwaltungsvollstreckung aus. Dies sind nur Beugemaßnahmen,[488] während die Kostenbescheide „nach" der Vollstreckungsmaßnahme ergehen.[489]

457 Zu den Kosten i. S. des § 80 II 1 Nr. 1 VwGO zählen jedoch Gebührenforderungen der Polizei aufgrund des LGebG und des KAG.[490]

458 **Im Prozess gegen den Kostenbescheid** überprüft das Verwaltungsgericht dessen Rechtmäßigkeit. Erste Voraussetzung ist ein Kostenersatzanspruch; für ihn bedarf es einer entsprechenden **Anspruchsgrundlage.** Zweitens bedarf es einer **gesetzlichen Ermächtigungsgrundlage,** um diesen Anspruch durch Kostenbescheid geltend zu machen. Die Polizei muss also ermächtigt sein, die Polizeikosten durch das Handlungsinstrument Verwaltungsakt zu erheben. Eine solche sog. **Verwaltungsaktsbefugnis** fehlt beispielsweise für Kosten, die dem Träger der Polizei durch Zahlung einer Entschädigung an einen Nichtstörer entstanden sind (vgl. § 55 PolG). Diese Kosten darf der Polizeiträger zwar vom Störer nach § 57 PolG erstattet verlangen (→ Rn. 404), aber nicht durch Verwaltungsakt, weil § 58 PolG den Polizeiträger im Streitfall an die ordentlichen Gerichte verweist.[491] § 57 PolG ist zwar eine Anspruchsgrundlage, aber keine Ermächtigungsgrundlage. Ob eine Verwaltungsaktsbefugnis besteht, ist durch Auslegung zu ermitteln. Beispielsweise können nach § 8 II 2 PolG Kosten, die durch

---

[483] OVG Rh.-Pf., NVwZ-RR 1999, 27.
[484] *Würtenberger/Heckmann/Tanneberger*, PolR BW, § 10 Rn. 12; *Stephan/Deger*, PolG BW, § 8 Rn. 38.
[485] *Würtenberger/Heckmann/Tanneberger*, PolR BW, § 10 Rn. 12; str.
[486] VGH BW, NVwZ-RR 2007, 296; str.
[487] *Götz*, DVBl. 1984, 14, 14 f.
[488] Vgl. BayVGH, NVwZ-RR 2009, 787.
[489] *Würtenberger/Heckmann/Tanneberger*, PolR BW, § 10 Rn. 12.
[490] *Würtenberger/Heckmann/Tanneberger*, PolR BW, § 10 Rn. 12.
[491] *Belz/Mußmann/Kahlert/Sander*, PolG BW, § 58 Rn. 2.

J. Rechtsschutz im Polizeirecht

eine Unmittelbare Ausführung entstanden sind, „im Verwaltungszwangsverfahren beigetrieben werden". Verwaltungszwang setzt einen vollstreckbaren Verwaltungsakt voraus, § 2 LVwVG. Folglich ergibt die systematische Auslegung, dass Kosten der Unmittelbaren Ausführung durch Kostenbescheid einzufordern sind. Die Auslegung kann darüber hinaus ergeben, dass Ermächtigungsgrundlage und Anspruchsgrundlage in einer Norm zusammenfallen, vgl. z. B. § 34 IV PolG.[492]

> **Klausurhinweis:** Die Begründetheitsprüfung beim Rechtsbehelf gegen den Kostenbescheid muss sich auch auf die Verwaltungsaktsbefugnis erstrecken, also darauf, ob die Polizei die Kosten überhaupt durch Verwaltungsakt erheben darf oder ob sie die Kosten einklagen muss. Verlangt dagegen die Polizei Kostenerstattung im Klagewege, fehlt dieser Klage das Rechtsschutzbedürfnis, falls die Polizei die Kosten durch Verwaltungsakt hätte erheben dürfen; ihre Klage wäre dann unzulässig. **459**

Besteht eine Verwaltungsaktsbefugnis, sind die Anspruchsvoraussetzungen des Kostenerstattungsanspruchs zu prüfen. Dazu gehört die jeweils **kostenverursachende Polizeimaßnahme**; sie ist im Prozess gegen den Kostenbescheid inzident **mitzuprüfen.** Der **Prüfungsumfang** dieser Inzidentkontrolle **unterscheidet sich** aber **nach der Art der Polizeimaßnahme,** für die Kosten erhoben werden. **460**

Wird die **Erhebung von Kosten für eine Unmittelbare Ausführung** (§ 8 II PolG) **angefochten,** wird in dieser Anfechtungsklage inzident überprüft, ob die Unmittelbare Ausführung i. S. des § 8 I PolG rechtmäßig war. Dabei muss die Rechtmäßigkeit der Unmittelbaren Ausführung umfassend nachgeprüft werden. **461**

Richtet sich die verwaltungsgerichtliche **Klage gegen die Erhebung von Kosten für eine Maßnahme des Polizeizwangs,** ist weiter zu differenzieren. Ist die dem Polizeizwang zugrunde liegende **Grundverfügung** der Polizei im Zeitpunkt der Vollstreckungsmaßnahme **unanfechtbar** gewesen, beschränkt sich die inzidente Prüfung der Grundverfügung auf deren Wirksamkeit. Ist die Grundverfügung wegen § 44 LVwVfG nichtig, ist der Kostenbescheid rechtswidrig.[493] **462**

Entsprechend beschränkt ist die Gerichtskontrolle des Kostenbescheides, wenn die der Anwendung des Polizeizwangs vorausgehenden Verwaltungsakte der Androhung und/oder Festsetzung eines bestimmten Zwangsmittels (→ Rn. 350) unanfechtbar geworden sind, bevor der Kostenbescheid angefochten wird. **463**

Anders ist es bei einem Kostenbescheid, mit dem die Polizei die Kosten des Polizeizwangs erhebt, wenn die dem Polizeizwang zugrunde liegende **Grundverfügung** im Zeitpunkt der Vollstreckungsmaßnahme **noch nicht unanfechtbar** gewesen ist. Wenn in einem solchen Fall der Betroffene gegen den Kostenbescheid klagt, ist zu unterscheiden, ob gegen Grundverfügung, Androhung und Festsetzung des Zwangsmittels schon Anfechtungsklagen rechtshängig sind oder nicht. Hat der Betroffene schon Anfechtungsklagen erhoben, wird die Rechtmäßigkeit der angefochtenen Verwaltungsakte dort geprüft. Hat der Betroffene noch keine Anfechtungsklagen erhoben, sind im Anfechtungsprozess gegen den Kostenbescheid die im Zeitpunkt der Vollstreckungsmaßnahme noch nicht unanfechtbaren Verwaltungsakte Grundverfügung, Androhung und Festsetzung des Zwangsmittels mit zu prüfen. **464**

Noch anders ist die Lösung durch die herrschende Ansicht: Nach ihr prüft das Gericht bei der Anfechtungsklage gegen den Kostenbescheid auch die Rechtmäßigkeit des Polizeizwangs und dazu die Wirksamkeit der Grundverfügung, nicht jedoch deren **464a**

---

[492] I. E. ebenso *Belz/Mußmann/Kahlert/Sander*, PolG BW, § 34 Rn. 8.
[493] VGH BW, DÖV 1986, 881, 883.

Rechtmäßigkeit. Darin liegt eine beträchtliche Rechtsschutzverkürzung für den Betroffenen (vgl. auch → Rn. 349a). Da die h.M. auch für die Rechtmäßigkeit eines Kostenbescheids nur die Wirksamkeit des Grundverwaltungsakts verlangt, muss der Bürger gegen den Grundverwaltungsakt klagen, will er dessen Rechtmäßigkeit überprüfen lassen – sogar wenn dieser schon lange vollzogen ist. In diesem Fall kann der Kläger die Kostentragung ggf. durch einen Antrag nach § 113 I 2 VwGO vermeiden. Es kann aber vorkommen, dass die Grundverfügung bestandskräftig wird, nachdem sie vollstreckt wurde, aber bevor der Kostenbescheid ergeht. Hier hilft es dem Bürger nur, „auf gut Glück" gegen den Grundverwaltungsakt zu klagen, d.h. ohne den späteren Kostenbescheid zu kennen, wenn er verhindern will, dass Einwendungen gegen den Grundverwaltungsakt durch dessen Unanfechtbarkeit abgeschnitten werden. Viele Betroffene werden eine solche Klage gegen den Grundverwaltungsakt in dem (irrigen) Glauben unterlassen, dieser habe sich durch die Vollstreckung „erledigt", obwohl das BVerwG in der zwangsweisen Vollstreckung keine Erledigung der Grundverfügung sieht (→ Rn. 443a).[494]

5. Klagen auf polizeiliches Einschreiten

a) Bescheidungsklage

465 Die polizeiliche Generalklausel der §§ 3, 1 PolG schützt mit der öffentlichen Sicherheit u.a. die Rechte jedes einzelnen Bürgers (→ Rn. 75, 199) vor konkreten Gefahren (→ Rn. 201). Die §§ 3, 1 PolG sind deshalb nicht nur eine Ermächtigungsgrundlage für die Polizei, sondern begründen – als Anspruchsgrundlage – für den geschützten Rechtsträger (entsprechend der Schutznormtheorie → Rn. 170, 278) ein subjektives öffentliches Recht auf Schutz. Dieses besteht, weil die Rechtsfolge der Generalklausel der Polizei (Entschließungs- und Auswahl-) Ermessen einräumt, regelmäßig in einem **Anspruch** des Rechtsträgers **auf ermessensfehlerfreie Entscheidung** darüber, ob und ggf. wie die Polizei zur Gefahrenabwehr tätig wird. Statthafte Klageart ist die sog. **Bescheidungsklage**. Mit ihr begehrt der Kläger, das Verwaltungsgericht möge – ggf. unter Aufhebung einer zuvor ablehnenden Entscheidung der Polizei – dem Träger der Polizei aufgeben, über den Antrag des Klägers auf polizeiliches Einschreiten unter Beachtung der Rechtsauffassung des Gerichts erneut zu entscheiden.

466 Entsprechend kann die Auslegung anderer polizeilicher Ermächtigungsgrundlagen ergeben, dass diese zumindest auch die Rechte Einzelner auf polizeilichen Schutz vor einer Gefahr bezwecken.

467 Die Bescheidungsklage ist begründet, soweit das Unterlassen oder die Ablehnung des begehrten polizeilichen Einschreitens rechtswidrig – insbesondere ermessensfehlerhaft – ist und einen Anspruch des Klägers auf fehlerfreie Ermessensausübung verletzt, vgl. § 113 V VwGO.

b) Verpflichtungsklage

468 Statt einer Bescheidungsklage kommt eine Verpflichtungsklage in Betracht, wenn der Kläger den Erlass eines ganz bestimmten Verwaltungsakts durch die Polizei begehrt. Die Verpflichtungsklage ist begründet, soweit das Unterlassen oder die Ablehnung des begehrten Verwaltungsakts rechtswidrig ist und die Sache spruchreif ist (vgl. § 113 V 1 VwGO), wenn also dem Kläger aufgrund einer Anspruchsgrundlage (→ Rn. 278 ff., 465) ein **subjektives öffentliches Recht auf den Erlass dieses bestimmten Ver-

---

[494] BVerwG, NVwZ 2009, 122.

waltungsakts zusteht. Einen Anspruch auf den Erlass eines bestimmten Verwaltungsakts kann **auch** eine Norm gewähren, die im Regelfall nur einen **Anspruch auf fehlerfreie Ermessensausübung** vorsieht, **wenn** das **Ermessen** im Einzelfall ausnahmsweise **auf Null reduziert** ist (→ Rn. 279 f.).

Über einen Löschungsanspruch nach § 36 III PolG bei Daten, die durch erkennungsdienstliche Behandlung erhoben wurden (→ Rn. 321), entscheidet der Polizeivollzugsdienst. Diese Entscheidung stellt nach eingehender Prüfung, die eine Abwägung öffentlicher und privater Belange umfasst, fest, ob die Löschungsvoraussetzungen des § 36 III PolG (Entfallen der Voraussetzungen der erkennungsdienstlichen Maßnahme nach § 36 I PolG) vorliegen. Viele sehen in der Löschungsentscheidung deshalb eine Regelung i.S. des § 35 S. 1 LVwVfG und einen Verwaltungsakt.[495] Danach wäre ein auf Löschung zielendes Begehren durch Widerspruch und Verpflichtungsklage zu verfolgen. Doch verlangt § 36 III PolG keine besondere Willenserklärung der Behörde, die durch Bekanntgabe an den Bürger erst wirksam werden könnte (vgl. § 43 I LVwVfG). Es genügt eine innerbehördliche Entscheidung, die durch innerbehördliches tatsächliches Handeln – Löschung der behördlichen Datei – umzusetzen ist. Hier würde die Einordnung der Löschungsentscheidung als Verwaltungsakt den Rechtsschutz des Bürgers unnötig erschweren (Vorverfahren, Fristen). Richtigerweise ist die Löschung deshalb lediglich ein Realakt. Er kann vom Bürger mit einer allgemeinen Leistungsklage begehrt werden.[496] **469**

c) Klagen auf polizeiliches Einschreiten gegen Dritte

Dogmatisch schwierig wird es, wenn der Kläger die Polizei zu einem Einschreiten gegen Dritte verpflichten will. Kann z.B. ein Hauseigentümer, in dessen Haus die Polizei eine Wohnung beschlagnahmt und darin eine Person zum Schutz vor Obdachlosigkeit eingewiesen hat, nach Ablauf der Beschlagnahmefrist (vgl. § 33 IV 2 PolG) mit Erfolg darauf klagen, die Polizei möge die Wohnung räumen? Wenn hier der eingewiesene Hausbewohner nicht freiwillig auszieht, verlangt der Kläger ein Einschreiten der Polizei gegen diesen. Dies setzt nicht nur ein entsprechendes **subjektives öffentliches Recht (eine Anspruchsgrundlage)** des Klägers voraus. Die **Polizei bedarf** vielmehr für einen Eingriff **zusätzlich einer Ermächtigungsgrundlage**. Ein etwaiger öffentlich-rechtlicher Folgenbeseitigungsanspruch des Hauseigentümers gegen die Polizei begründet für diese keine Ermächtigungsgrundlage für ein polizeiliches Einschreiten gegen den Hausbewohner. Dem Kläger ein subjektives öffentliches Recht und zugleich der Polizei eine Ermächtigungsgrundlage zum Einschreiten gegen den Hausbewohner gewährt aber die drittschützende polizeiliche Generalklausel der §§ 3, 1 PolG. Eine entsprechende Ermessensreduzierung auf Null kann der öffentlich-rechtliche Folgenbeseitigungsanspruch bewirken. § 2 II PolG steht nicht entgegen (→ Rn. 416). **470**

d) Sonstige Leistungsklagen

Bei allgemeinen Leistungsklagen unterscheidet man Vornahmeklagen und Unterlassungsklagen. Eine Unterlassungsklage gegen einen Realakt der Polizei kommt nur ausnahmsweise in Betracht, wenn der Realakt noch nicht erledigt ist, bevor Gerichtsschutz begehrt wird. Mit einer Leistungsklage in Gestalt der Vornahmeklage kann von der Polizei ein Realakt begehrt werden, also eine Leistung, die nicht in dem Erlass ei- **471**

---

[495] *Würtenberger/Heckmann/Tanneberger*, PolR BW, § 5 Rn. 251.
[496] I.E. ebenso *Belz/Mußmann/Kahlert/Sander*, PolG BW, § 36 Rn. 19.

nes Verwaltungsakts besteht. Begründet ist eine solche Klage nur, wenn dem Kläger ein entsprechender Anspruch zusteht. Folglich bedarf es einer Anspruchsgrundlage, die ein entsprechendes subjektives öffentliches Recht gewährt, was ggf. durch Gesetzesauslegung zu ermitteln ist. Anspruchsgrundlage kann auch der gewohnheitsrechtlich anerkannte öffentlich-rechtliche Folgenbeseitigungsanspruch sein, wenn mit ihm ein tatsächliches Handeln begehrt wird, z.B. der Abbau einer Videokamera (→ Rn. 415). Allerdings fehlt für eine allgemeine Leistungsklage das Rechtsschutzbedürfnis, wenn das Leistungsbegehren einfacher durch einen Antrag nach § 113 I 2 VwGO verfolgt werden kann.

472 Ein Anspruch auf Akzeptanz eines gleich geeigneten Austauschmittels (→ Rn. 258, 261) ist nicht durch Leistungsklage geltend zu machen, sondern durch (Anfechtungs-) Widerspruch und Anfechtungsklage gegen die Polizeiverfügung, die dem Adressaten den Einsatz eines anderen Mittels aufgibt. Das beruht darauf, dass dieser Anspruch nur vor Unanfechtbarkeit der Polizeiverfügung anerkannt ist. Den vorläufigen Rechtsschutz insoweit gewährt folgerichtig § 80 V VwGO.

6. Amtshaftungsklagen und andere Schadensersatz- und Entschädigungsklagen

473 Amtshaftungsklagen und sonstige Schadensersatz- und Entschädigungsklagen haben im Polizeirecht eine vergleichsweise große Bedeutung. Da die Gefahrenabwehr oft unter besonderem Zeitdruck steht, ist sie fehleranfälliger als anderes Verwaltungshandeln. Trotz spezieller Schulung und Erfahrung unterlaufen den Polizeibeamten deshalb – schuldhaft oder schuldlos – vermehrt Fehler. Sogar bei fehlerfreier Gefahrenabwehr können z.B. Nichtstörer und Unbeteiligte Einbußen erleiden, die der Rechtsstaat ausgleichen muss.

474 Verletzt ein Polizist vorsätzlich oder fahrlässig eine ihm einem Dritten gegenüber obliegende Amtspflicht, so haftet für den entstandenen Schaden nach § 839 BGB i. V. mit Art. 34 GG die Körperschaft, in deren Dienst der Polizist steht (→ Rn. 413 f.). Der Schadensersatzanspruch (Amtshaftungsanspruch) ist im ordentlichen Rechtsweg einklagbar. Art. 34 S. 3 GG verdrängt insoweit als höherrangiges Recht den § 40 VwGO. Ausschließlich zuständig ohne Rücksicht auf den Wert des Streitgegenstands sind die Landgerichte, vgl. § 71 II Nr. 2 GVG.

475 Auch über eine Entschädigungsklage nach § 55 PolG entscheiden ordentliche Gerichte, vgl. § 58 PolG. Zwar handelt es sich um eine öffentlich-rechtliche Streitigkeit, doch ist § 58 PolG eine i.S. von § 40 I 2 VwGO abdrängende Sonderzuweisung.

476 Im Übrigen ist gemäß § 40 II 1, 1. Halbsatz VwGO für vermögensrechtliche Ansprüche aus Aufopferung für das gemeine Wohl und aus öffentlich-rechtlicher Verwahrung sowie für Schadensersatzansprüche aus der Verletzung öffentlich-rechtlicher Pflichten, die nicht auf einem öffentlich-rechtlichen Vertrag beruhen, der ordentliche Rechtsweg gegeben.

7. Klagen gegen Polizeiverordnungen

477 Gerichtsschutz gegen Polizeiverordnungen ist auf zwei Wegen möglich, durch sog. **Inzidentkontrolle** oder durch sog. Prinzipalkontrolle. Inzident wird eine Polizeiverordnung geprüft, wenn ihre Gültigkeit in einem Verwaltungsprozess gegen eine andere Polizeimaßnahme entscheidungserheblich ist. Z.B. kontrolliert das Verwaltungsgericht bei einer Anfechtungsklage gegen eine Polizeiverfügung eine Polizeiverordnung, wenn der Kläger gegen diese verstoßen (und damit eine Störung der öffentlichen Sicherheit verursacht) hat. Eine **Prinzipalkontrolle** vor dem VGH gegen eine Polizeiverordnung

J. Rechtsschutz im Polizeirecht

ermöglicht § 47 I Nr. 2 VwGO i. V. mit § 4 AGVwGO. Über § 47 VI VwGO besteht hier auch die Möglichkeit vorläufigen Rechtsschutzes. Einen vorbeugenden Rechtsschutz gegen den beabsichtigten Erlass einer Polizeiverordnung gibt es nicht.[497] Hier ist dem Einzelnen zumutbar, den Erlass der Polizeiverordnung abzuwarten.

Vertiefungshinweise: Aufsätze zum Rechtsschutz im Polizeirecht: *Ehlers*, Die Fortsetzungsfeststellungsklage, Jura 2001, 415 ff.; *Erbguth*, Einstweiliger Rechtsschutz gegen Verwaltungsakte, JA 2008, 357 ff.; *Erichsen/Rauschenberg*, Rechtsschutz in der Verwaltungsvollstreckung, Jura 1998, 323 ff.; *Glaser*, Die nachträgliche Feststellungsklage, NJW 2009, 1043 ff.; *Götz*, Rechtsschutz gegen Maßnahmen der Polizei, JuS 1985, 869 ff.; *Hebeler*, (Fortsetzungs-)Feststellungsinteresse bei Klage gegen das polizeiliche Betreten einer Wohnung und gegen das polizeiliche Befragen, JA 2015, 958 ff.; *Ingold*, Die Fortsetzungsfeststellungsklage in der Fallbearbeitung, JA 2009, 711 ff.; *R. P. Schenke*, Die Neujustierung der Fortsetzungsfeststellungsklage, JuS 2007, 697 ff.; *W.-R. Schenke*, Rechtsschutz gegen doppelfunktionale Maßnahmen, NJW 2011, 2838 ff.; *Schoch*, Rechtsschutz gegen polizeiliche Maßnahmen, Jura 2001, 628 ff.; *ders.*, Der verwaltungsprozessuale vorläufige Rechtsschutz, Jura 2001, 671 ff., 2002, 37 ff., 318 ff.; *Vahle*, Rechtsschutz gegen polizeiliches Eingriffshandeln, VR 1992, 53 f.; *Zacharias*, Ausgewählte Grundfragen des vorläufigen Rechtsschutzes im Verwaltungsprozess, JA 2002, 345 ff.

478

---

[497] *Stephan/Deger*, PolG BW, § 10 Rn. 10.

§ 3. Öffentliches Baurecht

Literaturhinweise:

Länderübergreifende Lehr- und Handbücher zum öffentlichen Baurecht: *Battis,* Öffentliches Baurecht und Raumordnungsrecht, 7. Aufl. 2017; *Brenner,* Öffentliches Baurecht, 4. Aufl. 2014; *Erbguth/Schubert,* Öffentliches Baurecht, 6. Aufl. 2015; *Finkelnburg/Ortloff/Kment,* Öffentliches Baurecht, Bd. I, 7. Aufl. 2017; *Finkelnburg/Ortloff/Otto,* Öffentliches Baurecht, Bd. II, 7. Aufl. 2018; *Bracher/Reidt/Schiller,* Bauplanungsrecht, 8. Aufl. 2014; *Hoppe/Bönker/Grotefels,* Öffentliches Baurecht, 4. Aufl. 2010; *Kaiser,* Bauordnungsrecht, in: Ehlers/Fehling/Pünder (Hrsg.), Besonderes Verwaltungsrecht, Bd. 2, 3. Aufl. 2013, § 41, S. 208 ff.; *Appel/Ewer/Hendler/Jankowski/Kerkmann/Koch/v. Nicolai,* in: Koch/Hendler (Hrsg.), Baurecht, Raumordnungs- und Landesplanungsrecht, 6. Aufl. 2015; *Kersten,* Baurecht, in: Schoch (Hrsg.), Besonderes Verwaltungsrecht, 2018, 3. Kap., S. 427 ff.; *Krebs,* Baurecht, in: Schoch (Hrsg.), Besonderes Verwaltungsrecht, 15. Aufl. 2013, 4. Kap., S. 433 ff.; *Muckel/Ogorek,* Öffentliches Baurecht, 3. Aufl. 2018; *Oldiges/Brinktrine,* Baurecht, in: Steiner/Brinktrine (Hrsg.), Besonderes Verwaltungsrecht, 9. Aufl. 2018, § 3, S. 361 ff.; *Schubert,* Baurecht, in: Erbguth/Mann/Schubert, Besonderes Verwaltungsrecht, 13. Aufl. 2020, S. 329 ff.; *Stollmann/Beaucamp,* Öffentliches Baurecht, 11. Aufl. 2017; *Stüer,* Handbuch des Bau- und Fachplanungsrechts, 5. Aufl. 2015; *Wickel,* Bauplanung, in: Ehlers/Fehling/Pünder (Hrsg.), Besonderes Verwaltungsrecht, Bd. 2, 3. Aufl. 2013, § 40, S. 86 ff.; *Will,* Öffentliches Baurecht, 2019.

Auf das Baurecht in Baden-Württemberg bezogene Lehrbücher: *Dürr/Leven/Speckmaier,* Baurecht Baden-Württemberg, 16. Aufl. 2018; *Kenntner,* Öffentliches Recht Baden-Württemberg, 2. Aufl. 2017, S. 155 ff.; *Wassermann,* Baurecht Baden-Württemberg, 2. Aufl. 2015.

Kommentare: *Battis/Krautzberger/Löhr,* Baugesetzbuch, 14. Aufl. 2019; *Ernst/Zinkahn/Bielenberg/Krautzberger* (Hrsg.), Baugesetzbuch, Loseblatt (Stand: August 2019); *Grigoleit/Otto,* Baunutzungsverordnung, 6. Aufl. 2014; *Fickert/Fieseler,* Baunutzungsverordnung, 13. Aufl. 2019; *Jäde/Dirnberger,* Baugesetzbuch, Baunutzungsverordnung, 9. Aufl. 2018; *Jarass/Kment,* Baugesetzbuch, 2. Aufl. 2017; *König/Roeser/Stock,* BauNVO, 4. Aufl. 2019; *Kröninger/Aschke/Jeromin* (Hrsg.), Baugesetzbuch mit Baunutzungsverordnung, 4. Aufl. 2018; *Sauter* (Begr.), Landesbauordnung für Baden-Württemberg, Loseblatt (Stand: März 2019); *Schlotterbeck/Busch/Hager,* Landesbauordnung für Baden-Württemberg (LBO) und LBOAVO, 10. Aufl. 2018; *Schlichter/Stich/Driehaus/Paetow,* Berliner Kommentar zum Baugesetzbuch, Loseblatt (Stand: Februar 2019); *Schrödter* (Begr.), Baugesetzbuch, 9. Aufl. 2019; *Spannowsky/Uechtritz* (Hrsg.), Öffentliches Baurecht, Beck'scher Online-Kommentar (Stand: Februar 2019).

Fallsammlungen: *Ibler,* Öffentliches Baurecht, 2006; *Gubelt/Muckel/Stemmler,* Fälle zum öffentlichen Baurecht, 8. Aufl. 2019; *Steiner,* Baurecht mit den Bezügen zum Raumordnungs- und Landesplanungsrecht, 5. Aufl. 2010.

Zeitschriften (neben den allgemeinen verwaltungsrechtlichen Zeitschriften und NVwZ-RR zum Nachweis von Rspr.): Baurecht: Zeitschrift für das gesamte öffentliche und zivile Baurecht (BauR); Bundesbaublatt: Fachzeitschrift für Wohnungswirtschaft und Bauverwaltung; Neue Zeitschrift für Baurecht und Vergaberecht (NZBau); Umwelt- und Planungsrecht, Zeitschrift für Wissenschaft und Praxis (UPR); Zeitschrift für deutsches und internationales Bau- und Vergaberecht (ZfBR).

A. Grundlagen

I. Die Vielfalt der Funktionen des Bodens

1 Der **Boden** ist die zentrale Lebensgrundlage für die Pflanzen und direkt oder indirekt für alle Tiere sowie für die Menschen. § 2 II Bundes-Bodenschutzgesetz – BBodSchG[1] beschreibt das wie folgt:

„Der Boden erfüllt im Sinne dieses Gesetzes
1. natürliche Funktionen als
    a) Lebensgrundlage und Lebensraum für Menschen, Tiere, Pflanzen und Bodenorganismen,
    b) Bestandteil des Naturhaushalts, insbesondere mit seinen Wasser- und Nährstoffkreisläufen,
    c) Abbau-, Ausgleichs- und Aufbaumedium für stoffliche Einwirkungen auf Grund der Filter-, Puffer- und Stoffumwandlungseigenschaften, insbesondere auch zum Schutz des Grundwassers,
2. Funktionen als Archiv der Natur- und Kulturgeschichte sowie
3. Nutzungsfunktionen als
    a) Rohstofflagerstätte,
    b) Fläche für Siedlung und Erholung,
    c) Standort für die land- und forstwirtschaftliche Nutzung,
    d) Standort für sonstige wirtschaftliche und öffentliche Nutzungen, Verkehr, Ver- und Entsorgung."

2 Inwieweit der Boden diese Funktionen tatsächlich erfüllen kann, hängt u.a. davon ab, wie die oberste Schicht des Bodens, also die **Erdoberfläche** genutzt wird. Angesichts der Vielfalt der Funktionen des Bodens, angesichts der unterschiedlichen Möglichkeiten, das räumlich denknotwendig begrenzte, nicht vermehrbare und damit knappe Gut der Erdoberfläche in Anspruch zu nehmen, und angesichts der vielfachen Nutzungs- und Interessenkonflikte insbesondere auch bei gefährlichen Nutzungen liegt es auf der Hand, dass die Nutzung der Erdoberfläche und vor allem die Errichtung und Nutzung von baulichen Anlagen rechtlich geregelt werden muss. Das ist die **Aufgabe des Baurechts**.

3 **Beachte:** Prüfungsrelevanz weist schon dieses erste Kapitel zu den Grundlagen des Baurechts auf. Es enthält u.a. Hinweise zur Gliederung des Rechtsgebiets, zu seinen Rechtsquellen und zum Gedankengang dieses Beitrags.

II. Rechtlicher Rahmen

1. Privates Baurecht

4 Ein Teil des Baurechts ist das **private Baurecht**. Die mit diesem Begriff umschriebenen privatrechtlichen Normen befassen sich vor allem mit den rechtlichen Beziehungen zwischen Bauherren, Bauunternehmern, Architekten und Grundstücksnachbarn. Zu nennen sind beispielsweise das in den §§ 631 ff. BGB geregelte Werkvertragsrecht und die §§ 903 ff., 1004 BGB, die den Inhalt von privatem Grundeigentum und damit verbundene Befugnisse des Grundeigentümers betreffen, sowie das private Architektenrecht. Zum privaten Baurecht gehören zudem die nach Art. 124 EGBGB die §§ 903 ff. BGB ergänzenden, dem Privatrecht zuzuordnenden landesrechtlichen

---

[1] G. v. 17.3.1998, BGBl. I S. 502, zuletzt geändert durch VO v. 27.9.2017, BGBl. I S. 3465.

A. Grundlagen

Regelungen des Nachbarrechtsgesetzes – NRG BW[2], das u. a. Vorschriften zu den bei Bauten oder Anpflanzungen einzuhaltenden Grenzabständen enthält.

2. Öffentliches Baurecht

In erster Linie ist es aber das dem öffentlichen Recht zuzuordnende **öffentliche** 5 **Baurecht,** das die mit der Nutzung der Erdoberfläche verbundenen Interessenkonflikte regelt. Dabei befasst sich das öffentliche Baurecht bei näherer Betrachtung mit zwei verschiedenen, sich partiell aber überschneidenden Fragestellungen.

Zunächst – das ist die erste Fragestellung – geht es dem öffentlichen Baurecht darum, wie der Staat im **Vorfeld der Nutzung** von Grundstücken die **Bodennutzung** mit dem Ziel des Interessenausgleichs **ordnet** und verbindliche Regelungen dazu trifft, wie anschließend die einzelnen Grundstücke von ihren Eigentümern konkret verwendet werden dürfen. Mit welchen Mitteln kann der Staat beispielsweise darauf Einfluss nehmen, ob ein unbebautes Grundstück später für Wohn- oder Industriebebauung oder aber für eine Weidefläche zur Verfügung steht? Welche Vorschriften kann er den Grundeigentümern diesbezüglich machen? Welche Stellen sind für den Erlass derartiger Vorschriften zuständig? Welche Verfahren haben sie dabei einzuhalten? Was sind die inhaltlichen Maßstäbe dafür, welche Nutzung für ein Grundstück staatlicherseits vorgesehen wird, und welche Instrumente bestehen, um sicherzustellen, dass die staatlich geplanten Nutzungen später auch tatsächlich realisiert werden?

Der Teil des öffentlichen Baurechts, der sich mit diesen Fragen befasst, wird üblicherweise als **Bauplanungsrecht** bezeichnet. Das in diesem Begriff enthaltene, zukunftsgerichtete Wort „Planung" bringt zutreffend zum Ausdruck, dass es darum geht, die Verwendung der Erdoberfläche im Vorfeld der Errichtung und Nutzung von konkreten Häusern, Industrieanlagen, Straßen usw. abzustimmen und zu regeln, dafür also einen Plan zu machen. Da es einige Instrumente wie z. B. die später noch zu erläuternde (→ Rn. 201 ff.) Veränderungssperre, die Baulandumlegung, die Zusammenlegung von Grundstücken oder die Enteignung gibt, um die Einhaltung und Durchführung einer einmal vorgenommenen Planung anschließend auch abzusichern, und da dies in dem Wort Bauplanungsrecht nicht zum Ausdruck kommt, spricht man statt vom Bauplanungs- auch übergreifend vom **Städtebaurecht.**

Beide Begriffe greifen ihrerseits inhaltlich etwas kurz, da es bei der Vorordnung der 8 Bodennutzung durch den Staat nicht nur um die Nutzung der Erdoberfläche durch Bebauung, sondern beispielsweise auch darum geht, wo Grünflächen, Wald, Flächen für die Landwirtschaft, Wasserflächen, von der Bebauung freizuhaltende Schutzflächen, Flächen für die Gewinnung von Bodenschätzen usw. vorzusehen und wie diese Festlegungen im Anschluss zu sichern und umzusetzen sind. Von daher wäre es präziser, die Materie im Einklang mit Art. 74 I Nr. 18 GG als **Bodenrecht** zu bezeichnen. Art. 74 I Nr. 18 GG meint damit das Recht der örtlichen Planung der Bodennutzung sowie das Recht der eben schon erwähnten Instrumente ihrer Sicherung und Realisierung.[3] Wenn dieser Beitrag im Folgenden dennoch nicht von Boden-, sondern von Bauplanungsrecht spricht, erfolgt das wegen der Üblichkeit dieser Terminologie.

Art. 74 I Nr. 18 GG zeigt, dass für die dem Boden- bzw. Bauplanungsrecht zuzu- 9 ordnenden Materien eine **konkurrierende Gesetzgebungskompetenz** besteht. Da Art. 74 I Nr. 18 GG nicht in Art. 72 II GG genannt ist, kann der Bund von dieser Kompetenz Gebrauch machen, ohne ein besonderes Bedürfnis für eine bundesgesetzli-

---

[2] G. i. d. F. v. 8.1.1996, GBl. S. 53, zuletzt geändert durch G. v. 4.2.2014, GBl. S. 65.
[3] Vgl. zu Art. 74 Nr. 18 GG a. F. BVerfGE 3, 407, 424 ff., 439.

che Regelung darlegen zu müssen. Wichtigste Rechtsquelle des Bauplanungsrechts ist das zum Bundesrecht zählende **Baugesetzbuch** – BauGB[4].

10 **Wiederholung** aus dem Staatsrecht: Besteht für eine Sachmaterie eine konkurrierende Gesetzgebungskompetenz nach Art. 74 I GG, so kann der Bund von dieser Kompetenz in den in Art. 72 II GG genannten Fällen nur dann Gebrauch machen, wenn und soweit eine bundesgesetzliche Regelung zur Herstellung gleichwertiger Lebensverhältnisse im Bundesgebiet oder zur Wahrung der Rechts- und Wirtschaftseinheit im gesamtstaatlichen Interesse erforderlich ist. In allen anderen Fällen, also auch in dem des Art. 74 I Nr. 18 GG, kann der Bund ohne weiteres gesetzliche Regelungen treffen. Soweit der Bund im Bereich der konkurrierenden Gesetzgebungskompetenz von dieser Kompetenz keinen Gebrauch macht, sind nach Art. 72 I GG die Länder gesetzgebungsbefugt.

11   Das BauGB greift in seiner Gliederung den Begriff des Städtebaurechts auf und ist – sieht man von Sonder-, Überleitungs- und Schlussvorschriften ab – in ein Allgemeines und ein Besonderes Städtebaurecht unterteilt. Das **Allgemeine Städtebaurecht** befasst sich überwiegend mit den bisher angerissenen Fragen der staatlichen Vorordnung der Bodennutzung und ihrer anschließenden Absicherung. Das **Besondere Städtebaurecht** schafft zusätzliche Instrumente für besondere Problemlagen wie die Sanierung veralteter Bausubstanz oder die Aufwertung von Orten, die durch soziale Missstände benachteiligt sind.[5] Das BauGB enthält zudem Ermächtigungen für den Erlass bundesrechtlicher Rechtsverordnungen, auf die noch zurückzukommen ist (→ Rn. 49, 71 ff.). Die Bundesregierung plant, einen Gesetzentwurf zur Änderung des Baugesetzbuchs vorzulegen, in dem es voraussichtlich u.a. um die Verbesserung der Möglichkeiten für die Kommunen gehen wird, Baulücken zu schließen.[6] Diese Entwicklung wird – auch von den Leserinnen und Lesern dieses Beitrages – im Auge zu behalten sein, wobei der Kernbereich des prüfungsrelevanten Baurechts unberührt bleiben dürfte.

12   Zwar besteht die Bodennutzung wie gezeigt nicht nur aus der Errichtung und Nutzung von Gebäuden. Das Bauen ist für den Menschen aber eine besonders wichtige Form, Grundstücke zu verwenden. Das öffentliche Baurecht befasst sich daher – das ist seine zweite große Fragestellung (→ Rn. 5) – auch damit, unter welchen Voraussetzungen ein ganz **konkretes Vorhaben** und seine ganz **konkrete Nutzung** auf einem ganz bestimmten Grundstück rechtlich zulässig sind. Dieser Teil des öffentlichen Baurechts betrachtet die Bodennutzung also zum einen unter einer verengten Fragestellung, weil er sich auf das Bauen und die Nutzung von Gebäuden konzentriert. Zum anderen wechselt die Perspektive: Während es dem Bauplanungsrecht vorrangig darum geht, die Nutzung der Grundstücke im Vorfeld großflächig vorzuordnen, steht nun anlassbezogen die rechtliche Zulässigkeit eines ganz bestimmten baulichen Projekts im Mittelpunkt des Interesses.

13   Beabsichtigt man beispielsweise die Errichtung eines Einfamilienhauses, beurteilt sich die **rechtliche Zulässigkeit** der gewünschten baulichen Anlage zunächst nach den im Vorfeld getroffenen Festlegungen des **Bauplanungsrechts** für das Baugrund-

---

[4] G. i. d. F. v. 3.11.2017, BGBl. I S. 3634.
[5] Zunächst befristet bis zum 31.12.2019 enthalten die Regelungen des § 246 VIII–XVII BauGB Sondervorschriften zu den Belangen von Flüchtlingen und Asylbegehrenden und deren Unterbringung. Ein Antrag zur Verlängerung dieser Regelungen ist dem Bundestag vom Bundesrat Ende 2019 zugeleitet worden, vgl. BT-Drucks. 19/16502.
[6] Pressemitteilung des Bundesministeriums des Innern, für Bau und Heimat v. 18.8.2019, abrufbar unter der Rubrik Pressemitteilungen unter www.bmi.bund.de. Vgl. zu denkbaren Änderungen *Krautzberger/Stüer*, BauR 2019, 1707 ff.

A. Grundlagen

stück. Sieht das Bauplanungsrecht für das fragliche Grundstück eine von der Bebauung freizuhaltende Waldfläche vor, ist das gewünschte Einfamilienhaus in der Regel schon aus bauplanungsrechtlichen Gründen unzulässig. Lassen die Festlegungen des Bauplanungsrechts die Bebauung des Grundstücks mit einem Einfamilienhaus demgegenüber zu, so kann das gewünschte Gebäude grundsätzlich zulässig sein. Allerdings muss es weitere rechtliche Anforderungen erfüllen. Sie ergeben sich vor allem aus dem **Bauordnungsrecht**.

Das Bauordnungsrecht ist – wie der Name schon sagt – Bestandteil des Ordnungs-, 14 also des **Gefahrenabwehrrechts**. Es stellt sicher, dass von dem Gebäude keine Gefahren ausgehen (z. B. durch Regelungen zur Standsicherheit oder zum Brandschutz), dass es die Nutzung benachbarter Grundstücke nicht beeinträchtigt (z. B. durch Regelungen über einzuhaltende Abstände der Bebauung zur Grundstücksgrenze, sog. Abstandsflächen), dass es bestimmte soziale Standards einhält (z. B. durch Regelungen über die Anzahl der erforderlichen Toiletten oder Bäder), dass es ökologischen Mindestvorgaben entspricht (z. B. durch Regelungen über die Begrünung von Flächen und Gebäuden) und dass es hinreichend ästhetisch gestaltet ist (sog. Verunstaltungsverbote). Je nachdem, um was für eine bauliche Anlage es sich handelt, sind ggf. noch Anforderungen weiterer Gesetze z. B. aus den Bereichen des Naturschutz-, des Denkmal- oder des Wasserrechts einzuhalten.

> **Hinweis:** Vgl. zum Allgemeinen Gefahrenabwehrrecht § 2 dieses Lehrbuchs. Begriffe wie 15 die der Gefahr, der öffentlichen Sicherheit oder der Verantwortlichkeit sind ebenso wie die rechtlichen Regeln dazu im Allgemeinen und im Besonderen Gefahrenabwehrrecht identisch.

Da Art. 74 I Nr. 18 GG keine Vollkompetenz für das Baurecht enthält und da auch 16 sonst kein einschlägiger Kompetenztitel für den Bund besteht, liegt die **Gesetzgebungskompetenz** für das Bauordnungsrecht gem. Art. 70 I GG bei den Ländern. In Baden-Württemberg ergeben sich die bauordnungsrechtlichen Anforderungen an bauliche Anlagen vor allem aus der **Landesbauordnung** – LBO[7]. Gelegentlich ist es so, dass ein und dieselbe Situation, insbesondere ein und derselbe Nutzungskonflikt in unterschiedlichen Normen angesprochen wird. So enthalten beispielsweise sowohl das Bauplanungsrecht als auch das Bauordnungsrecht Vorschriften dazu, welche Teile von bebaubaren Grundstücken für die Errichtung von Gebäuden zur Verfügung stehen und welche Teile von Bebauung freizuhalten sind. Kollidieren die Anforderungen, existieren manchmal spezielle Kollisionsnormen. Ein Beispiel dafür ist § 5 I 2 LBO. Sonst sind Konflikte mit allgemeinen Regeln wie der des Art. 31 GG oder des Spezialitätsgrundsatzes aufzulösen.

Um sicherzustellen, dass die Vorgaben des Bauplanungsrechts, des Bauordnungs- 17 rechts und ggf. einschlägiger weiterer Gesetze bei der konkreten Bebauung und Nutzung von Grundstücken auch eingehalten werden, trifft die Rechtsordnung Vorkehrungen. Viele bauliche Anlagen dürfen erst errichtet werden, wenn sie zuvor genehmigt wurden. Entspricht eine errichtete bauliche Anlage den rechtlichen Anforderungen nicht oder nicht mehr, kann eingeschritten und ggf. sogar der Abriss angeordnet werden. Zuständig für die Anwendung dieses sog. **bauaufsichtsrechtlichen Instrumentariums** sind die **Baurechtsbehörden**. Sie sind Bestandteil der Landesverwaltung und überwachen im Grundsatz die Einhaltung aller Anforderungen, die

---

[7] G. i. d. F. v. 5.3.2010, GBl. S. 357, ber. S. 416, zuletzt geändert durch G. v. 18.7.2019, GBl. S. 313.

sowohl die bundes- als auch die landesrechtliche öffentlich-rechtliche Rechtsordnung an bauliche Anlagen stellt. Die Baurechtsbehörden kontrollieren bauliche Anlagen also anhand bauplanungsrechtlicher, bauordnungsrechtlicher und ggf. sonstiger Vorschriften. Die baurechtlichen Rechtsmaterien sind auf diese Weise untereinander verzahnt. Die den Baurechtsbehörden zur Verfügung stehenden Ermächtigungsgrundlagen und Verfahren sind ebenfalls in der LBO geregelt.

18 **Wiederholung** aus dem Staatsrecht: Nach Art. 83 GG werden die Bundesgesetze und damit auch das BauGB grundsätzlich durch die Länder als eigene Angelegenheit i. S. d. Art. 84 GG ausgeführt. Dass die Länder auch die Landesgesetze ausführen, ergibt sich aus Art. 30 GG.

3. Vertiefungshinweise

19 Literatur:

Öffentliches und privates Baurecht: *Broß*, Berührungsbereiche zwischen öffentlich-rechtlichem Baurecht und Zivilrecht, VerwArch 89 (1998), 489 ff.; *Dolderer*, Das Verhältnis des öffentlichen zum privaten Nachbarrecht, DVBl. 1998, 19 ff.; *Locher*, Das private Baurecht, 8. Aufl. 2012, § 1; *Finkelnburg/Ortloff/Kment*, Öffentliches Baurecht, Bd. I, § 1; *Kersten,* in: Schoch, Besonderes Verwaltungsrecht, 3. Kap. Rn. 55 ff.

Gesetzgebungskompetenzen: *Just*, in: Hoppe/Bönker/Grotefels, Öffentliches Baurecht, § 2 Rn. 4 ff.; *Oeter*, in: v. Mangoldt/Klein/Starck, Kommentar zum Grundgesetz, Bd. 2, 7. Aufl. 2018, Art. 74 Rn. 129 f.; *Tillmann*, Die Abgrenzung des Bauplanungsrechts vom Bauordnungsrecht, AöR 132 (2007), 582 ff.

Rechtsprechung: BVerfGE 3, 407, 423 ff. – Gesetzgebungskompetenzen (sog. Baurechtsgutachten).

III. Konzeption und Gang der Darstellung

20   Anders als beispielsweise bei dem ebenfalls in diesem Lehrbuch behandelten Kommunalrecht ist es beim öffentlichen Baurecht angesichts der beschriebenen Verzahnungen zwischen Bundes- und Landesrecht nicht sinnvoll, sich auf das landesrechtlich geregelte öffentliche Baurecht zu konzentrieren und auf diese Weise nur das Bauordnungsrecht einschließlich der bauaufsichtsrechtlichen Zuständigkeiten und des bauaufsichtsrechtlichen Verfahrens zu behandeln. Die folgende Darstellung schließt daher das bundesrechtlich geregelte öffentliche Baurecht mit ein. Soweit es bei dessen Anwendung und Umsetzung baden-württembergische Spezifika gibt, werden sie besonders hervorgehoben. Nach § 8 II Nr. 9 der Verordnung des Justizministeriums über die Ausbildung und Prüfung der Juristen – JAPrO BW[8] ist in der Staatsprüfung der Ersten juristischen Prüfung nicht das gesamte Baurecht **Prüfungsstoff**, sondern nur das Bauordnungsrecht und aus dem Bauplanungsrecht die Bereiche „Bauleitplanung, Veränderungssperre, Zulässigkeit von Vorhaben einschließlich der Verordnung über die bauliche Nutzung der Grundstücke, Planerhaltung". Hier setzt die Darstellung dementsprechend Schwerpunkte. Die weniger prüfungsrelevanten Instrumente der Plansicherung und Planverwirklichung werden nur im Überblick dargestellt, und auf die Behandlung des Besonderen Städtebaurechts wird verzichtet. Der Aufbau orientiert sich an den beiden dargestellten Grundfragen des öffentlichen Baurechts (→ Rn. 5 f. und → Rn. 12). Zunächst geht es um die staatliche Vorordnung der Bodennutzung (B.).

---

[8] VO i. d. F. v. 2.5.2019, GBl. S. 131.

B. Die staatliche Vorordnung der Bodennutzung

Danach wechselt der Beitrag die Perspektive und befasst sich mit der Nutzung von Grundstücken durch konkrete Bauvorhaben (C.).

> **Hinweis:** Baurecht ist häufig Thema von Klausuren und von mündlichen Prüfungen. Es kann mit verfassungsrechtlichen Fragestellungen (Beispiel: Kompetenzordnung oder Art. 14 GG), mit Fragen des Allgemeinen Verwaltungsrechts (Beispiel: Rücknahme einer rechtswidrigen Baugenehmigung oder Erteilung einer Baugenehmigung mit Nebenbestimmungen), mit kommunalrechtlichen Themen (Beispiel: Befangenheit beim Beschluss eines Bebauungsplans, der in der Form der gemeindlichen Satzung ergeht (→ § 1 Rn. 233 ff.)) sowie mit polizeirechtlichen Problemen (Beispiel: Rechtsnachfolge in Polizeipflichten (→ § 2 Rn. 234 ff.)) verbunden sein. Baurechtliche Klausuren sind nicht immer, aber häufig prozessual eingekleidet.

21

B. Die staatliche Vorordnung der Bodennutzung

I. Unions- und verfassungsrechtliche Vorgaben

1. Unionsrecht

Bei der staatlichen Vorordnung der konkreten Bodennutzung ist die einfache Rechtsordnung nicht frei. Vielmehr sind unions- und verfassungsrechtliche Anforderungen zu beachten. Obwohl der Union für das Bauplanungsrecht keine unmittelbar einschlägige Kompetenz zusteht, ist das nationale Bauplanungsrecht aufgrund der Fülle der sonstigen Kompetenzen der Union in erheblichem Maße unionsrechtlich geprägt. Einschlägig sind vor allem **natur- und sonstige umweltschutzrechtliche Richtlinien.** Sie enthalten teils verfahrensrechtliche, teils inhaltliche Anforderungen, die von der nationalen Rechtsordnung umzusetzen sind. Beispielhaft zu nennen sind zunächst die Richtlinie über die Umweltverträglichkeitsprüfung – UVP-Richtlinie[9] und die Richtlinie über die Prüfung der Umweltauswirkungen bestimmter Pläne und Programme – SUP-Richtlinie[10]. Auf Letzterer beruht das heute insbesondere in §§ 2 IV, 2a BauGB und in der Anlage 1 zum BauGB geregelte Verfahren der Umweltprüfung bei der Aufstellung von Bauleitplänen (vgl. → Rn. 130). Zu erwähnen sind auch die Fauna-Flora-Habitat-[11] und die Vogelschutzrichtlinie[12]. Sie stellen u.a. inhaltliche Anforderungen an den Prozess der Abwägung bei der Aufstellung von Bauleitplänen.[13] Unionsrechtliche Richtlinien dürften auch in Zukunft immer wieder Anpassungsbedarf des deutschen Bauplanungsrechts hervorrufen.

22

---

[9] Richtlinie 85/337/EWG des Rates v. 27.6.1985, ABl. L 175 v. 5.7.1985 S. 40, aufgehoben und neu gefasst durch Richtlinie 2011/92/EU des Europäischen Parlaments und des Rates v. 13.12.2011, ABl. L 26 v. 28.1.2012 S. 1, zuletzt geändert durch Richtlinie 2014/52/EU des Europäischen Parlaments und des Rates v. 16.4.2014, ABl. L 124 v. 25.4.2015, S. 1.
[10] Richtlinie 2001/42/EG des Europäischen Parlaments und des Rates v. 27.6.2001, ABl. L 197 v. 21.7.2001 S. 30.
[11] Richtlinie 92/43/EWG des Rates v. 21.5.1992, ABl. L 206 v. 22.7.1992 S. 7, zuletzt geändert durch Richtlinie 2013/17/EU des Rates v. 13.5.2013, ABl. L 158 v. 10.6.2013 S. 193.
[12] Richtlinie 2009/147/EG des Europäischen Parlaments und des Rates v. 30.11.2009, ABl. L 20 v. 26.1.2010 S. 7, zuletzt geändert durch Verordnung (EU) 2019/1010 des Europäischen Parlaments und des Rates v. 5.6.2019, ABl. L 170 v. 24.6.2019 S. 115.
[13] Vgl. § 1 VI Nr. 7 BauGB und § 1a BauGB.

2. Verfassungsrecht

a) Art. 14 I GG

23 Die wesentlichen Strukturentscheidungen, die der Gesetzgeber bei der Ausgestaltung des Bauplanungsrechts zu beachten hat, sind aber nach wie vor solche des Grundgesetzes. Sie binden zugleich die Rechtsanwendung im Einzelfall. Zu nennen ist zunächst Art. 14 I GG, der u. a. das Grundeigentum grundrechtlich schützt. Ob und inwieweit dem Grundstückseigentümer damit unmittelbar kraft Verfassungsrechts das Recht verliehen ist, privatautonom über die Nutzung und insbesondere die Bebauung seines Grundstücks zu entscheiden (sog. **grundrechtliche Baufreiheit**), ist umstritten.[14] Die Frage lässt sich nicht im Sinne eines sich gegenseitig ausschließenden Entweder-Oder bejahen oder verneinen.[15] Das liegt daran, dass Art. 14 I GG in seinem Satz 1 zwar das Eigentum schützt, zugleich aber in seinem Satz 2 die inhaltliche Ausgestaltung des Eigentums und damit die Definition des grundrechtlichen Schutzgutes dem einfachen Gesetzgeber überlässt.[16]

24 Das führt zu Folgendem: Legt beispielsweise die einfache Rechtsordnung in Bezug auf ein konkretes Grundstück fest, dass es mit einem Einfamilienhaus bebaut werden darf, dann ist das Recht des Grundeigentümers, das Grundstück auf diese Weise zu bebauen, anschließend durch Art. 14 1 GG grundrechtlich geschützt. Das Bundesverfassungsgericht bringt die damit beschriebene **Abhängigkeit des Grundrechtsschutzes vom einfachen Recht** zum Ausdruck, indem es formuliert: „Die konkrete Reichweite des Schutzes durch die Eigentumsgarantie ergibt sich erst aus der Bestimmung von Inhalt und Schranken des Eigentums, die nach Art. 14 Abs. 1 Satz 2 GG Sache des Gesetzgebers ist".[17] Für das genannte Beispiel bedeutet das: Die einfachgesetzliche Regelung, die bestimmt, dass das fragliche Grundstück mit einem Einfamilienhaus bebaut werden darf, ist eine Inhaltsbestimmung i. S. d. Art. 14 I GG. Wird später durch Änderung der einfachen Rechtsordnung die Bebaubarkeit des fraglichen Grundstücks eingeschränkt oder aufgehoben, ist das eine Grundrechtsbeeinträchtigung, die insbesondere dem Übermaßverbot genügen muss. Entspricht sie dem nicht, hat der von der unverhältnismäßigen Regelung betroffene Grundeigentümer einen grundrechtlichen Abwehranspruch[18] gegen sie. In der Terminologie des Art. 14 I GG bedeutet das: Die einfachgesetzliche Regelung, die die Bebaubarkeit des fraglichen Grundstücks einschränkt oder aufhebt, ist für den betroffenen Grundeigentümer zum einen eine Schrankenbestimmung, denn sie mindert seine zuvor grundrechtlich geschützte Rechtsposition. Gleichzeitig bestimmt die Regelung, wie das fragliche Grundstück künftig (nur noch) genutzt werden darf. Sie ist also zugleich für die Zukunft eine Inhaltsbestimmung i. S. d. Art. 14 I GG.

25 Würde sich der Schutzgehalt des Art. 14 I GG darauf beschränken, das einmal von der einfachen Rechtsordnung definierte Eigentum vor nachträglichen Beeinträchtigungen

---

[14] Dazu m. Nachw. *Ehlers,* VVDStRL 51 (1992), 211, 217 ff.; *F. Becker,* in: Stern/Becker, Grundrechte-Kommentar, 3. Aufl. 2019, Art. 14 Rn. 58 ff.; *Kersten,* in: Schoch, Besonderes Verwaltungsrecht, 3. Kap. Rn. 13 ff.; *Oldiges/Brinktrine,* in: Steiner/Brinktrine, Besonderes Verwaltungsrecht, § 3 Rn. 166 ff.

[15] Vgl. *Krebs,* in: Schoch, Besonderes Verwaltungsrecht, 4. Kap. Rn. 29.

[16] Vgl. *Krebs,* in: Schoch, Besonderes Verwaltungsrecht, 4. Kap. Rn. 28 f. und z. B. *Wendt,* in: Sachs, Grundgesetz, Kommentar, 7. Aufl. 2014, Art. 14 Rn. 54 ff., 124 ff.

[17] Std. Rspr., z. B. BVerfGE 53, 257, 292; 117, 272, 293; 122, 374, 391; 143, 246, 324.

[18] Dazu, dass u. U. Entschädigungsansprüche nach §§ 40, 42 BauGB entstehen können *Oldiges/Brinktrine,* in: Steiner/Brinktrine, Besonderes Verwaltungsrecht, § 3 Rn. 161 ff.; *Finkelnburg/Ortloff/Kment,* Öffentliches Baurecht, Bd. I, § 4 Rn. 25 ff. m. Nachw. auch zur Rspr. sowie unten → Rn. 193 ff.

B. Die staatliche Vorordnung der Bodennutzung

nach Maßgabe des Übermaßverbotes zu schützen, wäre der Gesetzgeber in der Definition dessen, was grundrechtlich geschütztes Eigentum ist, allerdings sehr frei. Das Bundesverfassungsgericht geht deshalb zu Recht davon aus, dass Art. 14 I GG trotz seines Satzes 2, der die Inhaltsbestimmung des Eigentums grundsätzlich der einfachen Rechtsordnung überlässt, auch dem das Eigentum definierenden Gesetzgeber inhaltliche Grenzen setzt: Das vom einfachen Recht näher ausgestaltete Eigentum muss kraft Verfassungsrechts[19] stets zumindest auch **privatnützig** sein, also dem privaten Eigentümer dienen, und es muss seiner **Verfügungsbefugnis** unterstehen.[20] Bezogen auf das Grundeigentum bedeutet das: Bliebe einem Grundeigentümer auf der Grundlage der einfachen Rechtsordnung keinerlei Möglichkeit, sein Grundstück privatautonom zu nutzen, hätten die einschlägigen Regelungen vor Art. 14 I GG keinen Bestand. Auch hier bestünde ein grundrechtlicher Abwehranspruch des betroffenen Grundeigentümers. Das bedeutet aber nicht, dass jedes Grundstück bebaubar sein muss.[21] Es muss nur sinnvoll nutzbar sein.

Art. 14 I GG bindet nicht nur die bauplanungsrechtliche Rechtsetzung, sondern **26** auch die **Rechtsanwendung** in diesem Bereich. Daher müssen beispielsweise Maßnahmen zur Sicherung und Verwirklichung von Planungen wie die Umlegung oder die Enteignung in Bezug auf das Grundeigentum des Betroffenen geeignet, erforderlich und verhältnismäßig sein. Andernfalls vermittelt Art. 14 I GG auch in diesem Fall einen Abwehranspruch.

b) Verfassungsrechtliche Schutzpflichten

Wenn bei der staatlichen Vorordnung der Bodennutzung die Privatnützigkeit der **27** Grundstücke zu wahren und sicherzustellen ist, dass vorhandene Nutzungsbefugnisse nur unter Beachtung des Grundsatzes der Verhältnismäßigkeit beeinträchtigt werden, oder anders gesagt: Wenn Art. 14 I GG zugunsten von Grundeigentümern abwehrrechtlich wirkt, bedeutet das an sich, dass sich der Staat mit Restriktionen für die Grundstücksnutzung grundsätzlich zurückzuhalten hat. Gleichzeitig enthält das Grundgesetz aber auch Bestimmungen, die den Staat zur Ordnung und Planung der Bodennutzung sowie dazu verpflichten, für bestimmte Belange in Bezug auf die Bodennutzung Schutzvorkehrungen zu treffen.

Schutz- und ggf. auch Planungspflichten ergeben sich zum einen aus **Art. 20a 28 GG,** weil der Schutz der natürlichen Lebensgrundlagen und der Tiere auch staatliche Vorkehrungen für eine diese Belange berücksichtigende Bodennutzung erfordert. Zum anderen können Schutz- und Planungspflichten aus den **Grundrechten** erwachsen. Die Grundrechte sichern nicht nur rechtliche Handlungsmöglichkeiten des einzelnen gegenüber dem Staat abwehrrechtlich ab, sondern verpflichten den Staat darüber hinaus auch dazu, dafür zu sorgen, dass sich die grundrechtlichen Handlungsbefugnisse tatsächlich ausüben lassen (**„reale Freiheit")**.[22] Daher veranlasst beispielsweise Art. 2 II 1 GG dazu, die Bodennutzung so vorzuordnen, dass gesunde Wohnverhältnisse entstehen. Art. 4 I und II GG können gebieten, den Bau von Kirchen oder Moscheen

---

[19] Vgl. BVerfGE 58, 300, 335 und z.B. BVerfGE 143, 246, 323.
[20] BVerfGE 53, 257, 290; vgl. z. B. auch BVerfGE 123, 186, 258; 134, 242, 290 f.; 143, 246, 323 f.
[21] Vgl. *Krebs,* in: Schoch, Besonderes Verwaltungsrecht, 4. Kap. Rn. 29; *Oldiges/Brinktrine,* in: Steiner/Brinktrine, Besonderes Verwaltungsrecht, § 3 Rn. 167 und BVerwG, NVwZ 1994, 1008, 1008: „Einen Grundsatz, daß der Eigentümer eines Baugrundstücks sein Grundstück so bebauen darf, wie er es möchte, gibt es nicht."
[22] Zu diesem grundrechtlichen Konzept *Hesse,* in: FS für Smend, 1961, 71, 85; *Häberle,* VVDStRL 30 (1972), 43, 96 ff. sowie *Krebs,* in: Merten/Papier, Handbuch der Grundrechte II, 2006, § 31 Rn. 97 ff.

planungsrechtlich zu ermöglichen. Art. 13 I GG kann dazu führen, Gebiete für Wohnraum rechtlich zu schützen oder zu ihrer weiteren Entwicklung beizutragen, und Art. 14 I GG erfordert es, die Nutzungen benachbarter Grundstücke so auszutarieren, dass jeder Grundeigentümer sein Eigentum möglichst ungestört von seinen Nachbarn tatsächlich nutzen kann.

29 Das wichtigste Instrument zur Vorordnung der Bodennutzung und damit auch zur Erfüllung der skizzierten verfassungsrechtlichen Pflichten ist die später noch näher zu erläuternde gemeindliche **Bauleitplanung.** Sie erfolgt gem. § 1 II BauGB in zwei aufeinander aufbauenden Stufen: „Bauleitpläne sind der Flächennutzungsplan (vorbereitender Bauleitplan) und der Bebauungsplan (verbindlicher Bauleitplan)." Dass die Gemeinden bei der Bauleitplanung die zum Teil gegenläufigen verfassungsrechtlichen Pflichten erfüllen, sichern auf einfachgesetzlicher Ebene **§ 1 VI** und **VII BauGB** ab. § 1 VI BauGB gewährleistet, dass u. a. die Belange, für die verfassungsrechtliche Schutzpflichten bestehen, bei der Bauleitplanung Berücksichtigung finden, und § 1 VII BauGB ordnet an, dass bei der Planung die öffentlichen und privaten Belange gegeneinander und untereinander gerecht abzuwägen sind. Dabei zählt zu den privaten Belangen auch das grundrechtlich geschützte Interesse der Grundeigentümer, durch staatliche Vorgaben zur Grundstücksnutzung nicht unverhältnismäßig beeinträchtigt zu werden.

30 Wenn die staatliche Vorordnung der Bodennutzung nach alledem eine verfassungsrechtliche Pflicht ist, stellt sich für den Bürger die Frage, ob er die Schaffung bestimmter Regelungen zur Grundstücksnutzung auch beanspruchen und ggf. einklagen kann. § 1 III 2 BauGB schließt das für Bauleitpläne einfachgesetzlich aus, indem er bestimmt: „Auf die Aufstellung von Bauleitplänen und städtebaulichen Satzungen besteht kein Anspruch". Das ist aus grundrechtlicher Sicht grundsätzlich nicht zu beanstanden, denn die Grundrechte verpflichten den Staat zwar zu Schutzvorkehrungen für den realen Freiheitsgebrauch, schreiben aber in der Regel keine konkreten Maßnahmen vor.[23] Es ist daher Sache des einfachen Rechts, das in einem demokratisch legitimierten politischen Prozess zustande kommt, die unterschiedlichen verfassungsrechtlichen Schutzaufträge in Einklang zu bringen und über ggf. erforderliche Prioritäten zu entscheiden.[24] Allerdings ist es nicht ausgeschlossen, dass sich grundrechtliche Schutzpflichten vereinzelt zu ganz konkreten Handlungspflichten verdichten.[25] Bezieht sich eine solche konkrete Handlungspflicht ausnahmsweise einmal auf die staatliche Vorordnung der Bodennutzung, dann ist – entgegen § 1 III 2 BauGB – auch ein korrespondierender **Anspruch auf eine konkrete Planung** denkbar.[26]

31 **Beispiel:** Enthält ein Bebauungsplan Festsetzungen für eine künftige Gemeindestraße, so sind die Eigentümer der beplanten Grundstücke in ihren Nutzungsmöglichkeiten erheblich beeinträchtigt. Die Grundstücke verlieren auch erheblich an Wert. Stellt sich nach Jahren

---

[23] *Krebs*, in: Schoch, Besonderes Verwaltungsrecht, 4. Kap. Rn. 33; *ders.*, in: Merten/Papier, Handbuch der Grundrechte II, 2006, § 31 Rn. 114; *Calliess*, in: Merten/Papier, Handbuch der Grundrechte II, 2006, § 44 Rn. 26; *Kingreen/Poscher*, Grundrechte/Staatsrecht II, 34. Aufl. 2018, Rn. 142.

[24] Z. B. BVerfGE 56, 54, 81; vgl. auch *Kingreen/Poscher*, Grundrechte/Staatsrecht II, 34. Aufl. 2018, Rn. 142.

[25] Z. B. bei evidenter Gefährdung eines verfassungsrechtlich geschützten Gutes, BVerfGE 75, 40, 67.

[26] *Fackler*, Verfassungs- und verwaltungsrechtliche Aspekte eines Individualanspruchs auf Bauleitplanung, 1989, bes. 141 f. sowie m. w. Nachw. *Spindler*, Geltungsdauer planfeststellungsersetzender Bebauungspläne, 2009, 271 ff. Dagegen, allerdings unter Außerachtlassung der Grundrechte z. B. BVerwG, NVwZ-RR 1997, 213, 213; VGH BW, VBlBW 1995, 204, 204.

B. Die staatliche Vorordnung der Bodennutzung   265

heraus, dass die Straße wegen eines veränderten Bedarfs, aus Kosten- oder aus anderen Gründen nie gebaut werden wird, kann es zum Schutz der betroffenen Grundstückseigentümer grundrechtlich geboten sein, die Festsetzungen über die Gemeindestraße aufzuheben.

c) Art. 28 II 1 GG

Das Grundgesetz enthält nicht nur Vorgaben zum Ob und Wie der staatlichen Vor- **32** ordnung der Bodennutzung, sondern legt auch fest, welche staatlichen Organisationseinheiten die entsprechenden Regelungen treffen sollen. Art. 28 II 1 GG bestimmt, dass den **Gemeinden** das Recht gewährleistet sein muss, alle **Angelegenheiten der örtlichen Gemeinschaft** im Rahmen der Gesetze in eigener Verantwortung zu regeln (→ § 1 Rn. 59 ff.). Art. 71 I 1, 2, II LV wiederholt diese Garantie in etwas anderen Worten. Zu den Angelegenheiten der örtlichen Gemeinschaft i. S. d. Art. 28 II 1 GG zählt u. a. die Befugnis, für das eigene Gebiet die Grundlagen der Bodennutzung festzulegen. Diese Befugnis wird Planungshoheit genannt. Den Gemeinden ist also die Vorordnung der Bodennutzung in ihrem Gebiet durch die Verfassung überantwortet (sog. Aufgabengarantie). § 1 I BauGB bestimmt dementsprechend: „Aufgabe der Bauleitplanung ist es, die bauliche und sonstige Nutzung der Grundstücke **in der Gemeinde** nach Maßgabe dieses Gesetzbuchs vorzubereiten und zu leiten." § 2 I 1 BauGB fügt hinzu: „Die Bauleitpläne sind **von der Gemeinde** in eigener Verantwortung aufzustellen."

Allerdings ermöglichen es die §§ 203 ff. BauGB, von dieser Zuständigkeitsverteilung **33** in unterschiedlicher Art und Weise abzuweichen. § 203 II BauGB sieht vor, dass durch Landesgesetz Aufgaben der Gemeinden nach dem BauGB auf näher beschriebene Zusammenschlüsse von Gemeinden übertragen werden können. Hiervon macht das baden-württembergische Landesrecht Gebrauch. Schließen sich Gemeinden auf der Grundlage der §§ 59 ff. der **Gemeindeordnung** – GemO[27] zu einer **Verwaltungsgemeinschaft** zusammen, nimmt diese im Anschluss nach § 61 IV 1 Nr. 1, VII GemO in eigener Zuständigkeit die vorbereitende Bauleitplanung, also die Flächennutzungsplanung, an Stelle der einzelnen Gemeinden wahr. § 205 VI BauGB ermöglicht es darüber hinaus, durch besondere Landesgesetze Gemeinden und sonstige öffentliche Planungsträger zum Zwecke gemeinsamer Bauleitplanung zu Planungsverbänden zusammenzuschließen. Auf dieser Ermächtigung beruhen in Baden-Württemberg die durch § 1 I, II Nachbarschaftsverbandsgesetz – NVerbG[28] für die Gebiete Heidelberg-Mannheim, Karlsruhe, Pforzheim, Reutlingen-Tübingen und Ulm als Körperschaften des öffentlichen Rechts errichteten **Nachbarschaftsverbände**. Mitglieder eines jeden Nachbarschaftsverbandes sind nach § 1 III NVerbG die in § 2 II NVerbG aufgelisteten Städte und Gemeinden sowie der Landkreis, zu dem diese gehören. § 4 II NVerbG bestimmt: „Der Nachbarschaftsverband ist Träger der vorbereitenden Bauleitplanung." Den Gemeinden, die einer Verwaltungsgemeinschaft oder einem Nachbarschaftsverband angehören, ist also kraft Gesetzes die **Flächennutzungsplanung** und damit ein Teil der durch Art. 28 II 1 GG garantierten Befugnis, für das eigene Gebiet die Bodennutzung vorzuordnen, **entzogen**.[29]

Fragt man nach der **verfassungsrechtlichen Zulässigkeit** dieser Aufgabenverlage- **34** rung, ist festzustellen, dass Art. 28 II 1 GG den Gemeinden das Recht, alle Angelegenheiten der örtlichen Gemeinschaft in eigener Verantwortung zu regeln, nur „im

---

[27] G. i. d. F. v. 24.7.2000, GBl. S. 581, ber. S. 698, zuletzt geändert durch G. v. 21.5.2019, GBl. S. 161.
[28] G. v. 9.7.1974, GBl. S. 261, zuletzt geändert durch G. v. 7.2.1994, GBl. S. 92.
[29] Zur Flächennutzungsplanung durch Verwaltungsgemeinschaften und Nachbarschaftsverbände näher *Quaas/v. Heyl*, VBlBW 2005, 128 ff.

Rahmen der Gesetze" gewährleistet. Die verfassungsrechtlich geschützte Befugnis, für das Gemeindegebiet die Bodennutzung vorzuordnen, steht also unter Gesetzesvorbehalt. Allerdings sind den Gesetzen dabei Grenzen gesetzt (→ § 1 Rn. 80 ff.). Wie sie genau zu bestimmen sind, ist umstritten. Überwiegend geht man davon aus, dass die Gesetze zum einen einen **Kernbereich** örtlicher Aufgaben bei den Gemeinden belassen müssen.[30] Zum anderen bringt Art. 28 II 1 GG zum Ausdruck, dass das Grundgesetz in Bezug auf örtliche Angelegenheiten grundsätzlich von einem Vorrang der Aufgabenwahrnehmung durch die Gemeinden vor Ort ausgeht (sog. **„Aufgabenverteilungsprinzip"**[31] zugunsten der Gemeinden), von dem nur ausnahmsweise dann abgewichen werden darf, wenn die fragliche Aufgabe durch eine andere Stelle besser wahrgenommen wird.[32]

35   Ob die Flächennutzungsplanung zum unantastbaren Kernbereich kommunaler Selbstverwaltung zählt, ist umstritten.[33] Der StGH BW zählt die Flächennutzungsplanung zwar zum Kernbereich der landesverfassungsrechtlichen Selbstverwaltungsgarantie des Art. 71 I 1, 2 LV, hält ihre Übertragung auf übergeordnete Einheiten aber gleichwohl wegen ihrer auch überörtlichen Bezüge für zulässig, wenn sichergestellt ist, dass in diesem Fall alle von der Flächennutzungsplanung betroffenen Gemeinden maßgeblich an den Planungsentscheidungen beteiligt sind.[34] Dieser Lehrbuchbeitrag geht im Folgenden von dem vom Grundgesetz und vom Baugesetzbuch vorgesehenen Regelfall aus, demzufolge sowohl die Flächennutzungs- als auch die Bebauungspläne durch die Gemeinde aufgestellt werden, und spricht dementsprechend übergreifend von der „gemeindlichen Bauleitplanung". Soweit sich dort, wo die Flächennutzungplanung von höherstufigen Planungsträgern wahrgenommen wird, Besonderheiten ergeben, wird darauf hingewiesen.

36   Macht eine Gemeinde von der ihr zustehenden Kompetenz, durch Bauleitplanung die Bodennutzung in ihrem Gebiet vorzuordnen, einmal keinen Gebrauch, oder stellt sie nicht für das gesamte Gemeindegebiet Pläne auf (zu den Voraussetzungen, unter denen Pläne aufzustellen sind → Rn. 87 ff.), so muss gleichwohl geregelt sein, wie die Grundstücke außerhalb der beplanten Gebiete genutzt werden können. Die erforderlichen Festlegungen enthalten die §§ 34 und 35 BauGB, denen insoweit eine **Planersatzfunktion**[35] zukommt.

37   Art. 28 II 1 GG garantiert den Gemeinden die Vorordnung der Bodennutzung vor Ort nicht nur als grundsätzlich von ihnen wahrzunehmende Aufgabe, sondern legt auch fest, dass die Gemeinden diese Aufgabe **„in eigener Verantwortung"** wahrnehmen (sog. Modalitätsgarantie). Der schon erwähnte § 2 I 1 BauGB greift das auf, indem er bestimmt: „Die Bauleitpläne sind von der Gemeinde **in eigener Verantwortung** aufzustellen." Das bedeutet, dass die Gemeinden bei der Vorordnung der Bodennutzung grundsätzlich von Zweckmäßigkeitsvorgaben anderer Verwaltungsträger frei sind und nur einer Rechtsaufsicht unterstehen. Auch die Modalitätsgarantie steht

---

[30] Z. B. BVerfGE 79, 127, 146; 107, 1, 12; 138, 1, 21 f.
[31] BVerfGE 79, 127, 154; 107, 1, 13; vgl. in der Sache auch BVerfGE 138, 1, 21.
[32] Vgl. *Remmert*, VerwArch 94 (2003), 459, 472.
[33] Zum Meinungsstand sowohl zur Bebauungs- als auch zur Flächennutzungsplanung *Schrödter/Otto*, in: Schrödter, BauGB, § 203 Rn. 10 m. Nachw. auch zur Rspr. Das BVerfG hat die Frage des Kernbereichsschutzes der Bauleitplanung bisher offengelassen, vgl. ausdrücklich BVerfGE 103, 332, 365 f.
[34] Vgl. StGH BW, NJW 1976, 2205, 2206 ff. zu § 60 IV, V GemO a. F., die diesen Anforderungen anders als die heutige Fassung nicht genügten.
[35] BVerwGE 119, 25, 30. Zu §§ 34, 35 BauGB → Rn. 223 ff.

B. Die staatliche Vorordnung der Bodennutzung

allerdings unter Gesetzesvorbehalt. Er ist Grundlage für die zahlreichen, später noch näher zu beschreibenden verfahrensmäßigen und inhaltlichen Vorgaben, die das BauGB für die gemeindliche Bauleitplanung enthält. Sie haben ihrerseits nur Bestand, wenn sie den Gemeinden einen Kernbereich an eigener Verantwortung belassen und wenn feststeht, dass die auf andere Stellen verlagerte Verantwortung dort besser wahrgenommen werden kann oder dort wahrgenommen werden muss.

Restriktionen der eigenverantwortlichen Vorordnung der Bodennutzung durch die Gemeinden ergeben sich zudem daraus, dass sich die gemeindliche Bauleitplanung in **andere bodenbezogene Planwerke** einzupassen bzw. sich mit ihnen zu koordinieren hat. Zum einen kann die Planung der Bodennutzung durch eine Gemeinde für ihr Gebiet die Planungs- und Bodennutzungsmöglichkeiten **benachbarter Gemeinden** für deren Gebiet faktisch erheblich beeinflussen. Weist beispielsweise eine Gemeinde an der Grenze ihres Gemeindegebietes ein Industriegebiet aus, wird die benachbarte Gemeinde auf den auf ihrem Gebiet angrenzenden Flächen anschließend nicht ohne weiteres Wohnnutzungen vorsehen können. Da sich Gemeinden auch untereinander auf Art. 28 II 1 GG berufen können, entsteht ein Konflikt zwischen verfassungsrechtlich geschützten Positionen, den § 2 II 1 BauGB löst, indem er bestimmt: „Die Bauleitpläne benachbarter Gemeinden sind aufeinander abzustimmen." **38**

Selbst wenn die Vorordnung der Bodennutzung zwischen benachbarten Gemeinden auf diese Weise koordiniert ist, entsteht daraus nicht ohne weiteres ein sinnvolles Konzept der Bodennutzung. Deshalb gibt es zusätzlich eine **überörtliche Vorordnung der Bodennutzung.** Sie legt für größere Regionen eines Landes oder für ein Land insgesamt nach übergeordneten, über die Interessen einzelner Gemeinden hinausgehenden Kriterien fest, welche Gebiete ländlich geprägt sein und bleiben sollen, wo Ballungsräume entwickelt werden sollen, wo Standorte für Industrie, Wohnungsbau oder Infrastruktureinrichtungen liegen sollen, wo Verkehrsachsen verlaufen sollen usw. Da Art. 28 II 1 GG den Gemeinden nur die örtlichen Angelegenheiten zur Erledigung zuweist, ist die überörtliche Planung eine zentralstaatliche Aufgabe. **39**

Die Wahrnehmung dieser Aufgabe ist im Raumordnungsgesetz des Bundes – ROG[36] sowie im Landesplanungsgesetz – LplG[37] geregelt. Letzteres ist u. a. Grundlage für den Landesentwicklungsplan sowie für die Regionalpläne, die die eben umschriebenen Festlegungen treffen und die Gemeinden bei ihrer Planung der Bodennutzung vor Ort binden und beeinflussen. Dagegen ist aus Sicht des Art. 28 II 1 GG nichts einzuwenden, solange den Gemeinden ausreichende Möglichkeiten der Entwicklung eigener Vorstellungen verbleiben, der Kerngehalt des Art. 28 II 1 GG also unangetastet bleibt, und sich die überörtlichen Vorgaben auf das beschränken, was notwendig nur überörtlich entschieden werden kann. Die einfachen Gesetze werden diesen Anforderungen durch eine Mischung aus unterschiedlichen Vorkehrungen gerecht. So gibt es verschiedene Grade der Bindungskraft überörtlicher Vorgaben (sog. **Anpassungs- und Berücksichtigungspflichten**, dazu → Rn. 94 ff.), die Gemeinden haben **Mitwirkungs- und Beteiligungsrechte** an den übergeordneten Planwerken,[38] und im Einzelfall besteht für die Gemeinden die Möglichkeit, von verbindlichen überörtlichen Vorgaben abzuweichen (sog. **Zielabweichungsverfahren**[39]). **40**

---

[36] G. v. 22.12.2008, BGBl. I S. 2986, zuletzt geändert durch G v. 20.7.2017, BGBl. I S. 2808.
[37] G. i. d. F. v. 10.7.2003, GBl. S. 385, zuletzt geändert durch G. v. 28.11.2018, GBl. S. 439.
[38] Z. B. §§ 9 III 1 Nr. 1, 12 II 1 Nr. 1 LplG.
[39] Vgl. § 24 LplG.

41 Während es der gemeindlichen Bauleitplanung sowie der überörtlichen Raum- und Landesplanung allgemein um die Vorordnung der Bodennutzung geht, geht es der **Fachplanung** gezielt um die Bewältigung einzelner Projekte oder Problemstellungen. Im Wege der Fachplanung wird beispielsweise der Bau von Bundesfernstraßen oder Schienenwegen geordnet und rechtlich zugelassen, oder es werden Wasserschutz- oder Naturschutzgebiete verbindlich festgelegt.

42 Das Beispiel der Planung und des Baus einer Bundesfernstraße macht deutlich, dass es sich hierbei um keine örtliche, sondern um eine **überörtliche Angelegenheit** handelt, obwohl für die Straße letztlich konkrete Grundstücke in den Gebieten verschiedener Gemeinden vor Ort beansprucht werden. Auch Fachplanungen haben also Auswirkungen auf die tatsächliche Bodennutzung sowie auf die gemeindlichen Planungsmöglichkeiten. In unmittelbarer Umgebung einer überörtlich geplanten Straße muss die Gemeinde beispielsweise andere Bodennutzungen vorsehen als sie es ohne die Straße könnte. Das ist aus Sicht des Art. 28 II 1 GG ebenfalls unproblematisch, solange den Gemeinden dennoch ausreichende Möglichkeiten der Entwicklung eigener Vorstellungen der Raumnutzung vor Ort verbleiben und sich die fachbezogenen Festlegungen auf das beschränken, was notwendig nur übergreifend entschieden werden kann. Die einfachen Gesetze reagieren hier ähnlich wie bei der Abstimmung der überörtlichen und der gemeindlichen Vorordnung der Bodennutzung. So enthalten beispielsweise die §§ 1 VI Nr. 7g), 7, 38 BauGB **Regelungen zur inhaltlichen Koordination** der unterschiedlichen Planungsformen. Zudem haben die Gemeinden **Mitwirkungs- und Beteiligungsrechte**[40] in den Verfahren der Fachplanung. Umgekehrt sind nach §§ 4, 4a BauGB die Träger der Fachplanung an der Bauleitplanung zu beteiligen.

43 **Wiederholung:** Wiederholen und vertiefen Sie die Grundlagen zu Art. 28 II 1 GG in → § 1 Rn. 58 ff. dieses Lehrbuchs.

3. Vertiefungshinweise

44 Literatur:

Grundrechte: *Dähne,* Die so genannte Baufreiheit, JURA 2003, 455 ff.; *Krebs,* Baurecht, in: Schoch, Besonderes Verwaltungsrecht, 4. Kap. Rn. 26 ff.; *Erbguth/Schubert,* Öffentliches Baurecht, § 2 Rn. 24 ff.

Selbstverwaltungsgarantie/Bauleitplanung/staatliche Planungen: *Oebbecke,* Die verfassungsrechtlich gewährleistete Planungshoheit der Gemeinden, in: FS für Werner Hoppe zum 70. Geburtstag, 2000, 239 ff.; *Jarass/Schnittker/Milstein,* Schwerpunktbereich – Einführung in das Raumordnungs- und Landesplanungsrecht, JuS 2011, 215 ff.; *Just,* in: Hoppe/Bönker/Grotefels, Öffentliches Baurecht, § 2 Rn. 16 ff.; *Kersten,* Baurecht, in: Schoch, Besonderes Verwaltungsrecht, 3. Kap. Rn. 32 ff.; näher *Quaas/v. Heyl,* Die Flächennutzungsplanung der Verwaltungsgemeinschaften und Nachbarschaftsverbände zwischen Kommunalrecht und Planungsrecht, VBlBW 2005, 128 ff.

Rechtsprechung: BVerfGE 53, 257 ff.; 58, 300 ff.; 117, 272 ff.; 122, 374 ff.; 138, 1 ff. – Eigentumsfreiheit; BVerfGE 79, 127 ff.; 107, 1 ff. – Rastede/kommunale Selbstverwaltung; StGH BW, NJW 1976, 2205 ff. – Flächennutzungsplanung durch Verwaltungsgemeinschaften.

---

[40] Z. B. § 73 II 1, VI, VIII VwVfGe.

B. Die staatliche Vorordnung der Bodennutzung 269

II. Die staatliche Vorordnung der Bodennutzung durch kommunale Bauleitplanung

1. Flächennutzungsplan und Bebauungsplan

Bauleitplanung ist nach dem bisher Gesagten die Vorordnung der örtlichen Bodennutzung durch die Gemeinden (zur Flächennutzungsplanung in BW durch Verwaltungsgemeinschaften und Nachbarschaftsverbände oben → Rn. 33 ff.). § 1 I BauGB umschreibt das wie folgt: „Aufgabe der Bauleitplanung ist es, die bauliche und sonstige Nutzung der Grundstücke in der Gemeinde nach Maßgabe dieses Gesetzbuchs vorzubereiten und zu leiten." § 1 II BauGB verdeutlicht, dass die Wahrnehmung dieser Aufgabe in zwei aufeinander aufbauenden Planungsstufen erfolgt, die in zwei unterschiedlichen Plantypen enden: „Bauleitpläne sind der **Flächennutzungsplan** (vorbereitender Bauleitplan) und der **Bebauungsplan** (verbindlicher Bauleitplan)." 45

a) Flächennutzungsplan

Der Flächennutzungsplan ist nach § 5 I 1 BauGB in der Regel (Ausnahmen: § 5 I 2 und § 5 IIb BauGB) für das **gesamte Gemeindegebiet** aufzustellen und hat „die sich aus der beabsichtigten städtebaulichen Entwicklung ergebende Art der Bodennutzung nach den voraussehbaren Bedürfnissen der Gemeinde in den Grundzügen darzustellen". Ausgerichtet an der von der Gemeinde für ihr Gebiet gewünschten künftigen Bodennutzung und an den diesbezüglich zu erwartenden Bedarfen enthält der Flächennutzungsplan also ein Grundkonzept für die Nutzung der Grundstücke im Gemeindegebiet und trifft Vorentscheidungen beispielsweise dazu, wo künftig gewohnt oder produziert werden soll, wo Verkehrsflächen entstehen sollen, welche Flächen als Grünfläche genutzt werden sollen usw. 46

Diese Vorentscheidungen werden gem. § 5 II BauGB mit Hilfe von **Darstellungen** zum Ausdruck gebracht. § 5 II BauGB listet in 10 Nummern beispielhaft („insbesondere") auf, welche Darstellungen ein Flächennutzungsplan enthalten kann. Außer den Darstellungen enthält der Flächennutzungsplan **Kennzeichnungen** (§ 5 III sowie § 5 II Nr. 1 a.E. BauGB) sowie **nachrichtliche Übernahmen** und **Vermerke** (§ 5 IV, IVa BauGB). Ihnen ist gemeinsam, dass sie anders als die Darstellungen nicht die von der Gemeinde beabsichtigte künftige Nutzung betreffen, sondern auf Umstände hinweisen, die die künftige Nutzung zusätzlich faktisch (Kennzeichnungen) oder rechtlich (Übernahmen und Vermerke) beeinflussen können. Die Darstellungen sind der Hauptinhalt des Plans. 47

> **Beachte:** Während § 5 II BauGB die möglichen Darstellungen eines Flächennutzungsplans beispielhaft auflistet, ist der in § 9 I BauGB enthaltene Katalog der Festsetzungen eines Bebauungsplans abschließend. Vgl. dazu noch unten → Rn. 69. 48

Es kann schwierig sein, allein mit Hilfe der Sprache auszudrücken, wie der Boden genutzt werden soll. Deshalb kann der Flächennutzungsplan außer Darstellungen in **Textform** auch solche in Form von **Zeichnungen**, **Zeichen** und **Farben** enthalten. Die **Planzeichenverordnung – PlanZV**[41], die auf der gesetzlichen Ermächtigung des § 9a Nr. 4 BauGB beruht, legt fest, wie im Detail bei der Abbildung des Planinhalts zu verfahren ist. Enthält der Flächennutzungsplan Darstellungen i.S.d. § 5 II Nr. 1 BauGB 49

---

[41] VO v. 18.12.1990, BGBl. 1991 I S. 58, zuletzt geändert durch G. v. 4.5.2017, BGBl. I S. 1057.

zu Flächen, die für die Bebauung vorgesehen sind, regeln die §§ 1 I, II, 16 I **Baunutzungsverordnung – BauNVO**[42] Einzelfragen zu deren Inhalt und Gestaltung.

50 Da der Flächennutzungsplan nach § 1 II BauGB ein **vorbereitender Bauleitplan** ist, der erst durch den nachfolgenden Bebauungsplan verbindlich konkretisiert wird, und da die künftige Bodennutzung nach § 5 I 1 BauGB nur „in den Grundzügen" darzustellen ist, darf der Flächennutzungsplan in der Regel nicht schon exakt und im Detail für jedes Grundstück, also parzellenscharf festlegen, wie es später genutzt werden soll.[43] Vielmehr ist lediglich die **„Bereichs- und Entwicklungscharakterisierung"**[44] seine Aufgabe. Arbeitet ein Flächennutzungsplan mit Darstellungen in zeichnerischer Form, lässt sich allerdings eine „überschießende Genauigkeit"[45] der Darstellung aus technischen Gründen nicht vermeiden, weil jedes Zeichen, das man in eine Landkarte, die das Gemeindegebiet abbildet, einträgt, eine feste Begrenzung aufweist und dementsprechend auch unabweichbar festzulegen scheint, wo beispielsweise die Grenze zwischen Gebieten mit verschiedenen Nutzungsarten verläuft. In diesem Fall ist es Aufgabe der dem Flächennutzungsplan nach § 5 V i.V.m. § 2a BauGB beizufügenden **Begründung** sowie der nach § 6 V 3 BauGB erforderlichen **zusammenfassenden Erklärung**, deutlich zu machen, dass keine parzellenscharfen Vorgaben gemeint sind.

51 Weil der Flächennutzungsplan keine Festlegungen zur künftigen Bodennutzung im Detail enthält, lassen sich aus dem Flächennutzungsplan in der Regel auch **keine** unmittelbaren **Aussagen zur bauplanungsrechtlichen Zulässigkeit** beispielsweise eines konkret auf einem bestimmten Grundstück geplanten Gebäudes entnehmen. Die bauplanungsrechtliche Zulässigkeit von Vorhaben ist, worauf später noch näher einzugehen ist (→ Rn. 230ff.), in den §§ 30ff. BauGB geregelt. § 30 I, II BauGB zeigen, dass beim Vorhandensein eines inhaltlich hinreichend detaillierten Bebauungsplans (qualifizierter und vorhabenbezogener Bebauungsplan, vgl. → Rn. 76, 81) ausschließlich dessen Festsetzungen oder Inhalte über die Zulässigkeit von Vorhaben entscheiden.

52 Fehlt es an einem solchen qualifizierten oder vorhabenbezogenen Bebauungsplan und liegt das betroffene Grundstück in einem im Zusammenhang bebauten Ortsteil, dann richtet sich die Zulässigkeit des Vorhabens nach den gesetzlichen Anforderungen des § 34 BauGB. Auf den Flächennutzungsplan kommt es insofern ebenfalls nicht an.[46] Fehlt es an einem qualifizierten oder vorhabenbezogenen Bebauungsplan und liegt das betroffene Grundstück außerhalb eines im Zusammenhang bebauten Ortsteils, so richtet sich die bauplanungsrechtliche Zulässigkeit von Vorhaben nach § 35 BauGB. § 35 III 1 Nr. 1 BauGB sieht vor, dass ein Vorhaben unzulässig sein kann, wenn es mit Darstellungen des Flächennutzungsplans nicht übereinstimmt (vgl. → Rn. 298). Auch hier ist der Flächennutzungsplan aber nicht in der Lage, mit seinen Darstellungen einen Anspruch auf eine bestimmte Grundstücksnutzung zu vermitteln.

53 Das alles zeigt, dass die **Hauptfunktion des Flächennutzungsplans**[47] nicht darin liegt, unmittelbare Standortentscheidungen für konkrete Bodennutzungen zu treffen.

---

[42] VO i.d.F. v. 21.11.2017, BGBl. I S. 3786.
[43] Zur Darstellungsgenauigkeit BVerwGE 124, 132, 139f.
[44] *Mitschang*, in: Battis/Krautzberger/Löhr, BauGB, § 5 Rn. 8.
[45] Z.B. *Mitschang*, in: Battis/Krautzberger/Löhr, BauGB, § 5 Rn. 8.
[46] BVerwGE 62, 151, 152f. zu § 34 BauGB a.F.
[47] Zu den Funktionen des Flächennutzungsplans z.B. *Schrödter/Otto*, in: Schrödter, BauGB, § 5 Rn. 4; *Appel*, in: Koch/Hendler, Baurecht, Raumordnungs- und Landesplanungsrecht, § 14 Rn. 2.

B. Die staatliche Vorordnung der Bodennutzung

Sie besteht vielmehr darin, **nachfolgende Planungen zu steuern**. Das sind insbesondere die von der Gemeinde aufzustellenden verbindlichen Bebauungspläne, können unter den Voraussetzungen des § 7 BauGB sowie des § 3 II 3 LplG aber auch andere Planungen wie z. B. Fachplanungen oder Regionalplanungen sein.

Allerdings hat das Gesetz die **standortbestimmende Funktion** des Flächennutzungsplans für konkrete Vorhaben durch den ursprünglich in dieser Form nicht im BauGB enthaltenen § 35 III 3 BauGB gestärkt. Enthält ein Flächennutzungsplan Darstellungen, denen zufolge bestimmte, in § 35 I Nr. 2–6 BauGB näher aufgelistete Vorhaben in einem bestimmten Bereich im Gemeindegebiet vorgesehen sind (sog. **Konzentrationsflächen**), bedeutet das nach § 35 III 3 BauGB, dass derartige Anlagen in der Regel an allen anderen Stellen im Gemeindegebiet bauplanungsrechtlich unzulässig sind.[48] Weil in diesem Fall der Flächennutzungsplan wie ein verbindlicher Bebauungsplan eine **nutzungsausschließende Wirkung** entfaltet, hat die entsprechende Darstellung der Konzentrationsfläche ausnahmsweise parzellenscharf zu erfolgen.[49]

54

Hinweis: In der Praxis werden Konzentrationsflächen vor allem für Windkraftanlagen und Windparks, aber auch für Biogasanlagen, Einrichtungen zur Massentierhaltung oder Anlagen zur Gewinnung von Bodenschätzen dargestellt.

55

Die vorangehenden Ausführungen haben bereits gezeigt, dass die rechtlichen **Wirkungen** des Flächennutzungsplans **gegenüber einem Bürger**, der sein Grundstück in einer bestimmten Art und Weise nutzen will, differenziert sind. Faktisch ist der Flächennutzungsplan für einen Grundeigentümer vor allem dann von Interesse, wenn sein Grundstück im Rahmen der Aufstellung oder Änderung eines Flächennutzungsplans anders als zuvor Teil einer Baufläche oder eines Baugebiets wird (sog. Bauerwartungsland), was in der Regel zu einer erheblichen Wertsteigerung des Grundstücks führt. Umgekehrt kann eine Änderung der ein Grundstück betreffenden Darstellungen aber auch wertmindernd wirken.

56

Weil der Flächennutzungsplan gegenüber dem Bürger überwiegend faktisch oder mittelbar wirkt, wird ihm häufig die **rechtliche Außenwirkung** abgesprochen.[50] Das wird allerdings für den Fall, dass ein Flächennutzungsplan Darstellungen i. S. d. § 35 III 3 BauGB enthält, relativiert.[51] Bedenkt man, dass der Flächennutzungsplan nicht nur gemeindeintern die Bebauungsplanung (vgl. § 8 II 1 BauGB: „Bebauungspläne sind aus dem Flächennutzungsplan zu entwickeln"), sondern nach Maßgabe des § 7 BauGB sowie des § 3 II 3 LplG auch andere Planungsträger bindet, die eigenständige, gemeindeexterne staatliche Rechtssubjekte sind, so kommt dem Flächennutzungsplan insoweit ebenfalls rechtliche Außenwirkung zu. Das gilt auch dann, wenn ein Flächennutzungsplan durch eine Verwaltungsgemeinschaft oder einen Nachbarschaftsverband – beides juristische Personen und damit gemeindeexterne Rechtssubjekte – aufgestellt (dazu oben → Rn. 33 ff.) und später durch eine der Verwaltungsgemeinschaft oder

57

---

[48] Zur damit verbundenen, ausnahmsweisen Außenwirkung des Flächennutzungsplans BVerwGE 117, 287, 303; 128, 382, 387 ff.; 146, 40, 43.
[49] *Mitschang*, in: Battis/Krautzberger/Löhr, BauGB, § 5 Rn. 8; *Schrödter/Otto*, in: Schrödter, BauGB, § 5 Rn. 20; *Jeromin*, in: Kröninger/Aschke/Jeromin, BauGB, § 5 Rn. 10.
[50] Z.B. *Brenner*, Öffentliches Baurecht, Rn. 202; vgl. auch *Will*, Öffentliches Baurecht, Rn. 55.
[51] Z.B. *Kment*, NVwZ 2004, 314, 314; BVerwGE 117, 287, 303; 146, 40, 43 sowie BVerwGE 128, 382, 387: „Kraft gesetzlicher Anordnung in § 35 Abs. 3 Satz 3 BauGB entfalten die im Flächennutzungsplan ausgewiesenen Konzentrationszonen auf der Ebene der Vorhabenzulassung rechtliche Außenwirkung".

dem Nachbarschaftsverband angehörende Gemeinde nach Maßgabe des § 8 II 1 BauGB konkretisiert wird.

58 Zum Teil wird auch formuliert, der Flächennutzungsplan sei keine **Rechtsnorm**[52] bzw. keine „rechtssatzmäßige Regelung"[53]. Es trifft zu, dass § 10 I BauGB lediglich den Bebauungsplan ausdrücklich als Satzung qualifiziert und dass die anderen außenrechtlichen Rechtsformen des Verwaltungshandelns wie die der Rechtsverordnung oder des Verwaltungsakts auf den Flächennutzungsplan nicht passen.[54] Wie eben gezeigt begründet der Flächennutzungsplan aber in unterschiedlichen Beziehungen verbindliche Pflichten. Geht man davon aus, dass nur Rechtspflichten verbindlich sind und dass es zu ihrer Begründung einer Rechtsquelle bedarf, dann ist – auch terminologisch – darauf zu achten, dass man mit Formulierungen wie der, der Flächennutzungsplan sei keine Rechtsnorm, dem Flächennutzungsplan nicht die Rechtsqualität insgesamt abspricht.[55] Die angedeuteten Probleme versucht man häufig aufzufangen, indem man sagt, der Flächennutzungsplan sei eine „hoheitliche Maßnahme eigener Art"[56]. Präziser wäre es vielleicht, von einer atypischen Rechtsform des Verwaltungshandelns bzw. von einer **Rechtsquelle eigener Art** zu sprechen.

b) Bebauungsplan

59 Der Bebauungsplan hat die Funktion, in seinem Geltungsbereich für jedes Grundstück die bauplanungsrechtlich zulässige Bodennutzung **verbindlich zu regeln.** Das bedeutet insbesondere, dass künftige Vorhaben nach näherer Maßgabe der §§ 29 ff. BauGB grundsätzlich nur dann zulässig sind, wenn sie diesen Regelungen entsprechen. Umgekehrt lässt sich auch sagen: Die Aufnahme planwidriger Bodennutzungen wird durch den Bebauungsplan für die Zukunft verhindert. Legt ein Bebauungsplan beispielsweise für ein unbebautes Grundstück die Bebaubarkeit mit einem Wohnhaus fest, ist die spätere Errichtung eines Gewerbebetriebes rechtlich unzulässig.

60 Der Bebauungsplan ist aber für sich genommen rechtlich nicht in der Lage, sicherzustellen, dass tatsächlich ein Wohnhaus errichtet wird. Ob das geschieht, hängt davon ab, ob der Grundstückseigentümer von der ihm durch den Bebauungsplan eingeräumten rechtlichen Nutzungsmöglichkeit Gebrauch macht. Diese Entscheidung unterliegt grundsätzlich seiner durch Art. 14 I GG geschützten Baufreiheit (vgl. → Rn. 23). Sie hat Bestand, solange nicht die zuständigen Behörden später aufgrund spezieller gesetzlicher Ermächtigungsgrundlagen spezielle planverwirklichende Maßnahmen ergreifen. Zu denken ist etwa an Baugebote (§ 176 BauGB)[57], Pflanzgebote (§ 178 BauGB), Umlegungen (§ 45 S. 2 Nr. 1 und Nr. 2 Var. 2 BauGB) oder Enteignungen (§ 85 I Nr. 1 BauGB) (dazu näher unten → Rn. 210 ff.).

61 Weil ein Bebauungsplan in seinem Geltungsbereich die Nutzung jedes einzelnen Grundstücks regelt und insoweit konkret ist, sich gleichzeitig aber die Eigentumsver-

---

[52] Z.B. *Finkelnburg/Ortloff/Kment*, Öffentliches Baurecht, Bd. I, § 7 Rn. 45; *Jarass/Kment*, BauGB, § 5 Rn. 36; *Muckel/Ogorek*, Öffentliches Baurecht, § 5 Rn. 18; *Spieß*, in: Jäde/Dirnberger, BauGB, § 5 Rn. 2; *Dürr/Leven/Speckmaier*, Baurecht Baden-Württemberg, Rn. 76.
[53] BVerwGE 124, 132, 141.
[54] *Appel*, in: Koch/Hendler, Baurecht, Raumordnungs- und Landesplanungsrecht, § 14 Rn. 12; vgl. auch *Muckel/Ogorek*, Öffentliches Baurecht, § 5 Rn. 18.
[55] *Krebs*, in: Schoch, Besonderes Verwaltungsrecht, 4. Kap. Rn. 82.
[56] *Bönker*, in: Hoppe/Bönker/Grotefels, Öffentliches Baurecht, § 5 Rn. 85; *Wickel*, in: Ehlers/Fehling/Pünder, Besonderes Verwaltungsrecht, § 40 Rn. 32; vgl. auch *Will*, Öffentliches Baurecht, Rn. 55: „Rechtsakt eigener Art (sui generis)".
[57] Zur aktuellen Diskussion, ob man wegen der Wohnungsnot stärker auf Baugebote zurückgreifen kann und/oder soll *Köster*, BauR 2019, 1378 ff.

B. Die staatliche Vorordnung der Bodennutzung

hältnisse an den betroffenen Grundstücken jederzeit ändern können, so dass bei Planerlass der Adressatenkreis nicht bestimmbar ist, ist der Bebauungsplan weder eindeutig eine abstrakt-generelle Regelung und damit unproblematisch eine Norm noch eindeutig eine konkret-individuelle Regelung und damit unproblematisch ein Verwaltungsakt. Dementsprechend ist seine **Rechtsnatur** nicht eindeutig. § 10 I BauGB bestimmt daher: „Die Gemeinde beschließt den Bebauungsplan **als Satzung**." Das bedeutet, dass das Gesetz den Bebauungsplan unabhängig davon, ob man ihn als Norm, als Verwaltungsakt oder als Rechtsakt eigener Art qualifizieren müsste, als Satzung behandelt wissen will.

Bei der Regelung der zulässigen Bodennutzung hat sich der Bebauungsplan an den Vorentscheidungen des Flächennutzungsplans zu orientieren und diese zu konkretisieren, d.h.: Die Gemeinde ist bei der Aufstellung eines Bebauungsplans an die Darstellungen des Flächennutzungsplans gebunden, hat aber zugleich die Möglichkeit, das darin zum Ausdruck kommende Grundkonzept fortzuschreiben.[58] § 8 II 1 BauGB bringt das zum Ausdruck, indem er bestimmt: „Bebauungspläne sind aus dem Flächennutzungsplan zu **entwickeln**." 62

> **Beispiel:** Enthält ein Flächennutzungsplan die Darstellung „Wohnbaufläche", kann der daraus entwickelte Bebauungsplan die Festsetzung „Kleinsiedlungsgebiet", „reines Wohngebiet", „allgemeines Wohngebiet" oder „besonderes Wohngebiet" enthalten. Näher zu diesen Darstellungen und Festsetzungen § 1 I, II BauNVO und unten → Rn. 73. 63

Die Formulierung des § 8 II 1 BauGB könnte gleichzeitig bedeuten, dass die Aufstellung eines Bebauungsplans dem Flächennutzungsplan zeitlich stets nachzufolgen hat. Das ist aber nicht der Fall. § 8 III 1 BauGB sieht vor, dass beide Planungsprozesse auch gleichzeitig durchgeführt werden können **(Parallelverfahren)**. Dabei kann das Verfahren der Bebauungsplanaufstellung das Verfahren der Aufstellung des Flächennutzungsplans sogar zeitlich überholen, denn gem. § 8 III 2 BauGB kann der Bebauungsplan schon vor dem Flächennutzungsplan bekanntgemacht werden, „wenn nach dem Stand der Planungsarbeiten anzunehmen ist, dass der Bebauungsplan aus den künftigen Darstellungen des Flächennutzungsplans entwickelt sein wird". Diese zeitlichen Erleichterungen gelten gem. § 1 VIII BauGB gleichermaßen für die Änderung, Ergänzung oder Aufhebung von Bebauungsplänen. 64

Die Regelungen des § 8 III BauGB überraschen auf den ersten Blick. Ihre Anwendung stellt die Grundentscheidung des § 8 II 1 BauGB aber beispielsweise dann nicht in Frage, wenn ein insgesamt noch unfertiger Flächennutzungsplan für einen Teilbereich des Gemeindegebiets bereits einen fortgeschrittenen Planungsstand aufweist und hinreichend bestimmte städtebauliche Vorstellungen erkennen lässt, und wenn für diesen Teilbereich ein Bedarf für einen Bebauungsplan besteht, um eine konkrete Grundstücksnutzung rechtlich zu ermöglichen. Besteht ein derartig fortgeschrittener Planungsstand noch nicht, kann insbesondere auf § 8 III 2 BauGB nicht zurückgegriffen werden. 65

§ 8 III BauGB setzt voraus, dass bei der Aufstellung eines Bebauungsplans ein Flächennutzungsplan existiert, aber zu ändern ist, oder dass sich ein noch nicht existenter Flächennutzungsplan parallel zum Bebauungsplan im Aufstellungsverfahren befindet. Nach § 8 IV 1 BauGB kann ein Bebauungsplan auch „aufgestellt, geändert, ergänzt oder aufgehoben werden, bevor der Flächennutzungsplan aufgestellt ist, wenn dringende Gründe es erfordern und wenn der Bebauungsplan der beabsichtigten städtebaulichen Entwicklung des Gemeindegebiets nicht entgegenstehen wird **(vorzeitiger Be-** 66

---

[58] Dazu näher BVerwGE 48, 70, 74 f.

bauungsplan)". Hier muss sich ein Flächennutzungsplan anders als bei § 8 III BauGB noch nicht einmal im Aufstellungsverfahren befinden. § 8 IV 1 BauGB erfasst allerdings nur den Fall, dass kein wirksamer Flächennutzungsplan existiert. Müsste ein wirksamer Flächennutzungsplan vor der Aufstellung eines Bebauungsplans geändert werden, um den Bebauungsplan zu ermöglichen, findet § 8 IV 1 BauGB keine Anwendung. Es ist dann auf § 8 III BauGB zurückzugreifen.[59] Geht man davon aus, dass für die überwiegende Fläche Deutschlands wirksame Flächennutzungspläne bestehen, dann dürfte der praktische Anwendungsbereich des § 8 IV 1 BauGB gering sein. Das gilt gleichermaßen für § 8 II 2 BauGB, demzufolge ausnahmsweise bei der Aufstellung eines Bebauungsplans vollständig auf den Flächennutzungsplan verzichtet werden kann.

67 Eine praktisch relevante Abweichung von § 8 II 1 BauGB enthält demgegenüber § 13a II Nr. 2 BauGB für **Bebauungspläne der Innenentwicklung.** Das sind gem. § 13a I 1 BauGB Bebauungspläne, die der Wiedernutzbarmachung von Flächen wie beispielsweise von Industriebrachen, der Nachverdichtung, also z.B. der Ermöglichung der Bebauung von Hinterhöfen, oder anderen Maßnahmen der Innenentwicklung, d.h. der städtebaulichen Weiterentwicklung und damit der Verbesserung bereits bebauter Bereiche, dienen. Sie können nach § 13a I 1 BauGB unter den Voraussetzungen des § 13a I 2–5 BauGB in einem beschleunigten Verfahren aufgestellt werden. In ihm darf nach § 13a II Nr. 2 BauGB ein Bebauungsplan, der von Darstellungen des Flächennutzungsplans abweicht, auch aufgestellt werden, bevor der Flächennutzungsplan geändert oder ergänzt ist, wenn das die geordnete städtebauliche Entwicklung des Gemeindegebiets nicht beeinträchtigt. Der Flächennutzungsplan ist anschließend im Wege der Berichtigung anzupassen. Das bedeutet: Anders als in den Verfahren nach § 8 III und IV 1 BauGB wird in Bezug auf den Flächennutzungsplan auf die Durchführung eines eigenständigen Aufstellungsverfahrens vollständig verzichtet. Vielmehr ändert der im beschleunigten Verfahren aufgestellte Bebauungsplan der Innenentwicklung kraft Gesetzes den Inhalt des Flächennutzungsplans,[60] der anschließend nur noch zu korrigieren ist. Diese Abweichung vom Entwicklungsgebot gilt nach § 13b 1 BauGB auch für näher bestimmte Bebauungspläne, durch die die Zulässigkeit von Wohnnutzungen auf Flächen begründet wird, die sich an im Zusammenhang bebaute Ortsteile anschließen.

68 Wenn § 8 II 1 BauGB formuliert: „Bebauungs**pläne** sind aus dem Flächennutzungsplan zu entwickeln", so kommt schon sprachlich zum Ausdruck, dass das Gesetz davon ausgeht, dass in einer Gemeinde in der Regel **mehrere Bebauungspläne** bestehen, die sich jeweils auf Teile des Gemeindegebiets beziehen. Dabei setzt nach § 9 VII BauGB jeder Bebauungsplan die Grenzen seines räumlichen Geltungsbereichs selbst fest. Wenn es den planerischen Erfordernissen entspricht, kann sich – das kommt für kleine Gemeinden in Betracht – ein Bebauungsplan aber auch einmal auf das gesamte Gemeindegebiet erstrecken.[61] §§ 8 II 1, 9 VII BauGB schließen das nicht aus. Ebenso wenig gibt es eine Mindestgröße für Bebauungspläne, die sich ggf. sogar auf ein einziges Grundstück beschränken können.[62]

---

[59] Vgl. VGH BW, BWGZ 1995, 617f.; BVerwGE 48, 70, 77f. zur Vorgängernorm des § 8 II BBauG; *Finkelnburg/Ortloff/Kment,* Öffentliches Baurecht, Bd. I, § 8 Rn. 44; *Wickel,* in: Ehlers/Fehling/Pünder, Besonderes Verwaltungsrecht, § 40 Rn. 39.

[60] Vgl. z.B. *Schrödter,* ZfBR 2010, 422, 424 m. Nachw. Kritisch dazu zu Recht z.B. *Wickel,* in: Ehlers/Fehling/Pünder, Besonderes Verwaltungsrecht, § 40 Rn. 40; *Erbguth/Schubert,* Öffentliches Baurecht, § 5 Rn. 113a.

[61] Z.B. *Bönker,* in: Hoppe/Bönker/Grotefels, Öffentliches Baurecht, § 5 Rn. 79.

[62] BVerwG, DVBl. 1969, 276, 277; *Kersten,* in: Schoch, Besonderes Verwaltungsrecht, 3. Kap. Rn. 72.

B. Die staatliche Vorordnung der Bodennutzung 275

Das Instrument, mit dem Bebauungspläne in ihrem Geltungsbereich für jedes **69** Grundstück die bauplanungsrechtlich zulässige Bodennutzung verbindlich festlegen, ist in der Regel (zu Abweichungen beim vorhabenbezogenen Bebauungsplan nach § 12 III 1, 2, IIIa BauGB unten → Rn. 82) die Festsetzung. Das bringt § 8 I 1 BauGB zum Ausdruck, der bestimmt: „Der Bebauungsplan enthält die **rechtsverbindlichen Festsetzungen** für die städtebauliche Ordnung." § 9 I–III BauGB listen auf, welche Festsetzungen ein Bebauungsplan enthalten kann. § 9 IV BauGB fügt eine Ermächtigung an die Landesgesetzgeber hinzu, weitere Festsetzungsmöglichkeiten zu schaffen. Von dieser Ermächtigung hat der Landesgesetzgeber in Baden-Württemberg keinen Gebrauch gemacht (→ Rn. 79, 330). Da die Festsetzungen für die betroffenen Grundstückseigentümer in der Regel Inhalts- und Schrankenbestimmungen i. S. d. Art. 14 I 2 GG sind und daher auf einer hinreichend bestimmten gesetzlichen Grundlage beruhen müssen, ist der Katalog der in § 9 I–IV BauGB aufgelisteten Festsetzungsmöglichkeiten abschließend.[63]

Außer den Festsetzungen enthält der Bebauungsplan **Kennzeichnungen** (§ 9 V **70** BauGB) sowie **nachrichtliche Übernahmen** und **Vermerke** (§ 9 VI, VIa BauGB). Ihnen ist – ähnlich den Kennzeichnungen, nachrichtlichen Übernahmen und Vermerken im Flächennutzungsplan (→ Rn. 47) – gemeinsam, dass sie anders als die Festsetzungen nicht die bauplanungsrechtliche Zulässigkeit künftiger Nutzungen betreffen, sondern auf Umstände hinweisen, die die künftige Nutzung zusätzlich faktisch (Kennzeichnungen) oder rechtlich (Übernahmen und Vermerke) beeinflussen können. Schließlich ist dem Bebauungsplan gem. § 9 VIII BauGB eine **Begründung**, für die § 2a BauGB inhaltliche Mindestanforderungen enthält, sowie nach Maßgabe des § 10a I BauGB eine **zusammenfassende Erklärung** beizufügen.

Ähnlich wie bei den Darstellungen des Flächennutzungsplans ist es auch bei den Fest- **71** setzungen des Bebauungsplans, die seinen wichtigsten Inhalt bilden, schwierig, allein mit Hilfe der Sprache auszudrücken, wie der Boden genutzt werden darf. Da die Festsetzungen wie schon erwähnt Inhalts- und Schrankenbestimmungen i. S. d. Art. 14 I 2 GG sind, müssen sie aber klar und unmissverständlich, also hinreichend bestimmt sein.[64] Deshalb kann auch der Bebauungsplan außer Festsetzungen in Textform solche in Form von **Zeichnungen**, **Zeichen** und **Farben** enthalten, für die die PlanZV die Details festlegt. Anders als die Darstellungen des Flächennutzungsplans müssen die Festsetzungen des Bebauungsplans **parzellenscharf** sein. Anderenfalls ließe sich ihnen nicht mit der nötigen Bestimmtheit die rechtlich zulässige Grundstücksnutzung entnehmen.

Entsprechend der in § 1 I BauGB umschriebenen Aufgabe der Bauleitplanung, die **72** „bauliche und sonstige Nutzung der Grundstücke […] vorzubereiten und zu leiten", gliedert sich der Katalog der nach § 9 I BauGB möglichen Festsetzungen in solche, die sich auf die **bauliche Nutzung** beziehen, und solche, die **sonstige Nutzungen** betreffen. Von den Festsetzungen zur baulichen Nutzung sind sowohl in der Praxis als auch für Ausbildungszwecke vor allem die des § 9 I Nr. 1 und Nr. 2 BauGB von Interesse. Nach § 9 I Nr. 1 BauGB kann der Bebauungsplan u. a. **Festsetzungen zur Art der baulichen Nutzung** enthalten. Sie legen fest, für welche Nutzungsmöglichkeiten ein Grundstück künftig zur Verfügung steht.

Dabei ist die Gemeinde in ihren Festlegungen nicht frei. Vielmehr bestimmen die **73** §§ 1 II–X, 2–15 der BauNVO, die auf § 9a BauGB beruht, wie die Gemeinde vorzuge-

---

[63] Vgl. BVerwGE 92, 56, 62; 94, 151, 154; NVwZ 1995, 696, 697; ZfBR 2012, 151, 152; vgl. auch VGH BW, NVwZ 1999, 548, 548.
[64] Z. B. BVerwGE 119, 45, 51; *Schrödter/Möller*, in: Schrödter, BauGB, § 9 Rn. 14 m. Nachw.

hen hat. Nach § 1 III 1 BauNVO kann sich die Gemeinde im Hinblick auf die Art der baulichen Nutzung für die Festsetzung eines der in § 1 II BauNVO aufgelisteten **Baugebiete** entscheiden. Sie kann also beispielsweise regeln, dass ein Grundstück oder eine Gruppe von Grundstücken künftig als „reines Wohngebiet" (§ 1 II Nr. 2 BauNVO), als „Gewerbegebiet" (§ 1 II Nr. 9 BauNVO) oder als ein anderes der in § 1 II BauNVO abschließend aufgelisteten Baugebiete zu qualifizieren ist. Durch diese Festsetzung werden nach § 1 III 2 BauNVO – mit in § 1 IV–X BauNVO näher geregelten Abweichungsmöglichkeiten – die §§ 2–14 BauNVO Bestandteil des Bebauungsplans. Diese Vorschriften legen fest, welche Nutzungen in welchem Baugebiet grundsätzlich oder jedenfalls ausnahmsweise zulässig sind. Nach § 3 II Nr. 1, 2 BauNVO sind beispielsweise in einem reinen Wohngebiet grundsätzlich nur Wohngebäude sowie bestimmte Anlagen zur Kinderbetreuung zulässig. § 3 III BauNVO bestimmt, dass ausnahmsweise z.B. auch Läden (Nr. 1) oder sonstige Anlagen für soziale Zwecke (Nr. 2) zugelassen werden können. § 8 BauNVO listet in strukturgleicher Weise in seinem Absatz 2 für das Gewerbegebiet auf, welche Nutzungen und Gebäudetypen grundsätzlich, also als sog. Regelnutzung zulässig sind, um in seinem Absatz 3 hinzuzufügen, welche Nutzungen darüber hinaus ausnahmsweise zugelassen werden können.

74 **Hinweis:** § 9 I Nr. 8 BauGB ermöglicht die Festsetzung von Flächen, auf denen ganz oder teilweise nur Wohngebäude errichtet werden dürfen, die für Personengruppen mit besonderem Wohnbedarf bestimmt sind. Zu denken ist etwa an Wohnanlagen für Senioren oder Behinderte sowie an Studentenwohnheime. Gemeinschaftsunterkünfte für Asylbegehrende sind demgegenüber von § 9 I Nr. 8 BauGB nicht erfasst, da sie regelmäßig[65] nicht dem – dauerhaften – Wohnen, sondern der vorübergehenden Unterkunft während der Abwicklung des Asylverfahrens dienen. Sie sind innerhalb der Baugebiete der BauNVO als Anlagen für soziale Zwecke – je nach Baugebiet als Regelnutzung oder ausnahmsweise – zulässig.[66]

75 Will die Gemeinde auch das **Maß der baulichen Nutzung** i.S.d. § 9 I Nr. 1 BauGB festsetzen, also Regelungen zur Größe der künftigen Baukörper treffen, enthalten die §§ 16 ff. BauNVO nähere Vorgaben zu den Festsetzungsmöglichkeiten. In ähnlicher Weise werden die Festsetzungsmöglichkeiten des § 9 I Nr. 2 BauGB zur **Bauweise**, zu den **überbaubaren** und **nicht überbaubaren Grundstücksflächen** sowie zur **Stellung der baulichen Anlagen** durch die §§ 22 f. BauNVO konkretisiert.

76 Enthält ein Bebauungsplan mindestens Festsetzungen über die Art und das Maß der baulichen Nutzung, die überbaubaren Grundstücksflächen und die örtlichen Verkehrsflächen, liegt ein sog. **qualifizierter Bebauungsplan** vor. Einen Bebauungsplan, der diese Festsetzungen nicht aufweist, nennt § 30 III BauGB „**einfacher Bebauungsplan**". Diese Differenzierung ist für die rechtliche Zulässigkeit von Vorhaben von Bedeutung (dazu unten → Rn. 223 f., 240).

77 Die Festsetzungsmöglichkeiten zu den **sonstigen Nutzungen** sind vor allem erforderlich, damit die Gemeinde den von ihr bei der Aufstellung von Bauleitplänen nach §§ 1 VI Nr. 7, 1a BauGB zu berücksichtigenden Belangen des Umweltschutzes, aber beispielsweise auch denen des Hochwasserschutzes (§ 1 VI Nr. 12 BauGB), der Land-

---

[65] Wenn aufgrund der konkreten Ausgestaltung der jeweiligen Räumlichkeiten eine hinreichende Eigengestaltung der Haushaltsführung und des häuslichen Wirkungskreises in einem baulich abgeschlossenen Bereich mit eigener Küche und Bad für eine gewisse Dauer ermöglicht wird, kann auch im Einzelfall einmal eine Wohnnutzung vorliegen, vgl. Hess. VGH, NVwZ 2016, 88 ff.; OVG NRW, BauR 2016, 794, 796.

[66] Z.B. VGH BW, VBlBW 2016, 113, 134.

B. Die staatliche Vorordnung der Bodennutzung

wirtschaft (§ 1 VI Nr. 8b BauGB) oder von Sport, Freizeit und Erholung (§ 1 VI Nr. 3 BauGB) durch verbindliche Regelungen Rechnung tragen kann. Zu erwähnen sind etwa die Möglichkeiten, Grünflächen (§ 9 I Nr. 15 BauGB), Flächen für die Landwirtschaft und Wald (§ 9 I Nr. 18 BauGB) oder Flächen und Maßnahmen zum Schutz, zur Pflege und zur Entwicklung von Boden, Natur und Landschaft (§ 9 I Nr. 20 BauGB) festzusetzen. Die Festsetzungsmöglichkeiten zu den sonstigen Nutzungen sind zudem wichtig, weil sie dazu beitragen können, im Bebauungsplan angelegte **Eingriffe in Natur und Landschaft** i. S. d. § 1a III 1–4 BauGB auszugleichen (→ Rn. 111 ff.). Das gilt insbesondere für die Möglichkeit, nach § 9 I Nr. 25 BauGB Anforderungen an die Bepflanzung von Grundstücken zu stellen, sowie für die Festsetzungsoptionen nach § 9 Ia BauGB.

§ 9 IIa, IIb BauGB enthalten Sonderregelungen für Bebauungspläne, die der Steuerung der städtebaulichen Entwicklung in näher bestimmten bebauten, aber nicht komplett beplanten Bereichen einer Gemeinde dienen. § 9 III BauGB trägt u. a. dem Umstand Rechnung, dass es für eine sinnvolle Vorordnung der Bodennutzung nicht immer genügt, nur für die Nutzung der Erdoberfläche Festsetzungen zu treffen. So kann es für den Fall eines U-Bahn-Baus beispielsweise sinnvoll sein, auf Kellerebene oder darunter eine Verkehrsfläche für die U-Bahn, auf Erdgeschossebene eine Verkehrsfläche für den Fußgängerverkehr, u. U. verbunden mit Flächen für gewerbliche Nutzungen, und darüber möglicherweise Wohn- oder Büroflächen vorzusehen.[67] Eine solche **vertikale Gliederung** von Festsetzungen ermöglicht § 9 III 2 BauGB. 78

§ 9 IV BauGB bestimmt schließlich, dass die Länder vorsehen können, dass auf **Landesrecht beruhende Regelungen** als Festsetzungen in Bebauungspläne aufgenommen werden können. Gleichzeitig kann landesrechtlich geregelt werden, inwieweit auf diese Festsetzungen die Vorschriften des BauGB Anwendung finden sollen. Davon haben manche Länder beispielsweise für die auf den Landesbauordnungen beruhenden sog. **örtlichen Bauvorschriften** Gebrauch gemacht. Das sind von den Gemeinden als Satzung beschlossene Anforderungen u. a. an die äußere Gestaltung von Gebäuden, Werbeanlagen, Automaten, Stellplätzen oder Abfallbehältern. § 86 II BauO NRW[68] bestimmt dazu beispielsweise: „Örtliche Bauvorschriften können auch durch Bebauungsplan [...] erlassen werden." In Baden-Württemberg ist das anders. Nach § 74 VII LBO ist es zwar möglich, einen Bebauungsplan und eine Satzung über örtliche Bauvorschriften in einem gemeinsamen Verfahren, für das dann die Regelungen des BauGB gelten, zu erlassen und gemeinsam zu beschließen. Das ändert aber nichts daran, dass zwei Rechtsnormen zustande kommen.[69] Von der Ermächtigung des § 9 IV BauGB hat die LBO also keinen Gebrauch gemacht.[70] 79

Grundsätzlich gelten Bebauungspläne **unbefristet** bis zu ihrer Änderung bzw. Aufhebung, sei es in einem nachträglichen Planänderungs- bzw. Planaufhebungsverfahren nach § 1 VIII BauGB, sei es durch eine gerichtliche Entscheidung (zum Außerkrafttreten von Bebauungsplänen → Rn. 157 ff.). § 9 II 1 BauGB ermöglicht es allerdings, in besonderen Fällen für einzelne Festsetzungen zu bestimmen, dass sie nur für einen be- 80

---

[67] Beispiel nach *Mitschang/Reidt*, in: Battis/Krautzberger/Löhr, BauGB, § 9 Rn. 215.
[68] G. v. 21.7.2018, GV S. 421, zuletzt geändert durch G. v. 26.3.2019, GV S. 193.
[69] Vgl. *Sauter*, LBO, § 74 Rn. 121; VGH BW, NVwZ-RR 2003, 331, 333; DVBl. 2015, 442, 446 f.; VBlBW 2016, 197, 201, in letzterer Entscheidung auch zu den Folgen der Nichtigkeit eines Bebauungsplanes auf hiermit verbundene örtliche Bauvorschriften.
[70] *Schlotterbeck*, in: ders. u. a., LBO, § 74 Rn. 4 ff., 114; *Balensiefen,* in: Spannowsky/Uechtritz, BeckOK Bauordnungsrecht BW, § 74 Rn. 163. A. A. wohl *Will*, Öffentliches Baurecht, Rn. 94.

stimmten Zeitraum oder nur bis zum Eintritt bestimmter Umstände wirksam oder unwirksam sind (sog. **Baurecht auf Zeit**). Nach § 9 II 2 BauGB sollen dann zugleich die anschließend vorgesehenen Folgenutzungen festgesetzt werden. Soll beispielsweise auf einem Gelände langfristig eine öffentliche Grünfläche entstehen, vorher aber eine Landesgartenschau durchgeführt werden, so lassen sich für die Zeit der Gartenschau nach § 9 II 1 BauGB die erforderlichen Festsetzungen für die Grünflächen, Parkplätze, Verkehrswege, Gewächshäuser, Gastronomiebetriebe usw. gem. § 9 II 1 BauGB befristen. Zugleich kann in ein und demselben Bebauungsplan für die Zeit danach gem. § 9 II 2 BauGB bereits die Folgenutzung als öffentliche Grünfläche verbindlich geregelt werden.[71] Das erspart die Durchführung eines Planänderungsverfahrens nach Abschluss der Gartenschau.

81 Eine besondere Form des Bebauungsplans ist der in § 12 BauGB geregelte **vorhabenbezogene Bebauungsplan**. Während Bebauungspläne im Regelfall primär darauf ausgerichtet sind, planwidrige Nutzungen für die Zukunft auszuschließen (vgl. oben → Rn. 59), bezweckt der vorhabenbezogene Bebauungsplan gezielt die Realisierung eines ganz bestimmten Vorhabens. Sein Einsatz bietet sich an, wenn erstens ein Bauherr – in der Sprache des BauGB: der Vorhabenträger – ein Gebäude nur dann errichten und nutzen darf, wenn zuvor ein Bebauungsplan erstmals aufgestellt oder ein vorhandener Bebauungsplan entsprechend geändert wird, wenn zweitens der Bauherr bereit ist, zur Schaffung der planungsrechtlichen Grundlagen finanziell beizutragen, und wenn drittens die Gemeinde ihrerseits an der zügigen Durchführung des Vorhabens und der dafür erforderlichen Planung ein eigenes Interesse hat. In einer solchen Situation kann der Vorhabenträger, der nach § 12 I 1 BauGB zur Verwirklichung des Vorhabens bereit und in der Lage sein muss, der Gemeinde einen mit ihr abgestimmten Plan zur Durchführung des Vorhabens und zu seinem Anschluss an die erforderliche Infrastruktur vorlegen (**Vorhaben- und Erschließungsplan**) und ihr das Vertragsangebot machen, das Vorhaben innerhalb einer bestimmten Frist zu verwirklichen sowie die Kosten der Planung und Erschließung ganz oder teilweise zu tragen. Nimmt die Gemeinde das Angebot an, kommt der nach § 11 III BauGB schriftlich abzuschließende **Durchführungsvertrag** zustande. Die Gemeinde ist dann nach § 12 II 1 BauGB verpflichtet, auf Antrag des Vorhabenträgers über die Einleitung des Verfahrens zur Aufstellung des Bebauungsplans nach pflichtgemäßem Ermessen zu entscheiden. Ein Anspruch darauf, dass der Plan in diesem Verfahren tatsächlich in der gewünschten Form aufgestellt wird, entsteht aber grundsätzlich nicht (vgl. § 1 III 2 BauGB sowie oben → Rn. 30 und unten → Rn. 91).

82 Weil der vorhabenbezogene Bebauungsplan darauf ausgerichtet ist, die planungsrechtlichen Grundlagen für ein konkretes, vom Bauherrn initiiertes Vorhaben einvernehmlich zu schaffen, bestimmt § 12 III 1 BauGB, dass der vom Vorhabenträger in Abstimmung mit der Gemeinde erarbeitete Vorhaben- und Erschließungsplan Bestandteil des vorhabenbezogenen Bebauungsplans wird. Dabei können nach § 12 IV BauGB einzelne Flächen außerhalb des Vorhaben- und Erschließungsplans in den vorhabenbezogenen Bebauungsplan einbezogen werden. Um die Planaufstellung zu erleichtern, sieht § 12 III 2 BauGB vor, dass die Gemeinde bei der Normierung der Zulässigkeit von Vorhaben nicht an den Festsetzungskatalog des § 9 BauGB sowie an die BauNVO gebunden ist.

83 Der Zweck eines vorhabenbezogenen Bebauungsplans realisiert sich nicht, wenn das geplante Vorhaben nicht verwirklicht wird. Im Gegenteil: Der Plan steht u. U. einer

---

[71] Beispiel nach *Mitschang/Reidt*, in: Battis/Krautzberger/Löhr, BauGB, § 9 Rn. 166b.

B. Die staatliche Vorordnung der Bodennutzung

anderweitigen geordneten städtebaulichen Entwicklung sogar entgegen. Nach § 12 VI 1 BauGB soll die Gemeinde den Plan daher **aufheben,** wenn das Vorhaben nicht innerhalb der im Durchführungsvertrag vorgesehenen Frist durchgeführt wird. Sieht man von den beschriebenen Vorschriften ab, die auf die Sondersituation der Planaufstellung Rücksicht nehmen, gilt für den vorhabenbezogenen Bebauungsplan dasselbe wie für andere Bebauungspläne.

c) Vertiefungshinweise

Literatur: 84

Inhalte und Funktion des Flächennutzungsplans: *Graf,* Rechtliche Anforderungen an den Inhalt und die Regelungstiefe der Darstellungen im Flächennutzungsplan, BauR 2004, 1552 ff.; *Finkelnburg/Ortloff/Kment,* Öffentliches Baurecht, Bd. I, § 7; *Kümper,* Die Bindung von Fachplanungsträgern an den Flächennutzungsplan gemäß § 7 BauGB, UPR 2013, 9 ff.

Inhalte und Funktion des Bebauungsplans: *v. Komorowski/Kupfer,* Der Bebauungsplan – Rechtmäßigkeit, Fehlerfolgen und Kontrolle unter besonderer Berücksichtigung der Rechtsprechung des VGH Baden-Württemberg – Teil 1, 2, 3, VBlBW 2003, 1 ff., 49 ff., 100 ff.; *Voßkuhle/ Kaiser,* Der Bebauungsplan, JuS 2014, 1074 ff.

BauNVO: *Bönker,* in: Hoppe/Bönker/Grotefels, Öffentliches Baurecht, § 6; *Wickel,* in: Ehlers/Fehling/Pünder, Besonderes Verwaltungsrecht, § 40 Rn. 43 ff.

Rechtsprechung: BVerwGE 48, 70 ff.; BVerwG, NVwZ-RR 2003, 406 f. – zum Verhältnis von Flächennutzungsplan und Bebauungsplan; BVerwGE 119, 45, 51 – zur erforderlichen Bestimmtheit von Festsetzungen.

2. Rechtliche Vorgaben für die Aufstellung von Bauleitplänen

Bei der Aufstellung von Bauleitplänen hat die Gemeinde eine Vielzahl rechtlicher 85 Anforderungen zu beachten. Die nachfolgenden Ausführungen behandeln die **Rechtmäßigkeitsvoraussetzungen eines Bauleitplans** in folgender Reihenfolge:

I. Vorgaben zum Ob der Planung
  1. Planungspflichten
  2. Ansprüche auf Planung?
  3. Planungsverbote
II. Vorgaben zum Planinhalt
  1. Anpassungspflicht des § 1 IV BauGB und Entwicklungspflicht des § 8 II 1 BauGB
  2. Zwingende Vorgaben des Fachplanungsrechts
  3. Zwingende Vorgaben in Spezialgesetzen
  4. Zwingende Zielvorgaben des § 1 V BauGB
III. Vorgaben zum Prozess der Planaufstellung
  1. Vorgaben zur Abwägung
  2. Verfahrensrechtliche Vorgaben
  3. Zuständigkeitsrechtliche Vorgaben

Beachte: Verstößt die Gemeinde bei der Aufstellung eines Bauleitplans gegen Vorschriften 86 und ist der Bauleitplan damit rechtswidrig, so führt das nicht ohne weiteres zu seiner Nichtigkeit. Vielmehr differenziert das BauGB insoweit in den §§ 214 f. BauGB zwischen beachtlichen und unbeachtlichen Fehlern. Auch ein rechtswidriger Bauleitplan kann also wirksam sein und Rechtsfolgen entfalten (vgl. unten → Rn. 161 ff.). In Klausuren ist genau darauf zu achten, ob es im geprüften Fall auf die Rechtswidrigkeit oder auf die Wirksamkeit des Plans ankommt. In den meisten Konstellationen steht die Wirksamkeit von Bauleitplänen im Mittelpunkt der Prüfung.

a) Vorgaben zum Ob der Planung

aa) Planungspflichten

87   Die §§ 34, 35 BauGB (→ Rn. 223 ff.) zeigen, dass nicht jedes Grundstück im Gemeindegebiet von einem Bebauungsplan erfasst sein muss, und aus § 8 II 2 BauGB ergibt sich, dass im Einzelfall ein Flächennutzungsplan entbehrlich sein kann. Grundsätzlich soll aber nach § 1 I BauGB die Nutzung der Grundstücke durch Bauleitpläne[72] im Vorfeld vorgeordnet werden (**Planmäßigkeitsprinzip**). Bauleitpläne sind nach § 1 III 1 BauGB von der Gemeinde aufzustellen, „sobald und soweit es für die städtebauliche Entwicklung und Ordnung erforderlich ist." Der Gebrauch der durch Art. 28 II 1 GG verliehenen Befugnis, für das eigene Gebiet die Grundlagen der Bodennutzung festzulegen, steht also nicht im Belieben der Gemeinde. Vielmehr besteht unter den Voraussetzungen des § 1 III 1 BauGB eine **Planungspflicht**. Nach § 1 VIII BauGB gilt das gleichermaßen für die Änderung, Ergänzung und Aufhebung von Bauleitplänen.

88   Maßstab für den Zeitpunkt der Entstehung der Planungspflicht und für den Umfang der gebotenen Planung ist nach § 1 III 1 BauGB die **Erforderlichkeit** der Bauleitplanung für die **städtebauliche Entwicklung und Ordnung**. Welche städtebauliche Entwicklung und Ordnung das Gesetz anstrebt, beschreibt § 1 V BauGB: Es geht darum, eine in der Norm noch näher beschriebene nachhaltige städtebauliche Entwicklung sowie eine dem Wohl der Allgemeinheit dienende sozialgerechte Bodennutzung unter Berücksichtigung der Wohnbedürfnisse der Bevölkerung zu gewährleisten (Satz 1). Gleichzeitig soll zur Sicherung einer menschenwürdigen Umwelt, zum Schutz und zur Entwicklung der natürlichen Lebensgrundlagen, zum Schutz und zur Anpassung des Klimas sowie zur baukulturellen Erhaltung und Entwicklung der städtebaulichen Gestalt und des Orts- und Landschaftsbildes beigetragen werden (Satz 2). Dabei soll die städtebauliche Entwicklung vorrangig durch Maßnahmen der Innenentwicklung erfolgen (Satz 3), was bedeutet, dass die bebauten Bereiche möglichst nicht ausgedehnt werden sollen.

89   Allerdings lässt sich aus diesen abstrakten Aussagen für die konkret anzustrebende Bodennutzung vor Ort wenig ableiten. Zudem sind mit der Frage, ob zur Erreichung einer an diesen Maßstäben ausgerichteten Bodennutzung die Aufstellung von Bauleitplänen notwendig ist, Prognosen über künftige Entwicklungen und Bedürfnisse verbunden. Da es nach Art. 28 II 1 GG vorrangig Aufgabe der Gemeinden ist, über die Verhältnisse vor Ort zu entscheiden, kann die Einhaltung der sich aus § 1 III 1 BauGB ergebenden Planungspflicht nur dann im Wege einer Anordnung der Rechtsaufsichtsbehörde nach § 122 GemO durchgesetzt oder – falls die Gemeinde dagegen Rechtsschutz sucht – gerichtlich überprüft werden, wenn die Einschätzung der Gemeinde, es bedürfe keiner Bauleitplanung, „eindeutig nicht mehr vertretbar [...]. Dieser Zustand ist jedenfalls dann erreicht, wenn städtebauliche Missstände oder Fehlentwicklungen bereits eingetreten sind oder in naher Zukunft einzutreten drohen".[73] Denkbar sind Planungspflichten aus § 1 III 1 BauGB dabei auch, wenn sich interkommunale

---

[72] Ein Vertrag, der anstelle eines Plans über die bodenrechtliche Zulässigkeit eines künftigen Vorhabens entscheiden soll, ist nach § 59 I LVwVfG i.V.m. § 134 BGB i.V.m. § 1 I BauGB wegen Verstoßes gegen das Planmäßigkeitsprinzip nichtig, VGH BW, BauR 2017, 2122, 2123 f.
[73] BVerwGE 119, 25, 32.

B. Die staatliche Vorordnung der Bodennutzung   281

Nutzungskonflikte nur im Wege einer nach § 2 II 1 BauGB abgestimmten Planung
(→ Rn. 114) klären lassen.[74] Planungspflichten können sich zusätzlich aus Spezialgesetzen ergeben. Beispiele finden sich in § 188 I BauGB sowie in § 21 LplG (dazu, ob auch § 1 IV BauGB [Erst-]Planungspflichten auslöst → Rn. 94 ff.).

bb) Ansprüche auf Planung?

Da Bauleitplanung der Herstellung einer im Allgemeininteresse liegenden geordneten städtebaulichen Entwicklung dient, besteht grundsätzlich kein subjektives öffentliches Recht auf die Aufstellung von Bauleitplänen. Dass auf der Grundlage grundrechtlicher Schutzpflichten gleichwohl im Einzelfall ausnahmsweise ein **Anspruch auf eine konkrete Planung** entstehen kann, wurde bereits erläutert (vgl. oben → Rn. 30). Mit diesem Vorbehalt ist § 1 III 2 HS 1 BauGB zu lesen, der bestimmt: „Auf die Aufstellung von Bauleitplänen […] besteht kein Anspruch". § 1 III 2 HS 2 BauGB stellt klar, dass auch vertraglich kein Anspruch auf Bauleitplanung begründet werden kann. Andernfalls würden die differenzierten Regelungen des BauGB zum Verfahren der Planaufstellung, in dem die abstrakten Aussagen des § 1 V BauGB in genau festgelegten Verfahrensschritten mit genau bestimmten Verfahrensbeteiligten konkretisiert werden sollen, unterlaufen. Verpflichtet sich eine Gemeinde gleichwohl vertraglich zur Planaufstellung, ist der Vertrag nach § 59 I LVwVfG i.V.m. § 134 BGB i.V.m. § 1 III 2 HS 2 BauGB nichtig. 90

Das gilt – wie schon erwähnt (→ Rn. 81) – auch für den vorhabenbezogenen Bebauungsplan sowie in sonstigen Konstellationen, in denen ein Privater und eine Gemeinde **gleichlaufende Planungsinteressen** verfolgen. Hier ist es denkbar, dass die Gemeinde dem Privaten, der beispielsweise zum Zwecke der Beschleunigung schon frühzeitig Architektenleistungen in Auftrag geben will, vor dem Beschluss eines Bauleitplans Planungssicherheit zu vermitteln versucht, indem sie sich ihm gegenüber vertraglich dazu verpflichtet, das finanzielle Risiko der Beauftragung für den Fall zu tragen, dass die Planaufstellung später ausbleibt.[75] Das ist nicht per se unzulässig,[76] führt aber dann zu Rechtsfehlern, wenn der durch eine derartige Verpflichtung entstehende faktische Druck zur Planaufstellung einer unzulässigen rechtlichen Planungsverpflichtung ähnelt.[77] 91

cc) Planungsverbote

§ 1 III 1 BauGB enthält nicht nur eine Planungspflicht. Die Norm bringt zugleich zum Ausdruck, dass die Gemeinde Pläne, die für eine geordnete städtebauliche Entwicklung und Ordnung nicht erforderlich sind, auch nicht aufstellen darf. Allerdings ist die Beurteilung, ob sich auch ohne Planung eine Bodenordnung einstellt, die den Vorgaben des vor Ort zu konkretisierenden § 1 V BauGB entspricht, wiederum von Prognosen abhängig, die zu treffen Art. 28 II 1 GG vorrangig den Gemeinden zuweist. Daher kann auch das in § 1 III 1 BauGB enthaltene **Planungsverbot** nur im Ausnahmefall im Wege der Rechtsaufsicht oder gerichtlich überprüft und ggf. durchgesetzt werden. Ein solcher Ausnahmefall liegt beispielsweise vor, wenn Bebauungspläne „einer positiven Planungskonzeption entbehren und ersichtlich der Förderung von Zielen dienen, für deren Verwirklichung die Planungsinstrumente des Baugesetzbuches 92

---
[74] BVerwGE 119, 25, 33 ff.
[75] Dazu *Dolde/Uechtritz,* DVBl. 1987, 446, 448 ff.
[76] BVerwGE 124, 385, 388 ff.
[77] Vgl. z.B. *Krebs,* in: Schoch, Besonderes Verwaltungsrecht, 4. Kap. Rn. 94; anders *Dolde/Uechtritz,* DVBl. 1987, 446, 449.

nicht bestimmt sind".[78] Das ist u. a. anzunehmen, wenn ein Bebauungsplan ausschließlich aufgestellt wird, um den betroffenen Eigentümern den Verkauf ihrer Grundstücke als Bauland zu ermöglichen (unzulässige Gefälligkeitsplanung),[79] wenn es ohne jedes darüber hinausgehende Konzept ausschließlich darum geht, ein bestimmtes Vorhaben zu verhindern (unzulässige Negativplanung),[80] oder dann, wenn keine städtebaulichen sondern beispielsweise wettbewerbs-, arbeitsmarkt- oder sozialpolitische Ziele verfolgt werden. Gleiches gilt, wenn von vornherein feststeht, dass sich die Festsetzungen aus tatsächlichen oder rechtlichen Gründen in absehbarer Zeit nicht realisieren lassen (unzulässige Vorratsplanung).[81]

93 **Beispiel:** Ein Bebauungsplan ist (noch) nicht erforderlich, wenn von vornherein feststeht, dass seine Festsetzungen frühestens nach 30 Jahren realisiert werden können, weil zuvor ein Kernkraftwerk im Planbereich stillgelegt und seine Betriebsanlagen abgebaut werden müssen.[82] Die Festsetzung eines Mischgebiets (§ 6 BauNVO) ist nicht erforderlich, wenn die Gemeinde ihr insoweit verfolgtes städtebauliches Konzept bereits während der Planaufstellung dadurch aufgibt, dass sie ihr Einvernehmen zur Erteilung von Baugenehmigungen nur für die Errichtung von Wohnhäusern und nicht für andere, im Mischgebiet zulässige Vorhaben erteilt.[83] Ein Bebauungsplan ist nicht erforderlich, wenn von vorherein feststeht, dass er wegen wasserrechtlicher Verbote nicht vollzugsfähig ist.[84]

b) Vorgaben zum Planinhalt

aa) Anpassungspflicht des § 1 IV BauGB und Entwicklungspflicht des § 8 II 1 BauGB

94 Wie erwähnt vermag allein die örtliche Bauleitplanung ein sinnvolles Konzept der Bodennutzung nicht sicherzustellen (vgl. → Rn. 39). Es bedarf zudem einer überörtlichen Vorordnung und Koordination der Bodennutzung, die für größere Regionen eines Landes oder für ein Land insgesamt beispielsweise bestimmt, welche Gebiete ländlich geprägt sein und bleiben sollen, wo Ballungsräume entwickelt werden sollen, wo Verkehrsachsen verlaufen sollen usw. Die dafür erforderliche überörtliche Planung ist eine zentralstaatliche Aufgabe und erfolgt nach § 7 I 1 LplG durch die Aufstellung eines **Landesentwicklungsplans** für das gesamte Gebiet des Landes Baden-Württemberg sowie nach § 11 I 1 LplG durch **Regionalpläne** für die einzelnen Regionen des Landes.

95 Sowohl der Landesentwicklungsplan (§ 7 I 2 LplG) als auch die Regionalpläne (§ 11 I 1 LplG) treffen ihre Entscheidungen für die künftige Raumnutzung u. a. durch **Ziele der Raumordnung.** Das sind nach § 3 I Nr. 2 ROG „verbindliche Vorgaben [...] zur Entwicklung, Ordnung und Sicherung des Raums", die nach § 4 I 1 Nr. 1 ROG/§ 4 I 1 LplG von öffentlichen Stellen bei raumbedeutsamen Planungen und damit auch von den Gemeinden bei der Bauleitplanung **„zu beachten"** sind. Das bedeutet, dass die in Zielen der Raumordnung enthaltenen Festlegungen für die Gemeinde strikt verbindlich sind. Bauleitpläne dürfen also den Zielen der Raumordnung nicht widersprechen.

96 Daraus folgt zum einen, dass erstmals aufgestellte Bauleitpläne den Zielen der Raumordnung entsprechen müssen. Denkbar ist zum anderen, dass ein Bauleitplan zunächst

---

[78] BVerwGE 116, 144, 146; 153, 16, 18 f.
[79] Vgl. BVerwGE 34, 301, 304/305; Kersten, in: Schoch, Besonderes Verwaltungsrecht, 3. Kap. Rn. 73.
[80] Vgl. BVerwG, NVwZ 1991, 875, 877.
[81] BVerwGE 116, 144, 147; 120, 239, 241; 153, 16, 20.
[82] VGH BW, VBlBW 2002, 200, 201 ff.
[83] VGH BW, DVBl. 2015, 912, 913 ff.
[84] Hess. VGH, BauR 2017, 497, 500 f.

B. Die staatliche Vorordnung der Bodennutzung 283

mit den Zielen der Raumordnung in Einklang stand, dann aber in Widerspruch dazu gerät, weil die Ziele nach Inkrafttreten des Bauleitplans geändert werden. In diesem Fall muss der Bauleitplan den Zielen angepasst werden. § 1 IV BauGB bringt diese Pflicht, die sich möglicherweise zugleich auch schon aus § 4 I 1 Nr. 1 ROG/§ 4 I 1 LplG ergibt,[85] explizit zum Ausdruck, indem er bestimmt: „Die Bauleitpläne sind den Zielen der Raumordnung **anzupassen**." Ist es im Einzelfall so, dass kein Bauleitplan vorhanden ist, es zur konkretisierenden Umsetzung von Zielen der Raumordnung aber eines solchen bedarf, kann § 1 IV BauGB eine Erstplanungspflicht begründen.[86] § 1 IV BauGB enthält insoweit daher nicht nur Vorgaben zum Inhalt von Bauleitplänen, sondern ggf. auch zum Ob der Planung. Fehlt es einmal an einem Raumordnungsplan, ist das für die Wirksamkeit von Bauleitplänen nicht von Bedeutung. Die Anpassungspflicht des § 1 IV BauGB kommt dann nicht zum Tragen.[87] Gleiches gilt, wenn ein Ziel der Raumordnung unwirksam ist oder wenn die Gemeinde nach §§ 6 II ROG, 24 LplG erfolgreich beantragt hat, ausnahmsweise von einem Ziel der Raumordnung abweichen zu dürfen.

Die Anpassungspflicht des § 1 IV BauGB bezieht sich auf alle Bauleitpläne, ist aber **97** angesichts der schon geschilderten Zweistufigkeit der Bauleitplanung (vgl. → Rn. 45) vor allem für den Flächennutzungsplan von praktischem Interesse. Er ist den Zielen der Raumordnung anzupassen, und aus ihm ist anschließend der die konkrete Bodennutzung verbindlich festsetzende Bebauungsplan nach § 8 II 1 BauGB zu entwickeln (vgl. näher oben → Rn. 62 ff.). Gleichwohl hat § 1 IV BauGB auch in Bezug auf Bebauungspläne eine eigenständige Bedeutung. Widerspricht ein aus dem Flächennutzungsplan ordnungsgemäß entwickelter Bebauungsplan einem Ziel der Raumordnung – etwa weil dieses nach Aufstellung des Bebauungsplans geändert wurde – so ist der Bebauungsplan gem. § 1 IV BauGB anzupassen. Im Zweifel tritt das Entwicklungsgebot aus § 8 II 1 BauGB hinter die Anpassungspflicht des § 1 IV BauGB zurück.[88]

bb) Zwingende Vorgaben des Fachplanungsrechts

Inhaltliche Vorgaben, denen Bauleitpläne nicht widersprechen dürfen, oder in pla- **98** nungsrechtlicher Terminologie: Belange, die strikt **zu beachten** sind (sog. unüberwindbare Belange), kann auch das Fachplanungsrecht enthalten. Die Fachplanung dient anders als die Landesentwicklungsplanung, die Regionalplanung und die Bauleitplanung nicht der übergreifenden Vorordnung der Bodennutzung unter allen denkbaren Aspekten für ein Gebiet, sondern der planerischen Lösung einzelner Sachaufgaben (vgl. → Rn. 41 f.). Fachplanung ist also – das erklärt den Namen – eine Planung zur Bewältigung fachspezifischer Problemstellungen. Dabei hat die Fachplanung zwei größere Anwendungsfelder.

Zum einen können in Planfeststellungsverfahren durch **Planfeststellungsbeschluss**, **99** also durch einen speziellen Verwaltungsakt mit den in § 75 I VwVfGe näher beschriebenen Wirkungen, besondere Projekte wie Bundesfernstraßen oder Eisenbahnbetriebsanlagen zum Bau und Betrieb zugelassen werden. § 38 S. 1 BauGB bestimmt, dass in Planfeststellungsverfahren für Vorhaben mit überörtlicher Bedeutung die §§ 29 ff.

---

[85] Offengelassen in BVerwGE 90, 329, 333.
[86] Das war früher umstritten. Wie hier BVerwGE 119, 25, 38 ff.; vgl. z.B. auch *Gaentzsch*, in: Berliner Kommentar, BauGB, § 1 Rn. 41; *Kersten*, in: Schoch, Besonderes Verwaltungsrecht, 3. Kap. Rn. 63. Gegenargumente referierend *Appel*, in: Koch/Hendler, Baurecht, Raumordnungs- und Landesplanungsrecht, § 13 Rn. 17.
[87] BVerwG, NVwZ 2010, 1430, 1433.
[88] *Kerkmann*, in: Koch/Hendler, Baurecht, Raumordnungs- und Landesplanungsrecht, § 13 Rn. 7.

BauGB nicht gelten. Das bedeutet im praktischen Ergebnis u. a., dass diese Vorhaben nicht an die Festsetzungen eines Bebauungsplans gebunden sind.

100 Zu der hier interessierenden Frage, ob umgekehrt die Gemeinde bei der Bauleitplanung an Planfeststellungsbeschlüsse gebunden ist, enthält das BauGB keine ausdrückliche Regelung. Da § 38 S. 1 BauGB aber einen gewissen Vorrang der Fachplanung vor der Bauleitplanung zum Ausdruck bringt, geht man davon aus, dass eine Gemeinde bei der Aufstellung ihrer Bauleitpläne keine Darstellungen in einem Flächennutzungsplan oder Festsetzungen in einem Bebauungsplan treffen darf, die sich mit einer vorhandenen Planfeststellung inhaltlich nicht vereinbaren lassen.[89] Insoweit sind zeitlich vorangehende Planfeststellungsbeschlüsse[90] von der Gemeinde bei der Aufstellung von Bauleitplänen also zu beachten. Ob die Gemeinde dazu verpflichtet ist, einen vorhandenen Bauleitplan an einen nach Planaufstellung ergangenen Planfeststellungsbeschluss anzupassen, ist ebenfalls nicht ausdrücklich geregelt, was gegen eine Anpassungspflicht spricht. Eine Pflicht zur Änderung bestehender Bauleitpläne kann sich in dieser Fallgestaltung aber ggf. aus § 1 III, VIII BauGB ergeben.[91]

101 **Beispiel:** Bestimmt ein Planfeststellungsbeschluss, dass eine Bundesfernstraße über das Gebiet einer Gemeinde verlaufen soll, ist es möglich, dass die Gemeinde aus Gründen des Lärmschutzes anschließend ihre städtebauliche Konzeption ändern muss mit der Folge, dass Planänderungen i. S. d. § 1 III, VIII BauGB erforderlich werden.

102 Von Fachplanung spricht man auch, wenn **Pläne** eingesetzt werden, um beispielsweise die Boden-, Luft- oder Gewässerqualität für bestimmte Gebiete zu verbessern oder sie vor Hochwasser, Lärm oder Zerstörungen der Natur zu schützen. Das Umweltrecht kennt eine Vielzahl entsprechender Planwerke, die in unterschiedlichen Rechtsformen ergehen und Regelungen mit unterschiedlichen rechtlichen Bindungswirkungen enthalten. Vorgaben, die von der Gemeinde bei der Bauleitplanung strikt zu beachten sind, sind häufig Bestandteil von Schutzgebietsausweisungen, die als Rechtsverordnungen[92] ergehen. Wird beispielsweise durch Rechtsverordnung auf der Grundlage des § 23 III 1 Var. 1 NatSchG[93] ein Gebiet zum Naturschutzgebiet i. S. d. § 23 I BNatSchG[94] erklärt, dann darf ein gemeindlicher Bauleitplan den in einer derartigen Rechtsverordnung regelmäßig nach § 22 I 2 BNatSchG enthaltenen Nutzungsverboten nicht widersprechen. Gleiches gilt für eine Landschaftsschutzverordnung nach § 23 IV NatSchG[95] oder für die Erklärung eines Waldgebiets zum Bann- oder Schonwald durch Rechtsverordnung nach § 32 I 1 LWaldG[96].

cc) Zwingende Vorgaben in Spezialgesetzen

103 Gelegentlich ergeben sich strikt zu beachtende Anforderungen an den Inhalt von Bauleitplänen auch unmittelbar aus **Spezialgesetzen**. Wird beispielsweise nach § 76 II

---

[89] BVerwGE 81, 111, 116; *Rieger*, in: Schrödter, BauGB, § 38 Rn. 23; *Jarass/Kment*, BauGB, § 1 Rn. 38.
[90] Zur zeitlichen Priorität als Kriterium BVerwGE 100, 388, 394; *Reidt*, in: Battis/Krautzberger/Löhr, BauGB, § 38 Rn. 4.
[91] *Appel*, in: Koch/Hendler, Baurecht, Raumordnungs- und Landesplanungsrecht, § 13 Rn. 33.
[92] Zum Problem *Finkelnburg/Ortloff/Kment*, Öffentliches Baurecht, Bd. I, § 5 Rn. 21.
[93] G. v. 23.6.2015, GBl. S. 585, zuletzt geändert durch G. v. 21.11.2017, GBl. S. 597, ber. S. 643 und GBl. 2018, S. 4.
[94] G. v. 29.7.2009, BGBl. I S. 2542, zuletzt geändert durch G v. 13.5.2019, BGBl. I S. 706.
[95] OVG Schl.-Hol., NuR 2010, 420, 421 zu einer früheren parallelen Regelung im dortigen Landesrecht.
[96] G. i. d. F. v. 31.8.1995, GBl. S. 685, zuletzt geändert durch G. v. 5.6.2019, GBl. 161.

B. Die staatliche Vorordnung der Bodennutzung

1 WHG[97] ein Überschwemmungsgebiet festgesetzt, dürfen dort nach § 78 I 1 WHG in Bauleitplänen regelmäßig keine neuen Baugebiete ausgewiesen werden,[98] und fehlt es an einer forstbehördlichen Umwandlungsgenehmigung, kann nach § 10 I, II 3 LWaldG in einem Bauleitplan für eine Waldfläche keine anderweitige Nutzung wirksam dargestellt oder festgesetzt werden.

§ 1a IV BauGB befasst sich mit dem Verhältnis von Bauleitplänen zu der Ausweisung von Flächen als Natura-2000-Gebiet. Natura-2000-Gebiete sind auf der Grundlage der §§ 31 ff. BNatSchG ausgewählte Gebiete, die dem länderübergreifenden Schutz wildlebender heimischer Pflanzen- und Tierarten und ihrer natürlichen Lebensräume dienen und in ein europaweites Schutzgebietsnetz integriert sind. Stellt sich während der Aufstellung eines Bauleitplans heraus, dass die spätere Verwirklichung einer in ihm vorgesehenen Nutzung zu erheblichen Beeinträchtigungen eines Natura-2000-Gebiets führen kann, darf diese Nutzung nach § 34 II BNatSchG, auf die § 1a IV BauGB u. a. verweist, oft nicht im Bauleitplan dargestellt bzw. festgesetzt werden.[99] 104

dd) Zwingende Zielvorgaben des § 1 V BauGB

Zwingend sind schließlich – trotz der Formulierung „sollen" – die Anforderungen an den Inhalt von Bauleitplänen, die § 1 V BauGB nennt (dazu schon → Rn. 88): Bauleitpläne haben eine **nachhaltige städtebauliche Entwicklung** sowie eine **dem Wohl der Allgemeinheit dienende sozialgerechte Bodennutzung** unter Berücksichtigung der **Wohnbedürfnisse** der Bevölkerung zu gewährleisten und dabei zur Sicherung einer menschenwürdigen Umwelt, zum Schutz und zur Entwicklung der natürlichen Lebensgrundlagen, zum Schutz und zur Anpassung des Klimas sowie zur baukulturellen Erhaltung und Entwicklung der städtebaulichen Gestalt und des Orts- und Landschaftsbildes beizutragen.[100] Dabei soll die städtebauliche Entwicklung vorrangig durch Maßnahmen der Innenentwicklung erfolgen. 105

c) Vorgaben zum Prozess der Planaufstellung

Da es nicht nur schwierig ist, anzugeben, ob zur Erreichung einer dem Gesetz entsprechenden städtebaulichen Entwicklung und Ordnung die Aufstellung von Bauleitplänen überhaupt erforderlich ist (dazu → Rn. 88 f.), sondern auch, wann ein konkreter Bauleitplan den Zielvorgaben des § 1 V BauGB inhaltlich entspricht, versucht das BauGB nicht, die abstrakt formulierten Ziele des § 1 V BauGB an anderer Stelle noch näher zu umschreiben oder zu definieren. Stattdessen macht es der Gemeinde **Vorgaben für den Entscheidungsprozess** der Planaufstellung. Sie beziehen sich zum einen auf die Erwägungen, die die Gemeinde bei der Planaufstellung anzustellen hat. Zum anderen sind der Ablauf des Verfahrens und der Kreis der am Entscheidungsprozess zu beteiligenden Stellen und Personen sowie die Zuständigkeiten gesetzlich genau geregelt. Alles zusammen soll gewährleisten, dass die Gemeinde Pläne entwickelt und beschließt, die inhaltlich dann – quasi automatisch – den Zielsetzungen des § 1 V BauGB entsprechen. 106

---

[97] G. v. 31.7.2009, BGBl. I S. 2585, zuletzt geändert durch G. v. 4.12.2018, BGBl. I S. 2254.
[98] Näher zum Verhältnis von Hochwasserschutz und Bauleitplanung m. Nachw. *Mitschang*, UPR 2018, 361 ff.
[99] Dazu näher z. B. *Koch*, in: ders./Hendler, Baurecht, Raumordnungs- und Landesplanungsrecht, § 17 Rn. 76 m. Nachw.
[100] Zu den einzelnen Begriffen z. B. näher *Finkelnburg/Ortloff/Kment*, Öffentliches Baurecht, Bd. I, § 5 Rn. 62 ff. m. Nachw.

aa) Vorgaben zur Abwägung

107 Die Norm, die den Entscheidungsprozess der Planaufstellung zentral prägt, ist § 1 VII BauGB. Sie bestimmt: „Bei der Aufstellung der Bauleitpläne sind die öffentlichen und privaten Belange gegeneinander und untereinander gerecht abzuwägen." Damit ist gemeint, worauf die Verfahrensvorschrift des § 2 III BauGB (→ Rn. 121 ff., 129) ausdrücklich hinweist, dass die Gemeinde zunächst zu ermitteln und zu bewerten hat, welche öffentlichen und privaten Belange in welchem Ausmaß und mit welcher Gewichtigkeit durch die Aufstellung eines Bauleitplans betroffen sein können. Diese Belange sind von ihr bei der Planaufstellung **zu berücksichtigen** (sog. überwindbare Belange). Das bedeutet: Die Gemeinde muss diese Belange in ihre Erwägungen bei der Aufstellung eines Plans einbeziehen, darf sie aber ggf. hinter anderen Belangen zurücktreten lassen, nachdem sie alle zu berücksichtigenden Belange in mehrfacher Hinsicht abgewogen hat. Dabei muss die **Abwägung** „gerecht" sein. Das gilt nicht nur für die erstmalige Aufstellung von Bauleitplänen, sondern gem. § 1 VIII BauGB auch für ihre Änderung, Ergänzung und Aufhebung.

(1) Private Belange

108 Zu den zu berücksichtigenden **privaten Belangen** zählen vor allem die rechtlich geschützten Interessen der von der Planung berührten Grundeigentümer, aber auch die von Mietern, Pächtern oder anderen Betroffenen. Da der Begriff des privaten Belangs weiter ist als der des subjektiven Rechts, sind zudem individuelle Interessen zu berücksichtigen, die rechtlich nicht geschützt sind. Zu denken ist an das Interesse, von heranrückender Bebauung, Verkehr oder Freizeitlärm[101] verschont zu bleiben, oder das Interesse am Erhalt vorhandener grundstücksbezogener Erwerbschancen[102].

(2) Öffentliche Belange

109 Hinweise darauf, welche **öffentlichen Belange** von der Gemeinde zu berücksichtigen sind, liefert § 1 VI BauGB, der beispielhaft („insbesondere") planungsrelevante Gesichtspunkte aufzählt. Von hoher Bedeutung sind u. a. die des Umweltschutzes. Damit sie von der Gemeinde vollständig erkannt werden, ist zu ihrer Ermittlung und Bewertung nach § 2 IV BauGB eine gesonderte Umweltprüfung durchzuführen (→ Rn. 130), deren Ergebnis nach § 2 IV 4 BauGB in der Abwägung zu berücksichtigen ist. Ein Teil der umweltrelevanten Belange ist in § 1 VI Nr. 7 BauGB aufgelistet. Dabei dient § 1 VI Nr. 7g) BauGB zugleich der Verzahnung der Bauleitplanung mit besonderen umweltrechtlichen Fachplanungen. Diese können nicht nur Festlegungen wie z. B. die schon erwähnten Schutzgebietsausweisungen in Gestalt von Rechtsverordnungen enthalten, die bei der Planaufstellung strikt zu beachten sind (vgl. oben → Rn. 102), sondern auch lediglich zu berücksichtigende Darstellungen. § 1 VI Nr. 7g) BauGB stellt klar, dass auch die Gemeinde derartige Darstellungen als öffentlichen Belang in ihre Bauleitplanungen mit einzustellen hat.

110 § 1a BauGB ergänzt § 1 VI Nr. 7 BauGB. § 1a II 1 BauGB will sicherstellen, dass mit Grund und Boden sparsam und schonend umgegangen wird **(Bodenschutzklausel)**, § 1a II 2 BauGB, der durch § 1a II 4 BauGB flankiert wird, bezweckt die Begrenzung der Umwidmung von landwirtschaftlich, als Wald oder für Wohnzwecke genutzten Flächen in andere Flächen **(Umwidmungssperrklausel)**, und § 1a V 1 BauGB

---

[101] BVerwGE 107, 215, 222.
[102] BVerwGE 59, 87, 102.

B. Die staatliche Vorordnung der Bodennutzung   287

dient dem **Klimaschutz.** Alle drei Gesichtspunkte sind nach § 1a II 3, V 2 BauGB in der Abwägung nach § 1 VII BauGB zu berücksichtigen.

§ 1a III 1 BauGB betrifft das Verhältnis von Bauleitplänen zu den Regelungen der **111** §§ 13 ff. BNatSchG über **Eingriffe in Natur und Landschaft** (zu Beeinträchtigungen von Natura-2000-Gebieten schon oben → Rn. 104). Eingriffe in Natur und Landschaft sind nach § 14 I BNatSchG „Veränderungen der Gestalt oder Nutzung von Grundflächen oder Veränderungen des mit der belebten Bodenschicht in Verbindung stehenden Grundwasserspiegels, die die Leistungs- und Funktionsfähigkeit des Naturhaushalts oder das Landschaftsbild erheblich beeinträchtigen können". Eingriffe in Natur und Landschaft erfolgen nicht durch Pläne, sondern durch konkrete Vorhaben, also z. B. durch den Bau von Straßen oder Häusern. Vermeidbare Eingriffe in Natur und Landschaft sind nach § 15 I 1 BNatSchG zu unterlassen. Unvermeidbare Eingriffe sind nach § 15 II 1 BNatSchG durch Maßnahmen des Naturschutzes und der Landschaftspflege auszugleichen oder zu ersetzen. Unvermeidbare Eingriffe, die nicht ausgeglichen oder ersetzt werden können, sind nach § 15 V BNatSchG unzulässig, wenn die Belange des Naturschutzes und der Landschaftspflege gegenüber den Belangen, die mit dem Vorhaben verbunden sind, vorrangig sind.

Nun würde es wenig Sinn machen, wenn ein Bebauungsplan beispielsweise die **112** Möglichkeit der Bebauung einer Fläche wirksam festsetzen könnte, der Bau eines den Festsetzungen entsprechenden Hauses aber später an der naturschutzrechtlichen Eingriffsregelung scheitern würde. § 18 II 1 BNatSchG bestimmt daher, dass Vorhaben in Gebieten mit Bebauungsplänen grundsätzlich[103] nicht den naturschutzrechtlichen Regelungen über Eingriffe in Natur und Landschaft unterfallen. Stattdessen sind die Auswirkungen künftiger Nutzungen auf Natur und Landschaft schon bei der Aufstellung von Bauleitplänen zu bedenken. § 18 I BNatSchG legt dazu fest, dass für den Fall, dass aufgrund der Aufstellung von Bauleitplänen später Eingriffe in Natur und Landschaft zu erwarten sind, über die Vermeidung, den Ausgleich und den Ersatz nach den Bestimmungen des BauGB zu entscheiden ist und verweist damit auf § 1a III BauGB, der u. a. durch § 200a BauGB ergänzt wird.

Das bedeutet: Ob eine in einem Bauleitplan für die Zukunft vorgesehene Nutzung **113** bei ihrer Realisierung einen Eingriff in Natur und Landschaft darstellen würde, bestimmt sich nach § 14 I BNatSchG. Ist ein künftiger Eingriff zu bejahen, bestimmen sich die Rechtsfolgen insbesondere nach § 1a III 1 BauGB. Danach sind die Vermeidung von künftigen Eingriffen in Natur und Landschaft durch die Realisierung von im Bauleitplan vorgesehenen Nutzungen sowie die Möglichkeiten des Ausgleichs und des Ersatzes in der Abwägung nach § 1 VII BauGB zu berücksichtigen. Den Belangen des Naturschutzes und der Landschaftspflege kommt also kein Vorrang vor den in der Bauleitplanung zu berücksichtigenden Belangen zu.[104] Kommt die Gemeinde bei der Abwägung zu dem Ergebnis, dass ein zu erwartender Eingriff in Natur und Landschaft durch Ausgleichs- oder Ersatzmaßnahmen zu kompensieren ist, kann sie das in § 1a III 2–4 BauGB enthaltene Instrumentarium nutzen.

Zu den öffentlichen Belangen, die in die Abwägung einfließen, zählen nach § 2 II **114** BauGB auch die städtebaulichen Interessen der **Nachbargemeinden** und die ihnen durch Ziele der Raumordnung zugewiesenen **Funktionen**. Weist eine Gemeinde beispielsweise eine Fläche für den Bau eines großen Einkaufszentrums aus, ist sie verpflich-

---

[103] Ausnahme: § 18 II 2 Var. 2 BNatSchG: planfeststellungsersetzender Bebauungsplan.
[104] BVerwGE 104, 68, 72; *Jarass/Kment,* BauGB, § 1a Rn. 8. Näher zur Prüfung der Eingriffsregelung im Rahmen der Bauleitplanung *Scheidler,* ZuR 2019, 145 ff.

tet, die erkennbaren städtebaulichen Interessen bzw. raumordnungsrechtlich geschützten Belange der Nachbargemeinde in den Abwägungsprozess einzustellen. Deshalb hat sie u. a. zu prüfen, ob das durch die Planung ermöglichte Einkaufszentrum zu Abwanderungsprozessen von Käufern aus der Innenstadt der Nachbargemeinde führen kann, ob dadurch in der Nachbargemeinde mit der Schließung von Geschäften zu rechnen ist und ob das wiederum die verbrauchernahe Versorgung in der Nachbargemeinde gefährden könnte.[105] § 2 II BauGB ist keine verfahrensrechtliche Norm. § 2 II BauGB bezweckt „vielmehr die materielle Abstimmung, das Abgestimmtsein als Zustand".[106] Das in § 2 II BauGB enthaltene **interkommunale Abstimmungsgebot** begründet also die Verpflichtung der planenden Gemeinde, die eigenen Interessen mit den möglicherweise gegenläufigen Interessen der Nachbargemeinden abzuwägen,[107] und wird daher auch „als eine besondere Ausprägung des Abwägungsgebots"[108] bezeichnet.

(3) Abwägung der Belange – Planungsgrundsätze

115 Die Abwägung der zu berücksichtigenden öffentlichen und privaten Belange untereinander und gegeneinander hat nach § 1 VII BauGB **„gerecht"** zu sein. Zur Beschreibung und Konkretisierung dieses unbestimmten Rechtsbegriffs bestehen verschiedene, sich teilweise überschneidende Leitlinien (sog. **Planungsgrundsätze**).[109] So soll eine Planung beispielsweise nur „gerecht" sein, wenn sie auf die von ihr betroffenen individuellen Interessen Rücksicht nimmt **(Gebot der planerischen Rücksichtnahme)** und wenn sie die von ihr vorgefundenen sowie die durch sie neu aufgeworfenen, städtebaulich relevanten Konflikte löst **(Gebot der planerischen Konfliktbewältigung)**. Dabei darf die Lösung kleinräumiger Probleme aber einem nachfolgenden Verfahren zur Zulassung eines konkreten Vorhabens überlassen werden, wenn zu erwarten ist, dass eine Lösung in diesem Verfahren erzielt werden kann.[110] So kann beispielsweise für die Feinabstimmung der Nutzung zweier benachbarter bebaubarer Grundstücke auf ein nachfolgendes Baugenehmigungsverfahren verwiesen werden, wenn alle noch offenen Fragen unter Anwendung des § 15 BauNVO (→ Rn. 249) gelöst werden können.

116 Einzelne Aspekte sowohl des Gebots der planerischen Konfliktbewältigung als auch der planerischen Rücksichtnahme spricht **§ 50 S. 1 BImSchG** an. Danach soll bei raumbedeutsamen Planungen und Maßnahmen und damit auch bei der Bauleitplanung so weit wie möglich dafür Sorge getragen werden, dass unterschiedliche Nutzungen so im Plangebiet verteilt werden, dass sie sich untereinander nicht i. S. d. Immissionsschutzrechts stören. Durch die Formulierung „so weit wie möglich" (sog. **Optimierungsgebot**) macht § 50 S. 1 BImSchG deutlich, dass das in ihm enthaltene **Gebot der Trennung unverträglicher Nutzungen** insbesondere dann zu relativieren ist, wenn es um die planerische Bewältigung vorhandener sog. Gemengelagen geht. Das sind bereits bebaute Flächen, auf denen Nutzungen vorhanden sind, die schädliche Umwelteinwirkungen hervorrufen, und zugleich solche, die schutzbedürftig sind. In derartigen Konstellationen stoßen auch die Gebote der Konfliktbewältigung und der Rücksichtnahme an durch die faktische Situation vorgegebene Grenzen.

---

[105] Vgl. VGH BW, NVwZ-RR 2008, 369, 373.
[106] BVerwGE 40, 323, 328; 84, 209, 216.
[107] BVerwGE 84, 201, 218.
[108] BVerwGE 117, 25, 32.
[109] Dazu grundlegend m. Nachw. *Hoppe*, in: ders./Bönker/Grotefels, Öffentliches Baurecht, § 7 Rn. 131 ff. sowie z. B. *Battis*, in: ders./Krautzberger/Löhr, BauGB, § 1 Rn. 115 ff.
[110] BVerwG, BauR 2012, 600, 601; BauR 2012, 1351, 1354; ZfBR 2015, 689, 690.

B. Die staatliche Vorordnung der Bodennutzung

Hinweis: Dem Trennungsgebot kann dadurch entsprochen werden, dass störungsanfällige 117
und störende Nutzungen räumlich getrennt werden. So ist es beispielsweise denkbar, dass
zwischen einem Wohngebiet und einem Gewerbegebiet quasi als „Puffer" ein Mischgebiet
festgesetzt wird. Möglich ist es aber etwa auch, auf der Grundlage von § 9 I Nr. 24 a. E.
BauGB („technische Vorkehrungen") den Einbau von Schallschutzfenstern festzusetzen (sog.
passiver Lärmschutz).

(4) Abwägung der Belange – Abwägungsfehlerlehre

Trotz der geschilderten inhaltlichen Vorgaben, die das BauGB für die Aufstellung 118
von Bauleitplänen enthält, hat dieser Entscheidungsprozess einen hohen planerischen
bzw. gestalterischen und damit letztlich politischen Anteil. Das ist der Grund dafür,
dass die Vereinbarkeit von Bauleitplänen mit § 1 VII BauGB durch die Gerichte nur
begrenzt daraufhin kontrolliert wird, ob ein sog. **Abwägungsfehler** vorliegt.[111] Das
soll zunächst der Fall sein, „wenn eine (sachgerechte) Abwägung überhaupt nicht stattfindet"[112] (sog. **Abwägungsausfall**). Ein Abwägungsfehler soll auch gegeben sein,
„wenn in die Abwägung an Belangen nicht eingestellt wird, was nach Lage der Dinge
in sie eingestellt werden muß"[113] (sog. **Abwägungsdefizit**), also beispielsweise dann,
wenn bei einer Planänderung das Interesse von Eigentümern an der Beibehaltung des
bestehenden, für sie günstigeren Zustands nicht in der Abwägung berücksichtigt
wird.[114] Das Gebot gerechter Abwägung soll darüber hinaus verletzt sein, wenn die
Bedeutung einzelner Belange verkannt wird[115] (sog. **Abwägungsfehleinschätzung**).
Ein Beispiel dafür liegt vor, wenn eine Gemeinde zu Unrecht davon ausgeht, ein
Grundeigentümer sei mit einer sein Grundstück betreffenden, für ihn ungünstigen
Festsetzung einverstanden.[116] Schließlich darf der Ausgleich zwischen den von der Planung betroffenen Belangen auch nicht in einer Weise vorgenommen werden, die „zur
objektiven Gewichtigkeit einzelner Belange außer Verhältnis steht"[117] (sog. **Abwä-
gungsdisproportionalität**).

Klausurhinweis: Auch in Klausuren wird die Abwägung der Belange nur auf diese Fehler 119
hin untersucht.

Die genannten Fehler können – so die Abwägungsfehlerlehre – sowohl im **Abwä-** 120
gungsergebnis als auch im **Abwägungsvorgang** auftreten.[118] Das Wort Abwägungsvorgang umschreibt den Prozess der Entscheidungsfindung. Das Abwägungsergebnis ist
das Endprodukt dieses Prozesses, also der Inhalt des Bauleitplans. Denkbar ist zum Beispiel, dass während der Entscheidungsfindung vergessen wird, einen abwägungsrelevanten Belang in die Abwägung einzustellen. Der Abwägungsvorgang leidet dann an einem Fehler. Es ist nun möglich, dass der später beschlossene Plan inhaltlich ebenfalls
fehlerhaft ist, weil bei Berücksichtigung des betroffenen Belangs andere Darstellungen
oder Festsetzungen hätten getroffen werden müssen. Es kann aber ebenso gut sein, dass
der nicht eingestellte Belang ohnehin hinter anderen Belangen hätte zurückstehen

---

[111] Vgl. dazu BVerwGE 34, 301, 308 f.; 45, 309, 314 f.; 47, 144, 147; VGH BW, ZfBR 2010, 72, 74; ZfBR 2012, 156, 157.
[112] BVerwGE 34, 301, 309.
[113] BVerwGE 34, 301, 309.
[114] VGH BW, BeckRS 2011, 51705; vgl. auch ZfBR 2012, 156, 157 f.
[115] Vgl. BVerwGE 34, 301, 309.
[116] VGH BW, VBlBW 2002, 203, 204.
[117] BVerwGE 34, 301, 309.
[118] BVerwGE 45, 309, 315, VGH BW, ZfBR 2010, 72, 74.

müssen mit der Folge, dass auch bei seiner Berücksichtigung inhaltlich derselbe Plan zustande gekommen wäre. In diesem Fall leidet zwar der Abwägungsvorgang, nicht aber das Abwägungsergebnis an einem rechtlichen Fehler. Stellt der VGH im Rahmen eines Normenkontrollverfahrens nach § 47 I Nr. 1 VwGO (→ Rn. 180 ff.) oder ein VG im Rahmen einer Inzidentkontrolle (→ Rn. 189) fest, dass ein Bauleitplan abwägungsfehlerhaft ist, heißt das noch nicht automatisch, dass das Gericht den Plan als unwirksam behandelt. Vielmehr sind nach § 214 I 1 Nr. 1, III 2 BauGB manche Fehler im Prozess der Planaufstellung für die gerichtliche Entscheidung unbeachtlich (→ Rn. 161 ff.).

121 Die Rechtsprechung ist bei der Entwicklung der skizzierten Abwägungsfehlerlehre ursprünglich davon ausgegangen, dass das Gebot gerechter Abwägung in § 1 VII BauGB nicht nur die rechtliche Grundlage der geschilderten Anforderungen an das Abwägungsergebnis, also an den Planinhalt, ist, sondern dass § 1 VII BauGB auch die beschriebenen Rechtspflichten für das gemeindliche Verhalten während des Abwägungsvorgangs begründet. Ob Letzteres nach wie vor der Fall ist, ist seit der Einfügung des § 2 III BauGB in das BauGB im Jahre 2004[119] umstritten.[120] **§ 2 III BauGB** ist, was § 214 I 1 Nr. 1 BauGB explizit ausspricht, eine verfahrensrechtliche Norm, die bestimmt: „Bei der Aufstellung der Bauleitpläne sind die Belange, die für die Abwägung von Bedeutung sind (Abwägungsmaterial), zu ermitteln und zu bewerten." § 2 III BauGB könnte nun so zu verstehen sein, dass er genau die Anforderungen umschreibt, die die Gemeinde erfüllen muss, um – in der bis dahin üblichen Terminologie – im Abwägungs**vorgang** einen Abwägungsausfall, ein Abwägungsdefizit oder eine Abwägungsfehleinschätzung zu vermeiden, denn diese Fehler zeichnen sich gerade dadurch aus, dass abwägungsrelevante Belange nicht bzw. nicht zutreffend ermittelt oder bewertet werden. Das spräche dann dafür, dass § 1 VII BauGB heute insoweit keine entsprechenden Vorgaben für den Abwägungsvorgang mehr enthält.

122 Auffällig ist, dass § 2 III BauGB den Fall der **Abwägungsdisproportionalität im Abwägungsvorgang** nicht mitregelt: Nach dem Wortlaut der Norm sind die Belange, die für die Abwägung relevant sind, lediglich zu ermitteln und zu bewerten. Dazu, wie die ermittelten und bewerteten Belange in ein Verhältnis zu setzen sind, äußert sich nicht § 2 III BauGB, sondern § 1 VII BauGB mit der Vorgabe „gerecht". Die Verpflichtung, im Abwägungsvorgang Abwägungsdisproportionalitäten und damit „Ungerechtigkeiten" zu vermeiden, könnte daher weiter § 1 VII BauGB zu entnehmen sein. Für dieses Verständnis lässt sich auch § 214 III 2 HS 2 BauGB heranziehen, der Mängel im Abwägungsvorgang kennt, die über die fehlerhafte Ermittlung und Bewertung abwägungsrelevanter Belange i.S.d. § 2 III BauGB hinausgehen und die ihre Grundlage dann nur in einer Missachtung von § 1 VII BauGB haben können.

123 Diese Interpretation des Zusammenspiels von § 2 III BauGB und von § 1 VII BauGB in Bezug auf den Abwägungsvorgang ist aber umstritten.[121] Das liegt u.a. daran, dass es als merkwürdig empfunden wird, dass Mängel im Abwägungsvorgang nicht einheitlich entweder der Kategorie „Verfahrensrecht" oder – wie vor Einführung des § 2 III BauGB – einheitlich der Kategorie „materielles Recht" angehören. Man könnte erwägen, ob § 2 III BauGB vielleicht neue, zusätzliche verfahrensrechtliche Pflich-

---

[119] Europarechtsanpassungsgesetz Bau – EAG Bau v. 24.6.2004, BGBl. I S. 1359.
[120] Vgl. zu diesem Streit. Nachw. m. *Muckel/Ogorek*, Öffentliches Baurecht, Rn. 151; *Wickel*, in: Ehlers/Fehling/Pünder, Besonderes Verwaltungsrecht, § 40 Rn. 161 ff.; *Erbguth/Schubert*, Öffentliches Baurecht, § 5 Rn. 144.
[121] Zum Meinungstand m. Nachw. z.B. *Martini/Finkenzeller*, JuS 2012, 126, 128; *Kersten*, in: Schoch, Besonderes Verwaltungsrecht, 3. Kap. Rn. 152 ff.

ten begründet, die zeitlich vor dem eigentlichen Abwägungsvorgang liegen, der dann weiter vollständig i. S. d. bisherigen Abwägungsfehlerlehre an § 1 VII BauGB zu messen wäre. Dagegen spricht allerdings, dass es dem Gesetzgeber bei der Schaffung des § 2 III BauGB explizit darum ging, das Ermitteln und Bewerten der von der Planung berührten Belange als verfahrensbezogene Pflicht zu regeln: Bei § 2 III BauGB handelt es sich – so die Gesetzesbegründung – um eine **„Verfahrensgrundnorm"** und „nicht um ein über das bisherige Recht hinausgehendes ‚Suchverfahren'"[122]. Nimmt man das ernst, dann sind die früher aus § 1 VII BauGB abgeleiteten Pflichten, im Abwägungsvorgang einen Abwägungsausfall, ein Abwägungsdefizit oder eine Abwägungsfehleinschätzung zu vermeiden, nun – wenngleich in anderen Worten – in § 2 III BauGB ausdrücklich normiert.[123] § 1 VII BauGB beschränkt sich dann in Bezug auf den Abwägungsvorgang auf die Verpflichtung, den Ausgleich zwischen den von der Planung betroffenen Belangen nicht in einer Weise vorzunehmen, die „zur objektiven Gewichtigkeit einzelner Belange außer Verhältnis steht"[124] und damit „ungerecht" ist.

Im Übrigen bezieht sich § 1 VII BauGB heute dann nur noch auf das **Abwägungs-** 124 **ergebnis**, also auf den Planinhalt. Greift man auch insoweit noch einmal die klassische Abwägungsfehlerlehre auf, so ist zu fragen, ob es für die Bewertung, ob ein Planinhalt „ungerecht" ist, tatsächlich der Prüfung aller vier in der Rechtsprechung entwickelten Fehlertypen bedarf. Schon bisher ging man davon aus, dass der Fehler des Abwägungsausfalls nur den Abwägungsvorgang betrifft.[125] Wird in die Abwägung an Belangen nicht eingestellt, was in sie eingestellt werden muss, oder wird die Bedeutung einzelner Belange verkannt, so sind das zunächst nur fehlerhafte Verhaltensweisen im Abwägungsvorgang, die gegen § 2 III BauGB verstoßen. Sie können sich wie schon gezeigt auf das Abwägungsergebnis auswirken; sie müssen es aber nicht (→ Rn. 120). Wirken sie sich aus, entstehen zwangsläufig Darstellungen oder Festsetzungen, die den Ausgleich zwischen den von der Planung betroffenen Belangen nicht in einer Weise vornehmen, die zur objektiven Gewichtigkeit einzelner Belange im richtigen Verhältnis stehen. Das spricht dafür, in Bezug auf das Abwägungsergebnis im Rahmen des § 1 VII BauGB auch nur diese Frage, also die Abwägungsdisproportionalität zu prüfen.

Folgt man dem, gilt also: Von der Abwägungsfehlerlehre bleibt im Rahmen des 125 § 1 VII BauGB sowohl in Bezug auf den Abwägungsvorgang als auch in Bezug auf das Abwägungsergebnis nur noch die Prüfung der **Abwägungsdisproportionalität** übrig. Es ist allerdings davon auszugehen, dass sich jeder Verstoß gegen das Verbot der Abwägungsdisproportionalität im Abwägungsvorgang in einem disproportionalen und damit i. S. d. § 1 VII BauGB „ungerechten" Planinhalt niederschlägt. Das wiederum legt es nahe, sich bei der Prüfung des § 1 VII BauGB insgesamt auf die Feststellung zu

---

[122] BT-Drs. 15/2250, S. 42. Vgl. auch VGH BW, NJOZ 2010, 28, 32: „Weitergehende Pflichten bei Ermittlung und Bewertung des Abwägungsmaterials als diejenigen, die die Rechtsprechung aus dem Abwägungsgebot entwickelt hatte, wollte der Gesetzgeber den Gemeinden mit der Neuregelung nicht auferlegen."

[123] Vgl. in diese Richtung BVerwGE 131, 100, 106; 145, 231, 232; OVG NRW, DVBl. 2014, 869, 872; BayVGH, NVwZ-RR 2017, 517, 518 sowie VGH BW, NJOZ 2010, 28, 32: § 2 III BauGB „erhebt, wie der Senat in Übereinstimmung mit der Rechtsprechung des Bundesverwaltungsgerichts entschieden hat, einen wesentlichen Ausschnitt von bisher dem materiellen Recht (§ 1 Abs. 7 und § 214 Abs. 3 BauGB) zugerechneten Fehlern im Abwägungsvorgang, nämlich Fehlern bei der Ermittlung und bei der (tatsächlichen wie rechtlichen) Bewertung des Abwägungsmaterials, in den Rang einer Verfahrensgrundnorm." Anders aber VGH BW, VBlBW 2019, 159, 162, wo alle Abwägungsfehler im Kontext des § 1 VII BauGB geprüft werden.

[124] Vgl. BVerwGE 34, 301, 309.

[125] BVerwGE 45, 309, 315.

beschränken, ob die Darstellungen oder Festsetzungen den Ausgleich zwischen den von der Planung betroffenen Belangen in einer Weise vornehmen, die zur objektiven Gewichtigkeit einzelner Belange nicht im richtigen Verhältnis steht.[126] Ob überhaupt eine Abwägung stattgefunden hat und ob die abwägungsrelevanten Belange richtig ermittelt und bewertet wurden, ist Bestandteil der Prüfung von § 2 III BauGB.[127]

bb) Verfahrensrechtliche Vorgaben

126 Die vorangehenden Ausführungen haben schon gezeigt, wie wichtig das Verfahren ist, um sicherzustellen, dass die Gemeinde die Abwägung vollständig und bestmöglich vornehmen kann. Daher sind auch der Ablauf des **Planungsverfahrens** und der Kreis der am Entscheidungsprozess **zu beteiligenden Stellen und Personen** im BauGB gesetzlich genau geregelt. Dabei gelten auch insoweit die Vorschriften über die erstmalige Aufstellung eines Bauleitplans nach § 1 VIII BauGB gleichermaßen für die Planänderung, die Planergänzung und die Planaufhebung.

127 Relevante verfahrensrechtliche Regelungen befinden sich allerdings nicht nur im BauGB, sondern auch in der **GemO**. Das liegt daran, dass der Bebauungsplan wie schon erwähnt gem. § 10 I BauGB von der Gemeinde als Satzung und der Flächennutzungsplan durch einfachen Beschluss der Gemeinde aufgestellt wird. Soweit das BauGB keine spezielleren Regelungen zum Planaufstellungsverfahren enthält oder lückenhaft ist, muss also ggf. auf die Bestimmungen der GemO zurückgegriffen werden. Zu nennen sind etwa § 37 GemO, der die **Beschlussfassung** im Gemeinderat regelt, § 18 GemO, aus dem sich ergibt, wann ein Gemeinderat wegen **Befangenheit** an der Aufstellung eines Bauleitplans nicht mitwirken darf, sowie § 4 IV, V GemO, der sich mit den **Folgen rechtswidrig beschlossener Satzungen** bzw. Flächennutzungspläne befasst (vgl. → § 1 Rn. 229 ff., 233 ff. und 299 ff.).

128 Das im BauGB geregelte Aufstellungsverfahren beginnt nach § 2 I 2 BauGB mit einem ortsüblich bekanntzumachenden **Aufstellungsbeschluss**. Damit die von dem künftigen Plan Betroffenen die Möglichkeit haben, zu erkennen, ob sich der angekündigte Plan überhaupt auf sie bzw. ihre Grundstücke beziehen wird, ist das Gebiet, das überplant werden soll, also der sog. Planbereich, zu benennen. Zum möglichen Inhalt muss und kann sich der Aufstellungsbeschluss dagegen nicht näher äußern, da der Inhalt erst im sich anschließenden Entscheidungsprozess entwickelt werden soll. Das Vorliegen eines Aufstellungsbeschlusses ist erforderlich, wenn die Gemeinde ihre Planungsabsichten beispielsweise durch eine Veränderungssperre nach § 14 BauGB oder durch die Zurückstellung von Baugesuchen nach § 15 BauGB sichern will (→ Rn. 201 ff.).

129 Erstes Ziel des damit in Gang gesetzten Planungsprozesses ist die **Entwicklung eines Planentwurfs**. Dazu sind zunächst Informationen über die möglicherweise für die Planung relevanten Belange zu sammeln und die Belange zu gewichten. Der eben schon behandelte (→ Rn. 121 ff.) § 2 III BauGB beschreibt das wie folgt: „Bei der

---

[126] Dafür, die Abwägungsdisproportionalität nur auf das Abwägungsergebnis zu beziehen i.E. auch *Hellermann*, in: Dietlein/Burgi/Hellermann, Öffentliches Recht in Nordrhein-Westfalen, 7. Aufl. 2019, § 4 Rn. 84.
[127] I.E. ebenso *Wassermann*, Baurecht Baden-Württemberg, Rn. 140 ff.; *Lege*, DÖV 2015, 361, 369; anders z.B. *Kersten*, Jura 2013, 478, 486 f., 490; *Will*, Öffentliches Baurecht, 71 ff. Der VGH BW, NJOZ 2010, 28, 32 teilt wohl die oben vorgestellte Annahme, verfährt aber – aus pragmatischen Gründen – wie folgt: Er erklärt zunächst sinngemäß, dass der Abwägungsausfall, das Abwägungsdefizit und die Abwägungsfehleinschätzung „rechtssystematisch auf der Verfahrensebene abzuhandeln sind", prüft dann aber die alle Abwägungsfehler „aus Gründen besserer Verständlichkeit sowie zur Vermeidung unergiebigen Abgrenzungsaufwands" einheitlich.

B. Die staatliche Vorordnung der Bodennutzung

Aufstellung der Bauleitpläne sind die Belange, die für die Abwägung von Bedeutung sind (Abwägungsmaterial), zu ermitteln und zu bewerten." Diese Verpflichtung besteht im Hinblick auf alle denkbaren privaten und öffentlichen Belange, die durch die beabsichtigte Planung berührt sein können.

Wie schon gezeigt (→ Rn. 109 ff.) haben **Umweltbelange** bei der Abwägungsentscheidung eine hohe praktische Bedeutung. Um sicherzustellen, dass diese Belange möglichst vollständig erfasst und richtig bewertet werden, sieht § 2 IV 1 BauGB als verfahrensrechtliche Schutzvorkehrung vor, dass für die Belange des Umweltschutzes nach § 1 VI Nr. 7 und § 1a BauGB eine in das Planaufstellungsverfahren integrierte **Umweltprüfung**[128] durchgeführt wird, in der nach Maßgabe der Anlage 1 zum BauGB die voraussichtlichen erheblichen Umweltauswirkungen ermittelt und in einem Umweltbericht bewertet werden (zu Ausnahmen von der Pflicht zur Durchführung einer Umweltprüfung → Rn. 147 f.). Wie tief diese Prüfung durchgeführt wird, entscheidet unter Heranziehung von § 2 IV 3 und 6 BauGB die Gemeinde nach § 2 IV 2 BauGB für jeden Bauleitplan gesondert (sog. scoping). Das Ergebnis der Umweltprüfung ist wie schon erwähnt (→ Rn. 109) gem. § 2 IV 4 BauGB in der Abwägung nach § 1 VII BauGB zu berücksichtigen. Der Umweltbericht ist zugleich nach § 2a S. 2 Nr. 2, 3 BauGB ein gesonderter Teil der Begründung, die nach § 2a S. 1 BauGB Planentwürfen beizufügen ist (vgl. → Rn. 50, 70). Da es in der Regel so ist, dass ein und dasselbe Plangebiet in unterschiedlichen Planungsverfahren mehrfach einer Umweltprüfung unterliegt, bestimmt § 2 IV 5 BauGB, dass Umweltprüfungen sich jeweils auf die Umweltauswirkungen beschränken können, die noch nicht Gegenstand eines anderen Verfahrens waren. Sind also beispielsweise bei der Aufstellung eines Flächennutzungsplans bestimmte Aspekte erfasst und bewertet worden, kann sich die Umweltprüfung in einem nachfolgenden Verfahren zur Aufstellung eines Bebauungsplans auf andere Umweltauswirkungen konzentrieren. § 2 IV 5 BauGB dient – ebenso wie § 16 VI UVPG – der Vermeidung von Doppelprüfungen und damit der Verfahrensökonomie.

Um auch im Hinblick auf die **sonstigen** zu berücksichtigenden **Belange** sicherzustellen, dass sie von der Gemeinde vollständig ermittelt und zutreffend bewertet werden, sehen § 3 BauGB als verfahrensmäßige Vorkehrung eine **Beteiligung der Öffentlichkeit** und § 4 BauGB eine **Beteiligung anderer Behörden** und **sonstiger Träger öffentlicher Belange** – nach Maßgabe des § 4a V BauGB auch solcher in Nachbarstaaten – im Planaufstellungsverfahren vor. Ob die Öffentlichkeitsbeteiligung auch die Funktion hat, zu einer verbesserten demokratischen Legitimation von Bauleitplänen und zum Grundrechtsschutz durch Verfahren beizutragen, ist umstritten.[129] § 4a BauGB, der gemeinsame Bestimmungen zu beiden Beteiligungsverfahren enthält, macht in seinem Absatz 1 deutlich, dass das BauGB jedenfalls eine Hauptfunktion der Beteiligungen darin sieht, das Entstehen einer rechtmäßigen Abwägungsentscheidung verfahrensrechtlich abzusichern, dabei aber zugleich die Information der Öffentlichkeit im Auge hat. Er bestimmt: „Die Vorschriften über die Öffentlichkeits- und Behördenbeteiligung dienen insbesondere der vollständigen Ermittlung und zutreffenden Bewertung der von der Planung berührten Belange und der Information der Öffentlichkeit."

Hinweis: Der frühzeitigen Information der Öffentlichkeit dient auch § 25 III LVwVfG. Diese Vorschrift bezieht sich aber nur auf die Zulassung von Vorhaben und wird vom Träger

---

[128] Zum Verhältnis zum UVPG vgl. § 17 I, II UVPG.
[129] Dazu m. Nachw. *Battis*, in: ders./Krautzberger/Löhr, BauGB, § 3 Rn. 3 f.

dieses Vorhabens durchgeführt. Gemeint sind konkrete Großprojekte. Das sind insbesondere solche raumbedeutsamen Vorhaben, die durch ein Planfeststellungsverfahren zugelassen werden, also beispielsweise Fernstraßen, Bahntrassen oder – in diesem Zusammenhang ist die Norm entstanden – das Großprojekt „Stuttgart 21".

133 Mit dem Begriff der nach § 3 BauGB zu beteiligenden **Öffentlichkeit** meint das Gesetz jede natürliche oder juristische Person. Sie muss weder Bürger noch Einwohner der planenden Gemeinde sein, sie muss nicht möglicherweise durch den später zu beschließenden Plan in ihren Rechten verletzt sein, und sie muss auch keine besondere Betroffenheit oder ein spezielles Interesse am entstehenden Bauleitplan vorweisen. Erfasst sind nach § 3 I 2 BauGB ausdrücklich auch Kinder und Jugendliche. Zur Öffentlichkeit zählen außerdem Umweltverbände wie der Bund für Umwelt- und Naturschutz (BUND) oder der Naturschutzbund Deutschland (NaBu).

134 Zu beteiligen sind nach § 4 I 1 BauGB zudem – die amtliche Überschrift „Beteiligung der Behörden" greift zu kurz – die „Behörden und sonstigen Träger öffentlicher Belange, deren Aufgabenbereich durch die Planung berührt werden kann". **Träger öffentlicher Belange** – das ist der Oberbegriff – ist jede Stelle, die unabhängig von ihrer Organisationsform organisationsrechtlich dem Staat zuzurechnen ist. Ist ihr Zuständigkeitsbereich berührt, sind u. a. Denkmalbehörden, Wasserbehörden oder Naturschutzbehörden, aber auch Industrie- und Handelskammern, privatrechtlich organisierte staatliche Unternehmen der Daseinsvorsorge sowie Nachbargemeinden zu beteiligen. Letztere können beispielsweise vorbringen, der Planentwurf sei nicht i. S. d. § 2 II BauGB inhaltlich interkommunal abgestimmt (→ Rn. 114).

135 Sowohl die Beteiligung der Öffentlichkeit als auch die Beteiligung der Träger öffentlicher Belange, die nach § 4a II BauGB zeitlich parallel organisiert werden können, erfolgen in einem zweistufigen Prozess. Zunächst sind nach § 3 I 1 BauGB die Öffentlichkeit und nach § 4 I 1 BauGB die Träger öffentlicher Belange möglichst frühzeitig über die allgemeinen Ziele und Zwecke der Planung, sich wesentlich unterscheidende Lösungen, die für die Neugestaltung und Entwicklung eines Gebiets in Betracht kommen, und die voraussichtlichen Auswirkungen der Planung zu unterrichten (sog. **frühzeitige Öffentlichkeitsbeteiligung/frühzeitige Beteiligung der Träger öffentlicher Belange**). Diese Unterrichtung soll – das zeigt der Wortlaut von § 3 I 1 BauGB – einerseits erst stattfinden, wenn es bereits Vorstellungen über allgemeine Ziele und Zwecke der Planung, Planungsvarianten und Planungsfolgen gibt. Andererseits soll die Unterrichtung frühzeitig erfolgen, d. h.: Die Planung darf sich noch nicht so verfestigt haben, dass eine Einflussnahme auf die Planung durch die Öffentlichkeit oder durch Träger öffentlicher Belange von vornherein aussichtslos ist. Auf die Durchführung der frühzeitigen Beteiligungen kann nach § 13 II 1 Nr. 1 BauGB im vereinfachten und nach §§ 13a II Nr. 1, 13 II 1 Nr. 1 BauGB im beschleunigten Verfahren (zu beiden → Rn. 147 f.) verzichtet werden. Die frühzeitige Öffentlichkeitsbeteiligung ist darüber hinaus in den Fällen des § 3 I 3 BauGB ausnahmsweise entbehrlich.

136 Die **frühzeitige Unterrichtung der Öffentlichkeit** hat nach § 3 I 1 BauGB öffentlich zu erfolgen. Ob die Gemeinde dazu Mitteilungen im Amtsblatt oder in Tageszeitungen publiziert, Informationsausstellungen oder Informationsveranstaltungen durchführt oder andere Wege wählt, steht in ihrem Ermessen. In jedem Fall ist der Öffentlichkeit Gelegenheit zur Äußerung und Erörterung, d. h. zur Diskussion zu geben. Ob das wiederum beispielsweise in bilateralen Gesprächen oder im Rahmen einer öffentlichen Veranstaltung geschieht, ist ebenfalls eine Ermessensentscheidung der Gemeinde. Die **frühzeitige Unterrichtung der Träger öffentlicher Belange** ist nach § 4 I 1 BauGB mit der Aufforderung zu verbinden, sich zu äußern, und zwar auch

B. Die staatliche Vorordnung der Bodennutzung

dazu, wie umfangreich und detailliert die Umweltprüfung nach § 2 IV BauGB (→ Rn. 130) durchgeführt werden soll.

Die in den frühzeitigen Beteiligungen gewonnenen Erkenntnisse können dazu füh- **137** ren, dass der Planentwurf geändert wird. Es kann aber auch sein, dass die Planung unverändert bleibt. In beiden Fällen schließt sich nach § 3 I 4 BauGB sowie nach § 4 I 2 BauGB die zweite Beteiligungsstufe an. Das sind die in § 3 II BauGB geregelte **förmliche Öffentlichkeitsbeteiligung**, die auch **Auslegungsverfahren** genannt wird, sowie die **förmliche Beteiligung der Träger öffentlicher Belange** nach § 4 II BauGB. § 3 I 4 BauGB und § 4 I 2 BauGB stellen klar, dass bei Änderungen der Planungen nach der frühzeitigen Öffentlichkeitsbeteiligung und der frühzeitigen Beteiligung der Träger der öffentlichen Belange insoweit nicht erneut zunächst ein frühzeitiges Beteiligungsverfahren durchgeführt werden muss.

Die förmliche Beteiligung der Öffentlichkeit beginnt nach § 3 II 2 BauGB damit, **138** dass in ortsüblicher Weise **bekanntgemacht** wird, dass die öffentliche Auslegung des Planentwurfs bevorsteht. Ort und Dauer der Auslegung sind ebenso mitzuteilen wie Angaben dazu, welche umweltbezogenen Informationen verfügbar sind. Außerdem ist darauf hinzuweisen, dass während der Auslegung Stellungnahmen abgegeben werden können und dass Stellungnahmen, die nicht während der Auslegungsfrist abgegeben werden, bei der späteren Beschlussfassung über den Bauleitplan nach § 4a VI BauGB unberücksichtigt bleiben können. Der Inhalt der ortsüblichen Bekanntmachung und die auszulegenden Unterlagen sind nach § 4a IV 1 BauGB zusätzlich in das Internet einzustellen und über ein zentrales Internetportal des Landes zugänglich zu machen.

Frühestens eine Woche nach der Bekanntgabe (vgl. § 3 II 2 BauGB) beginnt nach **139** § 3 II 1 BauGB die **öffentliche Auslegung** des von der Gemeinde beschlossenen Planentwurfs, der Planbegründung und der nach Einschätzung der Gemeinde wesentlichen, bereits vorliegenden umweltbezogenen Stellungnahmen. Die Auslegung, über die die Träger öffentlicher Belange nach § 3 II 3 BauGB informiert werden sollen, dauert (mindestens) einen Monat, innerhalb dessen jedermann die Möglichkeit hat, Informationen zum beabsichtigten Plan beizusteuern oder Einwände gegen ihn zu erheben. Zeitgleich oder zeitlich verschoben (vgl. § 4a II BauGB) ist die **förmliche Beteiligung der Träger öffentlicher Belange** durchzuführen. Sie erfolgt durch die Einholung von Stellungnahmen zum Planentwurf und zur Planbegründung derjenigen Träger öffentlicher Belange, deren Aufgabenbereich durch den Bauleitplan betroffen sein kann. Die Stellungnahmen, deren Inhalte § 4 II 3, 4 BauGB näher beschreiben und die nach Maßgabe des § 4a IV 2 BauGB auch unter Zuhilfenahme des Internets eingeholt werden können, sind nach § 4 II 2 HS 1 BauGB innerhalb einer Frist von einem Monat, die nach § 4 II 2 HS 2 BauGB verlängert werden kann, abzugeben. Öffentliche Planungsträger, die auf diese Weise in die Aufstellung eines Flächennutzungsplans einbezogen worden sind, haben ihre Planungen anschließend gem. § 7 S. 1 BauGB dem Flächennutzungsplan anzupassen, wenn sie ihm nicht gem. § 7 S. 1 und S. 2 BauGB bis zu seinem abschließenden Beschluss widersprechen. Nur unter den Voraussetzungen des § 7 S. 3–5 BauGB kommt ausnahmsweise ein nachträglicher Widerspruch in Betracht.

Nach Ablauf der Fristen **prüft** die Gemeinde sowohl die im Rahmen der Öffent- **140** lichkeitsbeteiligung (§ 3 II 4 BauGB) eingegangenen **Stellungnahmen** als auch die der Träger öffentlicher Belange. Fristgerecht eingegangene Stellungnahmen sind ausnahmslos zu prüfen. Für verfristete Einwendungen gilt § 4a VI BauGB. Das Ergebnis der Prüfung der Stellungnahmen im Rahmen der Öffentlichkeitsbeteiligung ist den Einwendern nach Maßgabe von § 3 II 4, 5 BauGB mitzuteilen. Inhaltlich kann die Prüfung zwei verschiedene Ergebnisse haben. Entweder bleiben die Einwendungen unberücksichtigt, und der Planentwurf wird nicht noch einmal geändert. In diesem Fall sind nach § 3 II 6 BauGB bei genehmigungspflichtigen Bauleitplänen – also bei Flächennutzungsplänen (§ 6 I BauGB) und unter den Voraussetzungen des § 10 II BauGB ausnahmsweise bei Bebauungsplänen (vgl. → Rn. 141) – die nicht berücksichtigten Einwendungen später der Genehmigungsbehörde bei der Beantragung der Genehmigung des Plans mit vorzulegen. Oder: Die Stellungnahmen werden berücksichtigt, und der Planentwurf wird geändert. Nach Maßgabe des § 4a III BauGB sind die förmlichen Beteiligungsverfahren dann ganz oder teilweise zu wiederholen.

141 Nach Abschluss der förmlichen Beteiligungsverfahren **beschließt** der Gemeinderat (→ Rn. 149 ff.) über einen Flächennutzungsplan durch einfachen und über einen Bebauungsplan nach § 10 I BauGB durch Satzungsbeschluss. Für beide ist jeweils nach § 37 VI 2 GemO die Mehrheit der abgegebenen Stimmen erforderlich; zugleich muss der Gemeinderat i. S. d. § 37 II GemO beschlussfähig sein. Anschließend sind gem. § 6 I BauGB der Flächennutzungsplan und gem. § 10 II 1 BauGB selbständige (§ 8 II 2 BauGB), vor Bekanntmachung des Flächennutzungsplans bekannt gemachte (§ 8 III 2 BauGB) und vorzeitige Bebauungspläne (§ 8 IV BauGB, vgl. → Rn. 64 ff.) der „höheren Verwaltungsbehörde" zur **Genehmigung** vorzulegen. Nicht berücksichtigte Stellungnahmen aus der förmlichen Öffentlichkeitsbeteiligung sind nach § 3 II 6 BauGB beizufügen (→ Rn. 140).

142 Mit dem Begriff der höheren Verwaltungsbehörde meint das BauGB die jeweilige **Rechtsaufsichtsbehörde.** Da nach § 119 S. 1 GemO für kleinere kreisangehörige Gemeinden das Landratsamt Rechtsaufsichtsbehörde ist, und da das Landratsamt insoweit nach § 119 S. 1 GemO als „untere" Verwaltungsbehörde handelt, könnte eine terminologische Ungewissheit darüber entstehen, ob die „untere" Verwaltungsbehörde Landratsamt zugleich „höhere" Verwaltungsbehörde i. S. d. BauGB ist. § 1 I 1 und II 1 der Durchführungsverordnung zum Baugesetzbuch – BauGB-DVO[130] stellen daher für Bebauungs- und Flächennutzungspläne, die von kleineren kreisangehörigen Gemeinden aufgestellt werden, klar, dass das Landratsamt höhere Verwaltungsbehörde i. S. d. BauGB ist. Gleiches gilt nach § 1 II 2 BauGB-DVO für Flächennutzungspläne, die von Verwaltungsgemeinschaften beschlossen werden (→ Rn. 33), soweit für diese nach § 60 I GemO i. V. m. § 28 II Nr. 1 GKZ das Landratsamt Rechtsaufsichtsbehörde ist. Werden Bauleitpläne durch große Kreisstädte oder Stadtkreise beschlossen, ist nach § 119 S. 1 GemO das Regierungspräsidium Rechtsaufsichts- und zugleich höhere Verwaltungsbehörde i. S. d. BauGB.

143 Die Genehmigung des Plans gilt nach §§ 6 IV 4, 10 II 2 BauGB als erteilt, wenn sie nicht innerhalb einer Frist von in der Regel drei Monaten unter Angabe von Gründen abgelehnt wird. Ablehnungsgründe können nur Rechtsgründe sein. Die höhere Verwaltungsbehörde übt gem. §§ 6 II, 10 II 2 BauGB lediglich eine **Rechts- und keine Zweckmäßigkeitsaufsicht** aus. Da die Wahrnehmung der Aufgaben der Bauleitplanung zu den durch Art. 28 II 1 GG geschützten Angelegenheiten der örtlichen Gemeinschaft zählt, die die Gemeinden „in eigener Verantwortung wahrnehmen" (→ Rn. 37), ist das auch verfassungsrechtlich geboten.

144 Dabei ist der Prüfungsumfang der von der höheren Verwaltungsbehörde vorzunehmenden Rechtskontrolle allerdings größer als der von Verwaltungsgerichten. Das ergibt sich aus **§ 216 BauGB.** §§ 214, 215 BauGB sehen vor, dass bestimmte Verstöße gegen Bestimmungen des BauGB für die nachträglich zu prüfende Rechtswirksamkeit eines Bauleitplans nur unter bestimmten Voraussetzungen beachtlich sind (→ Rn. 161 ff.).

---

[130] VO v. 2.3.1998, GBl. S. 185, zuletzt geändert durch VO v. 23.2.2017, GBl. S. 99.

B. Die staatliche Vorordnung der Bodennutzung

Das ist für die nachträgliche gerichtliche Kontrolle relevant. § 216 BauGB stellt aber ausdrücklich klar, dass die Rechtsaufsichtsbehörde im Genehmigungsverfahren im Vorfeld des Inkrafttretens des Plans die Rechtmäßigkeit bzw. Rechtswidrigkeit ohne Berücksichtigung der §§ 214, 215 BauGB in vollem Umfang zu überprüfen hat.

§ 246 Ia 1 BauGB eröffnet den Ländern die Möglichkeit, nicht genehmigungsbedürftige Bebauungspläne einer **Anzeigepflicht** zu unterwerfen. Von dieser Möglichkeit hat das Land Baden-Württemberg keinen Gebrauch gemacht, so dass die meisten Bebauungspläne in Baden-Württemberg weder genehmigungs- noch anzeigebedürftig sind. 145

Wird beim Flächennutzungsplan bzw. beim genehmigungspflichtigen Bebauungsplan die Genehmigung erteilt, ist diese nach §§ 6 V 1, 10 III 1 BauGB **ortsüblich bekanntzugeben**. Der Plan tritt dann nach §§ 6 V 2, 10 III 4 BauGB in Kraft. Nicht genehmigungsbedürftige Bebauungspläne werden nach § 10 III 1, 4 BauGB wirksam, sobald der verfahrensabschließende Beschluss des Gemeinderats ortsüblich bekanntgemacht wird. Die Planwerke selbst sind nicht zu veröffentlichen. Sie sind aber gem. §§ 6 V 3, 10 III 2 BauGB zusammen mit der nach §§ 5 V, 9 VIII BauGB erforderlichen Begründung und einer nach §§ 6a I, 10a I BauGB anzufügenden zusammenfassenden Erklärung zur Einsichtnahme durch jedermann bereitzuhalten. Auf Verlangen ist über den Inhalt Auskunft zu geben. Die in Kraft getretenen Pläne sollen samt Begründung und zusammenfassender Erklärung gem. §§ 6a II, 10a II BauGB ergänzend auch in das Internet eingestellt und über ein zentrales Internetportal des Landes zugänglich gemacht werden. 146

Unter den Voraussetzungen des § 13 I BauGB kann die Gemeinde ein **vereinfachtes Verfahren**[131] durchführen. Das kommt u.a. in Betracht, wenn durch eine Planänderung oder Planergänzung die Grundzüge der Planung nicht berührt werden. Die Gemeinde kann dann nach Maßgabe von § 13 II BauGB die Beteiligungsverfahren nach §§ 3, 4 BauGB vereinfachen. Zudem entfallen im vereinfachten Verfahren nach § 13 III BauGB u.a. die Umweltprüfung und der Umweltbericht. 147

Bebauungspläne der Innenentwicklung, also solche mit dem Ziel der Wiedernutzbarmachung von Flächen, der Nachverdichtung oder anderer Maßnahmen der Innenentwicklung, können unter den Voraussetzungen des § 13a I 2-5 BauGB im **beschleunigten Verfahren** aufgestellt werden. Im beschleunigten Verfahren gelten nach § 13a II Nr. 1 BauGB die Verfahrenserleichterungen des vereinfachten Verfahrens. Zusätzlich kann nach § 13a II Nr. 2 BauGB auch vor einer erforderlichen Änderung oder Ergänzung des Flächennutzungsplans von dessen Darstellungen abgewichen werden (→ Rn. 67). § 13a II Nr. 3 BauGB enthält eine Sondervorschrift zur Abwägung, § 13a II Nr. 4 BauGB führt zu Erleichterungen im Umgang mit der naturschutzrechtlichen Eingriffsregelung (→ Rn. 111 ff.), und § 13a III BauGB normiert spezielle Anforderungen an die Bekanntmachung der Planaufstellung. Befristet gelten diese Sonderregelungen nach § 13b 1 BauGB auch für näher bestimmte Bebauungspläne, durch die die Zulässigkeit von Wohnnutzungen auf Flächen begründet wird, die sich an im Zusammenhang bebaute Ortsteile anschließen. 148

cc) Zuständigkeitsrechtliche Vorgaben

Wie die inhaltlichen Vorgaben für den Plan und die verfahrensmäßigen Anforderungen an den gemeindlichen Planungsprozess umgesetzt werden, hängt schließlich davon ab, welche Stelle diesen Prozess und damit die Konkretisierung der Vorgaben vor- 149

---

[131] Zur Unionsrechtskonformität dieser Regelung BVerwG, NVwZ 2015, 161, 161 f.; VGH BW, VBlBW 2015, 343, 343 f.; *Schink/Dahs*, UPR 2019, 201 ff.

nimmt, wer also innerhalb der Gemeinde die entsprechende **Organzuständigkeit** für die Planaufstellung hat (zur grundsätzlichen Verbandszuständigkeit der Gemeinde und zu Ausnahmen bei der Flächennutzungsplanung → Rn. 32 ff.).

150 Grundsätzlich ist nach § 24 I 2 GemO der **Gemeinderat** für die Wahrnehmung gemeindlicher Aufgaben zuständig. Aus § 39 II Nr. 3 GemO und § 44 II 3 GemO ergibt sich, dass der Gemeinderat den Erlass von Satzungen und Rechtsverordnungen und damit jedenfalls den Beschluss eines Bebauungsplans, der nach § 10 I BauGB als Satzung gilt, nicht auf beschließende Ausschüsse oder auf den Bürgermeister übertragen darf. Fraglich ist, ob das auch für den Erlass eines Flächennutzungsplans gilt. Der Wortlaut des § 39 II Nr. 3 GemO erfasst den Flächennutzungsplan nicht, da dieser weder Satzung noch Rechtsverordnung ist (vgl. → Rn. 58). Sieht man aber, dass § 4 V GemO den Flächennutzungsplan Satzungen und sonstigem Ortsrecht in Bezug auf Fehlerfolgen gleichstellt, und nimmt man hinzu, dass der Flächennutzungsplan partiell rechtliche Außenwirkungen entfalten kann (vgl. oben → Rn. 57), was ihn insoweit ebenfalls den in § 39 II Nr. 3 GemO genannten Satzungen und Rechtsverordnungen ähneln lässt, spricht viel dafür, dass auch der Beschluss eines Flächennutzungsplans dem Verbot der Delegation auf beschließende Ausschüsse bzw. auf den Bürgermeister unterfällt.

151 Überlegen kann man schließlich, ob über den Erlass eines Bauleitplans im Wege des **Bürgerentscheides** (→ § 1 Rn. 271 ff.) entschieden werden kann. § 21 II Nr. 6 GemO bestimmt dazu: „Ein Bürgerentscheid findet nicht statt über […] Bauleitpläne und örtliche Bauvorschriften mit Ausnahme des verfahrenseinleitenden Beschlusses […]." Das bedeutet, dass Planaufstellungsbeschlüsse i. S. d. § 2 I 2 BauGB (vgl. oben → Rn. 128) einem Bürgerentscheid zugänglich sind.[132] Das gilt dann erst recht für alle Beschlüsse, die dem Aufstellungsbeschluss vorangehen. Zu denken ist an Grundsatzentscheidungen zur Gemeindeentwicklung im Vorfeld eines Planaufstellungsverfahrens.[133]

152 **Beispiel:** Eine solche Grundsatzentscheidung könnte die Frage sein, ob eine Gemeinde zum Zwecke der Ansiedlung von Gewerbe überhaupt für einen bestimmten Teil des Gemeindegebietes in einen Planungsprozess eintreten oder ob auf weitere Gewerbeansiedlungen von vornherein verzichtet werden soll.

153 Alle dem Aufstellungsbeschluss nachfolgenden Beschlüsse z. B. über Planänderungen aufgrund von Einwendungen und insbesondere die das Aufstellungsverfahren abschließenden Beschlüsse (vgl. oben → Rn. 141) sind demgegenüber zwingend vom Gemeinderat zu fassen.

154 Obwohl der Gemeinderat also für den Beschluss von Bauleitplänen ausschließlich zuständig ist, heißt das nicht, dass er sämtliche Schritte im Prozess der Planaufstellung selbst vornehmen muss. Als Kollegialorgan ist er dazu gar nicht in der Lage. § 43 I GemO bestimmt daher, dass der **Bürgermeister** die Sitzungen des Gemeinderats und damit auch dessen Beschlüsse vorbereitet. Er bedient sich dazu grundsätzlich der Bediensteten der ihm nach § 42 I 1 GemO unterstehenden Gemeindeverwaltung (→ § 1 Rn. 174, 205 ff.). § 4b S. 1 BauGB ergänzt allerdings, dass die Gemeinde insbesondere zur Beschleunigung des Bauleitplanverfahrens die Vorbereitung und Durchführung von näher bestimmten Verfahrensschritten auf **Dritte,** also beispielsweise auf private Pla-

---

[132] Zur Verfassungskonformität der Regelung *Schellenberger,* VBlBW 2017, 498 ff.; kritisch demgegenüber *Birk,* BWGZ 2016, 949 ff.
[133] VGH BW, NVwZ-RR 2009, 574, 574 f.; BeckRS 2009, 36667; DVBl. 2011, 1035, 1037 f., jew. zur restriktiveren Vorläuferfassung des § 21 II Nr. 6 GemO.

B. Die staatliche Vorordnung der Bodennutzung   299

nungsbüros übertragen darf. Ihre rechtliche Stellung und ihre Befugnisse sind ebenso
wie die Voraussetzungen, unter denen die Gemeinde von der Möglichkeit des § 4b
S. 1 BauGB Gebrauch machen darf, nicht abschließend geklärt.[134]

Fest steht: § 4b S. 1 BauGB ändert nichts daran, dass nach § 2 I BauGB die Ge- **155**
meinde für die Aufstellung der Bauleitpläne und damit auch für das Aufstellungsverfahren zuständig ist.[135] § 4b S. 1 BauGB ist daher keine Norm, die zu materiellen Teilprivatisierungen von Verfahrensabschnitten führt. Dann aber spricht alles dafür, dass die von
§ 4b S. 1 BauGB gemeinten Dritten organisationsrechtlich dieselbe Stellung haben wie
die Bediensteten der Gemeindeverwaltung: Sie sind Amtswalter der Gemeinde, die mit
rechtlicher Wirkung für die Gemeinde deren Aufgaben im Bauleitplanverfahren wahrnehmen. Unterschiede bestehen nur in den zugrundeliegenden Amtswalterverhältnissen. Während ein Amtswalterverhältnis bei den Gemeindebediensteten durch eine beamtenrechtliche Ernennung oder durch den Abschluss eines Arbeitsvertrags zustande
kommt und prinzipiell auf Dauer angelegt ist, entsteht das Amtswalterverhältnis zum
Dritten i. S. d. § 4b S. 1 BauGB durch den Abschluss eines befristeten Dienst- oder
Werkvertrags aus Anlass eines einzelnen konkreten Planungsverfahrens. § 4b BauGB ist
damit eine Bestimmung, die es den Gemeinden ermöglicht, ihr Personal kurzfristig und
projektbezogen aufzustocken. Das kann beispielsweise nötig sein, wenn zeitgleich die
Aufstellung oder Änderung mehrerer Bauleitpläne i. S. d. § 1 III BauGB erforderlich ist
und für die zügige parallele Bearbeitung aller Aufstellungsverfahren die normale Personalkapazität nicht ausreicht. Dass § 4b S. 1 BauGB auf derartige Situationen abzielt,
zeigt die Formulierung „insbesondere zur Beschleunigung des Bauleitplanverfahrens".

§ 4b S. 1 BauGB darf aber nicht dazu verwendet werden, die Vorbereitung und **156**
Durchführung von Verfahrensschritten vollständig auf Dritte zu verlagern. Art. 33 IV
GG sowie das rechtsstaatliche Rationalitätsgebot verpflichten die Gemeinde dazu, ihre
Aufgaben im Regelfall mit dem eigenen, dauerhaft beschäftigten Personal zu erfüllen.[136] § 4b S. 1 BauGB ist daher eine **Ausnahmevorschrift** für Sondersituationen der
eben beschriebenen Art, in denen der planaufstellenden Gemeinde eigenes Personal
nicht in ausreichender Weise zur Verfügung steht.[137] Hinzu tritt nach § 4b S. 2 BauGB
die Ermächtigung, einem Dritten die Durchführung einer Mediation oder eines anderen Verfahrens der außergerichtlichen Konfliktbeilegung zu übertragen.

d) Außerkrafttreten von Bauleitplänen

Sieht man von der Möglichkeit, einzelne Nutzungen nach Maßgabe des § 9 II 1 **157**
BauGB zu befristen (→ Rn. 80), einmal ab, gelten Bauleitpläne unbefristet. Damit
können sie grundsätzlich nur außer Kraft treten, wenn sie **aufgehoben** werden. Nach
§ 1 VIII BauGB gelten die Vorschriften des BauGB über die Aufstellung von Bauleitplänen nicht nur gleichermaßen für deren Änderung oder Ergänzung, sondern ebenso für deren Aufhebung. Das bedeutet, dass für eine Planaufhebung ein vollständiges
Planungsverfahren nach den oben beschriebenen Regeln durchlaufen werden muss.
Lediglich dann, wenn der aufzuhebende Plan durch einen neuen Plan ersetzt wird,
können die Planaufhebung und die Planneuaufstellung in einem gemeinsamen Planungsverfahren vorgenommen werden.

---

[134] Dazu *Lauster*, Die Beteiligung privater Dienstleister an der Wahrnehmung bauleitplanerischer Aufgaben, 2010, 43 ff.
[135] BVerwGE 124, 385, 394; *Remmert*, Private Dienstleistungen in staatlichen Verwaltungsverfahren, 2003, 206 ff., 214 f.; *Kersten*, in: Schoch, Besonderes Verwaltungsrecht, 3. Kap. Rn. 102.
[136] *Remmert*, Private Dienstleistungen in staatlichen Verwaltungsverfahren, 2003, 462 ff.
[137] *Krebs*, in: Schoch, Besonderes Verwaltungsrecht, 4. Kap. Rn. 80.

158 Die Durchführung eines vollständigen Planungsverfahrens zum Zwecke der Planaufhebung ist auch dann erforderlich, wenn die Gemeinde oder die Rechtsaufsichtsbehörde nachträglich feststellen, dass ein Plan **unwirksam** ist. Beide haben keine Befugnis, den Plan durch schlichte Erklärung, einfachen Satzungsbeschluss, Nichtanwendung oder anderweitig außer Kraft zu setzen oder zu ignorieren. Gleiches gilt für Behörden wie beispielsweise die Baurechtsbehörden, die bei ihren Entscheidungen einen möglicherweise unwirksamen Bauleitplan anzuwenden haben.[138] Im Falle einer verwaltungsgerichtlichen Normenkontrolle nach § 47 I Nr. 1 VwGO kann aber der VGH einen Bebauungsplan für unwirksam erklären, und im Falle einer Inzidentkontrolle können die Verwaltungsgerichte einen Bebauungsplan im Einzelfall unangewendet lassen (dazu → Rn. 180 ff.).

159 Vielfach geht man davon aus, Bebauungspläne oder ein Teil ihrer Festsetzungen könnten auch durch **Gewohnheitsrecht**[139] sowie wegen **Funktionslosigkeit**[140] außer Kraft treten. Funktionslosigkeit soll gegeben sein, wenn die Festsetzungen eines Plans wegen einer völlig andersartigen tatsächlichen Entwicklung im Plangebiet gegenstandslos werden und dabei das Vertrauen auf die Fortgeltung des Plans nicht schutzwürdig ist.[141] Als Beispiel wird u. a. der Fall genannt, dass ein Bebauungsplan eine Zubringerstraße für eine Stadtautobahn ausweist, deren Realisierung später aufgegeben wird.[142] Allerdings dürfte in derartigen Fallgestaltungen jeweils eine gemeindliche Planungspflicht nach § 1 VIII, III BauGB (→ Rn. 87 ff.) entstehen. Kommt die Gemeinde dieser Pflicht nach und führt sie ein Planaufstellungsverfahren durch, kann dieses in einer Planaufhebung und damit im Außerkrafttreten des Bauleitplans enden. Denkbar ist jedoch auch, dass der vorhandene Plan lediglich geändert oder ergänzt wird. Die Annahme, ein funktionslos gewordener Plan trete ohne Durchlaufen eines Planungsverfahrens außer Kraft, umgeht zum einen die Planungspflicht der Gemeinde nach § 1 VIII, III BauGB und vernachlässigt zugleich, dass die Funktionslosigkeit u. U. auch durch eine Planänderung oder Planergänzung behoben werden kann. Die Funktionslosigkeit ist als Grund für das automatische Außerkrafttreten eines Plans daher abzulehnen.

e) Vertiefungshinweise

160 Literatur:

Erforderlichkeit der Planung: *Moench,* Die Planungspflicht der Gemeinde, DVBl. 2005, 676 ff.; *Ingerowski,* Verdichtung der gemeindlichen Planungshoheit zu einer strikten Planungspflicht, Jura 2009, 303 ff. (Falllösung).

Entwicklungsgebot: *Runkel,* Das Gebot der Entwicklung der Bebauungspläne aus dem Flächennutzungsplan, ZfBR 1999, 289 ff.

Raumordnung und Bauleitplanung: *Kümper,* Raumordnung und Bauleitplanung – Überörtliche und örtliche Gesamtplanung als Planungshierarchie und aus Sicht der Vorhabenzulassung, DVBl. 2018, 70 ff.

---

[138] Wie hier m. Nachw. z. B. *Oldiges/Brinktrine,* in: Steiner/Brinktrine, Besonderes Verwaltungsrecht, § 3 Rn. 130 ff.; offen gelassen in BVerwGE 112, 373, 381 f.
[139] Vgl. z. B. BVerwGE 26, 282, 284 f.; 54, 5, 9.
[140] Vgl. z. B. VGH BW, VBlBW 1983, 371, 371; NVwZ-RR 2003, 407, 409; BVerwGE 54, 5, 8 ff.; BVerwG, ZfBR 2010, 787, 788 f.; *Kersten,* in: Schoch, Besonderes Verwaltungsrecht, 3. Kap. Rn. 202 f.; *Scheidler,* UPR 2017, 201 ff.; dagegen *Hoffmann,* Jura 2012, 11, 15; skeptisch *Krebs,* in: Schoch, Besonderes Verwaltungsrecht, 4. Kap. Rn. 126; *Spindler,* Geltungsdauer planfeststellungsersetzender Bebauungspläne, 2009, 214 ff. m. Nachw.
[141] Vgl. BVerwGE 54, 5, 5.
[142] Beispiel nach *Dürr/Leven/Speckmaier,* Baurecht Baden-Württemberg, Rn. 75.

B. Die staatliche Vorordnung der Bodennutzung

Abwägungsgebot: *Kersten,* Die Abwägung im Bauplanungsrecht, Jura 2013, 478 ff.; *Mager,* Neues vom Abwägungsgebot?, JA 2009, 398 ff.; *Martini/Finkenzeller,* Die Abwägungsfehlerlehre, JuS 2012, 126 ff.; *Leege,* Abkehr von der sog „Abwägunsfehlerlehre", DÖV 2015, 361 ff.; *Rieger,* Die Überprüfung von Bebauungsplänen im Normenkontrollverfahren – ein Überblick über die Rechtsprechung des VGH Baden-Württemberg in den letzten fünf Jahren – Teil 2, VBlBW 2016, 177 ff.

Speziell für Spielhallen: *Brenz,* Erforderlichkeit der Bauleitplanung, Abwägungsgebot und städtebauliche Rechtfertigung bei der planerischen Steuerung von Spielhallen, DVP 2013, 198 ff.

Verfahren: *v. Komorowski/Kupfer,* Der Bebauungsplan – Rechtmäßigkeit, Fehlerfolgen und Kontrolle unter besonderer Berücksichtigung der Rechtsprechung des VGH Baden-Württemberg – Teil 1, VBlBW 2003, 1 ff.; *Rieger,* Die Überprüfung von Bebauungsplänen im Normenkontrollverfahren – ein Überblick über die Rechtsprechung des VGH Baden-Württemberg in den letzten fünf Jahren – Teil 1, VBlBW 2016, 133 ff.; *Strunz/Wallraven-Lidl,* Die förmliche Öffentlichkeitsbeteiligung in der Bauleitplanung, BauR 2012, 1584 ff.

Zuständigkeit: *Kühling/Wintermeier,* Die Bauleitplanung als Gegenstand plebiszitärer Bürgerbeteiligung, DVBl. 2012, 317 ff.; *Schellenberger,* Zur Verfassungskonformität von § 21 Abs. 2 Nr. 6 GemO, VBlBW 2017, 498 ff.; *Brüning,* Bindungswirkung von Bürgerentscheiden in der Bauleitplanung, NVwZ 2018, 299 ff.

Funktionslosigkeit: *Hoffmann,* Recht und Zeit – Zur Endlichkeit der Geltungsdauer und „Überlagerung" von Gesetzen, Jura 2012, 11 ff.; *Scheidler,* Der funktionslos gewordene Bebauungsplan, UPR 2017, 201 ff.

Fallbearbeitungen zur Aufstellung von Bebauungsplänen: *Grotefels,* Klausur im Baurecht – Wolfsgehege und Sportplatz [Fall 2], AL 2012, 112, 116 ff.; *Hyckel,* Öffentliches Baurecht und Verwaltungsprozessrecht: Geplante Flut im Wohngebiet, Jura 2016, 424 ff.; *Kleider,* Frischer Wind in der Bauleitplanung, Jura 2012, 802 ff.; *Lohse,* „Dicke Luft in der Stadt", Jura 2013, 307 ff. – Bebauungsplan im vereinfachten Verfahren; *Richter/Sokol,* „Moschee im Gewerbegebiet", JA 2011, 521 ff.; *Schmidt,* „Zu viele Pläne verderben den Brei", JA 2012, 838 ff.

Rechtsprechung: BVerwGE 34, 301 ff.; 45, 309 ff.; 47, 144 ff.; 131, 100 ff.; VGH BW, ZfBR 2010, 72 ff.; ZfBR 2012, 156 ff.; VBlBW 2014, 183 ff. – Abwägungsfehlerlehre; VGH BW NVwZ-RR 2009, 574 ff.; DVBl. 2011, 1035 ff.; VG München, BeckRS 2012, 60706 – Bauleitplanung als Gegenstand plebiszitärer Bürgerbeteiligung; EuGH, UPR 2013, 339 ff. – Grenzen des Ausschlusses der Umweltverträglichkeitsprüfung im beschleunigten Verfahren.

3. Fehlerhafte Bauleitpläne

a) Grundsatz der Planerhaltung

Es liegt auf der Hand, dass Bauleitpläne wegen der vielen detaillierten Anforderungen an das Aufstellungsverfahren und wegen der Vagheit der gesetzlichen inhaltlichen Vorgaben fehlerträchtig sind. Fehler gleich welcher Art machen einen Plan rechtswidrig. Ginge man davon aus, dass rechtswidrige Rechtssätze ausnahmslos unwirksam, also nichtig sind (sog. **Nichtigkeitsdogma**)[143], würde das dazu führen, dass rechtswidrige Bebauungspläne, die von § 10 I BauGB als Satzung und damit als Rechtssatz behandelt werden (→ Rn. 61), nichtig sind. Ob das auch für Flächennutzungspläne gelten würde, hinge davon ab, ob man das Nichtigkeitsdogma auch auf Gemeinderatsbeschlüsse erstreckt, die keine Satzung zum Gegenstand haben. **161**

Die §§ 214 ff. BauGB enthalten allerdings ein für Flächennutzungs- und Bebauungspläne gleichermaßen geltendes Fehlerfolgensystem, das vom Nichtigkeitsdogma in erheblicher Weise abweicht. Dieses Fehlerfolgensystem ändert zwar nichts daran, dass die **162**

---

[143] Dazu z. B. *Remmert,* in: Erichsen/Ehlers, Allgemeines Verwaltungsrecht, 15. Aufl. 2016, § 17 Rn. 8 m. Nachw.

Genehmigungsbehörde gem. § 216 BauGB vor dem Inkrafttreten eines genehmigungsbedürftigen Bauleitplans jeden Rechtsfehler (→ Rn. 144) zum Anlass nehmen muss, die Genehmigung zu verweigern oder sie allenfalls unter der Auflage oder Bedingung seiner Beseitigung zu erteilen. Die Abweichungen vom Nichtigkeitsdogma betreffen vielmehr die nachträgliche Korrektur von Rechtsfehlern und sind durch die Zielsetzung gekennzeichnet, rechtswidrige Bauleitpläne trotz ihrer Fehler so weit wie möglich als wirksame Pläne zu erhalten (**Grundsatz der Planerhaltung**).

163 § 214 IV BauGB eröffnet der Gemeinde zu diesem Zweck die Möglichkeit, rechtliche Fehler nachträglich zu korrigieren und den Plan anschließend noch einmal rückwirkend in Kraft zu setzen. Das betrifft nicht nur Fehler, die sich aus Verstößen gegen das BauGB ergeben, sondern bezieht andere Rechtsfehler mit ein. Die Fehlerkorrektur kann beispielsweise durch die Nachholung von Verfahrensschritten oder nach ergänzender Abwägung nach § 1 VII BauGB durch die Änderung oder Vervollständigung von Darstellungen bzw. Festsetzungen erfolgen.[144] Dieses sog. **ergänzende Verfahren** kommt allerdings nur in Betracht, wenn der zu behebende Fehler nicht so grundlegend ist, dass er die Planung als Ganzes in Frage stellt oder die Grundzüge der Planung berührt. Sonst ist und bleibt der Bauleitplan nichtig. Die Gemeinde hat den Plan aufzuheben. Liegen die Voraussetzungen des § 1 III BauGB vor, hat die Gemeinde anschließend neu zu planen.

164 Die §§ 214 I–III, 215 BauGB beschränken zudem die nachträgliche Überprüfbarkeit und Aufhebbarkeit von rechtswidrigen Bauleitplänen im **verwaltungsgerichtlichen Prozess** und unterscheiden zwischen Rechtsfehlern, die bei der verwaltungsgerichtlichen Kontrolle immer zu beachten sind, solchen, die nur bei fristgerechter Rüge beachtlich sind, sowie solchen, die stets unbeachtlich sind. Ergänzend ist auf §§ 4 IV, V, 18 VI GemO hinzuweisen, die die Rechtsfolgen von Verstößen von Satzungen und Flächennutzungsplänen gegen Verfahrens- und Formvorschriften der GemO sowie gegen die Vorschriften der GemO zur Befangenheit abweichend vom Nichtigkeitsdogma regeln. Gegen alle genannten besonderen Fehlerfolgennormen bestehen keine verfassungsrechtlichen Bedenken, weil sie die Gebote der Gesetzmäßigkeit der Verwaltung, der Rechtssicherheit, des Vertrauensschutzes und des effektiven gerichtlichen Rechtsschutzes in einen angemessenen Ausgleich bringen.[145] Im Folgenden wird zunächst ein Überblick über den Inhalt und die Struktur der einschlägigen Normen gegeben. Danach werden denkbare Rechtsfehler und die vom Gesetz vorgesehenen Fehlerfolgen in Gruppen zusammengefasst.

b) Inhalte und Struktur der §§ 214 I–IV, 215 BauGB

165 § 214 I BauGB betrifft Verstöße gegen **Form- und Verfahrensvorschriften des BauGB** und listet in seinem Satz 1 in vier Nummern beachtliche Rechtsfehler auf. Das bedeutet, wie sich aus der gesetzlichen Formulierung „ist […] **nur** beachtlich, wenn" ergibt: Alle nicht in § 214 I 1 BauGB genannten Verstöße gegen Form- und Verfahrensvorschriften sind bei der verwaltungsgerichtlichen Überprüfung der Wirksamkeit eines Bauleitplans irrelevant. § 214 I 1 Nr. 2 BauGB befasst sich beispielsweise mit Fehlern bei der Beteiligung der Öffentlichkeit und der Träger öffentlicher Belange. Dabei erwähnt das Gesetz die frühzeitige Beteiligung der Öffentlichkeit nach § 3 I BauGB und der Träger

---

[144] Näher dazu m.w. Nachw. *Dürr/Leven/Speckmaier*, Baurecht Baden-Württemberg, Rn. 87; *Brenner*, Öffentliches Baurecht, Rn. 437 ff.; *Jobs*, UPR 2016, 493 ff.
[145] Vgl. *Krebs*, in: Schoch, Besonderes Verwaltungsrecht, 4. Kap. Rn. 125 m. Nachw. auch zur Gegenauffassung. Vgl. zur Verfassungsmäßigkeit von § 214 I–III BauGB auch *Stock*, in: Ernst/Zinkahn/Bielenberg/Krautzberger, BauGB, § 214 Rn. 145 ff.; *Oldiges/Brinktrine*, in: Steiner/Brinktrine, Besonderes Verwaltungsrecht, § 3 Rn. 127 ff.

B. Die staatliche Vorordnung der Bodennutzung   303

öffentlicher Belange nach § 4 I BauGB (→ Rn. 135 ff.) nicht. Werden in diesen Verfahrensabschnitten rechtliche Fehler gemacht oder unterbleiben diese Verfahrensschritte, hat das auf den späteren Bestand des Plans also keine Auswirkungen.

Auch der Verstoß gegen eine in § 214 I 1 Nr. 1-3 BauGB genannte und damit **166** grundsätzlich beachtliche Verfahrens- oder Formvorschrift kann unbeachtlich sein. Wann das der Fall ist, regeln § 214 I 1 Nr. 1–3 BauGB jeweils in ihrem HS 2 **(interne Unbeachtlichkeitsklauseln)**. Nach § 214 I 1 Nr. 2 HS 1 BauGB ist beispielsweise eine Verletzung von § 4 II BauGB, der die förmliche Beteiligung der Träger öffentlicher Belange betrifft (→ Rn. 138 ff.), grundsätzlich beachtlich. Nach § 214 I 1 Nr. 2 **HS 2** BauGB ist es aber u. a. irrelevant, wenn einzelne Träger öffentlicher Belange nicht beteiligt worden sind und die sie betreffenden Belange entweder unerheblich waren oder in der Entscheidung ohnehin berücksichtigt worden sind. Lediglich § 214 I 1 Nr. 4 BauGB enthält keine interne Unbeachtlichkeitsklausel.

§ 214 II BauGB befasst sich mit Verstößen gegen Vorschriften über das **Verhältnis** **167** **des Bebauungsplans zum Flächennutzungsplan** und listet in vier Nummern unbeachtliche Rechtsfehler auf. Im Umkehrschluss ergibt sich, dass alle anderen Verstöße gegen die in § 8 II 1 BauGB niedergelegte Verpflichtung, den Bebauungsplan aus dem Flächennutzungsplan zu entwickeln (→ Rn. 62), beachtlich sind. Sowohl § 214 I BauGB als auch § 214 II BauGB werden für Bebauungspläne, die im **beschleunigten Verfahren** nach § 13a BauGB aufgestellt worden sind (→ Rn. 67, 148), durch § 214 IIa BauGB um weitere Unbeachtlichkeitsgründe ergänzt.

§ 214 III BauGB regelt die Folgen von **Abwägungsfehlern** (→ Rn. 117 ff.). Dabei **168** stellt § 214 III 1 BauGB fest, dass es für die Beurteilung, ob ein Abwägungsfehler vorliegt, auf den Zeitpunkt der Beschlussfassung über den Bauleitplan ankommt. Die nicht ganz einfach zu verstehende Vorschrift des § 214 III 2 BauGB ist insoweit eindeutig, als sie sich nur auf Mängel im Abwägungsvorgang und nicht auf Mängel im Abwägungsergebnis bezieht (zu dieser Differenzierung → Rn. 120). Da das BauGB für Mängel im **Abwägungsergebnis** auch an anderer Stelle keine besondere Fehlerfolgenregelung enthält, sind solche Fehler also bei der verwaltungsgerichtlichen Kontrolle stets beachtlich. Ein Fehler im Abwägungsergebnis liegt vor, wenn die Darstellungen oder Festsetzungen eines Bauleitplans unter dem Fehler der Disproportionalität leiden und damit nicht „gerecht" i. S. d. § 1 VII BauGB sind (→ Rn. 124 f.).

Schwieriger ist es bei Mängeln im **Abwägungsvorgang.** Sie sind vorrangig in **169** § 214 I 1 Nr. 1 BauGB geregelt. Danach liegt ein beachtlicher Fehler vor, wenn entgegen § 2 III BauGB die von der Planung berührten Belange, die der Gemeinde bekannt waren oder hätten bekannt sein müssen, in wesentlichen Punkten nicht zutreffend ermittelt oder bewertet worden sind und wenn der Mangel offensichtlich war und auf das Ergebnis des Verfahrens von Einfluss gewesen ist. Ein Mangel bei der Ermittlung oder Bewertung betrifft wesentliche Punkte, wenn abwägungsrelevante Belange betroffen sind,[146] und er ist offensichtlich, wenn er sich aus Akten, Protokollen, der Entwurfsbegründung, der Planbegründung oder ähnlichen objektiv erfassbaren Umständen ergibt.[147] Dass der Mangel auch Einfluss auf das Ergebnis des Verfahrens, also auf den Planinhalt hatte, ist anzunehmen, wenn sich aus den Planunterlagen oder sonstigen erkennbaren Umständen die konkrete Möglichkeit ergibt, dass sonst anders geplant worden wäre.[148] Besteht diese Möglichkeit nicht oder ist der Mangel nicht we-

---

[146] BVerwGE 131, 100, 105 f.
[147] *Finkelnburg/Ortloff/Kment*, Öffentliches Baurecht, Bd. I, § 12 Rn. 15.
[148] BVerwGE 131, 100, 107 f.

sentlich oder offensichtlich, sind Fehler beim Ermitteln und Bewerten der abwägungsrelevanten Belange nach § 2 III BauGB unbeachtlich.

170 § 214 III 2 HS 1 BauGB bestimmt nun, dass Mängel, die Gegenstand der Regelung des § 214 I 1 Nr. 1 BauGB sind, nicht als Mängel der Abwägung geltend gemacht werden können. Das ist für sich genommen unproblematisch. § 214 III 2 HS 2 BauGB fügt jedoch hinzu, dass „**im Übrigen** Mängel im Abwägungsvorgang nur erheblich [sind], wenn sie offensichtlich und auf das Abwägungsergebnis von Einfluss gewesen sind." Der einzige Mangel im Abwägungsvorgang, der nicht von § 2 III BauGB erfasst ist und der damit auch nicht der Fehlerfolgenregelung des § 214 I 1 Nr. 1 BauGB unterfällt, ist beim hier zugrunde gelegten Verständnis wie gezeigt (→ Rn. 123f.) die **Abwägungsdisproportionalität**. Nur sie kann also ein Mangel im Abwägungsvorgang i. S. d. § 214 III 2 HS 2 BauGB sein.[149] Wie erläutert (→ Rn. 125) ist aber davon auszugehen, dass sich jeder Verstoß gegen die während des Abwägungsvorgangs bestehende Verhaltenspflicht, abwägungsdisproportionale Planungen zu unterlassen, in einem disproportionalen und damit i. S. d. § 1 VII BauGB „ungerechten" Abwägungsergebnis niederschlägt. Fehler im Abwägungsergebnis sind aber ohnehin stets beachtlich (→ Rn. 168). § 214 III 2 HS 2 BauGB, der erst spät im Gesetzgebungsverfahren in den Gesetzestext eingefügt wurde, um vermeintliche Regelungslücken zu vermeiden,[150] ist daher an sich überflüssig.[151]

171 Ist ein Fehler nach den Kriterien des § 214 BauGB beachtlich, kann er nach § 215 I 1, 2 BauGB gleichwohl nach Ablauf einer Frist von einem Jahr seit Bekanntmachung des Bauleitplans **unbeachtlich werden**, wenn er nicht schriftlich gegenüber der Gemeinde unter Darlegung des die Verletzung begründenden Sachverhalts gerügt wird. Allerdings setzt das – auch wenn die Norm das nicht ganz zweifelsfrei zum Ausdruck bringt – nach § 215 II BauGB voraus, dass bei Inkraftsetzung des Plans auf die Voraussetzungen für die Geltendmachung der Verletzung von Vorschriften und auf die eben beschriebenen Rechtsfolgen hingewiesen worden ist.

172 Nach § 215 I 1, 2 BauGB besteht die Möglichkeit des Unbeachtlichwerdens bei nach § 214 I Nr. 1 bis 3 BauGB beachtlichen Verletzungen der dort genannten Verfahrens- und Formvorschriften, bei nach § 214 II BauGB beachtlichen Verstößen gegen Vorschriften über das Verhältnis von Bebauungs- und Flächennutzungsplan, bei nach § 214 III 2 BauGB beachtlichen Mängeln des Abwägungsvorgangs sowie bei beachtlichen Fehlern i. S. d. § 214 IIa BauGB. Auf andere als die genannten Mängel bezieht sich § 215 BauGB nicht. Erfolgt eine fristgerechte Rüge, die von jedermann selbst dann erhoben werden kann, wenn er nicht planbetroffen ist, ist der gerügte Fehler mit Wirkung gegenüber jedermann anschließend in jedem behördlichen und gerichtlichen Verfahren beachtlich, in dem es auf die Wirksamkeit des Bauleitplans ankommt.

c) Gruppen von Rechtsfehlern und ihre Folgen

173 Die denkbaren Rechtsfehler und ihre soeben anhand der Normsystematik beschriebenen Folgen lassen sich nach ihrem Gewicht in Gruppen zusammenfassen.[152] Dabei ist

---

[149] *Mager*, JA 2009, 398, 400; *Martini/Finkenzeller*, JuS 2012, 126, 129f.; *Muckel/Ogorek*, Öffentliches Baurecht, § 5 Rn. 154.
[150] Sog. „Angstklausel", statt anderer *Erbguth*, JZ 2006, 484, 490 m. Nachw.
[151] Vgl. ähnl. *Finkelnburg/Ortloff/Kment*, Öffentliches Baurecht, § 12 Rn. 39. Versteht man § 2 III BauGB anders (Rn. 121ff.), kann das anders zu sehen sein, vgl. z.B. *Kersten*, in: Schoch, Besonderes Verwaltungsrecht, 3. Kap. Rn. 195f.
[152] Vgl. die ähnlichen Kataloge z.B. bei *Krebs*, in: Schoch, Besonderes Verwaltungsrecht, 4. Kap. Rn. 123; *Brenner*, Öffentliches Baurecht, Rn. 420ff.

B. Die staatliche Vorordnung der Bodennutzung   305

zwischen Fehlern, die in der verwaltungsgerichtlichen Kontrolle grundsätzlich zu beachten sind, Fehlern, die nur befristet und nach Fristablauf nur bei vorheriger fristgerechter Rüge beachtlich sind, und Fehlern, die stets unbeachtlich sind, zu differenzieren.

Grundsätzlich in der verwaltungsgerichtlichen Kontrolle **zu beachten** sind zum 174 einen alle in den §§ 214, 215 BauGB nicht erwähnten Fehler im Planinhalt. Dazu zählen sowohl Verstöße gegen § 1 VII BauGB, also Fehler im Abwägungsergebnis, als auch Verstöße gegen §§ 1 III, IV, 9 I BauGB. Grundsätzlich zu beachten sind zum anderen die in § 214 I 1 Nr. 4 BauGB genannten Verfahrensfehler sowie die nach § 215 I BauGB im Regelfall nur befristet bzw. nur nach fristgerechter Rüge beachtlichen Mängel, wenn bei Inkraftsetzung des Plans nicht nach § 215 II BauGB auf die Voraussetzungen für die Geltendmachung der Verletzung von Vorschriften und auf die Rechtsfolgen einer fehlenden oder verspäteten Geltendmachung hingewiesen worden ist. Ist durch einen grundsätzlich zu beachtenden Fehler die Planung als Ganzes nicht in Frage gestellt oder sind die Grundzüge der Planung nicht berührt, hat die Gemeinde allerdings die Möglichkeit, den Fehler im ergänzenden Verfahren nach § 214 IV BauGB (→ Rn. 163) nachträglich zu korrigieren. Macht sie von dieser Möglichkeit Gebrauch, ist der ursprüngliche Fehler in der verwaltungsgerichtlichen Kontrolle anschließend unbeachtlich, weil er nach der Korrektur nicht mehr existiert.

Hat die Gemeinde bei Inkraftsetzung des Plans nach § 215 II BauGB auf die Voraus- 175 setzungen für die Geltendmachung der Verletzung von Vorschriften und auf die Rechtsfolgen einer fehlenden oder verspäteten Geltendmachung hingewiesen, **werden die in § 215 I 1, 2 BauGB genannten Fehler beim Fehlen einer fristgerechten Rüge nach Ablauf eines Jahres nach Planbekanntmachung in der verwaltungsgerichtlichen Kontrolle unbeachtlich.** So lange die Rügefrist läuft, ist der Fehler demgegenüber in der verwaltungsgerichtlichen Kontrolle unabhängig davon beachtlich, ob er (schon) gerügt wurde oder nicht.[153]

Anders formuliert bedeutet das: Die in § 215 I 1, 2 BauGB genannten Fehler sind 176 im gerichtlichen Verfahren im ersten Jahr nach Bekanntmachung des Plans ohne jede Einschränkung von Amts wegen zu beachten. Sie bleiben auch danach beachtlich, wenn sie innerhalb dieses Jahres gerügt werden. Unterbleibt die Rüge, werden sie unbeachtlich, sofern die Gemeinde ihren Hinweispflichten aus § 215 II BauGB nachgekommen ist. Auch die in § 215 I 1, 2 BauGB genannten Fehler können ggf. im ergänzenden Verfahren korrigiert werden (→ Rn. 163, 174).

Stets unbeachtlich sind in der verwaltungsgerichtlichen Kontrolle alle verbleiben- 177 den Fehler. Zu ihnen zählen zunächst alle Verstöße gegen Verfahrens- und Formvorschriften, die in § 214 I BauGB gänzlich unerwähnt sind. Das sind beispielsweise § 2 I 2 BauGB (Bekanntmachung eines Aufstellungsbeschlusses), § 3 I BauGB (frühzeitige Bürgerbeteiligung) und § 4 I BauGB (frühzeitige Beteiligung der Träger öffentlicher Belange). Unbeachtlich sind zudem die Verfahrens- und Formfehler, die in § 214 I 1 Nr. 1–3 BauGB zwar genannt sind, aber einer internen Unbeachtlichkeitsklausel (→ Rn. 166) unterfallen, sowie Verstöße gegen Vorschriften zum Verhältnis von Flächennutzungs- und Bebauungsplan, die § 214 II BauGB auflistet. Für Bebauungspläne, die im beschleunigten Verfahren nach § 13a BauGB aufgestellt wurden, enthält § 214 IIa BauGB zusätzliche Unbeachtlichkeitsbestimmungen.

Kommt es in einer Klausur auf die **Wirksamkeit eines Flächennutzungsplans** 178 **oder eines Bebauungsplans** an, bietet sich folgende Prüfungsstruktur an, wobei die Reihenfolge der Elemente nicht zwingend ist:

---

[153] VGH BW, VBlBW 2002, 304, 305.

I. Zuständigkeit
  1. **Verbandskompetenz der Gemeinde**, § 2 I 1 BauGB
     Fehlerfolge: Unwirksamkeit
  2. **Organkompetenz** innerhalb der Gemeinde: grds. Gemeinderat, § 24 I 2 GemO
     Fehlerfolge: Unwirksamkeit
II. Verfahren
  3. **Planaufstellungsbeschluss und seine Bekanntmachung**, § 2 I 2 BauGB
     Fehlerfolge: Unbeachtlichkeit
  4. **frühzeitige Beteiligung der Öffentlichkeit und der Träger der öffentlichen Belange**, §§ 3 I 1, 4 I 1 BauGB
     Fehlerfolge: Unbeachtlichkeit
  5. **vollständige Ermittlung und Bewertung des Abwägungsmaterials**, § 2 III BauGB, unter Einschluss einer **Umweltprüfung**, § 2 IV BauGB
     in der Klausur: Prüfung von Abwägungsausfall, -defizit und -fehleinschätzung
     Fehlerfolge: Beachtlichkeit unter den Voraussetzungen des § 214 I 1 Nr. 1 BauGB mit Heilungsmöglichkeiten nach §§ 214 IV, 215 I 1 Nr. 1 BauGB
     sonst: Unbeachtlichkeit
  6. **Erarbeitung eines Planentwurfs mit Begründung**, § 2a BauGB
     Fehlerfolge bei Begründungsmängeln: Beachtlichkeit unter den Voraussetzungen des § 214 I 1 Nr. 3 BauGB mit Heilungsmöglichkeiten nach §§ 214 IV, 215 I 1 Nr. 1 BauGB
     sonst: Unbeachtlichkeit
  7. **förmliche Beteiligung der Öffentlichkeit und der Träger öffentlicher Belange**, §§ 3 II, 4 II BauGB
     Fehlerfolge: Beachtlichkeit unter den Voraussetzungen des § 214 I 1 Nr. 2 BauGB mit Heilungsmöglichkeiten nach §§ 214 IV, 215 I 1 Nr. 1 BauGB
     sonst: Unbeachtlichkeit
  8. **Erarbeitung einer Begründung**, § 5 V BauGB bzw. § 9 VIII BauGB
     Fehlerfolge: Beachtlichkeit unter den Voraussetzungen des § 214 I 1 Nr. 3 BauGB mit Heilungsmöglichkeiten nach §§ 214 IV, 215 I 1 Nr. 1 BauGB
     sonst: Unbeachtlichkeit
  9. **abschließender Beschluss bzw. Satzungsbeschluss**, § 10 I BauGB
     Fehlerfolge: Beachtlichkeit nach § 214 I Nr. 4 BauGB mit Heilungsmöglichkeit nach § 214 IV BauGB
  10. *ggf.* **Genehmigung**, § 6 I BauGB bzw. § 10 II 1 BauGB
     Fehlerfolge: Beachtlichkeit nach § 214 I 1 Nr. 4 BauGB mit Heilungsmöglichkeit nach § 214 IV BauGB
  11. **ortsübliche Bekanntmachung**, § 6 V BauGB bzw. § 10 III BauGB
     Fehlerfolge: Beachtlichkeit unter den Voraussetzungen des § 214 I 1 Nr. 4 BauGB mit Heilungsmöglichkeit nach § 214 IV BauGB
     sonst: Unbeachtlichkeit
III. Inhalt
  12. **Planerforderlichkeit**, § 1 III BauGB
     Fehlerfolge: Beachtlichkeit
  13. **Ziele der Raumordnung**, § 1 IV BauGB
     Fehlerfolge: Beachtlichkeit

B. Die staatliche Vorordnung der Bodennutzung

> 14. ggf. **Entwicklungsgebot,** § 8 II 1 BauGB
>   *Fehlerfolge*: Unbeachtlichkeit nach § 214 II BauGB
>   sonst: Beachtlichkeit mit Heilungsmöglichkeiten nach §§ 214 IV, 215 I 1 Nr. 2 BauGB
> 15. **zwingende Vorgaben des Fachplanungsrechts**
>   *Fehlerfolge*: Beachtlichkeit
> 16. **zwingende Vorgaben in Spezialgesetzen**
>   *Fehlerfolge*: Beachtlichkeit
> 17. ggf. **sonstige Vorschriften**, z.B. § 2 II BauGB, Planungsrahmen des § 9 I BauGB und der BauNVO, Bestimmtheitsgebot usw.
>   *Fehlerfolge*: Beachtlichkeit
> 18. **gerechte Abwägung,** § 1 VII BauGB
>   **in der Klausur:** Prüfung von Abwägungsdisproportionalität
>   *Fehlerfolge*: Beachtlichkeit

d) Vertiefungshinweise

Literatur: 179

Fehlerfolgenregelungen der §§ 214 f. BauGB: *Erbguth,* Rechtsschutzfragen und Fragen der §§ 214 und 215 BauGB im neuen Städtebaurecht, DVBl. 2004, 802 ff.; *Koch,* in: ders./Hendler, Baurecht, Raumordnungs- und Landesplanungsrecht, § 18; *Quaas/Kukk,* Neustrukturierung der Planerhaltungsbestimmungen in §§ 214 ff. BauGB, BauR 2004, 1541 ff.

Speziell zu Abwägungsfehlern: *Kersten,* Die Abwägung im Bauplanungsrecht, Jura 2013, 478 ff.; *Mager,* Neues vom Abwägungsgebot?, JA 2009, 398 ff.; *Martini/Finkenzeller,* Die Abwägungsfehlerlehre, JuS 2012, 126 ff.; *Pieper,* Teilweiser Abschied von der materiellen Abwägungsfehlerlehre im EAG-Bau – Folgen für die Rechtmäßigkeitsprüfung eines Bebauungsplans, Jura 2006, 817 ff.

Rechtsprechung: BVerwGE 64, 33 ff.; 66, 116 ff.; 75, 262 ff. – zur Verfassungsmäßigkeit der den §§ 214 ff. BauGB entsprechenden Regelungen im BBauGB; BVerwGE 131, 100 ff.; VGH BW, BauR 2009, 1870 ff.; BauR 2010, 118 ff. – zur Behandlung von Abwägungsfehlern in § 214 BauGB; EuGH, UPR 2013, 339 ff. – Grenzen des Ausschlusses der Umweltverträglichkeitsprüfung im beschleunigten Verfahren und der Unbeachtlichkeit dieses Fehlers.

4. Rechtsschutz und Entschädigung

a) Rechtsschutz gegen Bauleitpläne

Gerichtlicher Rechtsschutz gegen Bauleitpläne kann in unterschiedlichen Konstellationen von Interesse sein. Zum einen ist denkbar, dass sich jemand unmittelbar gegen einen neu aufgestellten, ergänzten oder geänderten Bauleitplan wenden und diesen gerichtlich überprüfen lassen will. Handelt es sich um einen Bebauungsplan, steht für dieses Begehren nach § 47 I Nr. 1 VwGO die **prinzipale Normenkontrolle** zur Verfügung, denn gem. § 10 I BauGB wird der Bebauungsplan als Satzung beschlossen (→ Rn. 61), und nach § 47 I Nr. 1 VwGO entscheidet das Oberverwaltungsgericht, das in Baden-Württemberg gem. § 1 I 1 AGVwGO Verwaltungsgerichtshof – VGH heißt, auf Antrag über die Gültigkeit von Satzungen, die nach den Vorschriften des BauGB erlassen worden sind. 180

Da der **Flächennutzungsplan** keine Satzung ist (→ Rn. 58), kann er grundsätzlich nicht in diesem Verfahren überprüft werden. Etwas anderes gilt nur in zwei Fallgestaltungen. Die erste betrifft den Fall, dass ein Flächennutzungsplan Darstellungen i. S. d. § 35 III 3 BauGB enthält. Sie entfalten ausnahmsweise wie die Festsetzungen eines Bebauungsplans eine **nutzungsausschließende rechtliche Außenwirkung** gegenüber 181 dem Bürger (→ Rn. 57). Geht man davon aus, dass § 47 I Nr. 1 VwGO bezweckt, „einen möglichst effektiven, rechtzeitigen und bundeseinheitlich ausgestalteten Rechtsschutz gegen planerische Festlegungen zu schaffen, die in sehr einschneidender Weise in die Rechtsstellung der Planbetroffenen eingreifen"[154], dann ist mit der Schaffung der atypischen Darstellungsmöglichkeit des § 35 III 3 BauGB im Hinblick auf die Rechtsschutzmöglichkeiten gegen städtebauliche Pläne eine planwidrige Regelungslücke innerhalb der VwGO entstanden. Sie ist durch eine analoge Anwendung des § 47 I Nr. 1 VwGO zu schließen.[155] Enthält ein Flächennutzungsplan also ausnahmsweise Darstellungen mit rechtlicher Außenwirkung gegenüber den Planbetroffenen, so kann gegen **diese** Darstellungen von den dadurch möglicherweise in ihren Rechten verletzten Bürgern ebenso wie gegen einen Bebauungsplan ein Normenkontrollantrag nach § 47 I Nr. 1 VwGO analog gestellt werden. Auf alle anderen Darstellungen eines solchen Plans trifft das aber nicht zu.[156] Die zweite Konstellation, in der ein Normenkontrollantrag gegen einen Flächennutzungsplan möglich ist, betrifft den Fall, in dem sich eine nach § 3 UmwRG[157] **anerkannte Umweltvereinigung** wie z.B. der Bund für Umwelt- und Naturschutz (BUND) oder der Naturschutzbund Deutschland (NaBu) gegen einen Flächennutzungsplan wendet. Ein Flächennutzungsplan ist ein Plan i.S.d. § 1 I 1 Nr. 4a) UmwRG[158] mit der Folge, dass dieses Gesetz, das die VwGO ergänzt und modifiziert, auf ihn Anwendung findet. § 2 I UmwRG regelt, dass eine anerkannte Umweltvereinigung unter dort näher bestimmten Voraussetzungen Rechtsbehelfe u.a. gegen einen Plan i.S.d. § 1 I 1 Nr. 4a) UmwRG und damit auch gegen einen Flächennutzungsplan erheben kann, ohne in eigenen Rechten verletzt zu sein. Aus § 7 II 2 UmwRG ergibt sich, dass für solche Rechtsbehelfsverfahren gegen Flächennutzungspläne § 47 VwGO entsprechend anzuwenden ist.[159]

182 Die folgenden Ausführungen konzentrieren sich auf die prinzipale Normenkontrolle gegen **Bebauungspläne**. Die **Zulässigkeit** eines Antrags nach § 47 I Nr. 1 VwGO, der nach § 47 II 1 VwGO nur innerhalb eines Jahres nach Bekanntmachung der angegriffenen Rechtsvorschrift erhoben werden kann, setzt die Antragsberechtigung des Antragstellers voraus. **Antragsberechtigt** sind nach § 47 II 1 VwGO zunächst natürliche und juristische Personen. Sie müssen auch **antragsbefugt** sein. Dazu müssen sie nach § 47 II 1 VwGO geltend machen, durch die angegriffene Norm oder ihre Anwendung in ihren Rechten verletzt zu sein oder in absehbarer Zeit verletzt zu werden. Eine Verletzung der antragstellenden natürlichen oder juristischen Person in ihren subjektiven Rechten durch Festsetzungen des angegriffenen Bebauungsplans oder deren Anwendung muss damit – wie bei der Klagebefugnis nach § 42 II VwGO[160] – zumindest möglich sein.

183 Insoweit ist zu differenzieren: Wendet sich ein **Eigentümer** gegen eine Festsetzung, die unmittelbar sein Grundstück betrifft bzw. wird ein Eigentümer durch eine Festset-

---

[154] BVerwGE 128, 382, 389; vgl. auch BT-Drs. 7/4324, S. 7.
[155] BVerwGE 128, 382, 388 ff.; im Anschluss daran BVerwG, ZfBR 2009, 156, 156; BVerwG, NVwZ 2013, 1011, 1012 f.; OVG Rh.-Pf., BauR 2008, 1101, 1101 f.; OVG Nieders., ZfBR 2012, 265, 265 f. Dagegen z.B. *Herrmann*, NVwZ 2009, 1185, 1187 ff.
[156] BVerwG, NVwZ 2013, 1011, 1012 f.
[157] G. i.d.F. v. 23.8.2017, BGBl. I S. 3290, zuletzt geändert durch G. v. 17.12.2018, BGBl. I S. 2549.
[158] § 1 I 1 Nr. 4a) UmwRG verweist auf Pläne i.S.d. Anlage 5 zum UVPG. Diese nennt in ihrer Nr. 1.8 „Bauleitplanungen nach den §§ 6 und 10 des Baugesetzbuchs" und bezieht sich damit auch auf Flächennutzungspläne.
[159] Dazu näher *Decker*, VBlBW 2018, 441 ff.
[160] Vgl. BT-Drs. 13/3993, S. 9 f.; vgl. auch BVerwGE 140, 41, 45.

B. Die staatliche Vorordnung der Bodennutzung

zung an einer beabsichtigten Nutzung seines Grundstücks gehindert, ist er antragsbefugt, weil es möglich ist, dass er durch die Festsetzung in seinem **Grundrecht aus Art. 14 I GG** verletzt ist. Beanstandet ein Eigentümer eine Festsetzung, die nicht sein eigenes Grundstück betrifft, so ist er antragsbefugt, wenn die Festsetzung oder die durch sie gestattete künftige Nutzung gegen eine **drittschützende Norm des einfachen Rechts** verstößt, die auch seinen Interessen zu dienen bestimmt ist. Ermöglicht etwa ein Bebauungsplan die Errichtung und den späteren Betrieb einer Sportanlage, die die in § 2 II der 18. BImSchV[161] genannten Immissionsrichtwerte nicht einhalten kann, sind Eigentümer benachbarter Grundstücke antragsbefugt, weil es möglich ist, dass sie durch die Festsetzung bzw. ihre Anwendung in ihren Rechten aus § 2 II der 18. BImSchV verletzt sind.

Beantragt der **Mieter oder Pächter** eines Grundstücks die Aufhebung einer Festsetzung, die dieses Grundstück betrifft, kann er sich nur dann auf Art. 14 I GG stützen, wenn durch die Festsetzung sein eigentumsgrundrechtlich geschütztes Recht auf Besitz betroffen ist.[162] Er ist zudem antragsbefugt, wenn er unabhängig von seiner schuldrechtlichen Rechtsposition an dem Grundstück geltend machen kann, in eigenen subjektiven öffentlichen Rechten beispielsweise aus Art. 2 II 2 GG oder aus speziellen einfachgesetzlichen Normen verletzt zu sein. **184**

Im Übrigen kann sich die Antragsbefugnis auch aus **§ 1 VII BauGB** ergeben. Das setzt voraus, dass der Antragsteller geltend machen kann, dass der Gemeinde in Bezug auf seine abwägungsrelevanten privaten Belange, die nicht notwendig subjektivrechtlich bewehrt sein müssen (→ Rn. 108), ein Abwägungsfehler unterlaufen ist.[163] So kann beispielsweise vorgebracht werden, dass Veränderungen in der Verkehrslärmbelästigung[164] oder Beeinträchtigungen in der Aussicht[165] nicht abwägungsfehlerfrei behandelt wurden. Derartige Interessen werden durch § 1 VII BauGB nicht selbst zum subjektiven Recht. § 1 VII BauGB begründet aber ein subjektives Recht auf deren abwägungsfehlerfreie Berücksichtigung, auf das die Antragsbefugnis gestützt werden kann. **185**

Denkbar ist auch, dass sich eine **Gemeinde** als juristische Person des öffentlichen Rechts im Wege der Normenkontrolle gegen einen Bebauungsplan einer Nachbargemeinde wendet. Die antragstellende Gemeinde ist antragsbefugt, wenn sie geltend machen kann, durch den angegriffenen Bebauungsplan der Nachbargemeinde in ihren Rechten aus § 2 II BauGB (→ Rn. 114) oder anderweitig in ihrer durch Art. 28 II 1 GG geschützten Planungshoheit (→ Rn. 32) verletzt zu sein. **186**

Antragsberechtigt sind nach § 47 II 1 VwGO zudem **Behörden**. Hinter der Entscheidung des Gesetzes, auch Behörden eine Antragsberechtigung einzuräumen, steht folgende Überlegung: Behörden wie beispielsweise die Baurechtsbehörde müssen vielfach nach Maßgabe der Festsetzungen eines Bebauungsplans entscheiden. Hält eine Behörde einen Bebauungsplan für unwirksam, dürfte sie diesen an sich nicht anwenden.[166] Allerdings geht man überwiegend davon aus, dass Bebauungspläne nur entweder durch die Gemeinde selbst im Planaufhebungsverfahren oder im Wege der prinzi- **187**

---

[161] VO v. 18.7.1991, BGBl. I S. 1588, ber. S. 1790, zuletzt geändert durch VO v. 1.6.2017, BGBl. I S. 1468.
[162] *Dürr/Leven/Speckmaier*, Baurecht Baden-Württemberg, Rn. 320.
[163] BVerwGE 107, 215, 220 ff.; 140, 41, 46; VGH BW, ZfBR 2012, 590, 591; kritisch dazu z. B. *Schütz*, NVwZ 1999, 929 ff.
[164] BVerwG, BauR 2000, 848, 849 f.
[165] VGH BW, VBlBW 2000, 482, 482.
[166] Hess. VGH, NVwZ 1990, 885, 885 f.

palen Normenkontrolle aufgehoben werden können (→ Rn. 157 ff.). Hält also beispielsweise die Baurechtsbehörde einen Bebauungsplan für unwirksam, kann sie nur entweder versuchen, die Gemeinde zur Planänderung oder -aufhebung zu bewegen, oder sie muss einen Antrag auf Normenkontrolle nach § 47 I Nr. 1, II VwGO stellen. Als Organe einer juristischen Person können Behörden nicht Träger von Rechten sein. Dementsprechend erstreckt § 47 II 1 VwGO das Erfordernis der Antragsbefugnis auch nicht auf sie. Man geht aber davon aus, dass für einen Normenkontrollantrag einer Behörde ein **Rechtsschutzbedürfnis** erforderlich ist, das nur besteht, wenn die Behörde den angegriffenen Plan zu vollziehen oder zu beachten hat.[167] Ohne in eigenen Rechten verletzt zu sein, kann sich schließlich auch eine nach § 3 UmwRG **anerkannte Umweltvereinigung** unter den Voraussetzungen des § 2 I UmwRG im Wege der prinzipalen Normenkontrolle gegen einen Bebauungsplan wenden. Ebenso wie der Flächennutzungsplan (→ Rn. 181) ist auch der Bebauungsplan ein Plan i.S.d. § 1 I 1 Nr. 4a) UmwRG mit der Folge, dass dieses Gesetz, das die VwGO ergänzt und modifiziert, auch auf ihn Anwendung findet.

188 Der Antrag im Normenkontrollverfahren ist nach § 47 V 2 VwGO **begründet**, wenn der angegriffene Bebauungsplan ungültig ist. Das ist der Fall, wenn er an einem Rechtsfehler leidet, der nicht nach §§ 214, 215 BauGB unbeachtlich ist (→ Rn. 165 ff.). Der VGH erklärt den Plan dann für unwirksam. Dabei beschränkt sich die gerichtliche Kontrolle nicht auf die subjektiven Rechte des Antragstellers. Vielmehr prüft der VGH die Gültigkeit des Plans unter allen in Betracht kommenden Gesichtspunkten.[168] Die Entscheidung, dass ein Bebauungsplan unwirksam ist, ist nach § 47 V 2 VwGO allgemein verbindlich und von der Gemeinde wie eine Rechtsnorm öffentlich bekannt zu machen. Die Entscheidung wirkt also nicht nur unter den Prozessparteien, sondern gilt für jedermann. Hält dagegen der VGH den Bebauungsplan für wirksam, so gilt diese Feststellung nur zwischen den Beteiligten. Das lässt sich aus dem Wortlaut des § 47 V 2 VwGO schließen, der die Allgemeinverbindlichkeit ausdrücklich auf den Fall beschränkt, dass ein Bebauungsplan für unwirksam erklärt wird.

189 **Inzident** kann sowohl die Wirksamkeit eines Bebauungsplans als auch die eines Flächennutzungsplans auch im Rahmen anderer Klagen überprüft werden, wenn es für deren Begründetheit auf die Wirksamkeit eines Bauleitplans ankommt. Klagt beispielsweise ein Bauwilliger im Wege der **Verpflichtungsklage** eine Baugenehmigung ein, die er nur beanspruchen kann, wenn ein wirksamer Bebauungsplan besteht, oder beansprucht ein Nachbar im Wege der **Anfechtungsklage** die Aufhebung einer Baugenehmigung, deren Rechtmäßigkeit von der Gültigkeit eines Bebauungsplans abhängt, hat das Verwaltungsgericht den Plan zu überprüfen. Hält es den Plan für ungültig, wendet es ihn bei der Entscheidung des konkreten Rechtsstreits, der dann unter Rückgriff auf §§ 34, 35 BauGB gelöst wird, nicht an. Auf alle anderen Rechtsverhältnisse wirkt sich die Beurteilung des Plans durch das Verwaltungsgericht als unwirksam – anders als bei der prinzipalen Normenkontrolle – nicht aus. Er bleibt in Kraft, bis er von der Gemeinde oder durch den VGH aufgehoben wird (→ Rn. 157 ff., 187).

190 Nicht möglich ist es, die Wirksamkeit eines Bauleitplans im Wege der **Feststellungsklage** nach § 43 I VwGO überprüfen zu lassen. Die Frage, ob eine Norm wirksam ist, ist kein konkretes Rechtsverhältnis, sondern eine abstrakte Rechtsfrage. Zwar lässt sich das Anliegen des Klägers in einer solchen Situation möglicherweise dahinge-

---

[167] Vgl. BVerwGE 81, 307, 310; VGH BW, NJW 1977, 1469, 1470; NVwZ 1987, 1088, 1088; NVwZ 1999, 1249, 1250.
[168] BVerwGE 131, 100, 105; BVerwG, NVwZ 2001, 431, 432; vgl. VGH BW, NVwZ-RR 2010, 960, 961.

B. Die staatliche Vorordnung der Bodennutzung

hend deuten, dass er die Feststellung begehrt, dass die Gemeinde ihm gegenüber nicht berechtigt war, einen Bauleitplan mit einem bestimmten Inhalt aufzustellen, weil er ihn in seinen subjektiven Rechten verletzt. Hierfür stellt die VwGO aber gerade das speziellere Verfahren der prinzipalen Normenkontrolle nach § 47 I Nr. 1 VwGO zur Verfügung.

Denkbar ist es dagegen, einen Bauleitplan im Wege der **Verfassungsbeschwerde** 191 nach Art. 93 I Nr. 4a GG, §§ 13 Nr. 8a, 90 ff. BVerfGG anzugreifen, sofern zuvor der Rechtsweg i. S. d. § 90 II BVerfGG erschöpft wurde und die anderen Zulässigkeitsvoraussetzungen gegeben sind. Alternativ dazu besteht die Möglichkeit, unter ähnlichen Voraussetzungen nach Art. 68 I Nr. 4 LV, §§ 55 ff. VerfGHG Verfassungsbeschwerde beim Staatsgerichtshof des Landes Baden-Württemberg zu erheben.

b) Klagen auf Planerlass

Klagen auf Planerlass scheitern im Regelfall bereits am Fehlen der Klagebefugnis, da 192 nach § 1 III 2 BauGB grundsätzlich **kein Anspruch auf Aufstellung eines Bebauungsplans** besteht. Ist das ausnahmsweise einmal anders (→ Rn. 30, 90), ist – das ist nicht ganz unumstritten – die allgemeine Leistungsklage die richtige Rechtsschutzform.[169]

c) Entschädigungsfragen

Erweitern die Festsetzungen eines neu aufgestellten, ergänzten oder geänderten Be- 193 bauungsplans die Nutzungsmöglichkeiten und/oder den Wert eines Grundstücks, ist das für dessen Eigentümer positiv. Möglich ist allerdings auch, dass durch die Festsetzungen eines Bebauungsplans die Nutzungsmöglichkeiten und/oder der Wert eines Grundstücks verringert werden. Das ist nicht zu beanstanden, wenn dieser Plan das Ergebnis einer fehlerfreien Abwägung aller Belange i. S. d. § 1 VII BauGB ist. Sind dagegen durch die Festsetzungen eines Bebauungsplans subjektive Rechte eines Grundeigentümers verletzt, kann der Betroffene grundsätzlich nur **abwehrrechtlich** im Wege der prinzipalen Normenkontrolle gegen den Plan vorgehen.

Daher ist es nicht selbstverständlich, dass die §§ 39 ff. BauGB **Entschädigungsre-** 194 **gelungen** für nachteilige Auswirkungen von Bebauungsplänen enthalten. Ob und wieweit es dieser Regelungen aus verfassungsrechtlicher Sicht zwingend bedarf, ist umstritten.[170] Da der Gesetzgeber die Möglichkeit hat, Entschädigungstatbestände auch dann zu normieren, wenn sie verfassungsrechtlich nicht erforderlich sind, und da an der Verfassungsmäßigkeit der §§ 39 ff. BauGB nicht gezweifelt wird, kommt es auf die verfassungsrechtlichen Hintergründe der §§ 39 ff. BauGB in der Regel nicht an. Entschädigungsregelungen für negative Folgen eines Flächennutzungsplans kennt das BauGB nicht. Das dürfte daran liegen, dass grundsätzlich die Darstellungen eines Flächennutzungsplans die Nutzungsmöglichkeiten eines Grundstücks rechtlich noch nicht verändern (→ Rn. 51 ff.).

Die §§ 40–42 BauGB beziehen sich unmittelbar auf **bebauungsplanbedingte** 195 **Verschlechterungen der Nutzungsmöglichkeiten** eines Grundstücks. Dabei regeln §§ 40, 41 BauGB Fälle, in denen ein Grundstück von fremdnützigen Festsetzungen betroffen ist. § 40 I 1 BauGB enthält einen Katalog fremdnütziger Festsetzungen

---

[169] Für eine auf den Erlass einer Rechtsverordnung gerichtete Klage VGH BW, NVwZ-RR 2000, 701, 701 sowie zum Problem *Hufen*, Verwaltungsprozessrecht, 11. Aufl. 2019, § 20 Rn. 6 ff. m. Nachw. auch zur Rspr., die überwiegend die Feststellungsklage für einschlägig hält.
[170] Dazu m. Nachw. *Appel*, in: Koch/Hendler, Baurecht, Raumordnungs- und Landesplanungsrecht, § 19 Rn. 24 ff.

von öffentlichen Flächen und nennt beispielsweise die Festsetzung von Flächen für den Gemeinbedarf, für Gemeinschaftsgaragen, für Aufschüttungen, für Grünflächen usw. § 41 I BauGB betrifft Festsetzungen über Geh-, Fahr- und Leitungsrechte und § 41 II BauGB solche, die Anforderungen an die Bepflanzung stellen. § 42 BauGB enthält einen Entschädigungstatbestand für Situationen, in denen die zulässige Nutzung eines Grundstücks aufgehoben oder geändert wird und dadurch eine nicht nur unwesentliche Wertminderung des Grundstücks eintritt. Da sich die Anwendungsbereiche der §§ 40, 41 BauGB einerseits und des § 42 BauGB andererseits überschneiden, ordnet § 43 BauGB, der übergreifende Bestimmungen zur Entschädigungsleistung und zum Verfahren enthält, in seinem Absatz 3 Satz 1 an, dass bei Vorliegen der Voraussetzungen der §§ 40, 41 I BauGB eine Entschädigung nur nach diesen Vorschriften zu gewähren ist. Diese Tatbestände gehen also dem § 42 BauGB vor. Enthält beispielsweise ein Bebauungsplan für ein unbebautes Grundstück die Festsetzung eines Parkplatzes (§ 9 I Nr. 11 BauGB) und durfte das Grundstück zuvor mit einem Wohn- oder Geschäftshaus bebaut werden, so liegt eine Festsetzung nach § 40 I 1 Nr. 5 BauGB vor, die zugleich die Voraussetzungen des § 42 I BauGB erfüllt und die dann gem. § 43 III 1 BauGB ausschließlich nach § 40 I 1 Nr. 5 BauGB zu entschädigen ist.

196 In welcher **Form** die Entschädigung erfolgt, ist unterschiedlich geregelt.[171] Derjenige, der von der Festsetzung einer öffentlichen Fläche i.S.d. § 40 I 1 Nr. 1 BauGB betroffen ist und dem es wirtschaftlich nicht zuzumuten ist, das Grundstück zu behalten oder es in der bisherigen oder einer anderen zulässigen Art zu nutzen, kann nach § 40 II 1 Nr. 1 BauGB in der Regel die Übernahme des Grundstücks durch die öffentliche Hand verlangen. Er hat also die Wahl zwischen der Hinnahme der verminderten Nutzungsmöglichkeit oder der Abgabe des Grundstücks gegen eine Entschädigung in Geld, über die sich die Beteiligten entweder einigen müssen oder auf die sonst nach § 43 I 3 BauGB die Regelungen der §§ 93 ff. BauGB zur Enteignungsentschädigung sowie § 43 III 2, IV, V BauGB Anwendung finden. Derjenige, dessen Grundstück von Festsetzungen über Geh-, Fahr- und Leitungsrechte betroffen ist, kann nach näherer Maßgabe des § 41 I BauGB die Begründung eines entschädigungspflichtigen dinglichen Nutzungsrechts verlangen. Bei Festsetzungen über Bepflanzungen gewährt § 41 II BauGB unter dort genauer bestimmten Voraussetzungen eine angemessene Entschädigung in Geld.

197 Greift der wie schon erwähnt subsidiäre Haftungstatbestand des § 42 I BauGB, erhält der nachteilig betroffene Eigentümer nach § 42 II BauGB innerhalb einer Frist von sieben Jahren ab Zulässigkeit der durch den neu aufgestellten Plan vereitelten oder erschwerten Nutzung eine Entschädigung, die sich an der Wertminderung des Grundstücks orientiert und unabhängig davon gezahlt wird, ob der Berechtigte von der früheren Nutzungsmöglichkeit überhaupt Gebrauch gemacht hat. Danach kommt es nach § 42 III BauGB auch darauf an, inwieweit der Berechtigte die nun vereitelte Nutzung zuvor tatsächlich ausgeübt hat.

198 Anders als die bisher genannten Tatbestände knüpft der auf Geldentschädigung gerichtete **Vertrauenstatbestand** des § 39 BauGB nicht an Verschlechterungen der Nutzungsmöglichkeiten eines Grundstücks und seines Werts durch Festsetzungen eines Bebauungsplans an, sondern stellt in Rechnung, dass eine Planänderung, Planergänzung oder Planaufhebung Aufwendungen wie beispielsweise Architekten- oder Ingenieurhonorare entwerten kann, die im Vertrauen auf den Fortbestand eines zuvor vorhandenen, wirksamen Bebauungsplans gemacht wurden. Liegen die Voraussetzungen

---

[171] Dazu näher *Finkelnburg/Ortloff/Kment*, Öffentliches Baurecht, Bd. I, § 13 Rn. 11 ff.

B. Die staatliche Vorordnung der Bodennutzung

des § 39 BauGB vor, kann der Geschädigte eine angemessene Entschädigung in Geld verlangen, soweit derartige Aufwendungen durch die Änderung, Ergänzung oder Aufhebung eines Bebauungsplans an Wert verlieren.

Wird jemand durch eine Festsetzung, die einen Entschädigungsanspruch auslöst, begünstigt und ist der Begünstigte mit der Festsetzung einverstanden, ist er gem. § 44 I 1 BauGB **anspruchsverpflichtet**. Dient eine Festsetzung, die einen Entschädigungsanspruch auslöst, der Beseitigung oder Minderung von Auswirkungen, die von der Nutzung eines anderen Grundstücks ausgehen, kann nach Maßgabe des § 44 II 1, 2 BauGB dessen Eigentümer zur Entschädigung verpflichtet sein. Subsidiär haftet nach § 44 I 2, 3, II 3 BauGB die Gemeinde. **199**

d) Vertiefungshinweise

Literatur: **200**

Rechtsschutz gegen Bauleitpläne: *Battis*, Rechtsschutz gegen Flächennutzungspläne, AL 2012, 153 ff.; *Decker*, Zulässigkeitsprobleme bei der Normenkontrolle gegen Bebauungspläne, JA 2010, 653 ff.; *ders.*, Rechtsschutz gegen Flächennutzungspläne nach dem UmwRG, VBlBW 2018, 441 ff.; *Dürr*, Klausur im Baurecht, JuS 2007, 521 ff. (Falllösung); *Kerkmann*, Die einstweilige Anordnung gegen Bebauungspläne, BauR 2011, 1921 ff.; *Kment*, Rechtsbehelfe von Umweltvereinigungen, NVwZ 2018, 921 ff.; *Koehl*, Rechtmäßigkeit eines Bauleitplans, Fehlerfolgen und Rechtsschutzmöglichkeiten, DVP 2008, 133, 140; *Mager*, Die Bedeutung der Neufassung des Umweltrechtsbehelfsgesetzes vom 29. Mai 2017 für das Raumplanungs- und Baurecht, EurUP 2018, 50 ff.; *Schenke*, Rechtsschutz gegen Flächennutzungspläne, NVwZ 2007, 134 ff.

Planschadensrecht: *Finkelnburg/Ortloff/Kment*, Öffentliches Baurecht, Bd. I, § 13; *Appel*, in: Koch/Hendler, Baurecht, Raumordnungs- und Landesplanungsrecht, § 19; *Oldiges/Brinktrine*, in: Steiner/Brinktrine, Besonderes Verwaltungsrecht, § 3 Rn. 140 ff.

Rechtsprechung: BVerwGE 128, 382 ff.; BVerwG, NVwZ 2013, 1011 ff. – prinzipale Normenkontrolle gegen Flächennutzungsplan; BVerwGE 107, 215 ff. – subjektives Recht aus § 1 VII BauGB; BVerwGE 81, 307 ff. – Rechtsschutzbedürfnis von Behörden bei der prinzipalen Normenkontrolle.

5. Instrumente der Plansicherung und der Planverwirklichung

a) Veränderungssperre und Zurückstellung von Baugesuchen

Wie gezeigt erfolgt die Aufstellung von Bauleitplänen in einem komplexen Verfahren (→ Rn. 126 ff.), dessen Durchführung Zeit benötigt. Die Gemeinde hat in der Regel ein Interesse daran, dass während der Planaufstellung keine Fakten geschaffen werden, die dem Zustandekommen eines wirksamen Plans oder seiner späteren tatsächlichen Umsetzung entgegenstehen oder diese erschweren. Die Gefahr der Schaffung unumkehrbarer Tatsachen besteht beispielsweise, wenn ein Bauherr in der Phase der Planaufstellung eine Baugenehmigung für ein Vorhaben beantragt, das zu diesem Zeitpunkt (noch) rechtlich zulässig und daher genehmigt werden muss, sich dabei aber abzeichnet, dass die beabsichtigte Nutzung entweder den noch nicht abgeschlossenen Abwägungsvorgang erheblich determinieren würde oder nach dem in Aufstellung befindlichen Plan nicht zulässig wäre. Um in solchen Situationen die Planungsabsichten der Gemeinde zu schützen, kennt das BauGB die Instrumente der **Veränderungssperre** und der **Zurückstellung von Baugesuchen**. **201**

Die **Veränderungssperre** ist nach § 16 I BauGB eine von der Gemeinde beschlossene Satzung, also eine abstrakt-generelle Regelung, die den in § 14 I BauGB beschriebenen Inhalt hat und mit der die Gemeinde bewirken kann, dass Bauvorhaben nicht durchgeführt, vorhandene bauliche Anlagen nicht beseitigt und wertsteigernde Veränderungen an Grundstücken und baulichen Anlagen nicht vorgenommen werden **202** dürfen. Soweit keine Ausnahme nach § 14 II–IV BauGB gegeben ist, ist während der Geltung der Veränderungssperre die Verwirklichung der entsprechenden Vorhaben planungsrechtlich unzulässig.

203 **Beachte:** Da die Veränderungssperre eine gemeindliche Satzung ist, gelten für ihre Aufstellung die einschlägigen allgemeinen Regeln der GemO (→ § 1 Rn. 278 ff.).

204 Erste Voraussetzung für den Beschluss einer Veränderungssperre ist nach § 14 I BauGB das Vorliegen eines **Beschlusses über die Aufstellung eines Bebauungsplans** nach § 2 I 2 BauGB (→ Rn. 128). Dabei geht man davon aus, dass der Aufstellungsbeschluss für den Bebauungsplan und der Beschluss über die Veränderungssperre zeitgleich gefasst werden können. Ein Beschluss über die Aufstellung eines Flächennutzungsplans nach § 2 I 2 BauGB rechtfertigt keine Veränderungssperre. Zweite Voraussetzung einer wirksamen Veränderungssperre ist nach § 14 I BauGB, dass sie zur **Sicherung der Planung für den künftigen Planbereich** beschlossen wird. Ob das der Fall ist, lässt sich nur beurteilen, wenn die planerischen Vorstellungen der Gemeinde einen Stand erreicht haben, der „ein Mindestmaß dessen erkennen lässt, was Inhalt des zu erwartenden Bebauungsplans sein soll".[172]

205 Wird eine Veränderungssperre erlassen, obwohl die rechtlichen Voraussetzungen dafür nicht vorliegen, ist sie rechtswidrig. Die **Fehlerfolgen** einer rechtswidrigen Satzung über eine Veränderungssperre entsprechen den Fehlerfolgen eines rechtswidrigen Bebauungsplans (→ Rn. 161 ff.). Gleiches gilt für den **gerichtlichen Rechtsschutz** (→ Rn. 180 ff.). Das liegt daran, dass sich die §§ 214 f. BauGB sowie § 47 I Nr. 1 VwGO nicht nur auf Bebauungspläne, sondern auf alle Satzungen nach dem BauGB beziehen.

206 Nach § 17 I 1 BauGB tritt eine Veränderungssperre grundsätzlich nach Ablauf von zwei Jahren **außer Kraft.** Nach § 17 I 3 BauGB kann die Gemeinde die Geltung der Veränderungssperre aber um ein Jahr und nach § 17 II BauGB bei Vorliegen besonderer Gründe um ein weiteres Jahr verlängern. Danach verliert die Veränderungssperre ihre Gültigkeit. Sie kann dann allerdings nach § 17 III BauGB ganz oder teilweise erneut beschlossen werden, sofern die Voraussetzungen für ihren Erlass fortbestehen. Eine Veränderungssperre ist nach § 17 IV BauGB vor Fristablauf ganz oder teilweise aufzuheben, wenn die Voraussetzungen für ihren Erlass entfallen sind, und sie tritt in jedem Fall kraft Gesetzes nach § 17 V BauGB außer Kraft, sobald und soweit die Bauleitplanung rechtsverbindlich abgeschlossen ist. Dauert eine Veränderungssperre länger als vier Jahre, ist den Betroffenen nach § 18 I BauGB für dadurch entstandene Vermögensnachteile eine angemessene Entschädigung in Geld zu leisten.

207 Die Veränderungssperre ist wie schon gesagt eine abstrakt-generelle Regelung. Sieht man von den in § 14 II–IV BauGB normierten Ausnahmen ab, gelten die in ihr enthaltenen Verbote daher für alle in § 14 I BauGB genannten Vorhaben im Satzungsgebiet. Das Instrument der in § 15 BauGB geregelten **Zurückstellung von Baugesuchen** ermöglicht es der Gemeinde dagegen, ohne Erlass von abstrakt-generellen Verboten während der Aufstellung eines Bebauungsplans einzelne Vorhaben zeitlich befristet zu unterbinden.

208 Rechtstechnisch funktioniert das wie folgt: Viele Bauvorhaben bedürfen vor ihrer Verwirklichung der Genehmigung durch die Baurechtsbehörde (→ Rn. 373). Will die Gemeinde ein genehmigungsbedürftiges Vorhaben vorläufig verhindern, stellt die Bau-

---

[172] BVerwGE 120, 138, 146 f.; BVerwG, NVwZ 2010, 42, 43; vgl. auch VGH BW, VBlBW 2002, 200, 200; VBlBW 2010, 475, 476.

B. Die staatliche Vorordnung der Bodennutzung

rechtsbehörde das Vorhaben auf Antrag der Gemeinde nach § 15 I 1 BauGB für einen Zeitraum von bis zu zwölf Monaten zurück. Das bedeutet, dass in dieser Zeit keine Baugenehmigung erteilt wird. Die Zurückstellung erfolgt durch einen Verwaltungsakt der Baurechtsbehörde gegenüber dem Bauherrn. Bedarf das Vorhaben keiner Genehmigung, kann die Gemeinde nach § 15 I 2 BauGB bei der Baurechtsbehörde beantragen, dass diese das Vorhaben vorläufig untersagt. Auch das geschieht durch einen Verwaltungsakt der Baurechtsbehörde gegenüber dem Bauherrn. Die vorläufige Untersagung nach § 15 I 2 BauGB steht nach § 15 I 3 BauGB der Zurückstellung nach § 15 I 1 BauGB gleich.

Eine Zurückstellung ist nach § 15 I 1 BauGB grundsätzlich nur zulässig, wenn die **Voraussetzungen einer Veränderungssperre** gegeben sind und die **Durchführung der Planung** durch das Vorhaben **unmöglich gemacht oder wesentlich erschwert** wird. Anders als bei der Veränderungssperre reicht es nach näherer Maßgabe des § 15 III BauGB in den Fällen des § 35 III 3 BauGB, in denen der Flächennutzungsplan in seinen rechtlichen Wirkungen ausnahmsweise einem Bebauungsplan gleichsteht (→ Rn. 54 ff.), aus, wenn die Gemeinde keinen Beschluss über die Aufstellung eines Bebauungsplans nach § 2 I 2 BauGB gefasst hat, sondern nur einen solchen über die Aufstellung, Änderung oder Ergänzung eines Flächennutzungsplans. **209**

b) Teilung von Grundstücken, Umlegung, Vorkaufsrechte, Erschließung und Enteignung im Überblick

Die Veränderungssperre und die Zurückstellung von Baugesuchen sichern die gemeindlichen Planungsabsichten vor Inkrafttreten eines Bebauungsplans. Auch danach bedarf die Gemeinde besonderer Instrumente, um die faktische Verwirklichung der Planung abzusichern. Ob sich die geplante Bodennutzung später tatsächlich realisiert, hängt u. a. davon ab, ob die überplanten Grundstücke passend zugeschnitten sind und bleiben. Ist beispielsweise für ein Grundstück die Errichtung eines größeren Gebäudes vorgesehen, so würde es deren Realisierung erschweren oder unmöglich machen, wenn das Grundstück vor Baubeginn parzelliert und auf verschiedene Eigentümer übertragen würde. § 19 BauGB enthält daher eine Regelung über die **Grundstücksteilung**. § 19 II BauGB bestimmt, dass durch eine Grundstücksteilung i.S.d. § 19 I BauGB keine Verhältnisse entstehen dürfen, die den Festsetzungen des für das Grundstück geltenden Bebauungsplans widersprechen. In besonderen Gebieten wie beispielsweise Umlegungsgebieten (→ Rn. 211 f.) ist die Grundstücksteilung sogar genehmigungspflichtig, vgl. § 51 I 1 Nr. 1 BauGB. § 22 BauGB ermöglicht es darüber hinaus von Tourismus geprägten Gemeinden, durch Bebauungsplan oder durch sonstige Satzung zu bestimmen, dass die Begründung oder Teilung von Wohnungseigentum oder Teileigentum einem Genehmigungsvorbehalt unterliegt. **210**

Auch der **Umlegung** geht es um den plankonformen Zuschnitt von Grundstücken. Die Umlegung ist ein „öffentlich-rechtliches Grundstückstauschverfahren"[173], das nach § 45 S. 1 BauGB dazu dient, „dass nach Lage, Form und Größe für die bauliche oder sonstige Nutzung zweckmäßig gestaltete Grundstücke entstehen". Die Umlegung ist nach § 45 S. 2 Nr. 1 BauGB im Geltungsbereich eines qualifizierten Bebauungsplans und nach § 45 S. 2 Nr. 2 BauGB u. U. auch im einfach oder nicht beplanten Innenbereich zulässig. Sie ist damit in erster Linie, aber nicht ausschließlich ein Mittel der Planverwirklichung. **211**

---

[173] *Hellermann*, in: Dietlein/Burgi/Hellermann, Öffentliches Recht in Nordrhein-Westfalen, 7. Aufl. 2019, § 4 Rn. 223.

212 Grob skizziert funktioniert eine Umlegung wie folgt: In dem von der Umlegung betroffenen Gebiet, also im Umlegungsgebiet, das nach Maßgabe des § 52 BauGB zuzuschneiden ist, werden alle Grundstücke rechnerisch zu einer in § 55 I BauGB näher beschriebenen Umlegungsmasse vereinigt. Es wird also mit anderen Worten die Gesamt-Quadratmeterzahl aller betroffenen Grundstücke ermittelt. Davon werden nach § 55 II BauGB alle nach dem Bebauungsplan festgesetzten oder sonst erforderlichen Gemeinbedarfsflächen ausgeschieden. Die verbleibenden Flächen, also die nach § 55 IV BauGB sog. Verteilungsmasse wird den beteiligten Grundstückseigentümern nach § 59 I BauGB anteilig wieder zugeteilt. Der Eigentümer erhält dabei nicht in jedem Fall sein konkretes Grundstück zurück, sondern kann dies ganz oder teilweise verlieren oder andere Flächen dazu gewinnen. Gleichwohl setzt sich nach § 63 I 1 BauGB das Eigentum am alten Grundstück unmittelbar am neuen Grundstück fort (sog. Surrogation). Das mag auch ein Grund dafür sein, dass es sich bei der Umlegung, für die die §§ 80 ff. BauGB noch eine vereinfachte Variante kennen, nicht um eine Enteignung handeln soll.[174]

213 Nicht nur der passende Grundstückszuschnitt ist für die Planverwirklichung von Bedeutung. Wichtig kann auch sein, wem ein Grundstück gehört. Insbesondere um die Umsetzung von fremdnützigen Festsetzungen zu erleichtern, aber auch, um im Übrigen die plangerechte Bodennutzung voranzutreiben, kann es für die Gemeinde von Interesse sein, Grundstücke im Plangebiet zu erwerben. Sie kann dann entweder als Eigentümerin selbst dafür sorgen, dass das Grundstück plankonform genutzt wird, oder sie kann bei Weiterveräußerung durch die Auswahl eines entsprechenden Vertragspartners und durch eine entsprechende Vertragsgestaltung gewährleisten, dass später ein Dritter das Grundstück einer plankonformen Nutzung zuführt.

214 Um der Gemeinde den Grundstückserwerb zu erleichtern, normieren die §§ 24 f. BauGB **Vorkaufsrechte** der Gemeinde, von denen sie nach §§ 24 III 1, 25 II 1 BauGB aber nur Gebrauch machen darf, wenn das Wohl der Allgemeinheit dies rechtfertigt. Ein Vorkaufsrecht bewirkt Folgendes: Will ein Grundstückseigentümer im Plangebiet ein Grundstück an einen Privaten veräußern, dann kann die Gemeinde durch einen privatrechtsgestaltenden Verwaltungsakt in die Vertragsbeziehung zwischen dem Verkäufer und dem von ihm ausgewählten Vertragspartner eingreifen. Durch die Ausübung des Vorkaufsrechts kommt nach § 28 II 2 BauGB i.V.m. § 464 II BGB ein privatrechtlicher Kaufvertrag zwischen der Gemeinde und dem Verkäufer zustande, der den Inhalt hat, den der Verkäufer mit dem ursprünglich von ihm gewählten Käufer vereinbart hat. Das gilt mit kleineren Ausnahmen, die in § 28 III und IV BauGB näher geregelt sind, grundsätzlich auch für den Kaufpreis. Unter den Voraussetzungen des § 27a BauGB können Vorkaufsrechte ausnahmsweise auch unmittelbar zugunsten Dritter ausgeübt werden.

215 Insbesondere dann, wenn Grundstücke baulich genutzt werden sollen, benötigen sie eine gewisse Infrastruktur, mit deren Herstellung jeder einzelne überfordert wäre und die zudem einer Koordination bedarf. Das BauGB überträgt daher in § 123 I BauGB die Aufgabe der Herstellung dieser Infrastruktur, die sog. **Erschließungslast**, grundsätzlich der Gemeinde, die dadurch zur erstmaligen Herstellung von Erschließungsanlagen verpflichtet ist. Das sind alle Anlagen, derer es bedarf, um Grundstücke in baurechtlich zulässiger Weise nutzen zu können. Zu ihnen zählen u.a. Straßen, Wege und Plätze sowie Anlagen zur Ableitung von Abwasser und zur Versorgung mit Elektrizität, Gas, Wärme und Wasser. Ein Anspruch auf Erschließung besteht nach § 123 III BauGB grundsätzlich nicht.

---

[174] BGHZ 100, 148, 156; BVerfGE 104, 1, 9.

B. Die staatliche Vorordnung der Bodennutzung

Die Kosten der Erschließung kann die Gemeinde durch die Erhebung von Erschließungsbeiträgen auf die Eigentümer der erschlossenen Grundstücke umlegen. Regelungen dazu enthalten die §§ 127 ff. BauGB, die allerdings nach dem Wegfall der ursprünglich bestehenden Gesetzgebungskompetenz des Bundes für das Erschließungsbeitragsrecht durch das Gesetz zur Änderung des Grundgesetzes v. 27.10.1994[175] gem. Art. 125a I GG nur so lange als Bundesrecht fortgelten, bis sie durch Landesrecht ersetzt werden. Baden-Württemberg hat – anders als andere Länder – die bundesrechtlichen Regelungen durch die §§ 20–28, 33–41 Kommunalabgabengesetz – KAG[176] ersetzt, so dass sich die Erhebung der Erschließungsbeiträge in Baden-Württemberg ausschließlich nach diesen Regelungen bestimmt.

216

Ist die alsbaldige Umsetzung von Festsetzungen[177] erforderlich, kann die Gemeinde versuchen, dies durch Bau-, Modernisierungs- und Instandsetzungsgebote, Pflanzgebote sowie Rückbau- und Entsiegelungsgebote nach §§ 175 ff. BauGB zu realisieren. Ultima ratio für die Durchsetzung der durch Bebauungspläne vorgezeichneten städtebaulichen Ordnung ist die Durchführung einer **Enteignung**. Eine Enteignung besteht aus dem Entzug von Grundeigentum oder dinglichen Rechten durch Gesetz (Legalenteignung) oder durch Verwaltungsakt aufgrund eines Gesetzes (Administrativenteignung) zu Zwecken des Gemeinwohls gegen Entschädigung und aus der Übertragung des entzogenen Grundeigentums oder der dinglichen Rechte auf eine staatliche oder ggf. auch private Stelle, die Aufgaben im öffentlichen Interesse wahrnimmt. Eine Enteignung ist nach Art. 14 III GG nur zulässig, wenn sie durch oder aufgrund eines Gesetzes erfolgt, dem Wohl der Allgemeinheit dient, verhältnismäßig ist und wenn das die Enteignung regelnde Gesetz auch Art und Ausmaß einer zu leistenden Entschädigung regelt. Die §§ 85 ff. BauGB, die diesen Anforderungen entsprechen, ermöglichen im Einzelfall die Administrativenteignung aus in § 85 I BauGB näher aufgelisteten städtebaulichen Gründen. Zu ihnen zählt nach § 85 I Nr. 1 BauGB auch die Durchsetzung der Nutzung eines Grundstücks entsprechend den Festsetzungen eines Bebauungsplans.

217

c) Sicherung der Plankonformität neuer baulicher Vorhaben

Trotz der zuvor genannten Mittel, die der Gemeinde teils die Plansicherung ermöglichen und teils aktiv zur Planverwirklichung beitragen, ist Bauleitplanung in erster Linie eine **Angebotsplanung** (→ Rn. 59 f.). Das bedeutet, dass sie nicht darauf angelegt ist, dass alle durch die Planung eröffneten Nutzungsmöglichkeiten eines Grundstücks schnellstmöglich faktisch verwirklicht werden. Dementsprechend ist beispielsweise der Eigentümer eines als Acker genutzten Grundstücks, das durch einen neu aufgestellten Bebauungsplan erstmals bebaubar wird, in der Regel nicht verpflichtet, das Grundstück zu bebauen. Der Bebauungsplan eröffnet dem Eigentümer lediglich eine neue Nutzungsmöglichkeit, von der er Gebrauch machen kann, aber nicht muss.

218

Will der Eigentümer das Grundstück bebauen und handelt es sich bei dem geplanten Bauwerk um ein Vorhaben i. S. d. § 29 I BauGB (→ Rn. 230 ff.), dann stellt das BauGB jedoch Anforderungen an dieses Bauwerk. Die wohl wichtigste besteht nach § 30 I, II, III BauGB darin, dass das vorgesehene Gebäude dem Bebauungsplan nicht widersprechen darf (→ Rn. 244). Um das zu gewährleisten, kennt das Verwaltungsrecht verschiedene Verfahren, in denen entweder im Vorfeld im Rahmen eines **Genehmigungs- oder Kenntnisgabeverfahrens** (→ Rn. 356 ff.) oder aber im Nach-

219

---

[175] BGBl. I S. 3146.
[176] G. v. 17.3.2005, GBl. S. 206, zuletzt geändert durch G. v. 7.11.2017, GBl. S. 592.
[177] Der Anwendungsbereich dieser Instrumente geht zum Teil über den beplanten Bereich hinaus, vgl. z. B. § 176 II BauGB.

hinein im Rahmen eines **Überwachungsverfahrens** (→ Rn. 413 ff.) überprüft wird, ob ein Widerspruch der beabsichtigten Nutzung zum Bebauungsplan besteht. Diese Verfahren sind wahrscheinlich das wichtigste Mittel zur Gewährleistung einer plankonformen Nutzung der Grundstücke im Plangebiet.

220 Regelungen für derartige Verfahren, in denen ggf. auch die Vereinbarkeit des Vorhabens mit anderen einschlägigen Normen und insbesondere mit der LBO geprüft wird, finden sich in unterschiedlichen Gesetzen. Beabsichtigt ein Bauherr die Errichtung einer Industrieanlage, die nach § 4 I 1, 3 BImSchG i. V. m. den Bestimmungen der 4. BImSchV[178] genehmigungspflichtig ist, dann überprüft die für die immissionsschutzrechtliche Genehmigung zuständige Behörde nach § 6 I Nr. 2 BImSchG neben anderen Bestimmungen auch die Vereinbarkeit der Anlage mit den bauplanungsrechtlichen Vorgaben und damit mit dem Bebauungsplan.

221 In der Regel wird die Vereinbarkeit von Bauvorhaben mit den bauplanungsrechtlichen Anforderungen aber von der Baurechtsbehörde in den Verfahren der LBO überprüft, die damit u. a. auch die Funktion hat, zur Planverwirklichung beizutragen. Darauf wird zurückzukommen sein, wenn – wie eingangs angekündigt – im dritten Abschnitt des Beitrags die Perspektive gewechselt und nicht mehr nach der staatlichen Vorordnung der Bodennutzung, sondern danach gefragt wird, unter welchen Voraussetzungen ein ganz **konkretes Bauvorhaben** und seine **konkrete Nutzung** auf einem ganz bestimmten Grundstück rechtlich zulässig sind (→ Rn. 229 ff.).

d) Vertiefungshinweise

222 **Literatur:**

Zur Veränderungssperre und zur Zurückstellung: *Hager/Kirchberg*, Veränderungssperre, Zurückstellung von Baugesuchen und faktische Bausperren, NVwZ 2002, 400 ff.; *Schlarmann*, Vorläufiger Rechtsschutz gegen die Zurückstellung von Baugesuchen – Anmerkung zum Beschluss des VGH BW vom 20.6.2011 – 3 S 573/11 –, VBlBW 2011, 465 f.; *Güster*, Die Veränderungssperre in der (bayerischen) Baurechtsklausur, JA 2017, 928 ff.

Zur Umlegung: *Dieterich*, Baulandumlegung, 5. Aufl. 2006.

Zu gemeindlichen Vorkaufsrechten: *Wirsing*, Gemeindliche Vorkaufsrechte nach dem BauGB, VBlBW 2019, 309 ff.

Zum Erschließungsbeitragsrecht in Baden-Württemberg: *Driehaus*, Das Erschließungsbeitragsrecht in Baden-Württemberg nach Neufassung des Kommunalabgabengesetzes, NVwZ 2005, 1136 ff.

Zur Enteignung: *Lege*, Art. 14 GG für Fortgeschrittene, ZJS 2012, 44 ff.; *Lege*, Das Eigentumsgrundrecht aus Art. 14 GG, Jura 2011, 507, 513 ff.

Rechtsprechung: BVerwGE 120, 138 ff.; vgl. auch VGH BW, VBlBW 2002, 200 f.; VGH BW, VBlBW 2008, 143 – erforderliche Planreife bei Veränderungssperre; BGHZ 100, 148 ff. sowie BVerfGE 104, 1 ff. – Umlegung ist keine Enteignung.

III. Die staatliche Vorordnung der Bodennutzung bei fehlender oder teilweiser Bebauungsplanung

1. Planersetzende gesetzliche Regelungen

223 Bebauungspläne sind nach § 1 III 1 BauGB nur aufzustellen, wenn sie erforderlich sind (→ Rn. 87 f.). Das bedeutet, dass nicht jedes Grundstück im Gemeindegebiet von

---

[178] VO i. d. F. v. 31.5.2017, BGBl. I S. 1440.

einem Bebauungsplan erfasst sein muss. Soweit Bebauungspläne bestehen, ist außerdem deren Regelungsdichte unterschiedlich (→ Rn. 76). Während sog. qualifizierte Bebauungspläne Festsetzungen über die Art und das Maß der baulichen Nutzung, die überbaubaren Grundstücksflächen und die örtlichen Verkehrsflächen enthalten und damit ebenso wie vorhabenbezogene Bebauungspläne (→ Rn. 81 ff.) in der Lage sind, eine geordnete städtebauliche Entwicklung zu sichern, reichen Bebauungspläne ohne diese Mindestfestsetzungen, die § 30 III BauGB einfache Bebauungspläne nennt, dafür nicht ohne weiteres aus.

Auch in Gebieten, in denen kein oder nur ein einfacher Bebauungsplan existiert, muss der Staat die Bodennutzung aber hinreichend vorordnen. Da insoweit die kommunale Bauleitplanung nicht oder nur teilweise greift, übernimmt in diesen Konstellationen das BauGB diese Aufgabe unmittelbar, indem es bestimmt, dass Vorhaben i. S. d. § 29 I BauGB (→ Rn. 230 ff.) je nach ihrer Lage die Anforderungen von § 34 BauGB oder von § 35 BauGB (→ Rn. 263 ff.) erfüllen müssen. Diese Normen haben mithin eine **„Planersatzfunktion"**[179]. Dabei formuliert § 34 BauGB Zulässigkeitskriterien für Vorhaben innerhalb der nicht qualifiziert beplanten im Zusammenhang bebauten Ortsteile, während § 35 BauGB die Zulässigkeit von Vorhaben im sog. Außenbereich regelt. Zum Außenbereich zählen alle Grundstücke, die nicht qualifiziert beplant sind und sich außerhalb der im Zusammenhang bebauten Ortsteile befinden. 224

Auch bei Vorhaben in diesen Gebieten muss gewährleistet sein, dass sie den Anforderungen der §§ 34, 35 BauGB tatsächlich entsprechen. Insoweit greifen dieselben **verfahrensrechtlichen Mechanismen** wie in qualifiziert beplanten Gebieten: Ist nicht ausnahmsweise ein spezialgesetzlich geregeltes Verfahren einschlägig, wird die Vereinbarkeit von Bauvorhaben mit den bauplanungsrechtlichen Anforderungen der §§ 34, 35 BauGB von der Baurechtsbehörde in den Verfahren der LBO überprüft. Auch darauf wird zurückzukommen sein, wenn die Perspektive gewechselt und nicht mehr nach der staatlichen Vorordnung der Bodennutzung, sondern danach gefragt wird, unter welchen Voraussetzungen ein **konkretes bauliches Vorhaben** und seine **konkrete Nutzung** auf einem ganz bestimmten Grundstück rechtlich zulässig sind (→ Rn. 229 ff.). 225

2. § 33 BauGB

Eine Sonderstellung zwischen gesetzlicher und kommunaler Vorordnung der Bodennutzung nimmt **§ 33 BauGB** ein. Danach ist ein Vorhaben in einem Gebiet, für das ein Beschluss über die Aufstellung eines Bebauungsplans gefasst ist und das nach den §§ 30, 34 oder 35 BauGB planungsrechtlich an sich (noch) unzulässig ist, ausnahmsweise im Hinblick auf die künftigen Festsetzungen im Bebauungsplan (doch schon) zulässig. Das setzt nach § 33 I Nr. 2 BauGB u. a. voraus, dass künftige Festsetzungen des Bebauungsplans dem Vorhaben nicht entgegenstehen. Das wiederum wird man nur feststellen können, wenn die Planung bereits eine solche Planreife hat, dass man eine hinreichende Prognose über den Inhalt des in Aufstellung befindlichen Bebauungsplans treffen kann. § 33 BauGB ist damit eine gesetzliche Regelung zur Verwirklichung einer künftigen kommunalen Planung und verdeutlicht, dass das BauGB wie schon erwähnt (→ Rn. 87) vom **Planmäßigkeitsprinzip** ausgeht, also davon, dass grundsätzlich nach § 1 I BauGB die Nutzung der Grundstücke durch Bauleitpläne – und nicht durch das BauGB selbst – vorgeordnet wird. 226

---

[179] Statt anderer BVerwGE 119, 25, 30.

3. Gemeindliche Teilplanungen durch städtebauliche Satzungen

227 Zwischen gesetzlicher und kommunaler Vorordnung der Bodennutzung liegt auch folgende Konstellation: Denkbar ist, dass einerseits die Aufstellung eines Bebauungsplans nach § 1 III 1 BauGB an sich nicht erforderlich ist und dass andererseits nach der planerischen Gesamtkonzeption der Gemeinde die in §§ 34, 35 BauGB unmittelbar kraft Gesetzes vorgenommenen Vorentscheidungen zur zulässigen Bodennutzung nicht optimal passen. Für derartige Fallgestaltungen enthalten § 34 IV 1 Nr. 2, 3 BauGB sowie § 35 VI BauGB Möglichkeiten, durch Satzungen die gesetzlichen Entscheidungen der §§ 34, 35 BauGB zu modifizieren (näher → Rn. 270f., 310f.). Derartige **städtebauliche Satzungen** sind keine vollständigen Bauleitpläne, können die Zulässigkeit von Vorhaben aber gleichwohl erheblich erweitern. § 34 V und VI BauGB enthalten daher ebenso wie § 35 VI BauGB Voraussetzungen für den Inhalt der Satzungen und für das Verfahren ihrer Aufstellung, die zum Teil den Regelungen über Bauleitpläne entnommen sind. Die **Fehlerfolgen** einer rechtswidrigen Satzung nach § 34 IV 1 BauGB oder nach § 35 VI BauGB entsprechen den Fehlerfolgen eines rechtswidrigen Bebauungsplans (→ Rn. 161ff.). Gleiches gilt für den **gerichtlichen Rechtsschutz** (→ Rn. 180ff.). Das liegt daran, dass sich die §§ 214f. BauGB sowie § 47 I Nr. 1 VwGO nicht nur auf Bebauungspläne, sondern auf alle Satzungen nach dem BauGB beziehen.

4. Vertiefungshinweise

228 Literatur:

Zu § 33 BauGB: *Bartholomäi*, Die vorzeitige Zulässigkeit nach § 33 BauGB, BauR 2001, 725 ff.; *Scheidler*, Bauplanungsrechtliche Zulässigkeit von Vorhaben während der Planaufstellung, BauR 2006, 310 ff.

Zu städtebaulichen Satzungen: *Greiving*, Innen- und Außenbereichssatzungen, VerwArch 89 (1998), 585 ff.; *Schink*, Möglichkeiten und Grenzen der Schaffung von Bauland durch Innen- und Außenbereichssatzungen nach § 34 Abs. 4, 5 und § 35 Abs. 6 BauGB, DVBl. 1999, 367 ff.

Rechtsprechung: BVerwGE 32, 173 ff.; BVerwG, NVwZ 1994, 285 ff.; VGH BW, BauR 2012, 905 ff. – zur Planersatzfunktion des § 34 I BauGB; BVerwGE 106, 228 ff. – zur Planersatzfunktion des § 35 BauGB; BVerwGE 20, 127 ff. – zu § 33 BauGB.

C. Die Zulässigkeit von Vorhaben

229 Bisher ging es um die Ordnung der Grundstücksnutzung im Vorfeld der Inanspruchnahme bestimmter Flächen durch konkrete Projekte. Im Folgenden wird nun gefragt, unter welchen Voraussetzungen ein **konkretes Vorhaben** und seine **konkrete Nutzung** auf einem ganz bestimmten Grundstück rechtlich zulässig sind.[180] Wer plant, sein Grundstück erstmals zu bebauen, aber auch derjenige, der eine bisher ausgeübte Nutzung ändern will, oder anders formuliert: derjenige, der etwas mit seinem Grundstück „vorhat", hat bei seinem Vorhaben eine Fülle von Vorschriften einzuhalten. Diese stellen zum einen inhaltliche Anforderungen an das Vorhaben. Zum anderen können verfahrensrechtliche Bestimmungen dazu führen, dass vorab eine Genehmigung einzuholen oder jedenfalls die zuständige Behörde in Kenntnis zu setzen ist. Schließlich ist damit zu rechnen, dass die Vereinbarkeit des Vorhabens mit den inhaltlichen

---

[180] Vgl. zu diesen zwei Kernfragen des Baurechts → Rn. 5, 12 und 20.

C. Die Zulässigkeit von Vorhaben   321

Anforderungen der Rechtsordnung während seiner Ausführung oder anschließend behördlich überprüft wird.

I. Inhaltliche Anforderungen an Vorhaben

1. Bauplanungsrecht

a) Anwendungsbereich und Systematik der §§ 30 ff. BauGB

Wie schon beschrieben enthält zunächst das Bauplanungsrecht in den §§ 30 ff. BauGB Regelungen, die vorsehen, dass neue Bauvorhaben der kommunalen Vorordnung der Bodennutzung durch Bebauungspläne bzw. den planersetzenden gesetzlichen Vorschriften entsprechen müssen (→ Rn. 218 f., 223 f.). Wann ein Vorhaben vorliegt, das an den §§ 30 ff. BauGB zu messen ist, bestimmt § 29 I BauGB. Danach gelten die §§ 30 bis 37 BauGB zunächst für „Vorhaben, die die Errichtung, Änderung oder Nutzungsänderung von **baulichen Anlagen** zum Inhalt haben". Das wirft die Frage auf, was bauliche Anlagen sind. 230

Auf den ersten Blick könnte man meinen, dass man dazu § 2 I 1 LBO heranziehen kann, der eine Legaldefinition für diesen Begriff zu enthalten scheint. Letzteres ist auch richtig. Allerdings bezieht sich die Legaldefinition des § 2 I 1 LBO nicht auf den Begriff der baulichen Anlage i. S. d. § 29 I BauGB, sondern nur auf den der LBO. Das ergibt sich schon daraus, dass eine landesgesetzliche Norm nicht in der Lage ist, einen bundesrechtlichen Begriff zu definieren. Hinzu kommt, dass sich zwar sowohl die LBO als auch die §§ 29 ff. BauGB mit der Errichtung, Änderung und Nutzungsänderung von Bauwerken befassen, dies aber unter unterschiedlichen Gesichtspunkten tun. Die Begriffe überschneiden sich daher, sind aber nicht identisch. 231

Klausurhinweis: Es ist wichtig, in Klausuren klar zwischen beiden Anlagenbegriffen zu trennen. 232

Der Begriff der baulichen Anlage i. S. d. § 29 BauGB erfasst Anlagen, „die in einer auf **Dauer** gedachten Weise **künstlich mit dem Erdboden verbunden** sind"[181] und die eine **bodenrechtliche Relevanz** aufweisen. Künstlich mit dem Erdboden verbunden ist eine bauliche Anlage nicht nur dann, wenn sie durch ein Fundament in den Boden eingebracht ist, sondern auch, wenn sie durch ihre eigene Masse auf dem Boden ruht und nicht ohne weiteres wegbewegt werden kann. Ob die Verbindung der Anlage mit dem Boden auf Dauer angelegt ist, hängt wesentlich von der Funktion ab, die ihr Eigentümer ihr zumisst. Ein Wohnwagen, der an Stelle eines Wochenendhauses auf einem Grundstück abgestellt wird, kann eine bauliche Anlage sein. Ein vorübergehend im Straßenraum abgestellter Wohnwagen ist es demgegenüber nicht. Ein Verkaufsstand kann auch dann eine bauliche Anlage sein, wenn er regelmäßig auf- und abgebaut wird.[182] Maßgeblich ist letztlich, ob die Anlage als Ersatz für ein Gebäude dient. 233

Beispiele: Hecken sind keine baulichen Anlagen, weil sie – anders als Mauern oder Zäune – nicht künstlich, sondern natürlich mit dem Erdboden verbunden sind. Gepflasterte oder mit Holzbohlen belegte Flächen, die beispielsweise als Terrasse dienen sollen, sind demgegenüber bauliche Anlagen.[183] 234

---

[181] BVerwGE 44, 59, 62; 114, 206, 209.
[182] *Dürr/Leven/Speckmaier*, Baurecht Baden-Württemberg, Rn. 90 m. Nachw.
[183] Zahlreiche weitere Beispiele bei *Dürr/Leven/Speckmaier*, Baurecht Baden-Württemberg, Rn. 90 f. m. Nachw.

235 Eine Anlage ist bodenrechtlich bzw. – der Begriff wird häufig synonym verwendet – planungsrechtlich relevant, wenn sie die in § 1 VI BauGB „genannten Belange in einer Weise berührt, die geeignet ist, das Bedürfnis nach einer ihre Zulässigkeit regelnden verbindlichen Bauleitplanung"[184] bzw. ein Bedürfnis nach planungsrechtlicher Kontrolle hervorzurufen. Das Vorhaben muss „städtebauliche Betrachtung und Ordnung erfordern."[185] Das ungeschriebene Merkmal der bodenrechtlichen Relevanz folgt aus dem Umstand, dass der Bund nach Art. 74 I Nr. 18 GG lediglich die Kompetenz hat, die Zulässigkeit von Bauwerken und ihrer Nutzung unter diesem Aspekt zu regeln. Das bedeutet: Baut jemand beispielsweise in seinem Garten einen kleinen, kniehohen Kaninchenstall aus Holz für zwei Kaninchen, so schafft er eine Anlage, die zwar in einer auf Dauer gedachten Weise künstlich mit dem Erdboden verbunden ist, die aber wegen ihrer Abmessungen und ihres nicht vorhandenen städtebaulichen Störpotentials keine Belange i.S.d. § 1 VI BauGB berührt und damit keine bodenrechtliche Relevanz hat. Es handelt sich nicht um eine bauliche Anlage i.S.d. § 29 I BauGB, so dass die §§ 30 ff. BauGB nicht anwendbar sind.

236 **Beispiele:** Werbeanlagen wie z.B. Schaukästen oder Plakatwände sind bauliche Anlagen i.S.d. § 29 I BauGB, wenn sie eine Größe haben, die sich auf die Umgebung auswirken kann. Das bloße an der Hauswand angebrachte Praxisschild eines Arztes ist keine bauliche Anlage. Vergleichbares gilt für Automaten.

237 § 29 I BauGB erfasst die **Errichtung, Änderung und Nutzungsänderung** einer baulichen Anlage. Die Errichtung einer baulichen Anlage ist deren erstmalige Herstellung, also regelmäßig der Neubau eines Gebäudes. Eine Änderung einer baulichen Anlage ist deren Umbau oder Erweiterung, ohne dass der Anlage anschließend ein anderer Nutzungszweck zukommt. Baut jemand beispielsweise an sein Wohnhaus einen neuen, ebenfalls zum Wohnen bestimmten Raum an, ändert er eine bauliche Anlage. Eine Nutzungsänderung ist gegeben, wenn – mit oder ohne Änderung ihrer Substanz – eine vorhandene Anlage zu einem anderen als dem bisher genehmigten Zweck genutzt werden soll und auch die neue Nutzung bodenrechtliche Relevanz hat. Eine Nutzungsänderung liegt in der Regel vor, wenn von einer ausgeübten Nutzung i.S.d. BauNVO in eine andere Nutzung i.S.d. BauNVO gewechselt wird. Soll etwa das Wohnhaus künftig für gewerbliche Zwecke genutzt werden, handelt es sich um die Nutzungsänderung einer baulichen Anlage und damit um ein Vorhaben i.S.d. § 29 I BauGB, dessen Zulässigkeit sich dann nach den §§ 30 ff. BauGB bestimmt. Die vollständige Beseitigung einer baulichen Anlage, also der Abriss, unterfällt dem § 29 I BauGB nicht.

238 **Beispiele:** Eine Nutzungsänderung liegt beispielsweise vor, wenn eine Schank- und Speisenwirtschaft in eine Diskothek umgewandelt wird, wenn aus einer Lagerhalle ein Verkaufsraum wird, wenn ein Wochenendhaus als dauerhaft bewohnte Wohnung genutzt wird oder wenn ein Lehrlingsheim in eine Gemeinschaftsunterkunft für Asylbegehrende umgewandelt[186] wird. Keine Nutzungsänderung liegt vor, wenn aus einem Wohnzimmer ein Esszimmer oder aus einem Elternschlafzimmer ein Kinderzimmer wird.

239 Außer auf die Errichtung, Änderung und Nutzungsänderung baulicher Anlagen sind die §§ 30 ff. BauGB nach § 29 I BauGB auch auf **Aufschüttungen** und **Abgrabun-**

---

[184] BVerwGE 44, 59, 61.
[185] BVerwGE 114, 206, 209.
[186] VGH BW, NVwZ-RR 2014, 752, 754.

C. Die Zulässigkeit von Vorhaben

gen größeren Umfangs sowie auf **Ausschachtungen** und **Ablagerungen** einschließlich Lagerstätten anzuwenden. Auch hier bedarf es jeweils bodenrechtlicher Relevanz im dargestellten Sinne.

Liegt ein Vorhaben i.S.d. § 29 I BauGB vor, kann dieses wie schon erwähnt 240 (→ Rn. 218f., 223f.) grundsätzlich entweder nach § 30 I, II BauGB, nach § 34 BauGB oder nach § 35 BauGB zulässig sein. § 30 I, II BauGB ist einschlägig, wenn sich das Vorhaben im Geltungsbereich eines qualifizierten (→ Rn. 76, 223) oder eines vorhabenbezogenen Bebauungsplans (→ Rn. 81ff., 223) befindet. § 34 BauGB enthält Zulässigkeitskriterien für Vorhaben innerhalb der nicht qualifiziert beplanten im Zusammenhang bebauten Ortsteile, und § 35 BauGB regelt die Zulässigkeit von Vorhaben im Außenbereich. Ist ein Vorhaben nach keiner der genannten Vorschriften zulässig, kann es nach näherer Maßgabe des § 33 BauGB gleichwohl ausnahmsweise gestattet sein (→ Rn. 226). Greift auch § 33 BauGB nicht, ist das Vorhaben grundsätzlich unzulässig.

Etwas anderes gilt nur in den Fällen der §§ 37f. BauGB. § 37 BauGB ermöglicht 241 für näher bestimmte **bauliche Anlagen des Bundes und der Länder** Abweichungen von den Anforderungen insbesondere der §§ 30, 34 und 35 BauGB sowie der BauNVO, wenn die öffentliche Zweckbestimmung einer baulichen Anlage das erfordert und wenn die höhere Verwaltungsbehörde (→ Rn. 142) eine entsprechende Entscheidung trifft.

Nach § 38 S. 1 BauGB sind zudem die §§ 29-37 BauGB auf Vorhaben von überört- 242 licher Bedeutung, die einem Planfeststellungs- oder Plangenehmigungsverfahren unterliegen, sowie auf Abfallbeseitigungsanlagen, über deren Errichtung und Betrieb nach dem BImSchG entschieden wird, nicht anzuwenden (sog. **privilegierte Fachplanungen**, vgl. → Rn. 99). Das setzt allerdings voraus, dass die Gemeinde am jeweiligen Verfahren beteiligt wird. Zudem sind städtebauliche Belange in diesen Verfahren zu berücksichtigen.

> **Beispiel:** Die Errichtung eines Bahnhofsgebäudes unterliegt gem. § 18 I 1 Allgemeines Eisenbahngesetz – AEG[187] der Planfeststellung. Geht man davon aus, dass das Bahnhofsgebäude überörtliche Bedeutung hat, dann muss es nach § 38 S. 1 BauGB nicht nach den §§ 29ff. BauGB zulässig sein, wenn die betroffene Gemeinde am Planfeststellungsverfahren beteiligt wird. Nach § 18 I 2 AEG sind im Planfeststellungsverfahren aber alle öffentlichen und privaten Belange zu berücksichtigen (zum Begriff des Berücksichtigens → Rn. 107). Dazu zählen nach § 38 S. 1 a. E. BauGB auch städtebauliche Belange. 243

b) Zulässigkeit von Vorhaben im Geltungsbereich eines qualifizierten oder vorhabenbezogenen Bebauungsplans

Liegt ein Vorhaben i.S.d. § 29 I BauGB, auf das keine der eben genannten Ausnah- 244 men (§§ 33, 37 oder 38 BauGB) zutrifft, im räumlichen Geltungsbereich eines **qualifizierten Bebauungsplans** (→ Rn. 76, 223), dann ist es nach § 30 I BauGB zulässig, wenn es den Festsetzungen des Plans nicht widerspricht und die **Erschließung gesichert** ist. Mit Erschließung meint § 30 I BauGB zumindest den Anschluss des Grundstücks an das öffentliche Straßennetz, die Versorgung mit Elektrizität und Wasser sowie die Abwasserbeseitigung. Die Erschließung ist gesichert, wenn diese Anlagen spätestens bei Fertigstellung der baulichen Anlage benutzbar sein werden.

---

[187] G. v. 27.12.1993, BGBl. I S. 2378, ber. BGBl. I 1994, S. 2439, zuletzt geändert durch G. v. 8.7.2019, BGBl. I S. 1040.

245 Klausurhinweise: Teilt der Sachverhalt mit, dass ein qualifizierter Bebauungsplan vorliegt, kann es bei entsprechender Sachverhaltsgestaltung erforderlich sein, bei der Prüfung der Zulässigkeit einer konkreten baulichen Anlage nach § 30 I BauGB inzident die Wirksamkeit des Bebauungsplans zu überprüfen. Ist er unwirksam, liegen keine Festsetzungen vor, an denen das Vorhaben gemessen werden kann. Die Zulässigkeit des Vorhabens beurteilt sich dann nach §§ 34, 35 BauGB. Wichtig ist, dass nicht versehentlich – terminologisch oder in der Sache – auf die Rechtmäßigkeit des Bebauungsplans abgestellt wird. Zu prüfen ist allein die Wirksamkeit des Bebauungsplans (vgl. das Prüfungsschema → Rn. 178). Ist der Fall prozessual eingekleidet, wird also beispielsweise im Wege einer Verpflichtungsklage eine Baugenehmigung eingeklagt, hat das Gericht im Hinblick auf den Bebauungsplan unproblematisch eine entsprechende Prüfungs- und Normverwerfungskompetenz. Schwieriger ist es, wenn der Fall aus Sicht der Baurechtsbehörde zu prüfen ist und gefragt wird, ob die Genehmigung zu erteilen ist. Unbestritten ist, dass die Genehmigungsbehörde die Kompetenz hat, die Wirksamkeit des Bebauungsplans zu prüfen. Das ist auch Aufgabe des Klausurbearbeiters. Kommt man zur Wirksamkeit des Plans, entspricht das Vorhaben seinen Festsetzungen und liegen die übrigen Genehmigungsvoraussetzungen vor, ist die Genehmigung zu erteilen. Ist der Plan unwirksam, ist die fehlende Normverwerfungskompetenz der Baurechtsbehörde zu problematisieren (→ Rn. 158, 187).

246 Um festzustellen, ob das Vorhaben den **Festsetzungen** des Bebauungsplans widerspricht, sind die Festsetzungen und das Vorhaben zu vergleichen. Dabei zählen zu den Festsetzungen, denen das Vorhaben nicht widersprechen darf, auch die Bestimmungen der BauNVO, die nach § 1 III 2 BauNVO bei Gebietsfestsetzungen Bestandteil des Bebauungsplans werden (→ Rn. 73). Enthält ein Bebauungsplan beispielsweise die Festsetzung „reines Wohngebiet", dann wird nach § 1 III 2 BauNVO – mit in § 1 IV–X BauNVO näher geregelten Abweichungsmöglichkeiten – § 3 BauNVO Bestandteil des Bebauungsplans. Nach § 3 II BauNVO sind in einem reinen Wohngebiet grundsätzlich nur Wohngebäude sowie näher bestimmte Einrichtungen der Kinderbetreuung zulässig. Soll also auf einem qualifiziert beplanten und erschlossenen Grundstück mit der Festsetzung „reines Wohngebiet" ein Wohngebäude errichtet werden, das auch den sonstigen Festsetzungen des qualifizierten Bebauungsplans nicht widerspricht, ist es nach § 30 I BauGB grundsätzlich bauplanungsrechtlich zulässig.

247 Allerdings sind beabsichtigte Nutzungen nicht immer ohne weiteres unter die zum Teil unbestimmten Begriffe der BauNVO über zulässige Nutzungen zu subsumieren. Bei ihrer Interpretation hilft der jeweilige Absatz 1 der einschlägigen Bestimmung der BauNVO. Er beschreibt, welchen Zwecken das jeweilige Baugebiet dient, oder anders gesagt: Er umreißt, was gebietstypisch ist. Es ist davon auszugehen, dass die Zulässigkeitstatbestände der Absätze 2 sich jeweils nur auf gebietsverträgliche oder gebietstypische Nutzungen beziehen (sog. **Grundsatz der Gebietsverträglichkeit**) und dabei jeweils typische Vorhaben im Blick haben.[188] Das gilt dann auch für die entsprechenden Festsetzungen im Bebauungsplan.

248 Beispiel: Ein Krematorium mit Abschiedsraum kann eine Anlage für kulturelle Zwecke i.S.d. § 8 III Nr. 2 BauNVO sein mit der Folge, dass es in diesem Gebiet ausnahmsweise zulässig sein könnte. Es weicht aber durch seine Ruhebedürftigkeit erheblich vom typischen Gewerbebetrieb und vom typischen Charakter eines Gewerbegebiets ab und ist daher mangels Gebietsverträglichkeit unzulässig.[189]

249 Ist ein Vorhaben im Geltungsbereich eines qualifizierten Bebauungsplans grundsätzlich nach § 30 I BauGB zulässig, kann ihm im Einzelfall noch § 15 I BauNVO

---

[188] Z.B. BVerwG, NVwZ 2008, 786, 786f.
[189] Z.B. BVerwG, NVwZ 2012, 825, 826ff.

C. Die Zulässigkeit von Vorhaben

(sog. **Gebot der Rücksichtnahme**) entgegenstehen. § 15 I 1 BauNVO bestimmt, dass Anlagen, die nach Art der baulichen Nutzung grundsätzlich zulässig sind, im Einzelfall gleichwohl unzulässig sind, wenn das Vorhaben nach Anzahl, Lage, Umfang oder Zweckbestimmung der Eigenart des Baugebiets widerspricht. § 15 I 2 BauNVO erstreckt diese Regelung auf Fälle, in denen von an sich zulässigen Vorhaben Belästigungen oder Störungen ausgehen können, die nach der Eigenart des Baugebiets im Baugebiet selbst oder in dessen Umgebung unzumutbar sind, oder in denen das Vorhaben selbst solchen Belästigungen oder Störungen ausgesetzt wäre.

> **Hinweis:** Zur Klärung, ob eine unzumutbare Belästigung oder Störung vorliegt, kann auf die immissionsschutzrechtliche Definition der schädlichen Umwelteinwirkung in § 3 I BImSchG und auf die diese präzisierenden normkonkretisierenden Verwaltungsvorschriften der TA Lärm und der TA Luft zurückgegriffen werden.[190] Handelt es sich um Lärm, der von Kindern ausgeht, ist auch § 22 Ia BImSchG zu beachten, der anlagenbezogenen Kinderlärm grundsätzlich für unbeachtlich erklärt.

250

Widerspricht ein Vorhaben den Festsetzungen eines qualifizierten Bebauungsplans, kann es gleichwohl im Einzelfall zulässig sein, wenn entweder eine **Ausnahme** von den fraglichen Festsetzungen zugelassen oder von ihnen **befreit** wird. **Ausnahmen** sind nach § 31 I BauGB Abweichungen vom – qualifizierten, vorhabenbezogenen oder einfachen – Bebauungsplan, die bereits der Bebauungsplan selbst als Möglichkeit vorsieht. Enthält beispielsweise ein qualifizierter Bebauungsplan die Festsetzung „reines Wohngebiet", dann wird nach § 1 III 2 BauNVO regelmäßig nicht nur der eben erwähnte § 3 II BauNVO Bestandteil des Bebauungsplans, sondern auch § 3 III BauNVO. § 3 III BauNVO listet auf, welche Vorhaben ausnahmsweise in einem reinen Wohngebiet zugelassen werden können. Neben näher bestimmten Läden (Nr. 1) sind beispielsweise auch Anlagen für soziale Zwecke (Nr. 2)[191] ausnahmsweise zulässig. Soll also auf einem qualifiziert beplanten und erschlossenen Grundstück mit der Festsetzung „reines Wohngebiet" ein kleines Ladengeschäft errichtet werden, das der Deckung des täglichen Bedarfs der Bewohner des Gebiets dienen soll, und widerspricht das Vorhaben den sonstigen Festsetzungen des qualifizierten Bebauungsplans nicht, dann ist es nach § 30 I BauGB bauplanungsrechtlich zulässig, wenn eine Ausnahme nach § 31 I BauGB i.V.m. § 3 III BauNVO erteilt wird.

251

Die Entscheidung darüber steht nach § 31 I BauGB im **Ermessen** der Baurechtsbehörde. Allerdings kommt eine Versagung einer Ausnahme nur in Betracht, wenn sich dafür städtebauliche Gründe finden. Das ist z.B. denkbar, wenn durch die Erteilung einer Ausnahme die Erhaltung des Gebietscharakters gefährdet wird.[192] Dieser wird wie schon erwähnt (→ Rn. 247) jeweils im Abs. 1 der Vorschriften der BauNVO zur Art der baulichen Nutzung bestimmt. Für das reine Wohngebiet legt § 3 I BauNVO beispielsweise fest: „Reine Wohngebiete dienen dem Wohnen". Sind also in einem reinen Wohngebiet schon so viele Läden vorhanden, dass bei der ausnahmsweisen Zulassung eines weiteren Ladengeschäfts das Gebiet nur noch vorwiegend dem Wohnen dient, so kann keine Ausnahme erteilt werden. Der Gebietscharakter wäre gefährdet, weil das Gebiet faktisch – und anders als im Bebauungsplan festgesetzt – zum allgemeinen Wohngebiet würde (vgl. § 4 I BauNVO).

252

---

[190] Z.B. VGH BW, NVwZ 2014, 1393, 1395.
[191] Hierzu können auch Gemeinschaftsunterkünfte für Asylbewerber zählen – VGH BW, VBlBW 2016, 113 ff. Vgl. zu dieser Fragestellung m. Nachw. näher *Schimpfermann/Stühler*, in: Fickert/Fieseler, BauNVO, § 3 Rn. 16.4 ff.
[192] BVerwGE 116, 155, 157 ff.

253 Liegen keine städtebaulichen Gründe vor, besteht für eine ablehnende Ermessensentscheidung kein sachlicher Grund.[193] Da § 31 I BauGB auch den Interessen der bauwilligen planbetroffenen Grundeigentümer zu dienen bestimmt ist, hat der Bauherr einen Anspruch auf eine ermessensfehlerfreie Entscheidung über die Erteilung einer Ausnahme.

254 Während Ausnahmen Abweichungen vom Bebauungsplan gestatten, die der Bebauungsplan bei seiner Aufstellung als planerische Variante mit bedacht hat, geht es bei **Befreiungen,** die auch Dispens genannt werden, um darüber hinausgehende Abweichungen. Befreiungen sind in erster Linie in § 31 II BauGB geregelt. Wird ein Vorhaben von einer Festsetzung befreit, wird in der Sache ein Vorhaben ermöglicht, für dessen Zulässigkeit sonst der Bebauungsplan entsprechend geändert werden müsste. Nach § 31 II BauGB kommt eine Befreiung in Betracht, wenn die Grundzüge der Planung nicht berührt sind und – alternativ – Gründe des Wohls der Allgemeinheit[194] die Befreiung erfordern (§ 31 II Nr. 1 BauGB), die Abweichung städtebaulich vertretbar ist (§ 31 II Nr. 2 BauGB) oder die Durchführung des Plans zu einer offenbar nicht beabsichtigten Härte führen würde (§ 31 II Nr. 3 BauGB). Außerdem muss die Abweichung vom Plan auch unter Würdigung nachbarlicher Interessen mit den öffentlichen Belangen vereinbar sein. Die Entscheidung über eine Befreiung ist wie die über eine Ausnahme eine Ermessensentscheidung,[195] auf deren pflichtgemäße Durchführung der betroffene Grundeigentümer einen Anspruch hat.

255 **Zuständig** für die Entscheidung über Ausnahmen und Befreiungen ist in der Regel die Baurechtsbehörde, die im Rahmen von Genehmigungs-, Kenntnisgabe- und sonstigen Überwachungsverfahren auch die Einhaltung der sonstigen bauplanungsrechtlichen Standards sichert (→ Rn. 221, 225). Macht die Baurechtsbehörde von der Möglichkeit einer Befreiung oder einer Ausnahme Gebrauch, weicht sie von dem von der Gemeinde aufgestellten Bebauungsplan oder von seiner Regelaussage ab.

256 Da die Baurechtsbehörde zwar Teil der Gemeinde sein kann, das aber zumeist nicht ist (→ Rn. 361 ff.), bestimmt § 36 I 1 BauGB zum Schutze der durch Art. 28 II 1 GG garantierten gemeindlichen Planungshoheit, dass bei Nicht-Identität von Baurechtsbehörde und Gemeinde u. a. (vgl. auch → Rn. 274, 296) über die Zulässigkeit von Vorhaben nach § 31 BauGB von der Baurechtsbehörde im **Einvernehmen** mit der Gemeinde entschieden wird.

257 Ist die Gemeinde ausnahmsweise zugleich Baurechtsbehörde (→ Rn. 361 ff.), bedarf es keines Einvernehmens.[196] Etwaige Konflikte zwischen dem für die Aufstellung von Bauleitplänen zuständigen Gemeinderat (→ Rn. 149 f.) und dem im Rahmen von Genehmigungs-, Kenntnisgabe- und Überwachungsverfahren als Baurechtsbehörde für die Entscheidungen nach § 31 BauGB zuständigen Bürgermeister (→ Rn. 362 f.) sind ohne das auf zwei externe Rechtsträger zugeschnittene Verfahren des § 36 BauGB innerhalb der Gemeinde zu lösen.

258 Einvernehmen heißt **Zustimmung**. Das Einvernehmen, das nach § 36 II 1 BauGB bei Ausnahmen und Befreiungen nur aus den sich aus § 31 BauGB ergebenden Gründen versagt werden darf, gilt gem. § 36 II 2 BauGB als erteilt, wenn die Gemeinde es

---

[193] VGH BW, BauR 2004, 1909, 1912.
[194] Hierzu gehört, wie der Wortlaut der Norm zeigt, auch der Bedarf zur Unterbringung von Flüchtlingen und Asylbegehrenden.
[195] BVerwGE 117, 50, 55 f.; *Dürr/Leven/Speckmaier,* Baurecht Baden-Württemberg, Rn. 119 m. Nachw.
[196] BVerwGE 121, 339, 341 ff.; kritisch z. B. *Finkelnburg/Ortloff/Kment,* Öffentliches Baurecht, Bd. I, § 28 Rn. 9 m. Nachw.

C. Die Zulässigkeit von Vorhaben 327

nicht innerhalb einer Frist von zwei Monaten verweigert. Die Frist beginnt nach § 36 II 2 Hs. 1 BauGB grundsätzlich mit dem Eingang eines Ersuchens der Baurechtsbehörde an die Gemeinde, das Einvernehmen zu erteilen. Manche Länder sehen allerdings vor, dass Anträge in bauordnungsrechtlichen Zulassungsverfahren nicht direkt bei der Baurechtsbehörde, sondern zunächst bei der Gemeinde einzureichen sind. So ist es gem. § 53 I 1, 2 LBO auch in Baden-Württemberg. § 36 II 2 Hs. 2 BauGB bestimmt, dass dann die Frist, innerhalb der die Gemeinde das Einvernehmen verweigern kann, bereits mit der Einreichung des Antrags im bauordnungsrechtlichen Zulassungsverfahren bei ihr beginnt.

Ohne Einvernehmen darf die Baurechtsbehörde die beantragte Ausnahme oder Befreiung nicht erteilen. Verstößt die Baurechtsbehörde dagegen, kann die Gemeinde die erteilte Ausnahme oder Befreiung verwaltungsgerichtlich anfechten, denn § 36 I 1 BauGB ist für die Gemeinde eine drittschützende Norm. Anders ist es allerdings, wenn die Gemeinde das Einvernehmen rechtswidrig verweigert. Nach § 36 II 3 BauGB „kann" die Baurechtsbehörde dann das fehlende **Einvernehmen ersetzen.** Die umstrittene Frage, ob die Ersetzung des Einvernehmens im Ermessen der Baurechtsbehörde steht, worauf der Wortlaut des § 36 II 3 BauGB hindeuten könnte, ist für Baden-Württemberg mittlerweile mit § 54 IV 1 LBO beantwortet.[197] Ihm zufolge „hat" die Behörde ein rechtswidrig versagtes Einvernehmen zu ersetzen. Wird das Einvernehmen demgegenüber erteilt, bedeutet das umgekehrt nicht, dass die Baurechtsbehörde die Ausnahme oder Befreiung erteilen muss. 259

Im Hinblick auf die **Rechtsnatur** des Einvernehmens geht man ganz überwiegend davon aus, es handele sich mangels einer Regelung mit Außenwirkung nicht um einen Verwaltungsakt i. S. d. § 35 S. 1 LVwVfG, sondern um eine verwaltungsinterne Mitwirkungshandlung[198] im Rahmen eines von der Baurechtsbehörde durchzuführenden Verwaltungsverfahrens. Richtig ist, dass das Einvernehmen die Rechtsstellung des Bürgers, der die Ausnahme oder Befreiung beantragt, nicht unmittelbar verändert. Soweit die Baurechtsbehörde mit rechtlicher Wirkung für das Land handelt, was der Regelfall ist, ist das Einvernehmen allerdings eine Regelung zwischen zwei Außenrechtssubjekten, nämlich zwischen der das Einvernehmen erteilenden Gemeinde und dem Land. Ob man das Einvernehmen als Verwaltungsakt qualifiziert, hängt damit davon ab, wo man im Rahmen des § 35 S. 1 LVwVfG die Grenze zwischen „innen" und „außen" zieht. Praktische Konsequenzen hat die Frage der Rechtsnatur kaum. So oder so kann derjenige, der eine Ausnahme oder Befreiung beantragt, die Erteilung des Einvernehmens durch die Gemeinde mangels eines isolierten subjektiven Rechts auf Einvernehmenserteilung nicht isoliert einklagen. Er hat vielmehr unmittelbar im Wege der Verpflichtungsklage auf Gewährung der begehrten Ausnahme oder Befreiung oder – sollte es um die Erteilung einer Baugenehmigung gehen – auf die Erteilung dieser Genehmigung zu klagen. 260

Liegt ein Vorhaben i. S. d. § 29 I BauGB nicht im räumlichen Geltungsbereich eines qualifizierten, sondern eines **vorhabenbezogenen Bebauungsplans** (→ Rn. 81 ff.), dann ist es nach § 30 II BauGB zulässig, wenn es dem **Plan nicht widerspricht** und die **Erschließung gesichert** ist. Inhaltlich entspricht das den Anforderungen des § 30 I BauGB für Vorhaben im Geltungsbereich eines qualifizierten Bebauungsplans. 261

---

[197] Zum Verhältnis von § 36 II 3 BauGB zu den entsprechenden landesrechtlichen Regelungen: *Spannowsky/Uechtritz*, Baugesetzbuch, § 36 Rn. 33; *Reidt*, in: Battis/Krautzberger/Löhr, BauGB, § 36 Rn. 14.
[198] BVerwGE 22, 342, 345; 28, 145, 146 ff.; VG Augsburg, BeckRS 2012, 60464 Rn. 43 ff.; OVG Berlin-Brandenburg, NVwZ-RR 2017, 583, 584; *Schlarmann/Krappel*, NVwZ 2011, 215, 217.

Dementsprechend kann auf die vorstehenden Ausführungen verwiesen werden. § 30 II BauGB nimmt lediglich Rücksicht darauf, dass ein vorhabenbezogener Bebauungsplan statt Festsetzungen auch andere Inhalte haben kann (→ Rn. 82), denen das Vorhaben dann ebenfalls nicht widersprechen darf.

262 Weil vorhabenbezogene Bebauungspläne andere Inhalte haben können als Festsetzungen, enthalten sie nicht immer die Mindestfestsetzungen eines qualifizierten Bebauungsplans. Man könnte sich daher fragen, ob die in der Rn. zuvor getroffene Aussage richtig ist, dass sich die Zulässigkeit eines Vorhabens im Geltungsbereich eines vorhabenbezogenen Bebauungsplans tatsächlich **nur** nach dessen Inhalt richtet. Dagegen könnte § 30 III BauGB sprechen, der bestimmt, dass im Geltungsbereich eines Bebauungsplans, „der die Voraussetzungen des **Absatzes 1** nicht erfüllt", **zusätzlich** die §§ 34, 35 BauGB heranzuziehen sind. Allerdings verdeutlicht die Systematik des § 30 BauGB, dass die drei Absätze der Norm die Zulässigkeit von Vorhaben im Gebiet eines qualifizierten, eines vorhabenbezogenen und eines einfachen Bebauungsplans jeweils getrennt und abschließend regeln wollen.[199] Es wäre hilfreich, wenn § 30 III BauGB sprachlich klargestellt würde.

c) Zulässigkeit von Vorhaben im sog. Innenbereich

aa) Anwendungsbereich

263 Liegt ein Vorhaben i. S. d. § 29 I BauGB weder im Geltungsbereich eines qualifizierten noch eines vorhabenbezogenen Bebauungsplans, dann kann sich seine Zulässigkeit nach § 34 BauGB bestimmen. Das setzt nach § 34 I 1 BauGB voraus, dass sich das Vorhaben innerhalb eines **im Zusammenhang bebauten Ortsteils** (sog. **Innenbereich**) befindet. Das ist der Fall, wenn erstens eine zusammenhängende Bebauung besteht (sog. Bebauungszusammenhang) und wenn zweitens diese zusammenhängende Bebauung einen Ortsteil bildet.[200]

264 **Klausurhinweis:** Wird im Rahmen einer Klausur ein in einem bebauten Bereich gelegenes Vorhaben zunächst anhand von § 30 I BauGB überprüft und stellt sich im Rahmen dieser Prüfung heraus, dass ein im Sachverhalt mitgeteilter qualifizierter Bebauungsplan unwirksam ist, wird die Prüfung mit § 34 BauGB fortgesetzt.

265 Ein **Bebauungszusammenhang** liegt vor, wenn eine tatsächlich vorhandene, örtlich aufeinanderfolgende Bebauung den Eindruck von Zusammengehörigkeit und Geschlossenheit vermittelt.[201] Maßgeblich ist der **tatsächliche Gebäudebestand**, wobei nur auf solche Bauwerke abzustellen sein soll, die dem ständigen Aufenthalt von Menschen dienen.[202] Ob die Gebäude rechtmäßig oder rechtswidrig errichtet sind, spielt keine Rolle, solange sie von den Baurechtsbehörden geduldet werden.[203] Ob eine Bebauung den Eindruck von Zusammengehörigkeit und Geschlossenheit aufweist, bestimmt sich nach der Verkehrsauffassung.[204] Sie ist auch für die Beurteilung maßgeblich, ob eine Baulücke den Bebauungszusammenhang unterbricht. In der Regel endet ein Bebauungszusammenhang mit dem letzten Gebäude einer aufeinanderfolgenden

---

[199] Das wird i.E. nicht bestritten, vgl. *Finkelnburg/Ortloff/Kment*, Öffentliches Baurecht, Bd. I, § 23 Rn. 14.
[200] Z. B. BVerwGE 152, 275, 277.
[201] Vgl. BVerwGE 31, 20, 21 f.; BVerwGE 41, 227, 233.
[202] BVerwGE 152, 275, 279 m. Nachw.
[203] BVerwGE 31, 20, 26.
[204] BVerwGE 31, 20, 22.

C. Die Zulässigkeit von Vorhaben   329

Bebauung.²⁰⁵ Nur im Einzelfall kann das bei örtlichen Besonderheiten einmal anders sein.²⁰⁶ Wird ein Gebäude abgerissen, zerstört das den Bebauungszusammenhang nicht, solange nach der Verkehrsauffassung mit einer Neubebauung zu rechnen ist. Das gilt auch für das letzte zum Bebauungszusammenhang gehörende Grundstück.²⁰⁷

Ein Bebauungszusammenhang bildet einen **Ortsteil,** wenn er nach der Anzahl der Gebäude ein gewisses Gewicht besitzt und Ausdruck einer organischen Siedlungsstruktur ist.²⁰⁸ Ob die zusammenhängende Bebauung nach der Anzahl der Gebäude hinreichend **gewichtig** ist, ist eine Frage der konkreten örtlichen Verhältnisse. So hat die Rechtsprechung beispielsweise in einem Fall neun Wohngebäude mit Nebengebäuden und einer Straußenwirtschaft als Bebauungszusammenhang mit gewissem Gewicht anerkannt²⁰⁹ und in einem anderen Fall elf Wohngebäude nicht ausreichen lassen²¹⁰. 266

Ein Bebauungszusammenhang mit einem gewissen Gewicht ist zugleich auch Ausdruck einer **organischen Siedlungsstruktur,** wenn die Bebauung nicht vollkommen ohne System, sondern natürlich und an bestimmten Funktionen ausgerichtet gewachsen ist. Auch hier kommt es bei der Beurteilung auf die konkreten örtlichen Gegebenheiten an. So kann eine bandartige, einreihige Bebauung, also ein sog. „Straßendorf" in manchen Regionen von Deutschland ein Ortsteil sein, weil dort Dörfer typischerweise diese Anordnung haben, während sie in anderen Landschaften möglicherweise als wahllose Bebauung und damit als eine nicht dem § 34 BauGB unterfallende **Splittersiedlung** zu bewerten ist. 267

Trotz der genannten Definitionen ist es nicht immer einfach, für ein konkretes Grundstück zu beurteilen, ob es sich innerhalb oder außerhalb eines im Zusammenhang bebauten Ortsteils befindet. Die eindeutige Zuordnung eines Grundstücks zum Innen- oder zum Außenbereich ist aber von grundlegender Bedeutung, da davon das Ob und Wie der Bebaubarkeit und der sonstigen Nutzbarkeit maßgeblich abhängen. Um Zweifel über die Zugehörigkeit von Grundstücken zum Innen- oder Außenbereich zu vermeiden, hat die Gemeinde nach § 34 IV 1 Nr. 1 BauGB die Möglichkeit, die Grenzen für die im Zusammenhang bebauten Ortsteile durch Satzung festzulegen (sog. **Klarstellungs- oder Abgrenzungssatzung**). Diese Satzung wird häufig als „deklaratorisch" bezeichnet.²¹¹ 268

Das ist allerdings terminologisch missverständlich, weil sich eine Satzung wie alle Rechtssätze dadurch auszeichnet, eine eigenständige und **verbindliche Regelung** zu treffen.²¹² Das gilt auch für die Klarstellungssatzung. Besteht eine Klarstellungssatzung, dann ist beispielsweise die Baurechtsbehörde dazu verpflichtet, die Frage der Zugehörigkeit eines Grundstücks zum Innen- oder Außenbereich ausschließlich anhand dieser Satzung zu beurteilen.²¹³ Die Klarstellungssatzung ist insoweit die maßgebliche Rechtsquelle, die von der Baurechtsbehörde so lange anzuwenden ist, bis sie von der Gemeinde durch einen entsprechenden Beschluss oder durch den VGH im Rahmen eines Verfahrens nach § 47 I Nr. 1 VwGO aufgehoben wird. Wenn gleichwohl gesagt wird, die Klar- 269

---

205 Z. B. VGH BW, VBlBW 1993, 430, 430; VBlBW 1995, 432, 432.
206 Z. B. BVerwG, BauR 2000, 1310, 1311.
207 BVerwGE 75, 34, 38.
208 BVerwGE 31, 22, 26 und z.B. BVerwG, ZfBR 2016, 799, 800.
209 VGH BW, BauR 2004, 1914, 1915.
210 VGH BW, VBlBW 1997, 341, 342.
211 Z. B. m. Nachw. *Mitschang/Reidt,* in: Battis/Krautzberger/Löhr, BauGB, § 34 Rn. 81, 83; VGH BW, VBlBW 1993, 379, 379; BVerwGE 138, 12, 15.
212 *Jeand'Heur,* NVwZ 1995, 1174 ff.; *Dürr/Leven/Speckmaier,* Baurecht Baden-Württemberg, Rn. 124, jew. m. Nachw.
213 So trotz der Bezeichnung als deklaratorisch z.B. auch *Mitschang/Reidt,* in: Battis/Krautzberger/Löhr, BauGB, § 34 Rn. 83.

stellungssatzung sei lediglich deklaratorisch, ist damit gemeint, dass sie nicht in der Lage ist, bei der Festlegung der Grenzen zwischen Innen- und Außenbereich wirksam von den Kriterien des § 34 I 1 BauGB abzuweichen. Schneidet eine Klarstellungssatzung nach § 34 IV 1 Nr. 1 BauGB gleichwohl die Grenzen zwischen Innen- und Außenbereich anders zu, leidet sie unter einem beachtlichen Rechtsfehler mit der Folge, dass sie durch den VGH im Wege der Normenkontrolle aufgehoben werden kann und dass die Verwaltungsgerichte sie im Rahmen von Inzidentkontrollen im Einzelfall unangewendet lassen können. Den Verwaltungsbehörden kommt diese Kompetenz demgegenüber nicht zu (zur parallelen Fragestellung beim Bebauungsplan → Rn. 158, 180 ff.).

270 Denkbar ist, dass im Einzelfall einerseits die sich nach den Kriterien des § 34 I 1 BauGB ergebende Abgrenzung des Innen- vom Außenbereich nicht optimal in die planerische Gesamtkonzeption der Gemeinde passt und dass andererseits die Aufstellung eines Bebauungsplans nach § 1 III BauGB an sich nicht erforderlich ist (vgl. → Rn. 227). Für derartige Fälle enthält § 34 IV 1 Nr. 2 BauGB die Möglichkeit, durch Satzung bebaute Flächen im Außenbereich als im Zusammenhang bebaute Ortsteile festzulegen, wenn diese Flächen im Flächennutzungsplan als Baufläche dargestellt sind (sog. **Entwicklungssatzung**). § 34 IV 1 Nr. 3 BauGB ermächtigt die Gemeinde zudem, durch Satzung einzelne Außenbereichsflächen in die im Zusammenhang bebauten Ortsteile einzubeziehen, wenn die einbezogenen Flächen durch die bauliche Nutzung des angrenzenden Bereichs entsprechend geprägt sind (sog. **Ergänzungssatzung**).

271 Diese Satzungen werden zum Teil – im Gegensatz zur Klarstellungssatzung – als „konstitutiv" bezeichnet.[214] Damit soll zum Ausdruck gebracht werden, dass diese Satzungen – anders als die Klarstellungssatzung – den Innen- und den Außenbereich abweichend von den Kriterien des § 34 I 1 BauGB zuschneiden. Derartige **städtebauliche Satzungen** sind keine vollständigen Bebauungspläne, können die Zulässigkeit von Vorhaben aber gleichwohl erheblich erweitern. § 34 V und VI BauGB enthalten daher Voraussetzungen für den Inhalt der Satzungen und für das Verfahren ihrer Aufstellung, die zum Teil den Regelungen über Bauleitpläne entnommen sind. Die **Fehlerfolgen** einer rechtswidrigen Satzung nach § 34 IV 1 BauGB entsprechen den Fehlerfolgen eines rechtswidrigen Bebauungsplans (→ Rn. 161 ff.). Gleiches gilt für den **gerichtlichen Rechtsschutz** (→ Rn. 180 ff.).

bb) Zulässigkeitsvoraussetzungen

272 Liegt ein Vorhaben i.S.d. § 29 I BauGB innerhalb eines im Zusammenhang bebauten Ortsteils, der weder qualifiziert noch vorhabenbezogen beplant ist, dann ist bei der Prüfung seiner bauplanungsrechtlichen Zulässigkeit zunächst festzustellen, ob ein **einfacher Bebauungsplan** besteht. Ist das der Fall, dann darf – sofern keine Ausnahme oder Befreiung nach § 31 I, II BauGB erteilt wird (dazu → Rn. 251 ff.) – das Vorhaben den Festsetzungen dieses Plans nicht widersprechen. Im Übrigen, also soweit keine Festsetzungen vorhanden sind, bestimmt sich die Zulässigkeit des Vorhabens gem. § 30 III BauGB nach § 34 I, II, III und IIIa BauGB.

273 **Hinweis:** Häufig wird im Zusammenhang mit § 34 BauGB vom „nichtbeplanten" oder vom „unbeplanten" Innenbereich gesprochen.[215] Das ist aber nicht präzise, weil durchaus ein einfacher Bebauungsplan bestehen kann. Präzise wäre daher die Bezeichnung als „nicht qualifiziert oder vorhabenbezogen beplanter" Innenbereich.

---

[214] Z. B. *Muckel/Ogorek*, Öffentliches Baurecht, § 7 Rn. 107.
[215] Vgl. statt anderer *Wassermann*, Baurecht Baden-Württemberg, Rn. 322; *Kenntner*, Öffentliches Recht Baden-Württemberg, Rn. 669.

C. Die Zulässigkeit von Vorhaben

§ 34 I 2 BauGB legt fest, dass durch ein neues Vorhaben im Innenbereich die Anforderungen an **gesunde Wohn- und Arbeitsverhältnisse** gewahrt bleiben müssen und das **Ortsbild** nicht beeinträchtigt werden darf. Zudem dürfen nach § 34 III BauGB von dem Vorhaben keine schädlichen Auswirkungen auf **zentrale Versorgungsbereiche** in der Gemeinde oder in anderen Gemeinden zu erwarten sein. Diese Vorschrift kann es beispielsweise ermöglichen, ein Factory-Outlet-Center wegen seiner denkbaren negativen Fernwirkungen auf die in der Nähe gelegenen Innenstädte zu verhindern. Schließlich muss nach § 34 I 1 BauGB die **Erschließung** des Vorhabens gesichert sein (→ Rn. 244). Außerdem ist gem. § 36 I 1 BauGB das gemeindliche **Einvernehmen** erforderlich (→ Rn. 256 ff.). 274

Wichtigste Zulässigkeitsvoraussetzung ist aber, dass sich das Vorhaben i. S. d. § 34 I 1 BauGB nach Art und Maß der baulichen Nutzung, der Bauweise und der Grundstücksfläche, die überbaut werden soll, in die **Eigenart der näheren Umgebung einfügt**. Hiervon kann nur unter den Voraussetzungen des § 34 IIIa BauGB bei der Erweiterung, Änderung, Nutzungsänderung oder Erneuerung von zulässigerweise errichteten Gewerbe- oder Handwerksbetrieben, einschließlich der Nutzungsänderung zu Wohnzwecken, sowie bei der Erweiterung, Änderung oder Erneuerung von zulässig errichteten Wohngebäuden abgesehen werden. 275

Sieht man von den gerade genannten Ausnahmen ab, bedeutet die Anforderung, dass sich das Vorhaben in die Eigenart der näheren Umgebung einfügen muss, Folgendes: Grundsätzlich ist im Hinblick auf die Art und das Maß der baulichen Nutzung, die Bauweise und die zu überbauende Grundstücksfläche ein **Vergleich** zwischen dem beabsichtigten Vorhaben und der Eigenart der näheren Umgebung durchzuführen, um festzustellen, ob sich das Vorhaben dort einpasst oder nicht. 276

Die für den Vergleich heranzuziehende **nähere Umgebung** reicht so weit, wie sich einerseits das fragliche Vorhaben auf andere Grundstücke auswirken und wie andererseits die Umgebung das Grundstück, auf dem das Vorhaben realisiert werden soll, bodenrechtlich mit beeinflussen kann.[216] Die nähere Umgebung reicht daher in der Regel weiter als die angrenzenden Grundstücke und – je nach Lage der Dinge – weniger weit als der gesamte im Zusammenhang bebaute Ortsteil. Für die so umschriebene nähere Umgebung ist dann deren **Eigenart** zu ermitteln. Dazu ist zunächst zu sammeln, welche Bebauungen und Nutzungen dort tatsächlich vorhanden sind. Danach ist festzustellen, welche dieser Bebauungen und Nutzungen für die nähere Umgebung typisch sind und diese prägen. Sie machen die Eigenart der näheren Umgebung aus, während Gebäude oder Nutzungen, die entweder nicht oder nur am Rande wahrzunehmen sind und von ihrem „Erscheinungsbild (Ausdehnung, Höhe, Zahl usw.) nicht die Kraft haben, die Eigenart der näheren Umgebung zu beeinflussen"[217], außen vor bleiben. Gleiches gilt für Anlagen, die zwar wahrnehmbar und erheblich sind, aber völlig aus dem sonst anzutreffenden Rahmen fallen und damit als Unikat bzw. als Fremdkörper zu bewerten sind.[218] 277

In den sich daraus ergebenden **Gebäude- und Nutzungsrahmen** muss sich das geplante Vorhaben **einfügen**. Das ist jedenfalls dann der Fall, wenn sich das Vorhaben innerhalb dieses Rahmens hält. Es darf ihn u. U. auch überschreiten, wenn dadurch keine boden- bzw. planungsrechtlichen Spannungen erzeugt werden. Lässt das Vorhaben dagegen die erforderliche Rücksichtnahme auf die in seiner unmittelbaren Nachbarschaft vorhandene Bebauung vermissen, fügt es sich auch nicht ein. 278

---

[216] Vgl. BVerwGE 55, 369, 380 und z. B. BVerwG, ZfBR 2018, 479, 480.
[217] BVerwGE 85, 322, 325.
[218] BVerwGE 85, 322, 326; BVerwGE 127, 231, 232.

279 **Beispiel:** Ist ein geplantes Gebäude 20 cm höher als alle Gebäude in der Umgebung, dürfte es sich trotz der Abweichung von dem Rahmen, den die Umgebung vorgibt, in diese Umgebung einfügen. Schwieriger kann es sein, wenn ein zusätzliches Vollgeschoss entstehen soll.

280 Einfügungsbedürftig ist zunächst die **Art der beabsichtigten baulichen Nutzung**. Insoweit enthält § 34 II BauGB eine Spezialregelung. Sie bestimmt für den Fall, dass die Eigenart der näheren Umgebung einem Baugebiet i. S. d. BauNVO faktisch entspricht, dass sich die Zulässigkeit der beabsichtigten Nutzung dann allein nach den Bestimmungen der BauNVO beurteilt.[219] Ist die Eigenart der näheren Umgebung eines Vorhabens beispielsweise so durch Wohngebäude geprägt, dass sie einem reinen Wohngebiet i. S. d. § 3 BauNVO faktisch entspricht, dann fügt sich ein weiteres Wohngebäude nach § 34 II BauGB i. V. m. § 3 II BauNVO nach der Art der baulichen Nutzung in die nähere Umgebung ein. Ein (zusätzlicher) Rückgriff auf § 34 I BauGB erfolgt in Bezug auf die Art der baulichen Nutzung nicht. Besteht das Vorhaben aus einem Laden, der der Deckung des täglichen Bedarfs für die Bewohner des Gebiets dient, kann es sich nach §§ 34 II, 31 I BauGB i. V. m. § 3 III Nr. 1 BauNVO der Art der Nutzung nach einfügen, wenn die Baurechtsbehörde eine entsprechende Ausnahme zulässt. Entspricht die Eigenart der näheren Umgebung keinem Baugebiet i. S. d. BauNVO, bleibt es bei der allgemeinen Regel des § 34 I BauGB.

281 Ob sich das geplante Vorhaben im Hinblick auf das **Maß der baulichen Nutzung**, die **Bauweise** und die **überbauten Grundstücksflächen** einfügt, beurteilt sich **immer** nach § 34 I BauGB. Zur Ausfüllung dieser Begriffe kann man auf die Vorschriften der BauNVO zurückgreifen, für die davon auszugehen ist, dass sie das BauGB rechtmäßig konkretisieren. So ist in Bezug auf das Sich-Einfügen nach dem Maß der baulichen Nutzung in Anlehnung an § 16 BauNVO zu prüfen, ob sich das Vorhaben in Bezug auf die Grund- und Geschossflächenzahl, die Zahl der Vollgeschosse und die Höhe der Gebäude im Rahmen der Eigenart der näheren Umgebung hält. Findet sich in der näheren Umgebung nur die geschlossene Bauweise, wird sich ein Gebäude in offener Bauweise nicht einfügen – und umgekehrt, vgl. § 22 BauNVO. Finden sich dagegen beide Bauweisen mit der Folge, dass die Eigenart der näheren Umgebung durch beide geprägt ist, ist der Bauherr in der Wahl der Bauweise frei. Im Hinblick auf die zu überbauende Grundstücksfläche ist beispielsweise darauf zu achten, ob faktische Baulinien oder -grenzen bestehen, vgl. § 23 BauNVO.

282 **Zusammenzufassen ist:** Liegt ein Vorhaben i. S. d. § 29 I BauGB innerhalb eines nicht qualifiziert oder vorhabenbezogen beplanten, im Zusammenhang bebauten Ortsteils, widerspricht es nicht den Festsetzungen eines möglicherweise vorhandenen einfachen Bebauungsplans, fügt es sich wie beschrieben in die Eigenart der näheren Umgebung ein und erfüllt es die in Rn. 274 genannten weiteren Voraussetzungen, ist es bauplanungsrechtlich zulässig.

d) Zulässigkeit von Vorhaben im sog. Außenbereich

aa) Anwendungsbereich

283 Liegt ein Vorhaben i. S. d. § 29 I BauGB weder im Geltungsbereich eines qualifizierten oder vorhabenbezogenen Bebauungsplans noch im zuvor beschriebenen Innenbereich, dann befindet es sich im sog. **Außenbereich**. Die Zulässigkeit von Vorhaben in

---

[219] Zu beachten ist für urbane Gebiete i. S. d. § 6a BauNVO allerdings die Ausnahmeregelung des § 245c III BauGB.

C. Die Zulässigkeit von Vorhaben   333

diesem Bereich regelt § 35 BauGB. Der Begriff Außenbereich könnte so zu verstehen
sein, dass er alle Flächen erfasst, die außerhalb der Ortschaften und damit „in freier
Natur" liegen. Faktisch ist das auch oft so. Das liegt daran, dass das BauGB die bauliche
Nutzung von Grundstücken vorrangig dort unterstützt, wo Bebauung entweder durch
Bebauungsplan vorgesehen oder tatsächlich schon vorhanden ist. Gleichwohl handelt
es sich bei dem Begriff Außenbereich um einen über dieses Begriffsverständnis hinausgehenden, eher technischen Rechtsbegriff. Er erfasst alle Flächen, die weder im Anwendungsbereich von § 30 I, II BauGB noch von § 34 BauGB liegen. Das können
auch größere unbebaute Flächen innerhalb eines Ortes sein, die weder qualifiziert
noch vorhabenbezogen beplant sind (sog. **Außenbereich im Innenbereich**). Diese
Begriffsbildung führt dazu, dass jedes Grundstück entweder § 30 I, II BauGB oder
§ 34 BauGB oder § 35 BauGB zugeordnet werden kann. Damit ist sichergestellt, dass
es für jedes Grundstück eine Regelung über die auf ihm zulässigen Nutzungen gibt.

In der Rn. zuvor wurde festgestellt, dass das BauGB die bauliche Nutzung von **284**
Grundstücken vorrangig dort unterstützt, wo Bebauung entweder durch Bebauungsplan vorgesehen oder tatsächlich schon vorhanden ist. Allerdings gibt es Vorhaben, die
genau in diesen Gebieten nicht zu verwirklichen sind, weil sie mit anderen baulichen
Nutzungen nicht oder nur schwer kompatibel sind. Für solche Situationen stellt das
Gesetz den Außenbereich zur Verfügung, indem es in § 35 I BauGB abschließend sog.
privilegierte Vorhaben auflistet. Sie sind im Außenbereich beim Vorliegen bestimmter Voraussetzungen trotz der grundsätzlichen Tendenz des BauGB, bauliche Nutzungen dort nicht ohne weiteres ermöglichen zu wollen, zulässig. **Sonstige Vorhaben**
können nach § 35 II BauGB im Außenbereich nur im Einzelfall und unter erschwerten Voraussetzungen zugelassen werden. Fragt man nach den Zulässigkeitsvoraussetzungen von Vorhaben im Außenbereich, ist daher zunächst zwischen privilegierten
und sonstigen Vorhaben zu differenzieren.

bb) Privilegierte und sonstige Vorhaben

Nach **§ 35 I Nr. 1 BauGB** ist ein Vorhaben bei der Zulassung im Außenbereich **285**
begünstigt, wenn es einem land- oder forstwirtschaftlichen Betrieb dient und nur einen
untergeordneten Teil der Betriebsfläche einnimmt. **Forstwirtschaft** ist die planmäßige
Bewirtschaftung von Wald zum Zwecke der Holzgewinnung. Der Begriff der **Landwirtschaft** ist in § 201 BauGB legaldefiniert. Sieht man von der dort genannten,
nachträglich ins Gesetz aufgenommenen berufsmäßigen Imkerei und Binnenfischerei
ab, zeichnet sich Landwirtschaft dadurch aus, dass sie unmittelbar aus dem Boden Er-
träge zieht. Das führt dazu, dass beispielsweise ein Schweinemastbetrieb ohne eigenen
Futteranbau nicht unter § 35 I Nr. 1 BauGB fällt.[220]

Nach § 35 I Nr. 1 BauGB muss das Vorhaben, um privilegiert zu sein, nicht nur der **286**
Land- oder Forstwirtschaft, sondern einem land- oder forstwirtschaftlichen **Betrieb**
dienen. Das erfordert, dass es sich um ein „auf Dauer gedachtes und auf Dauer lebens-
fähiges Unternehmen" handelt.[221] Landwirtschaft, die nur der Freizeitgestaltung dient,
unterfällt § 35 I Nr. 1 BauGB daher nicht. Demgegenüber steht es der Betriebseigen-
schaft nicht entgegen, wenn die Land- oder Forstwirtschaft nur im Nebenerwerb betrieben wird.

Das Vorhaben muss schließlich dem land- oder forstwirtschaftlichen Betrieb **dienen.** **287**
Es muss also in einer funktionalen Beziehung zu dem Betrieb stehen. Das kann man
beispielsweise für Ställe und Scheunen sowie für Wohngebäude des Landwirts oder sei-

---

[220] BVerwG, NJW 1981, 139, 140.
[221] BVerwGE 122, 308, 310.

nes Personals, nicht aber für Ferienwohnungen bejahen. Schließlich darf das Vorhaben nur einen **untergeordneten Teil der Betriebsfläche** einnehmen, so dass das Betriebsgelände überwiegend unbebaut zu bleiben hat.

288 **§ 35 I Nr. 2 BauGB,** zu dessen Interpretation im Wesentlichen auf § 35 I Nr. 1 BauGB zurückgegriffen werden kann, privilegiert Vorhaben, die einem **gartenbaulichen Betrieb** dienen. Allerdings ermöglicht dieser Tatbestand anders als § 35 I Nr. 1 BauGB auch eine flächendeckende Bebauung beispielsweise mit Gewächshäusern, da keine Beschränkung auf untergeordnete Teile der Betriebsfläche vorgenommen wird.

289 **§ 35 I Nr. 3 BauGB** begünstigt die bauplanungsrechtliche Zulässigkeit von Vorhaben, die der **öffentlichen Versorgung mit Infrastruktur** oder einem **ortsgebundenen gewerblichen Betrieb** dienen. Ein gewerblicher Betrieb ist ortsgebunden, wenn er aus geographischen oder geologischen Gründen genau an einer ganz bestimmten Stelle ausgeführt werden muss und seine Errichtung und sein Betrieb sonst nicht möglich sind. Das trifft beispielsweise auf den gewerblichen Abbau von Kies aus einer ganz bestimmten Kiesgrube oder allgemeiner auf die Gewinnung von Bodenschätzen zu. Vorhaben wie beispielweise der Bau einer Verladeanlage, die einem solchen ortsgebundenen Betrieb dienen, also in einem funktionalen Bezug zu ihm stehen, sind privilegiert.

290 Dem Wortlaut des § 35 I Nr. 3 BauGB zufolge bezieht sich das Merkmal der Ortsgebundenheit nicht ohne weiteres auch auf die eingangs der Norm genannten Anlagen, die der **öffentlichen Versorgung** dienen. Gleichwohl geht man – das ist umstritten[222] – auch in Bezug auf sie davon aus, dass § 35 I Nr. 3 BauGB sie nur dann begünstigt, wenn sie auf einen ganz bestimmten Standort im Außenbereich angewiesen sind.[223] Dafür sprechen vor allem systematische Gründe. Eine Windenergieanlage könnte beispielsweise ein Vorhaben i. S. d. § 35 I Nr. 3 BauGB sein. Allerdings ist eine solche Anlage bereits nach § 35 I Nr. 5 BauGB privilegiert. Geht man davon aus, dass die Tatbestände von § 35 I Nr. 1 bis 8 BauGB überschneidungsfrei konzipiert sind, dann spricht viel dafür, das Merkmal der Ortsgebundenheit „vor die Klammer zu ziehen" und davon auszugehen, dass sich § 35 I Nr. 3 BauGB gleichermaßen nur auf ortsgebundene Betriebe der öffentlichen Versorgung und ortsgebundene Betriebe gewerblicher Art bezieht.

291 **§ 35 I Nr. 4 BauGB** erfasst Vorhaben, die wegen ihrer besonderen Anforderungen an die Umgebung, wegen ihrer nachteiligen Wirkung auf die Umgebung oder wegen ihrer besonderen Zweckbestimmung nur im Außenbereich ausgeführt werden sollen. Besondere Anforderungen an die Umgebung stellen beispielsweise ein Schwimmbad an einem See oder eine Sternwarte. Nachteilige Wirkungen auf die Umgebung haben wegen der von ihnen ausgehenden Emissionen ein Schießplatz oder eine Mülldeponie. Wegen ihrer besonderen Zweckbestimmung muss etwa eine Berg- oder Skihütte regelmäßig im Außenbereich angesiedelt sein.

292 Lässt sich ein Vorhaben unter eine der drei Varianten des § 35 I Nr. 4 BauGB subsumieren, heißt das aber noch nicht, dass das Vorhaben automatisch privilegiert ist. Vielmehr muss die im Einzelfall zu treffende Bewertung hinzutreten, dass das Vorhaben **nur im Außenbereich ausgeführt werden soll.** Das jeweilige Vorhaben darf also im Außenbereich nicht nur sinnvoll oder zweckmäßig sein, sondern die Nutzung des Außenbereichs muss für das Vorhaben in dem Sinne erforderlich sein, dass eine

---

[222] Vgl. *Mitschang/Reidt,* in: Battis/Krautzberger/Löhr, BauGB, § 35 Rn. 28 m. Nachw.
[223] BVerwGE 96, 95, 100. Vgl. – relativ großzügig – für Mobilfunksendeanlagen aber auch BVerwG, NVwZ 2013, 1288, 1290.

C. Die Zulässigkeit von Vorhaben

Bewertung der Funktion des Vorhabens einerseits und des grundsätzlichen Ziels des Gesetzes, den Außenbereich von Bebauung freizuhalten, andererseits dazu führt, eine Zulassung des Vorhabens für vorrangig wichtig zu halten.[224] Daran scheitert beispielsweise die Privilegierung von Wochenendhäusern im Außenbereich.[225] Keine Anwendung findet § 35 I Nr. 4 BauGB allerdings auf die in ihm näher beschriebenen baulichen Anlagen zur Tierhaltung.

Hinweis: Anlagen zur Massentierhaltung sind keine Anlagen, die einem landwirtschaftlichen Betrieb dienen und nach § 35 I Nr. 1 BauGB privilegiert sind, wenn die Tiere nicht überwiegend mit Futter aus eigenem Anbau, sondern mit zugekauftem Futter ernährt werden. Man könnte daher meinen, dass es sich bei diesen Anlagen, von denen typischerweise erhebliche Geruchsbelästigungen ausgehen, gerade um solche handelt, die wegen ihrer nachteiligen Wirkung auf die Umgebung im Außenbereich ausgeführt werden sollen. Das BauGB geht allerdings davon aus, dass das nur für kleinere dieser Anlagen gilt. Größere dieser Anlagen sind nicht privilegiert. Will die Gemeinde eine größere Anlage zur Massentierhaltung planungsrechtlich ermöglichen, muss sie also einen entsprechenden Bauleitplan aufstellen, in dem die kollidierenden Interessen abgewogen werden können (sog. **Planvorbehalt**).
Als Kriterium dafür, ob eine Anlage größer ist, verweist § 35 I Nr. 4 BauGB darauf, ob die Anlage einem der verschiedenen Prüfverfahren nach dem UVPG unterfällt. Näheres dazu lässt sich der Ziff. 7 der Anlage 1 zum UVPG entnehmen. Ziff. 7.1 zeigt beispielsweise, dass die Errichtung und der Betrieb einer Anlage zur Intensivhaltung von Hennen erst ab 15.000 Plätzen relevant im Sinne des UVPG ist. Anlagen mit weniger Hennenplätzen sind also nach § 35 I Nr. 4 BauGB privilegiert.

293

§ 35 I Nr. 5 bis 8 BauGB enthalten schließlich Privilegierungstatbestände für Anlagen der Wind- und Wasserenergie, der energetischen Nutzung von Biomasse, der Erforschung, Entwicklung und Nutzung der Kernenergie oder der Entsorgung radioaktiver Abfälle sowie der Nutzung solarer Strahlungsenergie. Alle Vorhaben, die nicht in § 35 I Nr. 1 bis 8 BauGB genannt sind, sind **sonstige Vorhaben** i.S.d. § 35 II BauGB. Zu ihnen zählen insbesondere Wohnhäuser außerhalb von landwirtschaftlichen Betrieben.

294

cc) Zulässigkeitsvoraussetzungen

Liegt ein Vorhaben i.S.d. § 29 I BauGB im Außenbereich, dann ist unabhängig von seiner Qualifikation als privilegiertes oder sonstiges Vorhaben bei der Prüfung seiner bauplanungsrechtlichen Zulässigkeit zunächst festzustellen, ob ein **einfacher Bebauungsplan** besteht. Ist das der Fall, dann darf – sofern keine Ausnahme oder Befreiung nach § 31 I, II BauGB erteilt wird (dazu → Rn. 251 ff.) – das Vorhaben den Festsetzungen dieses Plans nicht widersprechen. Im Übrigen, also soweit keine Festsetzungen vorhanden sind, bestimmt sich die Zulässigkeit des Vorhabens gem. § 30 III BauGB nach § 35 BauGB.

295

Dabei setzen sowohl § 35 I BauGB als auch § 35 II BauGB voraus, dass die **Erschließung** gesichert ist (→ Rn. 244). Ist ein Vorhaben raumbedeutsam, d.h. sind von ihm wegen seiner Größe oder wegen etwaiger Emissionen Auswirkungen zu erwarten, die über den Nahbereich hinausgehen, dann darf das Vorhaben nach § 35 III 2 HS 1 BauGB den im Landesentwicklungsplan oder im Regionalplan enthaltenen **Zielen der Raumordnung** (→ Rn. 95) nicht widersprechen. Auch das gilt gleichermaßen für privilegierte und für sonstige Vorhaben. Ist – das trifft auf die meisten Vorhaben zu

296

---

[224] Dazu BVerwGE 34, 1, 2 f.; 48, 109, 112.
[225] BVerwGE 18, 247, 252; 48, 109, 115.

– ein Vorhaben nicht im beschriebenen Sinne raumbedeutsam, dann greift § 35 III 2 HS 1 BauGB nicht. Bei Vorhaben nach § 35 I Nr. 2 bis 6 BauGB muss der Bauherr zudem eine **Verpflichtungserklärung** nach § 35 V 2 BauGB abgeben, das Vorhaben nach dauerhafter Aufgabe der zulässigen Nutzung zurückzubauen und Bodenversiegelungen zu beseitigen. Außerdem ist gem. § 36 I 1 BauGB für alle Vorhaben im Außenbereich das gemeindliche **Einvernehmen** erforderlich (→ Rn. 256 ff.).

297 Liegen diese Voraussetzungen vor, hängt die Zulässigkeit sowohl von privilegierten als auch von sonstigen Vorhaben von ihrem Verhältnis zu gegenläufigen **öffentlichen Interessen** im Einzelfall ab. § 35 I BauGB bestimmt, dass privilegierten Vorhaben „öffentliche Belange nicht entgegenstehen" dürfen, und § 35 II BauGB macht die Zulässigkeit sonstiger Vorhaben davon abhängig, dass „öffentliche Belange nicht beeinträchtigt" sind.

298 Welche Belange das sein können, listet **§ 35 III 1 BauGB** beispielhaft („insbesondere") auf. Besonders relevant sind der Widerspruch des Außenbereichsvorhabens zu Darstellungen des **Flächennutzungsplans** (§ 35 III 1 Nr. 1 BauGB) oder zu Darstellungen von Landschafts- oder anderen umweltrechtlichen **Fachplänen** (§ 35 III 1 Nr. 2 BauGB) sowie das Hervorrufen von **schädlichen Umwelteinwirkungen** (§ 35 III 1 Nr. 3 BauGB). Schädliche Umwelteinwirkungen sind nach § 3 I BImSchG Immissionen, die nach Art, Ausmaß oder Dauer geeignet sind, Gefahren, erhebliche Nachteile oder erhebliche Belästigungen für die Allgemeinheit oder die Nachbarschaft herbeizuführen. Sie werden für den Bereich des Immissionsschutzrechts durch Grenzwerte in untergesetzlichen Regelwerken konkretisiert. Es ist davon auszugehen, dass § 35 III 1 Nr. 3 BauGB dem Begriffsverständnis des BImSchG folgt, so dass die Zulässigkeit eines Vorhabens im Außenbereich unter dem Gesichtspunkt des § 35 III 1 Nr. 3 BauGB Probleme macht, wenn das Vorhaben immissionsschutzrechtlich unzulässig wäre.

299 **Hinweis:** Zur Ausfüllung der immissionsschutzrechtlichen Begriffe kann in diesem Rahmen auch auf die normkonkretisierenden Verwaltungsvorschriften der TA Luft und der TA Lärm zurückgegriffen werden. Hinzuweisen ist zudem auf § 22 Ia BImSchG (zu beidem schon → Rn. 250).

300 Besonderer Erwähnung bedarf auch der in § 35 III 1 Nr. 7 BauGB genannte Belang der Entstehung, Verfestigung oder Erweiterung einer **Splittersiedlung**. Eine Splittersiedlung ist eine planlose, unorganisierte Bebauung, die nicht die Merkmale eines im Zusammenhang bebauten Ortsteils aufweist (→ Rn. 265 ff.). Dieser Belang kann auch schon durch die Errichtung eines ersten Gebäudes an einer bestimmten Stelle betroffen sein. Ein vom Gesetz nicht ausdrücklich benannter Belang ist das sog. **Erfordernis einer förmlichen Planung**. Es liegt vor, wenn ein Außenbereichsvorhaben einen so hohen Koordinierungsbedarf auslöst, dass die mit ihm entstehenden Konflikte einer Abwägung im Rahmen eines förmlichen Bebauungsplanverfahrens bedürfen.[226]

301 Steht fest, dass ein Vorhaben im Außenbereich einen oder mehrere öffentliche Belange berührt, sind der Nutzen und die Zwecke des Vorhabens einerseits und die berührten Belange andererseits gegenüberzustellen, und es ist jeweils zu bewerten, ob das Vorhaben errichtet werden kann. Bei der Gewichtung der sich gegenüberstehenden Belange ist zwischen privilegierten und sonstigen Vorhaben zu differenzieren. § 35 I BauGB untersagt ein Vorhaben nur dann, wenn ein öffentlicher Belang dem Vorhaben **entgegensteht**. Das bringt sprachlich zum Ausdruck, dass ein bloßes Betroffensein eines öffentlichen Belangs nicht ausreicht, um ein privilegiertes Vorhaben bauplanungs-

---

[226] BVerwGE 117, 25, 34 f.

C. Die Zulässigkeit von Vorhaben   337

rechtlich zu untersagen, weil privilegierte Vorhaben nach der Vorstellung des BauGB gerade vorzugsweise wegen ihrer Nichtrealisierbarkeit in anderen Gebieten (→ Rn. 284) im Außenbereich durchgeführt werden sollen. Ein privilegiertes Vorhaben wird sich wegen seiner grundsätzlichen Erwünschtheit im Außenbereich also häufig gegenüber den betroffenen öffentlichen Belangen, die dann **nicht entgegenstehen**, durchsetzen können. Es muss insoweit eine Abwägung vorgenommen werden.

Demgegenüber sind sonstige Vorhaben im Außenbereich grundsätzlich unerwünscht **302** und **können** nach § 35 II BauGB nur im Einzelfall zugelassen werden. Ein sonstiges Vorhaben ist daher bereits dann zu untersagen, sobald es öffentliche Belange **beeinträchtigt**. Nur in dem seltenen Fall, dass ein sonstiges Vorhaben keinen öffentlichen Belang beeinträchtigt, ist es – trotz des Wortes – nach § 35 II BauGB zuzulassen.[227]

Grundsätzlich obliegt die Entscheidung, ob öffentliche Belange einem privilegierten **303** Vorhaben entgegenstehen oder ob ein sonstiges Vorhaben öffentliche Belange beeinträchtigt, dem jeweiligen Rechtsanwender. Das ist in der Regel die Baurechtsbehörde (→ Rn. 255, 361), deren Entscheidungen der **verwaltungsgerichtlichen Kontrolle** unterliegen.[228] Allerdings trifft das Gesetz einige weitere Vorentscheidungen für die vorzunehmende Bewertung.

Im Hinblick auf **privilegierte Vorhaben**, die raumbedeutsam sind, oder anders ge- **304** sagt: bei denen wegen ihrer Größe oder wegen zu erwartender Emissionen Auswirkungen zu erwarten sind, die über den Nahbereich hinausgehen, bestimmt § 35 III 2 HS 2 BauGB, dass ihnen öffentliche Belange **nicht entgegenstehen,** soweit diese Belange bei der Darstellung der Vorhaben als Ziele der Raumordnung bereits abgewogen wurden. Trifft etwa ein Regionalplan im Wege eines Ziels der Raumordnung eine Standortentscheidung für einen Windpark und werden bei der Aufstellung des Regionalplans beispielsweise schon alle Belange des Naturschutzes abschließend und vollständig abgewogen, dann kann gem. 35 III 2 HS 2 BauGB später der bauplanungsrechtlichen Zulässigkeit dieses Windparks, der nach § 35 I Nr. 5 BauGB privilegiert ist, nicht entgegengehalten werden, dass ihm Belange des Naturschutzes i.S.d. § 35 III 1 Nr. 3 BauGB nach § 35 I BauGB entgegenstehen.

Umgekehrt geht § 35 III 3 BauGB davon aus, dass privilegierten Vorhaben nach **305** § 35 I Nr. 2 bis 6 BauGB öffentliche Belange **in der Regel entgegenstehen**, wenn für solche Vorhaben durch Darstellungen im Flächennutzungsplan oder durch Ziele der Raumordnung eine Ausweisung an anderer Stelle erfolgt ist. Beabsichtigt also jemand die Errichtung eines Windparks an einer bestimmten Stelle im Gemeindegebiet und sieht eine Darstellung im Flächennutzungsplan vor, dass Windparks im Gemeindegebiet nur auf einer anderen Fläche angesiedelt werden sollen (sog. **Konzentrationsflächen**), so sind diese vorangehenden Planungsentscheidungen ein öffentlicher Belang, der nach § 35 III 3 BauGB der bauplanungsrechtlichen Zulässigkeit eines Windparks an anderer Stelle i.S.d. § 35 I BauGB in der Regel entgegensteht.

Hinweis: Windparks und Windenergieanlagen sind in der Praxis der Hauptanwendungsfall **306** für die Ausweisung von Konzentrationsflächen. Für sie kann – das ist eine landesrechtliche Besonderheit in Baden-Württemberg – im Regionalplan nach § 11 VII 1 LplG keine Konzentrationsfläche ausgewiesen werden. Konzentrationsflächen finden sich dementsprechend nur in Flächennutzungsplänen. Konzentrationsflächen können aber auch für andere Nutzungen ausgewiesen werden, so z.B. für den Kiesabbau[229] oder für Biogasanlagen.

---

[227] BVerwGE 18, 247, 250 f.
[228] BVerwGE 115, 17, 24.
[229] Vgl. BVerwGE 77, 300 ff.

307 Auch im Hinblick auf **sonstige Vorhaben** trifft das BauGB Vorentscheidungen für die von der Behörde vorzunehmende Bewertung, ob ein Vorhaben im Einzelfall öffentliche Belange beeinträchtigt. **§ 35 IV 1, 2 BauGB** greift aus der Fülle sonstiger Vorhaben bestimmte Typen heraus und bestimmt, dass ihnen nicht entgegengehalten werden kann, dass sie Darstellungen des Flächennutzungsplans oder eines Landschaftsplans widersprechen, die natürliche Eigenart der Landschaft beeinträchtigen oder die Entstehung, Verfestigung oder Erweiterung einer Splittersiedlung befürchten lassen, soweit sie im Übrigen außenbereichsverträglich sind, also keine anderen öffentlichen Belange beeinträchtigen. Das Gesetz reduziert hier den Katalog an öffentlichen Belangen, die den aufgelisteten Vorhaben entgegengehalten werden können mit der Folge, dass diese Vorhaben einfacher als die übrigen sonstigen Vorhaben bauplanungsrechtlich zulässig sind. Sie werden daher auch **teilprivilegierte Vorhaben** genannt.

308 § 35 IV 1 Nr. 1 BauGB betrifft z.B. den Fall, dass eine ursprünglich wegen ihrer **landwirtschaftlichen Nutzung** nach § 35 I Nr. 1 BauGB privilegierte Scheune zu Wohnungen umgebaut und umgenutzt werden soll, weil der landwirtschaftliche Betrieb aufgegeben wird. Lässt der Flächennutzungsplan die angestrebte Wohnnutzung nicht zu, wäre sie grundsätzlich nach § 35 II, III 1 Nr. 1 BauGB unzulässig, weil ein Widerspruch eines Vorhabens zu den Darstellungen des Flächennutzungsplans regelmäßig so zu bewerten ist, dass das Vorhaben einen öffentlichen Belang beeinträchtigt. Möglicherweise wäre zugleich auch das Entstehen einer Splittersiedlung zu befürchten, so dass das Vorhaben u. U. auch den öffentlichen Belang des § 35 III 1 Nr. 7 BauGB beeinträchtigt. Unter den genau bestimmten Voraussetzungen des § 35 IV 1 BauGB können diese Belange jedoch dem geschilderten teilprivilegierten Vorhaben nicht entgegengehalten werden. In ähnlicher Weise erleichtern § 35 IV 1 Nr. 2–6, 2 BauGB die bauplanungsrechtliche Zulässigkeit näher bestimmter Ersatz- und Erweiterungsbauten.

309 **Beachte:** Eine Voraussetzung dafür, dass ein ursprünglich wegen landwirtschaftlicher Nutzung privilegiertes Gebäude unter den erleichterten Bedingungen des § 35 IV 1 Nr. 1 BauGB umgenutzt werden kann, ist nach § 35 IV 1 Nr. 1c) BauGB, dass die Aufgabe der bisherigen Nutzung nicht länger als sieben Jahre zurückliegt. Diese Frist ist in Baden-Württemberg aber gem. § 1 AGBauGB[230] i. V. m. § 245b II BauGB nicht anzuwenden.

310 Auch § 35 VI 1, 2 BauGB kann zu einer Teilprivilegierung näher bestimmter sonstiger Vorhaben führen, die – wie bei der Teilprivilegierung nach § 35 IV 1 BauGB – darauf zurückzuführen ist, dass diesen Vorhaben bestimmte öffentliche Belange nicht entgegengehalten werden können. Anders als im Falle des § 35 IV 1 BauGB tritt diese Begünstigung aber nicht kraft Gesetzes sondern nur dann ein, wenn die Gemeinde das durch Satzung (sog. **Außenbereichssatzung**) bestimmt.

311 § 35 VI BauGB stellt in Rechnung, dass es auch im Außenbereich bebaute Flächen gibt. Es kann der planerischen Konzeption der Gemeinde entsprechen, dort zusätzliche Bauwerke zuzulassen, ohne dass bereits die Aufstellung eines Bebauungsplans i. S. d. § 1 III 1 BauGB erforderlich ist. § 35 VI 1 BauGB ermöglicht es daher den Gemeinden, nach Maßgabe von § 35 VI 4–6 BauGB für bebaute Bereiche im Außenbereich, die nicht überwiegend landwirtschaftlich geprägt sind und in denen eine Wohnbebauung von einigem Gewicht vorhanden ist, durch Satzung zu bestimmen, dass Wohnzwecken dienenden sonstigen Vorhaben nicht entgegengehalten werden kann, dass sie einer Darstellung im Flächennutzungsplan über Flächen für die Landwirtschaft oder Wald widersprechen oder die Entstehung oder Verfestigung einer Splittersiedlung befürchten

---

[230] G. v. 23.6.2009, GBl. S. 251.

C. Die Zulässigkeit von Vorhaben

lassen. Gem. § 35 VI 2 BauGB kann die Satzung auch auf Vorhaben erstreckt werden, die kleineren Handwerks- oder Gewerbebetrieben dienen.

e) Zulässigkeit von Vorhaben aufgrund ungeschriebenen Bestandsschutzes?

Die Beurteilung, ob ein Vorhaben bauplanungsrechtlich zulässig ist, kann sich im Laufe der Zeit ändern. So kann beispielsweise in beplanten Gebieten der Bebauungsplan geändert oder in unbeplanten Gebieten erstmals ein Bebauungsplan aufgestellt werden. Auch kann der Gesetzgeber die §§ 34, 35 BauGB modifizieren. Das kann jeweils dazu führen, dass ein ursprünglich bauplanungsrechtlich zulässiges Vorhaben bei Zugrundelegung der neuen Norm unzulässig wäre. Liegt ein Vorhaben im Bereich des § 34 BauGB, ist es auch denkbar, dass sich bei unveränderter Rechtslage die nähere Umgebung eines ursprünglich zulässigen Vorhabens nach und nach so ändert, dass sich das Vorhaben bei späterer Betrachtung nicht mehr in die veränderte Umgebung einfügt und dementsprechend zu diesem Zeitpunkt nicht mehr zugelassen würde. 312

Das Bauordnungsrecht hat Instrumentarien, gegen baurechtswidrige Vorhaben einzuschreiten (→ Rn. 415 ff.). Man könnte daher erwägen, ob in den genannten Konstellationen das ursprünglich rechtmäßige Vorhaben später rechtswidrig wird mit der Folge, dass ggf. sogar sein Abriss angeordnet werden könnte. Allerdings ist zu bedenken, dass eine nach der einfachgesetzlichen Rechtslage rechtmäßig errichtete bauliche Anlage durch Art. 14 I GG grundrechtlich geschützt ist (vgl. → Rn. 23). Das gilt erst recht, wenn sie genehmigt ist. Es wäre unverhältnismäßig, wenn später gegen diese Anlage allein wegen einer Änderung der Rechtslage oder der tatsächlichen Verhältnisse vorgegangen werden könnte. Es besteht daher Einigkeit darüber, dass eine solche Anlage sog. **passiven Bestandsschutz**[231] genießt, oder anders gesagt: Sie ist weiterhin eine rechtmäßig errichtete und genutzte Anlage. 313

Der Ablauf von Zeit kann zu noch **weitergehenden Problemlagen** führen. So können z.B. bauliche Maßnahmen zur Erhaltung und zeitgemäßen Nutzung einer rechtmäßig errichteten baulichen Anlage erforderlich werden, die bauplanungsrechtlich unzulässig sind. Möglich ist auch, dass eine rechtmäßig errichtete Anlage zur Wahrung ihrer Funktionsfähigkeit des Anbaus beispielsweise eines Fahrstuhls bedarf, der unzulässig ist, oder dass im Außenbereich ein Gebäude in seiner Nutzung geändert werden soll, weil es der alten Nutzung nicht mehr bedarf, und damit seine Privilegierung verliert. Letzteres ist vor allem ein Problem bei der Aufgabe von landwirtschaftlichen Betrieben mit umnutzbarem Gebäudebestand. Schwierigkeiten entstehen schließlich, wenn ein rechtmäßig errichtetes Haus abbrennt oder anderweitig zerstört wird und danach wieder errichtet werden soll, dem aber ein inzwischen geändertes Planungsrecht entgegensteht. In derartigen Fällen stellt sich die Frage, ob es außergesetzliche, **ungeschriebene bauplanungsrechtliche Zulässigkeitstatbestände** gibt. Sie könnten sich u.U. auf Art. 14 I GG zurückführen lassen, weil man sagen könnte, dass die in den vorangehenden Beispielen genannten Maßnahmen im weitesten Sinne der Erhaltung von grundrechtlich gesichertem Eigentum dienen. 314

Früher ging insbesondere die Rechtsprechung von der Existenz derartiger ungeschriebener, in Art. 14 I GG wurzelnder Zulässigkeitstatbestände aus. Bauliche Maßnahmen zur Erhaltung und zeitgemäßen Nutzung einer rechtmäßig errichteten baulichen Anlage waren danach auch dann zulässig, wenn sie im Widerspruch zum einfachgesetzlichen Planungsrecht standen.[232] In dieser Fallgestaltung sprach man von 315

---

[231] BVerwGE 72, 262, 263.
[232] BVerwGE 72, 362, 363.

aktivem Bestandsschutz. Waren zur Aufrechterhaltung der Funktionsfähigkeit einer rechtmäßig errichteten baulichen Anlage Änderungen, Erweiterungen oder Nutzungsänderungen erforderlich, konnten sie unter Rückgriff auf den sog. **überwirkenden Bestandsschutz** auch entgegen dem geltenden einfachgesetzlichen Planungsrecht bauplanungsrechtlich zulässig sein.[233] Wurde eine rechtmäßig errichtete Anlage zerstört und stand der Wiedererrichtung eine geänderte planungsrechtliche Rechtslage entgegen, wurde die Zulässigkeit des Neubaus unter Rückgriff auf die Rechtsfigur der **eigentumskräftig verfestigten Anspruchsposition** gelöst.[234]

316 Später gab das BVerwG diese Rechtsprechung auf.[235] Zur Begründung führte das Gericht an, es sei Aufgabe des einfachen Gesetzgebers, die fraglichen Fallgestaltungen verfassungskonform und insbesondere verhältnismäßig zu regeln. Sollte eine gesetzliche Regelung insoweit Defizite aufweisen, sei es den Fachgerichten verwehrt, unmittelbar unter Rückgriff auf Art. 14 I GG Ansprüche auf Bebauung zuzusprechen. Vielmehr seien bei Zweifeln an der Verfassungsmäßigkeit der planungsrechtlichen Zulässigkeitstatbestände die entsprechenden Normen dem Bundesverfassungsgericht nach Art. 100 I GG vorzulegen.[236]

317 Folgt man dem und prüft man, ob die einfachgesetzlichen Zulassungstatbestände die geschilderten Fallgruppen verfassungskonform regeln, stellt man fest, dass § 35 IV BauGB (→ Rn. 308) für den Außenbereich die Bestandsschutzproblematik aufgreift und differenziert regelt. Die Regelung dürfte verfassungskonform sein.[237] Treten Bestandsschutzprobleme im qualifiziert oder vorhabenbezogen beplanten Bereich auf, wird es in der Regel möglich sein, den Anforderungen des Art. 14 I GG durch die Erteilung von Ausnahmen und Befreiungen nach § 31 BauGB (→ Rn. 251 ff.) zu entsprechen. Außerdem gewährt ggf. das Planschadensrecht Entschädigungsansprüche (→ Rn. 193 ff.). Auch das dürfte im Hinblick auf Art. 14 I GG ausreichen.[238] Schwieriger war es längere Zeit im nicht qualifiziert beplanten Innenbereich. Einer Vorgängerversion des § 34 BauGB hat das BVerwG Verfassungskonformität bescheinigt.[239] Sie enthielt Regelungen, die Bestandsschutz in einer ähnlichen Qualität gewährten wie § 35 IV BauGB für den Außenbereich. Diese Regelungen sind später teilweise entfallen, wurden aber im Jahre 2007 durch eine Ergänzung von § 34 IIIa BauGB wieder im BauGB verankert und im Jahre 2013 noch erweitert. Daher dürfte seither die einfachgesetzliche Rechtslage auch für den Innenbereich verfassungskonform sein.[240]

318 Kommt es in einer Klausur auf die **bauplanungsrechtliche Zulässigkeit eines Vorhabens** an, bietet sich die nachfolgend vorgeschlagene **Prüfungsreihenfolge** an. Dabei ist es zwingend erforderlich, zunächst die Anwendbarkeit der §§ 30 ff. BauGB und innerhalb der Zulässigkeitstatbestände zunächst § 30 I und § 30 II BauGB zu prüfen. Kommt man zu §§ 34, 35 BauGB, ist es wiederum zwingend, zunächst den Anwendungsbereich der jeweiligen Norm zu prüfen. Innerhalb der einzelnen Zulässig-

---

[233] BVerwGE 72, 362, 364 f.
[234] BVerwGE 47, 126, 131.
[235] BVerwGE 85, 289, 294: Aufgabe des Anspruchs aus eigentumskräftiger Anspruchsposition; BVerwGE 106, 228, 233 ff. m. Nachw.: endgültige Aufgabe von Ansprüchen aus Bestandsschutz.
[236] BVerwGE 106, 228, 235.
[237] Vgl. BVerwGE 120, 130, 137.
[238] BVerwGE 85, 289, 294.
[239] BVerwGE 84, 322, 334.
[240] Vgl. z. B. *Hellermann*, in: Dietlein/Burgi/Hellermann, Öffentliches Recht in Nordrhein-Westfalen, 7. Aufl. 2019, § 4 Rn. 181. Vgl. zum Problem z. B. *Kersten*, in: Schoch, Besonderes Verwaltungsrecht, 3. Kap. Rn. 377 ff.

C. Die Zulässigkeit von Vorhaben 341

keitstatbestände kann auch eine andere Prüfungsreihenfolge gewählt werden. Unproblematisches wie z. B. IV. 3.–IV. 5. kann entfallen.

I. Anwendungsbereich der §§ 29 ff. BauGB
1. Vorhaben i.S.d. § 29 I BauGB
   in der Klausur: insbes. Errichtung, Änderung oder Nutzungsänderung einer baulichen Anlage
2. kein Fall des § 38 BauGB

II. Zulässigkeit des Vorhabens nach § 30 I BauGB
1. Anwendungsbereich
   → Vorliegen eines wirksamen qualifizierten Bebauungsplans
      → ggf. inzidente Prüfung der Wirksamkeit eines solchen Bebauungsplans
      → Schema Rn. 178
   → *bei fehlendem Anwendungsbereich des § 30 I BauGB: weiter bei III.*
2. gesicherte Erschließung, § 30 I BauGB
3. kein Widerspruch gegen Festsetzungen des Plans, § 30 I BauGB
   a) kein Widerspruch gegen Festsetzungen zur Art der baulichen Nutzung
      aa) Vereinbarkeit mit den gem. § 1 III 2 BauNVO zum Planbestandteil gewordenen Bestimmungen der BauNVO
      bb) ggf. Ausnahmen und Befreiungen von diesen Festsetzungen
      cc) Gebietsverträglichkeit
      dd) § 15 I BauNVO
   b) kein Widerspruch gegen sonstige Festsetzungen, ggf. Ausnahmen und Befreiungen von diesen Festsetzungen
4. ggf. gemeindliches Einvernehmen, § 36 I 1 BauGB

III. Zulässigkeit des Vorhabens nach § 30 II BauGB
1. Anwendungsbereich
   → Vorliegen eines wirksamen vorhabenbezogenen Bebauungsplans
      → ggf. inzidente Prüfung der Wirksamkeit eines solchen Bebauungsplans
   → *bei fehlendem Anwendungsbereich des § 30 II BauGB: weiter bei IV.*
2. gesicherte Erschließung, § 30 II BauGB
3. kein Widerspruch gegen den Inhalt des Plans, § 30 II BauGB
   → besteht der Inhalt aus Festsetzungen, erfolgt die Prüfung wie beim qualifizierten Bebauungsplan

IV. Zulässigkeit des Vorhabens nach § 34 BauGB
1. Anwendungsbereich
   a) kein qualifizierter oder vorhabenbezogener Bebauungsplan
   b) innerhalb eines im Zusammenhang bebauten Ortsteils
      → ggf. unter Berücksichtigung von Satzungen nach § 34 IV 1 BauGB
         → ggf. inzidente Prüfung der Wirksamkeit einer solchen Satzung
      → *bei fehlendem Anwendungsbereich des § 34 BauGB: weiter bei V.*
2. gesicherte Erschließung, § 34 I 1 BauGB
3. Wahrung der Anforderungen an gesunde Wohn- und Arbeitsverhältnisse und keine Beeinträchtigung des Ortsbildes, § 34 I 2 BauGB
4. keine schädlichen Auswirkungen auf zentrale Versorgungsbereiche, § 34 III BauGB
5. bei Vorliegen eines einfachen Bebauungsplans: kein Verstoß gegen Festsetzungen, § 30 III BauGB

→ ggf. inzidente Prüfung der Wirksamkeit eines solchen Plans
→ Schema Rn. 178
6. im Übrigen: Einfügen in die Eigenart der näheren Umgebung, § 34 I 1 BauGB
   a) Eigenart der näheren Umgebung
   b) Einfügen nach der Art der baulichen Nutzung
      aa) Einfügen nach § 34 II BauGB
         (1) Eigenart der näheren Umgebung entspricht einem Baugebiet der BauNVO
         (2) Vereinbarkeit mit den §§ 2 ff. BauNVO
         (3) ggf. Ausnahmen und Befreiungen von diesen Bestimmungen
         (4) Gebietsverträglichkeit
         (5) § 15 BauNVO
         → *entspricht die Eigenart der näheren Umgebung keinem Baugebiet der BauNVO:*
      bb) Einfügen nach § 34 I 1 BauGB
   c) Einfügen nach dem Maß der baulichen Nutzung, der Bauweise und der überbaubaren Grundstücksfläche nach § 34 I 1 BauGB
7. Entbehrlichkeit des Einfügens nach §§ 34 IIIa BauGB
8. gemeindliches Einvernehmen, § 36 I 1 BauGB

V. Zulässigkeit des Vorhabens nach § 35 I BauGB
1. Anwendungsbereich
   a) kein qualifizierter oder vorhabenbezogener Bebauungsplan
   b) außerhalb eines im Zusammenhang bebauten Ortsteils
2. gesicherte Erschließung, § 35 I BauGB
3. Schonungsgebot, § 35 V 1 BauGB, und Rückbauverpflichtung, § 35 V 2 BauGB
4. bei raumbedeutsamen Vorhaben: kein Widerspruch zu Zielen der Raumordnung, § 35 III 2 HS 1 BauGB
5. privilegiertes Vorhaben, § 35 I Nr. 1–8 BauGB
   → *beim Fehlen eines privilegierten Vorhabens: weiter mit VI.*
6. kein Entgegenstehen öffentlicher Belange i. S. d § 35 III 1 BauGB
   → Beachtung der Wertungen des § 35 III 2 HS 2 BauGB
   → Beachtung der Wertungen des § 35 III 3 BauGB
7. gemeindliches Einvernehmen, § 36 I 1 BauGB

VI. Zulässigkeit des Vorhabens nach § 35 II BauGB
1. Anwendungsbereich
   a) kein qualifizierter oder vorhabenbezogener Bebauungsplan
   b) außerhalb eines im Zusammenhang bebauten Ortsteils
2. gesicherte Erschließung, § 35 I BauGB
3. Schonungsgebot, § 35 V 1 BauGB, und ggf. Rückbauverpflichtung, § 35 V 2 BauGB
4. bei raumbedeutsamen Vorhaben: kein Widerspruch zu Zielen der Raumordnung, § 35 III 2 HS 1 BauGB
5. sonstiges Vorhaben, § 35 II BauGB
6. keine Beeinträchtigung öffentlicher Belange i. S. d. § 35 III 1 BauGB
   → Beachtung der Festlegungen in § 35 IV BauGB
   → Beachtung der Festlegungen in § 35 VI BauGB bei Bestehen einer entsprechenden Satzung

C. Die Zulässigkeit von Vorhaben   343

    → ggf. inzidente Prüfung der Wirksamkeit einer solchen Satzung
  7. gemeindliches Einvernehmen, § 36 I 1 BauGB
    → *bei fehlender Zulässigkeit nach §§ 30 I, II, 34, 35 I, 35 II BauGB:*
VII. Zulässigkeit nach §§ 33, 37 BauGB

f) Vertiefungshinweise

Literatur: 319

Allgemein zur bauplanungsrechtlichen Zulässigkeit von Vorhaben: *Dolderer,* Die Zulässigkeit von Bauvorhaben, Jura 2004, 752 ff.; *Hebeler,* Bauplanungsrechtliche Ausnahmen und Befreiungen gem. § 31 BauGB, JA 2015, 401 ff.; *Scheidler,* Ausnahmen und Befreiungen von den Festsetzungen eines Bebauungsplans, UPR 2015, 281 ff.; *ders.,* Der Einstieg in die bauplanungsrechtliche Prüfung – eine Betrachtung des § 29 BauGB, ZfBR 2016, 116 ff.

Zur Zulässigkeit von Vorhaben im Geltungsbereich eines qualifizierten Bebauungsplans: *Hartmann/Sendt,* Fortgeschrittenenklausur – Öffentliches Recht: Baurecht – Tante Emmas Laden, JuS 2012, 917 ff. (Falllösung); *Hebeler,* Bauplanungsrechtliche Ausnahmen und Befreiungen gem. § 31 BauGB, JA 2015, 401 ff.; *Hebeler/Huhle,* Wohnungsprostitution, JA 2018, 687 ff. (Falllösung); *Hecker,* „Der Tannenbaumverkauf", JA 2012, 521 ff. (Falllösung); *Kaiser/Städele,* Die ungeliebte Asylunterkunft, Jura 2017, 95 ff. (Falllösung); *Sademach,* „Die Berufsbildungsstätte im allgemeinen Wohngebiet", JA 2013, 518 ff. (Falllösung); *Schulte/Wittrahm,* Zwei Moscheen sind eine zuviel!, JA 2018, 605 ff. (Falllösung); *Stark,* Das Kreiswehrersatzamt als Unterkunft für Flüchtlinge und Asylbegehrende, Jura 2017, 645 ff. (Falllösung); *Stollmann,* Bauplanungsrechtliche Zulässigkeit nach den §§ 30 Abs. 1, 31, 33 BauGB, VR 2002, 361 ff.

Zur Zulässigkeit von Vorhaben während der Planaufstellung: *Scheidler,* Die Zulässigkeit von Bauvorhaben während der Planaufstellung gemäß § 33 BauGB, VBlBW 2017, 317 ff.

Zur Zulässigkeit von Vorhaben im Innenbereich: *Decker,* Die Begriffe des Ortsteils und des Bebauungszusammenhangs in § 34 I BauGB, JA 2000, 60 ff.; *Krüper/Herbolsheimer,* § 34 BauGB verstehen und anwenden, Jura 2017, 286 ff., 532 ff.; *Scheidler,* Der im Zusammenhang bebaute Ortsteil im Sinne von § 34 BauGB, ZfBR 2017, 750 ff.

Zur Zulässigkeit von Vorhaben im Außenbereich: *Decker,* Darstellungen im Flächennutzungsplan als öffentlicher Belang bei privilegierten und sonstigen Vorhaben nach § 35 I, II BauGB, JA 2015, 1 ff.; *Edenharter,* Bauen im Außenbereich nach § 35 BauGB, Jura 2017, 1049 ff.; *Gerbig,* Referendarexamensklausur – Öffentliches Recht: Bauplanungsrecht – Geflügelmast im Außenbereich, JuS 2009, 836 ff. (Falllösung); *Janson/Schultes,* Der Funkmast im Außenbereich, JuS 2016, 618 ff. (Falllösung); *Preuß,* „Genehmigung einer Biogasanlage", JA 2013, 42 ff. (Falllösung); *Rosin,* Planen und Bauen im Außenbereich: Zulässigkeit – und Steuerung – von Vorhaben im Außenbereich, DVBl. 2019, 951 ff.; *Scheidler,* Die bauplanungsrechtliche Hürde der öffentlichen Belange für das Bauen im Außenbereich, BauR 2019, 190 ff.; *Stollmann,* Bauplanungsrechtliche Zulässigkeit von Vorhaben nach § 35 BauGB, JuS 2003, 855 ff.; *Zimmermann,* Inside out, outside in? – Eine „Außenbereichsinsel" im Innenbereich, Jura 2013, 833 ff. (Falllösung).

Zur Zulässigkeit von atypischen Vorhaben: *Spitzlei,* Die planungsrechtliche Zulässigkeit von Packstationen, BauR 2018, 1064 ff.; *Reidt,* Bauplanungsrechtliche Anforderungen an die Ladeinfrastruktur für Elektrofahrzeuge, BauR 2019, 33 ff.

Zum grundrechtlichen Bestandsschutz: *Schmidt,* „Zu viele Pläne verderben den Brei", JA 2012, 838 ff. (Falllösung); *Wehr,* Materieller und formeller Bestandsschutz im Baurecht, Die Verwaltung 38 (2005), 65 ff.

Rechtsprechung: BVerwGE 44, 59 ff. – bauliche Anlage; BVerwGE 121, 339 ff. – Einvernehmen; BVerwGE 85, 322 ff. – Einfügen in die Eigenart der näheren Umgebung; BVerwGE 18, 247 ff. – gebundene Entscheidung nach § 35 II BauGB; BVerwGE 117, 25 ff. – ungeschriebener Belang des Planerfordernisses; BVerwGE 85, 289 ff. – Aufgabe des Anspruchs aus eigentumskräftiger Anspruchsposition; BVerwGE 106, 228 ff. – Aufgabe der Ansprüche aus Bestandsschutz.

2. Spezialgesetze im Überblick

320 Anforderungen an Vorhaben können sich auch aus **Spezialgesetzen** ergeben. Von ihnen werden im Folgenden nur einige im Überblick genannt.[241] Einschlägig kann u. a. das **Immissionsschutzrecht** sein. Dieses stellt sowohl Anforderungen an Vorhaben, die einer Genehmigung nach dem BImSchG bedürfen (→ Rn. 357), als auch an solche, die – das betrifft die überwiegende Zahl baulicher Anlagen und damit auch die gängigen Klausurfälle – lediglich den bauordnungsrechtlichen Zulassungsverfahren (→ Rn. 373 ff.) unterliegen.

321 Für Vorhaben, die den bauordnungsrechtlichen Verfahren unterfallen und die zugleich eine Anlage i. S. d. § 3 V BImSchG sind, begründet § 22 I 1, 3 BImSchG sog. **Betreiberpflichten** mit dem Ziel, insbesondere Luftverunreinigungen, Lärm und von Funkanlagen ausgehende nichtionisierende Strahlen zu verhindern oder zu beschränken. Das kann beispielsweise einen Sportplatz, einen Handwerksbetrieb oder einen Kindergarten betreffen, wobei der von Letzterem ausgehende Lärm durch § 22 Ia 1 BImSchG privilegiert wird.

322 Anforderungen an Vorhaben im Außenbereich können auch die Regelungen der §§ 13 ff. BNatSchG über **Eingriffe in Natur und Landschaft** enthalten. Das sind nach § 14 I BNatSchG „Veränderungen der Gestalt oder Nutzung von Grundflächen oder Veränderungen des mit der belebten Bodenschicht in Verbindung stehenden Grundwasserspiegels, die die Leistungs- und Funktionsfähigkeit des Naturhaushalts oder das Landschaftsbild erheblich beeinträchtigen können". Darunter fällt u. a. die Errichtung baulicher Anlagen. Da es wenig Sinn machen würde, wenn ein Bebauungsplan die Möglichkeit der Bebauung einer Fläche wirksam festsetzen könnte, der Bau eines den Festsetzungen entsprechenden Hauses aber später an der naturschutzrechtlichen Eingriffsregelung scheitern würde, bestimmt § 18 II 1 BNatSchG, dass Vorhaben im Geltungsbereich eines Bebauungsplans grundsätzlich (Ausnahme: § 18 II 2 Var. 2 BNatSchG) nicht den naturschutzrechtlichen Regelungen über Eingriffe in Natur und Landschaft unterfallen. Stattdessen sind die Auswirkungen künftiger Nutzungen auf Natur und Landschaft schon bei der Aufstellung von Bauleitplänen zu bedenken (vgl. → Rn. 111 ff.). § 18 II 1 BNatSchG erstreckt diese Ausnahme vom Anwendungsbereich der naturschutzrechtlichen Eingriffsregelung auf Vorhaben, die nach § 33 BauGB während der Planaufstellung zugelassen werden, sowie auf solche im Bereich des § 34 BauGB. Für Vorhaben im Außenbereich ordnet § 18 II 2 BNatSchG aber ausdrücklich an, dass die §§ 14–17 BNatSchG anzuwenden sind.

323 **Beachte:** Das landesrechtliche NatSchG ergänzt das BNatSchG, soweit der Bund durch das BNatSchG nicht abschließend von der konkurrierenden Kompetenz aus Art. 74 I Nr. 29 GG Gebrauch gemacht hat, Art. 72 I GG. Das NatSchG enthält zudem auf der Grundlage des Art. 72 III 1 GG Regelungen, die vom BNatSchG abweichen. § 14 I Nr. 1 NatSchG bestimmt ausdrücklich, dass im Außenbereich die Errichtung oder wesentliche Änderung von baulichen Anlagen und anderen Anlagen und Einrichtungen i. S. d. LBO ein Eingriff in Natur und Landschaft i. S. d. § 14 I BNatSchG sein kann. Das erübrigt eine eigenständige Subsumtion eines solchen Vorhabens im Außenbereich unter § 14 I BNatSchG.

324 Für die Zulässigkeit von Vorhaben können darüber hinaus beispielsweise auch Vorschriften über straßenrechtliche Anbauverbote relevant sein, die bewirken, dass Bauwerke Mindestabstände zu Bundesfernstraßen einhalten müssen, Bestimmungen des Denkmalschutzrechts, des Energieeinsparungsrechts, des Erneuerbare-Wärme-Rechts,

---

[241] Ausführl. *Schlotterbeck*, in: ders. u. a., LBO, § 58 Rn. 63 ff.

C. Die Zulässigkeit von Vorhaben

des Wasserrechts oder sogar des Bestattungsrechts. Hier sieht § 8 I des Gesetzes über das Friedhofs- und Leichenwesen (Bestattungsgesetz) des Landes Baden-Württemberg – BestattG[242] vor, dass Vorhaben in der Regel einen Mindestabstand von 10 Metern zu Friedhöfen wahren müssen.[243]

3. Bauordnungsrecht

a) Funktionen und Rechtsquellen des Bauordnungsrechts

Anforderungen an Vorhaben ergeben sich schließlich aus dem **Bauordnungsrecht**. Das Bauordnungsrecht hat zwei große Regelungsbereiche. Zum einen stellt es **inhaltliche Anforderungen an bauliche Anlagen und deren Nutzung**. Darum geht es im vorliegenden Zusammenhang. Zudem regelt es die **verwaltungsrechtlichen Instrumentarien und Verfahren** zur Durchsetzung der unterschiedlichen rechtlichen Anforderungen an Bauvorhaben. Darum geht es im Anschluss (vgl. schon → Rn. 17, 219 ff., 225 und → Rn. 356 ff.). 325

Das Bauordnungsrecht ist – wie der Name schon sagt – Bestandteil des Ordnungs-, also des Gefahrenabwehrrechts. Das Bauordnungsrecht stellt daher vor allem sicher, dass von konkreten baulichen Anlagen und deren Nutzung keine Gefahren ausgehen (z. B. durch Regelungen zur Standsicherheit oder zum Brandschutz) und dass sie die Nutzung benachbarter Grundstücke nicht beeinträchtigen (z. B. durch Regelungen über einzuhaltende Abstände der Bebauung zur Grundstücksgrenze, sog. Abstandsflächen). Im Laufe der Zeit haben sich die Funktionen des Bauordnungsrechts aber über die klassische **Gefahrenabwehr** hinaus erweitert. Heute sorgt das Bauordnungsrecht auch dafür, dass eine bauliche Anlage bestimmte **soziale Standards** einhält (z. B. durch Regelungen über die Anzahl der erforderlichen Toiletten oder Bäder), dass sie **ökologischen Mindestvorgaben** entspricht (z. B. durch Regelungen über eine geordnete Abwasserentsorgung oder über die Begrünung von Flächen und Gebäuden) und dass sie hinreichend ästhetisch gestaltet ist (sog. **Verunstaltungsverbote**). 326

> **Hinweis:** Vgl. zum Allgemeinen Gefahrenabwehrrecht § 2 dieses Lehrbuchs. Begriffe wie die der Gefahr, der öffentlichen Sicherheit oder der Verantwortlichkeit sind ebenso wie die rechtlichen Regeln dazu im Allgemeinen und im Besonderen Gefahrenabwehrrecht identisch. 327

Da Art. 74 I Nr. 18 GG keine Vollkompetenz für das Baurecht enthält und da auch sonst kein Kompetenztitel des Bundes besteht, liegt die **Gesetzgebungskompetenz** für das Bauordnungsrecht gem. Art. 70 I GG bei den Ländern (vgl. schon → Rn. 16). Um gleichwohl bundeseinheitlich gewisse Mindeststandards zu gewährleisten, haben die Bauminister der Länder eine – rechtlich unverbindliche – **Musterbauordnung** vereinbart. Trotz der Existenz der Musterbauordnung variieren die einzelnen landesrechtlichen Regelungen zum Teil erheblich. Das betrifft vor allem, aber nicht nur, die verfahrensrechtlichen Vorschriften. 328

In Baden-Württemberg ergeben sich die bauordnungsrechtlichen Anforderungen an bauliche Anlagen vor allem aus der **Landesbauordnung** – LBO. Sie wird durch zahlreiche **Rechtsverordnungen** der Landesregierung bzw. des Umweltministeriums und des 329

---

[242] G. v. 21.7.1970, GBl. S. 395, ber. S. 458, zuletzt geändert durch G. v. 1.4.2014, GBl. S. 93.
[243] Ausführl. zu sonstigen Normen, die im Einzelfall zu beachten sind *Schlotterbeck*, in: ders. u. a., LBO, § 58 Rn. 63 ff.; *Dürr/Leven/Speckmaier*, Baurecht Baden-Württemberg, Rn. 252 ff.

Wirtschaftsministeriums, die nach Maßgabe des § 46 I Nr. 1 LBO oberste Baurechtsbehörde sind, ergänzt, für die sich unterschiedliche Ermächtigungsgrundlagen in § 73 LBO finden. § 73a I 1 LBO bestimmt schließlich: „Die Anforderungen nach § 3 Absatz 1 Satz 1 können durch Technische Baubestimmungen konkretisiert werden." Diese Bestimmungen sind nach § 73a V 1 LBO als Verwaltungsvorschrift bekanntzumachen. Sie sind dann als normkonkretisierende Verwaltungsvorschrift gem. § 73a I 2 LBO von allen am Bau Beteiligten und grundsätzlich auch von den Gerichten zu beachten.[244]

330 § 74 LBO ermächtigt die Gemeinden zum Erlass **örtlicher Bauvorschriften** in der Rechtsform der Satzung. Sie können aus baugestalterischen Gesichtspunkten (§ 74 I LBO), zur näheren Regelung der Anforderungen der LBO an Kfz- und Fahrradstellplätze (§ 74 II LBO), aus bauökologischen Gründen (§ 74 III LBO) oder zur Konkretisierung sozialer Anforderungen (§ 74 IV LBO) ergehen. § 9 IV BauGB ermächtigt die Länder, zu bestimmen, dass derartige Satzungen als Festsetzungen in Bebauungspläne aufgenommen werden können. Von dieser Ermächtigung hat die LBO aber keinen Gebrauch gemacht (→ Rn. 79). Nach § 74 VII LBO ist es zwar möglich, einen Bebauungsplan und eine Satzung über örtliche Bauvorschriften in einem gemeinsamen Verfahren, für das dann die Regelungen des BauGB gelten, zu erlassen und gemeinsam zu beschließen. Das ändert aber nichts daran, dass zwei Rechtsnormen zustande kommen.[245]

b) Anwendungsbereich der LBO

331 Nach § 1 I 1 LBO gilt die LBO für **bauliche Anlagen** und für **Bauprodukte**. Nach § 1 I 2 LBO gilt sie darüber hinaus auch für Grundstücke sowie **andere Anlagen und Einrichtungen,** an die die LBO oder Vorschriften, die aufgrund der LBO erlassen sind, Anforderungen stellen. Damit ist Folgendes gemeint: Manche Einrichtungen wie beispielsweise an Gebäuden angebrachte Automaten sind weder bauliche Anlagen noch Bauprodukte (dazu → Rn. 333f.). Die LBO ist daher nach § 1 I 1 LBO grundsätzlich nicht auf sie anwendbar.

332 § 11 III Nr. 2 LBO enthält aber beispielsweise gleichwohl eine Regelung für die Gestaltung von Automaten. § 1 I 2 LBO will nun zum einen sicherstellen, dass § 11 III Nr. 2 LBO tatsächlich auf Automaten Anwendung findet. Zugleich eröffnet § 1 I 2 LBO den Anwendungsbereich von anderen Normen wie beispielsweise § 47 I 2 LBO. Danach treffen die Baurechtsbehörden nach ihrem pflichtgemäßen Ermessen die erforderlichen Maßnahmen, wenn Anlagen oder Einrichtungen nach § 1 LBO gegen von ihnen einzuhaltende Vorschriften verstoßen. Ist die äußere Gestaltung eines Automaten also nicht mit § 11 III Nr. 2 LBO zu vereinbaren, kann die Baurechtsbehörde dagegen aufgrund der bauordnungsrechtlichen Befugnisnormen vorgehen. § 1 I 3, II LBO enthalten schließlich Sonderbestimmungen für besondere Anlagen und nehmen sie teils in den Anwendungsbereich der LBO mit auf, teils schließen sie sie aus. Die wesentliche Aussage zum Anwendungsbereich der LBO ist indessen in § 1 I 1 LBO enthalten: Sie gilt für bauliche Anlagen und Bauprodukte.

333 Nach § 2 I 1 LBO sind **bauliche Anlagen** unmittelbar mit dem Erdboden verbundene, aus Bauprodukten hergestellte Anlagen. **Bauprodukte** sind nach § 2 X LBO Baustoffe, Bauteile und Anlagen, die dazu bestimmt sind, in bauliche Anlagen dauerhaft eingebaut zu werden (Nr. 1), sowie aus Baustoffen und Bauteilen vorgefertigte Anlagen wie beispielsweise Fertighäuser oder Fertiggaragen, die hergestellt werden, um mit dem Erdboden verbunden zu werden (Nr. 2).

---

[244] *Sauter*, LBO, § 73a Rn. 26.
[245] Vgl. *Sauter*, LBO, § 74 Rn. 121.

C. Die Zulässigkeit von Vorhaben

Eine bauliche Anlage ist durch Bauprodukte **hergestellt**, wenn sie künstlich durch Menschen geschaffen wird. Eine aus Bauprodukten hergestellte bauliche Anlage ist zumindest dann **unmittelbar mit dem Erdboden verbunden**, wenn sie durch ein Fundament o.ä. im Boden verankert ist. § 2 I 2 LBO stellt aber klar, dass es für eine unmittelbare Verbindung mit dem Erdboden auch ausreicht, wenn die Anlage wie beispielsweise ein Wohn- oder Bürocontainer durch eigene Schwere auf dem Boden ruht, d.h. nicht ohne weiteres wegbewegt werden kann, oder wenn sie nach ihrem Verwendungszeck dazu bestimmt ist, überwiegend ortsfest benutzt zu werden. Letzteres kann auf ein Fahrzeug oder auf einen Anhänger zutreffen, der mit Werbung versehen ist und für längere Zeit für Werbezwecke an einer gut sichtbaren Stelle abgestellt wird. § 2 I 3 LBO listet zusätzlich Vorhaben auf, die als „bauliche Anlage gelten" (sog. **fiktive bauliche Anlagen**). 334

§ 2 I 1 LBO verlangt eine unmittelbare Verbindung der Anlage mit dem Erdboden. **Mittelbarer Kontakt** zum Boden reicht also nicht aus. Das bedeutet, dass etwa eine an der Hauswand verschraubte Plakatwand, ein auf dem Dach befestigter Mobilfunkmast oder eine dort errichtete Basisstation keine baulichen Anlagen sind. Werden sie an einem Gebäude angebracht, handelt es sich um die **Änderung** dieses Gebäudes und damit um die Änderung dieser baulichen Anlage.[246] Dieser Vorgang unterfällt nach § 2 XIII Nr. 1 LBO ebenfalls der LBO. Keine unmittelbare Verbindung mit dem Boden hat auch ein Baumhaus. Es ist also keine bauliche Anlage i.S.d. § 2 I 1 LBO,[247] so dass – anders als in anderen Ländern[248] – die LBO BW auf Baumhäuser nicht anwendbar ist. Soll gegen ihre illegale Errichtung oder Nutzung eingeschritten werden, steht nur das allgemeine polizeirechtliche Instrumentarium zur Verfügung. 335

Wie bereits an anderer Stelle erwähnt, ist der Begriff der baulichen Anlage des § 2 I 1 LBO dem des § 29 I BauGB zwar ähnlich, aber nicht mit ihm identisch. Zum einen kann eine bauliche Anlage i.S.d. § 29 I BauGB auch gegeben sein, wenn nur eine mittelbare Verbindung einer Anlage mit dem Boden besteht.[249] Zudem erfasst § 29 I BauGB nur bauliche Anlagen mit bodenrechtlicher Relevanz. Die unterschiedlichen Begriffe erklären sich aus den unterschiedlichen Schutzrichtungen von BauGB und LBO (→ Rn. 230ff.). 336

c) Spezielle Anforderungen

Es wurde bereits gesagt, dass das Bauordnungsrecht vor allem sicherstellt, dass von konkreten baulichen Anlagen und deren Nutzung keine **Gefahren** ausgehen, und darüber hinaus dafür Sorge trägt, dass bauliche Anlagen **soziale Standards** einhalten, **ökologischen Mindestvorgaben** entsprechen und hinreichend **ästhetisch gestaltet** sind (→ Rn. 13f., 326). Die LBO stellt die dafür erforderlichen Anforderungen in fünf Abschnitten zusammen, die mit „Das Grundstück und seine Bebauung", „Allgemeine Anforderungen an die Bauausführung", „Bauprodukte und Bauarten", „Der Bau und 337

---

[246] VG Stuttgart, NVwZ-RR 2002, 104, 105; *Schlotterbeck,* in: ders. u.a., LBO, § 2 Rn. 3; *Sauter,* LBO, § 2 Rn. 7.
[247] *Schlotterbeck,* in: ders. u.a., LBO, § 2 Rn. 3 m. dem Hinweis und m. Nachw., dass aus bauplanungsrechtlicher Sicht gleichwohl eine bauliche Anlage gegeben sein kann.
[248] Andere BauOen verzichten bei der Definition der baulichen Anlage auf das in § 2 I 1 LBO BW ausdrücklich enthaltene Wort „unmittelbar". Das erklärt, warum dort vom Vorliegen einer baulichen Anlage und von der Einschlägigkeit der jeweiligen BauO ausgegangen wird. Vgl. für NRW im Zusammenhang mit den Baumhäusern im Protestcamp „Hambacher Forst" z.B. VG Köln, BeckRS 2018, 21721. Vgl. auch OVG NRW, BeckRS 2018, 22108 sowie *Thiel,* BauR 2019, 587, 590f.
[249] VGH BW, VBlBW 1990, 228, 228f.; *Schlotterbeck,* in: ders. u.a., LBO, § 2 Rn. 3.

seine Teile" sowie „Einzelne Räume, Wohnungen und besondere Anlagen" überschrieben sind. Ergänzt werden diese in den §§ 4-40 LBO enthaltenen Regelungen durch eine vorangestellte Generalklausel.

338 Von den Regelungen über das **Grundstück und seine Bebauung** sind die §§ 5 ff. LBO hervorzuheben. Sie befassen sich überwiegend mit den **Abstandsflächen**, aber in § 9 LBO u. a. auch mit der Verpflichtung zur Begrünung von Flächen und baulichen Anlagen sowie von Spielplätzen für Kleinkinder. § 5 I 1 LBO bestimmt, dass die Außenwände von baulichen Anlagen grundsätzlich von Abstandsflächen umgeben sein müssen, die von oberirdischen baulichen Anlagen freizuhalten sind. Das bedeutet, dass im Prinzip jedes Gebäude auf allen Seiten von unbebauten Flächen umrahmt sein und auf diese Weise automatisch einen Abstand zum nächsten Gebäude einhalten muss. Lediglich die in § 6 I 1 LBO genannten Kleinbauten wie Garagen oder Gewächshäuser dürfen auf Abstandsflächen errichtet werden. Den Schutzzweck dieser Anforderung verdeutlicht § 6 III 1 Nr. 2 LBO. Es geht um die Sicherung der Beleuchtung mit Tageslicht und um die ausreichende Belüftung des Gebäudes sowie der Nachbargebäude sowie um den Brandschutz. Die Vorschriften über die Abstandsflächen dienen damit sowohl sozialen Standards als auch der Gefahrenabwehr.

339 Von der Verpflichtung, Abstandsflächen einzuhalten, macht § 5 I 2, 3 LBO **Ausnahmen**. Insbesondere dann, wenn nach planungsrechtlichen Bestimmungen an die Grenze gebaut werden muss, ist eine Abstandsfläche nach § 5 I 2 Nr. 1 LBO nicht erforderlich. Setzt also ein Bebauungsplan die geschlossene Bauweise nach § 22 I BauNVO fest, ist an die Grenze zu bauen. Gleiches gilt, wenn in einem nicht qualifiziert oder vorhabenbezogen beplanten, im Zusammenhang bebauten Ortsteil geschlossene Bauweise vorherrscht, so dass sich ein neues Gebäude nur dann i. S. d. § 34 I BauGB in die Eigenart der näheren Umgebung einfügt, wenn es ebenso konzipiert ist.

340 Die **Tiefe** der Abstandsfläche berechnet sich grundsätzlich nach § 5 VII LBO. Sie beträgt nach § 5 VII 1 Nr. 1 LBO im allgemeinen 40 % der Höhe der Außenwand. Das bedeutet: Hat eine Außenwand beispielsweise eine Höhe von 10 Metern, ist vor dieser Wand ein 4 Meter tiefer Grundstücksstreifen von Bebauung freizuhalten. Anders ist es nach § 5 VII 1 Nr. 2 LBO in Kerngebieten, Dorfgebieten, urbanen Gebieten und in besonderen Wohngebieten. Hier beträgt die Abstandsfläche nur 20 % der Wandhöhe. In Gewerbe- und in Industriegebieten sowie in Sondergebieten, die nicht der Erholung dienen, beträgt die Tiefe der Abstandsflächen nach § 5 VII 1 Nr. 3 LBO sogar lediglich 12,5 %. Nach § 5 VII 2 LBO darf eine Abstandsfläche jedoch nicht weniger als 2,5 Meter und bei Wänden von einer Breite bis 5 Meter nicht weniger als 2 Meter tief sein. Ausnahmen von der Berechnung nach § 5 VII LBO normiert § 6 III LBO. Wie die Wandhöhen im Einzelnen zu messen sind, regeln § 5 IV–VI LBO.

341 Grundsätzlich müssen nach § 5 II 1 LBO die Abstandsflächen, die sich nach § 5 III 1 LBO in der Regel nicht überdecken dürfen, jeweils auf dem bebauten Grundstück selbst liegen. Nach Maßgabe von § 5 II 2 LBO können aber auch öffentliche Verkehrs-, Grün- und Wasserflächen angerechnet werden. § 7 S. 1 LBO bestimmt, dass auch Nachbargrundstücke in Anspruch genommen werden können, wenn durch **Baulast** gesichert ist, dass die Abstandsflächen dort nicht überbaut werden und dass sie nicht auf die auf diesen Grundstücken erforderlichen Abstandsflächen angerechnet werden. Mit dem Begriff der Baulast bezieht sich § 7 S. 1 LBO auf § 71 LBO. Nach § 71 I 1 LBO können Grundstückseigentümer durch Erklärung gegenüber der Baurechtsbehörde öffentlich-rechtliche Verpflichtungen in Bezug auf ihr Grundstück übernehmen, die sich nicht schon aus dem Gesetz ergeben. Ist beispielsweise der Nachbar eines für eine Bebauung vorgesehenen Grundstücks damit einverstanden, dass ein Teil der für den Neubau erforderlichen Abstandsflächen auf seinem Grundstück

C. Die Zulässigkeit von Vorhaben

liegt, dann kann er eine solche freiwillige Erklärung mit dem in § 7 S. 1 LBO vorgegebenen Inhalt abgeben. Die Erklärung bindet nach § 71 I 2 LBO auch die Rechtsnachfolger. Wird später gleichwohl auf der durch die Baulast als Abstandsfläche für das Nachbargrundstück gesicherten Fläche gebaut, kann die Baurechtsbehörde dagegen vorgehen.

Die in den §§ 11 ff. LBO enthaltenen **Allgemeinen Anforderungen an die Bauausführung** betreffen u.a. in § 13 LBO näher geregelte Fragen der Standsicherheit sowie des Brandschutzes, mit dem sich § 15 LBO befasst. Hervorzuheben sind die **Verunstaltungsverbote**. § 11 I 1 LBO bestimmt, dass bauliche Anlagen mit ihrer **Umgebung** so in Einklang zu bringen sind, dass sie das Straßen-, Orts- oder Landschaftsbild nicht verunstalten oder deren beabsichtigte Gestaltung nicht beeinträchtigen, wobei nach § 11 I 2 LBO auf Kultur- und Naturdenkmale und auf erhaltenswerte Eigenarten der Umgebung Rücksicht zu nehmen ist. § 11 II LBO verlangt zusätzlich, dass bauliche Anlagen so gestaltet werden, dass sie nach Form, Maßstab, Werkstoff, Farbe und Verhältnis der Baumassen und Bauteile zueinander nicht **selbst** verunstaltet wirken. § 11 III LBO erstreckt die Geltung von § 11 I, II LBO auf Werbeanlagen, Automaten und andere Anlagen und Grundstücke i. S. d. § 1 I 2 LBO (→ Rn. 331 f.). 342

§ 11 LBO formuliert also ästhetische Standards. Allerdings ist es grundsätzlich so, dass die Baurechtsbehörde dem Bauherrn kein Gestaltungskonzept aufdrängen und auch nicht ihre Vorstellungen von gelungener oder weniger gelungener Architektur unter Rückgriff auf § 11 LBO durchsetzen darf. Bei einem solchen Verständnis wäre die Norm in Bezug auf Art. 14 I 1 GG[250] unverhältnismäßig. Dementsprechend ist der Begriff der Verunstaltung ernst zu nehmen, der sprachlich zum Ausdruck bringt, dass es nur um die Abwendung eindeutiger „ästhetischer Missgriffe"[251] geht. Eine Verunstaltung setzt daher voraus, dass eine bauliche Anlage nicht nur unschön, sondern so hässlich ist, dass sie das ästhetische Empfinden des Betrachters nicht nur beeinträchtigt, sondern verletzt.[252] Dabei kommt es auf „das Empfinden jedes für ästhetische Eindrücke offenen Betrachters […], also des sogenannten gebildeten Durchschnittsmenschen"[253] an. Da zu dieser Personengruppe auch Verwaltungsrichter zählen, überprüfen die Verwaltungsgerichte das Vorliegen einer Verunstaltung – ein gerichtlich voll überprüfbarer Rechtsbegriff ohne Beurteilungsspielraum der Verwaltung – ohne Heranziehung von Sachverständigen selbst. 343

Beispiel: In einem Wohngebiet kann im Einzelfall eine großflächige Werbetafel[254] verunstaltend wirken. Das gilt auch für den Einbau eines abweichend gegliederten Kunststofffensters in ein Jugendstilgebäude, dessen Fassade durch die durchgängig dreigliedrige Unterteilung der Fenster geprägt wird.[255] Verunstaltend wirkt möglicherweise auch der Einsatz von Materialien wie Wellblech. 344

Die in den §§ 16b–25 LBO enthaltenen, sehr technischen Bestimmungen über **Bauprodukte und Bauarten** haben das Ziel, zu gewährleisten, dass bauliche Anlagen 345

---

[250] Noch problematischer wird es, wenn ein Bauwerk den Schutz der Kunstfreiheit für sich in Anspruch nehmen kann, dazu *Kaiser*, in: Ehlers/Fehling/Pünder, Besonderes Verwaltungsrecht, § 41 Rn. 97 ff.
[251] *Krebs*, in: Schoch, Besonderes Verwaltungsrecht, 4. Kap. Rn. 204. Vgl. auch *Schlotterbeck*, in: ders. u.a., LBO, § 11 Rn. 4: „handgreifliche Negation des Schönen".
[252] Vgl. BVerwGE 2, 172, 176 f.; VGH BW, ZfBR 2003, 696, 698.
[253] BVerwGE 2, 172, 177.
[254] VGH BW, VBlBW 2009, 466, 468.
[255] OVG Hamburg, BauR 1984, 624, 624 zur parallelen Vorschrift der dortigen BauO.

nur mit hinreichend sicheren und erprobten Baustoffen in Verfahrenstechniken errichtet werden, die ebenfalls dem Stand der Dinge entsprechen. Die sich in den §§ 26-33 LBO anschließenden Regelungen über den **Bau und seine Teile** stellen Anforderungen an das Brandverhalten von Baustoffen, an tragende Bauteile, an besondere Anlagen wie Aufzugsanlagen, Lüftungsanlagen, Heizungsanlagen etc.

346 Die §§ 34–40 LBO befassen sich mit einzelnen **Räumen, Wohnungen und besonderen Anlagen**. So müssen Aufenthaltsräume eine bestimmte Höhe haben und hinreichend belüftet und belichtet sein (vgl. § 34 LBO), jede Wohnung muss nach § 35 II 1 LBO eine Küche oder Kochnische und nach § 36 I LBO mindestens eine Toilette haben, und Wohneinrichtungen für Menschen mit Behinderung oder alte Menschen müssen nach § 39 I LBO barrierefrei sein.

347 § 37 LBO enthält Regelungen zur Schaffung von Kfz-Stellplätzen, Garagen und Fahrradstellplätzen. Die in dieser Norm geregelten Anforderungen werden durch die Verwaltungsvorschrift über die Herstellung notwendiger Stellplätze – VwV Stellplätze[256] ausgefüllt. Da es sich bei dieser Verwaltungsvorschrift um eine norminterpretierende handelt, sind die Gerichte nicht an sie gebunden.[257]

348 § 37 I 1 LBO sieht vor, dass bei der Errichtung von Gebäuden mit **Wohnungen** für jede Wohnung ein geeigneter **Kfz-Stellplatz** herzustellen ist. Bei der Errichtung sonstiger baulicher Anlagen und anderer Anlagen, bei denen ein Zu- und Abfahrverkehr zu erwarten ist, sind Kfz-Stellplätze nach § 37 I 2 LBO in solcher Zahl herzustellen, dass sie für die ordnungsgemäße Nutzung der Anlagen unter Berücksichtigung des öffentlichen Personennahverkehrs ausreichen. Nach § 37 I 3 LBO sind anstelle von Kfz-Stellplätzen auch **Garagen** zulässig. Schließlich sind nach § 37 II 1 LBO bei der Errichtung baulicher Anlagen, bei denen ein Zu- und Abfahrtsverkehr mit Fahrrädern zu erwarten ist, **Fahrradstellplätze** herzustellen. Ihre Zahl und Beschaffenheit richtet sich nach § 37 II 2 LBO nach dem nach Art, Größe und Lage der Anlage regelmäßig zu erwartendem Bedarf. Zu ihrer Lage und Beschaffenheit macht § 37 II 3 LBO weitere Vorgaben.

349 Bis zu einem Viertel der nach § 37 I 2 LBO notwendigen Kfz-Stellplätze kann gemäß § 37 I 4 LBO durch die Schaffung von Fahrradstellplätzen ersetzt werden, wobei nach § 37 I 5 vier Fahrradstellplätze einen Kfz-Stellplatz **kompensieren**. Diese Kompensationsmöglichkeit bezieht sich nicht auf den Kfz-Stellplatz, der nach § 37 I 1 LBO für jede Wohnung vorhanden sein muss. Eine Anrechnung der Fahrradstellplätze, die anstelle eines Kfz-Stellplatzes errichtet werden, auf die Fahrrad-Stellplätze, die nach § 37 II LBO verpflichtend vorgeschrieben sind, erfolgt dabei nicht.

350 § 37 III LBO enthält **Sonderregelungen** für den Fall, dass eine bauliche Anlage nicht neu errichtet, sondern baulich oder in ihrer Nutzung verändert wird und sich dadurch der Bedarf an Stellplätzen ändert. § 37 IV 2 LBO betrifft die seltene Konstellation, dass ausnahmsweise kein Bedarf an Stellplätzen besteht. § 37 V LBO legt schließlich fest, **wo** die Stellplätze oder Garagen herzustellen sind. In der Regel hat das nach § 37 V 1 Nr. 1 und Nr. 2 LBO auf dem Baugrundstück oder auf einem anderen Grundstück in zumutbarer Entfernung zu geschehen. Mit Zustimmung der Gemeinde kommt nach § 37 V 1 Nr. 3 LBO auch die Inanspruchnahme eines weiter entfernten Grundstücks im Gemeindegebiet in Betracht. Wird der Stellplatz nicht auf dem Baugrundstück sondern auf einem fremden Grundstück hergestellt, muss nach § 37 V 2 LBO eine Sicherung durch eine Baulast erfolgen (→ Rn. 341).

---

[256] VwV i.d.F. v. 28.5.2015, GABl. S. 260.
[257] VGH BW, VBlBW 2001, 373, 374.

C. Die Zulässigkeit von Vorhaben

Trotz der örtlichen Varianten, die § 37 V 1 LBO eröffnet, kommt es vor, dass Kfz-Stellplätze oder Garagen nicht oder nur unter großen Schwierigkeiten hergestellt werden können. Für diesen Fall bestimmt § 37 VI 1 LBO, dass die Baurechtsbehörde mit Zustimmung der Gemeinde zulassen kann, dass der Bauherr zur Erfüllung der Stellplatzverpflichtung einen Geldbetrag an die Gemeinde zahlt, den diese innerhalb eines angemessenen Zeitraums für die in § 37 VI 2 LBO aufgelisteten Zwecke verwenden muss. Wird von § 37 VI 1 LBO Gebrauch gemacht, wird häufig ein Vertrag geschlossen (sog. **Ablösevertrag/Garagendispensvertrag**). Ein Anspruch des Bauherrn darauf, dass nach § 37 VI LBO verfahren wird, besteht nicht.

Das bedeutet: Ist die Herstellung von Stellplätzen nicht möglich und macht die Baurechtsbehörde von der Möglichkeit des § 37 VI 1 LBO keinen Gebrauch oder stimmt die Gemeinde nicht zu, dann kann das fragliche Bauvorhaben nicht verwirklicht werden. Für notwendige Kfz-Stellplätze oder Garagen von Wohnungen trifft § 37 VII LBO allerdings eine Sonderregelung. Für sie gilt § 37 VI LBO nicht. Vielmehr sind nach § 37 VII 2 Nr. 1 LBO Abweichungen von der Verpflichtung des § 37 I 1 LBO, für jede Wohnung einen Stellplatz zu errichten, zuzulassen, soweit die Herstellung bei Ausschöpfung aller Möglichkeiten unmöglich oder unzumutbar ist. Gleiches gilt nach § 37 VII 2 Nr. 2 LBO, wenn die Herstellung von Kfz-Stellplätzen auf dem Baugrundstück aufgrund öffentlich-rechtlicher Vorschriften ausgeschlossen ist. Insoweit besteht weder ein Ermessen der Baurechtsbehörde noch ein Zustimmungserfordernis der Gemeinde.

d) Allgemeine Anforderungen des § 3 LBO

Trotz der detaillierten Anforderungen der §§ 4ff. LBO enthält § 3 I 1 LBO noch eine **Generalklausel**. § 3 I 1 LBO bestimmt, dass bauliche Anlagen sowie Grundstücke, andere Anlagen und Einrichtungen i.S.v. § 1 I 2 LBO so anzuordnen und zu errichten sind, dass die öffentliche Sicherheit oder Ordnung, insbesondere Leben, Gesundheit oder die natürlichen Lebensgrundlagen, nicht bedroht werden und dass sie ihrem Zweck entsprechend ohne Missstände benutzbar sind. Nach § 3 I 2 LBO gilt das gleichermaßen für den Abbruch von baulichen Anlagen. § 3 I LBO hat eine Auffangfunktion für den seltenen Fall, dass Gefahrenlagen nicht bereits in den §§ 4ff. LBO geregelt sind.

Klausurhinweis: Zu den in Rn. 337–353 geschilderten Regelungen der materiellen Anforderungen des Bauordnungsrechts an bauliche Anlagen werden in Klausuren und im Examen i.d.R. keine detaillierten Kenntnisse erwartet. Es empfiehlt sich ggf. eine genaue Lektüre der einschlägigen Normen.

e) Vertiefungshinweise

Literatur: *Böhm*, Bauordnungsrecht, JA 2013, 481ff.; *Brand/Kobitzsch*, Werbung in Biederstadt, Jura 2012, 981ff. (Falllösung u.a. zu § 11 LBO); *Hilbert*, Das Verhältnis von Immissionsschutzrecht und Baurecht, JuS 2014, 983ff.; *Jäde*, Schnittpunkte Bauordnungsrecht und Planungsrecht am Beispiel von Werbeanlagen, ZfBR 2010, 34ff.; *Leven*, „Die Grenzgarage", VBlBW 2011, Beilage zu Heft 10, 27ff. (Falllösung zu § 5 LBO); *Müller*, Das bauordnungsrechtliche Verunstaltungsgebot, 2012.

Rechtsprechung: VG Karlsruhe, BeckRS 1997, 31358871 – zur Unzulässigkeit einer Werbeanlage wegen Gefährdung der Verkehrssicherheit; VGH BW, BeckRS 2005, 29542 – zum bauordnungsrechtlichen Gebäudebegriff; VG Sigmaringen, BeckRS 2008, 38726 – zum Stellplatzbedarf.

II. Die bauordnungsrechtlichen Verfahren zur Durchsetzung der inhaltlichen Anforderungen an Vorhaben

356 Die geschilderten rechtlichen Vorgaben an Bauvorhaben des Bauplanungsrechts, der speziellen Fachgesetze und des Bauordnungsrechts müssen eingehalten werden. Um das sicherzustellen kennt das Verwaltungsrecht wie schon erwähnt (→ Rn. 219 ff., 225, 325) verschiedene Verfahren, in denen entweder im Vorfeld im Rahmen eines **Genehmigungs- oder Kenntnisgabeverfahrens** oder aber im Nachhinein im Rahmen eines **Überwachungsverfahrens** überprüft wird, ob ein Vorhaben allen von ihm einzuhaltenden Anforderungen der Rechtsordnung entspricht. Ggf. muss gegen rechtswidrige Vorhaben auch durch die zuständigen Behörden vorgegangen werden.

357 Regelungen über derartige Verfahren und Maßnahmen finden sich wie ebenfalls schon erwähnt (→ Rn. 219 ff.) in unterschiedlichen Gesetzen. Beabsichtigt zum Beispiel ein Bauherr die Errichtung einer Industrieanlage, die nach § 4 I 1, 3 BImSchG i. V. m. den Bestimmungen der 4. BImSchV genehmigungspflichtig ist, dann überprüft die für die **immissionsschutzrechtliche Genehmigung** zuständige Behörde nach § 6 I Nr. 2 BImSchG neben anderen Bestimmungen auch die Vereinbarkeit der Anlage mit den bauplanungs- und den bauordnungsrechtlichen Vorgaben. Wird die immissionsschutzrechtliche Genehmigung erteilt, bedarf es keiner zusätzlichen Baugenehmigung. Das ergibt sich aus § 13 BImSchG, der bestimmt: „Die Genehmigung schließt andere die Anlage betreffende behördliche Entscheidungen ein [...]" (sog. **Konzentrationswirkung**).

358 Baurechtliche Anforderungen an Vorhaben werden auch in manchen **Planfeststellungsverfahren** mitgeprüft. Es wurde bereits gesagt (→ Rn. 242 f.), dass beispielsweise die Errichtung eines Bahnhofsgebäudes gem. § 18 I 1 AEG der Planfeststellung unterliegt. Im Rahmen des Planfeststellungsverfahrens werden nach Maßgabe des § 38 S. 1 BauGB auch bauplanungsrechtliche sowie bauordnungsrechtliche Standards überprüft. Ein Planfeststellungsbeschluss, der den Bahnhof zulässt, hat nach § 75 I 1 VwVfG ebenfalls Konzentrationswirkung.

359 In der Regel wird die Vereinbarkeit von Bauvorhaben mit den bauplanungsrechtlichen, bauordnungsrechtlichen und sonstigen Anforderungen aber von den Baurechtsbehörden in den **Verfahren der LBO** überprüft. Auf sie konzentrieren sich die nachfolgenden Ausführungen.

1. Baurechtsbehörden

360 **Zur Wiederholung:** Vgl. zur Stellung der Kommunen im Staatsaufbau (→ § 1 Rn. 35 ff.).

361 Nach § 48 LBO liegt die **Zuständigkeit** für die Durchführung der in der LBO geregelten Verfahren und Maßnahmen bei den **Baurechtsbehörden.** § 46 LBO bestimmt, wie diese aufgebaut sind. Oberste Baurechtsbehörden sind nach näherer Maßgabe des § 46 I Nr. 1 LBO das Umwelt- bzw. das Wirtschaftsministerium. Ihnen nachgeordnet sind die Regierungspräsidien, die nach § 46 I Nr. 2 LBO höhere Baurechtsbehörden sind. Untere Baurechtsbehörden sind nach § 46 I Nr. 3 Var. 1 LBO in erster Linie die unteren Verwaltungsbehörden.

362 Wer untere Verwaltungsbehörde ist, bestimmt § 15 I des Landesverwaltungsgesetzes – LVG.[258] Dabei kennt § 15 I LVG vier Varianten. Nach § 15 I Nr. 2 LVG sind in den

---

[258] G. i. d. F. v. 14.10.2008, GBl. S. 313, zuletzt geändert durch G. v. 21.5.2019, GBl. S. 161.

C. Die Zulässigkeit von Vorhaben

Stadtkreisen die Gemeinden untere Verwaltungsbehörde. Das bedeutet: Die Gemeinden Baden-Baden, Freiburg, Heidelberg, Heilbronn, Karlsruhe, Mannheim, Pforzheim, Stuttgart und Ulm[259] sind jeweils für ihr Gebiet untere Baurechtsbehörde, denn sie sind Stadtkreise. Die Aufgaben der unteren Baurechtsbehörde werden dort gem. § 15 II LVG vom Bürgermeister als Pflichtaufgaben nach Weisung erledigt.

Die **Großen Kreisstädte** können nach § 15 I Nr. 1 Var. 2 LVG ebenfalls untere Verwaltungsbehörde sein. Das gilt aber nur für solche Aufgaben, die nicht in § 19 LVG aufgelistet sind. Die Wahrnehmung der Aufgaben der Baurechtsbehörde unterfällt § 19 LVG nicht. Das bedeutet: Die Großen Kreisstädte Aalen, Backnang, Bruchsal, Esslingen, Fellbach, Friedrichshafen, Geislingen an der Steige, Göppingen, Heidenheim, Kirchheim unter Teck, Konstanz, Kornwestheim, Lahr, Lörrach, Ludwigsburg, Offenburg, Ravensburg, Rastatt, Reutlingen, Schwäbisch Gmünd, Schwenningen, Singen, Tübingen, Tuttlingen, Villingen und Weinheim (vgl. § 131 II GemO) sowie all diejenigen Städte, die auf der Grundlage von § 3 II GemO den Status der Großen Kreisstadt erhalten haben,[260] sind jeweils für ihr Gebiet untere Baurechtsbehörde. Auch hier werden nach § 15 II LVG die Aufgaben der unteren Baurechtsbehörde vom Bürgermeister als Pflichtaufgaben nach Weisung erledigt. 363

Nach § 15 I Nr. 1 Var. 3 LVG können nach Maßgabe der §§ 17, 19 LVG auch **Verwaltungsgemeinschaften** untere Verwaltungsbehörden und damit untere Baurechtsbehörden sein. Im Übrigen gilt § 15 I Nr. 1 Var. 1 LVG. Danach sind in den Landkreisen die **Landratsämter** untere Verwaltungsbehörde und damit untere Baurechtsbehörde. 364

Beispiel: Die im Landkreis Tübingen gelegene Gemeinde Dettenhausen ist weder ein Stadtkreis noch eine Große Kreisstadt, und sie gehört auch keiner Verwaltungsgemeinschaft an. Für die im Gebiet von Dettenhausen anfallenden Aufgaben der unteren Baurechtsbehörde ist damit nach § 46 I Nr. 3 Var. 1 LBO i. V. m. § 15 I Nr. 1 Var. 1 LVG das Landratsamt Tübingen zuständig. Die Stadt Tübingen ist demgegenüber Große Kreisstadt. Für die in ihrem Gebiet anfallenden Aufgaben der unteren Baurechtsbehörde ist damit nach § 46 I Nr. 3 Var. 1 LBO i. V. m. § 15 I Nr. 1 Var. 2 LVG sie selbst zuständig, wobei die Organzuständigkeit gem. § 15 II LVG beim Bürgermeister liegt. Er trägt in einer Großen Kreisstadt gem. 42 IV GemO die Amtsbezeichnung Oberbürgermeister. 365

Allerdings bestimmt § 46 I Nr. 3 Var. 2 LBO, dass untere Baurechtsbehörden neben den unteren Verwaltungsbehörden auch „die in Absatz 2 genannten Gemeinden und Verwaltungsgemeinschaften" sind. § 46 II LBO, auf den § 46 I Nr. 3 Var. 2 LBO verweist, geht davon aus, dass es kreisangehörige Gemeinden geben kann, die zwar noch nicht die Größe einer Großen Kreisstadt aufweisen, aber gleichwohl über eine so große Verwaltung mit hinreichend qualifiziertem Personal verfügen, dass die Aufgaben der unteren Baurechtsbehörde statt vom Landratsamt von der Gemeinde selbst wahrgenommen werden können. Gleiches kann für Verwaltungsgemeinschaften gelten. § 46 II–IV LBO regeln, unter welchen Voraussetzungen eine solche Gemeinde oder Verwaltungsgemeinschaft ausnahmsweise auf Antrag die Aufgaben der unteren Baurechtsbehörde zugewiesen bekommen kann. 366

Wie die **sachlichen Zuständigkeiten** nach der LBO auf die verschiedenen Baurechtsbehörden verteilt sind, regelt § 48 LBO. § 48 I LBO bestimmt, dass grundsätzlich die unteren Baurechtsbehörden sachlich zuständig sind. Etwas anderes gilt nur, 367

---

[259] Vgl. § 131 I GemO.
[260] Eine Liste findet sich im Internet unter http://www.statistik.baden-wuerteberg.de/Service/Veroeff/Statistische_Berichte/312215001.pdf#search=grosse+kreisstaedte.

wenn das Gesetz etwas anderes bestimmt. Derartige andere Bestimmungen finden sich beispielsweise[261] in § 74 I LBO, wonach für den Erlass örtlicher Bauvorschriften die Gemeinden zuständig sind, sowie in § 73 LBO, der in seinem Absatz 4 die Landesregierung und im Übrigen die obersten Baurechtsbehörden zum Erlass von Rechtsverordnungen ermächtigt. Die **örtliche Zuständigkeit** bestimmt sich mangels spezialgesetzlicher Regelung in der LBO nach § 3 I Nr. 1 LVwVfG.[262]

2. Verantwortlichkeit

368   Wenn die Baurechtsbehörden die Rechtmäßigkeit von baulichen Anlagen und deren Nutzung überwachen, stellt sich die Frage, wer für die Einhaltung der jeweils einschlägigen Bestimmungen verantwortlich ist und wer bei Rechtsverstößen ggf. von den Baurechtsbehörden in Anspruch genommen werden kann.

369   **Zur Wiederholung:** Vgl. zur polizeirechtlichen Verantwortlichkeit bzw. zur Polizeipflichtigkeit (→ § 2 Rn. 205 ff.).

370   Dazu enthalten die §§ 41 bis 45 LBO für die **Errichtung und den Abbruch** baulicher Anlagen und für die der Errichtung und dem Abbruch nach § 2 XIII LBO gleichgestellten Tätigkeiten besondere Regelungen. Ausgehend von dem polizeirechtlichen Grundsatz, dass vor allem derjenige für Gefahrenlagen verantwortlich ist, der eine Gefahr durch sein Verhalten verursacht hat, bestimmt § 41 LBO, dass der **Bauherr** dafür verantwortlich ist, dass die öffentlich-rechtlichen Vorschriften und die aufgrund dieser Vorschriften erlassenen Anordnungen eingehalten werden. Das bedeutet zum einen, dass der Bauherr dafür Sorge zu tragen hat, dass die bauliche Anlage und ihre Nutzung den einschlägigen rechtlichen Anforderungen entsprechen. Zum anderen normieren § 42 LBO sowie weitere Vorschriften wie z. B. §§ 12 II, III, 66 III 2 LBO spezielle Verhaltenspflichten für den Bauherrn, die dieser zu befolgen hat.

371   Zu diesen Verhaltenspflichten des Bauherrn gehört nach § 42 I 1 LBO auch die, zur Vorbereitung, Überwachung und Ausführung eines genehmigungs- oder kenntnisgabepflichtigen Vorhabens (→ Rn. 373 ff.) einen geeigneten **Entwurfsverfasser,** geeignete **Unternehmer** und nach Maßgabe des § 42 III LBO ggf. auch einen geeigneten **Bauleiter** zu bestellen. Für diese Personen wiederum enthalten die §§ 43–45 LBO spezielle Anforderungsprofile sowie spezielle Verhaltenspflichten. Zudem bestimmt § 41 LBO, dass auch diese Personen im Rahmen ihres Wirkungskreises dafür verantwortlich sind, dass die öffentlich-rechtlichen Vorschriften und die aufgrund dieser Vorschriften erlassenen Anordnungen eingehalten werden. Das bedeutet u. a., dass die Baurechtsbehörde ihre Anordnungen beispielsweise bei fehlerhaften Bauunterlagen direkt an den Entwurfsverfasser und bei fehlerhafter Bauausführung unmittelbar an den Unternehmer richten kann. Das bewirkt eine erhebliche Erleichterung sowohl für die Baurechtsbehörde als auch für den Bauherrn.

372   Die §§ 41-45 LBO sind jedoch in mehrfacher Hinsicht unvollständig. Daher ist ergänzend auf die **allgemeinen Regelungen** des PolG[263] zurückzugreifen. Ist der Bauherr beispielsweise nicht Eigentümer des Grundstücks, so kann Letzterer u. U. zusätzlich als Zustandsverantwortlicher nach § 7 PolG in Anspruch genommen werden. Die

---

[261] Vgl. zu weiteren Sonderzuständigkeiten ausführl. *Schlotterbeck*, in: ders. u. a., LBO, § 48 Rn. 9.
[262] *Gassner,* in: Spannowsky/Uechtritz, BeckOK Bauordnungsrecht BW, § 48 vor Rn. 1.
[263] G. i. d. F. v. 13.1.1992, GBl. S. 1, ber. S. 596, 1993, S. 155, zuletzt geändert durch G. v. 26.3.2019, GBl. S. 93.

C. Die Zulässigkeit von Vorhaben

§§ 41 ff. LBO beziehen sich auch nur auf bauliche Anlagen. Sonstige Anlagen und Einrichtungen i. S. d. § 1 I 2 LBO sind damit nicht erfasst, so dass es auch insoweit bei den Regelungen der §§ 6 ff. PolG bleibt. Schließlich regeln die §§ 41 ff. LBO die Fälle nicht, in denen die Baurechtsbehörde nachträglich gegen eine Anlage einschreiten will. Auch hier finden die §§ 6 ff. PolG Anwendung.

3. Zulassung von Vorhaben

Ein erheblicher Teil der von den Baurechtsbehörden vorzunehmenden Überwachungstätigkeiten sind **präventive Kontrollen,** die stattfinden, bevor eine bauliche Anlage errichtet, geändert, in ihrer Nutzung geändert, abgerissen usw. wird. Diese Kontrollverfahren sind in den §§ 49 ff. LBO geregelt, die durch die bauordnungsrechtliche Generalklausel des § 47 I LBO ergänzt werden. § 49 LBO bestimmt, dass die Errichtung und der Abbruch baulicher Anlagen sowie der in § 50 LBO aufgeführten anderen Anlagen und Einrichtungen grundsätzlich der Baugenehmigung bedürfen. Das gilt gleichermaßen für die in § 2 XIII LBO genannten Tätigkeiten, die der Errichtung und dem Abbruch gleichgestellt sind, also insbesondere für Änderungen und Nutzungsänderungen von Anlagen. Einer Baugenehmigung bedarf es nur dann nicht, soweit in §§ 50, 51, 69 oder 70 LBO etwas anderes bestimmt ist. Die LBO differenziert also zwischen genehmigungsbedürftigen Anlagen und solchen, die keiner Baugenehmigung bedürfen. 373

a) Anlagen, die keiner Baugenehmigung bedürfen

Bei den Anlagen, die keiner Baugenehmigung bedürfen, ist wiederum zu unterscheiden. Bei den in §§ 69, 70 I LBO geregelten Vorhaben bedarf es zwar keiner Baugenehmigung, aber in der Regel einer anderweitigen Zulassungsentscheidung der Baurechtsbehörde. § 69 LBO betrifft sog. **fliegende Bauten**. Das sind nach § 69 I 1 LBO bauliche Anlagen, die geeignet und bestimmt sind, an verschiedenen Orten wiederholt aufgestellt und abgebaut zu werden. Zu denken ist beispielsweise an Zirkuszelte oder Traglufthallen. Sie sind zwar wegen ihrer jeweils kurzfristigen Verbindung mit dem Boden bauliche Anlagen i. S. d. § 2 I LBO. Ihnen fehlt aber die dauerhafte Bindung an ein ganz bestimmtes Grundstück. Auf diese Sondersituation nimmt das Gesetz Rücksicht, indem es in § 69 II 1 LBO bestimmt, dass fliegende Bauten grundsätzlich (Ausnahmen: § 69 II 2 LBO) vor ihrer erstmaligen Aufstellung und Ingebrauchnahme einer Ausführungsgenehmigung bedürfen. Außerdem dürfen sie nach § 69 VI 1 LBO grundsätzlich (Ausnahme: § 69 VI 4 LBO) bei jeder Neuaufstellung nur dann in Gebrauch genommen werden, wenn die Aufstellung der Baurechtsbehörde angezeigt wird. 374

§ 70 LBO betrifft Vorhaben, bei denen der Bund, ein Land, eine andere Gebietskörperschaft des öffentlichen Rechts oder eine Kirche Bauherr ist. Hier tritt unter den Voraussetzungen des § 70 I LBO an die Stelle der Baugenehmigung die **Zustimmung** der Baurechtsbehörde. 375

Anders als in den eben genannten Fällen bedürfen die in §§ 50, 51 LBO geregelten Vorhaben ebenso wie die hier nicht näher zu behandelnden Vorhaben i. S. d. § 70 III LBO, die der Landesverteidigung dienen, gar keiner expliziten Zulassungsentscheidung der Baurechtsbehörden, bevor sie ausgeführt werden dürfen. Die in § 51 LBO genannten Vorhaben sind der Baurechtsbehörde vor ihrer Durchführung vom Bauherrn im sog. **Kenntnisgabeverfahren**, also in einem Verwaltungsverfahren, lediglich zur Kenntnis zu bringen. Demgegenüber muss vor der Realisierung der Vorhaben, die § 50 LBO auflistet, gar kein Verwaltungsverfahren durchgeführt werden. Diese Vorhaben sind also – so ist auch der Sprachgebrauch des § 50 LBO – **verfahrensfrei**. 376

377 Das **Kenntnisgabeverfahren** kommt nach § 51 III LBO für bestimmte Fälle des Abbruchs von Anlagen und Einrichtungen und im Übrigen für die in § 51 I 1 LBO abschließend genannten Vorhaben in Betracht. Zu ihnen zählen insbesondere Wohngebäude (§ 51 I 1 Nr. 1 LBO) sowie sonstige Gebäude der Gebäudeklassen 1 bis 3, ausgenommen Gaststätten (§ 51 I 1 Nr. 2 LBO). Der Begriff des Wohngebäudes ist in § 2 III LBO legaldefiniert, der des Gebäudes in § 2 II LBO. Mit Hilfe der Gebäudeklassen werden die Gebäude insbesondere ihrer Höhe nach eingeteilt. Die Definitionen dazu enthält § 2 IV LBO. Insgesamt handelt es sich bei den in § 51 I 1 LBO genannten Anlagen um solche, bei denen die LBO davon ausgeht, dass das von ihnen ausgehende Stör- und Gefahrenpotential überschaubar ist. Nach § 51 I 1 a.E., 2 LBO sind bestimmte gefahrträchtige Vorhaben vom Kenntnisgabeverfahren ausgeschlossen.

378 Ein Kenntnisgabeverfahren kann für ein Vorhaben gem. § 51 II 1 LBO allerdings nur dann durchgeführt werden, wenn es im Geltungsbereich eines **qualifizierten** oder **vorhabenbezogenen Bebauungsplans** (→ Rn. 76, 223) und außerhalb des Geltungsbereichs einer Veränderungssperre (→ Rn. 201 ff.) liegt. Seit einer Neufassung der Norm im Jahre 2014[264] darf das Vorhaben nach § 51 II 2 LBO zudem den **Festsetzungen** des qualifizierten oder vorhabenbezogenen Bebauungsplans nicht widersprechen. Dieses Erfordernis macht die Einhaltung von Normen, die an sich für die materielle bauplanerische Rechtmäßigkeit des Vorhabens maßgeblich sind, bereits zur Voraussetzung für die Durchführbarkeit des Kenntnisgabeverfahrens. Widerspricht also ein Vorhaben, für das ein Kenntnisgabeverfahren durchgeführt wird, den Festsetzungen eines Bebauungsplans, ist es dem Wortlaut des § 51 II 2 LBO zufolge nicht nur materiell, sondern zugleich auch formell baurechtswidrig.

379 Wahrscheinlich ist das aber in dieser Schärfe vom Gesetzgeber gar nicht beabsichtigt gewesen. Im Rahmen der erwähnten Gesetzesnovelle wurde nämlich zusätzlich die zuvor bestehende Möglichkeit gestrichen, im Kenntnisgabeverfahren Ausnahmen und Befreiungen zu beantragen. § 51 II 2 LBO will mutmaßlich nur darauf hinweisen, dass dann, wenn ein Vorhaben i.S.d. § 51 I 1 LBO außerhalb des Geltungsbereichs einer Veränderungssperre und innerhalb des Geltungsbereichs eines qualifizierten oder vorhabenbezogenen Bebauungsplans liegt und damit an sich nach § 51 II 1 LBO für ein Kenntnisgabeverfahren in Betracht kommt, gleichwohl nicht in diesem Verfahren durchgeführt werden kann, wenn der Bauherr für sein Vorhaben Ausnahmen oder Befreiungen von den Festsetzungen dieses Plans (→ Rn. 251 ff.) beantragen muss.[265] Das kommt aber im Wortlaut nicht klar zum Ausdruck.

380 **Hinweis:** Selbstverständlich müssen auch Vorhaben, die im Kenntnisgabeverfahren durchgeführt werden, in jeder Hinsicht dem materiellen Recht entsprechen. § 51 IV LBO sieht das ausdrücklich vor.

381 Das Kenntnisgabeverfahren beginnt nach § 53 I 1 LBO mit der Einreichung aller erforderlichen Unterlagen (sog. **Bauvorlagen**) bei der Gemeinde. Die Vorlagen sind also nicht, wie man annehmen könnte, direkt bei der unteren Baurechtsbehörde einzureichen. Zwar können die untere Baurechtsbehörde und die Gemeinde identisch sein. Sie müssen es aber nicht (→ Rn. 361 ff.). Dadurch, dass die Unterlagen in jedem Fall bei der Gemeinde einzureichen sind, stellt die LBO sicher, dass die Gemeinde von Vorha-

---

[264] Durch G. v. 11.11.2014, GBl. S. 501.
[265] Vgl. in diesem Sinne auch *Dürr/Leven/Speckmaier*, Baurecht Baden-Württemberg, Rn. 263; *Seith*, in: Spannowsky/Uechtritz, BeckOK Bauordnungsrecht BW, § 51 Rn. 19.

C. Die Zulässigkeit von Vorhaben

ben im Gemeindegebiet so früh wie möglich Kenntnis erhält. Das dient dem Schutz der Planungshoheit der Gemeinde, die beispielsweise die Beantragung der vorläufigen Untersagung des Vorhabens nach § 15 I 2 BauGB oder die Aufstellung einer Satzung über eine Veränderungssperre (→ Rn. 201 ff.) erwägen kann.

Sind die Gemeinde und die Baurechtsbehörde nicht identisch, hat die Gemeinde **382** gem. § 53 V Nr. 2 LBO die Bauvorlagen innerhalb von fünf Arbeitstagen an die Baurechtsbehörde weiterzuleiten. Ebenfalls innerhalb von fünf Arbeitstagen nach Eingang der vollständigen Bauvorlagen **benachrichtigt** die Gemeinde nach § 55 III 1 i. V. m. § 55 I 1 LBO die Eigentümer angrenzender Grundstücke (sog. Angrenzer) und nach Maßgabe von § 55 I 3 LBO ggf. auch sonstige Nachbarn. Angrenzer und sonstige Nachbarn können nach § 55 III 2 LBO innerhalb von zwei Wochen nach Zugang der Benachrichtigung Bedenken gegen das Vorhaben bei der Gemeinde vorbringen, die diese nach § 55 III 3 LBO unverzüglich an die Baurechtsbehörde weiterleitet. Versäumt ein Angrenzer oder sonstiger Nachbar die Zweiwochenfrist, wird er – anders als im Baugenehmigungsverfahren (vgl. § 55 II 2 LBO, auf den § 55 III LBO nicht verweist, sowie → Rn. 394) – mit seinen Einwendungen in späteren gerichtlichen Verfahren nicht ausgeschlossen. Er wird also nicht materiell präkludiert. Das liegt daran, dass diese Rechtsfolge gesetzlich angeordnet sein müsste. Das hat die LBO für das Kenntnisgabeverfahren unterlassen.

Schließlich hat die Gemeinde gem. § 53 V Nr. 1 LBO innerhalb von fünf Arbeitsta- **383** gen dem Bauherrn den Zeitpunkt des Eingangs der vollständigen Bauvorlagen schriftlich zu bestätigen. Sind die Bauvorlagen unvollständig oder bestehen andere in § 53 VI 1 LBO aufgelistete Hindernisse, werden die Unterlagen nicht weitergeleitet, die Benachrichtigung der Angrenzer unterbleibt und der Bauherr wird gem. § 53 VI 2 LBO darüber informiert.

Nach Eingang der Bauvorlagen bei der Baurechtsbehörde hat diese Gelegenheit, sich **384** mit dem Vorhaben, das nach § 51 IV LBO allen öffentlich-rechtlichen Vorschriften entsprechen muss, zu befassen. Das Kenntnisgabeverfahren sieht ausdrücklich zwar keine Prüfung des Vorhabens durch die Baurechtsbehörde vor. Unberührt bleibt jedoch die Generalklausel des § 47 I LBO. Nach § 47 I 1 LBO haben die Baurechtsbehörden darauf zu achten, dass die baurechtlichen und sonstigen öffentlich-rechtlichen Vorschriften über die Errichtung und den Abbruch von Anlagen eingehalten werden, und sie haben dazu nach § 47 I 2 LBO die nach pflichtgemäßem Ermessen erforderlichen Maßnahmen zu treffen. Dazu kann auch die Untersagung rechtswidriger Vorhaben im Kenntnisgabeverfahren zählen, wenn die Rechtswidrigkeit zu diesem Zeitpunkt bemerkt wird.

Denkbar ist auch, dass die Gemeinde bei der Baurechtsbehörde beantragt, das Vor- **385** haben zum Schutze ihrer Planungsabsichten nach § 15 I 2 BauGB (→ Rn. 207 f.) vorläufig zu untersagen. Besteht ein solcher Antrag nicht und hält die Baurechtsbehörde das Vorhaben für rechtmäßig oder unterlässt sie eine Prüfung, ergeht keine behördliche Entscheidung oder Mitteilung. Die Behörde bleibt also einfach untätig. Erhält der Bauherr weder eine Mitteilung nach § 53 VI 2 LBO (→ Rn. 383) noch eine Untersagung seines Vorhabens nach § 47 I 2 LBO oder eine vorläufige Untersagung nach § 15 I 2 BauGB, so darf er gem. § 59 IV 1 Nr. 2 LBO grundsätzlich einen Monat nach Eingang der vollständigen Bauvorlagen bei der Gemeinde mit der **Bauausführung beginnen**. Haben die Angrenzer dem Vorhaben schriftlich zugestimmt, verkürzt sich die Frist gem. § 59 IV 1 Nr. 1 LBO sogar auf zwei Wochen. So oder so muss der Bauherr allerdings vor Baubeginn die in § 59 V LBO aufgelisteten technischen Prüfungen durch private Sachverständige und durch den Bezirksschornsteinfeger durchführen lassen.

386 Gem. § 51 V LBO kann der Bauherr beantragen, dass bei Vorhaben, die dem Kenntnisgabeverfahren unterfallen, anstelle dieses Verfahrens ein Baugenehmigungsverfahren durchlaufen wird. Das kann für den Bauherrn von Interesse sein, weil gem. § 51 IV LBO auch Vorhaben, die dem Kenntnisgabeverfahren unterliegen, sämtlichen einschlägigen öffentlich-rechtlichen Vorschriften entsprechen müssen. Wie gerade gezeigt, wird das im Kenntnisgabeverfahren aber nicht zwangsläufig durch die Baurechtsbehörde geprüft. Im Baugenehmigungsverfahren ist das anders (→ Rn. 396). Zudem wird mit der Erteilung der Baugenehmigung durch die Baurechtsbehörde die Rechtmäßigkeit des Vorhabens ausdrücklich rechtlich verbindlich attestiert (→ Rn. 407) mit der Folge, dass das Vorhaben später einen höheren Schutz gegen ein nachträgliches Einschreiten der Baurechtsbehörden hat (→ Rn. 416 ff.). Diesen Schutz erfährt der Bauherr bzw. sein Vorhaben durch das Kenntnisgabeverfahren nicht, was ihn dazu bewegen kann, nach § 51 V LBO eine Baugenehmigung zu beantragen. Allerdings wird der Schutz, den ein Bauherr im Rahmen eines alternativ zum Kenntnisgabeverfahren durchgeführten Baugenehmigungsverfahrens erhalten kann, durch den letzten Satzteil des § 51 V LBO erheblich eingeschränkt. Er bestimmt, dass bei Wohngebäuden der Gebäudeklassen 1 bis 3 sowie deren Nebengebäuden und Nebenanlagen als alternatives Verfahren nur das vereinfachte Baugenehmigungsverfahren nach § 52 LBO eröffnet ist. Dieses Verfahren schützt, wie noch zu zeigen sein wird, den Bauherrn nicht in vollem Umfang (→ Rn. 401 ff., 405 f.).

387 Bei manchen Vorhaben ist gar kein Verwaltungsverfahren durchzuführen. Auch die Verfahrensfreiheit eines Vorhabens entbindet nach § 50 V 1 LBO nicht davon, dass das Vorhaben den öffentlich-rechtlichen Vorschriften entsprechen muss. **Verfahrensfrei** sind nach § 50 II, III, IV LBO bestimmte Nutzungsänderungen, Abbruch- und Instandhaltungsarbeiten.

388 **Hinweis:** Instandhaltungsarbeiten sind nur Maßnahmen zur Erhaltung des bestimmungsmäßigen Gebrauchs einer Anlage oder ihrer baulichen Substanz. Das kann beispielsweise dann Abgrenzungsfragen zur verfahrensbedürftigen Änderung einer baulichen Anlage aufwerfen, wenn Außenmauern erneuert werden. Umbauarbeiten innerhalb eines Gebäudes unterfallen ggf. § 50 I LBO i. V. m. Nr. 2a) und 2b) des Anhangs zur LBO.

389 Gem. § 50 I LBO sind zudem die Errichtung von Anlagen und Einrichtungen, die im **Anhang der LBO** aufgeführt sind, sowie die nach § 2 XIII Nr. 1 LBO gleichgestellten Tätigkeiten in Bezug auf solche Anlagen verfahrensfrei. Der Auffangtatbestand der Nr. 12a) des Anhangs der LBO macht deutlich, dass das Gesetz ein Verwaltungsverfahren bei „untergeordnete[n] oder unbedeutende[n] bauliche[n] Anlagen" für entbehrlich hält. Das sind beispielsweise die in Nr. 1 der Anlage aufgelisteten Kleingebäude oder die in Nr. 8 der Anlage genannten baulichen Anlagen zur Freizeitgestaltung. Nach Nr. 3d) der Anlage sind auch Windenergieanlagen bis zu einer Höhe von 10 Metern verfahrensfrei. Höhere Anlagen bedürfen einer Baugenehmigung. Haben sie eine Gesamthöhe von mehr als 50 Metern, benötigen sie nach Ziff. 1.6. des Anhangs zur 4. BImSchV sogar anstelle einer Baugenehmigung eine immissionsschutzrechtliche Genehmigung.

b) Genehmigungsbedürftige Anlagen

390 Liegen die Tatbestände der §§ 50, 51, 69 oder 70 LBO nicht vor, bedürfen nach § 49 LBO die Errichtung und der Abbruch baulicher Anlagen sowie der in § 50 LBO aufgeführten anderen Anlagen und Einrichtungen (→ Rn. 331 f.) der Baugenehmigung. Das gilt gleichermaßen für die in § 2 XIII LBO genannten Tätigkeiten, die der Errichtung und dem Abbruch gleichgestellt sind, also insbesondere für Änderungen

C. Die Zulässigkeit von Vorhaben   359

und Nutzungsänderungen. Dabei kennt die LBO zwei verschiedene Genehmigungsverfahren.

aa) Reguläres Baugenehmigungsverfahren

Wie das Kenntnisgabeverfahren beginnt auch das Baugenehmigungsverfahren nach 391
§ 53 I 1 LBO mit der Einreichung aller erforderlichen Unterlagen (sog. **Bauvorlagen**) bei der Gemeinde. Nach § 53 I 2 LBO ist zusammen mit den Bauvorlagen der nach § 53 II LBO in Textform nach § 126b BGB zu stellende Antrag auf Erteilung der Baugenehmigung **(Bauantrag)** einzureichen. Ist die Gemeinde nicht selbst Baurechtsbehörde (→ Rn. 361 ff.), hat sie den Bauantrag und die Bauvorlagen an die Baurechtsbehörde weiterzuleiten. Das ist § 53 LBO zwar seit seiner Neufassung mit Wirkung zum 1.8.2019 nicht mehr explizit zu entnehmen, ergibt sich aber aus dem Sinn der Norm. Der Bauantrag und die Bauvorlagen würden sonst die Baurechtsbehörde nicht erreichen. Die Baurechtsbehörde prüft gem. § 54 I 1 LBO innerhalb von zehn Arbeitstagen nach Eingang den Bauantrag und die Bauvorlagen auf Vollständigkeit. Ggf. sind die Unterlagen nach Maßgabe des § 54 I 2 LBO vom Bauherrn zu vervollständigen, oder er kann den Antrag nach Maßgabe des § 54 I 3 LBO nachbessern. Sobald die Unterlagen vollständig sind, hat die Baurechtsbehörde gem. § 54 II Nr. 2 LBO die nicht mit ihr identische Gemeinde nach §§ 54 II Nr. 2, 53 III LBO anzuhören. Gleiches gilt nach §§ 54 II Nr. 2, 53 IV 1 LBO für andere Stellen, deren Aufgabenbereich betroffen ist. Für die Abgabe der Stellungnahme setzt die Baurechtsbehörde der Gemeinde und den anderen Stellen gem. § 54 III 1 LBO eine angemessene Frist von höchstens einem Monat. Bei nicht fristgemäßer Äußerung darf die Baurechtsbehörde nach § 54 III 2 LBO davon ausgehen, dass keine Bedenken bestehen.

Manche Vorhaben bedürfen zusätzlich des **gemeindlichen Einvernehmens** nach 392
den einschlägigen Vorschriften des BauGB. Relevant ist vor allem das gemeindliche Einvernehmen nach § 36 I 1 BauGB zu Vorhaben nach den §§ 31, 33 bis 35 BauGB (→ Rn. 256 ff.). Das Einvernehmen gilt gem. § 36 II 2 BauGB als erteilt, wenn die Gemeinde es nicht innerhalb einer Frist von zwei Monaten verweigert. Die Frist beginnt nach § 36 II 2 Var. 2 BauGB i.V.m. § 53 I 2 LBO mit der Einreichung des Bauantrags durch den Bauherrn bei der Gemeinde. Wenn die Gemeinde das Einvernehmen rechtswidrig verweigert, „hat" die Baurechtsbehörde nach § 36 II 3 BauGB i.V.m. § 54 IV 1 LBO das fehlende Einvernehmen zu ersetzen (→ Rn. 259).

Sobald die Unterlagen vollständig sind, muss die Baurechtsbehörde nicht nur die mit 393
ihr nicht identische Gemeinde und andere Stellen anhören, sondern sie hat nach § 54 II Nr. 1 LBO auch dem **Bauherrn** mit Datumsangabe schriftlich mitzuteilen, wann die Bauvorlagen und der Bauantrag vollständig vorlagen. Außerdem muss sie ihn schriftlich und mit Datumsangabe darüber informieren, wann spätestens über die Genehmigungserteilung entschieden wird. Das bestimmt sich nach § 54 V 1, 2 LBO, auf den § 54 II Nr. 1 LBO verweist. Nach § 54 V 1, 2 LBO hat die Baurechtsbehörde über den Bauantrag innerhalb von zwei Monaten nach Vorliegen der vollständigen Bauvorlagen und aller notwendigen Stellungnahmen und Mitwirkungen, spätestens jedoch mit Ablauf der Fristen nach § 54 III LBO und nach § 36 II 2 BauGB zu entscheiden. Der Ablauf dieser Fristen, die nach § 54 VI LBO nur ausnahmsweise bis zu einem Monat verlängert werden dürfen, lässt sich im Zeitpunkt der Mitteilung an den Bauherrn nach § 54 II Nr. 1 LBO exakt berechnen. Die Verpflichtung, dem Bauherrn das Datum des Fristablaufs mitzuteilen, ermöglicht es diesem, den von ihm geplanten Bau- oder Nutzungsbeginn zeitlich exakt zu terminieren.

Am Baugenehmigungsverfahren sind nicht nur der Bauherr und die Gemeinde so- 394
wie andere öffentliche Stellen, sondern auch **private Dritte** zu beteiligen. Nach § 55

I 1 LBO benachrichtigt die Gemeinde die Angrenzer innerhalb von fünf Arbeitstagen ab dem Eingang der vollständigen Bauvorlagen von dem Vorhaben. Dieser Verfahrensschritt ist nur nach Maßgabe des § 55 I 2 LBO entbehrlich. § 55 I 3, 4 LBO regeln, unter welchen Voraussetzungen zusätzlich sonstige Nachbarn beteiligt werden können und wie bei benachbarten Eigentümergemeinschaften nach dem Wohnungseigentümergesetz zu verfahren ist. Die Angrenzer und sonstigen Nachbarn können nach § 55 II 1 LBO innerhalb von vier Wochen nach Zustellung der Benachrichtigung an sie Einwendungen vorbringen. Sie werden – anders als im Kenntnisgabeverfahren (→ Rn. 382) – nach § 55 II 2 LBO in allen späteren Verwaltungs- und Gerichtsverfahren mit allen Einwendungen ausgeschlossen, die nicht fristgemäß geltend gemacht worden sind und sich auf von der Baurechtsbehörde zu prüfende öffentlich-rechtliche Vorschriften beziehen (materielle Präklusion). Darauf ist gem. § 55 II 3 LBO bei der Benachrichtigung hinzuweisen. Die Gemeinde leitet gem. § 55 II 4 LBO die bei ihr eingegangenen Einwendungen zusammen mit einer Stellungnahme innerhalb der ihr selbst im Rahmen der Anhörung gesetzten Frist nach § 54 III 1 LBO an die Baurechtsbehörde weiter. Ob sich die angeordnete materielle Präklusion auch auf bundesrechtliche Vorschriften und damit insbesondere auch auf die §§ 29 ff. BauGB bezieht, ist nicht ganz unumstritten.[266]

395 Liegen der Baurechtsbehörde der vollständige Bauantrag, die vollständigen Bauvorlagen, die Stellungnahmen der Gemeinde und anderer Stellen nach §§ 53 III, IV 1, 54 II Nr. 2 LBO, ein ggf. erforderliches gemeindliches Einvernehmen und die Einwendungen der Angrenzer vor bzw. sind die entsprechenden Äußerungsfristen abgelaufen, hat die Behörde zu entscheiden, ob sie die Genehmigung erteilt. Nach § 58 I 1 LBO ist die Baugenehmigung zu erteilen, wenn dem genehmigungspflichtigen Vorhaben keine von der Baurechtsbehörde zu prüfenden öffentlich-rechtlichen Vorschriften entgegenstehen. Liegt diese Voraussetzung vor, hat der Bauherr einen **Anspruch auf Genehmigungserteilung** aus dieser Norm. Widerspricht das Vorhaben einzelnen von der Baurechtsbehörde zu prüfenden Vorschriften, kann diese u. U. Abweichungen, Ausnahmen und Befreiungen von Vorschriften der LBO nach Maßgabe des § 56 LBO oder Ausnahmen und Befreiungen von planungsrechtlichen Vorgaben nach Maßgabe des § 31 BauGB zulassen und das Vorhaben dann genehmigen. Gleichermaßen kommt eine Genehmigung mit Nebenbestimmungen i. S. d. § 36 I LVwVfG in Betracht.

396 Welche Vorschriften von der Baurechtsbehörde zu prüfen sind, bestimmt § 58 I 2 LBO. Danach sind in der Regel alle Vorschriften zu prüfen, die Anforderungen an das Bauvorhaben enthalten und über deren Einhaltung nicht eine andere Behörde in einem gesonderten Verfahren durch Verwaltungsakt entscheidet. Zu den zu prüfenden Vorschriften zählen in erster Linie sämtliche Bestimmungen des Bauplanungs- und des Bauordnungsrechts über die Zulässigkeit von Vorhaben. Wie an anderer Stelle schon erwähnt (→ Rn. 320 ff.) stellen aber auch zahlreiche Spezialgesetze Anforderungen an bauliche Anlagen. Für bauliche Anlagen, die zugleich eine Anlage i. S. d. § 3 V BImSchG sind, begründet beispielsweise § 22 I 1, 3 BImSchG sog. Betreiberpflichten mit dem Ziel, insbesondere Luftverunreinigungen, Lärm und von Funkanlagen ausgehende nichtionisierende Strahlen zu verhindern oder zu beschränken. Die Einhaltung von § 22 I 1, 3 BImSchG wird nicht in einem gesonderten Genehmigungsverfahren

---

[266] Dem Wortlaut des § 55 II 2 LBO entsprechend für eine Erstreckung der Präklusion auf alle von der Baurechtsbehörde zu prüfenden Vorschriften und damit auch auf die §§ 29 ff. BauGB z. B. *Sauter*, LBO, § 55 Rn. 43; dagegen mit bedenkenswerten kompetenzrechtlichen Argumenten *Gassner*, in: Spannowsky/Uechtritz, BeckOK Bauordnungsrecht BW, § 55 Rn. 23.1 ff.

C. Die Zulässigkeit von Vorhaben

überprüft. Die Vorschrift ist daher nach § 58 I 2 LBO von der Baurechtsbehörde im Baugenehmigungsverfahren zu prüfen.

Anders ist es beispielsweise, wenn ein Vorhaben außer einer Baugenehmigung auch einer wasserrechtlichen Erlaubnis oder Bewilligung nach §§ 8 ff. WHG bedarf. Über ihre Erteilung wird in einem gesonderten Zulassungsverfahren durch Verwaltungsakt entschieden. Die einschlägigen wasserrechtlichen Vorschriften sind daher nach § 58 I 2 LBO von der Baurechtsbehörde im Baugenehmigungsverfahren nicht zu prüfen.

Überlegen kann man, ob die Baurechtsbehörde die Erteilung der Baugenehmigung versagen kann oder muss, wenn sie weiß, dass dem Vorhaben eine nach einem anderen Gesetz zusätzlich erforderliche Genehmigung (noch) fehlt. Eine Baugenehmigung könnte dann möglicherweise immer erst dann erteilt werden, wenn zuvor sämtliche für ein Vorhaben erforderlichen Genehmigungen oder Erlaubnisse vorliegen. Die Baugenehmigung hätte dann die Funktion, den Schlusspunkt einer in verschiedenen Verfahren erfolgenden Prüfung eines Vorhabens zu bilden (sog. **Schlusspunkttheorie**).[267] Dafür könnte sprechen, dass es bei bodenrelevanten Vorhaben letztlich die Baugenehmigung ist, auf deren Grundlage es zu unumstößlichen Fakten durch die Errichtung von Bauwerken kommt. Allerdings findet sich für dieses Verständnis und für einen damit verbundenen Vorrang des Baugenehmigungsverfahrens und der Baugenehmigung keinerlei Anhaltspunkt im Wortlaut des § 58 I LBO. In Baden-Württemberg stehen damit das Baugenehmigungsverfahren und zusätzlich erforderliche Verwaltungsverfahren nebeneinander und sind unabhängig voneinander durchzuführen.[268]

Hinweis: Auch die Gaststättenerlaubnis nach § 1 LGastG[269] i.V.m. § 2 I 1 GastG[270] steht neben der Baugenehmigung.

In Klausuren wird häufig danach gefragt, ob ein **Anspruch auf die Erteilung einer Baugenehmigung** besteht. Es bietet sich folgende Prüfungsreihenfolge an:

Anspruchsgrundlage: § 58 I 1 LBO

1. **Anwendungsbereich des § 58 I 1 LBO**
   → (–), wenn ein Vorhaben einem anderen Genehmigungsverfahren mit Konzentrationswirkung unterfällt (→ Rn. 357 f.)
2. **Zuständigkeit der Baurechtsbehörde**
   a) sachlich: §§ 48 I, 46 I Nr. 3 LBO i.V.m. § 15 I LVG
   b) örtlich: § 3 I Nr. 1 LVwVfG
3. **ordnungsgemäßer Bauantrag**, § 53 I, II LBO
4. **ordnungsgemäßes Verfahren**, insbes. §§ 53 III, IV, 54 I, II und § 55 I, II LBO
5. **genehmigungspflichtiges Vorhaben**, § 49 LBO
   a) insbes. Errichtung oder Abbruch einer baulichen Anlage, § 2 I LBO
   b) keine anderweitige Bestimmung in §§ 50, 51, 69 oder 70 LBO

---

[267] Dazu *Mampel*, BauR 2002, 719 ff.
[268] VGH BW, DVBl. 1996, 686, 686 f.; ZfBR 2003, 47, 48; VBlBW 2010, 155, 156.
[269] G. v. 10.11.2009, GBl. S. 628.
[270] G. i.d.F. v. 20.11.1998, BGBl. I S. 3418, zuletzt geändert durch G v. 10.3.2017, BGBl. I S. 420.

→ *unterfällt ein Vorhaben einer dieser Bestimmungen, besteht mit Ausnahme von einigen Fallgestaltungen des § 51 V LBO kein Anspruch auf die Durchführung eines Baugenehmigungsverfahrens*

6. **Vereinbarkeit des Vorhabens mit von der Baurechtsbehörde zu prüfenden öffentlich-rechtlichen Vorschriften**
   a) Bauordnungsrecht
   b) ggf. örtliche Bauvorschriften i. S. d. § 74 LBO
   c) §§ 30 ff. BauGB
      aa) von der Baurechtsbehörde nach § 58 I 2 LBO zu prüfen?
         → *bei den §§ 30 ff. BauGB ist das unproblematisch zu bejahen*
      bb) planungsrechtliche Zulässigkeit des Vorhabens
         → *Schema Rn. 318*
   d) sonstige Bestimmungen
      aa) von der Baurechtsbehörde nach § 58 I 2 LBO zu prüfen?
      bb) Vereinbarkeit des Vorhabens mit diesen Bestimmungen
7. **Ergebnis**

bb) Vereinfachtes Baugenehmigungsverfahren

401 Wie soeben gezeigt (→ Rn. 396) kann in einem Baugenehmigungsverfahren eine Fülle von Vorschriften zu überprüfen sein. Zur Verfahrensvereinfachung und -beschleunigung kennt § 52 LBO ein **vereinfachtes Genehmigungsverfahren**. Es **kann** nach § 52 I LBO bei allen Vorhaben angewendet werden, bei denen nach § 51 I 1 LBO auch das Kenntnisgabeverfahren in Betracht kommt (→ Rn. 377). Es ist von der Normgenese und der Normsystematik (vgl. § 52 II Nr. 1 und Nr. 3b) LBO) her davon auszugehen, dass sich der Verweis in § 52 I LBO auf § 51 I 1 LBO nur auf die in § 51 I 1 LBO enthaltene Auflistung der Typen von Vorhaben bezieht und inhaltlich insbesondere nicht auch § 51 II LBO erfasst. Das vereinfachte Baugenehmigungsverfahren kommt also anders als das Kenntnisgabeverfahren auch bei Vorhaben i. S. d. § 51 I LBO in Betracht, die im nicht qualifiziert beplanten Innen- oder im Außenbereich liegen.[271] **Zwingend** vorgeschrieben ist die Durchführung des vereinfachten Genehmigungsverfahrens in den Fällen des § 51 V a.E. LBO. § 51 V LBO ermöglicht es dem Bauherrn eines lediglich kenntnisgabepflichtigen Vorhabens grundsätzlich, alternativ ein Baugenehmigungsverfahren durchzuführen (→ Rn. 386). Der letzte Satzteil der Norm bestimmt allerdings, dass bei dem Kenntnisgabeverfahren unterfallenden Wohngebäuden der Gebäudeklassen 1 bis 3 sowie deren Nebengebäuden und Nebenanlagen als weiteres Verfahren nur das vereinfachte Baugenehmigungsverfahren nach § 52 LBO eröffnet ist. Das bedeutet: Will beispielsweise ein Bauherr im Geltungsbereichs eines qualifizierten oder vorhabenbezogenen Bebauungsplans und außerhalb des Geltungsbereichs einer Veränderungssperre ein kleines Ein- oder Zweifamilienhaus errichten, kann er für dieses Vorhaben ein Kenntnisgabeverfahren durchführen oder eine Baugenehmigung im vereinfachten Baugenehmigungsverfahren beantragen. Die Beantragung einer Baugenehmigung im regulären Baugenehmigungsverfahren ist ihm demgegenüber versperrt.

402 Vom Kenntnisgabeverfahren unterscheidet sich das vereinfachte Baugenehmigungsverfahren dadurch, dass an seinem Ende eine Baugenehmigung, also eine positive Zulassungsentscheidung steht. Vom regulären Baugenehmigungsverfahren unterscheidet

---

[271] Ebenso zur aktuellen Fassung der LBO *Sauter*, LBO, § 52 Rn. 9 ff.; *Schlotterbeck*, in: ders. u. a., LBO, § 52 Rn. 3.

C. Die Zulässigkeit von Vorhaben

sich das vereinfachte Baugenehmigungsverfahren wiederum dadurch, dass die Baurechtsbehörde nur die in § 52 II Nr. 1–3 LBO aufgelisteten Bestimmungen prüft. Auf sie beziehen sich daher auch nur die Wirkungen der erteilten Baugenehmigung. Wenn ein Vorhaben, das dem vereinfachten Genehmigungsverfahren unterfällt, alle Anforderungen erfüllt, die in diesem Verfahren geprüft werden, besteht ein Anspruch auf Erteilung der – nur in diesem Umfang und damit beschränkt schützenden – Baugenehmigung.

Obwohl die Baurechtsbehörde die Rechtmäßigkeit der baulichen Anlage im vereinfachten Baugenehmigungsverfahren nur eingeschränkt prüft, muss das Vorhaben in jeder Hinsicht den öffentlich-rechtlichen Bestimmungen entsprechen. Das stellt § 52 III LBO ausdrücklich klar. Offen ist, was geschieht, wenn die Baurechtsbehörde bei der Prüfung des Bauantrags im vereinfachten Genehmigungsverfahren bemerkt, dass das Vorhaben gegen eine Norm verstößt, die in diesem Verfahren nicht zum Prüfprogramm zählt. Wie schon an anderer Stelle erwähnt (→ Rn. 384) haben die Baurechtsbehörden nach der Generalklausel des § 47 I 1 LBO darauf zu achten, dass die baurechtlichen und sonstigen öffentlich-rechtlichen Vorschriften über die Errichtung und den Abbruch von Anlagen eingehalten werden, und sie haben dazu nach § 47 I 2 LBO die nach pflichtgemäßem Ermessen erforderlichen Maßnahmen zu treffen. Wenn nach §§ 52 II, 58 I 1 LBO eine – eingeschränkte – Baugenehmigung zu erteilen ist und wenn die Behörde das Vorhaben gleichwohl wegen eines erkannten Verstoßes gegen im Rahmen von § 52 II LBO nicht zu prüfende Vorschriften verhindern oder modifizieren will, dann kann sie beispielsweise zusammen mit der Genehmigungserteilung den Bauherrn auffordern, einen Antrag auf Abweichung, Ausnahme oder Befreiung zu stellen. Sie kann auch nach § 47 I 2 LBO anordnen, dass der Bauherr bestimmte Maßnahmen ergreift und beispielsweise fehlende Stellplätze errichtet, Gemeinschaftsanlagen anlegt usw. Im Extremfall ist es denkbar, dass die Genehmigung nach §§ 52, 58 I 1 LBO mit der gleichzeitigen oder anschließenden Untersagung des Vorhabens nach § 47 I 2 LBO kombiniert wird.[272] **403**

Stattdessen wird teilweise angenommen, die Erteilung der Baugenehmigung könne wegen eines fehlenden Sachbescheidungsinteresses unterbleiben.[273] Dann müsste aber ein Rechtssatz bestehen, demzufolge eine Behörde einen Antrag auf Erlass eines Verwaltungsakts trotz Vorliegens der Anspruchsvoraussetzungen mangels Sachbescheidungsinteresses ablehnen darf, wenn der Antragsteller von dem Verwaltungsakt aus anderen Gründen nicht rechtmäßig Gebrauch machen kann. Ob es einen solchen Rechtssatz gibt, ist fragwürdig. So wird beispielsweise im regulären Genehmigungsverfahren eine Baugenehmigung auch dann erteilt, wenn dem Vorhaben eine nach einem anderen Gesetz zusätzlich erforderliche Genehmigung (noch) fehlt (→ Rn. 398). Das ist eine vergleichbare Konstellation. **404**

cc) Baugenehmigung

Am Ende eines Baugenehmigungsverfahrens steht bei positiver Sachentscheidung der Baurechtsbehörde die Baugenehmigung. Man geht davon aus, dass es sich bei der Notwendigkeit, eine Baugenehmigung einzuholen, rechtstechnisch um ein **präventives Verbot mit Erlaubnisvorbehalt** handelt. Das gilt sowohl für die Genehmigung im regulären als auch für die im vereinfachten Baugenehmigungsverfahren. Liegen die Anspruchsvoraussetzungen vor, ist die Baugenehmigung zu erteilen mit der Folge, dass **405**

---

[272] BayVGH, BayVBl. 2009, 507, 507.
[273] VGH BW, VBlBW 2017, 388, 389; OVG Rh.-Pf., BauR 2009, 799, 800 f.; *Sauter*, LBO, § 52 Rn. 27.

das präventive Verbot entfällt. Es besteht dann das grundrechtlich geschützte Recht, eine Anlage wie genehmigt zu bauen und zu nutzen.

406 Zu überlegen ist, worin genau dabei die rechtliche Bedeutung der Baugenehmigung liegt. Die Baugenehmigung, die regelmäßig[274] in der Form eines Verwaltungsakts nach § 35 S. 1 LVwVfG ergeht, enthält eine Regelung. Sie setzt also eine Rechtsfolge. Die Regelung einer Baugenehmigung soll aus einem **feststellenden** und einem **verfügenden Teil** bestehen.[275] Beide Regelungsbestandteile sind aber im Grunde identisch. Der feststellende Teil der Baugenehmigung legt verbindlich und damit als Rechtsquelle fest, dass diese Anlage und ihre Nutzung die von der Baurechtsbehörde zu prüfenden öffentlich-rechtlichen Vorschriften erfüllen. Da nach Art. 14 I GG die der einfachgesetzlichen Rechtsordnung entsprechende Nutzung von Grundstücken grundrechtsgeschützt ist (→ Rn. 23), enthält die Baugenehmigung damit zugleich die verbindliche Feststellung, dass die gesetzeskonforme Ausführung und spätere Nutzung des Vorhabens – im Umfang des Prüfungsprogramms im Genehmigungsverfahren – grundrechtsgeschützt ist. Ist das der Fall, dann entfällt aber grundsätzlich zugleich auch das präventive Verbot, die Anlage zu errichten und zu nutzen. Mit der Aussage, die Baugenehmigung enthalte einen feststellenden und einen verfügenden Teil, sind damit im Grunde nur verschiedene Facetten der durch die Baugenehmigung getroffenen Regelung beschrieben. Zu beachten ist allerdings, dass vor Baubeginn noch die Voraussetzungen des § 59 I-III LBO erfüllt werden müssen.

407 Die Regelungswirkung der Baugenehmigung, die nach § 58 I 3 LBO der Schriftform bedarf,[276] besteht, sobald und solange sie wirksam ist. Auf die Rechtmäßigkeit der Baugenehmigung kommt es nicht an, solange sie unter keinem zur Nichtigkeit führenden Fehler nach § 44 I, II LVwVfG leidet. Als Verwaltungsakt wird die Baugenehmigung gem. § 43 I 1 LVwVfG mit Bekanntmachung wirksam. Sie gilt nach § 58 II LBO auch für und gegen den Rechtsnachfolger des Bauherrn und wird nach § 58 III LBO „unbeschadet privater Rechte Dritter" erteilt. Das bedeutet, dass die Baugenehmigung nicht bescheinigt, dass das Vorhaben privatrechtskonform ist. Macht der Bauherr von der Baugenehmigung Gebrauch, gilt sie in der Regel (Ausnahme: § 58 IV BauGB) zeitlich unbegrenzt. Das wiederum heißt, dass die Genehmigung dem Vorhaben auch zeitlich unbegrenzt seine Grundrechtskonformität bescheinigt.

408 Etwas anderes gilt nur dann, wenn die Genehmigung später nach § 48 I 1 LVwVfG zurückgenommen, nach § 49 II LVwVfG widerrufen oder im Rahmen des Widerspruchs oder der Anfechtungsklage eines Dritten aufgehoben wird. Außerdem können nach § 58 VI LBO in näher bestimmten Gefahrenfällen nachträglich Anforderungen an das Vorhaben gestellt werden. Wird demgegenüber nach der Erteilung einer Baugenehmigung nicht innerhalb von drei Jahren mit der Bauausführung begonnen oder wird die Bauausführung nach drei Jahren für mehr als ein Jahr unterbrochen, so erlischt die Baugenehmigung gem. § 62 I LBO, wobei diese Fristen nach § 62 II 1 LBO auf Antrag in Textform bis zu drei Jahren verlängert werden können.

409 Idealtypisch ist das Baugenehmigungsverfahren darauf angelegt, das gesamte Vorhaben an allen einschlägigen öffentlich-rechtlichen Bestimmungen zu messen. Das vereinfachte Baugenehmigungsverfahren hat bereits gezeigt, dass das Gesetz Abweichungen von diesem Modell kennt. Eine solche Abweichung stellt auch der **Bauvor-**

---

[274] Ausnahme: verwaltungsrechtlicher Vertrag, § 54 S. 1 LVwVfG.
[275] BVerwGE 48, 242, 245; 82, 61, 69. Vgl. eher referierend z.B. auch *Kaiser*, in: Ehlers/Fehling/Pünder, Besonderes Verwaltungsrecht, § 41 Rn. 55.
[276] Eine Ersetzung durch die elektronische Form ist nach Maßgabe des § 3a LVwVfG möglich.

C. Die Zulässigkeit von Vorhaben

bescheid dar. Nach § 57 I 1 LBO kann vor Einreichen des Bauantrags auf Antrag des Bauherrn in Textform ein schriftlicher[277] Bescheid, also ein Verwaltungsakt, zu einzelnen Fragen des Vorhabens erteilt werden. So kann es beispielsweise von Interesse sein, im Vorfeld der Einreichung eines Bauantrags zu klären, ob das fragliche Grundstück überhaupt bebaubar ist. Ergeht ein dies bejahender Vorbescheid, ist verbindlich geregelt, dass das geplante Vorhaben mit den zur Prüfung gestellten öffentlich-rechtlichen Vorschriften übereinstimmt und bei Errichtung insoweit Grundrechtsschutz genießen würde. Der Vorbescheid steht insoweit in seiner rechtlichen Wirkung der Baugenehmigung gleich. Er ist ein vorweggenommener Teil der Baugenehmigung, der allerdings noch nicht zum Bauen berechtigt, weil noch nicht alle einschlägigen öffentlich-rechtlichen Vorschriften geprüft wurden.

Ähnliche Wirkungen hat der nach erfolgreicher Durchführung einer in § 68 LBO näher geregelten **Typenprüfung** ergehende Bescheid nach § 68 II 2 LBO. Die Typenprüfung betrifft vor allem den Fall, dass bauliche Anlagen oder Teile von ihnen in derselben Ausführung an mehreren Stellen errichtet oder verwendet werden sollen. Nach § 68 I 1 LBO können dann die Nachweise der Standsicherheit, des Schallschutzes oder der Feuerwiderstandsdauer der Bauteile allgemein geprüft werden. Wird durch Bescheid festgestellt, dass die geprüften Teile den öffentlich-rechtlichen Vorschriften entsprechen, dann löst das dieselben Rechtswirkungen wie ein Vorbescheid aus. Auch aufgrund eines positiven Bescheids nach Durchführung einer Typenprüfung darf also noch nicht gebaut werden. 410

Anders ist das bei der **Teilbaugenehmigung**. Nach näherer Maßgabe des § 61 LBO kann gem. § 61 I 1 LBO nach Einreichung des Bauantrags der Baubeginn für die Baugrube und für einzelne Bauteile oder Bauabschnitte auf schriftlichen Antrag schon vor Erteilung der Baugenehmigung zugelassen werden, wenn nach dem Stand der Prüfung des Bauantrags gegen die Teilausführung keine Bedenken bestehen. 411

c) Vertiefungshinweise

Literatur: 412

Zur Baugenehmigung und zu den Baugenehmigungsverfahren: *Anders,* Der Umfang der Rechtmäßigkeitsprüfung im Baugenehmigungsverfahren, JuS 2015, 604 ff.; *Beckmann,* Eine Systematisierung baurechtlicher und sonstiger öffentlich-rechtlicher Instrumentarien zur Legalisierung von genehmigungsfreien Bauvorhaben, KommJur 2012, 401 ff.; *Buchmann,* Die Konzentrationswirkung der Baugenehmigung – auch in Baden-Württemberg?, VBlBW 2007, 201 ff.; *Frenz,* der Baugenehmigungsanspruch, JuS 2009, 902 ff.; *Hornmann,* Keine Feststellung in der Baugenehmigung zum nicht zu prüfenden Recht, NVwZ 2012, 1294 ff.; *Ionescu/Reiling/ Stengel,* Das vereinfachte Baugenehmigungsverfahren in Baden-Württemberg, VBlBW 2010, 380 ff.; *Lindner/Struzina,* Die Baugenehmigung, JuS 2016, 226 ff.

Zum Bauvorbescheid: *Pünder,* Der praktische Fall – Öffentliches Recht: Der rechtswidrige Bauvorbescheid und seine Folgen, JuS 2000, 682 ff. (Falllösung); *Schmaltz,* Überlegungen zum Gegenstand des Bauvorbescheids, BauR 2007, 975 ff.

4. Bauüberwachung/Herstellung rechtmäßiger Zustände

Die geschilderten Verfahren der Zulassung von Vorhaben und die mit ihnen verbundenen präventiven Kontrollen reichen nicht aus, um die Rechtmäßigkeit und Sicherheit von baulichen Anlagen sicherzustellen. Zum einen können während der Bauausführung Fehler gemacht werden oder Gefahren entstehen. Um dem entgegenzuwir- 413

---

[277] Eine Ersetzung durch die elektronische Form ist nach Maßgabe des § 3a LVwVfG möglich.

ken, kennt die LBO die in den §§ 64, 66 und 67 LBO geregelten Instrumente der **Bauüberwachung**. Zum anderen kann sich später herausstellen, dass eine Anlage oder ihre Nutzung rechtswidrig und/oder gefährlich ist. So kann beispielsweise eine genehmigungsbedürftige Anlage bereits ohne Genehmigung errichtet worden sein, eine dem Kenntnisgabeverfahren unterliegende Anlage kann entgegen § 51 IV LBO gegen öffentlich-rechtliche Vorschriften verstoßen, die Rechtslage kann sich nachträglich ändern oder eine Gefahrenlage wird erst nach Genehmigungserteilung erkennbar u.v.m. Stellt die Baurechtsbehörde die Rechtswidrigkeit einer baulichen Anlage oder ihrer Nutzung fest, kann sie zur **Herstellung rechtmäßiger Zustände** auf der Grundlage von § 65 I 1 LBO eine Abbruchsanordnung und auf der Grundlage von § 65 I 2 LBO eine Nutzungsuntersagung aussprechen. Ggf. kann sie auch auf der Grundlage von §§ 65 II, 76 und 58 VI LBO sowie nach der Generalklausel des § 47 I 2 LBO weitere Maßnahmen treffen.

a) Bauüberwachung

414   Die **Bauüberwachung** dient wie gerade festgestellt der Sicherstellung der rechtmäßigen Bauausführung. § 66 I 1 LBO bestimmt dementsprechend, dass die Baurechtsbehörde die Ordnungsmäßigkeit der Bauausführung und die ordnungsgemäße Erfüllung der Pflichten der am Bau Beteiligten überprüft. Sie kann nach § 66 I 2 LBO verlangen, dass der Beginn und die Beendigung bestimmter Bauarbeiten angezeigt werden, und nach näherer Maßgabe des § 67 LBO kann sie die Abnahme bestimmter Bauteile oder Bauarbeiten oder der baulichen Anlage insgesamt vorschreiben. § 66 II 3 LBO ermöglicht die Entnahme und Prüfung von Proben, und § 66 III LBO regelt Zutrittsbefugnisse sowie Einblicksrechte in Genehmigungen, Prüfzeugnisse etc. Nach § 66 IV LBO kann die Baurechtsbehörde darüber hinaus den Nachweis verlangen, dass die Grundflächen, Abstände und Höhenlagen der Gebäude eingehalten sind. Schließlich bestimmt § 64 I 1 LBO, dass die Baurechtsbehörde die Einstellung von Bauarbeiten anordnen kann, wenn Anlagen im Widerspruch zu öffentlich-rechtlichen Vorschriften errichtet oder abgebrochen werden. § 64 I 2 LBO listet beispielhaft Fälle auf, in denen diese Maßnahme in Betracht kommt. Genannt wird u. a. in § 64 I 2 Nr. 1 LBO der Fall, dass entgegen § 59 LBO frühzeitig mit dem Bau begonnen wird, sowie in § 64 I 2 Nr. 3a) LBO der, dass bei der Ausführung eines Vorhabens von der erteilten Baugenehmigung abgewichen wird. Da nach § 64 I 3 LBO Widerspruch und Anfechtungsklage gegen die Anordnung einer Baueinstellung keine aufschiebende Wirkung haben, kann die Baurechtsbehörde unmittelbar die in § 64 II LBO geregelten Vollstreckungsmaßnahmen ergreifen, wenn die Arbeiten trotz Anordnung der Baueinstellung fortgeführt werden.

b) Herstellung rechtmäßiger Zustände

aa) Abbruchsanordnung

415   Während sich die bisher geschilderten Maßnahmen auf die Phase der Bauausführung beziehen, geht es im Folgenden um den Umgang mit fertig gestellten Anlagen, die rechtswidrig errichtet wurden oder rechtswidrig genutzt werden. § 65 I 1 LBO bestimmt dazu, dass die Baurechtsbehörde den teilweisen oder vollständigen **Abbruch** einer Anlage anordnen kann, die im Widerspruch zu öffentlich-rechtlichen Vorschriften errichtet wurde, wenn nicht auf andere Weise rechtmäßige Zustände hergestellt werden können.[278] Liegen die Voraussetzungen für diese sehr einschneidende Maß-

---

[278] Dass nicht auf andere Weise rechtmäßige Zustände hergestellt werden können, gehört zu den Voraussetzungen, also zum Tatbestand des § 65 I 1 LBO, VGH BW, VBlBW 2004, 263 ff.

C. Die Zulässigkeit von Vorhaben

nahme vor, die nur ultima ratio sein darf, können auf der Grundlage des § 65 I 1 LBO zugleich der Abtransport des Bauschutts, die Einebnung der Baugrube und ähnliche Maßnahmen verlangt werden.[279] Die Abbruchsanordnung nach § 65 I 1 LBO wird durch die nach § 65 II LBO ergänzt. Hier geht es um die Beseitigung nicht genutzter und im Verfall befindlicher baulicher Anlagen. Die Ausführungen konzentrieren sich im Folgenden auf den Fall rechtswidrig errichteter Anlagen und die Anordnung ihres Abbruchs nach § 65 I 1 LBO.

Betrachtet man zunächst die nach § 49 LBO **genehmigungspflichtigen Anlagen**, so können diese zum einen öffentlich-rechtlichen Vorschriften i.S.d. § 65 I 1 LBO widersprechen, weil es an der erforderlichen Genehmigung fehlt (sog. **formelle Baurechtswidrigkeit**). Das ist der Fall, wenn der Bauherr von vornherein auf die Einholung der erforderlichen Genehmigung verzichtet (sog. **Schwarzbau**), aber auch dann, wenn er abweichend von einer erteilten Genehmigung baut oder wenn eine zunächst erteilte Genehmigung nachträglich mit Wirkung für die Vergangenheit aufgehoben wird. 416

Dabei kann es sein, dass die nicht genehmigte, aber genehmigungsbedürftige Anlage inhaltlich allen von der Baurechtsbehörde zu prüfenden Vorschriften entspricht, also genehmigungsfähig wäre. Ebenso gut ist es möglich, dass der Anlage nicht nur die erforderliche Genehmigung fehlt, sondern dass sie zudem gegen von der Baurechtsbehörde zu prüfende öffentlich-rechtliche Vorschriften verstößt (sog. **materielle Baurechtswidrigkeit**). In der Regel geht man davon aus, eine Abbruchsanordnung sei im Hinblick auf eine genehmigungsbedürftige Anlage nur dann nach § 65 I 1 LBO zulässig, wenn die fragliche Anlage „formell und materiell baurechtswidrig ist".[280] Das wird zum Teil dahingehend abgemildert, dass eine Abbruchverfügung nur dann zulässig sei, wenn „die Anlage nicht durch eine Baugenehmigung gedeckt wird und seit ihrer Fertigstellung fortdauernd gegen materielles Baurecht verstößt".[281] Folgt man dem, kommt eine Abbruchsanordnung also schon dann nicht mehr in Betracht, wenn eine Anlage bei fehlender Genehmigung irgendwann einmal inhaltlich rechtmäßig war. 417

Hinter diesen im Ergebnis im Regelfall zutreffenden Aussagen stehen verschiedene Überlegungen. Entspricht eine Anlage dem materiellen Recht, aber fehlt ihr die erforderliche Genehmigung, dann kommt eine Abbruchsanordnung regelmäßig nicht in Betracht, denn oft wird es in derartigen Fällen zur anderweitigen Herstellung rechtmäßiger Zustände i.S.d. § 65 I 1 LBO schon ausreichen, wenn die Nutzung nach § 65 I 2 LBO bis zum Vorliegen der Genehmigung untersagt wird. Im Übrigen ist es im Normalfall eine unverhältnismäßige Ausübung des durch § 65 I 1 LBO eingeräumten Ermessens, den Abbruch einer Anlage zu verfügen, auf deren Genehmigung der Bauherr einen Anspruch hat. 418

Umgekehrt kann eine genehmigungsbedürftige Anlage im Grundsatz nicht zugleich formell rechtmäßig, aber materiell rechtswidrig sein. Das liegt am Regelungsgehalt der Baugenehmigung. Sie stellt rechtsverbindlich fest, dass das Vorhaben den von der Baurechtsbehörde zu prüfenden öffentlich-rechtlichen Vorschriften entspricht (→ Rn. 406). Das gilt auch dann, wenn das Vorhaben im Genehmigungszeitpunkt gegen eine gesetzliche Bestimmung verstößt. Die Baugenehmigung ist dann zwar rechts- 419

---

[279] VGH BW, BauR 1989, 193, 194.
[280] Dazu m. Nachw. *Dürr/Leven/Speckmaier*, Baurecht Baden-Württemberg, Rn. 271; *Kersten*, in: Schoch, Besonderes Verwaltungsrecht, 3. Kap. Rn. 449.
[281] VGH BW, NJW 1984, 319, 319; VBlBW 2016, 115, 116; NVwZ-RR 2017, 315. Kritisch zu dieser Erweiterung zu Recht z.B. *Muckel/Ogorek*, Öffentliches Baurecht, § 9 Rn. 31; *Will*, Öffentliches Baurecht, Rn. 723.

widrig. Die von ihr getroffene Feststellung gilt, sofern die Baugenehmigung wirksam ist, gleichwohl. Dann aber verstößt ein genehmigungsbedürftiges und der Genehmigung entsprechend errichtetes Vorhaben nicht gegen öffentlich-rechtliche Vorschriften i. S. d. § 65 I 1 LBO.[282] Eine Abbruchsanordnung kann nur ausgesprochen werden, wenn entweder der Fehler der Baugenehmigung so grundsätzlich ist, dass er zu deren Nichtigkeit nach § 44 I, II LVwVfG führt, oder dann, wenn die Baugenehmigung zuvor von der Baurechtsbehörde nach § 48 I 1 LVwVfG mit Wirkung für die Vergangenheit zurückgenommen wird. Dann besteht zum einen keine Baugenehmigung (mehr) mit der Folge, dass das Vorhaben formell illegal ist, und zum anderen darf nun die inhaltliche Unvereinbarkeit des Vorhabens mit den von der Baurechtsbehörde zu prüfenden öffentlich-rechtlichen Vorschriften unmittelbar durch Rückgriff auf diese Vorschriften beurteilt werden.

420 Trotz der dann gegebenen formellen und materiellen Illegalität ist eine Abbruchsanordnung aber nur zulässig, wenn anderweitig, also beispielsweise durch Zulassung von Abweichungen oder Ausnahmen oder durch die Erteilung von Befreiungen, keine rechtmäßigen Verhältnisse hergestellt werden können und wenn die Abbruchsanordnung auch sonst verhältnismäßig ist. Letzteres hängt auch davon ab, gegen welche Rechtssätze die bauliche Anlage verstößt und welchen Schutzzweck die verletzten Normen haben. Von daher ist es auch fragwürdig, wenn zum Teil unter Rückgriff auf die Figur des „intendierten Ermessens" davon ausgegangen wird, dass die Baurechtsbehörde bei Vorliegen der Tatbestandsvoraussetzungen des § 65 I 1 LBO im Regelfall tätig werden solle.[283]

421 Bei Anlagen, die dem **Kenntnisgabeverfahren** unterliegen, sowie bei **verfahrensfreien Vorhaben** kommt es mangels Baugenehmigung für die Beurteilung, ob sie im Widerspruch zu öffentlich-rechtlichen Vorschriften i. S. d. § 65 I 1 LBO errichtet wurden, naturgemäß nur unmittelbar auf diese Vorschriften an. Verstieß die Anlage bei ihrer Errichtung gegen von der Baurechtsbehörde zu prüfende öffentlich-rechtliche Normen, kann der Abbruch angeordnet werden, wenn nicht auf andere Weise rechtmäßige Zustände hergestellt werden können und die Anordnung ermessensfehlerfrei, also insbesondere verhältnismäßig ist. Insoweit gilt dasselbe wie zuvor.

422 **Hinweis:** Der Umstand, dass im Kenntnisgabeverfahren der Verstoß eines Vorhabens gegen Festsetzungen eines Bebauungsplans möglicherweise zugleich einen Verfahrensfehler auslöst (→ Rn. 378), ändert an dieser Bewertung nichts. Maßgeblich ist letztlich der materielle Fehler.

423 Bei Anlagen im **vereinfachten Genehmigungsverfahren** ist zu differenzieren. Liegt keine Genehmigung vor und handelt es sich um ein Vorhaben nach § 52 I LBO i. V. m. § 51 I 1 LBO, das innerhalb des Geltungsbereichs eines qualifizierten oder vorhabenbezogenen Bebauungsplans und außerhalb des Geltungsbereichs einer Veränderungssperre liegt und den Festsetzungen des Bebauungsplans nicht widerspricht,

---

[282] Vgl. in der Terminologie anders, aber in der Sache ebenso VGH BW, VBlBW 2016, 115, 117: „Die für eine bauliche Anlage erteilte Baugenehmigung [...] enthält [...] die Feststellung, dass die Anlage den baurechtlichen sowie den anderen von der Baurechtsbehörde zu prüfenden öffentlich-rechtlichen Vorschriften nicht widerspricht [...]. Die mit dieser Feststellung verbundene Legalisierungswirkung schließt es aus, die Errichtung der genehmigten Anlage als baurechtswidrigen Zustand zu werten."
[283] Vgl. in diese Richtung VGH BW, VBlBW 2004, 263, 267 m. Nachw. Anders aber z.B. VGH BW, VBlBW 2019, 77, 78, wo ausdrücklich der Ermessensspielraum betont wird. Zum Problem *Kaiser*, in: Ehlers/Fehling/Pünder, Besonderes Verwaltungsrecht, § 41 Rn. 136 ff.

C. Die Zulässigkeit von Vorhaben

dann bedarf dieses Vorhaben keiner Baugenehmigung. Es kann nach Wahl des Bauherrn auch das Kenntnisgabeverfahren durchlaufen. Wenn bei einem solchen Vorhaben keine Baugenehmigung vorliegt, führt das allein also nicht zu seiner formellen Baurechtswidrigkeit.

Handelt es sich demgegenüber um ein Bauvorhaben nach § 52 I LBO i.V.m. § 51 I 1 Nr. 1–4 LBO, das im nicht qualifiziert beplanten Innen- oder im Außenbereich liegt, so bedarf das Vorhaben einer – im regulären oder im vereinfachten Verfahren zustande gekommenen – Baugenehmigung. Fehlt sie bei Errichtung, ist das Vorhaben formell baurechtswidrig. Es gilt das dazu oben (→ Rn. 416 ff.) Gesagte. **424**

Liegt eine im vereinfachten Verfahren erteilte Baugenehmigung vor und stellt sich heraus, dass das Vorhaben bei deren Erteilung gegen von der Baurechtsbehörde zu prüfende Vorschriften verstoßen hat, dann gilt ebenfalls das oben Gesagte: Solange und soweit die Baugenehmigung zwar rechtswidrig, aber wirksam ist, verstößt ein genehmigungsbedürftiges und der Genehmigung entsprechend errichtetes Vorhaben nicht gegen öffentlich-rechtliche Vorschriften i.S.d. § 65 I 1 LBO. Dabei ist allerdings zu beachten, dass die Baugenehmigung im vereinfachten Verfahren nur eine begrenzte Regelungswirkung hat. Liegen Rechtsverstöße vor, die von der Baurechtsbehörde im vereinfachten Genehmigungsverfahren nicht überprüft werden, entspricht die Rechtslage der bei Anlagen, die dem Kenntnisgabeverfahren unterliegen oder vom Verfahren freigestellt sind. Eine Abbruchsanordnung kann zulässig sein. Das gilt aber wiederum nur dann, wenn anderweitig, also beispielsweise durch Zulassung von Abweichungen oder Ausnahmen oder durch die Erteilung von Befreiungen, keine rechtmäßigen Verhältnisse hergestellt werden können und wenn die Abbruchsanordnung auch sonst verhältnismäßig ist. Letzteres hängt auch hier davon ab, gegen welche Rechtssätze die bauliche Anlage verstößt und welchen Schutzzweck die verletzten Normen haben. **425**

Adressat einer Abbruchsanordnung ist je nach Situation entweder der Bauherr als Verhaltensverantwortlicher nach § 6 PolG und/oder der Eigentümer als Zustandsverantwortlicher nach § 7 PolG. Ist die Anlage vermietet, kann es erforderlich sein, zusätzlich auf der Grundlage von § 47 I 2 LBO gegenüber dem Mieter eine Duldungsanordnung zu treffen. **426**

Zur Wiederholung: Vgl. zur polizeirechtlichen Verantwortlichkeit bzw. zur Polizeipflichtigkeit (→ § 2 Rn. 205 ff.). **427**

Fraglich ist, ob eine Abbruchsanordnung im Falle der Veräußerung der baulichen Anlage oder im Erbfall auch gegenüber dem **Rechtsnachfolger** gilt.[284] Die LBO enthält dazu keine Regelung. Häufig wird insoweit auf die sog. Dinglichkeit des Verwaltungsakts abgestellt.[285] In eine Abbruchsanordnung flössen vorrangig mit dem Grundstück oder der Anlage verbundene und keine personenbezogenen Erwägungen ein, was die Annahme ermögliche, dass sie ohne weiteres auch etwaige Rechtsnachfolger verpflichte. **428**

Dagegen spricht aber, dass der Übergang von Pflichten auf einen Rechtsnachfolger eine Grundrechtsbeeinträchtigung darstellt, die einer gesetzlichen Grundlage bedarf.[286] **429**

---

[284] Dazu m. Nachw. *Remmert*, in: Erichsen/Ehlers (Hrsg.), Allgemeines Verwaltungsrecht, 15. Aufl. 2016, § 18 Rn. 16 ff.
[285] BVerwG, DÖV 1971, 640, 641; VGH BW, NVwZ 1992, 392, 392; *Dürr/Leven/Speckmaier*, Baurecht Baden-Württemberg, Rn. 278; *Kersten*, in: Schoch, Besonderes Verwaltungsrecht, 3. Kap. Rn. 456. Näher zum Problem z.B. *Weiblen*, in: Spannowsky/Uechtritz, BeckOK Bauordnungsrecht BW, § 65 Rn. 61 ff.
[286] *Krebs*, in: Schoch, Besonderes Verwaltungsrecht, 4. Kap. Rn. 233 m. Nachw.

Darum wird zum Teil auch versucht, die einschlägigen zivilrechtlichen Normen als Rechtsgrundlage heranzuziehen.[287] Jedoch haben zivilrechtliche Normen nicht die Funktion, den Staat zu Grundrechtseingriffen zu ermächtigen. Mangels entsprechender gesetzlicher Regelung wirkt daher in Baden-Württemberg – anders als oft vertreten[288] – eine Abbruchsanordnung nicht gegenüber Rechtsnachfolgern.

bb) Nutzungsuntersagung

430 Wird eine für sich genommen rechtmäßige Anlage entgegen den öffentlich-rechtlichen Vorschriften genutzt, kann die Baurechtsbehörde nach § 65 I 2 LBO diese **Nutzung untersagen**. Die Nutzungsuntersagung lässt den Bestand der Anlage unberührt. Eine Nutzung widerspricht beispielsweise dann den öffentlich-rechtlichen Vorschriften, wenn sie mit dem Regelungsgehalt einer vorhandenen Bau- bzw. Nutzungsgenehmigung unvereinbar ist, also etwa in dem Fall, in dem in einem für Wohnzwecke genehmigten Gebäude ein Gewerbe ausgeübt wird. Gleiches gilt, wenn die Nutzung einer nicht genehmigungsbedürftigen oder verfahrensfreien Anlage gegen einschlägige öffentlich-rechtliche Bestimmungen verstößt.

431 Umstritten ist, ob eine Nutzungsuntersagung allein deshalb in Betracht kommt, weil eine genehmigungspflichtige Nutzung ohne die erforderliche Genehmigung aufgenommen wurde, also **formell illegal** ist. Hier ist zu differenzieren: Eine Nutzung ohne erforderliche Genehmigung verstößt gegen öffentlich-rechtliche Vorschriften und unterfällt dem Tatbestand des § 65 I 2 LBO. Soll die Nutzung wegen der fehlenden Genehmigung nur untersagt werden, bis in einem nachzuholenden Baugenehmigungsverfahren geklärt ist, ob sie mit den von der Baurechtsbehörde zu prüfenden öffentlich-rechtlichen Bestimmungen vereinbar ist, ist das regelmäßig verhältnismäßig.[289] Anders ist es, wenn die Nutzung auf Dauer, also endgültig untersagt wird, ohne dass feststeht, dass die Nutzung auch mit materiellen Anforderungen unvereinbar ist.[290] Eine solche Untersagung ist in der Regel ermessensfehlerhaft.

cc) Sonstige Maßnahmen

432 Ändert sich in Bezug auf eine **rechtmäßig bestehende und genutzte Anlage** die Rechtslage, kommen u. U. Maßnahmen nach § 76 LBO in Betracht. Stellen sich nach der Erteilung einer Genehmigung nachträglich bestimmte Gefahren heraus, kann § 58 VI LBO einschlägig sein. Sind die speziellen Tatbestände der §§ 65, 76 oder 58 VI LBO nicht einschlägig, kann die Baurechtsbehörde zur Herstellung rechtmäßiger Zustände wie schon mehrfach erwähnt auch auf **§ 47 I 2 LBO** zurückgreifen. § 47 I 2 LBO findet auch Anwendung, wenn die Behörde – anders als in § 65 LBO – nicht repressiv, sondern präventiv eine bevorstehende genehmigungsbedürftige, aber bislang nicht genehmigte Nutzung untersagen will.

c) Vertiefungshinweise

433 **Literatur:** *Böhm*, Bauordnungsrecht, JA 2013, 481 ff.; *Jäde*, Bauaufsichtliche Maßnahmen, 3. Aufl. 2009; *Kahl/Dubber*, Die repressive Bauaufsicht, ZJS 2015, 585 ff.; *Leven*, „Brandschutz im Möbelhaus", VBlBW 2011, Beilage zu Heft 4, 10 ff. (Falllösung); *Lindner*, Formelle und ma-

---

[287] Z. B. OVG NRW, NJW 1989, 2834, 2834.
[288] *Dürr/Leven/Speckmaier*, Baurecht Baden-Württemberg, Rn. 278; *Sauter*, LBO, § 65 Rn. 108.
[289] VGH BW, BauR 2007, 1217, 1219. Vgl. zu einem Gegenbeispiel aber auch OVG NRW, BauR 2014, 1927, 1927 f.
[290] VGH BW, NVwZ 1990, 480, 480.

C. Die Zulässigkeit von Vorhaben

terielle Illegalität bei bauordnungsrechtlichen Eingriffen, JuS 2014, 118 ff.; *Mampel*, Bauordnungsverfügungen – Offene Streitfragen –, BauR 2000, 996 ff.; *Schoch*, Eingriffsbefugnisse der Bauaufsichtsbehörden, Jura 2005, 178 ff.

III. Rechtsschutzfragen

Im Zusammenhang mit der Zulässigkeit von Vorhaben stellen sich in **unterschiedlichen Konstellationen** Rechtsschutzfragen. Sie knüpfen zum einen an Entscheidungen der Baurechtsbehörde im Rahmen von Genehmigungs- und Kenntnisgabeverfahren und zum anderen an Anordnungen der Baurechtsbehörde in den Verfahren der Bauüberwachung und der repressiven Herstellung rechtmäßiger Zustände an. Dabei hängen die Rechtsschutzbegehren davon ab, ob der Bauherr sowie sonstige baurechtlich Verantwortliche oder Dritte gerichtlichen Rechtsschutz suchen. 434

1. Rechtsschutz des Bauherrn und der sonstigen baurechtlich Verantwortlichen

a) Zulässigkeit von Vorhaben

Stehen einem **genehmigungsbedürftigen Vorhaben** keine von der Baurechtsbehörde zu prüfenden öffentlich-rechtlichen Vorschriften entgegen, hat der Bauherr nach § 58 I 1 LBO einen Anspruch auf Baugenehmigung (→ Rn. 395). Liegen die Voraussetzungen der §§ 58 I 1, 52 II LBO vor, besteht ein Anspruch auf Erteilung einer Genehmigung im vereinfachten Verfahren (→ Rn. 402). Beide sind im Streitfall vom Bauherrn zunächst mit Hilfe eines Verpflichtungswiderspruchs gem. § 68 I, II VwGO und ggf. im Wege der **Verpflichtungsklage** gem. § 42 I Var. 2 VwGO vor den Verwaltungsgerichten geltend zu machen. Das gilt auch dann, wenn die behördliche Ablehnung einer beantragten Baugenehmigung auf der Verweigerung des gemeindlichen Einvernehmens (→ Rn. 256 ff.) beruht, da es keinen isolierten Anspruch auf die Erteilung des Einvernehmens gibt und eine Klage auf Ersetzung des Einvernehmens nach § 54 IV 1 LBO wegen § 44a VwGO unzulässig ist.[291] 435

Denkbar ist, dass ein Anspruch auf Baugenehmigung nur besteht, wenn zuvor eine **Ausnahme** zugelassen oder eine **Befreiung** erteilt wird. Diese Maßnahmen stehen im Ermessen der Baurechtsbehörde (vgl. § 31 I, II BauGB sowie § 56 III–V LBO). Im Streitfall ist zur Erlangung der Baugenehmigung ebenfalls die Verpflichtungsklage, ggf. in Form der Bescheidungsklage die richtige Rechtsschutzform. 436

Die Erteilung einer Baugenehmigung im Wege einer einstweiligen Anordnung nach § 123 I 2 VwGO scheitert in der Regel am Verbot der Vorwegnahme der Hauptsache. Ist der Bauherr der Auffassung, sein Vorhaben bedürfe keiner Genehmigung, steht ihm die negative Feststellungsklage nach § 43 I VwGO zur Verfügung. Mit Hilfe der Feststellungsklage lässt sich auch positiv klären, ob ein Vorhaben dem **Kenntnisgabeverfahren** unterliegt oder **verfahrensfrei** ist. 437

Wird eine Verpflichtungsklage mit dem Ziel der Erteilung einer Baugenehmigung erhoben, ist der **Zeitpunkt der letzten mündlichen Verhandlung** für die Beurteilung maßgeblich, ob ein Anspruch nach den tatsächlichen und rechtlichen Gegebenheiten besteht. Der Bauherr kann also von einer günstigen rechtlichen oder tatsächlichen Entwicklung während des Rechtsschutzverfahrens profitieren, trägt aber auch das Verschlechterungsrisiko. 438

---

[291] Vgl. *Sauter*, LBO, § 54 Rn. 49.

439 Hat der Bauherr abweichend von seinem Antrag eine Baugenehmigung mit einer **Nebenbestimmung** nach § 36 I LVwVfG erhalten, so soll er diese nach wohl herrschender Auffassung ungeachtet der Art der Nebenbestimmung isoliert anfechten können, wenn eine isolierte Aufhebung der Nebenbestimmung nicht offenkundig ausgeschlossen ist.[292] Es stellt sich die Frage, ob das richtig ist. Die Anfechtungsklage dient der Durchsetzung von Ansprüchen eines Bürgers auf vollständige oder teilweise Aufhebung eines rechtswidrigen Verwaltungsakts. Erhält ein Bauherr eine Baugenehmigung, die mit einer **Auflage** verbunden ist, ist er Adressat von zwei Regelungen. In erster Linie erhält er die beantragte Baugenehmigung, die ihn zum Bau und zur Nutzung der beantragten Anlage berechtigt und ihm insofern Grundrechtsschutz vermittelt (→ Rn. 405 f.). Diese Baugenehmigung wird mit einer zusätzlichen, akzessorischen Regelung verbunden, die ihm für den Fall, dass er von der Baugenehmigung und damit von seiner grundrechtlich geschützten Baufreiheit Gebrauch macht, nach § 36 II Nr. 4 LVwVfG ein Tun, Dulden oder Unterlassen vorschreibt. Ihm wird also eine Verhaltenspflicht auferlegt, die ihn in seiner Baufreiheit beeinträchtigt.

440 Ist die Beeinträchtigung, also die Auflage, rechtswidrig, hat der Bauherr wegen der dann vorliegenden Grundrechtsverletzung einen Anspruch auf ihre Aufhebung. Diesen Anspruch kann er im Wege der **Anfechtungsklage** verfolgen. Die Anfechtungsklage ist begründet, wenn die die Grundrechtsbeeinträchtigung bewirkende Auflage rechtswidrig ist. Auf die Frage, ob die verbleibende Baugenehmigung rechtmäßig ist oder ob sie ohne Auflage erteilt worden wäre, kommt es dabei nicht an.[293] Eine isolierte Anfechtung einer Auflage, die mit einer Baugenehmigung verbunden ist, ist also möglich.

441 Anders ist es bei **Bedingungen und Befristungen**. Sie begründen keine selbständigen Verhaltenspflichten und fügen einer antragsgemäß erteilten Baugenehmigung keine zusätzliche Regelung hinzu, sondern sie verändern den Inhalt der beantragten Genehmigung. Wer statt einer unbefristeten und unbedingten eine befristete oder bedingte Genehmigung erhält, erhält ein aliud zum beantragten Verwaltungsakt. Hat der Bauherr nach § 58 I 1 LBO einen Anspruch auf die begehrte unbefristete und unbedingte Baugenehmigung, ist dieser Anspruch durch Erteilung des aliuds nicht erfüllt. Der Bauherr muss daher die unbefristete oder unbedingte Baugenehmigung im Wege der Verpflichtungsklage erstreiten.[294] Die Verpflichtungsklage ist begründet, wenn der Anspruch auf eine unbedingte oder unbefristete Baugenehmigung besteht.

b) Anordnungen der Baurechtsbehörde

442 Ergehen gegen den Bauherrn oder gegen einen anderen Verantwortlichen (→ Rn. 368 ff., 426) Anordnungen **beispielsweise** nach § 64 I 1 LBO (Baueinstellung), nach § 65 LBO (Abbruchsanordnung und Nutzungsuntersagung) oder auf der Grundlage der Generalklausel des § 47 I 2 LBO, können dagegen Anfechtungswiderspruch und **Anfechtungsklage** nach § 42 I Var. 1 VwGO erhoben werden. Gleiches gilt, wenn die Baurechtsbehörde ein Vorhaben nach § 15 I 1 BauGB zurückstellt oder

---

[292] BVerwGE 112, 221, 224; sowie m. Nachw. z.B. *Will*, Öffentliches Baurecht, Rn. 678; *Kersten*, in: Schoch, Besonderes Verwaltungsrecht, 3. Kap. Rn. 458.
[293] *Remmert*, VerwArch 88 (1997), 112, 125; *Pietzcker*, NVwZ 1995, 159; anders BVerwGE 112, 221, 224.
[294] So – jeweils für Bedingungen – VGH BW, VBlBW 1995, 29, 29; OVG Berlin, NVwZ 2001, 1059, 1059 f.; sowie *Remmert*, VerwArch 88 (1997), 112 ff.; *Kaniess*, in: Hoppenberg/de Witt, Handbuch des öffentlichen Baurechts, K III (2018), Rn. 98 ff.; anders BVerwGE 81, 185, 186; 112, 221, 224; kritisch *Labrenz*, NVwZ 2007, 161 ff., der gegen Nebenbestimmungen nur die Verpflichtungsklage für statthaft hält.

C. Die Zulässigkeit von Vorhaben   373

es nach § 15 I 2 BauGB vorläufig untersagt (→ Rn. 207 ff.). Soweit bei derartigen Verwaltungsakten die sofortige Vollziehung nach § 80 II 1 Nr. 4 VwGO angeordnet wird bzw. soweit wie im Fall des § 64 I 3 LBO Widerspruch und Anfechtungsklage kraft Gesetzes nach § 80 II 1 Nr. 3 VwGO keine aufschiebende Wirkung haben, kann der Verpflichtete im Wege des vorläufigen Rechtsschutzes einen Antrag beim Verwaltungsgericht nach § 80 V 1 Var. 2 VwGO auf Wiederherstellung bzw. einen Antrag nach § 80 V 1 Var. 1 VwGO auf Anordnung der aufschiebenden Wirkung stellen.

2. Rechtsschutz Dritter

a) Zulässigkeit von Vorhaben

Gegen eine dem Bauherrn erteilte Baugenehmigung können Dritte im Wege von Anfechtungswiderspruch und **Anfechtungsklage** i.S.d. § 42 I Var. 1 VwGO vorgehen. Da Baugenehmigungen Entscheidungen i.S.d. § 1 I 1 Nr. 5 UmwRG sind,[295] werden die Regelungen der VwGO zum Rechtsschutz Dritter gegen Baugenehmigungen durch das UmwRG ergänzt und modifiziert. Besonders zu beachten ist, dass Baugenehmigungen danach nicht nur von Individualklägern, sondern zusätzlich nach Maßgabe des § 2 I UmwRG auch von nach § 3 UmwRG anerkannten **Umweltvereinigungen** angegriffen werden können.[296] Die Ausführungen konzentrieren sich im Folgenden auf Rechtsbehelfe **individueller Dritter**. Erhebt ein individueller Dritter Rechtsbehelfe gegen bauaufsichtliche Zulassungsentscheidungen, so haben diese Rechtsbehelfe nach § 212a I BauGB i.V.m. § 80 II 1 Nr. 3 VwGO keine aufschiebende Wirkung. Das bedeutet: Wendet sich ein Dritter im Wege von Anfechtungswiderspruch und Anfechtungsklage gegen die einem Bauherrn erteilte Baugenehmigung, dann darf der Bauherr sein Vorhaben trotz schwebenden Widerspruchs bzw. trotz schwebender Klage weiter ausführen. Deshalb wird der Dritte im Regelfall zusätzlich einen Antrag auf Anordnung der aufschiebenden Wirkung nach §§ 80a III 2, 80 V 1 Var. 1 VwGO stellen.[297] Obsiegt der Dritte, darf der Bauherr bis zum Abschluss des Hauptsacheverfahrens vorläufig nicht bauen. Setzt sich der Bauherr darüber hinweg, kann der Dritte nach § 80a III 1 Var. 3 i.V.m. § 80a I Nr. 2 VwGO die Anordnung von Sicherungsmaßnahmen beantragen. 443

Für diejenigen Dritten, denen nach § 58 I 7 LBO die Baugenehmigung zugestellt wurde, beginnt mit der Zustellung der Lauf der **Rechtsbehelfsfrist** des § 70 I VwGO. Unterbleibt die Zustellung, sind die Rechtsschutzmöglichkeiten Dritter im Prinzip zeitlich unbegrenzt. Sie können allerdings verwirkt werden. Das gilt beispielsweise dann, wenn der Dritte Kenntnis von dem Vorhaben hat und gleichwohl über längere Zeit untätig bleibt.[298] §§ 4 III 1 Nr. 1, 5 UmwRG sehen zudem vor, dass Einwendungen, die erstmals im Rechtsbehelfsverfahren erhoben werden, unberücksichtigt bleiben, wenn die erstmalige Geltendmachung im Rechtsbehelfsverfahren missbräuchlich oder unredlich ist. 444

Klausurhinweis: Zu bedenken ist, dass der Dritte u.U. nach § 55 II 2 LBO präkludiert sein kann (→ Rn. 394). Erhebt er Anfechtungsklage, bietet es sich an, diese Frage im Rahmen der 445

---

[295] *Seibert*, NVwZ 2018, 97, 98; *Remmert*, VBlBW 2019, 181, 182 f.; *Mager*, EurUP 2018, 50, 53; BayVGH, BeckRS 2018, 6908 Rn. 9.
[296] Näher dazu m. Nachw. *Remmert*, VBlBW 2019, 181, 184 f.
[297] Gelegentlich wird stattdessen auf §§ 80a III 1 Var. 3, 80a I Nr. 2 VwGO abgestellt.
[298] BVerwGE 44, 294, 298 ff.; 78, 85 ff.; vgl. auch BVerwG, NVwZ 2019, 245, 245 f.

Klagebefugnis zu prüfen. Liegt nämlich Präklusion vor, ist eine Rechtsverletzung durch die Baugenehmigung von vornherein nicht möglich. Das ist aber umstritten. Die Frage kann auch bei der Prüfung der Begründetheit abgehandelt werden.
Für Klagen einer Umweltvereinigung besteht keine mit § 55 II 2 LBO vergleichbare Präklusionsmöglichkeit. Da sich § 55 I, II LBO ausschließlich mit der Einbeziehung von Eigentümern angrenzender oder sonstiger benachbarter Grundstücke befasst, kann § 55 II 2 LBO nur in dem seltenen Fall zur Anwendung kommen, in dem eine anerkannte Vereinigung Eigentümerin eines angrenzenden oder benachbarten Grundstücks ist.

446   Ist ein Vorhaben **verfahrensfrei** oder unterliegt es dem **Kenntnisgabeverfahren**, dann existiert mangels behördlicher Zulassungsentscheidung kein Verwaltungsakt, den ein Dritter mittels Anfechtungswiderspruch und -klage angreifen könnte. Will er gegen das Vorhaben vorgehen, sind Verpflichtungswiderspruch und ggf. **Verpflichtungsklage** mit dem Ziel zu ergreifen, die Baurechtsbehörde zu Anordnungen gegenüber dem Bauherrn zu verpflichten. Vorläufiger Rechtsschutz erfolgt nach § 123 I VwGO. Wendet sich ein Dritter gegen ein im **vereinfachten Verfahren** genehmigtes Vorhaben, muss er u. U. Anfechtungs- und Verpflichtungswiderspruch, Anfechtungs- und Verpflichtungsklage und die entsprechenden Verfahren des vorläufigen Rechtsschutzes kombinieren: Die Anfechtung greift, soweit es um Verstöße der Baugenehmigung gegen Normen geht, die Gegenstand der behördlichen Prüfung waren. Im Übrigen muss der Dritte versuchen, die Baurechtsbehörde gerichtlich zum Einschreiten zu verpflichten.

447   Alle erwähnten Verfahren sind nur zulässig, wenn der individuelle Dritte geltend machen kann, durch die Baugenehmigung oder durch ein Untätigbleiben der Baurechtsbehörde in seinen Rechten verletzt zu sein. Auch die Begründetheit aller Verfahren hängt davon ab, ob die geltend gemachte **Rechtsverletzung** tatsächlich besteht. Das wirft die Frage auf, inwieweit das öffentliche Baurecht Interessen Dritter durch subjektive öffentliche Rechte absichert.

448   Theoretisch können sich subjektive Rechte Dritter sowohl aus den **Grundrechten** als auch aus dem einfachen Baurecht ergeben. Nun ist es allerdings so, dass Entscheidungen der Baurechtsbehörde gegenüber dem Bauherrn Dritte regelmäßig nur mittelbar betreffen. Erhält beispielsweise ein Bauherr eine rechtswidrige Baugenehmigung, ist ein Dritter dadurch nicht ohne weiteres in seiner grundrechtlich geschützten, abwehrrechtlichen Freiheit beeinträchtigt, denn durch die Baugenehmigung wird dem Dritten im Hinblick auf die Nutzung seines eigenen Grundstücks weder etwas rechtlich geboten noch verboten. Es liegt also ganz sicher kein „klassischer" Grundrechtseingriff vor.

449   **Zur Wiederholung:** Unproblematisch schützen die Grundrechte vor rechtlichen Ge- oder Verboten, die den Grundrechtsinhaber in seiner grundrechtlich geschützten Freiheit betreffen. Vor mittelbaren, faktischen Beeinträchtigungen schützen die Grundrechte nur dann, wenn diese Beeinträchtigungen in den Belastungswirkungen einem normativen Befehl ähneln.

450   Es können sich aber mittelbar die faktischen Nutzungsmöglichkeiten verschlechtern. So kann beispielsweise die spätere Errichtung des genehmigten Gebäudes dazu führen, dass das Grundstück des Dritten vollständig beschattet wird. Geht man davon aus, dass die Grundrechte in solchen Fallgestaltungen in erster Linie den Gesetzgeber dazu verpflichten, die Nutzungen benachbarter Grundstücke so auszutarieren, dass jeder Grundeigentümer sein Eigentum möglichst ungestört von privaten Dritten tatsächlich nutzen kann (→ Rn. 28), dann erklärt das, warum die Suche nach Nor-

C. Die Zulässigkeit von Vorhaben

men, die subjektive Rechte Dritter begründen, am **einfachen Recht** anzusetzen hat. Grundrechtlicher Drittschutz ist nur in dem unwahrscheinlichen Ausnahmefall denkbar, dass das Gesetz einen Interessenkonflikt nicht oder evident unzureichend geregelt hat.

Klausurhinweis: Die aufgeworfene Frage wird in Klausuren bei Drittanfechtungsklagen bei der Prüfung der Klagebefugnis des individuellen Dritten relevant. Ganz grundlegend falsch ist es, hier mit der sog. „Adressatentheorie" zu arbeiten. Der Dritte ist nicht Adressat der seinem Nachbarn erteilten Baugenehmigung. Aber auch ein Abstellen auf Art. 14 I GG kommt aus den eben genannten Gründen nicht in Betracht. Es fehlt in aller Regel am faktischen Grundrechtseingriff. Es ist also nach einer einfachgesetzlichen Schutznorm zu suchen. Liegt ein Rechtsbehelf einer Umweltvereinigung vor, kommt es demgegenüber nicht auf eine subjektive Rechtsverletzung an. Maßgeblich ist u.a., dass die Vereinigung geltend macht, dass die angegriffene Baugenehmigung umweltbezogenen Rechtsvorschriften widerspricht (§ 2 I 2 UmwRG) und dass die Vereinigung in ihrem satzungsmäßigen Aufgabenbereich berührt ist (§ 2 I 1 Nr. 2 UmwRG).

451

Eine Norm verleiht ein subjektives Recht, wenn sie nicht nur dem Allgemeininteresse, sondern zumindest auch Individualinteressen zu dienen bestimmt ist (sog. **Schutznormtheorie**). Daher sind in den hier interessierenden Konstellationen vor allem die Regelungen des BauGB sowie der LBO im Wege der Auslegung daraufhin zu untersuchen, ob sie individuelle Dritte in ihren Schutzzweck mit aufnehmen. Selten sind die Vorschriften des BauGB und der LBO dabei so eindeutig wie § 1 III 2 BauGB, der einen Anspruch auf Bauleitplanung explizit ausschließt (dazu, dass es davon Ausnahmen gibt, → Rn. 30, 90). Verpflichtet eine Regelung ausdrücklich dazu, auf nachbarliche Interessen Rücksicht zu nehmen (§ 15 I 2 BauNVO) oder die erhebliche Beeinträchtigung nachbarlicher Belange zu vermeiden (§ 6 III 1 Nr. 2 LBO), spricht das für ihren drittschützenden Charakter.

452

Im Übrigen ist genau zu ermitteln, welche Interessen durch das jeweilige Gesetz austariert werden sollen. Geht es der Norm um den Ausgleich der Nutzungsinteressen des Bauherrn mit öffentlichen Interessen, begründet sie keine subjektiven Rechte Dritter. Lässt sich demgegenüber annehmen, dass der Gesetzgeber mit dem Erlass der Norm auch seine grundrechtlichen Schutzpflichten zugunsten Dritter wahrnehmen will, dann spricht alles für ihren drittschützenden Gehalt. § 15 I LBO erfordert zum Beispiel, dass bauliche Anlagen so anzuordnen und zu errichten sind, dass der Entstehung eines Brandes und der Ausbreitung von Feuer und Rauch vorgebeugt wird. Das dient nicht nur dem öffentlichen Interesse an der Vermeidung von Bränden, sondern auch den individuellen Interessen der Eigentümer und Bewohner umliegender Gebäude, für die grundrechtliche Schutzpflichten aus Art. 14 I GG sowie aus Art. 2 II 1 GG bestehen. Die Vorschrift ist dementsprechend drittschützend.[299]

453

Baurechtliche Vorschriften können nicht nur nicht-drittschützend oder drittschützend sein. Bei drittschützenden Normen variiert auch der **Umfang des drittschützenden Gehalts**. Manche Rechtssätze gewähren einen unbedingten Schutz des Dritten, ohne dass dieser eine besondere, konkrete Schutzwürdigkeit im Einzelfall darzutun hat. Das gilt beispielsweise für den eben erwähnten § 15 I LBO. Verstößt eine dem Bauherrn erteilte Baugenehmigung gegen § 15 I LBO, kann diese vom Eigentümer eines Nachbargrundstücks angegriffen werden, ohne dass er nachweisen muss, dass sich die vom Gesetz angenommene Gefahr tatsächlich auch auf seinem Grundstück realisieren oder der zu erwartende Schaden besonders hoch sein könnte.

454

---

[299] *Dürr/Leven/Speckmaier*, Baurecht Baden-Württemberg, Rn. 309.

455 Andere Regelungen vermitteln Drittschutz demgegenüber erst dann, „wenn eine bestimmte Schwelle der Beeinträchtigung erreicht wird".[300] Gelegentlich sagt das Gesetz das ausdrücklich. Erteilt beispielsweise die Baurechtsbehörde eine Ausnahme von den einzuhaltenden Abstandsflächen (→ Rn. 338 ff.), dann kommt es dabei nach § 6 III 1 Nr. 2 LBO auf nachbarliche Belange nur an, soweit diese „**erheblich** beeinträchtigt werden". Das bedeutet: Ist ein Nachbar durch die erteilte Ausnahme erheblich beeinträchtigt, kann er sich auf eine Verletzung von § 6 III 1 Nr. 2 LBO berufen. Gegenüber unerheblichen Beeinträchtigungen vermittelt die Vorschrift demgegenüber keinen Drittschutz.

456 Rechtssätze, die weniger deutlich formuliert sind und die auf den ersten Blick nur öffentliche Interessen zu schützen scheinen, untersucht insbesondere das Bundesverwaltungsgericht unter dem Stichwort des **Rücksichtnahmegebots**[301] daraufhin, ob sie bei erheblichen faktischen Belastungen eines Dritten im Einzelfall doch drittschützend sind. So soll etwa § 34 I BauGB nicht generell Drittschutz zukommen, sondern nur, wenn ein Dritter durch einen Verstoß gegen das in § 34 I BauGB enthaltene Gebot des Sich-Einfügens in besonders qualifizierter Weise betroffen ist. An diesem Gedanken ist richtig, dass manche Normen, die vorrangig öffentliche Zwecke verfolgen, im Einzelfall gegen grundrechtliche Schutzpflichten zugunsten besonders betroffener Dritter verstoßen würden, wenn deren Interessen vollkommen ausgeblendet würden. Sie sind also grundrechtskonform auszulegen.

457 Missverständlich ist allerdings die **Terminologie**. Der Begriff des Gebots vermittelt den – unzutreffenden – Eindruck, das Rücksichtnahmegebot sei ein außerhalb des Gesetzes stehender, ungeschriebener Rechtssatz, der ggf. ein subjektives Recht verleiht. Das ist aber nicht der Fall. Dementsprechend hat das Bundesverwaltungsgericht klargestellt: „Deswegen sind es auch die einfachrechtlichen Vorschriften selbst, nicht aber ein außerhalb dieser Vorschriften stehendes Gebot der Rücksichtnahme, die Drittschutz vermitteln".[302] Das Rücksichtnahmegebot ist also ein „Interpretationskonzept"[303] zur schutzpflichtkonformen Auslegung einfachgesetzlicher baurechtlicher Bestimmungen.

458 **Klausurhinweis:** In Klausuren findet die Auslegung einfachgesetzlicher Normen mit dem Ziel, zu bestimmen, ob sie drittschützend sind, ebenfalls bei der Prüfung der Klagebefugnis des Dritten im Rahmen einer Drittanfechtungsklage statt.

459 Dazu, welche baurechtlichen Normen vor den soeben geschilderten theoretischen Hintergründen Drittschutz vermitteln, hat die Rspr. eine breite **Kasuistik** entwickelt.[304] Die Vorschriften des **Bauplanungsrechts** sind danach überwiegend nicht drittschützend. Anders ist das zum Teil bei den planungsrechtlichen Zulassungstatbeständen für Vorhaben i. S. d. § 29 I BauGB. Hier ist zu differenzieren. In beplanten Gebieten ergibt sich die rechtmäßige Bodennutzung aus den **Festsetzungen des Bebauungsplans**. Daher sind sie jeweils daraufhin zu untersuchen, ob sie auch Individualinteressen Dritter zu dienen bestimmt sind. Die Festsetzungen eines Bebauungsplans über die **Art der baulichen Nutzung** durch die Ausweisung von Baugebieten i. S. d.

---

[300] BVerwG, NVwZ 1987, 409, 409.
[301] BVerwGE 52, 122, 131; zur Geschichte der Rspr. und zu diesem Gebot *Krebs*, FS Hoppe, 2000, 1055, 1057 ff.
[302] BVerwG, NVwZ 1987, 409, 410; vgl. z. B. auch BVerwGE 107, 215, 219 f.
[303] *Krebs*, in: Schoch, Besonderes Verwaltungsrecht, 4. Kap. Rn. 244.
[304] Eine ausführl. Zusammenstellung m. Nachw. zur Rspr. findet sich bei *Dürr/Leven/Speckmaier*, Baurecht Baden-Württemberg, Rn. 299 ff.

C. Die Zulässigkeit von Vorhaben

§§ 2–11 BauNVO sind dabei stets drittschützend.[305] Sie werden gerade getroffen, um die Nutzungsmöglichkeiten zwischen verschiedenen Grundeigentümern auszutarieren, oder anders ausgedrückt: Durch die Festsetzungen zur Art der baulichen Nutzung „werden die Planbetroffenen im Hinblick auf die Nutzung ihrer Grundstücke zu einer rechtlichen Schicksalsgemeinschaft verbunden. Die Beschränkung der Nutzungsmöglichkeiten des eigenen Grundstücks wird dadurch ausgeglichen, daß auch die anderen Grundeigentümer diesen Beschränkungen unterworfen sind".[306]

Trifft eine Gemeinde Festsetzungen über die Art der baulichen Nutzung durch die Ausweisung von **Baugebieten** i.S.d. §§ 2–11 BauNVO, werden nach § 1 III 2 BauNVO auch die §§ 12–14 BauNVO Bestandteil des Bebauungsplans. Diese Festsetzungen sowie § 15 I 2 BauNVO sind ebenfalls drittschützend.[307] **460**

Bei den **sonstigen Festsetzungen** eines Bebauungsplans ist zu differenzieren: Wurden sie nach dem Willen der Gemeinde ausschließlich zur Wahrung öffentlicher Interessen getroffen, sind sie nicht drittschützend. Das betrifft beispielsweise Festsetzungen nach §§ 16 ff. BauNVO zum Maß der baulichen Nutzung, die im Regelfall ausschließlich städtebaulichen Belangen dienen.[308] Das kann anders sein, wenn die Festsetzungen im Einzelfall nach der planerischen Konzeption der Gemeinde auch private Belange schützen und Bestandteil eines wechselseitigen nachbarlichen Austauschverhältnisses sein sollen.[309] Ein Beispiel dafür können Festsetzungen über seitliche Baugrenzen sein.[310] **461**

Verstößt ein Vorhaben im nicht qualifiziert beplanten Innenbereich gegen **§ 34 II BauGB**, kann sich ein Dritter darauf berufen.[311] **§ 34 I BauGB** soll demgegenüber grundsätzlich nicht drittschützend sein.[312] Verstünde man die Norm allerdings ausnahmslos so, wäre Drittschutz beispielsweise auch dann ausgeschlossen, wenn ein Vorhaben, das sich nicht i.S.d. § 34 I BauGB in die Eigenart der näheren Umgebung einfügt, extreme und unzumutbare Immissionsbelastungen für benachbarte Grundstücke auslöst. Bei dieser Interpretation wäre § 34 I BauGB nicht schutzpflichtkonform. Die Rechtsprechung geht daher davon aus, dass im Tatbestandsmerkmal des sich Einfügens das **Rücksichtnahmegebot** enthalten sei.[313] Das bedeutet nach dem oben Gesagten: Wird ein Dritter durch den Verstoß eines Vorhabens gegen § 34 I BauGB in besonders qualifizierter Weise beeinträchtigt, verleiht ihm § 34 I BauGB ein subjektives Recht. Im Übrigen ist § 34 I BauGB nicht drittschützend. **462**

Ähnlich ist die rechtliche Situation bei Vorhaben im **Außenbereich**. Hier kann sich der Inhaber eines nach § 35 I BauGB privilegierten Vorhabens jedenfalls dann gegen die Zulassung eines weiteren Vorhabens wenden, wenn dadurch die eigene Privilegierung beeinträchtigt wird. Auch der Eigentümer eines sonstigen Vorhabens i.S.d. § 35 **463**

---

[305] Z.B. VGH BW, NVwZ 2019, 495, 496.
[306] BVerwGE 94, 151, 155; vgl. z.B. in der Sache auch BVerwGE 162, 363, 367.
[307] Zu § 12 BauNVO: BVerwGE 94, 151, 157; zu § 15 I 2 BauNVO: BVerwGE 128, 118, 120.
[308] VGH BW, BauR 1995, 512, 513.
[309] Vgl. BVerwGE 162, 363, 367 f.; VGH BW, NVwZ 2019, 495, 496; OVG Hbg, BauR 2019, 1740, 1741 ff.
[310] Zur Schutzrichtung der Festsetzung von Baugrenzen VGH BW, NVwZ-RR 1993, 347, 347.
[311] BVerwGE 94, 151, 156.
[312] Vgl. *Erbguth*, in: Erbguth/Mann/Schubert, Besonderes Verwaltungsrecht, Rn. 1331; *Finkelnburg/Ortloff/Otto*, Öffentliches Baurecht, Bd. II, S. 239; kritisch dazu *Dürr/Leven/Speckmaier*, Baurecht Baden-Württemberg, Rn. 304 m. Nachw.
[313] BVerwG, ZfBR 2001, 142, 142; VGH BW, NVwZ-RR 2012, 636, 637.

II BauGB kann ausnahmsweise die rechtswidrige Zulassung eines neuen Vorhabens verhindern, wenn dieses gegen das Rücksichtnahmegebot verstößt, das ein Belang i.S.d. § 35 III BauGB sein kann.[314]

464 Die **LBO** kennt ebenfalls drittschützende Normen. Zu nennen sind insbesondere die bauordnungsrechtliche Generalklausel des § 3 LBO, die §§ 5, 6 LBO (Abstandsflächen) sowie die §§ 14 I, II, 15 (exklusive VIII), 27 IV, VI LBO (Schutz baulicher Anlagen vor äußeren Einflüssen sowie Brandschutz). Demgegenüber sind insbesondere alle Vorschriften zu ästhetischen Standards nur öffentlichen Interessen zu dienen bestimmt. Das bedeutet, dass z.B. die in § 11 LBO geregelten Verunstaltungsverbote nicht drittschützend sind.

465 Verstößt ein Vorhaben gegen eine drittschützende Norm, so kann sich auf diese Norm nur derjenige berufen, der auch tatsächlich zum **Kreis der von der Norm geschützten Personen** zählt. Häufig werden Drittschutzfragen im Baurecht unter der Bezeichnung „**Nachbarschutz**" behandelt. Das könnte darauf hindeuten, dass jeweils nur Grundstücksnachbarn Inhaber subjektiver Rechte sein können. Das ist aber nicht der Fall. Ob sich der Drittschutz auf Angrenzer, sonstige Nachbarn oder sogar noch auf einen weiteren Personenkreis bezieht, ist eine Frage der Auslegung jeder einzelnen drittschützenden Norm. Gleiches gilt für die umstrittene Frage, ob und wenn ja unter welchen Voraussetzungen sich außer dinglich auch obligatorisch Berechtigte wie Mieter oder Pächter auf drittschützende Normen berufen können.[315] Lässt eine Regelung erkennen, dass sie ausschließlich dem Ausgleich der Interessen von Grundeigentümern dient, sind auch nur diese in den Schutzzweck der Norm einbezogen. Geht es dagegen beispielsweise auch um die Abwehr von Gesundheitsgefahren oder die Austarierung von Immissionsbelastungen, kann das anders sein.

466 Widerspricht eine Anlage einer drittschützenden Norm, könnte man meinen, dass der in seinen Rechten verletzte Dritte die Existenz des Bauwerks in jedem Fall verhindern kann. Das ist aber nicht ausnahmslos so. Bei **genehmigungspflichtigen Vorhaben** führt der Verstoß der Baugenehmigung gegen eine drittschützende Norm nach § 7 V 1 UmwRG, der nach § 7 VI UmwRG auch für individuelle Dritte gilt, dazu, dass zunächst im Rechtsbehelfsverfahren zu versuchen ist, die Rechtsverletzung des Dritten durch eine Entscheidungsergänzung oder ein ergänzendes Verfahren zu beheben.[316] Kommt das nicht in Betracht, wird die Baugenehmigung im Rahmen eines Anfechtungswiderspruchs oder einer Anfechtungsklage aufgehoben. Der Bauherr darf infolgedessen nicht bauen.

467 Baut er gleichwohl, ist das entstehende Bauwerk formell und materiell illegal. Die Baurechtsbehörde hat dann die Möglichkeit, nach § 65 I 1 LBO eine Abbruchsanordnung zu erlassen. Da § 65 I 1 LBO für den Fall, dass ein Vorhaben gegen drittschützende Normen verstößt, ebenfalls drittschützend ist, vermittelt § 65 I 1 LBO dem durch das illegal errichtete Bauwerk in seinen Rechten verletzten Dritten ein subjektives Recht. Dieses Recht führt aber nicht unbedingt zu einem Anspruch des Dritten auf Erlass einer Abbruchsanordnung gegenüber dem Bauherrn. Das ergibt sich daraus, dass § 65 I 1 LBO eine Ermessensnorm ist. Dementsprechend hat der Dritte nur einen Anspruch auf eine ermessensfehlerfreie Entscheidung der Baurechtsbehörde über ein Vorgehen gegenüber dem Bauherrn. Nun wird es sehr häufig so sein, dass sich dieses

---

[314] BVerwGE 52, 122, 125 ff.
[315] Gegen den Schutz von obligatorisch Berechtigten durch planungsrechtliche Normen BVerwG, NVwZ 1998, 956, 956; VGH BW, DÖV 2007, 568, 568 f.; zu Recht differenzierend *Dürr/Leven/Speckmaier*, Baurecht Baden-Württemberg, Rn. 285 ff. m. Nachw.
[316] Dazu näher *Seibert*, NVwZ 2018, 97 ff.; *Remmert*, VBlBW 2019, 181, 185 ff.

C. Die Zulässigkeit von Vorhaben   379

Ermessen zugunsten des Dritten reduziert. Insbesondere kann sich derjenige, der ein
Gebäude errichtet, obwohl die ihm erteilte Baugenehmigung zuvor behördlich oder
gerichtlich aufgehoben wurde, in der Regel nicht auf Vertrauensschutz berufen.
Gleichwohl ist es im Einzelfall denkbar, dass sich die Baurechtsbehörde ermessensfehlerfrei gegen eine Abbruchsanordnung entscheidet. Geltend gemacht wird der Anspruch des Dritten auf eine ermessensfehlerfreie Entscheidung über den Erlass einer
Abbruchsanordnung im Wege des Verpflichtungswiderspruchs bzw. der Verpflichtungsklage.

Verstößt ein Vorhaben, das entweder dem **Kenntnisgabeverfahren** unterliegt oder **468**
verfahrensfrei ist, gegen eine drittschützende Norm, ist die Rechtslage identisch. Das
Vorhaben ist illegal mit der Folge, dass die Baurechtsbehörde nach § 65 I 1 LBO vorgehen kann, aber nicht in jedem Fall muss. Allerdings ist das nicht unumstritten.[317]
Zum Teil meint man, der Dritte, der durch ein nicht genehmigungsbedürftiges Vorhaben in seinen Rechten verletzt ist, sei schlechter gestellt als derjenige, den ein genehmigungsbedürftiges Vorhaben in seinen Rechten verletzt. Die Schlechterstellung wird
darin gesehen, dass die Anfechtungsklage eines durch eine Baugenehmigung in seinen
Rechten verletzten Dritten immer – sei es im Wege der Korrektur oder Ergänzung der
Genehmigung, sei es im Wege ihrer Aufhebung – zum Erfolg führt, während die auf
Erlass einer Abbruchsanordnung gerichtete Verpflichtungsklage desjenigen, den ein
nicht genehmigungsbedürftiges Vorhaben in seinen Rechten verletzt, auch scheitern
kann. Aus Gründen der Gleichbehandlung müsse daher in diesen Fällen von einer
prinzipiellen Ermessensreduktion im Rahmen des § 65 I 1 LBO ausgegangen werden.[318]

Dagegen spricht allerdings, dass an sich gar keine Ungleichbehandlung vorliegt. **469**
Auch derjenige, der eine Baugenehmigung anficht, ist nicht davor geschützt, dass das
Bauwerk später rechtswidrig errichtet wird, ohne dass die Baurechtsbehörde dagegen
einschreitet. Die Frage nach einer – faktisch unbestritten häufig zu bejahenden – Er-
messenreduktion zugunsten des Dritten ist damit auch hier im Einzelfall zu entscheiden.[319]

b) Anordnungen der Baurechtsbehörde

Auch unabhängig von den eben geschilderten Situationen ist es denkbar, dass ein **470**
Dritter ein Einschreiten der Baurechtsbehörde verlangt, so z.B. dann, wenn er wegen
einer Verletzung seiner Rechte behördliche Maßnahmen in Bezug auf ein rechtmäßiges, aber im Laufe der Zeit gefährlich gewordenes Gebäude begehrt. Einschlägig sind
Verpflichtungswiderspruch und Verpflichtungsklage, ggf. in Form der Bescheidungsklage. Maßgeblicher Beurteilungszeitpunkt für das Vorliegen der Voraussetzungen einer
Eingriffsverfügung ist grundsätzlich der Abschluss der letzten mündlichen Verhandlung.
Begehrt der Dritte vorläufigen Rechtsschutz, steht die einstweilige Anordnung nach
§ 123 I VwGO zur Verfügung. Allerdings dürfen in diesem Verfahren grundsätzlich
keine irreparablen Tatsachen geschaffen werden. Daher lässt sich eine Abbruchsanordnung regelmäßig nicht im Wege des vorläufigen Rechtsschutzes erstreiten.

---

[317] Vgl. *Schoch,* Jura 2004, 317, 324f.; *ders.,* Jura 2005, 178, 184; *Debus,* Jura 2006, 487, 491;
Mehde/Hansen, NVwZ 2010, 14, 16ff., jew. m. Nachw. auch zur Rspr.
[318] VGH BW, BauR 1995, 219, 220; *Bamberger,* NVwZ 2000, 983, 986ff.; *Schoch,* Jura 2005,
178, 184.
[319] *Krebs,* in: Schoch, Besonderes Verwaltungsrecht, 4. Kap. Rn. 248; vgl. auch *Dürr/Leven/
Speckmaier,* Baurecht Baden-Württemberg, Rn. 345 sowie OVG Nieders., DVBl. 2014, 655,
656f.

3. Vertiefungshinweise

471 Literatur:

Zum Rechtsschutz des Bauherrn: *Dürr*, Klausur im Baurecht, JuS 2007, 328 ff.; *Michaelis*, „Der verhinderte Bauherr", VBlBW 2011, Beilage zu Heft 10, 3 ff. (Falllösung); *Rolshoven*, Baugenehmigung im Eilverfahren?, BauR 2003, 646 ff.

Zum Rechtsschutz Dritter: *Baars*, Nachbarschutz im Baugenehmigungsverfahren, BauR 2019, 901 ff.; *Debus*, Vorläufiger Rechtsschutz des Nachbarn im öffentlichen Baurecht, Jura 2006, 487 ff.; *Dürr*, Klausur im Baurecht, JuS 2007, 431 ff.; *Faßbender*, Verbesserung des baurechtlichen Nachbarschutzes, NJW 2019, 2132 ff.; *Finkelnburg/Ortloff/Otto*, Öffentliches Baurecht, Bd. II, 4. Teil und § 22; *Goldhammer/Hofmann*, Referendarexamensklausur – Öffentliches Recht: Baurecht: Theater im Hinterland (Falllösung), JuS 2014, 434 ff.; *Hartmann/Sendt*, Fortgeschrittenenklausur – Öffentliches Recht: Baurecht – Tante Emmas Laden, JuS 2012, 917 ff. (Falllösung); *Kaplonek/Mittag*, Nachbarschutz im öffentlichen Baurecht, JA 2006, 664 ff.; *Markard*, Pferdestaub im Reinluftbereich (Falllösung), JuS 2018, 372 ff.; *Martini*, Baurechtsvereinfachung und Nachbarschutz, DVBl. 2001, 1488 ff.; *Mohr*, typisch deutsch? – Der Schutz des Nachbarn im öffentlichen Baurecht, AL 2012, 181 ff.; *Remmert*, Die Drittanfechtung von Baugenehmigungen im Anwendungsbereich des Umwelt-Rechtsbehelfsgesetzes, VBlBW 2019, 181 ff.; *Schoch*, Nachbarschutz im öffentlichen Baurecht, Jura 2004, 317 ff.; *Seibert*, Die Fehlerbehebung durch ergänzendes Verfahren nach dem UmwRG, NVwZ 2018, 97 ff.; *Uechtritz*, Das baurechtliche Rücksichtnahmegebot: Konkretisierung von Reichweite und Inhalt durch Fallgruppenbildung, DVBl. 2016, 90 ff.; *Voßkuhle/Kaufhold*, Nachbarschutz im öffentlichen Baurecht, JuS 2018, 764 ff.; *Wolf*, Drittschutz im Bauplanungsrecht, NVwZ 2013, 247 ff.

Rechtsprechung: BVerwGE 52, 122, 126 ff.; 94, 151, 155 ff.; BVerwG, NVwZ 1987, 409, 410 – zum drittschützenden Charakter bauplanungsrechtlicher Normen.

Sachverzeichnis

Die fett gedruckten Zahlen verweisen auf die Paragraphen des Bandes,
die mager gedruckten Zahlen auf die Randnummern im Text.

Abbruchsanordnung **2** 239, 354, 358b;
  3 413, 415 ff. 442, 467 f.
Abgrenzung Gefahrenabwehrrecht – Strafrecht **2** 130 ff.
Abschleppen von Fahrzeugen **2** 54, 161, 312, 315a, 346, 356, 382
– Kosten **2** 394, 399 ff.
Abstandsflächen **3** 14, 326, 338 ff., 455, 464
Abwägung **3** 22, 129 f., 148, 163, 168 ff., 185, 193, 201
– Abwägungsfehler **3** 118 ff., 168 ff., 185
– Abwägungsgebot **3** 107 ff.
– Kontrollmaßstäbe **3** 118 ff.
– Rechtsbindungen **3** 118 ff.
Adressat einer polizeilichen Verfügung
  2 169, 174, 180, 184, 209 ff., 278, 281, 284, 288, 291, 294, 302, 306
Adressatentheorie **2** 170
AGG (Allgemeines Gleichbehandlungsgesetz) **1** 177
Aktiengesellschaft (AG) **1** 445, 512
Alkoholkonsumverbot **2** 103, 371, 376b, 379
Allgemeine Gefahrenabwehrgrundsätze
  2 54 ff., 178, 181, 258
Allgemeines Polizeirecht **2** 54 ff.
Allgemeinverfügung der Polizei **2** 106, 149, 202, 204, 362 ff., 376
Altersdiskriminierung **1** 177
Ältestenrat **1** 126, 129
Amtsblatt, kommunales **1** 214b
Amtshaftung **2** 413 f., 445, 473 f.
Angelegenheiten, kommunale **1** 39 ff.
– Angelegenheiten des übertragenen Wirkungskreises **1** 41
– eigene Angelegenheiten (eigener Wirkungskreis) **1** 40, 64, 546
Anlage, bauliche **3** 13 ff., 73 ff., 202, 251 ff., 320 ff., 325 f., 329, 331 ff.
– Abbruch **3** 353, 370, 373, 384, 387, 390, 404, 413, 415 ff., 442, 467 f., 470
– *siehe auch Bauvorhaben*
Annäherungsverbot **2** 99, 291, 294
Anonyme Bombendrohung **2** 110, 115

Anordnungsrecht **1** 512
Anscheinsgefahr **2** 95, 108, 227, 390
Anscheinsstörer **2** 108, 227 f., 390, 408
Anschluss- und Benutzungszwang **1** 389 ff.
– Betreibermodell **1** 406
– Betriebsführungsmodell **1** 405 f.
– Fernwärme **1** 309, 389 ff.
Anspruch auf fehlerfreie Ermessensausübung **2** 278 ff., 378a, 465, 467 f.
Ansprüche Dritter auf polizeiliches Einschreiten **2** 279
Anstalt des öffentlichen Rechts **1** 335, 443
– gemeinsame selbstständige Kommunalanstalt **1** 54
Aufenthaltsverbot **2** 114, 179, 291 ff.
Aufenthaltsvorgabe **2** 294a
Aufenthaltsüberwachung, elektronische
  2 294a
Aufgabe der Gefahrenabwehr
– *siehe auch Gefahrenabwehraufgabe der Polizei*
Aufgaben- und Verantwortungsverteilungsprinzip **1** 86
Aufgaben, kommunale **1** 39 ff.
– Aufgabenentziehung **1** 78, 98 f.
– Aufgabenerfindungsrecht **1** 59, 97
– Aufgabenzuweisung **1** 79
– kommunale Zusammenarbeit **1** 46, 446
– Grundsatz der Allzuständigkeit **1** 59, 97
Aufgabennorm und Befugnisnorm **2** 144, 156, 165, 175, 254
Auflösung einer Versammlung
– *siehe auch Versammlungsauflösung*
Aufopferung **2** 406, 410 ff., 476
Ausgleichsanspruch zwischen mehreren Störern **2** 389
Auskunftsverlangen **2** 179, 427
Ausländerbeirat **1** 126c
Ausnahmen **3** 251 ff., 317, 379, 395
– im Bauordnungsrecht **3** 379, 395, 420
– von Festsetzungen des Bebauungsplans
  3 251 ff., 317
Ausschuss der Regionen **1** 116 f.

Austauschmittel
– *siehe auch Grundsatz des Austauschmittels*
Auswahl unter mehreren Störern **2** 59, 262, 265, 267 f.
Auswahlermessen **2** 265, 271, 276, 279
Auswärtige **1** 346 ff.

Bahnpolizei **2** 28
Bauantrag **3** 391 ff., 409, 411
Baueinstellung **2** 354, 358b; **3** 414, 442
Baufreiheit **3** 23, 60, 439
Baugebot **3** 60
Baugenehmigung **3** 189, 201, 208, 260, 357, 373 ff., 390 ff., 405 ff.
– Anspruch auf **3** 260, 395, 435 f.
– Genehmigungsarten **3** 391 ff., 401 ff., 405 ff.
– und Kenntnisgabeverfahren **3** 376 ff.
– Genehmigungspflicht **3** 373 ff.
– Nebenbestimmungen **3** 439 ff.
– Rechtsschutzfragen **3** 435 ff., 443 ff.
– Regelungsgehalt **3** 405 ff., 419
Baugenehmigungsverfahren **3** 115, 391 ff.
Baugesuch **3** 128, 201 ff.
Baulast **3** 341, 350
Bauleitplanung **3** 29 ff., 45 ff., 87 ff., 107 ff., 157 ff., 161 ff.
– Anspruch auf **3** 30, 90
– Aufstellung **3** 45 ff., 87 ff.
– außer Kraft treten **3** 157 ff.
– und Fachplanung **3** 41 f., 98 ff.
– Fehlerfolgen **3** 161 ff.
– und gemeindliche Selbstverwaltung **3** 32 ff.
– gerichtlicher Rechtsschutz **3** 180 ff.
– Inhalt **3** 46 ff.
– und Landesplanung **3** 40, 94 ff.
Baunutzungsverordnung **3** 49, 73 ff., 82, 115, 237, 241, 246 ff., 280 f., 339, 452, 459 ff.
Bauordnungsrecht **2** 55, 239, 354, 358b; **3** 13 ff., 258, 313, 320 f., 325 ff., 464
Bauplanungsrecht **3** 7 ff., 22 ff., 230 ff., 356, 459
baupolizeiliche Verantwortlichkeit **2** 354
Baupolizeirecht
– *siehe auch Bauordnungsrecht*
Baurecht **3** 1 ff.
– und Baufreiheit **3** 23, 60, 439
– Gesetzgebungszuständigkeiten **3** 9, 16, 216, 235, 323, 328
– und Grundrechte **3** 23 ff., 27 ff., 184, 448 ff.
– öffentliches und privates **3** 4 ff.

– Rechtsquellen **3** 9, 16, 49, 71, 328 ff.
– und Selbstverwaltungsrecht der Gemeinden **3** 32 ff., 256 ff.
– Verwaltungszuständigkeiten **3** 17, 361 ff.
Baurechtsbehörden **3** 361 ff.
Bauüberwachung **3** 413 ff.
Beanstandungsrecht **1** 511
Beauftragter **1** 515
Bebauungsplan **3** 29, 45 ff., 59 ff., 244 ff.
– außer Kraft treten **3** 80, 157 ff.
– Ausnahmen und Befreiungen **3** 251 ff., 317, 379, 395, 420
– einfacher **3** 76, 272 f., 295
– Fehlerfolgen **3** 161 ff.
– Festsetzungen **3** 69 ff.
– gerichtlicher Rechtsschutz **3** 180 ff.
– qualifizierter **3** 76, 244 ff.
– Rechtsbindungen **3** 59 ff.
– Rechtsnatur **3** 61
– Rechtswirkungen **3** 59 ff., 69 ff.
– vorhabenbezogener **3** 81 ff., 261 f.
Befangenheit **1** 233 ff.
Befragung **2** 179
Befreiungen **3** 254 ff., 317, 379, 395, 420
– im Bauordnungsrecht **3** 379, 395, 420
– von Festsetzungen des Bebauungsplans **3** 254 ff.
Behördenaufbau im Polizeirecht **2** 17, 41
Behördenleitervorbehalt **2** 44, 330, 336, 337a, 343, 353a
Beigeordnete **1** 127
„bekannt und bewährt" **1** 369 f.
Belästigung **2** 78, 85 f., 98, 122
Beleihung
– *siehe auch Beliehene*
Beliehene **2** 22
Benutzungsverhältnis **1** 336 f., 404 ff.
Bergrutsch **2** 217, 222
Beschaffungspflicht **2** 250a
Bescheidungsklage **2** 279, 465, 467
Beschlagnahme **2** 176 f., 179, 184, 250 f., 276, 279, 308, 312 ff., 396, 399b, 416, 427, 440, 470
Beschlussfassung **1** 229 ff.
Besonderes Polizeirecht **2** 54
Bestandsschutz **3** 312 ff.
Bestimmtheitsgebot **2** 38a, 68, 79, 84, 172, 281, 288, 293, 369
Bestimmtheit einer Polizeiverfügung **2** 251b
Beteiligung, Kinder und Jugendliche **1** 126a
Betreibermodell **1** 406

Sachverzeichnis

Betreten von Wohnungen **2** 99, 179, 306 ff., 336
Betriebsführungsmodell **1** 405 f.
Betteln **2** 78
Beugezweck der Zwangsmittel **2** 160, 162, 190, 304, 312 f., 345 f., 456
Beurteilungsspielraum **2** 69, 81, 96, 107, 262, 320, 426
Bildaufnahmen **2** 323 ff., 332 f., 357, 358b
bodenschutzrechtliche Verantwortlichkeit **2** 355
Bodycams **2** 327b
Borkumlied-Fall **2** 226
Bundesbodenschutzgesetz (BBodSchG) **2** 238, 355, 358b, 389
Bundeskriminalamt **2** 29
– BKA-Urteil **2** 294a, 337a
Bundespolizei **2** 13, 21, 28, 39, 325 f., 358b, 407
Bundestagspräsident, Polizeigewalt des **2** 28, 58
Bürger **1** 34
Bürgerbegehren **1** 271 ff.
Bürgerentscheid **1** 271 ff.
Bürgermeister **1** 126 ff., 141, 174 ff., 205 ff.
– Leiter der Gemeindeverwaltung **1** 205 ff.
– Ordnungsgewalt **1** 151
– Neutralitätspflicht **1** 215 f.
Bürger-Rufauto, kommunales **1** 441

Daseinsvorsorge **1** 69 f., 307, 440 f.
Datenerhebung durch die Polizei **2** 322 ff.
Datenübermittlung durch die Polizei **2** 344
Datenverarbeitung durch die Polizei **2** 338 ff.
Dauerverwaltungsakt **2** 105, 309, 312, 363
Dereliktion **2** 221, 225
Deutsche Gemeindeordnung von 1935 **1** 20
Dogmatik des Polizeirechts **2** 98, 102
Doppelfunktionale Maßnahme **2** 64, 132 f., 420
Doppelstörer **2** 225
Drittschutz im Baurecht **3** 447 ff.
Duldungsverwaltungsakt der Polizei **2** 150, 162, 300, 306, 309, 317, 351
Durchführungsvertrag **3** 81 ff.
Durchgriffs(zustands)verantwortlichkeit **2** 355
Durchsuchung **2** 133, 151, 179, 289, 299 ff.

Effektivität der Gefahrenabwehr **2** 44, 48, 89, 101, 146a f., 153, 162, 207a, 268, 349a, 422 ff.
Eigenbetrieb **1** 328
Eigentümerverantwortlichkeit **2** 218 ff.
– *siehe auch Reduktion der Eigentümerverantwortlichkeit*
Eigentumsfreiheit und Baurecht **3** 23 ff., 60, 312 ff., 439
Eigentumskräftig verfestigte Anspruchsposition **3** 315 f.
Eilentscheidungsrecht **1** 181
eingetragener Verein (e.V.) **1** 29, 52
Eingriff durch Rechtsnorm **2** 163
Eingriff in Natur und Landschaft **3** 111 ff., 322 f.
eingriffsfreies Handeln der Polizei **2** 144 f.
Eingriffsverwaltung **2** 143, 145
Einheimischenprivileg **1** 344 ff.
Einkesselung **2** 295
Einrichtungen und Veranstaltungen des Staates **2** 76
Einrichtungen, öffentliche/kommunale **1** 307 ff.
Einsatz automatisierter Kennzeichenlesesysteme **2** 335
Einschätzungsprärogative **2** 107
– *siehe auch Beurteilungsspielraum*
Einvernehmen der Gemeinde im Baurecht **3** 256 ff., 274, 296, 392, 395, 435
Einwohner **1** 34
Einwohnerantrag **1** 270
Einwohnerversammlung **1** 269
Einziehung **2** 316, 358b, 396
Enteignender Eingriff **2** 406, 412
Enteignung **3** 7, 26, 60, 196, 212, 217
Enteignungsgleicher Eingriff **2** 412
Entpolizeilichung der Gefahrenabwehr **2** 8 f., 20
Entschädigung **2** 205, 227 f., 230, 251, 402 ff., 473, 475
Entschließungsermessen **2** 264, 271, 276, 279
Erforderlichkeit **2** 256
Erkennungsdienstliche Maßnahmen **2** 151, 179, 317 ff., 419, 469
Erledigung polizeilicher Maßnahmen **2** 440 ff., 464a
Ermächtigungsgrundlage
– Auffinden **2** 168 ff.
– Begriff **2** 164
– Bestimmtheit **2** 68, 79 f., 84, 102, 172, 182, 281, 369

– Systematik **2** 61, 173 ff., 193
– *siehe auch polizeiliche Generalklausel, Standardermächtigung*
Ermächtigungsgrundlagenerfordernis **2** 37, 111, 142 ff., 154, 156 ff., 164, 194 f., 347, 383, 416, 458, 470
– für Polizeiverordnungen **2** 38, 197, 367
Ermessen der Polizei **2** 147, 161a, 244, 252, 260 ff., 306, 378a, 399c
– *siehe auch Anspruch auf fehlerfreie Ermessensausübung*
Ermessensausfall **2** 272
Ermessensdefizit **2** 273
Ermessensfehlerlehre **2** 260, 270 ff.
Ermessensfehlgebrauch **2** 274
Ermessensgrenzen **2** 266, 268 f.
Ermessensreduzierung auf Null **2** 276, 279 f., 468
Ermessensspielraum der Polizei **2** 260 ff., 262
Ermessensüberschreitung **2** 275
Ersatzanspruch des Nichtstörers **2** 404 ff.
Ersatzvornahme **1** 511 ff., 523, 529, 533 f.; **2** 161, 162, 312, 315a, 346, 353b, 400
– Fremdvornahme **2** 315a, 346
– Kosten **2** 399 ff., 400b, 455 f.
– Selbstvornahme **2** 346
Erschließung **3** 81 f., 215 f., 244, 261, 274, 296
EU-Ausländer **1** 126d, 131 ff., 175, 344b, 348
Europa- und Völkerrecht **2** 48 ff.
Europäische Charta der kommunalen Selbstverwaltung **1** 114
Europäische Union **1** 8, 116 ff.
Europarat **1** 113 f.
Europol **2** 48
Explosivmittel **2** 162, 353a

Facebook-Party **2** 157
Facebook-Seite **2** 145
Fachaufsicht **1** 30, 528 ff.
Felssturz **2** 217, 222
Fernwärme **1** 309, 389 ff.
Finanzhoheit **1** 67, 473
Flächennutzungsplan **3** 29, 33 ff., 46 ff., 167, 172, 181, 189, 204, 209, 298, 305 ff.
– außer Kraft treten **3** 157 ff.
– Darstellungen **3** 46 ff.
– Fehlerfolgen **3** 161 ff.
– gerichtlicher Rechtsschutz **3** 181, 189
– Rechtsnatur **3** 56 ff.
– Zuständigkeit **3** 33 ff.

Fluglaternen **2** 204, 373
Föderalismusreform **1** 43
Folgenbeseitigung **2** 276, 279, 399b, 402 ff., 415 f., 425, 470 f.
Forensen **1** 345
formelle Polizeipflichtigkeit von Hoheitsträgern **2** 233
Formenwahlrecht, kommunales **1** 325, 404
Fortsetzungsfeststellungsklage **2** 425, 427, 430, 440 ff.
Frage- und Kontrollrecht **1** 148
Fraktionen **1** 126, 159 f.
Fraktionsausschluss **1** 159 ff.
fraktionsloser Gemeinderat **1** 164 ff.
freiwilliger Polizeihelfer **2** 411
Funkzellenabfrage **2** 337

Gebietshoheit **1** 63
Gebietskörperschaften **1** 32, 116
Gebot der Rücksichtnahme **3** 115 f., 249, 456 ff.
Gebühr **1** 336, 464, 470 ff.
Gefahr **2** 83
– abstrakte **2** 102 f., 118, 146, 149, 163, 201 ff., 364, 375 ff.
– drohende **2** 139a, 296, 337
– erhebliche **2** 99, 294, 332, 337a
– gemeine **2** 84, 99
– im Verzug **2** 101, 337a, 349
– konkrete **2** 102, 104 ff., 113, 139, 149, 158, 184, 201 ff., 364, 375 f.
– latente **2** 93, 120 f., 232
– potentielle **2** 102, 120
– unmittelbar bevorstehende **2** 99, 187, 294, 336
– *siehe auch Anscheinsgefahr, Scheingefahr*
Gefahr für die öffentliche Sicherheit oder Ordnung **2** 63 ff.
Gefährderanschreiben
– *siehe auch Gefährderansprache*
Gefährderansprache **2** 145, 152, 157, 358
Gefährdetenansprache **2** 156
Gefahrenabwehr **2** 62, 128 ff.
Gefahrenabwehr durch Bauordnungsrecht **3** 14, 326, 337 f., 368 ff., 408, 413, 432
Gefahrenabwehraufgabe der Polizei **2** 62, 124 ff., 199 f., 210, 374
Gefahrenarten **2** 98 ff.
Gefahrenbegriff **2** 83, 113
Gefahrenprognose **2** 84, 87 ff., 91 ff., 135, 376a, 414
– maßgeblicher Zeitpunkt **2** 90, 96, 104 f., 109, 121, 426

Sachverzeichnis 385

Gefahrenverdacht **2** 109 ff., 139 f., 229 f., 285, 292 f., 302, 305, 337, 376a f., 390
Gefahrenvorbeugung
– siehe auch *Vorfeld der Gefahr(enabwehr)*
Gefahrenvorsorge **2** 139, 197
– siehe auch *Vorfeld der Gefahr(enabwehr)*
Gefahrerforschungsmaßnahme **2** 111, 116, 355
Gefahrverhütung
– siehe auch *Vorfeld der Gefahr(enabwehr)*
Gegendemonstration **2** 250
Gemeinde **1** 58 f., 71 f., 89 f., 122 ff.
Gemeindehoheit **1** 61
Gemeinderat **1** 126 ff., 131 ff., 140 ff.
– Ausschüsse des Gemeinderates **1** 156 ff.
– Gemeinderatssitzung **1** 217 ff.
Gemeindeverwaltungsverband **1** 50
Gemeindliche Vollzugsbedienstete **2** 16, 27
gemeinsame Dienststellen **1** 54a
Genehmigungsbedürftige Anlagen **3** 390 ff.
Generalklausel, bauordnungsrechtliche **3** 337, 353, 373, 384, 403, 413, 442, 464
gerechte Lastenverteilung **2** 268
Geschäfte der laufenden Verwaltung **1** 143, 207 ff., 355 f.
Geschäftsordnung des Gemeinderates **1** 168 ff.
Geschlechterparität bei Wahlvorschlägen **1** 139a
Gesetzgebungskompetenzen im Baurecht **3** 9, 16, 216, 235, 323, 328
Gesetzgebungskompetenzen im Polizeirecht **2** 39 ff., 134a, 172, 286 f., 318, 320, 327b, 335, 357
Gewahrsam **2** 139a, 179, 187 f., 295 ff., 328
Gewalt gegen geschäftsunfähige oder beschränkt geschäftsfähige Personen **2** 160b
Gewalt gegen Sachen **2** 160a
Gewaltmonopol des Staates **2** 21, 23
GmbH **1** 332, 444 ff.
grenzüberschreitende Gefahrenabwehr **2** 48 ff., 134, 288
großer Lauschangriff **2** 336
Grundfreiheiten **1** 118 f., 420 ff.
Grundrechte **1** 80, 89 ff., **2** 42 ff., 215, 259, 276, 421
Grundrechte und Baurecht **3** 23 ff., 27 ff., 184, 448 ff.
Grundrechtsbindung der Polizei **2** 42 ff., 172
Grundrechtseingriffe der Polizei **2** 42, 134a, 139, 142 ff., 156 f., 163, 173, 176a, 194 f., 282, 290, 295 f., 301, 306a f., 315, 335, 337 f., 343, 347, 353 f., 357, 367, 395, 437

grundrechtskonforme Auslegung **2** 46 f., 71, 307, 329, 421
Grundrechtsschutz durch Verfahren **2** 44, 298, 306, 307, 314, 330, 336 ff., 343
Grundsatz des Austauschmittels **2** 56 ff., 253, 258, 261, 472
Grundstücksteilung **3** 210
Grundverfügung **2** 154, 162, 190 f., 304, 348 ff., 361, 451 ff., 462 ff.

Halter eines Kfz **2** 223
Handlungsstörer
– siehe auch *Verhaltensstörer*
Hauptsatzung **1** 124 f., 128
Hausbesetzer **2** 306
Haushalts- und Finanzrecht, kommunales **1** 462 ff.
Haushaltssatzung **1** 466 ff., 512
Hausrecht **1** 190 ff., 203
– allgemeines Hausrecht **1** 203
Heilung von Rechtsfehlern **1** 299
heimliche Datenerhebung **2** 329 ff.
hinreichende Wahrscheinlichkeit **2** 84, 91 ff., 98, 113, 135, 376a f.
Homepage der Gemeinde **1** 214b
Hooligans **2** 139
hypothetische Polizeiverfügung **2** 161a

Identitätsfeststellung
– siehe auch *Personenfeststellung*
Identitätsfeststellungsgewahrsam **2** 289, 296 f.
IMSI-Catcher **2** 337
Informationsportal der Gemeinde, Online **1** 214b
Informationsrecht **1** 510, 528
Innenbereich **3** 211, 263 ff., 317, 462

Je-desto-Formel **2** 92, 107, 112, 115, 135
Jugendgemeinderat **1** 126a
Jugendvertretung **1** 126a
juristische Personen **2** 209, 233

Kameralistik **1** 469
Kamera-Monitor-Prinzip **2** 145
Kampfhundeverordnung **2** 118
Kapazitätserschöpfung **1** 367, 380
Kenntnisgabeverfahren **3** 219, 356, 376 ff., 401 f., 413, 421 ff., 434 ff., 446, 468
Kennzeichenkontrolle
– siehe auch *Einsatz automatisierter Kennzeichenlesesysteme*

Kernbereich kommunaler Selbstverwaltung **1** 84
Klage auf polizeiliches Einschreiten **2** 465 ff., 470
Klimanotstand **1** 72
Kommunalabgaben **1** 470 ff.
kommunale Aufgaben **1** 39 ff.
Kommunalaufsicht **1** 504 ff.
Kommunale Kooperation **1** 46 ff.
kommunalfreundliches Verhalten **1** 74
Kommunalwahlrecht **1** 95, 131 ff.
Kommunalwirtschaftsrecht **1** 411 ff., 445, 451
– Konkurrentenverdrängungsklage **1** 384 ff.
– mehrörtliche Wirtschaftstätigkeit **1** 446 f.
– nichtwirtschaftliche Unternehmen **1** 426, 450
– öffentlicher Zweck **1** 428 ff.
– Rechtsschutz der Kommune **1** 448 ff., 545 ff.
– Rechtsschutz von Konkurrenten **1** 451 ff.
– Schrankentrias **1** 427 ff., 447, 454 f.
– Subsidiaritätsklausel **1** 413, 417, 435 ff., 454
– überörtliche Betätigung **1** 446 ff.
– unionsrechtlicher Hintergrund **1** 420 ff.
Kommune **1** 23, 35, 57
konkretisierende Verfügung **2** 348
Konnexität
– *siehe auch Rechtmäßigkeitszusammenhang zwischen Grundverfügung und Zwangsmaßnahme*
Konnexitätsprinzip **1** 67, 103, 462
Kontaktverbot **2** 294a
Kooperationshoheit **1** 64
Körperschaft des öffentlichen Rechts **1** 32, 47, 50
Kostenbescheid **2** 383, 399a f., 400a ff., 455 ff.
Kreistag **1** 129
Kreuzbergurteile **2** 4
Kumulieren **1** 138 f.

Landesbauordnung (LBO) **2** 354, 358b
Landesentwicklungsplan **3** 40, 94 f., 296
Landesgebührengesetz **2** 401
Landesverfassung **1** 10, 101 ff.
Landkreis **1** 23 f., 32 f., 96 f.
Landrat **1** 129, 206
Lasertag **2** 75, 78
latenter Störer **2** 121, 212, 232
Legalisierungswirkung **2** 72
Leistungsklage **2** 471
lex specialis derogat legi generali **2** 173 ff., 183 ff., 192 f.

Löschungsanspruch **2** 321, 469
materielle Polizeipflicht von Hoheitsträgern **2** 233
materielle Privatisierung **2** 23
mehrörtliche Einrichtung **1** 318, 446
Meldeauflage **2** 139, 176a
Minusmaßnahmen **2** 176a, 357
Mittelauswahl **2** 266
mittelbare Staatsverwaltung **1** 11, 37
Mitwirkungsrecht **1** 147 f.
Musterbauordnung **3** 328

Nachbarrechtsgesetz **3** 4
Nachbarschutz im Baurecht
– *siehe Drittschutz*
Nachtzeit **2** 99, 306a
Namensschilder **2** 134a
Naturereignis **2** 217, 222
Nebenbestimmung zur Baugenehmigung **3** 395, 439 ff.
New Public Management **1** 469
Nichtstörer **2** 100, 117, 161b, 205, 207, 226, 230 f., 250 ff., 402, 404 ff.
Niederschrift **1** 232
Normenkontrolle **3** 158, 180 ff., 269
Normenkontrolle, kommunale **1** 111
Notzuständigkeit der Polizei **2** 310
– *siehe auch Subsidiaritätsklausel im Polizeirecht*
Nutzungsuntersagung **2** 239, 354, 358b; **3** 418, 430 f., 442

Obdachlosigkeit **2** 54, 250 ff., 276, 313, 366, 406, 416, 470
– freiwillige **2** 250
– unfreiwillige **2** 250
objektive Rechtsordnung **2** 71 ff.
Observanz **1** 13 f.
Observation **2** 331, 334
offene Bild- und Tonaufzeichnung **2** 323 ff.
öffentliche Einrichtungen **1** 307 ff.
Öffentliche Ordnung **2** 77 ff.
Öffentliche Sicherheit **2** 67 ff.
Öffentlichkeit **1** 221 ff.
Öffentlichkeitsarbeit **1** 214a
Öffentlichkeitsbeteiligung **3** 131 ff., 165
öffentlich-rechtliche Vereinbarung **1** 49
öffentlich-rechtlicher Folgenbeseitigungsanspruch **2** 279, 399b, 402, 415 f., 425, 470 f.
Online-Informationsportal, kommunales **1** 214b
Opfersituation **2** 222, 387
Opportunitätsprinzip **2** 130, 260

Sachverzeichnis

Ordnungsbehördensystem **2** 8, 11
Ordnungsgewalt des Bürgermeisters **1** 151
Ordnungspartnerschaften **2** 21
Organ **1** 122 ff.
Organisationshoheit **1** 64, 124
Organkompetenz **1** 140 ff.
Organstreit **1** 251 ff.
Organstreitverfahren, kommunales **1** 251 ff.
Ortschaftsräte **1** 128
Ortschaftsverfassung **1** 128
Ortspolizeibehörde **2** 16 f., 41, 316, 323, 327, 376b, 404
Ortsvorsteher **1** 128

Paintball **2** 75, 78
Panaschieren **1** 138 f.
Parteien **1** 349 ff.
Paulskirchenverfassung **1** 18
Personalhoheit **1** 65, 547
Personenfeststellung **2** 28a, 139, 185, 282 ff., 319
Persönlichkeitsrecht **2** 75, 162, 415
Pflanzgebot **3** 60
Pflicht zum gemeindefreundlichen Verhalten **1** 526, 532, 549
Pflichtaufgaben zur Erfüllung nach Weisung **1** 44, 46, 505; **2** 17, 41
Planungsgrundsätze **3** 115
Planungshoheit **1** 66; **3** 32, 186, 256, 381
Planungspflicht **3** 28, 87 ff., 96
Planungsverbände **3** 33
Planungsverbot **3** 92 f.
Planzeichenverordnung **3** 49, 71
Platzverweis **2** 188, 291, 348
Polizei des Deutschen Bundestages **2** 28, 58
Polizei im formellen Sinn **2** 18
Polizei im materiellen Sinn **2** 19 f.
Polizei im organisatorischen Sinn **2** 13 ff.
Polizeibegriff **2** 2 ff., 12 ff., 24 ff.
Polizeibehörde **2** 17
Polizeibehördensystem **2** 9, 11
Polizeifestigkeit von Versammlungen **2** 176a
Polizeihelfer
– siehe auch freiwilliger Polizeihelfer
Polizeikessel
– siehe auch Einkesselung
Polizeikosten **2** 380 ff.
polizeiliche Generalklausel für Polizeiverordnungen **2** 61, 118, 143, 165, 173, 197 f., 208, 370, 372 ff., 377, 379
polizeiliche Generalklausel **2** 28a, 61, 63, 111 ff., 139, 143, 145, 147, 156 f., 161a, 165, 173 ff., 181 ff., 192 ff., 199 ff., 281, 294, 305, 307, 315a, 347, 358, 416, 465, 470
polizeiliche Schutzgüter **2** 45, 65 ff.
polizeilicher Notstand **2** 117, 230, 250 ff., 404
Polizeipflicht **2** 184, 205 ff., 378
– abstrakte **2** 242, 244 ff.
– bei Polizeiverordnungen **2** 378
– des Nichtstörers, siehe Nichtstörer
– konkrete **2** 242 f., 246 f., 249
– von Hoheitsträgern **2** 233
– siehe auch Eigentümerverantwortlichkeit, Verantwortlichkeit, Verursacherverantwortlichkeit, Zustandsverantwortlichkeit
Polizeirecht als konkretisiertes Verfassungsrecht **2** 34 ff.
Polizeiverfügung **2** 31, 84, 102, 104 f., 148 f., 280a, 291, 376, 424 f.
Polizeiverordnung **2** 35, 38, 84, 102 f., 105, 118, 146 f., 149, 163, 165, 197, 201 ff., 359 ff., 477
Polizeivollzugsdienst **2** 8 f., 14 ff., 346, 353a, 353c
Polizeizwang **2** 152, 154, 160a ff., 162, 173a, 190 f., 194, 289, 300, 304, 306, 345 ff., 354, 397 ff., 449 ff., 455 f., 462 ff.
Präklusion **3** 138, 394, 445
Presse, Staatsfreiheit **1** 214b
Preußische Städteordnung von 1808 **1** 17
Preußisches Polizeiverwaltungsgesetz **2** 5, 10, 40, 192
Primärrechtsschutz
– siehe auch Vorrang des Primärrechtsschutzes
Primär- und Sekundärebene im Polizeirecht **2** 56, 227, 390, 408, 425 f.
Private Sicherheitsdienste **2** 21
Privatisierung **2** 23, 383
privatrechtsgestaltender Verwaltungsakt der Polizei **2** 313a, 316
Prognose
– siehe auch Gefahrenprognose
Prüfungsrecht des Bürgermeisters **1** 183, 188
Putativgefahr
– siehe auch Scheingefahr

Quellentelekommunikationsüberwachung **2** 337a

Rasterfahndung **2** 343
Raumordnung **3** 40, 94 ff., 114, 296, 304
Razzia **2** 284

Realakt **2** 35, 46, 150 ff., 158 f., 161b, 162, 189, 195 f., 343, 350, 434 ff., 447 f., 469, 471
Rechtmäßigkeitszusammenhang zwischen Grundverfügung und Zwangsmaßnahme **2** 349a, 353b f.
Rechtsaufsicht **1** 30, 504 f., 507, 535
Rechtsschutzgarantie **2** 44, 145, 320, 349a, 418 ff., 441 ff., 447, 449, 451, 453
Rechtsnachfolge in polizeiliche Verantwortlichkeit **2** 234 ff., 352
Rechtsschutz im Baurecht **3** 180 ff., 434 ff.
Rechtsschutz im Polizeirecht **2** 417 ff.
Rechtsstellung des fraktionslosen Gemeinderates **1** 164 ff.
Rechtsverordnung **1** 11, 108, 282
Reduktion der Eigentümerzustandsverantwortlichkeit **2** 222
Regiebetrieb **1** 327
Regionalplan **3** 53, 98, 296, 304, 306
Rekommunalisierung **1** 412
Rettungsmaßnahmen **2** 43, 144, 195, 387, 395
Richtervorbehalt **2** 44, 298, 314, 330, 336, 337a
Risiko **2** 62, 93, 123, 126, 129, 135 f., 140
Risikoverwaltungsrecht **2** 62, 123, 126, 129, 135 f., 140
Risikovorsorge **2** 126, 128 f.
– *siehe auch Vorfeld der Gefahr(enabwehr)*
Rückkehrverbot **2** 99, 180, 186, 291, 294
Rücksichtnahmegebot
– *siehe auch Gebot der Rücksichtnahme*

Satzung, kommunale **1** 278 ff.
Satzungen **1** 11, 37, 68, 278; **2** 365 f.
– Heilung von Rechtsfehlern **1** 299
Satzungsautonomie **1** 68, 278
Satzungshoheit **1** 68, 283, 297
Schadensersatz **2** 402 ff., 473 ff.
Schaufensterpuppen-Fall **2** 226
Scheingefahr **2** 94, 119
Schengen **2** 48, 342
Schleierfahndung **2** 134, 288
Schusswaffengebrauch **2** 162, 353
Schutznormtheorie **2** 170, 278, 280, 465; **3** 452
Schutzpflichten, grundrechtliche **2** 45; **3** 27 ff., 90, 453, 456 f., 462
Schwarzbau **3** 416
Sekundärrechtsschutz **2** 425
Selbsteintrittsrecht **1** 507 f., 519

Selbstgefährdung, bloße **2** 75, 200
Selbstmord **2** 75, 78
Selbstverwaltungsgarantie gem. Art. 28 II 1 GG **1** 59 ff., 80, 415 ff.
– Schranken der Selbstverwaltungsgarantie **1** 80 ff.
Selbstverwaltungsrecht, kommunales **1** 47, 101
Sicherstellung **2** 308 ff., 315a, 396, 399b
Sistierung **2** 289
Sonderabgaben **1** 477
spezialgesetzliche Ermächtigungsgrundlage **2** 54, 59, 173a, 175 ff., 198, 354 ff., 370 f.
Sportgroßveranstaltungen **2** 157, 226
Staatsfreiheit der Presse **1** 214b
Staatskommissar **1** 515 f.
Städtebaurecht
– *siehe auch Bauplanungsrecht*
Stalker **2** 180, 183, 294
Standardermächtigung **2** 28a, 139, 159, 173 f., 175, 179 ff., 185 f., 188 ff., 195, 281 ff., 327a
Standardmaßnahme **2** 153 ff., 159, 162, 179 ff., 188a ff., 196, 281 ff., 327a
Steuererfindungsrecht **1** 67, 478, 482
Steuern, kommunale **1** 470
– Aufwandsteuer **1** 482, 484, 490, 503
– Beiträge **1** 464, 470, 476
– Bettensteuer **1** 488, 490, 497
– Gewerbesteuer **1** 478 f.
– Grundsteuer **1** 478 f.
– Hundesteuer **1** 478 ff.
– Leistungsfähigkeit **1** 483 ff., 492
– Sonderabgaben **1** 477
– Spielgerätesteuer **1** 490, 495
– Steuergerechtigkeit **1** 492
– Steuergleichheit **1** 492 f.
– Verbrauchsteuer **1** 483
– Vergnügungssteuer **1** 484 ff., 495, 498
– Spielgerätesteuer **1** 490, 495
– Zweitwohnsteuer **1** 486, 490 ff.
Stiftung des öffentlichen Rechts **1** 329, 331
Störer
– *siehe auch Polizeipflicht*
Störerauswahl
– *siehe auch Auswahl unter mehreren Störern*
Störung **2** 85, 88 f., 99 ff., 250, 315, 477
Straftatbestand **2** 71, 139
Strafverfolgung
– *siehe auch Verfolgung von Straftaten*
Strafverfolgungsvorsorge **2** 134a, 318, 327b, 333

Sachverzeichnis

Straßenumbenennung **1** 251, 511
Straßenverkehrsordnung (StVO) **2** 27, 54, 86, 161, 198, 209, 348, 356, 358b, 363, 394, 400
Streifenfahrt **2** 21, 43, 144, 150
subjektive Rechte **2** 75, 78, 145, 321, 344, 415, 465, 468, 470 ff.
Subsidiaritätsklausel im Polizeirecht **2** 74 f., 161b, 280 f., 310, 339, 416, 470
– siehe auch *Notzuständigkeit der Polizei*
Suizid
– siehe auch *Selbstmord*

Taubenfütterungsverbot **2** 103 f., 204, 373
Tauchverbot **2** 204, 362, 364
Tagesordnung **1** 218 ff.
Technischer Fortschritt **2** 140
Teilortswahl **1** 138
Telekommunikationseingriffe der Polizei **2** 337 f.
Telekommunikationsverkehrsdaten **2** 337
Terrorismusabwehr **2** 29, 39, 48, 139a, 294a, 343, 353a, 358b
Theorie der unmittelbaren Verursachung **2** 121, 207, 212 ff., 217, 226, 232
Theorie vom modifizierten Privateigentum **1** 311
Todesschuss **2** 353
Tonaufnahme **2** 323 ff., 357, 358b
Trennungsgebot **2** 137, 344
Trennungssystem
– siehe auch *Ordnungsbehördensystem*
Twittern durch die Polizei **2** 145
Typenprüfung **3** 410

Umlegung **3** 7, 26, 60, 211 ff.
Umweltbelange in der Bauleitplanung **3** 77, 109 ff., 130
Umweltbericht **3** 130, 147
Umweltprüfung **3** 22, 130, 147
Umweltverband **3** 133
unbeteiligte Dritte **2** 410
Unionsbürger **1** 34, 95, 119, 131
Unionsgrundrechte **1** 118, 423
Unionsrecht **1** 116 ff., 344 ff., 420 ff.
Unmittelbare Ausführung **2** 150, 152, 155, 158 ff., 166, 189, 195 f., 250, 312, 315a, 346, 382, 399b, 400, 424, 440, 442
– Kosten **2** 382, 392 ff., 400, 455, 458, 461
unmittelbare Staatsverwaltung **1** 11, 36
Unmittelbarer Zwang **2** 160a f., 162, 188, 191, 194, 317, 345 ff., 353 f., 353c
– Kosten **2** 398, 400a, 455 f.

389

Unterlassen **2** 209
Unternehmen in Privatrechtsform **1** 427, 443 ff.
Unterrichtung der Einwohner **1** 268
Untersuchung **2** 299, 301, 305

Veränderungssperre **3** 7, 128, 201 ff., 378 ff., 423
Verantwortlichkeit im Bauordnungsrecht **2** 55, 354; **3** 368 ff., 426
Verantwortlichkeit **2** 205 ff., 267 f., 385 ff.
– siehe auch *Eigentümerverantwortlichkeit, Polizeipflicht, Rechtsnachfolge in polizeiliche Verantwortlichkeit, Verhaltensstörer, Verursacherverantwortlichkeit, Zustandsverantwortlichkeit*
Verbandskompetenz **1** 71, 140
Verbringungsgewahrsam **2** 188, 295
Verdachtsstörer **2** 117, 229 ff., 390, 409
Verdeckter Ermittler **2** 331, 334
Verfahrensfehler bei der Bauleitplanung **3** 174
Verfassungsbeschwerde, kommunale **1** 106 ff., 108
Verfassungsschutz **2** 127 ff., 136 f., 140, 344
Verfassungsschutzrecht **2** 62, 136 f.
Verfolgung von Straftaten **2** 62, 64, 125, 129 f., 132 ff., 139, 286 f., 290, 295, 301, 303, 306, 327b, 339, 418 f.
Verhaltensstörer **2** 207, 209 ff., 221, 225 f., 245 ff., 267 f., 355, 392
– siehe auch *Verursacherverantwortlichkeit*
Verhältnismäßigkeit **2** 47, 57 f., 98 f., 116, 161a, 172, 174, 176a, 252 ff., 261, 266, 269, 328, 335, 350, 353, 357, 390, 399b
– Angemessenheit **2** 257, 259
– Erforderlichkeit **2** 256
– Geeignetheit **2** 255
– Grundrechte **2** 259
– legitimes Ziel **2** 254
– siehe auch *Grundsatz des Austauschmittels*
Verkehrszeichen **2** 27, 161, 356, 358b, 363, 394, 400
Verordnungsermächtigungen im Polizeirecht **2** 197 f., 370 ff.
Verpflichtungserklärung **1** 210
Verpflichtungsklage **2** 279, 468
Versammlung **2** 27, 157, 176a, 177a, 250, 324, 357 ff.
– in geschlossenen Räumen **2** 357
– nicht-öffentliche **2** 176a
– öffentliche **2** 176a, 357 ff.
– unter freiem Himmel **2** 357

Versammlungsauflösung **2** 27, 176a, 177a, 348, 357, 358b
Versammlungsfreiheit **2** 145, 176a, 324, 357f.
Versammlungsrecht **2** 39, 176a, 324, 357ff.
versammlungstypische Gefahr **2** 177a
Versammlungsverbot **2** 357, 358b
Verschulden **2** 207a, 222, 413
Verschwiegenheitspflicht **1** 152
Vertrauensperson der Polizei **2** 331, 334
Vertretungsverbot **1** 154
Verunstaltung **3** 14, 326, 342ff., 464
Verursacherverantwortlichkeit **2** 209ff., 245ff.
Verursachungslehren im Polizeirecht **2** 211ff.
Verursachungsverdacht **2** 229, 231
Verwaltungsakte der Polizei **2** 148f., 312, 343, 424ff., 432ff.
– *siehe auch Allgemeinverfügung der Polizei, Dauerverwaltungsakt, Duldungsverwaltungsakt der Polizei, Grundverfügung, konkretisierende Verfügung, Kostenbescheid, Polizeiverfügung, privatrechtsgestaltender Verwaltungsakt der Polizei*
Verwaltungsaktsbefugnis **2** 318, 458ff.
Verwaltungsgemeinschaft **1** 50ff.
Verwaltungsgemeinschaft, vereinbarte **1** 50f.
Verwaltungshelfer **2** 315a, 399c
Verwirkung **2** 146a
Videoüberwachung
– offene **2** 44, 145, 184, 323ff.
– geheime **2** 329ff.
Vollstreckungsbehörde **2** 349, 353b, 400af.
Vorbehalt des Gesetzes im Polizeirecht **2** 37, 113, 115, 142, 164, 197, 240
Vorbescheid **3** 409ff.
Vorbeugende Verbrechensbekämpfung **2** 54, 333f., 339f.
– *siehe auch Vorfeld der Gefahr(enabwehr)*
Vorbeugender Rechtsschutz **2** 425, 439, 477
Vorfeld der Gefahr(enabwehr) **2** 115, 139f., 281, 284f., 294a, 318, 324, 333, 337, 343, 355
Vorfeld einer Versammlung **2** 157, 176a, 358
Vorführung **2** 290
Vorkaufsrecht **3** 213f.
Vorladung **2** 139, 151, 179, 290
Vorläufiger Rechtsschutz **2** 44, 425, 428ff.
Vorläufiger vorbeugender Rechtsschutz **2** 425, 439

Vorrang des Gesetzes **2** 35
Vorrang des Primärrechtsschutzes **2** 407
Vorsitzender des Gemeinderates **1** 178
– Wahrheitspflicht des Bürgermeisters **1** 215

Wahlrecht **1** 34, 126b, 131
Wahlvorschläge, Geschlechterparität **1** 139a
Warnung **2** 152, 156
Weimarer Reichsverfassung **1** 19
Weitere Datenverarbeitung **2** 322, 338ff.
Widerspruch **1** 180, 189
Widmung **1** 310ff., 346, 363ff.
Wohnungsdurchsuchung **2** 99, 306f.
– *siehe auch Durchsuchung*
Wohnungsverweis **2** 99, 174, 180, 183, 186, 291, 294

Ziele der Raumordnung **3** 95ff., 114, 296, 304f.
Zitiergebot **1** 285
Zulassungsanspruch **1** 339ff.
– Z. von Fraktionen **1** 353a
– Z. von Parteien **1** 349ff.
Zurückbehaltungsbefugnis **2** 311a, 399aff.
Zusatzverantwortliche **2** 160b, 214, 337a
Zuständigkeiten im Baurecht **3** 32ff., 106, 149ff., 360ff.
Zustandsstörer
– *siehe auch Zustandsverantwortlichkeit*
Zustandsverantwortlichkeit **2** 47, 58, 121, 207, 215ff., 248f., 268
– *siehe auch Eigentümerverantwortlichkeit*
Zwangsmittel der Polizei **2** 150, 160ff., 162, 173f., 190f., 194, 346ff., 397ff., 449ff., 463ff.
– Androhung **2** 152, 162, 350, 353bf., 432, 450, 463f.
– Anwendung **2** 15, 150, 350, 449f.
– besondere Vollstreckungsverfahren **2** 350
– Festsetzung **2** 152, 162, 350, 353bf., 432, 450, 463f.
– Kosten **2** 397ff.
– Rechtsschutz **2** 449ff.
– Zwangsgeld **2** 346
– Zwangshaft **2** 346
– *siehe auch Ersatzvornahme, Grundverfügung, Polizeizwang, Schusswaffengebrauch, Unmittelbarer Zwang*
Zweckveranlasser **2** 207, 212, 226
Zweckverband **1** 11, 23, 32, 47